제자도 신학

Following the Master

Originally published in the U.S.A. under the title: *Following the Master*
Copyright ⓒ 1992 by Michael J. Wilkins
Translation copyright ⓒ 2015 by Michael J. Wilkins
Translated by Whang Yeongcheol
Published by permission of Zondervan, Grand Rapids, Michigan
through the arrangement of rMaeng2, Seoul, Republic of Korea.
All rights reserved.

This Korean edition Copyright ⓒ 2015 by DMI Publishing, a division of SarangPlus, Seoul, Republic of Korea.

이 한국어판의 저작권은 알맹2 에이전시를 통하여 Zondervan과 독점 계약한 (사)사랑플러스에 있습니다. 신저작권법에 의하여 한국 내에서 보호받는 저작물이므로 무단 전재와 무단 복제를 금합니다.

제자도 신학

주님의 뒤를 따르는 제자도

마이클 윌킨스 지음 | 황영철 옮김

FOLLOWING
THE MASTER
Discipleship in the Steps of Jesus

국제제자훈련원

추천의 글

주께서 하신 사역의 본질을 한마디로 요약하면 "가서 제자 삼으라!" 이다. 오늘날 한국 교회의 문제는 그리스도인들이 본질에서 벗어 났기 때문에 생겨났다고 해도 과언이 아니다. 교회는 이벤트로 사 람들의 이목을 끄는 것이 아니라 본질에 집중해야 한다. 예수님이 양 한 마리를 찾기 위해 목숨을 거신 것처럼, 한 생명을 위해 목숨 을 걸어야 한다. 오늘날 많은 교회들이 본질을 붙잡기 위해 제자훈 련을 실시하지만, 이 훈련 역시도 본질에서 벗어나지는 않았는지 끊임없이 돌아볼 필요가 있다. 이 책은 단순히 제자훈련 프로그램 이나 방법론을 제공하는 것이 아니라, 성경이 말하는 제자도가 무 엇인지를 체계적으로 다룬다. 이를 통하여 예수 그리스도의 제자가 된다는 것이 무엇을 의미하는지, 오늘날의 제자인 우리는 어떻게 주님을 따라야 하는지에 대한 통찰을 얻을 수 있다. 제자 삼는 사역 의 기초를 든든하게 세워주는 이 책을, 오늘도 한 영혼을 위해 눈물 흘리는 목회자들과 제자훈련 지도자들에게 적극 추천한다.

_**최홍준** 국제목양사역원 원장, 호산나교회 원로목사

지금까지 제자도를 다룬 많은 책들이 쏟아져 나왔지만, 마이클 윌킨스 교수의 책처럼 성경적이고 역사적 맥락에 충실하며 제자도의 의미를 광범하고 정확하게 추구한 저작은 없었던 것 같다. 그냥 예수를 따라가는 무리 중의 한 사람으로 만족할 수 없는 이들에게 '제자 됨'을 향한 갈망은 신앙의 가장 본질적이고 필수적인 요청이 아닐 수 없다. 고(故) 옥한흠 목사가 생애를 걸고 추구했던 제자도의 모든 덕목을 이 책에서도 동일하게 확인할 수 있다. 이 책을 읽고 예수 닮기를 목회의 목표로 삼는 제자들, 예수 따르기를 신앙의 궁극적 지향점으로 삼는 제자들이 벌 떼처럼 일어날 때, 한국 교회는 부활의 새 노래를 부르게 될 것이다. 제자도는 더 이상 선택과목이 아니다. 그것이 없이는 그리스도인 됨의 모든 의미를 잃어버릴 수밖에 없는, 영적 생존의 조건이다. 이 책을 읽기 전에는 자신을 너무 쉽게 예수의 제자라고 단언하지 말기를 바란다.

_**이동원** 지구촌교회 원로목사

디트리히 본회퍼는 "제자도가 없는 기독교는 그리스도가 없는 기독교"라고 했다. 제자도는 선택 사항이 아니라 그리스도인의 삶 그 자체이다. 오늘날에는 '제자훈련'이라는 단어가 무척 흔하게 쓰이지만, 열매에 집중한 나머지 본질이 훼손되는 경우가 많은 것도 사실이다. 제자도 연구의 권위자인 저자는 성경과 고대 문헌에 대한 분석을 바탕으로 예수님이 의도하신 바가 무엇이며, 진정으로 주님을 따른다는 것이 무엇인지를 분명하게 알려준다. 이 책을 읽고 무리에서 제자로 옮기는 결단이 있기를 원한다.

_**이찬수** 분당우리교회 담임목사

진정한 여행의 축복은 산과 강, 그리고 초원의 아름다움에서 머물지 않는다. 여정을 함께하는 동료가 진정한 축복임을 우리는 안다. 목회의 여정도 동일한 이치이다. 본서는 목양지를 윤택하게 해줄 오래 사귄 친구와 같다. 저자의 뛰어난 통찰력은 제자도의 이론을 탄탄하게 다져줄 뿐만 아니라 제자도를 목회 현장에 도입하도록 용기를 불어넣어준다. 저자의 머리와 가슴에서 출발한, 우리 구주 예수님의 인격과 사역을 추적함이 이 책을 읽는 모든 이에게도 축복이 된다. 이런 이유로 본서를 가히 성경적 제자도의 정석을 제시하는 책이라 말하고 싶다. 또한 '번역은 반역'이라고 하는 난제를 신학적 안목과 인문학적 내공으로 극복한, 물 흐르는 듯이 매끄러운 번역은 이 책이 독자들에게 주는 또 하나의 선물이다.

_오정호 제자훈련목회자협의회(CAL-NET) 이사장 및 대표, 새로남교회 담임목사

"너희는 가서 모든 민족을 제자로 삼으라"라는 명령은 단지 교회의 여러 사역 중 하나가 아니라 교회의 정체성이요 그리스도인의 사명이다. 그럼에도 현대 교회에서 제자훈련은 그저 하나의 프로그램으로 이해되는 경우가 많은 것이 사실이다. 이런 차제에 성경학자요 목회자인 마이클 윌킨스의 저서가 출간되었다. 이 책은 명쾌한 성경신학적 논리와 목회 경험에서 나온 실천신학적 지혜로 성경이 말하는 제자도가 무엇인지를 선명하게 보여주는 수작이다. 예수를 따르며 닮아가는 것이 곧 제자가 되는 길임을 설득력 있게 제시한 이 책은, 교회의 정체성을 회복하고 그리스도인의 사명을 완수하기 원하는 자라면 누구나 마땅히 읽어야 할 필독서이다.

_김지찬 총신대학교 신학대학원 구약학 교수

제자도에 관한 책은 한두 가지가 아니다. 본인 역시 오래전부터 이 주제에 관심을 가진 터라, 각종 연관 서적을 참조하고 탐독하고 인용했다. 그러다가 윌킨스의 책을 접하고 깜짝 놀랐다. 제자도에 관해 이처럼 광범위하고 자세하고 실제적인 책을 쓸 수 있다는 것이 잘 믿기지 않았기 때문이다. 학문적 기준에서든 실천적 관점에서든 윌킨스의 제자도 연구서는 흠잡을 데가 없었다. 제자도에 대해 향후 이보다 더 나은 책이 나올 수 있을까 의심이 들 정도였다. 그 점에 대해서는 지금도 마찬가지이다. 윌킨스의 책으로 말미암아 앞으로 신학자들, 목회자들, 평신도 지도자들이 제자도에 관해 연구하고 실천하는 데 더 큰 도전과 자극을 받았으면 하고 열망해본다.

_송인규 한국교회탐구센터 소장, 전 합동신학대학원 교수

지난 30여 년간 한국 교회 안에서 제자훈련과 제자도에 대한 관심이 계속 증가해왔다. 하지만 이에 대한 성경적, 신학적 성찰은 매우 빈곤했다. 본서는 이 결핍의 상황을 근본적으로 치유해줄 탁월한 저작이다. 마이클 윌킨스는 하나님 말씀에 대한 깊은 묵상, 전문적인 신학 연구, 사역 현장에서 구체적으로 적용하고 실천했던 경험에 기초하여 제자도 신학 분야의 결정판을 내놓았다. 이 책은 미국이라는 서구적 컨텍스트를 넘어, 전 세계적인 컨텍스트에서 응용할 수 있는 통찰과 지혜로 가득 차 있다. 신학자와 목회자뿐만 아니라, 예수 그리스도의 제자들 모두가 반드시 한 번은 읽어야 할 필독서로 강력하게 추천한다.

_정성욱 덴버 신학대학원 조직신학 교수

머리말

20년 전, 나는 예수 그리스도를 나의 구주요 하나님으로 따르기 시작했다. 그때부터 나는 자연스럽게 이 책을 저술하는 길로 들어선 셈이다. 그 길을 걷는 동안 예수님은 나의 가장 친밀한 동반자였다. 또한 예수 그리스도는 내 학문의 연구 주제이자 교육과 목회 사역의 초점이었다. 이 책을 통해 나는 학문적, 직업적, 개인적으로 예수님과 함께 걸으며 얻은 열매를 나누고자 한다.

나는 홀로 여행한 것이 아니다. 내가 성경 자료와 유용한 적용점을 분명히 이해할 수 있도록 많은 이들이 여러 방면에서 도움을 주었다. 다양한 강의와 훈련 세미나, 수양회와 학술 모임에서 나는 이 주제를 오랫동안 토론했다. 특히 바이올라 대학교(Biola University) 학생들, 탈봇 신학교(Talbot School of Theology) 대학원생들은 연구 논문, 강의 질문, 개별 토론을 통해서 내게 자극을 주었다. 이처럼 활기찬 15년을 보내게 해준 모든 이들에게 감사한다! 특별히 1990년 가을 학기 학생들에게 감사한다. 그들은 성경적 제자도에 대한 세미나가 보다 나은 성과를 얻을 수 있도록 특화된 주제의 연구 프로젝트를 수행했다. 1991년 가을 학기 신약성경 문헌 과목을 수강한 학생들에게도 감사한다. 그들이 이 책의 색인 작업을 도와주었다. 각 장에 실린 질문을 만드는 데 기여한 게리 스트라튼(Gary Stratton)에게 특별히 감사한다.

칼즈배드 복음주의 자유교회, 카유코스 커뮤니티 복음주의 자유교회, 샌 클레멘테 장로교회 성도들에게 감사한다. 그들은 제자도 문제를 실생활에서 다룰 수 있도록 기회를 주었고 내 삶에 큰 영향을 끼쳤다.

1990년 봄을 안식 학기로 보내게 해준 탈봇 신학교와 바이올라 대학교 행정처에 감사한다. 그 기간 동안 이 책의 주요 부분이 형태를 갖출 수 있었다. 또한 빙엄 헌터(W. Bingham Hunter) 학장에게 감사한다. 그의 지도력과 우정은 내게 커다란 격려가 되었다. 바이올라 대학교 연구 위원회에도 감사한다. 위원회가 제공한 연구비 덕분에 1990년 여름 동안 이 책을 계속 집필할 수 있었다.

소책자 《지아 노드랏의 이야기》(The Story of Zia Nodrat)를 사용하도록 허락해준 캐나다 토론토의 믿음사역협회(Fellowship of Faith ministries)에도 감사한다. 하나님의 놀라운 종인 노드랏에 관한 기록이 많은 이들의 믿음을 격려하는 데 쓰이기를 바란다.

아내 린과 두 딸 미셸, 웬디에게 감사하면서 이 책을 그들에게 바친다. 가족은 지상에서 나의 가장 큰 기쁨이자 평안의 원천이다. 나는 인생의 멋진 모험을 가족과 함께하며 풍성한 삶을 경험했다. 또한 주님을 따른다는 것의 참된 의미가 무엇인지를 대부분 그들에게 배웠다.

차례

추천의 글 4
머리말 8

1부 새로운 삶의 길을 여는 제자도
1장 그분을 따르라는 매력적인 부르심 15
2장 과격하지만 현실적인 오늘의 부르심 27

2부 예수님의 제자도를 둘러싼 환경
3장 영적 뿌리가 된 구약성경의 제자도 65
4장 스승에게 헌신한 그리스-로마의 제자도 95
5장 공동체의 영향을 받은 유대교의 제자도 111

3부 예수님만의 독특한 제자도
6장 역사의 흐름을 바꾼 '예수 운동' 135
7장 그저 따르는 것이 아닌 그분을 닮는 삶 173
8장 예수님이 직접 부르신 열두 제자 209

4부 복음서가 이야기하는 제자도

- 9장 마태복음: 지상명령을 따르는 본보기   253
- 10장 마가복음: 구원하는 종을 섬기는 종들   283
- 11장 누가복음: 값비싼 희생의 길을 가는 추종자들   297
- 12장 요한복음: 예수님이 표시한 신자들   331

5부 초대교회로 이어진 제자도

- 13장 사도행전: 믿음의 공동체   359
- 14장 성경에서 사라진 제자들   413
- 15장 서신서: 다른 용어로 표현된 제자들   429
- 16장 사도적 교부: 그 이름을 위한 순교자들   461

6부 이 시대에 예수님이 원하시는 제자도

- 17장 예수님이 기대하시는 제자도   505
- 18장 예수님의 뒤를 따르는 제자도   523

주   549
범주에 따른 참고문헌   606
인명 찾아보기   633
주제 찾아보기   639
성구 찾아보기   655

1부
새로운 삶의 길을 여는 제자도

1장
그분을 따르라는 매력적인 부르심

초점 맞추기

1. **제자** 혹은 **제자도**라는 말을 들을 때 어떤 이미지가 떠오르는가?
2. 어떤 사람이 예수님의 제자가 되고자 하는 이유는 무엇이겠는가?
3. 예수님과 그 제자들에 관하여 공부하는 것이 현대인들에게 어떤 의미가 있는가?

여행

삶은 여행이다. 이 여행에는 흥분되는 모험, 위험한 탐험, 단조롭게 걷는 과정, 힘겨운 통로 등이 있다. 모든 사람은 여행에서 마주칠 미래에 대해 알지 못한 채 길을 떠난다. 그러나 그리스도인의 삶에서 놀랍고도 심오한 사실은 우리가 홀로 여행하지 않는다는 점이다. 예수님이 우리의 안내자요 보호자요 모범이 되셔서 그분 자신을 따르라고 우리를 부르신다.

주후 1세기, 나사렛 예수께서는 사람들을 불러 자신을 따르라고 하셨다. 이따금 우리의 시야가 시간이나 우리 자신의 관점 때문에 흐려지긴 해도, 성경의 그 장면은 여전히 오늘의 교회를 위한 가장 매력적이고 도전적이며 심지어 통렬하기까지 한 초상화라고 할 수 있다.

몇 년 전의 일이다. 나는 집 근처 해변에서 내 딸들과 이웃 아이들이 파도타기 하는 것을 보고 있었다. 그때 얼굴만 알고 지내던 한 청년이 다가와 말을 걸었다. 전문 서핑 선수인 그는 얼마 전 그리스도인이 되었는데, 국제 서핑 대회에 참가하면서 그리스도인으로 산다는 것이 얼마나 어려운지를 내게 털어놓았다. 그는 도움이 필요하다며 이렇게 말했다.

"당신은 사람들이 전보다 더 나은 그리스도인이 되도록 돕는다고 들었어요."

나는 속마음을 솔직하게 털어놓는 그의 태도가 마음에 들었다!

"맞아요, 크리스. 저는 사람들을 도우려고 노력하지요."

"예수님의 제자들에 대해 읽어봤어요. 그들은 철저한 사람들 같더군요. 저도 전문 서핑 세계에서 그렇게 살고 싶어요. 하지만 그러기 위해서는 어떻게 해야 하는지를 저는 잘 몰라요. 제가 그 제자들처럼 살 수 있도록 도와주시겠어요?"

크리스가 비록 성경은 많이 알지 못했지만, 이 점만은 확실히 알고 있었다. 제자들이 예수님을 따르게 된 뒤로는 결코 그전처럼 살지 않았으며, 그들이 살던 세상을 변화시켰다는 사실 말이다. 크리스가 몸담은 곳은 서평 전문가의 세계였다. 그는 이전과 다르게 살기를 원했으며, 그 세계를 변화시키고 싶어 했다. 그것은 제자가 되어 예수님을 따른다는 것을 의미했다.

많은 사람들이 보기에 예수님이 살던 세계와 우리의 세계는 동떨어져 있는 것 같다. 정교한 기술, 달라진 세계관, 철학적 논증, 과학적 이해 그리고 심리학적 분석이 합쳐진 문화 속에서 살아가는 현대인들에게, 예수님의 세계는 낯설고 케케묵은 것처럼 보인다. 그런데 역설적이게도 예수님과 그분의 제자들은 계속해서 현대인들의 마음을 사로잡는다. 제자들을 부르고 훈련하고 내보내어 세상을 변화시키는 예수님의 비전은 1세기 사람들에게 그러했던 것처럼, 오늘의 사람들에게도 희망과 의미를 제공한다. 예수님은 지금도 일상생활의 경험을 통해 지침을 제공하는 주님이 되셔서 우리에게 오라고 손짓하신다.

제자도에 대한 성경의 가르침이 예수님의 세상과 우리의 세상을 연결하는 다리가 된다. 이 책에서 우리는 주님을 따른다는 것이 무엇을 뜻하는지 깊이 탐사하기 위해 성경의 기록을 따라 여행할 것이다. 우리는 하나님과 맺은 언약 속에서 행했던 구약 이스라엘 백성과 더불어 모험을 시작할 것이다. 또한 그리스 철학자들과 스승들의 세계에서 발견되는 제자도의 모습을 살펴보고, 유대교의 흥미진진한 세계도 들여다볼 것이다. 그런 다음 예수님이 발전시킨 제자도 형태를 탐구할 것이다. 우리는 팔레스타인의 하늘 아래에서 거닐던 주님과 그 제자들을 묘사한 복음서의 투명한 그림 속으로 들어갈 것이다. 그다음 여행에서는 예수님의 부활과 승천 이후 모든 민족으로 제자 삼는 사도들의 행적을 기록한 사도행전과 서신서 그리고 거기에서 확장된 초대 사도적 교회 속으로 들어갈 것이다. 더 나아가, 1세기 후반 사도 이후의 교회가 예수님과 함께 역사의 길을 가면서 많은 사람을 순교로 이끈 점에 주목할 것이다. 마지막으로 우리는 21세기의 새벽에 도달하여 주님을 따라 주후 세 번째 천년으로 들어간다는 것이 무엇을 뜻하는지 물을 것이다.

왜 제자도를 공부하는가?

지난 20년 동안(이 책의 원서 초판이 1992년에 발행되었다.—편집자) 제자도에 대해 새롭고도 놀라운 관심이 일어났기 때문에 우리의 성경적 제자도 연구 또한 활기를 띠었다. 성경의 가르침과 주후 1세기에 대한 학문 연구를 통해 엄청난 자료들이 쌓였다. 그 자료들 대부분은 평신도들이 접근하기 어렵고 대개는 이해하기 어려울 만큼 수준이 높다! 이 책은 그런 자료들을 15년 이상 연구한 결과물이다.[1] 솔직히 말해, 학문 연구 중 상당수는 교회와 별 관계없는 문제들에 관한 무익한 논쟁일 뿐이다. 반대로 제자도에 대한 성경, 역사 개념에 집중하는 학문 조사는 실로 엄청난 깨달음을 줄 수 있다. 그런 연구는 우리가 예수님의 세계에 좀 더 생생하고도 실질적으로 다가가도록 돕는다. 제자도를 연구하면 우리는 그리 중요하지 않은 문제에 집착하거나 위험한 샛길로 빠지는 일 없이, 커다란 유익을 얻을 것이다.

지난 20년 동안 교회에는 실천적인 제자도 관련 책, 프로그램, 적용법 등이 쏟아져 홍수를 이루었다. 그것은 교회 안팎에서 다양하게 사역하는 사람들이 맺은 결실이다. 이런 사역 대부분은 일상에서 사람들이 예수님의 제자로 성장하도록 돕는 실천 과정을 통해 발전했다. 많은 이들이 나름대로 제자도에 대한 이해의 폭을 넓혀가던 시기에 나는 예수님과 동행하기 시작했다. 나는 그들에게서 많은 것을 배웠다. 제자도에 대한 학문적 연구들을 활용하는 것과 더불어, 우리의 연구는 이렇듯 실제 사역을 통해 드러나는 풍성한 자료에서 유익을 얻는다.

하지만 어떤 실천 안내서들은 때로 성경의 교훈에 대해 불완전하고 잘못된 이해를 보인다. 그래서 나는 활용 가능한 자료를 공급하여 현장 사역자들에게 도움을 주고 싶었다. 이 책은 성경적 제자도에 대한 학문 연구에 기초했으며, 청년 사역자로, 목사로, 기독교 교육자로 20여 년에 걸쳐 사역한 나의 경험을 책 속에 담았다.[2] 그러므로 이 책의 목표는 학생, 목회자, 평신도 사역자, 교육자 들에게 성경적 가르침에 대한 읽기 쉽고 상세한 연구를 제공하여 그들이 예수님의 방법을 따라 더욱 효과적으로 제자를 훈련할 수 있게 돕는 것이다.

이 책의 부제인 **주님의 뒤를 따르는 제자도**는 또 한 가지 중요한 문제를 암시한다. 이 책은 제자도에 관한 성경적 신학을 발전시키는 작업이다. 우리는 먼저 성경 자료를 살펴본 뒤, 그 자료가 특정한 신학 체계와 조화를 이루도록 시도할 것이다. 우리는 구약성경에서부터 신약성경에 이르기까지 역사적, 문헌적 상황에서 제자도가 묘사된 기록을 따라갈 것이다. 일단 성경의 묘사를 명확히 본다음 그것이 우리의 신학 체계(이를테면 아르미니우스주의나 칼뱅주의)에 갖는 의미를 찾아보려고 시도할 수 있다. 예를 들어, '제자가 되기 위해 지불해야 하는 비용을 계산함'에 대한 예수님의 가르침은 신학적 논쟁에서 매우 중요한 뜻을 포함한다. 비용을 계산한다는 이 가르침을 예수님이 원래 의도하신 대로 이해하려면 그 교훈을 먼저 역사학, 문헌적 문맥 속에서 파악한 후, 그것이 우리의 특정 체계에서 갖는 함의를 찾아야 한다. 우리는 너무나 자주 어떤 단락을 하나님이 원래 의도하신 대로 들어보려 하지도 않고 우리의 신학적 관점으로 해석하려 한다. 나는 이 연구가 신학적 입장과 관계없이 모든 사람에게 유익이 되기를 바란다.

고대 제자도에 관한 연구는 오늘날에도 유익한 과업이다. 왜냐하면 1세기 제자도 관행을 흐릿하게 만들던 세월이라는 방해물을 성경학자들이 다양한 학문 분야를 사용하여 제거해왔기 때문이다. 우리는 지금 역사학, 사회학, 문헌학의 도움을 받아 고대 세계에서 제자가 무엇을 의미했는지 더욱 분명히 이해하게 되었다. 우리는 전통적인 단어 연구 방법론에 최근의 문헌학적 방법을 병합하여, 신약성경에서 흔히 발견되는 '제자들'이라는 단어를 이해하고자 노력할 것이다. 스승-제자 관계가 존재했던 사회 문화 환경을 이해하기 위해 사회과학적 방법론을 활용할 것이다. 역사적 분석은 예수님이 제자들을 부르신 사건을 객관적으로 이해하도록 도울 것이다. 이런 다양한 학문 분야가 성경 기록과 함께 활용되면, 고대 세계 제자들의 실상을 흐릿하게 만드는 세월의 장막을 걷어내는 데 도움이 될 것이다.

우리가 하는 작업이 성경, 신학 연구이므로 실제적인 적용에 앞서 성경 자체에 기반한 자료들을 이해해야 한다. 우리 중 많은 이들이 다양한 제자도 '프로그램'을 개발하여 교회를 잘 섬겼다. 그런데 그 프로그램들은 성경의 가르침에 대한 포괄적 이해에 근거한 것인가? 성경 연구가 선행되어야 하지만, 성경 연구 다음에는 반드시 적용이 뒤따라야 한다는 점 또한 강조해야 한다. 나는 학문 영역에서 가르치는 일을 한다. 그래서 나와 학생들은 자기가 공부한 내용을 적용하지 않을 위험이 있다. 그렇게 되면 우리는 지식만 탐하고 영적으로는 메마르게 된다. 그러므로 일단 성경의 가르침을 검토한 후에는 교회든 선교 관련 기관이든 가정이든 일상의 여러 관계든, 우리가 처한 환경에서 그 가르침을 적용할 수 있는 길을 모색해야 한다.

이 책은 누구를 위한 것인가?

이 책의 목적은 제자도에 대한 성경적 가르침, 제자도 신학, 제자도 개념의 역사를 전체적으로 소개하는 데 있다. 또한 이 책은 제자훈련 사역에 헌신한 사람들이 활용할 자료를 제공하기 위해 기획되었다. 전체적으로 이 책은 성경 본문을 다룬다. 하지만 주(註)에서는 이 주제에 관한 학문 연구와 토론 그리고 제반 문제에 응답한다. 심화 연구를 원하는 사람들은 주를 참고하기 바란다. 각 장의 '적용점'에서는 독자가 해당 주제의 적용 방법을 개발하도록 돕는 실천 문제들을 다룬다. 이 부분에서는 모든 것을 다루지 않고 단지 제안만 한다.

나는 제자도에 대한 성경의 교훈을 좀 더 분명히 이해하고자 애쓰는 진지한 성경 연구자들과 교회 사역자들을 위해 이 책을 집필했다. 제자들을 부르고 훈련하고 사명을 주어 세상으로 보낼 때 예수님이 의도하신 것을 더 깊이 이해하려는 목회자, 신학생, 성경 연구자, 교회 혹은 선교단체 사역자 들이 이 책의 대상이다. 나의 연구는 오늘날 제자훈련 사역에 종사하는 모든 사람과 밀접하게 연관되어 있다. 이 책의 목적은 성경의 제자도를 진지하게 생각하는 사람들이 풍부한 학문 연구의 결과를 활용하고, 무수히 많은 제자도 안내서 중에서 올바른 것을 선별하도록 돕는 것이다. 이 책이 학자들에게도 유익할 수 있지만, 일차적으로 이 책은 학자들을 위해 쓴 것이 아니다. 또한 제자도에 대한 성경의 가르침을 연구하는 모든 사람이 이 책을 읽을 수 있지만, 그렇다고 해서 대중적으로 가볍게 읽을 수 있는 책을 쓰려고 한 것도 아니다.

이 연구는 성경, 성경 이외의 문헌, 2차 문헌을 다룸으로 독자들에게 정보를 제공한다. 동시에 실생활에서 얻는 유사성, 경험, 관련성을 활용하도록 독자들의 참여를 유도한다. 그중에는 나의 경험도 포함되어 있다. 따라서 이 책의 범위를 단순한 학문 연구로 국한할 수는 없다.

세상에서 행하기

제자도에 대한 성경의 가르침을 연구하고 적용해가노라면 예수님이 우리와 함께하신다는 확신에 점점 더 마음이 든든해질 것이다.

우리는 이미 죽어서 기억 속에서나 존재하는 종교 지도자에 대해 공부하는 것이 아니다. 우리는 부활하여 우리 가까이에 계신 주님을 공부한다. 우리의 공부는 세상에서 예수님과 함께 더욱 효과적으로 살아가도록 돕는 '목적을 향한 수단'이 될 것이다.

우리의 제자도 프로그램들이 참된 제자도에 역행하는 경우가 있다. 이 말은 우리가 프로그램에 매몰된 나머지 실제 생활로부터 스스로 격리될 수 있다는 뜻이다. 예수님은 제자들을 불러 세상에서 그분과 함께 살아가는 법을 가르치셨다. 그것이 진정한 제자도이다. 초대교회가 매주 모여서 공부하고 기도하고 교제하고 예배하는 가운데, 그들은 부활하신 주님과 더욱 효과적으로 동행하고, 주님과 함께 담대히 세상에 나아가 모든 족속으로 제자 삼을 준비를 갖췄던 것이다. 제자도를 찾아 여행하는 동안 우리의 목표는, 예수님의 최초 제자들이 어떻게 훈련을 받아 그분과 동행했는지 배운 후에 그 훈련을 우리 삶에 적용하여 실제 세상에서 예수님과 동행하는 것이 되어야 한다.

성경은 주님과 그분의 제자들이 팔레스타인 하늘 아래에서 살아가는 모습을 생생하게 그린다. 예수님이 하늘에 계신 아버지께 올라가신 후에는 장면이 바뀌어, 제자들이 세상에 나아가 모든 족속으로 제자 삼는 모습이 그려진다. 이 그림들을 통해 예수님은 여전히 오늘의 교회들에게 자신을 따르라고 부르신다. 우리는 그분의 소환 명령을 분명히 듣고 있는가? 우리의 시선을 주님께 온전히 맞추고 있는가? 여러 음성이 우리의 주의를 끈다. 때로 그 음성들이 예수님의 부르심을 약하게 만든다. 많은 권위 있는 사람들이 우리 삶의 방향을 결정하려 한다. 때로 우리 눈에는 예수님보다 그 사람들이 더 선명하게 보인다.

서핑 선수인 크리스는 전문 서핑 세계에서 예수님을 따르려면 도움이 필요하다는 것을 알았다. 제자들의 삶에 대해 읽었지만 실제로는 경험하지 못했음을 알았고, 그것을 경험하기 위해 도움을 청했다. 만약 당신이 주위 사람들을 도와 진정한 그리스도인으로 자라게 하기를 원한다면, 이런 경우야말로 지나칠 수 없는 열린 문이다! 당신은 당신의 삶 속으로 걸어 들어와 도움을 요청하는 '크리스'를 도울 준비가 되었는가? 이웃 사람이든, 회사 동료든, 양육하는 자녀든, 그 누구든 간에 이들은 주님이 우리 삶 속에 보내신 귀한 사람들이다. 우리가 예수님을 더욱 가까이 따르는 법을 배운다면, 우리 역시 주님이 우리에게 보낸 사람들의 인도자가 될 것이다.

이 여행을 시작하며 나는 두 가지를 기도한다. 첫째, 우리가 예수님을 분명히 보게 되며, 이 책이 아니라 예수님 말씀이 우리가 따르는 권위 있는 음성이 되게 해달라고 기도한다. 예수님의 음성을 더 분명히 들을수록 우리는 예수님을 더욱 가까이 따르게 될 것이며 도와달라는 주위 사람들의 요청에 응할 수 있을 것이다. 둘째, 내가 이 여행을 하는 동안 독자 여러분과 나에게 동지애가 쌓이기를 기도한다. 우리 함께 주님을 따라가자.

복습 문제

1 더욱 역동적인 예수님의 제자가 된다는 것은 우리 일상에 어떤 영향을 미치는가?

2 예수님의 제자가 되겠다는 당신의 결단과 최초의 제자들이 내린 철저한 결단을 비교했을 때 어떠한 생각이 드는가?

3 이 세상에서 예수님이 걷지 않는 곳이 있을까? 있다면 그 이유가 무엇이고, 없다면 그 이유가 무엇이라고 생각하는가?

4 서핑 선수인 크리스가 당신에게 찾아와서 예수님의 제자가 되도록 도와달라고 요청한다면, 당신은 어떻게 응답하겠는가?

5 크리스가 철저한 제자도를 향한 목표를 성취하도록 돕기 위해 당신은 그와 무엇을 하겠는가?

2장
과격하지만 현실적인 오늘의 부르심

초점 맞추기

1. 예수님의 제자들을 어떻게 정의할 수 있는가?
2. 당신은 "모든 제자는 신자이지만, 모든 신자가 제자인 것은 아니다"라는 말에 동의하는가?
3. 당신은 예수님의 제자인가? 오늘날 누가 예수님의 제자인가? 제자가 되는 것은 선택 사항인가?

―――――

예수님의 제자가 된다는 것은 간단히 이해할 수 있는 현상이지만, 그것을 완전히 파악한다는 것은 믿을 수 없을 만큼 복잡하다.

이 장면을 보라. 한 젊은 선원(sailor)이 크리스천 커피 하우스 바닥에 앉아 있고, 그 옆 안락의자에는 노인이 한 명 앉아 있다. 그 젊은 선원은 초조해하는 기색이 역력하다. 손을 비틀고 절망스러운 표정을 짓다가 목소리를 높여 노인에게 애원하듯이 소리를 지른다. "언제쯤 예수님의 제자가 됩니까? 제가 더 할 일은 뭐죠? 저는 예수님의 제자가 되길 간절히 원하지만 제가 무엇을 더 해야 하는지는 모르겠어요!"

이 장면은 오늘날까지 나를 따라다닌다. 당시 나는 믿은 지 얼마 안 된 신자였고, 기독교 봉사자 센터에서 회심에 대해 간증하라는 요청을 받았다. 그런데 센터에 들어서서 맨 처음 만난 사람이 바로 그 선원이었다. 가장 진지한 소원을 가진 청년이었지만, 그는 제자도에 대한 개념 때문에 혼란스러워하고 있었다.

그 젊은 선원이 혼란에 빠진 것과 동일하게 복잡한 현상이 지난 사반세기 동안 기독교계에 나타났다. 언뜻 보기에 제자도는 간단히 이해될 것 같지만, 예수님이 제자들과 한 일을 자세히 살펴볼수록 문제는 더욱 복잡해진다. 30년도 더 전에 존 빈센트(John Vincent)는 젊은 선원이 처한 딜레마의 본질을 미리 내다보았다. "아버지나 어머니를 나보다 더 사랑하는 자는 내게 합당하지 아니하고… 또 자기 십자가를 지고 나를 따르지 않는 자도 내게 합당하지 아니하니라 자기 목숨을 얻는 자는 잃을 것이요 나를 위하여 자기 목숨을 잃는 자는 얻으리라"(마 10:37-39)라는 제자도에 대한 예수님의 가르침을 설명하면서 빈센트는 이렇게 썼다.

공관복음서에서 **제자도를 나타내는** 말과 이와 유사한 다른 말들은 교회에서 늘상 **매혹적**이거나 **당황스러운** 말이었다. 은둔자, 수도사, 선지자, 심지어 신비주의자에게 이 말은 거부할 수 없는 매력으로 다가왔다. 기독교 역사상 가장 위대한 인물이—베네딕트(Benedict), 아시시의 프란체스코(Francis of Assisi), 야콥 뵈메(Jacob Boehme), 윌리엄 로(William Law), 쇠렌 키르케고르(Søren Kierkegaard), 디트리히 본회퍼(Dietrich Bonhoeffer)—그리스도인 실존의 신비의 열쇠를 여기에서 찾았다. 그러나 교회 전체에 이 말은 항상 문젯거리였다. 이 말을 문자적으로 받아들인다면 제자가 될 수 있는 사람은 거의 없다. 그러나 이 말을 상징 혹은 영적으로 해석한다면, 그것은 최초로 부름받은 사람들이 이해했던 것과 다른 의미로 우리에게 다가온다.[1]

젊은 선원이 그러했고, 오늘날 교회를 다니는 많은 사람들도 그렇듯이, 제자도에 대해 예수님이 하신 말씀에 대한 빈센트의 고민은 그 딜레마를 선명하게 보여준다. 이 딜레마를 드러내는 방법으로 나는 강의실, 교회, 강연회에서 제자도에 대해 가르칠 때 이런 질문을 던진다. "겸손한 확신을 가지고 자신이 예수 그리스도의 참된 제자라고 믿는 분은 손을 들어보세요." 사람들은 이 질문에 어떻게 대답해야 할지 몰라서 혼란스러워 한다. 대부분은 손을 들지 않고, 어떤 사람은 망설이면서 손을 들고, 어떤 사람은 들다가 내리고, 어떤 사람은 절반 정도 엉거주춤 들어 올린다.

그다음에는 이렇게 질문한다. "겸손한 확신을 가지고 자신이 참된 신자라고 믿는 분은 손을 들어보세요." 대부분 즉시 손을 든다. 아무런 망설임도, 아무런 의심도 없이!

지난 20여 년 동안 말 그대로 제자도 연구의 홍수가 교회를 휩쓸었지만, 사람들은 이전보다도 더욱 혼란스러워하는 것 같다. 이유가 무엇인가? 예수님이 하신 일이 무엇이었고, 제자를 만들기 위해 우리가 해야 하는 일이 무엇인지에 대한 생각이 전혀 일치되지 않는다. 예수님의 제자란 무엇인가? 제자라면 어떻게 되어야 하는가? 누가 제자도의 대상이 되어야 하는가?

제자도의 모델

오늘날 위의 질문들에 대해 여러 대답이 제시된다. 다양한 대답에 주목해보면 성경 자료를 연구한 사람들에게서 나온 몇 가지 제자도 모델을 볼 수 있다. 각각의 모델에 어느 정도 다양성이 있기는 하지만, 각 모델을 구분 짓는 특징이 있다. 여기에서는 다섯 개의 모델을 뽑아냈다. 제자도에 대한 각각의 모델에는 장점과 단점이 있다. 다음의 제자도 모델 중 어느 것이 예수님의 제자가 된다는 것에 대해 당신이 이해하는 것과 가장 가까운가?

제자는 학생이다

어떤 사람들은, 제자란 위대한 스승을 따르는 학생이라고 말한다. **제자**라는 말은 위대한 선생의 권위 아래에 자신을 둔 사람을 가리키며, 그 말 자체가 그리스도인에게만 적용되지는 않는다는 것이다.[2] 예를 들면, 찰스 라이리(Charles Ryrie)는 '제자'라는 말에 대해서 다음과 같은 일반적인 정의를 제안한다. "어떤 선생과 그의 교훈을 따르는 사람으로, 성경 시대에는 그 선생이 어디로 가든지 함께 여행하기도 했다."³ 케네스 웨스트(Kenneth Wuest)는 이렇게 말한다. "이 단어는 단순히 자신을 다른 어떤 사람의 가르침 아래에 두고 그에게 배우는 사람을 가리킬 뿐이다 … '제자'라는 단어의 경우, 거기에서 언급되는 특정 제자가 구원을 받았는지 받지 않았는지는 그 단어 자체로 결정되는 것이 아니라 문맥으로 결정해야 한다."⁴ 리빙스턴 블로벨트(Livingston Blauvelt)는 한 걸음 더 나아가 다음과 같이 말한다.

> 헬라어 단어 '제자'($\mu\alpha\theta\eta\tau\acute{\eta}\varsigma$ [mathētēs, 마쎄테스])는 '배우다'($\mu\alpha\nu\theta\acute{\alpha}\nu\omega$ [manthanō, 만싸노])라는 단어에서 나왔다. 구원을 받거나 받지 않은 많은 사람들이 예수님에게서 배우고 있었다. 그래서 예수님은 자신을 따르려는 사람들에게 치러야 할 비용을 계산하라고 권한 것이다(눅 9:23; 14:25-35). '제자'와 '그리스도인'이 동의어가 아니라는 것은 요한복음에서 분명히 알 수 있다. "그때부터 그의 제자 중에서 많은 사람이 떠나가고 다시 그와 함께 다니지 아니하더라"(요 6:66). 그런데 거기에는 구원받지 못한 제자 유다가 있었다.⁵

이 견해에서는 배울 것이 있다. 왜냐하면 여기에서 **제자**라는 명사와 **배우다**라는 동사 사이의 초기 언어학적 관련성이 강조되기 때문이다. 나아가 이 모델은 예수님을 따르던 다양한 종류의 사람들이 제자라고 불린 것을 강조한다. 우리는 복음서를 통해 제자가 예수 그리스도를 믿는 사람일 수도 있고, 세례 요한이나 바리새인 같은 다른 누군가를 따르는 사람이 될 수도 있다는(마 22:15-16) 것을 안다.⁶ 이 모델은 또한 예수님의 지상 사역 동안에 '제자'의 개념이 역사적으로 발전했음을 보여준다. 예수님의 사역 초기에는 사람들이 예수님의 '제자'가 되었지만, 뒤에는 그들이 신자도 아니었음이 드러난 것이다.

이 모델은 두 가지 근본적인 문제를 안고 있다. 첫 번째, '제자'에 해당하는 헬라어 단어 *mathētēs* [마쎄테스]가 성경에서는 단순히 '학생'이라는 뜻과는 다른 방식으로 사용되었다. 예를 들어 세례 요한의 추종자들은 한 선생의 학생이라기보다는 선지자와 그를 둘러싼 운동의 추종자들로 봐야한다. 두 번째 어려움은, 사도행전에서 **제자**라는 용어의 통상적인 용법을 살펴볼 때 드러난다. 사도행전에서는 그 단어가 그대로 '그리스도인'을 가리키는 용어로 사용된다. 예를 들어 사도행전 11장 26절은 "제자들이 안디옥에서 비로소 그리스도인이라 일컬음을 받게 되었더라"라고 말한다. 제자는 단순한 학생 이상이었던 것으로 보인다.

제자는 헌신된 신자이다

몇몇 사람들은, 제자란 헌신된 그리스도인으로서 예수님을 따르고 제자도에 대한 예수님의 철저한 요구에 순종하기로 결심한 신자라고 말한다.[7] 후안 카를로스 오르티즈(Juan Carlos Ortiz)는 "제자란 무엇인가?"라는 질문에 다음과 같이 대답한다. "제자란 예수 그리스도를 따르는 사람이다. 그러나 우리가 그분 나라의 구성원이기는 하지만, 우리가 그리스도인이라고 해서 반드시 그분의 제자인 것은 아니다. 그리스도를 따른다는 것은 그분을 주님으로 인정하면서 종이 되어 그분을 섬기는 것을 뜻한다."[8] 드와이트 펜

테코스트(Dwight Pentecost)도 이와 유사하게, "구원받는다는 것과 제자가 된다는 것 사이에는 큰 차이가 있다. 제자들은 전부 구원받은 사람들이지만 구원받은 모든 사람이 제자인 것은 아니다. 제자도의 문제를 다루는 것은 구원 문제를 다루는 것이 아니다. 예수 그리스도를 스승으로, 주인으로, 주님으로 삼는 사람이 예수 그리스도와 맺는 관계를 다루는 것이다".[9] 월터 헨릭슨(Walter Henrichsen)은 교회 안에 있지만 예수님의 제자도 교훈에 철저히 헌신하지 않은 그리스도인을 가리키면서 이렇게 말한다. "저 사람을 보라. 그는 제자가 되기 위한 비용을 치르려 하지 않는다. 그런 결정을 내린 결과, 그는 평범한 삶으로 물러나고 말았다. 가장 앞설 수 있는 기회를 얻었지만 가장 뒤에 서기로 결정했다. 예수님의 표현을 빌리면, 그는 맛을 잃은 소금이다. 당신이 무엇을 하든지 그 사람처럼 되지는 말아야 한다."[10]

이 모델은, 제자 됨에 따르는 비용을 계산하라고 하신 예수님의 철저한 도전을 강조한다. 이 모델은 예수님을 쫓아다니던 작은 무리를 가리키면서, 그들이 모든 것을 버리고 좇았을 때 더 높은 영적 부르심의 모델이 되었다고 강조한다. 예수님의 제자들을 무리와 비교하면서, 그 둘 사이의 차이가 헌신하라는 예수님의 부르심에 대한 반응이라고 결론짓는다. 그러므로 제자도의 출발점은 헌신이다. 이 모델에 의하면, 오늘날 교회에는 제자와 보통 신자라는 두 수준의 사람들이 존재한다. 제자는 보통 신자보다 더 헌신된 사람들이다. 이 제자도 모델은 매우 광범위하게 퍼져 있으며, 그 안에도 몇 가지 다른 유형이 존재한다. 이 견해를 취하는 어떤 사람들은 적극적인 '제자들'(이들은 어떤 갱신 운동과 선교단체 조직에서 발견된다)

과 보통 그리스도인들을 구분한다. 이 입장을 견지하는 또 다른 사람들은 '성령 충만한 제자들'(이들은 은사주의 교회에서 발견된다)[11]과 다른 그리스도인들을 구분한다.

이 모델에도 역시 문제가 있다. 그중 하나가 예수님의 제자도 메시지와 그 메시지를 듣는 청중의 영적 상태를 해석하는 데 있다. 예를 들어, 예수님이 '무리'에게 '제자'가 되기 전에 먼저 비용을 계산하라고 요구하실 때(눅 14:25-33), 혹은 부자 청년 관원에게 가진 것을 전부 가난한 사람들에게 나눠 줘야 영생에 들어갈 수 있다고 말씀하실 때(마 19:16-22) 무리의 영적 상태가 어떠했는가? 그들이 이미 신자였는가, 아니었는가? 그 메시지의 의미가 무엇인가? 그것이 더 깊은 헌신으로의 부르심인가, 아니면 구원으로의 부르심인가? 이 모델의 다양한 형태가 신자를 두 부류로 전제하는, 이상한 제자도 개념에 의존하고 있으며 이는 분명 문제가 있다.[12]

제자는 사역자이다

또 다른 형태의 제자도 모델은, 제자란 평신도 중에서 부름을 받아 사역자가 된 사람이라고 주장한다. 제자도란 성도들, 곧 교회를 섬기는 법을 배우기 위해 예수님과 함께함을 뜻한다는 것이다.[13] 마태복음에서 무리와 제자를 구분하는 것에 주목한 폴 미니어(Paul Minear)는 무리가 예수님을 따르는 사람들을 표시하므로, 그의 제자들은 "일반적으로 생각하는 것보다 훨씬 더 좁고 특화된 그룹을 형성한다. 그들은 예수님의 뒤를 이어 축귀, 병 고침, 선지자 역할, 교사 역할을 수행하도록 선택되어 훈련받는 사람들이다"

라고 제안한다.[14] 데니스 스위트랜드(Dennis Sweetland)도 비슷한 관점에서 다음과 같이 말한다. "모든 사람이 하나님의 통치에 참여하라는 부름을 받지만, 그중 일부 사람들만이 예수님을 따르는 자가 되라는 부름을 받는다. … 예수님의 제자는 종말론적인 공동체 안에서 다른 이들을 섬기라고(막 1:31 참조), 또한 공동체 밖에서 선교 사역을 통해 섬기라고 부르심을 받는다."[15]

이 모델은 열두 제자가 예수님의 사역에서 그분과 나눈 긴밀한 관계 그리고 초대교회에서 그들이 행한 사역에 주목한 결과로 나왔다.[16] 이 모델의 결론에 따르면, 제자도로의 철저한 부르심은 오늘날 신자가 어떻게 사역에 임해야 하는지 본보기를 제시하기 위해 의도된 것이다. 이 제자도 모델은 광범위하게 퍼져 있고, 특별히 교단 내의 위계질서를 강조하는 교회 전통에서 발견되며, 대개 성직자와 평신도의 구분을 강조한다. 또한 이 모델은 예수님이 제자들을 훈련한 방식이 오늘날 그리스도인 지도자가 어떻게 훈련되어야 하는지의 본보기가 된다고 주장하는 사람들에 의해 매우 자주 사용된다.[17]

두 번째 모델에서 발견되는 동일한 문제가 여기에도 적용되지만, 이 모델에서는 열두 제자가 자주 모범으로 사용되기 때문에 또 다른 문제가 덧붙여진다. 제자로서의 열둘과 사도로서의 열둘이 분명히 구분되지 않으면 문제가 발생한다. 대부분의 학자들은 열둘에 대해 **제자**라고 말할 때와 **사도**라고 말할 때 상당히 다른 측면을 가리킨다는 데 동의한다. 열둘이 언제 제자의 기능을 하고 언제 사도의 기능을 하는가? 이것은 반드시 구분해야 하는 중요한 문제이다.

제자는 회심자이다: 제자도는 뒤에 온다

또 다른 사람들은, 제자란 예수님에 대한 믿음으로 회심한 사람이고, 제자도는 그 뒤에 온다고 제안한다. 제자란 복음을 듣고 믿은 사람이며, 그 후의 성장 과정이 '완전케 됨' 혹은 '제자도'라는 말로 불린다는 것이다.[18] 도널드 맥가브란(Donald McGavran)의 말이다. "교회 성장학파 사람들은 '제자 삼기'라는 말을 그리스도에게 와서 세례를 받고 신자가 되는 최초 단계를 뜻하는 말로 사용한다. 우리는 거기에서 더 나아가 교회 성장의 두 번째 부분을 '완전케 하기' 혹은 은혜 안에서 성장하기라고 말한다."[19] 교회 성장 운동의 또 다른 지도자인 피터 와그너(Peter Wagner)도 이와 유사하게 선언한다.

> 어떤 사람이 단지 기독교 국가에서 태어났다는 사실만으로, 혹은 많은 경우 교회에 들어왔다는 단순한 사실만으로 제자인 것은 아니다. … 신약성경에서 제자라는 말의 근본 의미는 진정한, 중생한 그리스도인이 되었다는 것이다. … 어떤 사람들은 '제자 삼기'와 '제자도'를 혼동한다. 제자 삼기는 지상명령(The Great Commission)에 따른 복음전파와 선교의 바른 목표이다. 일단 제자가 되면 그들은 일생 동안 지속되는 제자도의 길을 시작하는 것이다.[20]

이 제자도 모델은 모든 족속으로 '제자를 삼으라'는 지상명령이 비그리스도인을 그리스도인으로 만들라는 의미라고 강조한다. 이 모델은 회심을 그리스도인 삶의 시작점이라고 강조하는데, 이는 회심이 제자가 되기 시작하는 지점이라는 의미이다. 나아가 이 모델은 **제자**라는 용어가 복음서와 사도행전에서 '신자'를 가리키는 가장 일반적인 용어임을 인식한다.

이 모델의 문제는 지상명령의 '제자를 삼으라'는 명령 뒤에 따르는 '세례를 줌' 그리고 '가르침'과 분리한다는 점이다. 또한 **제자**, **제자 삼기**, **제자도**라는 용어 사용에서 모순이 발견된다. **제자도**의 길에 들어서지 않고도 **제자**가 될 수 있는가? **제자 삼기**는 **제자도**와 다른 것인가?

제자란 제자도 과정에 있는 회심자이다

또 다른 사람들은, 제자란 회심할 때 제자도의 삶으로 들어온 참된 신자라고 주장한다. 앞의 모델과 마찬가지로 이 모델도 제자가 되기 시작하는 시점은 회심이며, 제자도는 그것의 자연적인 결과로서 필수적으로 연결된다. 그리스도인에게 제자도는 삶의 둘째 단계가 아니라 삶과 동의어이다. 회심할 때 예수님의 제자가 되고, 그리스도인으로서 성장하는 과정이 제자도라고 불린다. 디트리히 본회퍼는 그리스도인의 삶으로 들어오면서 그것이 동시에 제자도의 삶으로 들어오는 것임을 인식하지 못하는 것은 하나님의 은혜를 값싸게 만든다고 생각했다. 그의 말이다.

> 값싼 은혜란 제자도가 없는 은혜, 십자가가 없는 은혜, 예수님의 삶과 성육신이 없는 은혜이다. … 제자도란 은혜로부터 솟아나는 삶을 의미하며, 은혜란 오직 제자도임을 아는 사람에게 복이 있다. 이런 의미에서 그리스도인이 된 사람에게 복이 있다. 그런 사람들에게 은혜라

는 단어는 자비의 샘이 되었다.²¹

달라스 윌라드(Dallas Willard)는 제자도가 그리스도인의 삶에서 둘째 단계인 선택 사항이 아님을 강조하며, 그리스도인의 삶을 제자도라는 견지에서 이해하는 것이 행위에 의한 구원을 암시하지는 않는다고 선언한다. 그는 이렇게 말한다. "우리는 완전을 말하는 것도 아니고, 하나님이 주신 생명의 선물을 값을 지불해야 얻을 수 있다고 말하는 것도 아니다. 우리의 유일한 관심사는 생명으로 들어가는 방법에 대한 것일 뿐이다. 누구도 스스로의 공로에 의해서 구원을 얻을 수는 없지만, 구원이 자기 것이 되려면 행동해야 한다."²² 이와 유사하게 제임스 몽고메리 보이스(James Montgomery Boice)는 단언한다. "마치 사람이 처음에는 예수님을 믿는 신자가 되고, 그다음으로 그가 선택하면 제자가 되는 것인 양, 제자도를 기독교의 둘째 단계로 간주해서는 안 된다. 그리스도인이 된다는 것은 처음부터 제자도를 포함한다."²³

이 제자도 모델이 강조하는 바는 이렇다. 예수님이 사람들을 부르시고 제자들을 파송하여 다른 사람들을 제자 삼도록 하셨을 때, 예수님은 사람들을 그분과의 구원의 관계 속으로 부른 것이며 그 결과 새로운 제자들의 삶을 변화시키려 하신다. 그러므로 지상명령에 나타난 예수님의 목적은 회심과 성장을 모두 포함한다. 즉 '제자 삼기'란 사람이 회심의 순간에 제자가 되고 새로운 제자의 삶에서 제자도의 성장이 자연스러운 귀결로 따라온다는 것이다. 예수님이 제자들을 파송해 회심자를 만들도록 했을 때, 예수님의 교훈에 나타난 제자도의 요구는 최초의 추종자들에게만 적용된 것이 아니라 모든 참된 신자들에게 적용된다.

이 제자도 모델은 광범위하게 퍼져 있으며, 몇 가지 다른 문맥 속에서 나타난다. 어떤 사람들은 예수님과 함께 행하기로 한 제자의 인격적 측면을 강조하는가 하면,[24] 다른 사람들은 제자의 사회적 영향력이라는 사회 파급 효과를 강조한다.[25] 어떤 사람들은 기독교 제자도 공동체가 성장하는 것이 세상에 대한 증거가 되어야 한다는 점에 집중하고,[26] 또 다른 사람들은 선택된 제자들을 위한 지도자 훈련을 강조하고,[27] 또 어떤 이들은 제자도를 정당하게 강조했을 때 따라올 복음전파와 선교 활동에 초점을 맞춘다.[28] 이와 같은 다양성이 있음에도 이 모델에는 공통분모가 있다. 참된 신자 모두가 제자로 이해된다는 것, 그리고 그리스도인의 삶은 예수님의 제자도 교훈의 실천이라는 것이다.

그러나 이 모델에도 몇 가지 문제가 있다. 첫째, 예수님이 제시한 제자도의 어떤 요구가 누구를 위한 것인지 분명하지 않으며, 그 요구 대상도 분명하지 않다. 예수님의 철저한 제자도 권면은 종종 청중을 구분하지 않고 모두에게 전체적으로 제시되며 그것이 주어진 목적도 분명하게 밝혀지지 않는다. 모든 제자/신자가 제자도 교훈의 모든 의무를 지는가? 예를 들면, 오늘날의 제자도가 문자 그대로 모든 사람이 가족과 직장을 포함한 모든 것을 버리고 예수님을 따라야 한다는 뜻인가? 모든 그리스도인이 자기의 전 재산을 가난한 자들에게 나눠 주어야 하는가? 그리스도가 공생애 사역에서 도전한 제자도 교훈의 목적이 무엇인가?

이 마지막 질문이 둘째 문제로 통한다. 이 모델은 신자가 되기 전에 '비용을 계산한다'는 것이 무엇을 의미하는지 늘 명확하게 제시한 것은 아니기 때문에 회심과 헌신을 혼동한다는 비난을 받아 왔다. 회심 전에 헌신의 행동을 해야 하는가? 그렇다면 이것은 은혜와 어떻게 양립하는가? 그렇지 않다면, 비용을 계산한다는 것은 무슨 의미인가?

셋째, 이 모델이 제자로서의 열둘과 사도로서의 열둘의 차이를 분명히 구분하지 않기 때문에 다른 제자도 모델에서와 같은 문제가 발생한다. 사도로서의 열둘을 향해 독특하게 의도된 바는 무엇이며, 제자로서의 열둘에게는 어떤 지시가 주어졌는가?

넷째, 복음서에서 발견되는 제자도와 사도행전의 초대교회에서 발견되는 제자도 사이에는 차이가 있는가? 오순절은 제자들 삶에 중요한 전환점이 된 것으로 보인다. 제자가 된다는 것의 의미를 오순절이 변화시켰는가? 마지막으로, 오늘날의 교회는 어떠한가? 이 모델이 강조하는 것처럼, 기독교에 두 가지 수준이 있다는 개념이 부당하다면, 오늘날 교회 내에서 예수님의 제자도 교훈을 따라 살지 않는 것처럼 보이는 많은 사람들의 영적 상태에 대해 뭐라고 말해야 하는가? 오늘날의 교회는 구원과 제자도 사이의 관계가 분명하게 이해되고 있는가? 예수님의 제자도 교훈이 너무 과격하여 오늘날에는 더 이상 실천할 수 없는 것 아닌가?

제자도 연구의 문제 극복하기

내가 봉사자 센터에서 만난 젊은 선원이 깊은 고민에 빠진 것은 전혀 놀라운 일이 아니다! 앞서 언급한 모델들은 제자도에 참여하라는 예수님의 부르심을 진지하게 받아들인, 훌륭한 하나님의 사람들이 취한 것들이다. 그런데 그들까지도 의견 일치에 도달하지 못한 것을 볼 때, 그 청년이 제자도에 참여하라는 예수님의 부르심을 어떻게 이해할 수 있겠는가! 각각의 모델은 부분적으로나마 성경의 가르침을 정당하게 강조했다. 그런데 왜 다른 모델들이 생기는가? 왜 이런 문제가 발생하는가?

이처럼 다양한 모델은 예수님의 제자도 개념의 핵심을 이해하여 오늘날의 사역에 적용하는 과정에서 탄생했다. 그런데 각각의 모델이 가진 중요한 문제는 서로 모순되는 것처럼 보이는 구절들을 조화하려는 시도 속에서 생겨났다. 곧 예수님의 은혜의 부름과 제자도의 엄중한 요구를 조화하거나, 무리에 대한 예수님의 사역과 제자들에 대한 사역을 조화하거나, 일반적인 제자도에 대한 단락과 열두 사도에 대한 단락을 조화하거나, 복음서에 나타난 제자에 대한 묘사와 **제자**라는 단어가 사도행전에는 등장하지만 서신서에는 등장하지 않는 사실을 조화하려고 시도하는 가운데 그런 문제가 발생한 것이다. 각각의 제자도 모델은 특정한 형태의 제자도 가르침을 강조한다는 장점이 있다. 하지만 각각의 제자도 모델은 다른 형태의 제자도 가르침을 강조하지 않는다는 단점도 가지고 있다. 1세기의 제자도를 섭렵하기 위한 여행을 떠나기 전에 몇 가지 사항을 명심해야 한다.

우리 시대 예수님을 따르기 전에 1세기 예수님 시대로 들어가기

1세기의 문화적 배경 속에서 발생한 제자도의 역동성을

먼저 이해한 다음, 그 역동성을 우리 생활에 적용하려고 노력하면 많은 문제가 극복될 수 있다.

복음서를 공부하는 수업의 첫 시간마다 나는 학생들과 일종의 놀이를 한다. 먼저 자원하는 사람 몇 명을 앞으로 나오라고 해서 넓은 강의실 연단에 세운다. 나는 내가 군대에 있을 때 훈련 교관이었으며, 내 임무는 신병들에게 열병과 분열을 가르치는 것이었다고 알려준다. 그런 다음 "나는 여러분이 복음서를 통해 행진하는 일을 돕겠다"라고 말하며 자원자들이 줄 맞춰 서게 한 뒤, 이렇게 외친다. "행군 앞으로!" 그리고 그들이 몇 발자국을 떼면 곧바로 멈춰 세운 다음, 행군을 시작할 때 어느 쪽 발이 먼저 나갔는지 묻는다. 어떤 이는 오른발, 어떤 이는 왼발, 어떤 사람은 기억도 못한다! 그들이 혼란스러워할 때 나는 군인들이 어떻게 해서 항상 정확하게 발을 맞춰 행진하는지 알려준다. 그들은 늘 같은 발을 먼저 내디딘다. **왼쪽** 발이다.

이와 마찬가지로 복음서를 통과하여 나아갈 때도 우리는 언제나 같은 발, 곧 왼발부터 내디뎌야 한다. 여기에서 왼발이란, 예수님이 팔레스타인을 다니며 가르치시던 당시의 관점으로 복음서를 이해하기 시작해야 함을 의미한다. 제자도에 대한 예수님의 말씀이 그분과 함께 있으면서 최초로 그 말씀을 들은 사람들에게 무엇을 뜻했을까? 1세기 현장에서 예수님의 의도는 무엇이었을까?

왼발을 확고하게 디딘 다음에는 이제 오른발을 내디딘다. 오른발은 그 단락을 오늘 우리의 삶에 적용하는 것을 뜻한다. 제자도에 대한 말이 최초의 청중에게 무엇을 뜻했는지 일단 이해하고 나면, 그 본질적인 원리를 취하여 우리의 상황에 적용할 수 있을 것이다.

만약 오른발부터 내디디면 우리는 우리 자신의 가치관과 상황을 복음서 속으로 밀어 넣는 위험에 처할 수 있다. 우리는 원래의 의도를 통해서 우리 자신에 대한 적용을 해석해야 한다.[29] 앞서 제자도 모델에서 발견된 몇 가지 문제점은 오른발을 먼저 내디딘 결과이다! 현대 세계에서 예수님을 따른다는 것이 무슨 뜻인지를 분명하게 알기 위해서는 1세기에 예수님을 따른다는 것이 무슨 뜻이었는지 가능한 분명하게 이해해야 한다. 우리는 언제나 왼발부터 내디뎌야 하는 것이다!

특정한 청중과 공감하기

제자도 모델들에서 발생한 몇 가지 문제점은 예수님의 가르침을 들은 청중을 명확하게 정의하지 않은 결과로 발생했다. 오늘날 설교자들과 교사들도 청중의 필요와 상황에 적절하게 대처하기 위해 그들을 이해하려는 노력을 기울이듯, 예수님도 청중의 영적 상태에 적합한 교훈을 제공하셨다. 예수님은 자기 주위의 특정한 사람들에게 가장 적합한 가르침을 베풀고 초대하셨다. 예를 들면, 비유적 강설에서 예수님이 말한 비유들은 청중에 대한 의도(천국의 비밀을 감추는 것)와 제자들에 대한 의도(천국의 비밀을 드러내는 것)가 달랐다(마 13:1-2, 10-17; 막 4:1-12 참고). 우리가 청중을 정확하게 파악하지 못하면 청중과 공감하지 못하고, 우리의 영적 상태에 적절한 교훈을 제공하지 못할 것이다. 개괄적으로 말하면, 무리를 향한 제자도 교훈은 제자가 되는 행동에 대해 다루고(복음전파), 제자들을 향한 교훈은 제자도에서의 성장을 다룬다(그리스도인의 성장).

제자로서의 열둘과 사도로서의 열둘을 구별

교회사를 통해 볼 때, 열두 제자의 삶은 어떤 긴장을 느끼게 한다. 하지만 그들이 실제로 우리와 크게 다르지 않음을 깨달을 때 특별한 위로를 받는다. 예수님이 그들의 삶에서 어떤 일을 이루셨다면 우리의 삶에서도 어떤 일을 이루실 수 있음이 분명하지 않은가! 그런데 한편으로 그들은 우리와 너무나 달라 보인다. 열둘은 초대교회를 세우는 일에 사용되었고 그것은 더 이상 반복될 수 없는 일이다. 우리가 언제 그런 사역을 경험하겠는가?

이 사실이 제자도 모델에서 열둘이 사용될 때 발생할 수밖에 없는 특별한 문제점을 보여준다. 즉 제자로서의 열둘과 사도로서의 열둘이 항상 명확하게 구분되지는 않았다는 점이다. 비록 열둘이 제자이면서 사도였지만, 학자들은 **제자**라는 말과 **사도**라는 말이 상당히 다른 측면을 가리킨다는 데에 동의한다. 실제로 복음서에서는 열둘을 거의 언제나 제자들이라고 부르지만, 사도행전에서는 한 번도 제자들이라고 부르지 않는다. 사도행전에서는 초대교회에서 그들의 지도적 위치를 강조하기 위해 언제나 사도들이라고 불렀다. 그러므로 우리가 관찰한 바에 따르면, 제자로서의 열둘은 예수님이 모든 신자들과 함께 일하시는 방법의 모범을 보여주고, 사도로서의 열둘은 예수님이 교회 지도자들과 함께 일하시는 방법의 모범을 보여준다.

브루스(A. B. Bruce)는 그의 고전인 《열두 제자의 훈련》(*The Training of the Twelve*, 크리스챤다이제스트)에서 열두 제자가 예수님과 관계 맺는 것을 세 단계로 구분하여 제시했다. 첫째 단계에서 그들은 단지 예수님을 그리스도로 믿는 신자였으며 때때로 예수님과 동행했다(예를 들면 요 2:1, 12, 17, 22; 3:22; 4:1-27, 31, 43-45). 둘째 단계에서는 그들이 모든 일에서 직접 그리스도와 항상 함께하는 형태를 취했으며, 그들은 세속의 직업을 완전히 포기하거나 습관적으로 포기했다(예를 들면 마 4:18-22; 9:9). 셋째 단계에서는 열둘이 그들 생애의 부르심에서 가장 높은 단계에 들어갔는데, 그때 그들은 많은 무리로부터 선택되어 위대한 사도의 직무를 감당하기 위해 훈련받는 별도의 단체를 구성했다.[30] 여기에서 주목할 점은, 신자인 첫째 단계였든지, 그리스도와 함께하는 둘째 단계였든지, 사도인 셋째 단계였든지 간에 그들이 언제나 **제자**였다는 사실이다. **제자**라는 단어는 그들이 예수님과 함께하는 생활의 기초였다. 그들은 **예수님을 따르는 자들**이었지, 다른 스승을 따르는 자들이 아니었다. 둘째와 셋째 단계는 그들이 미래의 사역을 위해 훈련받는다는 의미에서, 주님과 특별한 관계로 들어간 것을 보여준다.

   나의 경험도 어느 정도 이와 유사하다. 새 신자였을 때 우리 부부는 다른 신자들과 함께 일반적인 교제를 나눴다. 그러다가 고등학생 그룹을 지도해달라고 요청받았을 때, 우리는 교회의 일꾼으로 부름받은 것이다. 우리가 신학교로 인도받고 훗날 목회 사역을 시작했을 때 나는 목사로 불렸다. 각 단계마다 우리는 우리 자신을 예수님의 제자로 여겼는데, 이 점에 있어서는 교회 내 다른 제자들과 다를 바가 없었다. 그러나 주님이 우리를 다른 사람과 구별되는 지도자의 역할로 부르셨다는 점에서 우리는 교회 내 제자들과 달랐다. 열둘의 실례에서 교훈을 얻으려면 그들이 주님과 관계를 맺어가던 시점마다 담당했던 역할을 주의 깊게 살펴보아야 한다.

용어 해석을 위해 사도행전의 도움을 받아야 한다

제자도 관련 용어를 해석할 때 사도행전의 도움을 받으면 몇 가지 어려움을 해결할 수 있다. 사도행전에 기록된, 초대교회 시대의 **제자**라는 말은 예수님을 참되게 믿는 신자들(believers)과 동의어였다. 누가는 사도행전 4장 32절에서 "믿는 무리"(all the believers)라고 말하고, 사도행전 6장 2절에서는 "모든 제자"(all the disciples)라고 말한다. 누가의 글에서는 "믿는 자들"이라는 표현과 "제자들"이라는 표현이 같은 무리의 사람들을 의미한다(행 6:7; 9:26; 11:26; 14:21-22). 또한 사도행전은 초대교회에서 신자를 가리키는 일반적인 단어가 **제자**였다는 사실을 밝혀준다. 이처럼 **제자**는 **그리스도인**이라는 단어와 동의어로 쓰인 최초의 단어이다(행 11:26).

누가는 열둘을 가리켜 **제자**와 **사도**라는 단어를 둘 다 사용했다는 것을 밝혀준다. 그는 복음서에서와 달리 사도행전에서는 열둘을 한 번도 '제자들'이라고 부르지 않고 오직 사도라고만 지칭한다. 이는 초대교회에서 열둘이 사도라는 구별된 역할을 담당했음을 강조한 것이다. 그러므로 사도행전에서의 열둘은 지도자 역할을 강조하기 위해 사도라고 불렸으며, 신자를 가리키는 일반적인 이름은 **제자**였음을 알 수 있다.

사도행전은 또한 제자도 관련 용어의 변천을 볼 수 있게 도와준다. 복음서에서 **제자**는 예수님을 따르는 자를 가리키는 가장 일반적인 용어였으나, 서신서에서는 이 단어가 전혀 나타나지 않는다. 대신 **형제/자매**, **성도**, **신자**, **그리스도인**이라는 단어들이 예수님을 따르는 사람을 가리키는 말로 현저하게 쓰였다. 지금은 용어의 변천이 발생했다는 점만 지적하고, 용어상의 변천이 일어난 이유에 대해서는 뒤에서 탐구할 것이다. 대신 **제자**라는 용어가 서신서에는 등장하지 않지만, 사도행전은 서신서들이 기록되고 교회의 기초가 형성되던 시기에 제자도와 관련된 용어와 개념이 풍부했음을 보여 준다는 사실에 집중하고자 한다.

역사적 문맥 속에서 본 제자

오늘날 **제자, 제자도, 제자 삼기**라는 용어가 그 단어를 쓰는 사람의 배경과 문맥에 따라 다른 뜻으로 사용된다. 이것은 서로 다른 제자도 모델이 존재하기 때문에 발생하는 문제의 일부이다. 우리는 이 중요한 용어들의 정의를 표준화할 필요가 있다. 그렇지 않으면 같은 용어를 가지고 서로 다른 의미의 말을 하게 될 것이다. 이 용어들을 정의할 때 그것이 사용되는 세 가지 범주를 명심해야 한다. (1) 그 용어들이 1세기의 일반적인 문맥에서는 어떻게 사용되었는가? (2) 성경적 문맥에서는 어떻게 사용되었는가? (3) 오늘날 그 용어들은 어떻게 사용되는가? 뒤에서 용어들의 배경을 좀 더 깊이 들여다보겠지만, 정의를 제시하기 전에 **제자**라는 용어의 역사를 간단히 살펴볼 필요가 있다.

제자라는 의미의 영어 단어 disciple[디사이플]의 배경으로는 라틴어 *discipulus*([디스시풀루스], 남자 제자)/*discipula*([디스시풀라], 여자 제자), 그리고 헬라어 *mathētēs*([마쎄테스], 남자 제자)/*mathētria*([마쎄트리아], 여자 제자)가 있다. 이 라틴어와 헬라어 단어들은 최초의 역사에서 '배우다'(learn)라는³¹ 의미의 단어와 언어적으로 연결되어 있으며, '배우는 사람'과 '학생'을 가리키는 단어였다. 그러다가 의미가 점점 넓어져서 마침내 위대한 스승의 '추종자'를 가리키게 되었다. 특별히 헬라어 단어는 신약성경이 기록되던 후기 그리스 시대에 점점 추종자를 가리키는 단어로 사용되었다. 그것이 어떤 추종을 가리키느냐 하는 것은 스승이 누구인지에 따라 결정되었다. 철학자의 동료가 되는 것에서부터, 과거의 위대한 사상가와 스승을 따르는 사람이 되는 것, 종교적 인물에게 헌신하는 것까지 그 모습이 다양했다. 그러므로 가장 흔한 의미로는, 로마 시대든 그리스 시대든 '제자'는 위대한 스승에게 헌신하는 사람이었다.³² 제자를 학습자라고 말하는 것이 옳기는 하지만, 이는 신약 시대에 이 용어가 일차적으로 의미하던 바를 놓치고 용어의 의미 중 한 측면만 지나치게 강조하는 것이다. 예를 들어, 세례 요한의 제자들은 일차적으로 학습자가 아니었다. 요한은 교사가 아니라 선지자였기 때문이다. 제자란 특정한 스승과 어떤 생활 방식에 자기의 삶을 헌신하는 사람이었다. '제자'와 그에 따른 '제자도'의 삶이 어떤 것인지는 스승이 어떤 사람인지에 따라 결정되었지만, 중요한 것은 스승과 스승의 길에 헌신한다는 사실이었다.

그러므로 제자가 무엇인지를 묻는 것만으로는 부족하다. 도리어 그가 어떤 시기에 누구의 제자인지를 물어야 한다. 예수님이 이 땅에서 살아가시는 동안 그분의 제자는 예수님에게 자기 삶을 헌신하는 사람이었다. 예수님의 사역 초기에 그분을 따랐던 사람들 중에는 예수님의 길이 자기네 예상과 다르자 따르기를 포기한 자들도 있었다(요 6:60-66 참조). 또한 가룟 유다는 거짓 제자로 판명되었다. 그러나 예수께서 점차 자신이 메시아임을 드러내심에 따라 그분을 믿은 자들은 예수님이 자신들의 구주이며 하나님이라고 주장했고, 예수님 곁에 남은 사람들은 그분의 참된 제자가 되었다. 이 말이 무엇을 의미하는지 가장 확실히 보여주는 예는, 예수님의 사역 초기에 많은 제자들이 그분을 떠난 직후(요 6:66) 시몬 베드로가 한 말에서 볼 수 있다. 예수님이 열두 제자를 향해서 "너희도 가려느냐" 하고 물으셨다. 그때 베드로가 나서서 "주여 영생의 말씀이 주께 있사오니 우리가 누구에게로 가오리이까 우리가 주는 하나님의 거룩하신 자이신 줄 믿고 알았사옵나이다"라고 대답했다(요 6:67-69). 예수님의 가장 가까운 추종자였던 열둘도 예수님이 십자가로 가실 때에는 온전히 충성된 모습을 보이지 못했지만, 예수님의 지상 생애 기간과 초대교회 시대에 예수님의 참된 추종자를 가리키기 위해 사용된 단어는 **제자**(*mathētēs*)였다.

제자의 정의

제자

신약성경에서 **제자**를 가리키는 일차적인 단어는 헬라어 *mathētēs*(복수는 *mathētai*[마쎄타이])이다. 제자의 정의는 예수님이 의도하신 특정한 의미뿐 아니라 일반적인 의미도 포함해야 한다. 특정한 의미는 예수님의 지상 사역 마지막 부분인 지상명령과 초대교회에서 가장 분명하게 드러난다.[33] 일반적 의미로 제자는 위대한 스승에게 헌신한 추종자라고 정의할 수 있다. 이것은 두 가지로 적용된다. (1) 제자라는 말이 특정한 사람을 가리키는 것이 아니라 스승과 제자를 구별하는 용어로 사용되었다(마 10:24-25; 눅 6:40). (2) 이 말은 또한 위대한 지도자 혹은 위대한 운동의 추종자를 가리키는 용어로 사용되었다. 그래서 모세의 제자(요 9:28), 바리새인의 제자(마 22:16; 막 2:18; 눅 5:33), 세례 요한의 제자(마 9:14, 막 2:18, 눅 5:33, 요 1:35; 3:25)그리고 예수님의 제자라는 사례를 발견한다.

특정한 의미에서 예수님의 제자란 영생을 얻기 위해 예수님에게로 와서, 예수님을 구주와 하나님이라고 시인하고, 그분을 따르는 삶을 시작한 사람이다. 복음서에서 **제자**란 일차적으로 예수님의 추종자를 가리키며, 초대교회에서 **신자, 그리스도인, 형제/자매, 그 길의 사람, 혹은 성도**라는 단어로—물론 이 각각의 단어는 믿음 안에서 각 개인이 예수님과 다른 사람들과 맺는 관계의 양상에 초점을 맞춘다—지칭된 사람들의 총칭이다. 제자라는 용어는 이 특정한 의미로 빈번하게 사용되었는데, 복음서에 적어도 230회(예를 들면 요 6:66-71), 사도행전에 28회(예를 들면 행 9:1, 10, 19-20) 등장한다.

우리가 주목해야 할 흥미롭고도 중요한 현상은 일반적으로 복수형인 **제자들**이 사용되었다는 사실이다. 마가복음에는 단수형인 **제자**라는 단어가 한 번도 등장하지 않는다. 그러나 요한복음에는 어떤 특정한 개인을 지칭할 때만 자주 사용된다(예를 들면 요 9:28; 18:15; 19:26-28; 20:2-4, 8; 21:7, 20, 23, 24). 단수형은 마태복음과 누가복음에서 예수님이 제자도의 성격을 가르칠 때만 사용되었다(마 10:24, 25, 42; 눅 6:40; 14:26, 27, 33). 사도행전에서는 단수형이 네 번 등장하는데, 오직 어떤 특정한 사람을 가리킬 때만 사용되었다(행 9:10, 26; 16:1;

21:16). 단수형은 예수님을 믿고 따르겠다고 고백하는 개인을 가리킨다.³⁴ 일반적으로 복수형이 사용되었다는 것은 우리에게 중요한 사실을 시사한다. **각각의 제자들**은 예수님의 친밀한 동무로서든지 교회로서든지 언제나 **제자들의 공동체**와 관계되는 것으로 여겨졌다는 사실이다.³⁵

영어의 disciple(제자)이라는 단어는 헬라어와 라틴어 용어에서 그러했던 것과 상당히 비슷한 변천 과정을 거쳤다. 비록 disciple이라는 단어가 '배우다'라는 동사(*discere*[디스쎄레])와 연결된 라틴어 명사 *discipulus*[디스시풀루스]를 뿌리로 하지만, 오늘날 영어 용례에 따르면 **제자**라는 단어는 이차적인 의미로 '학생' 혹은 '학습자'를 가리킨다. 오늘날 이 영어 단어는 자주 **후원자**(supporter), **따르는 사람**(follower), 혹은 **추종자**(adherent)를 연상시킨다. 오늘날 **제자**라는 단어의 용례에 따르면, "어떤 스승 혹은 후견인에게 헌신적인 사람만을 가리킨다. 엄밀히 말하면 **제자**는 '석가모니의 교훈을 성문화한 그의 제자'처럼 종교적 상황을 암시한다. 일반적인 용례에서는 이 단어가 '프로이트의 초기 제자'처럼 어떤 뛰어난 인물이나 이론의 열렬한 주창자를 가리킨다".³⁶ 가장 가까운 동의어는 **후원자** 혹은 **따르는 사람**일 것이다. "후원자란 어떤 대의에 뜻을 같이하거나 그 지도자에게 충성을 보이는 사람을 가리키는 일반적인 용어이다. … 따르는 사람과 추종자라는 단어는 어떤 교훈이나 대의와의 관계보다는 한 지도자에 대한 헌신을 강조할 때 사용된다."³⁷ 그러므로 기독교적 의미에서 예수님의 제자란 영생을 얻기 위해 예수께로 와서, 예수님을 구주와 하나님이라고 시인하고, 그분을 따르는 삶을 시작한 사람이다.

제자도와 제자 삼기

제자도(discipleship)와 **제자 삼기**(discipling)라는 영어 단어가 **제자**(disciple)라는 단어에서 온 것은 너무나 당연하다. 신약성경에서 이 표현들과 가장 근접한 단어는 동사형인 *mathēteuō*([마쎄튜오], 제자를 만들다 또는 제자가 되다)로서 단 네 번 나온다(마 13:52; 27:57; 28:19; 행 14:21). 오늘날 **제자도**와 **제자 삼기**는 보통 제자로서의 지속적인 생활을 가리킨다. 즉 **제자도**는 제자로서의 지속적인 성장 과정이고, **제자 삼기**는 제자들이 서로 도와서 제자로 성장해가야 할 책임을 함축한다. 그러므로 제자도와 제자 삼기는 스승-제자 관계를 가리키는 전문적인 의미로 이해될 수 있지만, 그리스도인의 경험이라는 더욱 넓은 의미로도 이해될 수 있다. 즉 초기 기독교 신자들이 스스로에 대해서 갖는 신자라는 의식, 그런 삶의 방식이 요구하고 함축하고 수반하는 것으로 이해될 수 있다.[38] 그러므로 기독교 제자도와 제자 삼기라는 말이 의미하는 것은 삶의 모든 영역에서 그리스도인으로 성장함이다. **제자**가 **그리스도인**을 가리키는 통상적인 말이므로, 제자도와 제자 삼기는 예수 그리스도처럼 되어가는 과정을 의미한다. 제자도와 제자 삼기는 이 세상에서 예수 그리스도와 연합하여 충만한 삶을 살며 그리스도의 형상을 점점 닮아가는 것이다.

이 정의는 많은 사람들이 제자도와 제자 삼기라는 말에서 인식하게 되는 개념보다 훨씬 넓다. 사람들은 대부분 제자도라는 말에서 협소한 의미의 프로그램이나 훈련 기간을 떠올린다. 그러나 "제자가 그 선생보다 높지 못하나 무릇 온전하게 된 자는 그 선생과 같으리라"(눅 6:40)라고 하신 예수님의 말씀은 모든 스승-제자 관계에 적용되는 일반 원리를 의미한다. 제자는 스승과 비슷해지는 과정으로 자연스럽게 들어간다는 것이다. 이 원리가 성경적 제자도의 중심이 된다. 이 세상에서 제자는 항상 제자도 과정에 있으며, 그 과정은 주님이신 예수님을 닮아가는 것이다. 이 원리는 복음서와 사도행전에 등장하는 명백한 제자도에 관한 말들과, 신약성경 나머지 부분의 비슷한 개념, 곧 그리스도인의 삶에서 하나님의 부르심은 그리스도의 형상을 본받는 것이라는 바울의 말을(롬 8:28-30 참고) 연결한다. 어떤 저자가 말하듯이, "실로 충만한 제자도란 충만히 그리스도를 닮는 것이다".[39] 이와 같이 예수님의 제자로 부름받은 모든 사람은 주님이신 예수 그리스도를 닮아가는 과정, **제자도**의 과정 중에 있다. 각각의 제자는 또한 다른 제자들이 성장해가도록 돕는 일 즉 **제자 삼기**의 책임을 지고 있다.

적용점

나는 봉사자 센터로 돌아가서 그 젊은 선원과 대화를 나누고 싶었지만 그날 밤 이후 그를 다시 만나지 못했다. 만약 지금 당장 그와 이야기할 수 있다면 뭐라고 할 것인가? 나는 그를 위로하고, 그가 고투하고 있는 것이 무엇인지 이해하며, 그의 문제는 그리스도인의 삶 그 자체만큼이나 복잡하다고 말할 것이다. 동시에 나는 그에게 용기를 주고 싶다! 예수님은 지금 즉시 그가 일어나서 제자로 따르기를 원하신다고 말이다!

지난 세월 동안 연구하고 가르치고 목회하면서 나는 나이가 많든 적든 동일한 문제로 고민하는 그리스도인들을 많이 보았다. 대부분의 어려움이 그리스도인의 생활 곳곳에서 발견되는 긴장, 특히 '이미 그러나 아직' 사이의 긴장으로 말미암는다. 나는 젊은 선원에게, 그리스도인은 이미 제자이지만, 이생을 사는 동안에는 아직 완전한 제자가 아니라고 말해주고 싶다. 그는 계속 성장하고 발전하여 더욱 온전한 예수님의 제자가 되어야 한다.

이와 관련하여 어느 한 가지를 다른 것보다 더 강조하는 경향이 있다. 우리 중 어떤 사람은 완전주의 방식으로 '아직 아니'에 집중한 나머지, 우리 사역에서 소수의 사람만이 도달할 수 있는 기준을 세우기도 한다. 이렇게 되면 지나치게 무거운 짐을 지워서 패배주의나 독단주의로 흐르게 된다. 또 어떤 사람들은 '이미'에 초점을 맞춘 나머지 하나님이 우리를 구원하신 은혜에 심히 편안함을 느끼면서, 계속 전진하여 제자로 성장하라는 예수님의 부르심에 귀를 기울이지 않는다. 일단 예수님을 따르라는 부르심에 응답했다면 우리는 그분의 제자가 된 것이다. 우리는 그 확신에 거할 수 있다. 이 확신에 거하면서 동시에 우리는 일어나 이 생애 동안 예수님이 이끄시는 제자도의 길을 따라 걸어야 한다. 우리는 제자도의 '이미'와 '아직' 사이의 균형을 맞춰야 한다. 에버렛 해리슨(Everett Harrison)이 다음과 같이 선언한다.

> 공관복음서 저자들이 보여주듯이, 삶에 대한 미래 지향적 강조는 제자도라는 주제에 대한 그들의 강조와 일치한다. 사람들은 예수님을 따르라는 부름을 받는데, 이는 현재의 불완전성과 목표를 향한 전진

을 암시한다. 완성은 미래의 일이다. 제자도는 이생에서 무죄한 완전성에 도달할 수 있다는 모든 교리에 반대해야 하며, 이는 제자도의 본질에 속한다. 우리는 계속해서 따르는 자가 될 것이다.[40]

주님을 따르는 것에 대한 균형 잡힌 접근이 우리의 언어 선택, 신학 그리고 삶의 실제 행동에 중요한 의미를 가질 것이다. 다른 많은 함의가 우리의 연구 과정 속에서 다뤄지겠지만, 현재는 이 문제를 거론하는 것이 중요하다.

의미론적 함축

어떤 함의는 단순히 의미론에 국한될 뿐이다. 최근 나는 1세기 제자 무리의 출현에 대해 애버딘 대학교에서 강의를 했다. 나는 두 명의 교수가, **제자**라는 단어는 오늘날 청중의 마음속에 어떤 특정한 기대와 매우 밀접하게 연결되어 있기 때문에 그 단어를 사용하지 말아야 한다고 거의 확신하는 것을 보며 흥미를 느꼈다. 대화를 더 나눌수록, 우리가 용어를 더 정확하게 사용해야 하며 현대적 용법을 1세기 문맥에 투사하지 말아야 한다는 데 의견이 일치했다. 우리가 의사소통에서 사용하는 단어들이 가능한 한 예수님이 그분을 따르는 자들에게 이해시키려 했던 의미, 성경 저자들이 우리에게 이해시키기 원했던 그 의미를 가져야 한다.

몇몇 제자도 사역이 그리스도인의 성장을 돕는 훌륭한 방법을 개발했지만, 한편으로는 언어 선택 때문에 혼란을 불러일으켰다. 어떤 사역에서는 더 헌신된 사람들만 '제자'라고 칭한다. 이렇게 되면 덜 헌신된 사람은 제자가 아니라는 의미가 된다. 도리어 우리는 모든 신자를 제자라고 부르고, 더 헌신된 신자를 '성숙한 제자'와 같은 말로 불러야 한다.

어떤 기관에서는 기독교적 훈련(discipline)을 적극 실천하는 사람들만 '제자'라고 부른다. 이것은 어떤 특정 활동이 사람을 제자로 만든다는 의미이다. 그러나 우리는 예수님이 모든 신자를 행동하도록 부르셨다는 점을 강조해야 한다. 행동에 충실한 사람들을 '충실한 제자' 같은 말로 부를 수 있을 것이다. 기억할 것은, 한동안은 열둘 중 일부도 완전한 충성에 이르지 못했지만 그들이 여전히 제자라고 불렸다는 사실이다.

어떤 사역자들은 '제자훈련'이라는 용어의 초점을 성숙한 신앙생활을 하는 몇몇 사람에게 맞추어 사용한다. 그러나 그것은 '제자훈련'이 아니라 '지도자 훈련'이라고 부르는 것이 더 어울린다. 예수님이 수많은 제자들 중에서 열둘을 택하신 이유는, 그들이 미래에 사도의 역할을 수행할 수 있도록 그들을 훈련시키기 위함이었다. 나머지 제자들은 계속해서 주님의 가르침을 받으며 제자로 성장해 나갔다(눅 6:12-17 참조).

용어 선택은 사람들을 이해시키는 데 무척 중요하다. 참된 그리스도인은 모두 제자이므로, 교회의 사역은 넓은 의미에서 '제자도'라고 볼 수 있다. 교회에서 실시하는 다양하면서도 전문적인 사역들은 제자훈련의 단계이다. 만약 우리가 정확하지 않은 용어를 사용한다면, 헌신하지 않은 사람도 여전히 제자라고 생각하거나 헌신한 사람들에게 비현실적인 기대를 걸 수 있다. 제자도의 가르침은 모든 그리스도인에게 해당된다.

신학적 함축

우리 연구의 일차적 목적은 성경적 제자도에 대해 알아보는 것이지만 이 연구는 또한 신학적으로도 깊은 의미를 가질 것이다. 제자도에 대한 진지한 연구가 북미 복음주의의 어떤 이들 사이에서 20세기 내내 간헐적으로 일어난 '주재권 구원'(Lordship salvation, 구원을 얻는 믿음이란 오직 중생한 사람만이 소유할 수 있는 것으로, 예수님을 모시고 사는 사람이면 삶에 변화가 일어나며 참된 구원을 받는다는 것이다. 이는 구원을 얻는 믿음이란 인간의 의지적 결단에 의한 것이라는 결단주의식 구원론에 반하는 이론이다. 이를 주장하는 대표적인 사람으로 존 맥아더를 들 수 있다.—편집자) 논쟁에 끼친 영향이 그중 하나이다. 논쟁을 벌이는 양편 모두 제자도와 관련된 구절을 자기주장의 근거로 사용하지만, 그 구절들을 다루는 방식은 때로 학문적이라기보다는 논쟁적 분위기가 다분하다. 논쟁이 문제를 밝히는 데 도움이 된다면 서로 대립하는 태도가 정당성을 인정받겠지만, 이 경우의 논쟁은 오히려 문제를 혼란스럽게 만드는 경향이 있다.

예를 들어 예수님이 군중을 깜짝 놀라게 한 말, "무릇 내게 오는 자가 자기 부모와 처자와 형제와 자매와 더욱이 자기 목숨까지 미워하지 아니하면 능히 내 제자가 되지 못하고"(눅 14:26)에 대해서 양편은 놀라울 정도로 다른 결론을 내린다. '비주재권 구원'(non-Lordship salvation)을 지지하는 사람은 이 구절을 가리키면서, "…이 구절이 우리가 어떤 조건으로 구원을 얻는지와 아무 관계도 없다는 점을 분명히 해야 한다"고 말한다.[41] 이는 제자도로 들어가기 위한 조건을 보여주므로, 이 저자는 '제자도로 들어가는' 것에 관계된 모든 말을 동일한 방식으로 해석하는 것 같다. 그래서 그는 그 구절 중 어느 것도 영생의 조건과 무관하다고 말한다. 심지어는 "모든 족속으로 제자를 삼"(마 28:19)이라는 지상명령까지도 영생의 부르심에 포함하지 않고 하나님과의 생동적인 관계로 들어가라는 더 광범위한 부르심에 포함한다.[42] 이 저자가 예수님의 어려운 말씀들을 이해하려고 애쓴 것은 인정하지만, 지상명령을 구원으로 들어가는 메시지에서 제외한 것은 '비주재권 구원' 지지자들 중에서도 인정을 받지 못할 만큼 취약한 해석이다.[43]

다른 한편, '주재권 구원'을 지지하는 한 사람은 제자도에 관한 예수님의 동일한 말씀에 대해서, 예수님이 이것을 말씀하신 이유는 "헌신하지 않는 사람들을 쫓아 보내고 참된 제자들만 이끌기 위함이다. 예수님은 온전히 헌신하지 않은 사람들이 자기들도 천국에 들어와 있다고 오해하는 것을 원하지 않으셨다. 예수님이 최고의 위치에 있지 않다면, 거기는 예수님의 정당한 자리가 아니다"[44]라고 했다. 나아가서, **제자**라는 용어를 **그리스도인**과 동일시함으로 그는 "기독교 제자로 부르심은 바로 그런 종류의 전적인 헌신을 명백하게 요구한다. 그것은 전적인 헌신으로, 자기가 알고 있으면서 혹은 고의적으로 드리지 않는 것이 전혀 없어야 한다. 이외의 다른 조건으로 그리스도에게 올 수 있는 사람은 없다"[45]라고 말했다. '최고의 우선성', '전체를 드림', '완전한 헌신', '아무것도 남기지 않음' 같은 표현은 교회 내 사람들에게 혼란을 줄 수 있다. 구원을 얻기 위해 그리스도에게로 오는 사람들이 이런 표현을 이해할 수 있겠는가? 그런 진술을 조심스럽게 설명해주지 않으면 행위 구원을 가르치는 것으로 오해받을 수 있다. 예수님의 말씀을 진지하게 받아들이려는 노력은 인정하지만, 동시에 예수님이 군중에게 이해시키려 한 것이 무엇인지와 오늘날 청중에게 그것을 어떻게 전달해야 하는지는 분명하게 알아야 한다. 우리는 예수님의 초대가 제대로 전달되는지를 확실하게 해야 한다.

오늘날 '주재권 구원/비주재권 구원' 논쟁의 양측에서 자신의 입장을 놓고 다투는 무리 중에는 훌륭한 하나님의 사람들이 포함되어 있다. 양측은 그들이 보기에 복음 메시지의 본질이라고 생각되는 것을 놓고 다툰다. 우리의 신학적 토론이 현대의 삶과 교리에 중요하긴 해도, 신학적 논의에 적합한 주제가 본문을 억지로 해석하도록 방치해서는 안 된다. 또한 우리는 수사적 표현으로 본문의 의미를 흐려서도 안 된다. 사람들을 깜짝 놀라게 한, 제자도에 관한 말씀으로 예수님은 무엇을 가르치려 하셨을까? 군중은 그 말이 무엇을 뜻한다고 이해했을까? 뒤에서 계속 그 문제에 관해 논의하겠지만, 여기에서는 우선 이렇게 제안하고 싶다. 그 말이 예수 그리스도를 나의 하나님으로 선언하기 위해 지불해야 하는 비용을 생각해보라는 도전이라고 말이다. 그러나 그 도전은 1세기 팔레스타인의 특정 그룹 사람들에게 한 말이며, 예수님은 그들이 자신의 말을 알아들을 것으로 믿으셨다.

학자들은 그 후 여러 세기 동안 예수님이 하신 말의 뜻을 정확하게 알아내기 위해 고심해왔다. 그 문제의 답을 얻기 위해 우리도 함께 고민할 것이다. 예수님이 가르치신 제자도에 대한 연구는 심오한 신학적 함의를 가졌지만, 우리의 신학적 논의 주제가 우리의 해석을 결정하게 만들어서는 안 된다. 우리의 신학이 예수님의 가르침을 받아야 한다. 우리는 제자도에 대한 철저한 가르침을 예수님의 의도대로 이해한 후, 우리의 상황에 적절한 방식으로 적용해야 한다. 우리는 말씀을 통과할 때에 '왼발'이 먼저 나가고, 그 후에 '오른발'을 가지고 해석해야 한다!

실천적 영향

진지한 제자도 연구는 또한 과감한 실천에 영향을 미칠 것이다. 제자도의 삶은 모든 신자들에게 기대되는 삶이므로, 예수님을 따르라는 도전은 우리 모두를 향한 것이다. 물론 우리 중 일부는 모든 제자들에게 적용되지 않는 특별한 영역의 사역과 봉사로 부름받은 것이 사실이다. 그러나 **제자**라는 단어를 들을 때 우리 모두의 귀가 열려 큰 기대를 하게 되는가? 우리는 자주 이렇게 생각한다. "제자라고? 그건 극단주의자의 몫이지. 나는 그저 평범한 그리스도인이야." 우리가 다른 사람을 '제자로 만들고 있다'고 하거나, '제자도 프로그램'을 시작한다고 말할 때 우리는 곧바로 지나칠 만큼 진지한 그리스도인을 떠올린다. 그러나 예수님이 제자에 대해 말씀하셨을 때, 그분은 **정상적인** 그리스도인을 생각한 것이지 비정상적인 그리스도인을 생각한 것이 아니었다.

과격하지만 현실적인 부르심

복음서의 제자도가 몇몇 헌신된 그리스도인만을 위한 것이 아니라 모든 그리스도인에게 적용된다는 메시지를 실천한다면 우리의 교회와 사역이 어떠하겠는가? 용감하게 세상으로 나아가 변화를 일으키는 제자들, 자기들에게 의도된 삶을 사는 제자들로 교회가 가득 차기를 예수님은 원하신다. 옛 찬송에도 있듯이 "하나님은 능력을 주지 않으면서 부르시는 일은 없다". 우리를 제자도로 부르시는 하나님은 그 길을 인도하기 위해 바로 지금 우리와 함께하신다. 앞서 이야기한 젊은 선원은 제자도로의 부르심이 '주를 따르는 삶'이라는 모험이며, 주님의 과격하지만 현실적인 호출인 것을 이해할 필요가 있었다. 바로 그것이 예수님이 우리 각 사람에게 주시는 메시지이다.

복습 문제

1 이 장 서두에서 언급한 다섯 가지 모델 중 어느 것이 당신이 생각한 성경적 제자도의 정의와 일치하는가?

2 당신이 '제자로 훈련'되던 때 채택되었던 모델의 장점과 단점이 당신의 생활에 어떤 영향을 주었는가?

3 제자도에 대해 이렇게도 많은 모델이 있다는 사실에 대해 어떻게 생각하는가?

4 당신은 선원의 딜레마 해결을 돕기 위해 그에게 어떤 조언을 하겠는가?

2부
예수님의 제자도를 둘러싼 환경

3장
영적 뿌리가 된 구약성경의 제자도

초점 맞추기

1. 사람들이 자기의 심장, 영혼, 마음, 힘을 다하여 하나님을 사랑한다는 것을 어떻게 보여줄 수 있는가?
2. 구약의 신자에게는 '하나님을 따른다'는 것이 어떻게 한다는 말이었는가?
3. 구약에서 '제자'가 되는 것과 오늘날 제자가 되는 것 사이에는 어떤 차이가 있는가?
4. 하나님은 구약성경에서 이스라엘을 '제자' 삼으셨는가? 설명해보라.

'뿌리.' 이 단어를 들을 때마다 나는 언제나 알렉스 헤일리(Alex

Haley)의 책과 그 책을 바탕으로 제작된 영화가 떠오른다. 많은 이들의 삶에 깊은 영향을 끼친 그 책과 영화는 자신들의 역사와 문화유산을 기억하려는 아프리카계 미국인들의 인생 여정을 그리고 있다. 자신들의 땅과 가족과 존엄성을 잔인하게 빼앗긴 채 멀고 먼 백인 나라에서 노예로 살아가는 아프리카계 미국인들은 그들을 독특한 민족으로 형성해준 여러 요소들에서 떨어져 나와야만 했다. 하지만 그들은 같은 근본을 가졌다는 동질감, 자유롭던 시절의 기억, 고통의 공유를 통한 연합으로 그 상황을 견뎌왔다. 자신들의 '뿌리'가 굳게 붙들어주었기에 그들은 자유를 향해 계속 전진할 수 있었다. 나는 그런 뿌리를 가진 사람들을 깊이 존경한다.

나에게는 그런 뿌리가 없다. 많은 미국인들이 그렇듯이 나의 가계는 복잡하게 얽혀 있고 가족들만 희미하게 기억할 뿐이다. 레온 삼촌이 우리 가족의 뿌리를 어느 정도 추적할 수 있도록 도움을 주었다. 삼촌은 주로 족보에 대해 알려주었는데, 그는 과거를 생생하게 보여주는 근사한 방법을 알고 있다. 얼마나 눈이 번쩍 뜨이는 경험이었는지! 노르웨이인, 영국인, 스코틀랜드인 그리고 그 외의 여러 민족의 피가 내 혈관을 흐르고 있다! 특별히 먼 조상 중에는 아메리카 인디언이 있어서 내 무의식 속에 '상상의 뿌리'를 공급해준 것을 자랑스럽게 생각한다. 내 딸들이 어렸을 때 재미있게 들려주려고 내가 지어낸 이야기들은 나에게 뿌리가 없다는 사실을 즐거이 극복하게 해주었다. 나는 딸들에게 내가 상상한 인디언 친척들의 믿기 어려울 만치 놀라운 모험들을 이야기해주곤 했다. 내가 화살로 들소를 사냥하고, 숲속에서 사슴을 추격하며, 시팅 불(Sitting Bull: 미국 정부에 대항한 인디언 추장의 별명—옮긴이)과 함께 말을 타고 광야를 달리던 이야기를 해주면 아이들은 신나서 소리를 지르곤 했다. 유감스럽게도 이제 딸들은 다 커서 내가 그 이야기를 시작하면 곧장 '이미 안다'는 표정을 지으며 "아버지, 또 그 이야기!" 하고 말한다. 내 상상의 '뿌리' 이야기를 다시 하려면 이제 손주를 기다려야 할 것 같다.

그러나 내게는 또 다른 뿌리, 곧 믿음의 뿌리가 있다. 그리스도인이 되었을 때 나는 오랜 역사를 지녔고 족보가 잘 정리된 믿음의 가문으로 즉시 입양되었다. 나는 예수님이 시작하신 믿음의 가문, 그 2천 년 역사를 교회사를 통해 추적할 수 있다. 사도 요한이 이렇게 말한다. "자기 땅에 오매 자기 백성이 영접하지 아니하였으나 영접하는 자 곧 그 이름을 믿는 자들에게는 하나님의 자녀가 되는 권세를 주셨으니 이는 혈통으로나 육정으로나 사람의 뜻으로 나지 아니하고 오직 하나님께로부터 난 자들이니라"(요 1:11-13). 세상의 가족과 믿음의 가족인 제자를 대비하면서 예수님은 이렇게 말씀하셨다. "누가 내 어머니이며 내 동생들이냐… 나의 어머니와 나의 동생들을 보라 누구든지 하늘에 계신 내 아버지의 뜻대로 하는 자가 내 형제요 자매요 어머니이니라"(마 12:48-50). 나는 전 세계에서 온 믿음의 형제자매들을 가르치는 특권을 누린다. 종족, 피부색, 언어, 문화 등 다양한 배경에도 불구하고 우리는 같은 뿌리를 가지고 있다. 우리는 예수님을 따르라는 부르심에 응답함으로 동일한 믿음의 가족에 속한 것이다.

예수님의 부르심이 복음서를 통해서, 또한 여러 세기를 통해서 메아리치고 있다. 그 부르심은 그때나 지금이나 같다. 바로 제자도를 시작하라는 부르심이다. 해변 백사장에서 어부들에게 나를 따라와 사람 낚는 어부가 되라 하신 부르심이든지(막 1:16-20), 언덕 많은 시골에서 둘러싼 무리에게 십자가를 지고 나를 따르라 하신 부르심이든지(눅 14:25-33), 이방의 땅 먼지가 풀풀 날리는 시가지에서 평판이 좋지 않은 여인에게 구원의 좋은 소식에 참여하라 하신 부르심이든지(요 4:1-42), 예수님의 부르심은 사람들을 살아계신 하나님과 바른 관계를 맺는 길로, 제자도의 삶으로 이끌었다.

그러나 예수님의 부르심은 그 이전부터 시작되었으며, 오랜 역사가 있다. 철저한 태도를 취하라는, 1세기 당시 예수님의 부르심은 수 세기 전 하나님이 이스라엘을 부르셨던 그 부르심의 반복이며 확장이었다. 하나님이 아브라함에게 "너는 너의 고향과 친척과 아버지의 집을 떠나 내가 네게 보여줄 땅으로 가라"(창 12:1)라고 지시하셨을 때 언약 백성 이스라엘 사이에서 확정된 부르심의 모티브가, 훗날 예수님의 도전에서 다시 울려 나왔다. "누구든지 나를 따라오려거든 자기를 부인하고 자기 십자가를 지고 나를 따를 것이니라 누구든지 자기 목숨을 구원하고자 하면 잃을 것이요 누구든지 나와 복음을 위하여 자기 목숨을 잃으면 구원하리라"(막 8:34-35). 또한 하나님은 어떤 상황에서도 이스라엘과 함께하시는 특별한 관계 속으로 이스라엘을 부르셨다.

> 야곱아 너를 창조하신 여호와께서 지금 말씀하시느니라
> 이스라엘아 너를 지으신 이가 말씀하시느니라
> "너는 두려워하지 말라 내가 너를 구속하였고
> 내가 너를 지명하여 불렀나니 너는 내 것이라
> 네가 물 가운데로 지날 때에

내가 함께할 것이라

강을 건널 때에

물이 너를 침몰하지 못할 것이며

네가 불 가운데로 지날 때에

타지도 아니할 것이요

불꽃이 너를 사르지도 못하리니

대저 나는 여호와 네 하나님이요

이스라엘의 거룩한 이요 네 구원자임이라"(사 43:1-3).

이 모티브가 사람들을 향한 예수님의 부르심에 공명을 일으키면서 그와 함께하자고, 그를 구주로 고백하라고, 세상에서 모든 일을 겪어나갈 때도 그들의 모든 활동에 그가 함께할 것을 보증하는 특별한 관계 속으로 들어오라고 부른다. "가서 모든 족속으로 제자를 삼아… 내가 세상 끝날까지 너희와 항상 함께 있으리라"(마 28:19-20).

성경적 제자도의 뿌리는 하나님의 부르심이라는 비옥한 땅속에 깊이 뿌리내리고 있다. 이 부르심은 하나님이 주도적으로 일을 시작하시고 사람이 그것에 반응하는 형태로 표현되는데, 이것이 성경의 언약 개념의 핵심을 구성하며 "너희를 내 백성으로 삼고 나는 너희의 하나님이 되리니"라는(예를 들면 출 6:7) 반복된 약속에서 드러난다.[1] 구약의 두려운 야훼로부터 오는 부르심은 예수님의 부드러운 부르심으로 재생된다. "수고하고 무거운 짐 진 자들아 다 내게로 오라 내가 너희를 쉬게 하리라 나는 마음이 온유하고 겸손하니 나의 멍에를 메고 내게 배우라 그리하면 너희 마음이 쉼을 얻으리니 이는 내 멍에는 쉽고 내 짐은 가벼움이라"(마 11:28-30). 하나님이 자기 백성을 부르신 것은 지상에서 그들이 하나님을 드러내게 하며, 삶의 모든 상황에서 하나님과 함께하며, 그들의 인격이 하나님을 닮도록 하기 위함이다.

이 부르심이 구약과 신약에서 모두 성경적 제자도의 핵심이다. 고대 이스라엘의 주변 세계에서 구약의 제자도와 비슷한 것은 존재하지 않는다. 이스라엘이 하나님과 맺은 특별한 언약 관계가 민족 내에서 일어나는 삶의 모든 관계를 지배한다. 고대 세계에서 다른 형태의 제자도들 중에 기본적으로 비슷한 면이 발견될 수도 있지만, 구약의 성경적 제자도는 다른 곳에서 발견되는 제자도들과 명확하게 구별된다. 그러므로 세속 세상의 스승-제자 관계에서 성경의 제자도와 유사한 제자도 개념을 찾으려 해서는 안 된다. 오히려 구약의 제자도와 유사한 스승-제자 관계를 찾으려면 예수님과 제자들 사이의 관계에서 찾아야 한다. 자기 백성을 언약 관계로 부르신 구약의 하나님은 예수님 안에서 자기 백성을 새로운 언약 관계로 부르신 신약의 하나님과 동일하신 분이다.

성경 신학 전체에서 그러하듯이 구약과 신약의 제자도에도 연속성과 불연속성이 존재한다.[2] 이런 사실 때문에 우리는 어느 한쪽으로만 지나치게 밀어붙이지 않도록 주의해야 한다. 구약과 신약에서 보이는 것 사이에 근거 없는 유사성을 이끌어내고자 과도하게 밀고 나가지 말아야 하며, 근거 없는 불연속성을 이끌어내고자 너무 밀어붙이지도 말아야 한다. 성경적 제자도의 핵심과 인류를 위한 하나님의 목적의 핵심을 이해하기 위해 우리는 구약에서 신약에 이르는 주님의 부르심을 따라가야 한다.[3]

'제자'를 가리키는 구약의 용어들

제자도를 연구하기 위해 구약을 살펴볼 때, 현저하게 눈에 띠는 현상은 구약에 제자도를 가리키는 용어가 상대적으로 드물다는 사실이다. 후대 유대교에서 스승-제자 관계를 가리키기 위해서 사용된 용어(예를 들면, *talmîdh*[탈미드] 혹은 *limmûdh*[리무드])가 구약성경에는 거의 등장하지 않는다. 그 용어들은 딱 네 번 등장한다. *talmîdh*는 일반적으로 제자를 가리키는 헬라어 *mathētēs*[마쎄테스]에 해당하는 히브리어이다. *mathētēs*가 '배우다'라는 동사(*manthanō*[만싸노])에서 유래되었듯이, *talmîdh*도 '배우다'(*lāmadh*[라마드])라는 의미의 히브리어 동사에서 유래되었고 그 의미는 '가르침을 받은 자'이다.[4] *talmîdh*는 후기 랍비 히브리어에서 *mathētēs*와 동의어였다. 단, 그 단어는 통상 '초보 학자'를 가리켰다.[5]

놀랍게도 *talmîdh*는 히브리 구약성경에서 단 한 번 사용되었다. 음악가를 분류할 때 이 명사는 선생(*mebhin*[메빈])에 대비되는 학생, 혹은 대가에 대비되는 초보자를 가리키는 말로 사용되었다. "이 무리의 큰 자나 작은 자나 스승이나 제자(*talmîdh*)를 막론하고 다 같이 제비 뽑아 직임을 얻었으니"(대상 25:8).[6] 어떤 사람들은 이 구절이 성전 음악가를 훈련하기 위한 학교가 예루살렘에 있었다는 의미라고 이해한다.[7] 학교가 존재했을 가능성이 있기는 하지만, 본문이 말하는 것은 모든 음악가들이 작든 크든, 대가이든 학생이든 제비를 뽑아서 직임을 수행했다는 사실뿐이다. 와이브레이(R. N. Whybray)의 주장에 의하면 이 본문은 "…단지 숙련된 음악가를 계속 양성하기 위한 음악 교육이 있었다는 것을 암시할 뿐이다. 그러나 이런 교육은 사적으로 이루어졌을 가능성도 얼마든지 있다. 아버지가 아들에게 음악을 가르쳐주어 음악을 가업으로 잇게 하는 것과 비교할 수도 있다".[8] 역대상 25장 8절의 *talmîdh*는 그 용어의 가장 기본적 의미로 이해하는 것이 최선이다. 즉 어떤 기술을 배우는 과정에 있는 사람 곧 도제(徒弟)를 가리키는 말이다.

'가르침을 받는'이라는 뜻의 형용사 *limmûdh*[리무드] 역시 동사 *lāmadh*[라마드]에서 파생된 단어로, 성경에 여섯 번 등장하며 전부 선지자들의 글에만 있다[사 8:16; 50:4(2회); 54:13; 렘 2:24; 13:23]. *limmûdh*는 '가르침을 받는 자'라는 의미로 명사처럼 사용되기는 하지만, 후기 유대교에서 '제자'를 가리키는 일반적인 단어로는 사용되지 않았는데 이는 관련된 명사 *talmîdh*[탈미드]의 경우도 마찬가지이다. 예레미야에서는 어떤 일에 '익숙한'이라는 의미로 사용되었고[9] 이사야에서는 '가르침을 받는' 혹은 '교훈을 받는'이라는 의미로 사용되었다[8:16; 50:4(2회); 54:13].[10]

이사야에 등장하는 *limmûdh*가 이 연구에 가장 중요한 의미를 갖는다. 특별히 사전들은 이 구절, 이 형용사에 '제자들처럼 가르침을 받는', 혹은 '제자, 추종자'라는 의미를 부여하기 때문이다.[11] 이사야 8장 16절은 "너는 증거의 말씀을 싸매며 율법을 내 제자들 가운데에서 봉함하라"라고 되어 있다. 이것은 한 무리의 제자들이 선지자 이사야 주위에 모여 그를 통해 주어지는 하나님의 말씀을 들었다는 표시이다. 이사야 50장 4절은(NASB) 이렇게 선언한다.

주 여호와께서 제자들(한글 개역개정에는 "학자들"—옮긴이)의 혀를 내게 주사

나로 곤고한 자를 말로 어떻게 도와줄 줄을 알게 하시고
아침마다 깨우치시되
나의 귀를 깨우치사 제자들(한글 개역개정에는 "학자들"—옮긴이)같이 알아 듣게 하시도다.

이 단락은 이스라엘에 '제자들/가르침을 받는 자들'이라고 이미 알려져 있는 범주의 사람들, 곧 말하고 듣는 일에 민첩한 사람들이 있었음을 표시한다. 이사야 54장 13절은 시온의 아들들이 주께 직접 교훈을 받을 것이라고 되어 있다. "네 모든 자녀는 여호와의 교훈을 받을 것이니 네 자녀에게는 큰 평안이 있을 것이며." 문맥에는 그 교훈의 내용이 나타나지 않지만 "하나님의 가르침을 받는" 시온의 자녀들에 대한 선지자의 묘사는 그들을 하나님의 제자라고 말하는 것이나 마찬가지이다.[12]

구약에서의 제자도 개념

어떤 사람들은 히브리어와 아람어에 '제자'라는 단어가 희귀한 사실을 근거로 구약에서의 제자도 개념을 최소화하지만,[13] 다른 용어들과 표현들은 제자도 개념을 풍부하게 드러낸다. 제자도라고 분명히 말할 수 있는 관계가 세 가지 차원에서 관찰된다. (1) 민족 차원에서는 이스라엘과 하나님의 언약 관계로. (2) 하나님을 향한 개인 차원에서는 어떤 개인들이 하나님을 따르는 관계로. (3) 인간관계 차원에서는 민족의 삶 가운데 발견되는 관계로.

하나님에 대한 민족적 제자도

칼 렝스토르프(Karl Rengstorf)는 구약에서 제자도의 '이상'은 이스라엘과 하나님의 언약 관계라고 강조한다.[14] 하나님의 부르심은 개인들 곧 아브라함과 이삭과 야곱을 대상으로 하지만 언약 관계는 그들의 후손을 대상으로 한다(예를 들면 창 13:15). 하나님은 자기 백성이라고 불릴 민족 공동체를 만들고 계셨던 것이다. 그 결과로 생긴 그의 백성은 지상에 사는 모든 족속에게 복의 근원이 되어야 했다(창 12:1-3). 이 부르심이 출애굽에서 반복되고 확인되었다. 출애굽에서 하나님은 이스라엘을 노예 상태에서 해방하시고 광야 여행 동안 그들을 앞서 인도하심으로 사랑의 돌보심과 은혜를 보여주셨다(출 13:21-22).

(1) 자기 백성과 함께하시는 하나님

광야에서 이스라엘에게 율법을 내리실 때 하나님은 언약의 의도를 강조하셨다. "나는 너희 중에 행하여 너희의 하나님이 되고 너희는 내 백성이 될 것이니라"(레 26:12). 그 나라는 하나님이 그 백성과 함께하는 관계로 부르심을 받은 것이다. 다른 어떤 사람이나 신이 하나님의 자리를 찬탈하는, 우월한 위치를 차지할 수 없었다. 하나님이 남자들과 여자들을 지도자 역할로 부르시기는 했지만(예를 들면 모세, 여호수아, 사사들, 선지자들) 그들은 단지 중간 지도자일 뿐이다. 오직 하나님만이 뛰어난 위치를 차지하셔야 했다.

실제로 인간이 이스라엘의 왕이 되지는 못했다. 하나님과의 언약 관계 속에서 하나님이 그들의 통치자였다. 그러나 보이지 않는 통치자를 가진다는 것이 이스라엘 백성에게는 힘겨운 일이었다. 이스라엘 백성은 보고 따를 수 있는 왕을 가진 주변 국가들처럼 되기를 원했다. 자기들의 왕을 원했다.

인간 왕을 원한다는 것은 그들이 더 이상 하나님을 자신들의 왕으로 섬기는 것을 원치 않는다는 뜻이었고, 하나님은 그들의 마음을 아셨다(삼상 8:7). 하나님은 이것을 악한 일로 여기셨다(삼상 12:17). 뒤에 하나님이 인간 왕을 허락하시고, 사울을 왕으로 직접 세우기도 하시고 다윗 왕조를 이어가기도 하시지만, 하나님의 의도는 그분이 직접 이스라엘의 왕이 되는 것이었다. 다윗과 같은 메시아가 오리라는 예언은 하나님이 자기 백성과 함께하시겠다는 약속과 얽혀 있다(겔 37:24-28 참조).

(2) 백성이 하나님을 따르다

하나님과의 언약이라는 추상적 관계는—"그 나라가 오직 하나님께만 헌신한다는 사실을 어떻게 드러낼 수 있는가?"—"하나님을 따르고", "그의 길로 행한다"는 사실 속에서 구체적으로 표현된다. 그런데 이 말은 분명한 제자도 유형의 용어이다.[15] 나라가 언약의 약속 내용을 성취하면 그들은 하나님을 따르며(신 4:1-14; 삼상 12:14 참조) 그의 길로 행하는(신 10:12) 것이다. 모세는 백성을 향한 마지막 당부에서 이렇게 질문한다. "이스라엘아 네 하나님 여호와께서 네게 요구하시는 것이 무엇이냐 곧 네 하나님 여호와를 경외하여 그의 모든 도를 행하고 그를 사랑하며 마음을 다하고 뜻을 다하여 네 하나님 여호와를 섬기고 내가 오늘 네 행복을 위하여 네게 명하는 여호와의 명령과 규례를 지킬 것이 아니냐?"(신 10:12-13).

나라가 언약을 어긴다는 것은 그들이 이방 신을 따르며 자기 길로 행하는 것을 뜻한다(신 6:14; 삿 2:10-13; 사 65:2). 엘리야는 갈멜 산에서 이스라엘 백성에게 다음과 같은 생생한 말로 결단을 요구했다. "너희가 어느 때까지 둘 사이에서 머뭇머뭇하려느냐 여호와가 만일 하나님이면 그를 따르고 바알이 만일 하나님이면 그를 따를지니라"(왕상 18:21).

유대교 전통에서 쉐마(Shema)로 알려진 신명기 6장 4-9절은 '이스라엘 종교의 근본 진리'와 '그 진리 위에 세워진 근본 의무'를 포함하고 있다. 그 근본 진리는 본질적으로 하나님이 한 분임을 선언한다. "이스라엘아 들으라 우리 하나님 여호와는 오직 유일한 여호와이시니"(신 6:4). 근본 의무는 하나님이 사람에게 요구하시는 사랑의 응답이다. "너는 마음을 다하고 뜻을 다하고 힘을 다하여 네 하나님 여호와를 사랑하라"(신 6:5).[16] 하나님을 따르는 것은 온 마음과 영혼을 다해서 주 여호와를 사랑한다는 것이 무엇인지 보여주는 구체적인 표현이다.

> 너희 중에 선지자나 꿈꾸는 자가 일어나서 이적과 기사를 네게 보이고 그가 네게 말한 그 이적과 기사가 이루어지고 너희가 알지 못하던 다른 신들을 우리가 따라 섬기자고 말할지라도 너는 그 선지자나 꿈꾸는 자의 말을 청종하지 말라 이는 너희의 하나님 여호와께서 너희가 마음을 다하고 뜻을 다하여 너희의 하나님 여호와를 사랑하는 여부를 알려 하사 너희를 시험하심이니라 너희는 너희의 하나님 여호와를 따르며 그를 경외하며 그의 명령을 지키며 그의 목소리를 청종하며 그를 섬기며 그를 의지하며(신 13:1-4).

하나님을 따르는 것이 하나님의 길을 따라 걷는다는 은유적 표현을 통해서 이해된다.[17] 하나님이 거룩하시기 때문에 이스라엘도 거룩해야 한다(레 11:44-45). 하나님과 함께 걷는다는 것은 하나님과 함께 삶의 여행을 한다는 것이다. 이는 하나님의 자비로운 임재를 경험하는 것이며(창 24:40; 48:15; 시 56:13; 116:9), 하나님의 임재 안에서만 누릴 수 있는 행복한 인간의 삶을 의미한다.[18]

하나님에 대한 개인의 제자도

하나님이 자기 백성과 함께하시고, 백성이 하나님을 따른다는 이 동일한 주제는 민족 차원에서만 발견되는 것이 아니라 개인 차원에서도 발견된다. 개인이 제자도 속에서 하나님을 따르는 것이다. 이는 이사야 54장 13절에서 분명히 드러난다. 여기에서 나타나는 이상적인 관계는 시온의 아들들이 여호와로부터 직접 가르침을 받는 것이다. 이스라엘 민족이 전체적으로 하나님과 언약 관계에 있지만 각 개인이 그 민족의 한 부분으로 휩쓸려 처리되지는 않는다. 개인이 하나님과 맺는 관계도 언약 관계 안에서 이해된다. 거기에는 이런 은유적 표현을 통해 하나님을 '따르라'는 부르심을 받은 개인이 또한 포함된다. 개인이 하나님을 따라가면 그것은 하나님과 언약 관계 속에서 살아간다는 사실을 의미한다. 만약 하나님 따르기를 중지한다면 그것은 의식적으로 언약을 파기하는 것이다. 이사야가 말한다.

의인의 길은 정직함이여

정직하신 주께서 의인의 첩경을 평탄하게 하시도다
여호와여 주의 심판하시는 길에서
우리가 주를 기다렸사오며
주의 이름을 위하여
또 주를 기억하려고 우리 영혼이 사모하나이다(사 26:7-8).

백성의 지도자들은 하나님을 따르며 그분의 길을 따라 걷는지를 기준으로 평가되었다. 예를 들어 백성이 하나님을 따르지 않았을 때, 여호수아(민 32:12)와 갈렙(민 32:12; 수 14:8, 9, 14)은 하나님을 따른 사실로 인해 별도로 거명되어 칭찬받았다(민 32:11-12). 대제사장은 하나님의 길을 따라 걷는지 여부를 근거로 조건적인 축복을 받았다(슥 3:7 참고).

왕들은 백성을 인도하는 동안 하나님을 따랐는지의 여부로 선한 왕이 되거나 악한 왕이 되었다. 다윗은 평생 하나님을 따라 산 왕으로서 최고의 모범이 되었다. "내 종 다윗이 내 명령을 지켜 전심으로 나를 따르며 나 보기에 정직한 일만 행하였"다(왕상 14:8). 하나님은 솔로몬에게 하나님을 따름으로 백성에게 올바른 모범을 세워야 하며 그렇게 하지 않으면 내침을 당하리라고 권고하셨다(왕상 9:6-7). 히스기야(왕하 18:6)와 요시야(왕하 23:3)는 경건한 왕의 전형이 되었다. 그들이 하나님을 따르는 길에서 변함이 없었기 때문이다. 언약은 특별히 하나님을 따르는 것과 연결되어 있으며, 요시야가 하나님을 따랐을 때 백성이 그를 따랐다. "왕이 단 위에 서서 여호와 앞에서 언약을 세우되 마음을 다하고 뜻을 다하여 여호와께 순종하고 그의 계명과 법도와 율례를 지켜 이 책에 기록된 이 언약의 말씀을 이루게 하리라 하매 백성이 다 그 언약을 따르기로 하니라"(왕하 23:3; 민 32:11-12 참고).

구약에서 개인의 제자도는 민족적인 제자도가 개인화된 것이다. 개인은 민족적인 언약에 개인적으로 헌신하는 것이며, 이것은 온 마음과 영혼을 다하여 하나님을 사랑하며 언약의 조건 안에서 하나님을 따르는 것을 의미한다. 이 관계의 가장 아름다운 표현 중 하나가 시편 25편에서 발견된다.

> 여호와여 주의 도를 내게 보이시고
> 주의 길을 내게 가르치소서
> 주의 진리로 나를 지도하시고 교훈하소서
> 주는 내 구원의 하나님이시니
> 내가 종일 주를 기다리나이다
> …
> 여호와는 선하시고 정직하시니
> 그러므로 그의 도로 죄인들을 교훈하시리로다
> 온유한 자를 정의로 지도하심이여
> 온유한 자에게 그의 도를 가르치시리로다
> 여호와의 모든 길은
> 그의 언약과 증거를 지키는 자에게 인자와 진리로다
> 여호와여 나의 죄악이 크오니
> 주의 이름으로 말미암아 사하소서
> 여호와를 경외하는 자 누구냐
> 그가 택할 길을 그에게 가르치시리로다(시 25:4-5, 8-12).

인간적인 제자도 관계

　　구약에서 제자도는 하나님을 민족과 개인이 따라야 할 중심으로 삼는 것이다. 고대 세계에서 다른 형태의 제자도들은 대개 위대한 인간 스승, 지도자 혹은 교사를 따르는 것이었다(다음 장에서 다른 형태들에 대해 몇 가지 살펴볼 것이다). 그래서 어떤 학자들은 고대 이스라엘이 인간적인 제자도 관계를 피한 것은, 인간 스승들과 제자들 사이의 관계가 하나님의 중심적 위치를 찬탈하고, 선택받은 공동체 내에서 잘못된 차별을 일으킬 수 있기 때문이라고 주장했다.[19] 제자도 관련 용어가 드물다는 사실과 이스라엘이 하나님 중심성을 극히 중시했다는 사실이 이 주장을 뒷받침하기는 하지만, 이것은 '제자도'의 의미에 대한 너무 좁은 견해이다. 예를 들어, 필립 시걸(Philip Sigal)은 이렇게 말했다. "고대 이스라엘에서는 세 인물 즉, 제사장(*kohen*[코헨]), 선지자(*nabi*[나비]), 현자(*hakam*[하캄])가 영적 지도자 역할을 공유했다. 이 세 인물이 각자의 무리에게 율법을 전수하는 책임을 졌으며 군중이 따를 교사와 역할 모델이 되었다."[20] 최근 연구는 모든 백성의 삶의 그물망 내에서 야훼와 더불어 맺는 다양한 인간관계들을 연구하고서, 이 관계들을 '제자도' 관계로 봐야 한다는 결론에 도달했다. 특별히 인간적인 스승-제자 관계가 이스라엘의 민족적 제자도의 구조 속에, 제사장, 선지자, 서기관 그룹 속에, 그리고 지혜 전통 속에 나타난다.

　이스라엘 내에서 인간 스승들과 그 제자들이 중요한 관계로 발전되었더라도 하나님이 중심적인 위치를 잃어버린 일은 결코 없다. 사실은 하나님이 그 민족에게 유익하도록 이 스승-제자 관계를 도입했으며, 그 결과 민족이 하나님의 음성을 더 분명히 듣고 가깝게 따를 수 있었다. 그러므로 이스라엘에서 발견된 인간적 제자도 관계가 주변 민족들에서 발견되는 것과 일정 부분 유사성을 보이기는 하지만, 이스라엘에서 발견되는 제자도 형태는 다른 곳에서 그와 정확하게 일치되는 것을 찾을 수 없을 만큼 독특성을 지니고 있다.[21] 모든 제자도 관계는 이스라엘과 그 민족 내의 개인들을 살아계신 하나님과 더욱 밀접한 동행으로 이끌기 위한 것이다.

(1) 개인 지도자들

구약성경에서 개인들 간의 몇몇 관계는 '제자도' 관계라고 볼 수 있다. 그중 현저한 것이 모세와 여호수아, 엘리야와 엘리사 그리고 예레미야와 바룩의 관계이다.[22] 각각의 경우, 한 사람이 하나님을 섬기라는 부르심을 받고, 민족과 다른 사람이 그에 복종하는 역할을 한다. 신약성경 저자들과 같은 시대에 저작 활동을 한 요세푸스(Josephus)가 흥미롭고도 중요한 관점을 제공한다. 요세푸스는 이 각각의 관계를 살펴본 뒤, 복종하는 위치에 있는 사람을 지칭할 때 예수님의 제자들을 지칭하는 단어(*mathētēs*)를 사용했다.[23] 요세푸스의 관점에서 보았을 때 각각의 짝을 이룬 이 사람들의 관계는 스승과 제자였다.

구약성경의 증거들을 조사해보면, 우리는 요세푸스의 생각에 동의하게 된다. 이 개인들 간의 관계는 제자도 관계이다. 그러나 그 관계들을 자세히 들여다보면, 구약의 제자도 형태가 가진 독특한 특징을 인식하게 된다. 첫째, 그 관계는 봉사를 위한 것이다. 다른 말로 하면 복종하는 위치에 있는 사람이 스승의 '종'이다. 여호수아는 '모세의 종'이라고 불린다. "모세가 그 종(*shārath*[샤랏]) 여호수아와 함께 일어나 모세가 하나님의 산으로 올라가며"(출 24:13 NASB). 다른 한편 우리는 그 스승이 또한 하나님의 종인 사실을 인식해야 한다. 하나님은 아론과 미리암에게 "너희가 어찌하여 내 종(*ebed*[에벳]) 모세 비방하기를 두려워하지 아니하느냐"라고 꾸짖었다(민 12:8). 후에 여호수아가 모세의 지도직을 계승한 후에는 그도 역시 "여호와의 종(*ebed*)"이라 불렸다(수 5:14; 24:29 참조). 모세가 시작한 임무를 여호수아가 계승해나간다는 것이다. 복종하는 위치에 있는 사람이 스승의 '종'이라 불리기는 하지만, 이것은 노예가 수행해왔던 부차적인 봉사를 하는 사람이라는 의미가 아니다. 도리어 그는 스승이 지도자 역할을 해나가는 데 도움을 제공하는, 필수적이고 본질적인 기능을 수행한다.[24]

둘째, 스승과 제자는 모두 하나님의 선택을 받아 하나님의 일을 수행한다. 제자는 훈련을 받다가 스승이 부재하게 되면 스승이 하던 일을 계승한다. 여호수아는 모세가 해왔던, 하나님을 섬겨서 약속된 땅을 재탈환하는 일을 계승했다. 하나님이 여호수아에게 이렇게 말씀하셨다. "네 평생에 너를 능히 대적할 자가 없으리니 내가 모세와 함께 있었던 것같이 너와 함께 있을 것임이니라 내가 너를 떠나지 아니하며 버리지 아니하리니"(수 1:5). 하나님의 일을 계승해서 수행한다는 사실이 고전적으로 그려진 곳은 엘리야가 회오리바람 속에서 하늘로 올라간 다음에 이어진 장면이다. 엘리야의 모습이 사라지자 엘리사가 자신의 옷을 찢고, "엘리야의 몸에서 떨어진 겉옷을 주워 가지고 돌아와 요단 언덕에 서서 엘리야의 몸에서 떨어진 그의 겉옷을 가지고 물을 치며 이르되 엘리야의 하나님 여호와는 어디 계시니이까 하고 그도 물을 치매 물이 이리 저리 갈라지고 엘리사가 건너니라"(왕하 2:13-14). 엘리야의 겉옷으로 물을 가르는 기적 속에서 하나님은 자신이 엘리야와 함께하셨던 것처럼 엘리사와도 함께하실 것을 엘리사에게 확인시켜 주신 것이다. 여호수아와 엘리사는 그들의 스승인 모세와 엘리야가 하던 일을 수행하도록 하나님의 지명을 받았다.[25] 제자도 관계는 하나님의 일을 수행하기 위해 성립되었다. 제자는 스승의 일을 수행하기 위한 훈련을 받았다.[26]

셋째, 개인들 간의 스승과 제자 관계는 이스라엘 역사상 위기 시대에 수행한 역할과 관련이 있다. 하나님은 민족 차원에서 발생한 지도자의 필요를 채우기 위해 이런 관계를 형성하셨다. 그러나 그 관계가 다른 세대로까지 영속되지는 않았다. 예를 들면, 선지자 예레미야는 유다의 위기 시대에 선지자의 목소리를 공급하라는 부르심을 받았다. 바룩은 예레미야가 불러주는 것을 받아 적는 일로 그의 역할을 도왔다(렘 36:27, 32-33). 그러나 바벨론이 유다를 점령한 후에도 바룩이 계속해서 선지자 역할을 한 것은 아니다. 위기가 끝나고 더 이상 지도자가 필요 없게 되자 선지자의 역할을 계승한 다른 지도자가 일어나지 않았다. 이 관계는 민족 내의 제도로 의도된 것이 아니었다. 그것은 '특별한' 시대에 하나님의 '특별한' 일을 수행하기 위한 '특별한' 관계였다.[27]

넷째, 인간 스승은 결코 최고로 중요한 위치를 차지하지 않았다. 스승은 언제나 자신 너머의 하나님을 가리켜 보임으로 제자가 궁극적으로 하나님을 따르고 섬기고 그분과 동행하도록 했다. 또한 이것을 스승, 제자, 백성이 모두 인식했다.[28]

모세가 여호수아를 불러 온 이스라엘의 목전에서 그에게 이르되 너는 강하고 담대하라 너는 이 백성을 거느리고 여호와께서 그들의 조상에게 주리라고 맹세하신 땅에 들어가서 그들에게 그 땅을 차지하게 하라 그리하면 여호와 그가 네 앞에서 가시며 너와 함께하사 너를 떠나지 아니하시며 버리지 아니하시리니 너는 두려워하지 말라 놀라지 말라(신 31:7-8).

그러므로 민족 지도자에게서 발견되는 개인적인 스승-제자 관계는, 하나님이 그 지도자들을 통해 백성의 필요를 채우시려는 목적이 성취될 때까지 지도자의 기능이 한 사람에게서 다른 사람에게로 계승될 수 있었다.

(2) 선지자

우리는 이미 선지자 이사야 주위에 제자들이 모인 것을 보았다(사 8:16). 다른 선지자들도 스승-제자 관계를 보여준다. 사무엘 주변에도 일단의 선지자들이 보인다(삼상 10:5-10). 사무엘은 그들에게 일종의 '멘토'(mentor)와 같은 권위를 가졌던 것으로 보인다(삼상 19:20-24). 그 관계는 학교와 같은 상황이 아니라 사무엘에게서 권위를 발견한 선지자들의 '교제'였다. 이와 유사한 관계가 '선지자의 생도'와 엘리사에게서 발견된다(왕상 20:35; 왕하 2:3, 5, 7, 15; 4:1, 38; 5:22; 6:1; 9:1 참조). 엘리사도 이 선지자들에게 지도적인 권위를 가졌지만 역시 학교와 같은 환경은 아니었다. 선지자의 생도들은 훈련받는 선지자들이 아니라, 그들 자신의 선지자적 활동을 위한 지도를 받기 위해 엘리사 주변에 모인 사람들이었다. 이것은 학교와 같

은 상황이 아니다. 하나님을 섬기기 위한 상호 헌신 속에서 맺어진 스승-제자 관계이다.[29]

(3) 서기관

서기관들도 역시 스승-제자 관계의 특성을 보여준다. 그들은 전문성이 요구되는 직업을 가졌기 때문에 자연히 읽기, 쓰기, 옮겨 쓰기처럼 기초 기능을 갖추기 위한 도제식 훈련을 받는다. 구약의 서기관들과 관련된 다른 기능이 있는데, 왕궁에서 조언을 제공하는 것과 같은 정치적 책무이다(삼하 8:16-18; 20:23-25; 왕상 4:1-6 참조).[30] 포로기 이후 서기관으로서 에스라의 책무는 율법 교육에 맞춰졌지만(느 8:1 이하), 그 활동은 포로기 이전에도 있었다(렘 8:8-9 참조). 이렇듯 다양한 서기관의 책무를 수행하기 위한 훈련이 가족과 가문 안에서 이루어진 것 같다. 다시 말하면 이런 기능을 위한 스승-제자의 훈련이 아버지에서 아들로 이어진 것이다. 그러나 더 효율적인 훈련과 직업 수행의 전문성이 요구됨에 따라, 서기관의 길드에서 그런 훈련이 이루어졌을 가능성이 가장 높다. 그런 길드는 '전문가들의 모임'으로 묘사되었을 것이다.[31] 이것이 궁정에 위치한 서기관 학교를 가리킬 수도 있지만 그런 학교가 존재했다는 증거는 없다. 이스라엘에서 서기관의 기능이 지속된 사실을 설명하기 위해서는 일종의 스승-제자 관계가 요구된다. 민족 내에서 서기관 가문으로부터 서기관 모임으로 나아간 사회적 발전이 있었던 것으로 보이며, 이것이 궁정의 전문적 활동, 에스라의 율법 중심 활동, 후기 랍비 사상으로 발전했을 것이다.[32] 그런 발전은 스승-제자 관계를 내포한다.[33]

(4) 현자

구약성경에서 발견되는 '지혜'라는 말은 세 가지 방식으로 이해된다. 지혜란 세계관, 가르치는 직책, 민속 전통을 의미한다.[34] 이런 관점에서 보면, '지혜'를 얻고 사용하기 위해서는 스승-제자 관계가 요구되지만, 그 관계 유형에는 다양한 형태와 기능이 있다. 지혜 전통의 영속화와 확장 배후에는 스승-제자 관계가 있다. 이 스승-제자 관계가 발견되는 곳은, 아버지-아들의 비공식적 관계, 성문에서 법률적 결정을 내리기 위한 장로들의 훈련, 궁정 고문들의 지혜 오리엔테이션, 그리고 지혜에 대해 전문적인 지식을 가지고 있으며 지혜의 말들을 기록한 어떤 무리의 사람들이다.[35] 지혜의 전문가들(장로들과 궁정 고문 등)이 처음에 가족/부족 교육과 토착화에 의해서 문화적 환경을 통해 퍼져나간 지혜를 규제하고 조정하는 일을 했을 것이다.[36] 국가적으로 지혜를 다루는 이런 활동의 이면에는 지혜의 학교가 있었으리라는 주장이 제기되며, 왕궁에서 지혜에 대해 강조한 것이 이런 주장에 무게를 실어준다. 그러나 '학교'가 존재했다는 증거가 없으므로, 스승-제자 관계가 가족/부족 관계, 장로/지도자 훈련 그리고 지혜 전승의 전문가인 '현자' 중에서 발견될 가능성이 더 높다.[37]

제자라는 용어와 제자도에 대한 명시적인 가르침이 없음에도 불구하고, 글을 쓴 선지자들, 서기관들 그리고 지혜 전통은 이스라엘 내에 스승-제자 관계가 있었음을 강력하게 시사한다. 이런 유형의 관계는 특별히 그리스적인 관계 속에서 발견되는 형식적이고 제도화된 모델들과 매우 다르며, 하나님에 대한 제자도의 자리를 결코 선점하지 않는다. 실제로 이런 스승-제자 관계들을 여기에서 제안하는 방식으로 보면, 그 관계들은 하나님의 계시가 이스라엘에 전달되는 다양한 수단의 일부로, 또한 민족의 삶에서 하나님에 대한 제자도의 깊이를 훨씬 심화하는 것으로 이해된다.

구약성경의 기대가 함축하는 것

구약성경은 민족과 개인이 하나님을 따르는 것, 하나님의 길에서 행하는 것 그리고 하나님을 섬기는 것을 풍성하게 묘사한다. 거기에 후기 신약성경의 제자도 형태와 연속성을 제공하는 몇 가지 함축적 내용이 있다. 우리는 구약성경의 교훈을 시대착오적으로 해석하지 않도록 극히 주의해야 하지만, 이를 신약성경의 빛에 비추어 봐야 더욱 완전한 이해에 이를 수 있다.

자기 백성과 함께하시는 하나님

첫째, 자기 백성과 함께하시는 하나님이라는 구약의 주제는 예수님이 자기 백성과 함께하시는 것으로 분명하게 성취된다. 이스라엘에서 제자도의 이상적인 모습은 민족이 하나님과 언약 관계에 있는 것이다. 그 이상적인 모습은 이스라엘이 언약 관계의 궁극적 실현에 도달할 때를 바라보는 선지자들을 통해 풍부하게 표현되었다. 이사야는 민족을 향해 이렇게 말했다. "주께서 너희에게 환난의 떡과 고생의 물을 주시나 네 스승은 다시 숨기지 아니하시리니 네 눈이 네 스승을 볼 것이며 너희가 오른쪽으로 치우치든지 왼쪽으로 치우치든지 네 뒤에서 말소리가 네 귀에 들려 이르기를 이것이 바른 길이니 너희는 이리로 가라 할 것이며"(사 30:20-21). 광야에서 하나님은 이스라엘에게 율법을 주시며 언약의 의도를 이렇게 강조하셨다. "나는 너희 중에 행하여 너희의 하나님이 되고 너희는 내 백성이 될 것이니라"(레 26:12). 그 민족은 하나님이 그들과 함께하시는 관계로 부르심을 받은 것이다.

다윗 같은 메시아가 오리라는 약속은 하나님이 자기 백성과 함께하신다는 약속과 얽혀 있다(겔 37:24-28). 그러므로 예수님의 이름인 '임마누엘'의 의미에 대한 마태의 해석은 그 중요성을 아무리 강조해도 지나치지 않다. "보라 처녀가 잉태하여 아들을 낳을 것이요 그의 이름은 임마누엘이라 하리라 하셨으니 이를 번역한즉 하나님이 우리와 함께 계시다 함이라"(마 1:23). 예수님 안에서 하나님은 언약의 가장 깊은 의미를 성취하고자 자기 백성과 함께하시기 위해 오셨다. 즉 하나님은 스승으로, 주인으로, 구주로 자기 백성과 함께하시기 위해 오신 것이다. 하나님이 자기 백성의 삶 속에서 중심이 된다는 것은 신약성경의 서신들에서도 발견된다. 사도 바울은 오직 하나님만이 차지하는 중심적 위치를 올바르게 이해했다. 바울은 의와 불의, 빛과 어둠, 그리스도와 벨리알, 신자와 불신자, 하나님의 성전과 우상의 성전 사이의 차이를 이렇게 설명한다. "이르시되 내가 그들 가운데 거하며 두루 행하여 나는 그들의 하나님이 되고 그들은 나의 백성이 되리라 하셨느니라…."

그러므로 너희는 그들 중에서 나와서
따로 있고

> 부정한 것을 만지지 말라
> 내가 너희를 영접하여
> 너희에게 아버지가 되고
> 너희는 내게 자녀가 되리라
> 전능하신 주의 말씀이니라 하셨느니라(고후 6:16-18).

이 관계의 친밀함을 놓칠 수 없다. 그것은 하나님이 자기 백성과 함께하실 때에만 성취되는 친밀함이다.

백성이 하나님을 따름

둘째, 하나님과 이스라엘 사이에 맺어진 관계는 하나님과 인간의 관계였으며, 뒤에 예수님이 이 관계 속으로 추종자들을 부르신 것이다.[38] 이 언약 관계를 이룬다는 것은 간단히 말해서 하나님이 하나님 되셔야 한다는 것이다. 곧 모든 일에서 하나님께 최고의 자리를 드림을 의미한다. 하나님을 따른다는 것은 마음과 영혼의 모든 것을 다해 여호와 하나님을 사랑한다는 것의 실천이다. 하나님을 따르는 것이 하나님의 길에서 걷는다는 은유적 의미로 이해된다.[39] 하나님이 거룩하시므로 이스라엘도 거룩해야 한다(레 11:44-45). 하나님과 함께 걷는다는 것은 인간의 삶을 하나님과 함께하는 여행이라고 말하는 것이다. 그것은 하나님의 자비로운 임재를 경험하는 것이며(창 24:40; 48:15; 시 56:13; 116:9), 인간의 행복한 삶은 오직 하나님의 임재 속에서만 가능하다는 뜻이다.[40] 예수님이 제자도의 핵심을 표현하기 위해 이런 주제들을 취하셨음을 인식할 때(마 5:48; 22:37; 막 12:29-30; 눅 10:27) 우리는 구약에서 하나님이 시작하신 관계가 예수님 안에서 성취될 제자도의 관계라는 것을 이해하게 된다.

"하나님을 따른다", "하나님과 함께 걷는다"는 구약의 은유적 표현은 예수님을 가리킨다. 구약의 하나님이 예수님 안에서 지상으로 내려와 자기 백성과 함께하시며(마 1:23) 자기 백성과 영원히 함께하실 것이며(마 28:20), 성령을 통해 각각의 제자들 안에 거하시며(고후 6:16), 우리와 함께하시기 위해 다시 오실 것이다(계 21:3).

하나님과 그의 백성을 섬김

셋째, 구약성경에서 발견되는 사람 사이의 다양한 제자도 관계는 예수님이 사도들을 불러서 확립할 관계들, 또한 교회 내에서 발전되어나갈 관계들을 위해 우리를 준비시키는 것이다. 여기에서 최소한 세 가지를 주목할 수 있다. (1) 구약에서 시작되어 신약으로 연결되는 '훈련하기'의 한 형태를 본다. 하나님이 각각의 개인들을 (예를 들면 모세, 엘리야) 불러 민족 내에서 봉사하게 하실 때 그들이 임무를 수행할 수 있도록 직접 준비를 시키셨다. 그들은 다시 다른 사람들이 (예를 들면 여호수아, 엘리사) 나머지 일을 수행할 수 있도록 그들을 준비시켰다. 이것을 통해 우리는 예수님이 개인들을 (예를 들면 베드로, 바울) 불러 교회 내에서 자신의 일을 수행하도록 했을 때 그들을 직접 훈련하신 것을 보게 된다. 그렇게 부름받은 개인들은 다시 남은 일을 수행하도록 하기 위해 다른 사람들을 (예를 들면, 요한, 마가, 디모데) 훈련했다. (2) 구약과 신약 모두에서 이 '훈련하기'는 '봉사'를 위한 것이다. 이런 관계의 목표는 민족 내에서든 교회 내에서든 하나님의 백성에게 봉사하는 개인들을 준비시키는 것이다. 이 관계들을 통해 개인들은 봉사할 준비를 한다. 우리는 '제자도' 혹은 '훈련하기' 같은 말을 들을 때, 때로 개인의 성장이나 그와 유사한 어떤 것을 생각한다. 성장도 중요하지만 성장의 목적은 봉사이다. (3) 이런 봉사 지향 훈련 관계는 야훼의 길을 가리켜 보일 수 있는 지도자들을 배출했다. (모세 같은) 민족 지도자로서든, (잠언의 현자들 같은) 젊은 세대를 가르치는 현자로서든, 또는 (예레미야 같은) 하나님의 선지자적 목소리로서든, 이 구약의 지도자들은 민족이 '하나님을 따르며', '그의 길로 행할' 수 있도록 돕기 위해 부름받았다. 구약성경에서 개인적인 관계들은 예수님이 열두 제자를 훈련하여 교회 내 지도자로 삼은 것과 유사하다. 예수님의 제자들은 예수님에게 가는 길을 보여주어야 했다. 그들은 "모든 족속으로 제자를 삼아"야 했으며(마 28:19), 그 제자들은 예수님을 유일한 스승으로 여겨야 했다.

> 그러나 너희는 랍비라 칭함을 받지 말라 너희 선생은 하나요 너희는 다 형제니라 땅에 있는 자를 아버지라 하지 말라 너희의 아버지는 한 분이시니 곧 하늘에 계신 이시니라 또한 지도자라 칭함을 받지 말라 너희의 지도자는 한 분이시니 곧 그리스도시니라 너희 중에 큰 자는 너희를 섬기는 자가 되어야 하리라 누구든지 자기를 높이는 자는 낮아지고 누구든지 자기를 낮추는 자는 높아지리라(마 23:8-12).

성경적 제자도의 뿌리는 구약의 비옥한 흙 속에 깊이 뻗어 있다.

교회의 관점에서 그것을 읽는 우리는, 우리의 유산이 고대 이스라엘 백성으로부터 비롯되었음을 기억해야 한다. 우리가 개인의 뿌리를 추적해 올라가지는 못하지만, 우리에게는 영적 뿌리가 있으며 그로 인해서 우리는 하나님이 선포하신, 자기 백성을 위한 목적 속에 굳게 설 수 있다. 앞으로 이어질 내용에서 분명히 보겠지만 구약과 신약 사이에는 분명 차이점이 있다. 그러나 예수 그리스도의 튼튼한 제자는 든든한 나무처럼 하나님의 말씀 전체에 깊이 뿌리를 내린다. 시인은 이렇게 말한다.

> 복 있는 사람은
> 악인들의 꾀를 따르지 아니하며
> 죄인들의 길에 서지 아니하며
> 오만한 자들의 자리에 앉지 아니하고
> 오직 여호와의 율법을 즐거워하여
> 그의 율법을 주야로 묵상하는도다
> 그는 시냇가에 심은 나무가
> 철을 따라 열매를 맺으며
> 그 잎사귀가 마르지 아니함 같으니
> 그가 하는 모든 일이 다 형통하리로다(시 1:1-3).

복습 문제

1 구약의 제자도를 위한 조건은 신약의 제자도를 위한 조건과 어떻게 다른가?

2 예수님의 제자도 부르심을 어째서 이스라엘 민족에 대한 하나님의 부르심이 성취된 것이라고 할 수 있는가?

3 구약에서 하나님을 따르려고 노력한 신자들이 오늘날 하나님을 따르는 문제에서 우리에게 무엇을 가르칠 수 있는가?

4 제자도를 향한 당신의 결단이 어떤 방식으로 심장과 영혼과 마음과 힘을 다하여 여호와 하나님을 사랑한다는 증거가 되는가?

4장
스승에게 헌신한 그리스-로마의 제자도

초점 맞추기

1. **제자**라는 단어를 들을 때 무엇이 떠오르는가? 학생? 열정적 추종자? 종교적 헌신자?
2. 예수님의 제자들 외에 1세기 그리스-로마 세계에는 어떤 종류의 제자들이 존재했을까? 그들의 특징은 무엇이었을까?

"이 책을 읽을 때까지 나는 제자도의 역사를 생각해본 적이 없다. 나는 스승-제자 관계가 얼마나 일반적인 현상인지, 또한 그것이 예수께서 세상에 오시기 오래전에 이미 생겨났다는 것을 인식하지 못했다. 그 사실이, '나를 따르라'는 예수님의 명령은 비록 철저한 헌신을 요구하기는 했지만, 그렇게 예외적인 일은 아니라는 것을 설명해주었다."

이것은 학부 학생인 로슬린의 말이다. 총명한 아가씨인 로슬린은 매우 건전한 교회에서 성장했다. 나는 그리스도의 생애에 대해 수업할 때 과제로 제자도에 관한 책을 읽고 분석하는 글을 쓰도록 과제를 내주었는데, 위에 인용한 문장은 로슬린이 제출한 글의 일부이다. 지난 수년 동안 거듭해서 발견한 바, 로슬린은 오늘날 교회 내 사람들의 상태를 대표한다. 건전한 교회라는 배경 덕분에 로슬린은 예수님의 제자들에 대해 잘 알고 있었다. 그러나 예수님의 제자들을 사회적, 역사적 배경 속에서 보지 않으면 그들이 그저 어떤 이야기 속에서나 등장할 법한 평범한 인물들처럼 여겨질 수 있다. 1세기에 있던 다른 유형의 제자들을 공부한 뒤에 로슬린은 "다른 제자들이 그들의 스승을 더욱 닮기 위해 견뎌낸 극단적인 일들"을 가리키면서, "다른 사람들이 과연 내가 드러내는 증거들을 통해 예수님이 나의 주님이신 것을 알 수 있을까? 내 행동이 다른 스승을 따르는 여느 사람들과 달라 보일까?" 하고 질문했다.[1]

이것은 우리 모두가 해야 하는 질문 아닌가! 예수님의 제자가 되는 것과 다른 스승의 제자가 되는 것 사이에 어떤 차이점이 있는가? 예수님이 말씀하시길, 그분 제자로서의 삶이 어떤 특징을 드러내기 때문에 "모든 사람이 너희가 내 제자인 줄 알리라"라고 하셨다. 무엇이 우리를 다른 유형의 제자들과 구분해주는가? 1세기에 예수님을 따르던 사람들과 다른 스승들을 따르던 사람들 사이에 분명하게 드러난 차이점은 무엇인가?

예수님이 인간 역사 속에 들어오던 시기의 세계에는 온갖 종류의 종교, 철학, 정치 지도자들이 있었다. 이 각각의 지도자들에게는 그들의 대의, 교훈, 신념에 헌신된 추종자들이 있었다. 그런 추종자들이 몇 가지 다른 용어로 지칭되기는 했지만 **제자**라는 용어가 (이것의 다양한 언어 형태 속에서) 가장 흔하게 쓰였다. 동시에 이것이 예수님의 추종자들을 가리키는 가장 일반적인 용어가 되었다. 제자들을 부르고 훈련하시는 그분의 사역은 1세기 다른 스승들의 경우와 유사했지만 거기에는 특별한 점이 있었다. 이 장의 목적은 예수님이 역사의 한 장면에 등장하셨을 때 존재하던 제자도 세계를 탐구하여 예수님이 제자들의 삶에 행하신 독특한 부르심을 더욱 분명히 이해하는 것이다.

고대 제자도에 관한 연구는 오늘날 특별히 유익한 과업이다. 왜냐하면 성경학자들의 다양한 학문 분야를 활용하여 1세기의 제자도 관행 위에 쌓였던 먼지를 털어낼 수 있기 때문이다. 이제 역사, 사회학, 철학 연구 덕분에 고대 세계에서 제자가 된다는 것이 무엇을 뜻하는지 더욱 분명히 이해할 수 있다. 신약성경에 등장하는 '제자들'이라는 가장 일반적인 단어를 이해하기 위해서 전통적인 단어 연구 방법에 최근의 어원학 방법을 병합할 것이다. 사회과학적 방법은 스승-제자 관계가 존재하던 사회 문화적 환경을 더 깊이 이해하도록 도울 것이다. 역사적 분석의 도움으로 우리는 예수님이 그분의 제자들을 부르신 역사적 사건들에 대한 객관적 이해에 도달할 것이다. 성경 기록과 연결하여 이 방법들을 함께 사용하면, 이런 다양한 연구 분야의 도움으로 제자들의 세계를 이해할 수 있다. 이 장에서는 흥미진진한 그리스-로마 세계로 들어갈 것이다. 그리고 다음 장에서는 유대교의 매력적인 세계를 탐구할 것이다.

그리스-로마 세계

그리스는 서양 문명의 발상지이다. 오늘날 우리의 제도와 사고방식 중 많은 것이—민주주의, 수학, 문학, 교육, 철학, 심지어 올림픽까지—고대 그리스에서 생겨났다. 그리스 사람들은 당시 세계에도 영향을 주었다. 알렉산더(Alexander) 대왕이 지중해 세계를 군사력으로 정복했을 때 그는 색다른 형태의 정복을 실행했다. 곧 문화 정복이었다. 그는 자신의 제국 내에서 '헬레니즘'이라고 불리는 프로그램에 착수했다. 그것은 그리스의 문화와 언어가 근동과 서양 생활을 지배하게 되는 것이다. 비록 알렉산더 제국이 로마에 점령되고, 예수님의 지상 생애 동안 로마가 군사 정치적 지배 세력이었지만, 헬레니즘은 여전히 지중해 세계의 사회적, 문화적 현상의 많은 것을 지배하고 있었다.

mathētēs([마쎄테스], 제자)라는 용어(복수는 *mathētai*[마쎄타이])가 탄생한 곳도 그리스 세계였다. 신약성경에서 예수님의 추종자들을 지칭하기 위해 복음서 저자들이 주로 사용한 단어가 이것이다. *mathētēs*라는 용어 사용의 역사적 변천을 살펴보는 것은 신약 시대에 쓰인 그 단어의 의미를 이해하기 위해 꼭 필요한 작업이다.

고대 그리스의 *mathētēs*

*mathētēs*라는 단어는 기원전 5세기 헤로도투스(Herodoust)의 글에 처음 등장한다. 헤로도투스는 그 단어를 별 설명 없이 사용한다. 이는

그 단어가 글자로 기록되기 이전에 구전 속에서 사용된 역사가 있음을 나타낸다. 헤로도투스 이후로 *mathētēs*는 그리스 문헌에 빈번하게 등장한다. 고전 그리스 문헌에서 이 단어는 문맥에 따라 학습자, 제자, 학생 등 다양한 의미 영역을 가지게 되었다.

학습자 / 도제

매우 일찍부터 명사 *mathētēs*는 학습자 혹은 도제인 사람을 가리키는 단어로 사용되었다. 우리는 명사 *mathētēs*와 동사 '배우다'(*manthanein*[만싸나인])가 연결되어 있는 것을 발견한다. 학습자는 춤추기와 레슬링,[2] 음악,[3] 천문학,[4] 글쓰기,[5] 사냥[6] 혹은 의료[7] 훈련 코스에 참여할 수 있었다. 학습자는 자기가 공부하는 분야의 전문가로부터 지식이나 기술을 습득했다. 이 학습 상황에서의 강조점은 가르치는 사람이라기보다는 학습자에 의해 습득되는 기술 혹은 지식이다.

학생 / 연구자

'학습자'라는 개념은 쉽게 '학생'이라는 개념으로 전이된다. 학습 활동에만 참여하는 것이 아니라 학문적 환경에서 유명한 교사 혹은 가르침에 전념하는 사람이 생겨났다. 연구 주제는 어원학,[8] 형이상학,[9] 드라마,[10] 혹은 종교[11]가 될 수 있었지만, 중요한 점은 학생이 위대한 교사 혹은 스승에게 헌신한다는 것이다. 예를 들면, 이소크라테스(Isocrates)는 *mathētēs*라는 단어를 사용하여 몇 가지 서로 다른 형태의 스승-제자 관계를 표시했는데, 거기에는 피타고라스(Pythagoras)와 함께 철학-종교를 공부하던 사람들,[12] 소크라테스(Socrates)의 대화 친구였던 사람들,[13] 심지어 그의 수사학 학생들도[14] 포함되었다. 각각의 경우 단순히 교육만 말하는 것이 아니다. 스승-교사와 그의 길에 대한 헌신이 일차적 관심사였다.

소피스트(Sophist)들이 자기네 학생들을 *mathētēs*라고 부르면서 중요한 변화가 생겨났다. 소피스트와 그들 학생 사이의 관계는 일차적으로 학문적인 것이었다. 소피스트들은 기원전 5세기와 4세기의 철학-교육 운동을 했으며, 역사에서 학생들에게 수업료를 요구한 최초의 교사들로 유명하다. 그들의 가르침은 법, 도덕, 지식에 대한 회의에 초점이 맞춰졌으며, 실제로는 무엇이 진리인지 밝히는 것보다는 논쟁에서 이기는 방법에 집중했다.[15] 아리스토파네스(Aristophanes)와 소크라테스를 포함한 당시의 가장 영향력 있는 사상가 중 일부가 소피스트들을 강력하게 반대했다. 아리스토파네스는 풍자극에서 소피스트의 학생들을 그들이 따르는 선생들의 진부한 행동과 연설을 그대로 흉내 내는 사람으로 규정했다. 소크라테스는 소피스트들의 교훈과 실천의 철학적 근거를 비판하면서 그들이 발전시킨 선생-학생 관계에 대해서도 강하게 비판했다. 소피스트들에 대한 공격 때문에 *mathētēs*라는 단어가 소피스트의 맥락에서 사용될 때에는 청중의 마음속에 '학문 연구자' 혹은 '학생'이라는 생각을 떠올리게 했다.[16]

소크라테스(그리고 플라톤, 제노폰, 아리스토텔레스 같은 소크라테스 계열의 사람들)가 철학적, 교육학적 근거에서 소피스트들에게 반대했으므로, 소크라테스는 자기를 따르는 사람들을 *mathētai*라고 부르지 않왔다. 이는 자기를 따르는 사람들이 소피스트들의 *mathētai*와 혼동되는 것을 원치 않았기 때문이다. 소피스트들은 대체로 형식적인 교육에 집중했으나 소크라테스는 진리를 발견하기 위한 대화법 및 추종자들과의 상호 성장을 믿었다. 이런 이유로 어떤 사람들은 소크라테스가 *mathētai*라는 용어를 완전히 거부했다는 결론에 도달했다.[17]

하지만 소크라테스는 오해의 위험이 없을 때는 이 용어를 자유롭게 사용하여 '학습자들'(Plato, *Republic* 619.C.2), '제자들'(Plato, *Symposium2* 197.B.1), '학생들'(Plato, *Cratylus* 428.B.4)이라는 말을 사용했다.[18] 소크라테스는 소피스트들의 철학과 학생 훈련 방식을 거부한 것이지 그 용어 자체를 거부한 것은 아니었다.

제자 / 추종자

*mathētēs*가 제일 처음 사용될 때부터 이 단어는 학문적 환경 속에 있는 학습자 혹은 학생만을 의미하지 않았다. 헬라어로 기록된 글에서 최초로 이 명사를 사용한 헤로도투스는 심중한 의미를 가지고 개인적으로 자기 삶을 투신한 사람을 가리키는 데에도 그 단어를 사용한다. 북방에서 내려온 유목민 스키타이인(Scythian) 침략자 중 한 사람인 아나카르시스(Anacharsis)는 그리스를 여행하는 동안 "그리스 길의 *mathētēs*"가 되었다.[19] 아나카르시스는 그리스 풍습에 마음을 빼앗긴 나머지 그 삶을 따라 살기로 개인적인 결단을 한 것이다. 그의 결단은 상당히 강력해서 고향으로 돌아온 후에는 그리스의 종교 제의를 행했는데, 그중에는 시지쿠스의 신들의

어머니(Cyzicenes' Mother of Gods)에게 드리는 제사도 포함되었다. 그가 외래 생활 방식에 너무 집착하자 동포들은 미워했고, 그의 형제가 그를 죽였으며, 그는 결국 스키타이인의 기억에서 사라졌다. "이는 그가 자기 나라를 떠나 그리스로 갔으며 외국인의 풍습을 따랐기 때문이다."[20] 아나카르시스는 그리스의 생활 방식을 따르는 일에 투신했으며, 그로 인하여 그리스 생활 방식의 '제자' 혹은 '추종자'가 되었다.

소크라테스도 스파르타 문화의 제자/추종자들에 대해 이와 유사하게 말한다. "이 모든 사람들은 스파르타 문화를 열정적으로 사랑하는 사람들이요 그들이 곧 *mathētai*였다. 우리는 그런 특성을 그들 각자가 말하는 짧고 기억하기 쉬운 말로 표시되는 지혜 속에서 인식할 수 있다."[21]

다른 곳에서 소크라테스는 마라톤(Marathon)의 *mathētai*라고 불리는 사람들에 대해 말하는데, 이는 그들이 그 도시의 문화적 독특성을 대표했기 때문이다.[22] 어떤 특정한 문화의 제자가 된다는 것은 그 사람의 생활 방식이 그 문화를 반영한다는 뜻이다.[23]

다양한 관계들

이제 우리는 *mathētēs*와 스승의 관계가 상당히 다양하다는 것을 알게 되었다. 피타고라스와 그를 따르는 자들의 관계는 수학과 철학을 지향하는 지적인 것이었으나, 따르는 자들이 곧 피타고라스를 아폴로 신과 동일시함에 따라 그 관계는 훨씬 종교적인 방향으로 향했다. 소크라테스는 서로 나누는 공동체가 특징인 관계를 원했기 때문에 **친구**(*hetairos*[히타이로스]), **아는 사람**(*gnōrimos*[그노리모스]), **따르는 사람**(*akolouthos*[아콜루쏘스]) 등의 단어를 사용하여 자기 주변 사람들을 지칭했다. 이소크라테스가 자기를 따르는 사람들과 맺은 관계는 주로 수사학 공부와 도덕적으로 가장 높은 수준의 선을 성취하는 데 맞춰졌다.

*mathētēs*라는 단어의 의미 자체에 어떤 유형의 관계가 내재되어 있는 것이 아니다. 그 관계의 성격은 스승과 그 스승에게 헌신하는 사람들의 성향에 따라 역동적으로 형성된다. 이것이 그 용어의 역사에서 가장 중요한 변천이며, 신약성경의 환경을 살펴볼 때 중요하게 기억해야 할 점이다.

신약 시대 헬레니즘에서의 *mathētēs*

신약성경이 기록되던 시기인 헬레니즘 기간[24] 동안에도 *mathētēs*라는 단어가 다양한 관계에 적용되는 경향은 지속되었다. 학문적 환경에 있는 학습자들과 학생들이 여전히 *mathētai*로 지칭될 수 있었지만, 이 단어는 일반적으로 제자들 혹은 다양한 종류의 위대한 스승을 따르는 추종자들을 가리키는 데에 사용되었다. 배운다는 점에 대한 강조가 약화되면서 그 중심은 점점 스승과 제자 관계로 옮겨갔다. 그 관계 유형은 스승에 의해서 결정되었다. 소크라테스 같은 과거의 위대한 사상가와 스승의 정신적 친구가 되는 것에서부터(Dio Chrysostom, *On Homer and Socretes* 1.2), 피타고라스 같은 철학자의 추종자가 되는 것(Diodorus, *Bibliotheca Historica* 12.20.1.3), 에피쿠로스

(Epicurus) 같은 종교적 스승을 헌신적으로 따르는 자가 되는 것까지 (Plutarch, *Pleasant Life* 1100.A.6) 무척 다양했다. 그중에서도 가장 두드러진 개념은 위대한 종교적 스승의 헌신된 추종자 혹은 '제자'가 되는 사람이었다.

위대한 스승의 제자들

위대한 사상가 혹은 지도자를 따르는 사람들은 대개 그들의 전 생애를 그 일에 투신하곤 했다. 그것이 그들 관계의 특징이었다. 따르는 사람들은 정말로 그 지도자의 '제자'였으며, 주로 그들이 스승과 나누는 관계의 특징에 의해서 사람들에게 알려졌다. 예를 들면 에우리피데스(Euripides)는 그가 자연 철학자인 아낙사고라스(Anaxagoras)의 제자라는 사실을 영예로 여겼으며,[25] 이탈리아 로크리스(Locris) 지역의 고귀한 가문 출신으로 유명한 잘레우쿠스(Zaleucus)는 철학자 피타고라스의 제자였기 때문에 존경받았다.[26] 헤시오도스(Hesiod)는 "그가 뮤즈(muse)들과 정신적 교류를 나누고, 바로 그 존재들의 **제자였기**" 때문에 시를 쓰고 읊을 수 있었다.[27] 헤시오도스는 뮤즈들의 제자요 모방자였으며, 그들의 기예에 집착한 사람이었다. 신약성경의 기록 시기와 매우 근접한 때에 저술 활동을 한 플루타르크(Plutarch)는 각각의 제자들을 데리고 있던 광범위한 스승들을 기록한다. 예를 들면, 제논(Zeno),[28] 테오프라스토스(Theophrastus),[29] 제노크라테스(Xenocrates),[30] 소크라테스, 플라톤, 알렉산더,[31] 이소크라테스,[32] 에피쿠로스[33] 등이다. 일반적인 용례로 볼 때, *mathētēs*는 어떤 위대한 스승의 헌신된 추종자였다.

위대한 종교 지도자의 제자들

신약 시대가 되어서는 종교적인 추종자들, 특히 신비 종교 내에 속한 사람들을 일반적으로 *mathētai* 곧 '제자들'이라고 불렀다. 신약성경 저자들과 거의 동시대에 살았던 디오 크리소스토모스(Dio Chrysostom)[34]는 '신들의 제자들', '종교 지도자의 제자들'에 대해 말한다. 예를 들면 그는 인간 왕들을 제우스의 제자들이라고 지칭한다. 이는 그들이 "제우스에게 양육받았고", "도략에서 제우스와 같았기" 때문이다. 디오는 이렇게 썼다. "사실 그리스인과 야만인들 중에서 이 명칭[왕]에 어울리는 것으로 입증된 모든 왕은 실제적으로 이 신의 제자들이며 모방자라고 생각할 수 있다."[35] 다른 곳에서 디오는 "호머(Homer)가 미노스 왕(King Minos)을 '제우스의 동료'라고 하는데, 이것은 실제로 그를 제우스의 **제자**라고 말하는 것이다[36]"라고 했다. 플루타르크도 또한 "신들의 제자들"[37]을 언급하면서, 신과 같은 신분에 도달한 에피쿠로스를 그의 **제자들**이 숭배했다고 말한다.[38]

이 문맥에서는 학습이라는 개념을 최소화하고 있다. 대신 종교적 헌신 그리고 종교적 인물의 삶과 성품을 닮는 것이 그 관계의 특성이 된다.

삶을 모방함

헬레니즘 시대에 위대한 스승의 제자가 지닌 중요한 특징은 그 스승의 생활을 본받는 것이었다. 이는 종교적 스승이든 비종교적 스승이든 마찬가지였다. 세속적 스승의 경우, 시와 노래 솜씨로 존경받던 리노스(Linus)에게 제자가 몇 명 있었는데, 그들은 한결같이 스승의 어떤 특징들을 가지고 있었다.[39] 제자는 스승에게 심히 헌신적이었기 때문에 스승의 행동거지를 본받으려고 한 것이다. 종교 영역의 경우, 제자들이 스승을 '모방'한다는 것은 오랜 역사가 되었다. 플라톤은 철학적 의미에서 신을 모방하는 것을 옹호했다. 이는 현재 세상이 더 고도한 이데아(Idea) 세계의 가시적이고 불완전한 복사판이기 때문이다.[40] 신비 종교들은 제의적, 마술적으로 하나님을 모방하는 일에 초점을 맞추었다.[41] 이런 영향으로 인해 모방 개념은 종교적 제자들의 특징으로 간주되었다.[42] 때때로 제자는 스승의 신체적 특징까지 모방하기도 했지만, 대부분의 경우 스승이 자신의 가르침을 생활에서 이뤄내는 능력에 집중한 나머지 스승의 생활 방식 전반을 다 모방하려고 노력했다. 그렇게 되어 스승-제자 관계가 '학습'에서 점점 멀어지고, 대신 행위 모방이라는 성격을 지니게 되었다.

적용점

신약성경이 기록되던 시기에 사람들이 제자라는 말을 어떻게 이해했는지 알아보려면, *mathētēs*라는 용어가 역사적으로 어떻게 변천했는지를 파악하는 것이 중요하다. *mathētēs*는 위대한 스승을 따르기로 작정하고 헌신한 사람이다. 물론 이 스승에는 철학자부터 과거의 위대한 사상가나 종교 인물에 이르기까지 다양한 유형이 있다.[43] 스승에 대한 헌신은 따르는 사람과 스승 사이의 관계가 지속적으로 발전한다는 것을 전제하며, 그 관계는 스승의 행위를 모방하는 데까지 확대되었다. 이것이 신약성경 기록 당시에 그리스 청중이 제자라는 단어를 통해서 도달한 개념이다.

기독교가 헬레니즘 세계와 디아스포라(Diaspora: 본국을 떠나서 사는 유대인—옮긴이)의 세계로 들어갔을 때 이런 광범위한 제자의 존재를 인식하는 것이 중요했다. 사도들이 헬라어를 사용하는 지역으로 들어갔을 때, 그들은 '제자'의 의미에 대해 이미 어떤 종류의 개념을 가진 사람들을 만났다. '제자들'이란 철학/교훈과 함께 자기들이 따를 수 있는 생활 방식을 제공하는 스승에게 헌신한 사람들이었다. 그러므로 모든 족속으로 "제자를 삼으라"는 예수님의 지상명령(마 28:18-20; 행 14:21)을 성취하기 위해 나선 사도들은 당시 널리 퍼져 있던 스승-제자 관계를 근거로 삼을 수도 있었다. 그러면서도 그들은 다른 유형의 스승을 따르는 제자들이 되는 것과 다른, 예수님의 제자가 된다는 것이 무슨 뜻인지를 정확히 선포하기 위해 주의할 필요가 있었다.

신약성경의 헬라어 *mathētēs*를 **제자**라는 말로 번역하여 사용할 때 우리는 그 말을 세심하게 밝혀주어야 한다. 우리가 모든 족속으로 "제자를 삼을" 때 '제자'가 된다는 것에 대해서 다양한 이해를 가진 사람들을 또한 만날 것이다. 《웹스터 신세계 사전》(*Webster's New World Dictionary*)은 '제자'를 "종교, 학문, 예술 등 어떤 스승이나 학파의 학생 혹은 따르는 사람"이라고 정의한다. 세상에는 다양한 형태의 제자가 있다. 예수님은 자신의 제자들이 어떤 사람이 되길 원하셨는가? 우리는 이 점을 분명히 해야 한다. 그렇게 되어야 지상명령을 순종해나갈 때 예수님의 기대와 목표에 부응할 것이다.

고대 세계의 제자들을 추적하는 여행에서, 우리는 제자도에 대한 성경의 계시를 통해 주님과 함께 오랜 시간 동안 걸을 것이다. 그러나 그 일에 착수하기 전, 다음 장에서 잠시 곁길로 빠져야 한다. 곁길이란 유대교의 세계로 들어가는 것을 말한다. 그것은 예수님이 탄생한 바로 그 사회/종교의 세계이며, 매혹적인 세계이다. 그리스-로마 세계의 제자에 대한 여행과 함께 유대교 제자들의 세계를 여행하면서 우리는 예수님의 제자도가 어떤 형태인지 더욱 분명히 이해할 수 있는 준비를 갖출 것이다.

복습 문제

1 다른 스승의 제자가 되는 것과 예수님의 제자가 되는 것이 어떻게 다른가? 1세기에 예수님을 따른 사람들과 다른 스승을 따른 사람들 사이에는 어떤 차이가 확연하게 드러나는가?

2 로슬린이 던진 질문을 자신에게 던져보라. "당신이 드러내는 증거를 통해 다른 사람들이 과연 예수님이 당신의 주님인 것을 알 수 있을까? 당신의 행동이 다른 스승을 따르는 사람들과 다르게 보일까?"

5장
공동체의 영향을 받은 유대교의 제자도

초점 맞추기

1. 1세기 유대교 세계에서는 예수님의 제자들 외에 어떤 제자들이 존재했는가? 그들의 특징은 무엇인가?
2. 복음서에는 세례 요한의 제자들, 바리새인의 제자들 그리고 예수님의 제자들이 등장한다. 그들은 서로 어떤 유사점이 있는가? 또한 서로 어떻게 달랐는가?
3. 예수님의 제자들을 다른 모든 스승의 제자들과 구별하는, 독특한 특징은 무엇인가?

나는 가족과 함께하는 활동, 서핑(surfing) 그리고 집안일을 할 때가 가장 즐겁다. 이는 내 성격의 한 측면을 보여준다. 하지만 내게는 또 다른 면이 있다. 나는 교수로서 읽고 연구하고 쓰고 가르치는 것을 좋아한다. 한 가지 측면(가족, 서핑, 집)을 나는 '진짜' 세계라 부르고, 다른 측면(읽기, 연구하기, 쓰기, 가르치기)을 '상아탑' 세계라고 부른다. 때로 이 두 측면이 서로 잘 어울리지 않는 것처럼 보이기도 하지만 나는 그것들이 가져다주는 삶의 다양성을 즐긴다!

최근 성경학(biblical studies) 교수들과 국내 집회를 할 때, 나는 한 유대인 교수와 점심을 먹으며 오랫동안 대화를 나눴는데, 그는 내가 서핑이라는 '진짜' 세계에 참여한다는 것을 신기하게 여겼다. 내가 해변에서 서퍼(surfer)들과 함께 시간을 보내는 것에 대해 그는 이해하지 못했다. 서퍼에 대한 그의 선입관은 텔레비전 광고에 등장하는 판에 박힌 모습뿐이었다. 광고 속 서퍼들은 약간 얼간이 같고 한가로우며 불규칙한 생활을 할 뿐 아니라 '두드'(dude, '놈'이라는 의미의 속어—옮긴이)라는 말을 입에 달고 다닌다! 하지만 그런 그림은 해변에서 놀기 좋아하는 일부에게나 어울릴지 몰라도, 진정으로 서핑에 열중하는 이들에게는 부당한 평가이다. 내가 아는 서퍼들 중에는 '두드'라고 말하는 사람이 한 명도 없다!

그런데 서퍼에 대한 고정관념을 이야기하다가, 마찬가지로 선입관을 갖고 있는 어떤 사람들에 대한 대화가 흥미진진하게 이어졌다. 곧 그리스도인에 대해 그가 가진 고정관념이었다. 세계적으로 저명한 학자인 그는 특별히 1세기 유대교와 기독교의 상호관계에 대해 연구했다. 그는 유대교를 떠나 초대교회를 세운 초기 기독교인들에게 깊은 관심이 있었다. 그들이 그렇게 유대교를 떠난 이유에 대해 그는 사회적, 심리적 요소를 중심으로 설명했다. 그러면서 그는 예수님의 처음 제자들에 대해 정형화된 이미지를 만들어냈다. 그는 자신이 그런 고정관념을 가지고 있음을 기꺼이 인정하면서 그렇게도 오랫동안 활기차게 지속되는, 심오한 회심을 경험한 나의 이야기를 해달라고 했다.

내 유대인 교수 친구는 명석하고 정직하고 예리한 사람이었으나, 예수님과 그의 추종자들에 대해서는 고정관념을 가지고 있었다. 앞 장에서 언급한 여학생도 예수님의 제자들에 대해서 판에 박힌 생각을 했다. 예수님 제자들의 참된 모습은 무엇일까? 무엇이 그들로 예수님을 따르게 했을까? 무엇이 그들을 역사에서 그처럼 특이한 존재로 만들었을까? 이런 질문에 답하기 위해서는 예수님의 제자들을 유대교에서 발견한 다른 종류의 제자들에 비춰 보아야 한다. 예수님이 지상 사역을 시작하셨을 때 다양한 유형의 제자들이 존재했다. 바로 그런 다양성 때문에 우리는 1세기 유대교라는 매혹적인 세계를 들여다봐야 한다.

유대교 세계의 제자도

기독교 시대로 들어오던 시기의 유대교는 놀라울 정도로 복잡했는데, 이런 성격이 유대교의 제자도에도 반영된다. 지난 세기에 유대인 학자들과 그리스도인 학자들이 유대교의 문화, 역사, 문학을 새롭게 연구한 결과 유대교 내에 존재하던 다양한 사회 그룹들을 밝혀냈고, 그 결과 오늘날 많은 사람들이 1세기의 **유대교들**이라고 지칭한다. 제이콥 뉴스너(Jacob Neusner)는 이렇게 말한다. "하나의 유대교는 한 무리의 유대인들의 사회 속에서 표현된 세계관과 생활 방식을 이룬다. 그러므로 '유대교들'은… 여러 그룹의 유대인들에게 적용되는 몇 가지 세계관과 생활 방식들이다."[1] 바로 그 다양성이 유대교 내에서 발견되는 다양한 형태의 제자도의 특성이다.[2]

몇몇 다른 유형의 개인들이 '제자들'이라고 불렸는데, 그들을 가리키는 데 사용된 단어들은 주로 헬라어 *mathētēs*[마쎄테스]와 히브리어 *talmîdh*[탈미드]였으나 제자도 관계를 표시하는 다른 단어와 개념들도 있었다. 이 제자들은 잘 알려진 지도자나 교사나 운동에 투신한 개인들로, 그 관계는 철학적인 관계(Philo, *Sacrifices* 7.4; 64.10; 79.10), 전문적인 관계(랍비 서기관들; *Aboth* 1.1; *Shabbat* 31a), 종파적인 관계(Josephus, *Antiq.* 13.289; 15.3, 370에 등장하는 바리새인들), 혁명적인 관계(Midrash *Shir Hashirim Zuta*에 등장하는 열심당 같은 국수주의자들)에 이르기까지 다양하게 걸쳐 있었다.

우리는 필로(Philo), 쿰란(Qumran) 공동체, 복음서들, 요세푸스, 랍비 문헌의 글 속에서 제자도 관계의 증거들을 발견한다. 이 각각의 관계에는 저자들을 둘러싸고 있던 종교/문화적 영향이 반영되어 있다.[3] 필로의 제자도 개념에는 지중해 전역에 흩어져 있던 유대인에게 끼친 그리스의 영향과 더불어 디아스포라 유대교가 반영되어 있다. 쿰란 문서들에서 발견되는 제자도 개념에는 유대교로부터 분리해 나가서 자기들을 참된 이스라엘이라고 본 금욕적 공동체가 반영되어 있다. 복음서 저자들은 유대교 내에 존재하던 제자도 유형을 표시하고 있는데, 이것은 예수님의 제자도 관점에서뿐 아니라 유대교의 사회적 관점에서 바라본 제자도이기도 하다. 요세푸스의 글에 나타난 제자도 개념은, 팔레스타인 유대교의 배경을 가지고 있으면서 로마 당국으로 넘어가 그 일부가 되었다가 이제 로마 청중에게 전통적인 유대교의 길을 변호하기 위해 글을 쓴 사람을 반영한다. 랍비 문헌들에서 발견되는 제자도의 개념은 예루살렘 멸망과 랍비적 유대교의 발전이 시작되던 시기에 확립된 관계들을 반영한다.

1세기 유대인들의 제자도 개념은 유대인들이 구약의 하나님을 따르고자 했던 다양한 방법을 볼 수 있도록 돕는다. 우리는 지금부터 1세기 유대교 내의 성경적 제자도 개념과 성경 밖의 제자도 개념을 대표하는 다섯 부류의 사람들에게 초점을 맞추고자 한다. 그들 역시도 유대교 내에서 예수님이 가르치신 형태의 제자도가 지닌 공통점과 차이점을 더 깊이 깨닫는 데 도움을 줄 것이다.

이스라엘의 종교 유산의 제자들

하나님을 따르는 구약 이스라엘 백성의 모습이 1세기 유대교 속으로 옮겨져서 제자를 표시하는 분명한 용어를 형성하게 되었다. 구약성경과 그리스 철학 양자에서 강한 영향을 받은 알렉산드리아의 필로는[4] 종종 다양한 종류의 스승-제자 관계에 대해 말했다. 그러나 그가 즐겨 말한 사람은 하나님의 직접적인 제자, 곧 직접 하나님의 인도를 받으면서 다시 다른 사람을 인도할 수 있는 사람이었다. 리브가와 종에 대한 비유 설명에서 필로는 리브가를 덕망 있는 교사의 화신으로, 종을 리브가의 제자로 제시한다(*Posterity* 132.2 147.1 참조). 주석이 진행됨에 따라 필로는 리브가를 하나님의 제자라고 부르기 시작한다. 이를 통해 필로는 완전한 교사는 또한 하나님의 제자라는 사실을 보여준다. 제자의 본래 특성은 참된 겸손, 곧 스스로 우쭐댐이 없는 것이다. 이것은 외적인 지도에 의존하지 않고 하나님으로부터 배우는 능력을 의미한다(모세 또한 이런 방식으로 묘사된다. *Sacrifices* 8-9 참조).[5]

사도 요한은 복음서에서 '모세의 제자'가 된다는 것이 하나님과 그분의 계시에 투신한다는 뜻임을 보여주는 한 사건을 기록했다. 시각장애인으로 태어난 자의 부모에게 질문(요 9:18 이하)한 "유대인들이"[6] 그는 예수님의 제자이지만 자기들은 모세의 제자라고 말함으로써 그를 비웃으려 한 것이다(요 9:28). 그들의 주장은, 하나님이 율법을 통해 모세에게 내린 계시에 자기들이 직접 연결되어 있다는 것이다(요 9:29 참조). 이것이 그리스의 몇몇 '제자도'와 비슷하고 (예를 들면 '소크라테스의 제자들'. 그들의 소크라테스가 죽은 후에도 오랫동안 살아 있었다), 후기의 전문 랍비가 이 단어로 의미하는 것과 비슷하기는 하지만,[7] 이 문맥에서는 제자도를 특별한 의미로 사용하지 않는다. 도리어 어떤 유형의 교훈을 따르느냐를 강조한다. 곧 하나님의 계시를 받은 것으로 알려진 사람(모세)을 따르느냐, 아니면 하나님의 계시를 주장하는 사람(예수님)을 따르느냐 하는 것이다. 여기에서 제자도란 하나님의 말씀을 전하는 어떤 인물로 상징되는 교훈에 인격적으로 투신하는 것이다. 이런 의미로 볼 때 진정한 유대인이면 누구나 자신을 '모세의 제자'라고 할 것이다. 이것은 그들이 따르는 이차적인 종파(즉 요한, 바리새파, 사두개파, 에세네파, 쿰란 등)가 어느 것이든 마찬가지이다. 그러므로 구약 하나님의 제자도 개념에서 발전되어 온 바에 따르면 유대교의 이상은 모든 이스라엘 사람이 모세와 율법의 제자가 되는 것이었다.[8]

종교 기관의 제자들

1세기 유대교 내에 존재하던 다양한 하부 단체에는 자체의 추종자들이 있었다. 그중 몇 개는 스승-제자 용어로 묘사될 수 있다. 우리가 바리새인들을 철학 학파라고 부르든, 종파라고 부르든, 혹은 정치적 이익 단체라고 부르든,[9] 그들은 스승-제자 용어로 표현될 수 있는 무리이다. 요세푸스와 복음서의 저자 두 명은 '바리새인의 제자들'(마쎄타이)을 언급한다(마 22:15-16; 막 2:18). 요세푸스는 마카베오(Maccabean) 가문의 통치자 중 한 명인 존 힐카누스(John Hyrcanus)가 바리새인의 제자였음을 암시하는데(*Antiq.* 13.289),[10] 이는 힐카누스가 바리새 조직의 지지자였든지, 아니면 그 조직의 사고방식을 추종한 사람이라는 표시였다. 힐카누스가 실제로 바리새파의 일원은 아니었지만 군중들과 마찬가지로 그도 바리새인의 가르침에 영향을 받았으므로 바리새인의 제자이다. 요세푸스는 《유대 고대사》(*Antiquities*) 15.3에서 바리새인의 다른 제자에 대해 말한다. 거기에 보면 바리새인 폴리온(Pollion)과 그의 제자인 사마이어스(Samaias)는 헤롯을 위한 어떤 계획을 함께 수행하는 것으로 묘사된다. 《유대 고대사》 15.370에서 다른 추종자들이 그 두 사람에게 부속된다. 이것은 바리새 학파의 상태를 보여줄 뿐 아니라 한 명이 다른 한 명의 상급자가 되는 두 개인과, 그들이 어떤 계획에 함께 연결되어 있음을 보여준다. 이 두 경우 중 앞의 것에서 요세푸스는 바리새인의 제자가 바리새적인 이상과 실천에 영향을 받은 더 큰 무리의 일부가 될 수 있음을 보여주며, 뒤의 것에서는 어떤 한 제자가 어떤 한 바리새인에게 부속되어 그들과 함께 연구하고 그들의 계획에 참여할 수 있음을 보여준다.

바리새인의 제자들은 복음서에도 등장한다. 마가복음은 바리새인의 제자들이 (세례 요한의 제자들과 더불어) 금식을 중요하게 여긴다고 말한다(막 2:18). 마태복음은 바리새인의 제자들이 바리새인의 중요한 문제 곧 가이사에게 세금 바치는 문제에 관해 논쟁한 것을 말한다(마 22:16-17).[11] 이 단락들은 바리새인의 핵심 요소들을 강조한다. 바리새인들은 성경 연구 그리고 독특한 구전 연구에 전념했으며, 율법과 전통을 실천하는 일에 자신의 삶을 투신했다. 도널드 하그너(Donald Hagner)는 이렇게 말한다. "바리새주의는 비록 비극적으로 빗나가기는 했지만 핵심 정신은 의를 위한 운동이었다. 바리새인들이 그렇게도 열정을 다해 율법주의에 매달린 것은 의에 대한 관심 때문이었다."[12] 복음서 전체를 통해 나타난 바리새인의 모습은 성경, 전통에 대한 충성, 그리고 이 두 가지를 흠 없이 지키는 일에 집중하는 것이다. 그러므로 사람들은 바리새인의 제자들이 율법과 전통을 공부하고, 그 두 가지에 율법주의적으로 참여할 것을 기대했다.

마가복음 2장 16절에서 흥미로운 대조가 발견되는데, 바리새인의 서기관들(*grammateis*[그라마테이스])이 언급되는 곳이다. 서기관들은 바리새파 내에서 공식적인 율법 해석가들이었다.[13] 각각의 집단에는 자기네 서기관 곧 공식적인 해석자들이 있었다. 그에 비해 제자는 공식적인 단체 내부에 있지 않으면서 공식 회원이 되기 위해 훈련받던 사람들이었음이 거의 확실하다. 어떤 사람이 바리새인의 제자였다면 그는 바리새파의 교훈을 추종하면서 그 파의 일원이 되기 위해 훈련받던 사람이었으며, 학문 기관 중 하나에 소속되었을 수도 있다. 그러므로 바리새인의 제자들은 전통적인 해석에 집중하면서 그것을 통해 율법을 더 온전하게 해석하며 개인 적용을 추구했을 것이다.

이런 바리새파 제도는 랍비의 스승-제자 관계의 선구자이다. 따라서 결국에는 랍비 훈련을 위한 공식 교육 체계로 진화했을 것이다.[14] 랍비에 대한 묘사를 보면, 학생들이 율법을 학습하고 실천하는 연구에 전념하는 제자도의 제도화된 형태를 알 수 있다. 특별히 구전된 율법을 중심으로 연구했다. 이는 학생이 율법을 능숙하게 사용할 수 있도록 스승에게서 율법을 듣는 데 많은 시간을 쏟아야 했기 때문이다. 그러므로 랍비의 *talmidh*[탈미드]는 일차적으로 구전된 율법의 학생이다. ⟨*Aboth*⟩ 1:1은 대회당에서 나온 한 말씀을 이스라엘의 표준으로 제시한다. "공의에서[그 실행에서] 참을성을 가지며, 많은 제자들(*talmidhim*[탈미딤])을 양육하며, 율법에 울타리를 쳐라." 많은 청년들이 공부를 하기 위해서 인기 있는 랍비 주변에 열심히 모이곤 했다. 요세푸스 말에 따르면 헤롯 시대에 너무 많은 '청년'들이 모였기 때문에 그들이 마치 군대 같았으며(*Wars* 1, 33.2), 가말리엘 2세에게는(주후 100-130년) 한때 천 명의 *talmidhim*이 있었다(*Sotah* 49b).

랍비 문헌에 의하면 제자들(*talmidhim*)은 복잡하고 광범위한 구전 율법을 통달하는 일에 집중했다.[15] 모든 이스라엘 사람들은 회당에 참석해서 모세오경과 다른 성경책에 수록된 내용을 정기적으로 들었으므로, 보통 사람들도 종교 의무에 대한 광범위한 지식을 가지고 있었다. 그러므로 랍비와 그들의 제자들을 보통 사람들과 구분하는 것은 구전 율법에 대한 지식이었다.[16]

선지자의 제자들

요세푸스의 글로 판단해 보건대, 예수님의 지상 생애 즈음해서 사람들 사이에 선지자 같은 인물들이 등장했던 것 같다.[17] 이런 선지자들 중 몇몇은 하나님의 임박한 심판을 선언했으며, 심판을 기다리는 추종자들을 불러 모았다. 또 다른 사람들은 추종자들을 혁명적 행동으로 인도하려 했다.[18] 신약성경은 메시아 오심을 예비한 세례 요한의 선지자 사역에만 주목한다. 흥미로운 사실은 요한의 사역을 도운 것으로 보이는 제자들이 있었다는 점이다.

세례 요한은 주후 25년 직후 어느 때쯤 유대 광야에 등장했다. 그는 외로운 은자 같은 선지자로서 임박한 하나님의 나라에 비추어 회개를 전파했다. 그의 회개 메시지는 온 이스라엘을 향한 것으로 이해되었고, 이스라엘 전역에서 모인 사람들이 그에게 세례를 받았다.[19] 그의 설교를 듣기 위해 모인 군중 외에도 일군의 추종자들과 제자들이 그와 함께했다.

요한이 어떻게 제자들을 모았는지는 거의 알려진 바가 없다.[20] 그의 제자들은 복음서에서 예수님의 세례 때 처음 등장했으며(요 1:35-37) 그중 일부는 예수님의 제자가 되었다. 요한의 제자가 다음으로 등장하는 곳은 결례에 대해 유대인과 논쟁이 벌어졌을 때이다. 아마 요한의 (또한 예수님의) 세례와 관련되었을 것이다(요 3:22-26). 예수님이 레위 마태를 받아들였을 때, 요한의 제자들이 바리새인의 제자들과 함께 와서 왜 예수님의 제자들은 그들처럼 금식하지 않느냐고 (또한 누가복음에서는 '기도하지' 않느냐고) 질문했다(마 9:14; 막 2:18; 눅 5:33). 요한은 감옥에 있을 때 자기 제자들을 예수님에게 보내어 그분이 메시아인지 물었다(마 11:2-3; 눅 7:18-19). 뒤에 요한의 제자들이 요한을 장사 지냈다(마 14:12; 막 6:29). 요한이 죽은 후에 제자들은 계속해서 그가 가르쳐준 기도를 드렸으며(눅 11:1), 여러 해 동안 요한의 제자로 지내면서 알렉산드리아(행 18:24-25)와 [21] 에베소(행 19:1-3) 같은 먼 곳으로까지 흩어졌다.

요한 주위에 모였던 제자들은 세례를 받으려고 그에게 온 모든 사람을 포함하는 것이 아니라, 요한을 도와서 군중에게 세례 베푸는 일을 한 일군의 사람들인 것으로 보이며, 이는 예수님의 제자들이 예수님을 도운 것과 유사하다(요 4:1-2). 요한이 제자들에게 성경을 풀어 가르쳤다는 기록은 없고,[22] 오직 그들에게 특별한 기도를 가르쳤다는 기록(눅 5:33; 11:1)과 그들이 자신들의 금식 관례를 가지고 있었다는(마 9:14; 막 2:18) 기록이 있다. 그의 제자들은 요한과 같이 경건을 실천하는 생활에 집중했다.[23] 요한의 선지자적이고 종말론적인 경건 형태는 고대 유대교의 순수한 표현이었으며, 특별히 바리새인과 서기관의 활동에 대비되는 것이었다.[24] 요한이 예수님과 메시아 시대를 위한 길을 준비하고 있었기 때문에, 요한의 제자들이 비록 예수님의 제자들과 정확하게 병행을 이루지는 않았지만 가장 근접한 모습을 보여준다고 강조한 귄터 보른캄(Günther Bornkamm)의 말은 옳다.[25]

드러난 증거에 의하면 요한의 제자들이 스승 사후에도 유대교 내에서 하나의 운동으로 존속했음을 알 수 있다. 요한이 자신을 오로지 메시아의 선구자로만 간주했으나,[26] 자신의 죽음이 임박했을 때에는 예수님의 역할에 대해 어느 정도 개인적인 혼란에 빠진 듯하다. 이 혼란이 그의 사역을 하나의 운동으로 지속시킨 어떤 제자들에게 전승되었을 가능성이 높다.[27] 요한의 제자들은 유대교 내에서 독특한 사람들이었다. 그들은 요한이라는 한 사람을 따르는 일에 투신했지만, 일차적으로는 요한이 이끄는 회개와 메시아를 향한 길에 투신한 것이다. 그들이 추구한 활동은 지적이거나 서기관의 활동과 같지 않았다. 도리어 공의와 하나님을 향한 경건에 중심이 맞춰져 있었다. 이런 행동들은 그들의 생각 속에서 이분되어 있던 것으로 보이는데,[28] 이것은 랍비적 유대교에서는 유례가 없는 일이었다. 심지어 그들이 유대인(요 3:25)이나, 예수님의 제자들(마 9:14)과 벌인 논쟁도 성경이나 전통 해석에 대한 것이 아니라 경건한 행동에 대한 것이었다. 그들은 종교 제도의 회원이 아니라 운동을 지지하는 사람들이었다.[29]

이스라엘의 남은 자의 제자들

사해의 북쪽 해변, 격리된 사막 지역에 키르베트(Khirbet) 쿰란이 있는데, 이곳은 메시아의 도래를 기다리면서 연구, 금욕 생활, 기도, 공동체 생활을 통해 자신을 정화하기 위해 문명을 뒤로 한 유대인 공동체가 있던 곳이다.

이 쿰란 공동체는 사해 두루마리라고 불리는 중요한 문서들을 남겼는데, 그 대부분이 면밀하게 조사되고 있다. **제자**라는 용어의 히브리어나 아람어가 쿰란 문서에서 발견되지는 않았지만,[30] 이 공동체 조직은 제자도의 개념을 보여주고 있다. 쿰란 공동체는 자신들을 이스라엘의 의로운 남은 자로 여겼다.[31] 의의 선생이 그 공동체의 설립자/조직자였으며(CD 1:10-11), 그 공동체는 사막에 군집

하면서 상부상조하는 형제단으로 발전했다. 이 공동체 가입을 위해 특별한 지침이 개발되었는데(1QS 6:13-23) 그 내용은 다음과 같다. (1) 직원에 의한 조사가 있은 후에, (2) 신청자는 '언약'에 동의하고, 그 후에는 (3) '많은 사람'의 조사를 받는다. (4) 그 사람의 영혼과 실천에 대한 검사가 1년 동안 실시되며, 그 1년이 끝나면 율법에 대한 그의 이해를 시험한다. (5) 시험 후에 신청자는 자기 소유를 공동체가 함께 사용하고 관리할 수 있도록 바친다. (6) 그다음 2년차 시험 기간이 시작되며 그 2년의 끝에는 최후 가입을 위한 시험이 있다. '공회'에 가입하기 위한 이차적인 '물리적' 자질들이 있으며(1QSa 1:19-21; 2:3-9), 또한 공동체 내의 서열이 규정되어 있어서(CD 14:3-6) 그것으로 공동체 생활을 다스렸다. 이 구조에서 높은 서열로 올라가기 위한 기본 기준은 영적 자질이었으며, 이런 승진은 추구할 만한 가치가 있었다(1QS 2:22-23; 6:3-4).[32]

이 공동체는 율법 연구와 하나님께 순종하는 공동체 삶을 살기 위해 유대교를 떠나서 모인 사람들이었다. 이 공동체는 하나님이 의의 선생을 보내서 공동체 공부를 인도하고 율법의 참된 의미를 발견하게 하신다고 믿었다(1QS 1:1-2; 8:10-16). **제자**를 가리키는 전문 용어가 없다는 사실은 그들 모두가 한 형제단의 일부였음을 표시한다. 사람들을 다양하게 분류한 것은 각 사람이 율법의 규정대로 하나님께 순종하는 삶을 살도록 기능적, 영적으로 돕기 위함이다. 예를 들면, 컬페퍼(Culpepper)는 쿰란 공동체 내에 학교가 있었다고 제안한다.[33] 이 학교는 존경받는 의의 교사의 지침에 따라서 성경과 전통을 해석하고, 공동체 생활을 지도하기 위해서 그 해석을 기록했다.[34] 그런 학교가 있었다면 쿰란 문헌 속에 그 학교 회원들이 형제단의 다른 사람들과 구별되는 참된 '제자들'로 별도 취급되지 않았을 것이다.

쿰란 공동체 사람에게 제자도는 서기관적이거나, 학문적이거나, 철학적인 추구가 아니라 모방과 공동체 신념으로 표현되었다(CD 4:19).[35] 상부상조하는 공동체의 생활 방식과 존경받는 선생의 해석에 대한 충성이 이 공동체를 하나의 형제단으로 엮었으며, 이들을 이스라엘 내에서 독특한 존재가 되게 했다. 실제로 이스라엘의 남은 자로서 쿰란 공동체는 자신들을 하나님의 진정한 백성으로 보았다. 그 형제단 내의 모든 사람은 하나님의 참된 제자들이었다. 이런 의미에서 그들은 자신들을 이스라엘 내 하나의 운동체로서가 아니라 이스라엘 **자체로**(the Israel) 여겼다.[36]

제자에 해당하는 공통된 단어가 등장하지 않는다는 것이 문제이기는 하지만, 구약성경의 경우와 마찬가지로 이들에게는 제자도 개념이 다른 용어들과 활동에서 나타난다. 쿰란 공동체에게 제자도는, 의의 선생에 의해서 해석된 율법과 하나님에 대한 경건을 실천하기 위해서, 기존 사회로부터 분리된 공동체에 속하는 것으로 보는 것이 최선이다. 그러므로 쿰란 공동체는 구약의 조직과 유사한 것으로 보인다. 일차적인 제자도는 하나님을 향한 것이지만 거기에는 스승-제자 관계로 묘사될 수 있는 사회구조가 있었다. 이 공동체는 구약의 모습에 근접해 있었던 것으로 보인다.

메시아 운동의 제자들

요세푸스에 따르면, 예수님 시대에 팔레스타인에서 몇 번의 메시아 운동이 활발하게 일어났다.³⁷ 그것들은 서로 상당히 다르기는 했지만, 공통된 특징이라면 일단의 추종자들이 지도자 주위에 모여서 그를 왕으로 선언했다는 점이다.³⁸ 팔레스타인에 상당한 사회 불안이 조성되었는데, 주로 로마의 군사 압제와 백성의 어려운 경제 상황 때문이었다. 백성들 사이에서는 한 군사적 왕이 일어나서 로마의 압제를 벗겨주고 경제적으로 부요한 사회로 이끌 것이라는 소망이 생겨났다. 도둑 두목이던 에제키아스(Ezekias)의 아들 유다, 이전에 헤롯의 하인이었던 시몬, 정체 불명의 목자 알스롱게스(Arthronges)가 그런 운동의 지도자였다.

요한복음은 예수님을 따르는 사람들 중 몇몇이 예수님을 이런 대중의 메시아적 인물 중 하나로 오해했음을 보여주는 경우를 두 가지 기록하고 있다. 오천 명을 먹인 후에 예수님은 군중이 자기를 잡아 억지로 왕을 삼으려 하는 줄 아시고 군중을 떠났다고 요한은 기록한다(요 6:15). 다음으로 요한은 예수님이 자신의 살을 먹고 자신의 피를 마시는 것에 대해 설교하신 것을 기록하는데, 이것은 그분의 제자 중 일부에게는 특별히 받아들이기 어려운 것이었다(요 6:60). 그렇게 하고서 요한은 말한다. "그때부터 그의 제자(*mathētai*) 중에서 많은 사람이 떠나가고 다시 그와 함께 다니지 아니하더라"(요 6:66). "뒤에 남겨둔 일들로 돌아가고"와 "더 이상 그와 함께 다니지 않는다"라는 것은 히브리식 표현이며,³⁹ 이 제자들이 예수님을 따르기 이전의 옛 생활로 돌아갔음을 의미한다.⁴⁰ 그 표현들이 단순히 문자적으로 '따라다니는' 것을 반영할 수도 있지만, 요한의 어법에 비춰 보면, 이 제자들이 예수님을 따른 것은 예수님이 기적을 행함으로 사람들을 열광시키는 새로운 선생이었기 때문이라는 의미이다(요 2:23-25).⁴¹ 그 제자들은 메시아 운동에 대한 기대 때문에 예수님에게 헌신한 사람들이었을 가능성이 매우 높다. 그들은 자기들을 어리둥절하게 하는 교훈을 만나자 떠나버렸다. 이것은 그 운동을 굳게 지지하지 않은 결과이다.⁴²

랍비 문헌은 비슷한 종류의 제자들을 회상한다. 랍비 문헌에 등장하는 '제자들'의 일반적인 모습은 전문적인 율법 학도들이지만 반드시 그렇기만 한 것은 아니다. 한 흥미로운 단락은 예수님과 그를 따르는 사람들에 대해 말한다. 그 문맥에서 예수님을 '랍비'라고 부르지 않았지만 그분을 따르는 사람들은 '제자들'(*talmidhim*)이라고 불렀다. 그에 비해서 예수님은 마술을 행하며 이스라엘을 유혹해서 배교로 이끄는 것처럼 묘사되었다(*Sanhedrin* 43a). 그 본문에서 예수님의 제자들은 비웃음을 사고 있으며 결코 모범적인 인물로 대접받지 못한다.

랍비의 글에 '제자들'이 등장하는 다른 경우가 두 번 있는데, 거기에서 제자들은 군인으로 무장하고 전쟁을 수행하는 사람들이다(*Midrash Shir Hashirim Zuta*).⁴³ 이런 글이 있다. "므나헴과 힐렐 시대에 그들 사이에 분쟁이 일어났을 때, 므나헴은 금빛 비늘 갑옷을 입은 팔백 명의 제자들(*talmidhim*)과 함께 떠났다." 갑옷을 입은 제자들은 일반적인 의미의 학생들이 아니다! 다른 곳에는 이런 글귀가 있다. "엘르아살과 제자들(*talmidhim*)이 일어나서 엘하난을 죽이고 그를 조각내었다. 그때 로마인들이 예루살렘에 진 치고 모든 여인들을 욕보였다. 엘르아살과 제자들(*talmidhim*)이 일어나 진에서 군인들을 도륙했다." 이 제자들은 '이두매인'(Idumeans)으로 요세푸스가 이들에 대해 언급했으며(*Wars* 4.5.2), 옛 타나임(Tannaitic) 자료(*Sifre Zuta*)

가 이두매인 제자들(talmidhim)이라고 지칭한다.⁴⁴ 여기에서 제자들은 율법에 대해 토론을 벌이는 것이 아니라 전쟁에 참여하고 있다. 나아가 그들은 이두매인들로서, 요세푸스는 그들이 열심당과 관련 있다고 말한다.

예수님 시대에 몇 가지 서로 다른 메시아 운동이 있었으며, 그 각각의 운동에는 메시아적 인물과 제자들이 있었다. 각 운동의 공통점은 로마의 통치에서 벗어나 정치 안정과 번영을 이루고 싶다는 소망이 있었다는 것이다.

적용점

그리스도 시대의 유대교 내에 존재한 제자도 연구에서 적어도 두 가지 의미 있는 적용점이 드러난다. 첫째, 유대교 내에서 발견되는 제자도 유형은 제자가 속한 스승 혹은 단체의 성격에 따라 결정되었다. 각각의 추종자에게는 특별한 생활 방식의 변화가 수반되었으며, 각각의 변화는 참된 제자라면 어떻게 행동해야 한다는 기대에 부응하기 위한 것이었다(예를 들어 요한의 제자와 바리새인의 제자가 제기한 금식에 관한 문제). 그러나 그 요구 사항은 각 단체에 따라 달랐다(예를 들면 가입 조건, 교육 방법, 내용, 승진).

둘째, 외적으로는 예수님의 제자들이 다른 형태의 유대교 제자들과 유사해 보였다. 예수님의 제자들 중 일부는 예수님을 다른 혁명 지도자와 같다고 오해하고 예수님을 따랐다(예를 들면 요 6:60-66).

그렇다면 예수님은 어떻게 자신만의 독특한 제자도를 세우셨을까? 20세기의 한 위대한 신약 학자는 예수님이 모든 면에서 자신의 제자도를 강조하되, 심지어 다른 유대인 제자들과 차이가 나는 히브리어/아람어 이름을 자기 제자들에게 붙여주실 정도였다고 제안했다. 몇 년 전에 맨슨(T. W. Manson)은 예수님이 자기의 추종자들을 지칭하기 위해서 제자를 가리키는 더욱 일반적인 단어인 *talmidh* 대신 *sh^ewalya'*[쉐왈랴]라는 독특한 용어를 사용했다고 말했다. 맨슨은 또한 예수님이 그런 용어를 사용하여 표시하고자 하신 것은 제자도가 학문 세계의 이론적 삶이 아니라 하나님의 포도원이나 추수할 밭에서 일하는 실천적 사명이라는 사실이라고 시사했다. "예수님이 그들의 스승이었으나 그것은 바른 교리의 선생이라기보다는 제자들이 따르고 모방해야 하는 기술자 곧 장인에 더 가까웠다. 제자도는 랍비 대학의 입학시험이 아니라 왕국의 일을 위한 도제직이었다."[45] 예수님의 제자도 형태에 대한 맨슨의 관점을 많은 연구자들이 따랐다. 이는 그가 그 독특성을 제대로 보았기 때문이다. 또한 우리는 큰 틀에서 위의 인용에 동의해야 한다. 그러나 그가 언어적 차이를 토대로 예수님의 제자도 형태가 지닌 독특성을 가정한 것은 제자도에 대해 예수님이 접근하신 방법의 중요 요소를 놓친 것이다. 예수님은 처음에 자신의 제자도 형태를, 구약성경의 기대에 근거한 유대인의 소망이라는 공통된 흐름 속에서 시작하셨다. 그리고 점차적으로 제자도의 독특한 형태를 분명하게 만들어 나가셨던 것이다. 예수님은 당시 상황을 고려하여, 공통점에서 시작하셨고 독특성으로 나아가셨다. 실제로 금식 논쟁에서 예수님의 제자들과 요한의 제자들 및 바리새인 제자들의 유사성이 논쟁을 불러일으켰던 것이다(막 2:18).[46]

고대 세계에서 제자도는 일반적인 현상이었다. 그것은 일차적으로 개인이 위대한 스승이나 지도자에게 헌신하는 것이었다. 그 헌신의 성격은 지도자의 유형에 따라 다양했다. 우리가 이해해야 할 중요한 특성은 예수님이 오셔서 사람들을 불러 자기를 따르게 했을 때 모든 사람이 그분을 동일한 방식으로 이해하지 않았다는 사실이다. 사도들이 당시 알려진 가장 먼 곳까지 가서 사람들에게 예수님의 제자가 되라고 했을 때도 모든 사람이 동일한 방식으로 사도들을 이해하지 않았다. 살아온 배경에 따라서 어떤 사람들은 예수님 혹은 사도들의 말을 전혀 다른 의미로 이해했다.

예수님은 일반적으로 발생하는 현상인 제자도를 사용하여 자신이 추종자들과 맺는 관계를 표현하셨다. 그런데 그분의 가장 가까운 몇몇 추종자들도 예수님의 제자도를 오해했다. 그러나 예수님은 인내를 가지고 그분의 제자가 된다는 것과 그분을 따르는 사람이 된다는 것이 어떤 것인지 제자들에게 가르치셨다. 이제 예수님의 제자도가 지닌 독특한 형태를 연구할 때 우리가 그분의 말을 분명히 들을 수 있기를 바란다.

복습 문제

1 예수님이 유대교 내 각각의 제자 무리에게 접근하여 "나를 따르고 나의 제자가 되라"고 말씀하셨다면, 그 각각의 무리는 예수님의 요구를 어떻게 이해할 것 같은가?

2 누구의 이해가 가장 정확할 것 같은가? 그렇게 생각하는 이유가 무엇인가?

3 예수님의 사역 초기에 베드로, 안드레, 야고보, 요한이 **제자**라는 말을 들었을 때 그들이 그 말을 어떻게 규정했을 거라고 생각하는가?

4 당신이 1세기 유대교 내의 제자도 중 어느 하나에 속할 수 있다면, 무엇을 선택하겠는가? 그 이유가 무엇인가?

3부
예수님만의 독특한 제자도

예수님은 부활과 승천 사이 기간에 자신을 따르는 자들과 중요한 시간을 함께 보내셨다. 그들이 계속해서 구원의 복음을 온 세상에 전할 수 있도록, 그들을 준비시키기 위해서였다. 바로 여기에서 오늘날 교회 사역의 중심이 되어야 하는 메시지가 현저하게 드러난다. 그 메시지는 지상명령으로 알려졌으며, 지상명령 속에서 예수님은 그분을 따르는 자들에게 모든 족속을 "제자 삼으라"고 말씀하셨다.

이 명령을 통해서 제자들은 예수님이 뜻하신 바를 알았겠지만, 우리는 이미 1세기에 다양한 형태의 제자들이 존재했음을 보았다. 1세기 다른 제자들과 예수님의 제자들 사이에 어떤 차이가 있었을까? 팔레스타인의 다른 제자들과 달리 예수님이 그분의 제자들에게 특별히 기대한 것은 무엇이었을까?

20세기 초 위대한 유대인 학자 몬티피오리(C. G. Montefiore)는 예수님이 만드신 제자도 형태가 당시 팔레스타인에서 발견되는 어떤 제자도의 본도 따지 않은 독특한 것이었다고 밝혔다. "예수님이 요구하고 영감을 불어넣은 제자도는 (공부를 위함이 아니라 봉사를 위해 따르는 것 곧 스승의 사명 수행을 돕고 그의 지시를 이행하는 것 등) 모든 면에서 **새로운 것**이었으며, 일반적인 랍비의 관습 혹은 통상적인 랍비 현상에 **들어맞지 않는** 것이었다."[1] 그 글 이후로 많은 학자들이 예수님의 사역을 1세기 사회/종교 운동의 유형 중 하나로 분류하려고 시도했다. 예를 들면, 방황하는 능력자,[2] 정치적 혁명아,[3] 냉소적 철학자,[4] 쿰란/에세네 분리주의자,[5] 유대인 랍비,[6] 종말론적 서기관들[7] 그리고 이스라엘의 예언적 인물[8] 등이다. 이런 연구들이 예수님의 제자도와 병행되는 어떤 특징들을 다루기는 하지만, 몬티피오리의 주장은 여전히 타당하다. 자신을 따르라는 예수님의 초대는 기존의 어떤 틀 속에 잘 들어맞지 않는다.[9]

예수님이 창안한 형태의 제자도를 그렇게도 독특하게 만든 것은 무엇일까? 이번 장에서 예수님이 창안한 제자도가 어떤 종류인지 전체적으로 살펴볼 것이다. 당시 사회 역사적 배경 속에서 그 제자도가 어떻게 시작되고 성장했는지, 예수님이 그분 자신의 제자가 된다는 게 무엇인지를 제자들에게 어떻게 이해시켜 나갔는지 볼 것이다. 그다음으로 '열둘'로 알려진 제자의 무리를 자세히 들여다볼 것이다. 그리고 마태, 마가, 누가, 요한 네 명의 복음서 저자들의 특징적인 관점에서 제자도를 더 자세히 살필 것이다. 앞 장들과 마찬가지로 먼저 성경 자료를 조사하고, 그다음에는 오늘날의 제자도를 위한 적용점을 찾아볼 것이다.

6장
역사의 흐름을 바꾼 '예수 운동'

초점 맞추기

1. 누가 예수님을 따르는 자인가? 그들은 예수님을 어떻게 발견했는가?
2. 예수님이 "나를 따르라", "네가 내 제자가 되려면…", "나를 믿으라"고 했을 때, 그것이 누구를 향한 말이었는가?
3. 자기 아버지나 어머니를 미워하지 않으면 예수님의 제자가 될 수 없다는 말의 의미가 무엇인가?

나는 1960년대와 1970년대 '예수 운동'(Jesus Movement)을 통해 전기에 감전된 것 같은 경험을 했다. 내가 감전이라고 생각하는 것은, 그것이 심히 놀라운 방식으로 출현한 결과 전통적 기독교에 충격

을 주고, 여러 세대의 교회에 능력을 주었으며, 인생을 변화시키는 예수 그리스도의 능력을 세상에 증거하는 등대 역할을 했기 때문이다. 1960년대의 사회, 정치, 종교적 불안정으로 말미암아 일어난 예수 운동은 대안 해법에 환멸을 느낀 이상주의적 히피 세대에게 희망을 제공했다.

나는 그 시대에 예수님에게 돌아온 사람 중 하나였다. 나는 명목상으로는 종교적인 환경의 캘리포니아에서 자랐다. 교회는 매우 중요했지만 예수 그리스도와의 인격적 관계는 강조되지 않았다. 나는 십대에 교회를 떠나 스스로의 길을 찾기로 했다. 고등학교를 졸업하자마자 베트남 전쟁에 휩쓸려 들어가서 3년 동안 군인으로 복무했다. 그중 1년은 베트남 보병 공수 전투부대에서 근무했는데, 그때가 개인적, 사회적, 종교적 혼돈의 씨앗이 심긴 기간이었다. 1969년 베트남에서 돌아온 후 나는 60년 세대의 다양한 탐구에 들어갔다. 나는 혁명적인 해법, 종교적 대안, 사회/정치적 의제, 마약 중독의 폭로, 다양한 감각적 경험, 그리고 철학적 모험을 탐구했다. 나는 약간의 도움을 얻기는 했지만 어느 것 하나 항구적이고 기념비적인 의미를 갖지는 못했다. 실제로는 더욱 혼란과 번민에 빠져들었다. 공허함, 무력감, 절망이 내 의식을 지배하기 시작했다.

그러다가 예수님의 메시지와 교훈을 소개받은 것이다. 거기에 놀랍도록 특이한 해법이 있었다. 그것은 내가 그때까지 탐구한 어떤 것과도 달랐다. 예수님을 따르라는 개인적 부르심을 들었을 때 나의 세계는 완전히 뒤집혔다. 예수님을 따르는 것은 나의 전 생애를 투신해야 한다는 것과 같은 의미임을 나는 알았다. 나는 종교생활로 들어간 것이 아니었다. 나는 새로운 철학적 조망을 얻은 것이다. 나는 단지 새로운 사회/윤리적 이상을 획득한 것이 아니었다. 예수님을 따르라는 초청은 예수님과의 관계 속으로 들어오라는 도전이었으며, 초청에 응한다면 전혀 새로운 세계관과 전혀 다른 생활 방식이 나에게 주어질 터였다.

예수님을 따르기 위해 미지의 길로 나아가는 것이 두렵기도 했지만, 예수님의 최초 제자들에 관한 글을 읽을 때 나는 이상하게도 평안을 느꼈다. 그들 역시 예수 운동의 일부였다. 그들 역시 새로운 현상의 도전을 받았는데, 그것은 그들이 예수님을 따르기 이전에 경험한 어떤 것과도 달랐다. 1세기에 예수님을 따르라는 그 초청은 최초의 예수 운동을 일으켰다. 그 운동이 역사의 흐름을 바꿔놓았다. 그 이후의 예수 운동들, 곧 5세기 베네딕트 운동, 12세기 프란체스코 운동, 17, 18세기 청교도와 감리교 운동 그리고 1970년대의 현상들은 단지 첫 번째 운동의 변종으로, 그 최초의 운동은 계속되면서 역사의 흐름에 중대한 영향을 끼치고 있다.[1] 교회 내 사람들은 각각의 후기 운동들의 가치에 대해서 다른 평가를 내리겠지만, 1세기에 예수님이 시작한 그 운동이 역사의 전환을 이룬 가장 중요한 운동이었다는 점에는 의견이 일치한다.

최근 몇 년 동안 최초의 예수 운동에 대한 연구가 몇 가지 서로 다른 측면에서 이루어지고 있다. 학문적 수준에서는 사회학, 인류학 연구 분야에서 통찰을 얻고 있는데, 그 통찰들은 1세기 팔레스타인의 사회/문화 배경 속에서 예수님의 생애와 사역을 볼 수 있는 도움을 제공한다.[2] 이런 종류의 연구들은 예수님의 존재와 활동 및 그분이 가장 가까운 추종자들과 맺은 관계에 대해 좀 더 분명한 신학적 이해를 얻도록 도움을 준다.[3] 또한 예수님의 생애와 사역에

대한 이런 관점을 교회 내 사람들에게 전달해주는 대중적인 글을 쓰는 데 기여한다.[4]

이 장에서는 예수님의 지상 생애에서 제자도 개념이 발전되어 가는 부분에 초점을 맞출 것이다. 특별히 최초 추종자들이 어떻게 예수님에게로 왔고, 그 운동이 어떻게 성장하고 확장되었으며, 그것이 군중 의견의 흐름에 따라 어떻게 밀려오고 밀려갔는지 관찰할 것이다. 그다음으로는 예수님이 반대와 오해에 직면하여 어떻게 자신만의 독특한 형태로 제자도를 주장하기 시작했는지 볼 것이다. 예수님의 지상 사역이 마지막 정점에 이를수록, 예수님이 어떻게 추종자들을 위해 제자도의 항구적인 정의를 내려주셨는지 볼 것인데, 그 정의가 초대교회의 기준이 되었다.

1세기 예수님을 따르는 운동을 묘사한 성경 자료를 따라가노라면 우리는 다시 한 번 '왼발'을 먼저 떼야 한다는 사실을 기억하면서, 1세기에 예수님과 그분을 따르던 사람들의 사회, 역사적 배경에 민감하게 주의를 기울일 것이다. 그다음으로 우리는 '오른발'을 옮겨서 그 원리를 우리 시대 예수님을 따르는 일에 조심스럽게 적용할 것이다.

예수 운동의 단계

일단의 사람들이 문제를 느끼고 있을 때 어떤 사람이 (혹은 사람들이) 그 문제에 대한 해답을 제공하면 필연적으로 운동이 시작된다. 만약 그 해답이 점점 널리 인식되면 운동이 성장한다. 그러나 운동이 성장함에 따라 다양한 필요를 가지고 자기들의 문제에 합당한 해법을 기대하는 사람들이 그 운동에 속속 들어온다. 운동이 계속 성장하면서 추종자들도 다양하게 증가하며, 마침내 지도자가 해법을 밝혀주어야 하는 시점까지 도달하게 된다. 그러면 그 운동 내에 있던 사람들은 지도자에 대한 자기들의 헌신을 재확인하든지, 아니면 지도자의 해법이 자기들의 기대와 일치하지 않기 때문에 운동을 떠난다.

예수님을 따르는 운동에서도 이 원리가 적용된다. 처음에는 다양한 사람들이 예수님에게 온 것을 알 수 있다. 그들은 다양한 필요를 품고 있었고, 그것이 충족되는 과정이나 방법에 대해 다양한 기대를 했다. 운동이 성장함에 따라 예수님은 자신의 사역 목적을 밝혀주셨고, 이것은 따르던 사람들 사이에서 상당히 다른 결과를 가져왔다. 어떤 사람은 예수님의 뜻에 동의했고 어떤 사람은 동의하지 않았다. 어떤 사람은 예수님에게 더욱 헌신했고 어떤 사람은 떠났다. 어떤 사람들은 그들의 생각을 재조정했고 어떤 사람들은 예수님의 길에 저항했다. 이 땅에서 예수님의 사역이 막바지에 이르렀을 때는 소수의 추종자만 남았다. 예수 운동의 독특성은 그 운동이 "전적으로 그리고 오직 예수님을 중심으로 했고 예수님에게 의존했다"는 것이다.[5] 예수님이 자신의 정체와 자신의 사역 목적을 분명히 밝히자 그 운동의 정체와 목적도 드러났다.[6] 사람들은 그와 함께하든지 아니면 그를 반대했다.

예수 운동의 발전에서 몇 가지 중요한 단계를 식별할 수 있다. 각각의 단계는 1세기 때 예수님을 따른다는 것이 무슨 의미였는지에 대해 중요한 빛을 비춰준다. 이 단계들은 예수님의 공적 사역에

서 주요 전환점과 일치한다.[7]

1단계: 예수님을 따르겠다는 주도적 행동

예수님을 따르겠다고 주도적으로 행동한 사람들이 예수 운동 1단계의 특징이며 우리는 이에 대한 증거를 볼 수 있다. 그들의 주도적 결정을 자극한 것은 세례 요한과 예수님의 복음 메시지에 대한 다양한 수준의 이해였다.

일반적으로, 예수님의 공적 사역은 예수님이 세례 요한에게 세례를 받으면서 시작된 것으로 이해된다. 그러므로 우리는 여기서도 역시 예수 운동의 시작을 발견할 것으로 기대해야 한다. 물론 이것은 사실이다. 요한복음은 예수님이 세례를 받은 다음 날 그 운동이 시작되었다고 말한다. 다음 서술에서 운동의 초기 진척을 세심하게 주목하라.

> 또 이튿날 요한이 자기 제자 중 두 사람과 함께 섰다가 예수께서 거니심을 보고 말하되 보라 하나님의 어린 양이로다
>
> 두 제자가 그의 말을 듣고 예수를 따르거늘 예수께서 돌이켜 그 따르는 것을 보시고 물어 이르시되 무엇을 구하느냐
>
> 이르되 랍비여 어디 계시오니이까 하니 (랍비는 번역하면 선생이라)
>
> 예수께서 이르시되 와서 보라
>
> 그러므로 그들이 가서 계신 데를 보고 그날 함께 거하니 때가 열 시쯤 되었더라
>
> 요한의 말을 듣고 예수를 따르는 두 사람 중의 하나는 시몬 베드로의

형제 안드레라 그가 먼저 자기의 형제 시몬을 찾아 말하되 우리가 메시아를 만났다 하고 (메시아는 번역하면 그리스도라) 데리고 예수께로 오니 (요 1:35-42).

운동 초기에 예수님에게 온 사람들 중에는 그분이 메시아인 것을 알아보았기 때문에 온 사람들도 있었다.[8] 이 최초의 제자들은 원래 세례 요한의 제자들이었다. 요한은 와서 "죄 사함을 받게 하는 회개의 세례를 전파"(막 1:4)했고, 또한 오실 이를 위한 길을 예비했다. "나보다 능력 많으신 이가 내 뒤에 오시나니 나는 굽혀 그의 신발끈을 풀기도 감당하지 못하겠노라 나는 너희에게 물로 세례를 베풀었거니와 그는 너희에게 성령으로 세례를 베푸시리라"(막 1:7-8). 세례 요한의 사역은 예수님의 사역을 위한 길을 예비하는 것이었으므로, 요한의 제자들이 예수님을 따른 것은 자연스러운 이전이었다. 그러므로 기록된 예수님의 최초 제자들은 원래 세례 요한의 제자들이었다.

최초의 추종자는 안드레와 이름이 알려지지 않은 다른 한 명이었다.[9] 예수님을 메시아로 확신한 안드레는 자기 형제 시몬 베드로를 예수님에게 데리고 왔다. 안드레, 베드로와 같은 마을 사람인 빌립이 그다음으로 예수님의 부르심을 받았고, 그는 다시 나다나엘을 데려왔다(요 1:35-49). 이 최초의 추종자들은 예수님의 정체가 메시아라는 사실을 어느 정도 알고 있었던 것으로 나타난다. 이 사람들이 예수님과 함께 가나의 혼인 잔치에 동행했고, 심지어 예수님과 그의 가족과 함께 가버나움에 머문 "제자들"(요 2:2)이었을 가능성이 매우 높다(요 2:12).[10] 그러나 이 제자들의 경우, 점진적인 과정을 거쳐 예수님의 정체를 완전히 인식했음을 주목해야 한다. 예수님이 가나에서 이적을 행하기 시작했을 때의 모습을 복음서 저자는 이렇게 기록한다. "예수께서 이 첫 표적을 갈릴리 가나에서 행하여 그의 영광을 나타내시매 제자들이 그를 믿으니라"(요 2:11). 비록 그들이 이미 예수님을 따랐고(요 1:35 이하) "그의 제자들"이라고 불렸지만(요 2:2, 11), 그들이 '믿었던' 때는 예수님이 가나에서 기이한 이적을 행한 이후였다. 예수 운동의 이 첫째 단계에서 예수님의 제자들은 세례 요한 같은 다른 스승을 따르는 것과 비슷한 방식으로 예수님을 따랐으나, 예수님의 제자도는 다른 형태의 제자도와 차이가 있다는 것을 곧 발견한 것이다!

그러나 초기에 예수님에게 온 사람들이 전부 같은 이유로 온 것은 아니다. 사람들은 개인적인 배경과 예수님이 누구인지에 대한 자신의 이해를 근거로 예수님을 따랐다. 예루살렘에서 행한 예수님의 활동을 주목한 많은 사람들이 어떤 종류의 '신자들'이 되었지만, 복음서 저자는 그것이 결함 있는 믿음이었음을 밝혀준다. "유월절에 예수께서 예루살렘에 계시니 많은 사람이 그의 행하시는 표적을 보고 그의 이름을 믿었으나 예수는 그의 몸을 그들에게 의탁하지 아니하셨으니 이는 친히 모든 사람을 아심이요 또 사람에 대하여 누구의 증언도 받으실 필요가 없었으니 이는 그가 친히 사람의 속에 있는 것을 아셨음이니라"(요 2:23-25). 초기 운동에서는 예수님이 찾던 것과는 다른 종류의 추종자들이 생겼던 것이다.

어떤 사람들은 호기심, 질문, 그리고 투신의 과정을 통하여 예수님에게 온 것으로 보인다. 예를 들어 예루살렘에 있던 바리새 기성 세력의 일부인 니고데모의 경우, 예수님의 교훈과 기이한 표적에 호기심을 품고 예수님의 사역 초기에 예루살렘에서 예수님을 찾아와 질문했다. 니고데모의 투신에 대해서는 아무 말이 없지만, 구약성경에 대한 그의 전문 지식에도 불구하고 그는 깨닫지 못하고 이해력도 없었던 것으로 보인다. 원래 구약성경 지식을 통해서 니고데모는 예수님을 구약의 성취로 볼 수 있어야 했던 것이다.[11] 그가 언제 예수님의 제자가 되었는지는 모르지만, 예수님이 십자가에 달렸을 때 니고데모는 예수님의 시신을 요구한 제자들 중 하나였다. 한편 다른 사람들은 호기심과 질문을 가지고 예수님에게 왔다가 다시 돌아가기도 했다. 부자 청년은 어떻게 영생을 얻느냐는 질문을 가지고 예수님에게 왔지만 그는 재산을 예수님을 따르는 것보다 더 중요하게 여겼다(눅 18:18-27).

운동 초기 단계에서는 예수님의 제자들이 당시 이스라엘의 다른 스승들 주위에 모였던 제자들, 특히 세례 요한의 제자들과 크게 다르지 않았던 것으로 보인다. 예수님과 세례 요한의 초기 사역은 지리적으로 가까운 곳에서 진행되었을 뿐 아니라 수행된 방식도 유사했다. 그래서 주변 지역의 사람들이 세례를 받으러 예수님과 요한에게 왔다가 제자가 된 것이다(요 3:22-26; 4:1-2).[12] 요한과 예수님의 초기 사역의 유사성 때문에 요한의 제자 중 일부, 유대인 중 일부(요 3:25-30), 바리새인들이 둘의 사역을 비교했다(요 4:1-3). 보통 사람들은 요한의 제자들과 바리새인의 제자들에게 있던 것과 같은 제자도를 (예를 들면, 금식) 예수님의 제자들도 따를 것이라고 기대했다(막 2:18). 또한 예수님의 제자들도 요한의 제자들처럼 자기들의 기도를 가지고 싶어했다(눅 11:1-4).

예수 운동의 1단계 특징은 예수님을 따르기로 작정한 개인들의 주도적 행동이었다. 그들의 주도적 결정은 세례 요한과 예수님의 메시지에 대한 다양한 수준의 이해에 따라 내려졌다. 그들은 다양한 이유로 예수님에게 왔다. 어떤 사람들은 예수님을 메시아라 생각하고 왔다. 어떤 사람들은 예수님의 교훈과 기이한 이적에 이끌렸다. 어떤 사람들은 예수님이 세례 요한 같은 선지자적 인물이기 때문에 왔다. 어떤 사람들은 가족이나 친구가 예수님에 대해 이야기해주었기 때문에 왔다. 예수님에게로 온 사람 중 일부는 제자가 되어 공적 사역 내내 그분과 함께했다(예를 들면 안드레와 베드로). 그러나 공적 사역 기간 동안 예수님에게로 온 사람들이 그 외에도 많이 있었음을 또한 알 수 있다. 이 사람들 중 어떤 이들이 기대한 제자도는 예수님이 생각한 제자도와 달랐다. 1단계의 제자도가 독특한 형태를 지닌 후기의 제자도를 위한 준비 기간이었다는 사실이 여러 가지로 드러난다. 예수님의 독특한 제자도는 2단계에 가서야 비로소 정립된다.

2단계: 예수님의 부르심

예수 운동의 2단계는 세례 요한이 잡힌 후, 공적 사역을 갈릴리로 옮기고 하나님 나라가 임박했음을 선포하면서 시작되었다(마 4:12-17; 막 1:14-16). 그분은 이 둘째 단계에서 예수님은 제자도를 독특하게 가르치기 시작하셨다. 호수를 지나면서 두 형제들을 불러 자신을 따르라고 하셨다(마 4:18-22; 막 1:16-20). 마태와 마가가 느닷없이 소개한 이 부르심이 참된 제자로 들어오는 것에 대한 전형이 되었다.[13] 이 최초의 개인들이 이미 예수님을 알고 있었다는 사실에 주목해야 한다. 그들은 세례 요한을 떠나 예수님의 최초 추종자가 된 사람들이었다(요 1:35 이하 참조). 어느 정도 지역 특성을 가진 그곳에서 예수님이 여러 사회 계층과 접촉하며 여행한다는 소식이 전해지자 운동에 동력이 붙었다. 예수님의 사역이 갈릴리 지역에 집중되었기 때문에 최초의 제자들은 기존의 가족 관계를 통해서 (예를 들면 형제들인 안드레와 시몬 베드로, 요한과 야고보), 사업 동료를 통해서 (예를 들면 베드로와 안드레는 야고보와 요한과 어업 동업자였다. 눅 5:10), 이웃과 지인을 통해서 들어왔다(대부분의 열두 제자들은 가버나움과 벳새다 출신이다).

그러나 예수님의 갈릴리 사역은 군중을 움직이기도 했으며, 인근 모든 지역에서 많은 사람들이 몰려들어 그분을 따르기 시작했다. 마태복음은 이렇게 전한다.

> 예수께서 온 갈릴리에 두루 다니사 그들의 회당에서 가르치시며 천국 복음을 전파하시며 백성 중의 모든 병과 모든 약한 것을 고치시니 그의 소문이 온 수리아에 퍼진지라 사람들이 모든 앓는 자 곧 각종 병에 걸려서 고통 당하는 자, 귀신 들린 자, 간질하는 자, 중풍병자들을 데려오니 그들을 고치시더라 갈릴리와 데가볼리와 예루살렘과 유대와 요단 강 건너편에서 수많은 무리가 따르니라(마 4:23-25).

예수님의 소문이 갈릴리와 주변 지역으로 퍼져나감에 따라 큰 군중이 그분을 따르기 시작했다. 예수님이 회당이나(막 1:22, 27) 넓은 산기슭에서(마 7:28-29) 가르치실 때면 사람들은 충격을 받았다. 그분이 서기관들과 달리 권세를 가지고 가르치셨기 때문이다. 군중은 그분의 기적에 놀랐고(마 9:33; 15:31), 예수님은 그들을 불쌍히 여기셨다(마 9:36; 14:14; 15:32). 그러나 모든 사람이 응답한 것은 아니다. 예수님은 회개하지 않는 고을 전체를 꾸짖으셨고(마 11:20-24), 군중이 그분의 비유를 깨닫지 못하는 것은 그들 마음이 완악하기 때문이라고 선언하셨다(마 13:10-17; 막 4:10-12).

예수님을 둘러싼 운동에는 밀물과 썰물이 있었지만 예수님의 초청은 제자도의 최고조였다. 그 부르심은 더 넓은 성경적 '부르심'의 배경 내에서 이해해야 한다.[14] 왜냐하면 그 부르심은 단순히 호기심을 가진 사람들에게 삶의 중대 결단을 요구하는 것이기 때문이다. 그 부르심의 초점은 예수님에게 헌신하라는 것이며, 예수님을 그 나라를 선포하기 위해 오실 분으로 알고 그에 대해 굳건한 믿음을 가지라는 요구였다. 이 단계의 부르심은 개인적으로 예수님에게 헌신하라는 뜻이었다. 그것은 또한 하나님의 나라가 임했다고 선포하는 일에 있어서 예수님과 뜻을 같이하라는 의미를 포함했다. 모든 사람에게 그런 것은 아니었지만, 어떤 사람의 경우 그것은 물리적으로 예수님과 함께한다는 것을 의미했다.

복음서의 다양한 부르심을 살펴보면 하나의 패턴을 볼 수 있다. 다른 초청과 반응들의 경우 약간의 변이가 있기는 하지만, 사용된 표현들은 본질적으로 동일하다. 다음의 '부르심'을 주목하라.

- 빌립

부르심: "나를 따르라"(*akolouthei moi*[아콜루쎄이 모이], 요 1:43)[15]

응답: 기록된 응답은 없지만, 그는 가서 다른 사람들에게 말했다(요 1:44-45).

- 베드로와 안드레, 야고보와 요한

    부르심: "와서, 나를 따르라"(*deute opisō*[듀테 오피소], 막 1:17); "그가 그들을 불렀다"(*ekalesen autous*[에칼레센 아우투스]).

    응답: "그들이… 그를 따랐다"(*ēkolouthēsan autō*[에콜루쎄산 아우토], 막 1:18); "그들이… 그를 따랐다"(*apēlthon opisō autou*[아펠쏜 오피소 아우투], 막 1:20).

- 레위 마태

    부르심: "나를 따르라"(*akolouthei moi*[아콜루쎄이 모이], 막 2:14)

    응답: "[그가] 그를 따랐다"(*ēkolouthēsen autō*[에콜루쎄산 아우토], 막 2:14).

- "또 다른 사람"[16]

    부르심: "나를 따르라"(*akolouthei moi*[아콜루쎄이 모이], 눅 9:59, 마 8:21).

    응답: "주여, 나로 먼저 가서 아버지를 장사하게 하소서"(눅 9:59, 마 8:22).

- 부자 청년 관원

    부르심: "와서 나를 따르라"(*deuro akolouthei moi*[듀로 아콜루쎄이 모이], 마 19:21).

    응답: "그 청년이 재물이 많으므로 슬퍼하며 가니라"(마 19:22).

- 제자도의 비용을 계산하라는 도전

    부르심: "무릇 내게 오는 자가 자기 부모를 미워하지 아니하면… 나의 제자가 되지 못하고"(*ei tis erchetai pros me kai ou misei ton patera eautou… ou dunatai einai mou mathētēs*[에이 티스 에르케타이 프로스 메 카이 우 미세이 톤 파테라

에아우투… 우 두나타이 에이나이 무 마쎄테스], 눅 14:26).

- 예수님을 따르기 위한 희생을 도전

  부르심: 누구든지 나를 따라오려거든 자기를 부인하고 자기 십자가를 지고 나를 따를 것이니라(*ei tis thelei opisō mou akolouthein, aparnēsasthō eauton kai aratō ton stauron autou kai akoloutheitō moi*[에이 티스 쎌레이 오피소 무 아콜루쎄인, 아파르네사쏘 에아우톤 카이 아라토 톤 스타우론 아우투 카이 아콜루쎄이토 모이], 막 8:34).

부르심의 패턴이 분명하다. (1) 시골을 다니다가 자신이 부를 사람들을 '본다'(즉 선택하고 택하고). (2) 예수님이 그들을 부르신다. (3) 즉시 바르게 응답하는 사람은 '그분을 따른다'. 이와 동일한 패턴이 복음서에서 반복적으로 등장하는데 이 패턴의 힘은 분명하다.

이 패턴은 예수님이 큰 권세를 가지고 사람을 불러 제자가 되게 한다는 사실과 그 부르심에 응답한 사람들이 절대적 순종과 헌신을 보인다는 사실을 강조하는 효과가 있다. 사람이 어떻게 제자가 되는지를 밝히는 이 패턴은 주도권이 오직 예수님에게만 있음을 보여준다. 제자도의 삶을 시작하여 그것을 유지할 수 있는 것은 오직 그분의 권위 때문이다.[17]

(1) 예수님이 주도적으로 부르심

그러므로 우리는 예수님의 제자가 되는 방법에 변화가 발생했음을 볼 수 있다. 지금까지 사람들은 자기 뜻을 가지고 예수님에게 왔다. 그러나 이제 예수님이 은혜롭고 능력 있는 부르심의 손길을 뻗는다. 그분의 부르심을 받고 응답하는 사람은 제자 혹은 추종자가 된다. 이 둘은 본질적으로 같은 말이다. 이런 종류의 부르심은 1세기 다른 스승-제자 관계에서는 발견되지 않는다.

마태복음 8장 19절에 이와 대비되는 경우가 등장한다. 한 서기관이 부르심에 응답한 것이 아니라 자기가 주도적으로 예수님에게 나아와서, 예수님이 어디로 가든지 자기는 따르겠다고 선언했다. 이 서기관은 마음속으로, 제자가 되고자 하는 사람이 여러 스승을 조사해보고 가장 인기 좋은, 혹은 가장 준비가 잘 갖춰진 스승에게 가서 제자로 등록하는 그런 종류의 스승-제자 관계를 생각했던 것이다. 예수님의 엄한 대답이 이런 열광적인 제자도를 막았다. 왜냐하면 예수님의 제자도 형태는 서기관이 예상한 것과 달랐기 때문이다. 예수님에게는 학교나 회당이나 종교 기득권 내의 높은 자리 같은 것이 없었다. 그분에게는 머리 둘 곳도 없었으며, 그런 삶이 또한 예수님을 따르는 사람들의 몫이 될 것이었다.[18]

1세기 다른 스승-제자 관계에서 제자도는 제자가 자발적인 주도권을 쥐는 것이었지만 예수님에게 있어서는 제자가 될 사람을 선택하고 부르는 주도권이 예수님에게 있었다.[19] 예수 운동의 초기 단계에서는 참된 제자와 거짓된 제자 사이의 차이를 구분하기가 어려웠지만, 궁극적으로 예수님의 참된 제자는 그분의 부르심에 참된 믿음으로 응답하는 사람이었다.

(2) 예수님이 종교적 장애물을 허무심

제자들은 특별한 재능이 있어서 부르심을 받은 것이 아니라 오직 하나님의 은혜로 부르심을 받았다. 에두아르트 슈바이처(Eduard Schweizer)는 제자들을 부르는 일이 "주권적 자유 속에서 발생했으며, 즉시 하나님의 은혜라고 불릴 수 있는 특성을 취할 수 있다"고 설명한다.[20] 예수님의 호출은 은혜의 행동으로서 무가치한 죄인을 불러 자신을 따르라고 하신 것이다. 이것은 예수님이 초청한 사람들의 유형을 보면 극명해진다. 당시 유대교 내 어떤 종파주의자들과 달리 예수님은 정결한 자와 부정한 자, 순종하는 자와 죄인 사이의 장벽을 허무셨다. 그분은 어부를 불렀을 뿐 아니라 세리와 열심당원도 불렀다. 여기서 결정적 요소는, 종파주의자들 눈에 예수님과 교제를 나누기에 충분한 자격을 갖추지 않은 것처럼 보이는 사람들을 예수님이 불렀다는 사실이다(마 9:9-13; 막 2:13-17). 제자들을 부르고, 세리들과 함께 앉아 식사하며, 사마리아 여인의 회복을 위한 일을 시작함으로 예수님은 그들이 하나님과의 교제 속으로 들어왔음을 보여주셨다.[21]

(3) 중심이 되는 응답

일단 예수님의 부르심이 임하면 응답이 있어야 한다. 이 응답은 그 사람의 인생이 걸린 순간이다. 그 순간 이후로 그리스도의 제자가 되든지 그에게 등을 돌리게 된다. 부르심에 대한 응답을 회피할 수는 없다. 이것이냐 저것이냐를 분명하게 선택해야 한다. 왜냐하면 예수님은 "나와 함께 아니하는 자는 나를 반대하는 자요"라고 (눅 11:23) 말씀하셨기 때문이다. 예수님의 부르심에 대한 응답 속에는 예수님을 메시아로 인정하고 믿는 것(요 2:11; 6:68-69), 그분의 호출에 대한 순종(막 1:18, 20), 예수님에게 충성하기 위해 치러야 할 값을 고려한 후에 취해야 하는 인격적 헌신(마 19:23-30; 눅 14:25-33)이 포함되었다.

일단 부르심에 응답이 이루어지면 그 순간에 새로운 생명이 시작된다. 그것은 옛 생명을 잃고(막 8:34-37; 눅 9:23-25) 아버지의 뜻에 순종함으로 하나님의 가족 안에서 새로운 생명을 찾는 것을 의미했다(마 12:46-50).

(4) 군중으로부터 나옴

복음서는 예수님이 공적 사역을 하시던 많은 기간 동안 큰 청중, 즉 '대중' 또는 '군중'이 예수님에게 모였음을 보여준다. 그러나 예수님은 그들이 방관자로 머물기를 원치 않으셨다. 예수님은 군중으로부터 나와 제자가 되어 그분을 따르라고 개인들을 부르셨다. 군중은 호기심을 보였지만, 대체로 중립적이며 예수님의 길을 진지하게 따르지 않는 무리였다. 때로 그들이 문자적으로 예수님을 따르기는 했지만(마 4:25), 제자도의 두 가지 조건인 희생과 헌신을 보이지는 않았다.[22] 그 군중은 예수님 시대의 이스라엘 사람들로서 예수님이 하신 복음전파 사역의 대상이었다. 그들은 병 고침을 위해서(마 15:29-31), 교훈을 받기 위해서(마 5:28-29) 예수님에게 모이기는 했지만, 참된 신자가 아니었기 때문에 예수님을 이해할 수 없었다(마 13:10). 때에 따라서 그들은 예수님에게 긍정적이기도 하고 부정적이기도 했다. 그들은 예수님의 가르침에 놀랐으며(마 7:28; 21:9-10), 예수님이 예루살렘으로 들어가셨을 때에는 "호산나!"를 외치기도 했다. 하지만 다른 때에는 예수님을 조롱하고(마 9:23-25), 그분을 잡으러 왔으며(마 26:47), 제사장들과 장로들에게 오도되어 바라바를 요구하기도 하고(마 27:20), 마지막으로는 예수님의 피에 대한 책임을 지게 되었다(마 27:24).[23]

군중에 대한 예수님의 사역 목표는 그들을 제자로 만드는 것이었다. 그분이 가르치고 선포하셨을 때, 군중으로부터 나와 예수님을 '주'라고 부르는 것이 믿음의 징표였다(마 8:18-21; 17:14-15; 19:16-22).[24] 예수님의 부르심이 군중 전체를 향한 것이긴 해도(눅 14:25 이하 참조), 그분이 군중에게 대규모 데모를 요구하는 종말론적 열광주의자는 아니었다.[25] 실제로 오천 명을 먹였을 때 군중이 달려들어 그분을 왕으로 삼으려 하자 예수님은 그들을 떠났다(요 6:15). 예수님의 의도는 제자를 만드는 것이지 열광주의자를 만드는 것이 아니었다. 예수님의 메시지를 들은 군중은 예수님을 위하든지 반대하든지 양단간에 인격적 결단을 내려야했다. 예수님을 믿기로 결단한 사람은 언제나 군중 속에서 나와 예수님의 제자가 되었다. 군중으로부터 사람을 불러내어 그를 제자로 만드시는 것이 이스라엘에서 예수님의 사역 목표였으며(마 9:35-38), 승천하기 전에 명하신 세계적인 위임령은 모든 민족으로 제자를 삼으라는 것이었다(마 28:19).

(5) 요구되는 비용을 계산함/십자가를 짐

예수님의 부르심은 통상 제자도를 위해 지불할 비용을 계산할 것과 자기 십자가를 질 것을 청중에게 요구했다. 그 요구는 다양한 형태를 취했지만 각각의 경우 그것은 예수님에 대한 충성을 지키기 위해 지불해야 하는 값을 의미했다. 구원과 제자도로 들어가는 길은 오직 믿음을 통한 것이지만(눅 7:50; 8:48; 17:19; 행 10:43; 13:38-

39; 16:31 참조), 참된 믿음이란 예수님을 따라가면서 제자도에 수반되는 삶을 사는 데 방해되는 다른 어떤 것에도 마음을 주지 않음을 의미했다.[26]

제자도를 위한 비용을 계산하라는 예수님의 요구는 언뜻 보기에 심한 것 같다. 한번은 그분을 따르고자 하는 군중에게 예수님이 "무릇 내게 오는 자가 자기 부모와 처자와 형제와 자매와 더욱이 자기 목숨까지 미워하지 아니하면 능히 내 제자가 되지 못"한다고(눅 14:26) 말씀하셨다. 또 다른 경우, 예수님은 자신의 제자가 되고자 하는 사람 중에서 아버지를 장사 지내고 가족에게 작별 인사를 하려는 이에게 "죽은 자들로 자기의 죽은 자들을 장사하게 하"라고 말씀하셨고, "손에 쟁기를 잡고 뒤를 돌아보는 자는 하나님의 나라에 합당하지 아니하니라"라고 하셨다(눅 9:59-62). 모든 좋은 것들, 심지어 가족까지도 예수님에게 헌신하는 것을 막을 수 있으며, 예수님은 그런 사실을 아셨다.

하지만 제자도를 위해 지불해야 하는 비용이 모든 사람에게 똑같지는 않다. 예수님은 마음속 우선순위가 어떠한지에 따라서, 각 사람이 제자도를 위해 지불해야 하는 값을 적합하게 요구하셨다. 예를 들어 부모를 미워하고 가족을 떠나야 한다는 말씀은 거라사 지방에서 귀신 들린 사람의 경우를 통해 균형을 잡아야 한다. 군대 귀신에게서 해방된 거라사인은 예수님과 동행하겠다고 간청했으나, 예수님은 그의 관심을 다른 데로 돌리면서 "집으로 돌아가 주께서 네게 어떻게 큰일을 행하사 너를 불쌍히 여기신 것을 네 가족에게 알리라"라고 말씀하셨다(막 5:18-19; 눅 8:38-39). 여기에서 예수님은 그 사람에게 구체적으로 그의 가족과 친구에게(*oikon sou tous sous*[오이콘 수 투스 수스]) 가서 예수님에 대해 말하라고 요구하셨다. 예수님은 사람들의 마음을 아셨고, 복음전파를 위해 무엇이 최선인지 아셨기 때문에 이 사람에게는 다른 사람에게 요구한 것과 같은 '값'을 요구하지 않으신 것이다. 그에 대한 부르심은 그의 삶의 우선순위와 그를 향한 예수님의 의도 속에서 적합한 것이었다.[27]

예수님은 사람들을 불러 세상에 대한 충성을 예수님 자신을 향한 충성으로 바꿀 것을 요구하셨다. 자신을 따르라는 예수님의 부르심에 순종하는 것은 예수님을 자기 삶의 중심으로 삼는 것이다. 뒤에 사도 바울이 말했듯이, 예수님을 따르지 못하도록 방해하는 것은 무엇이 되었든지 "내 주 그리스도 예수를 아는 지식이 가장 고상하기 때문"에 손실로, 혹은 쓰레기로 간주되어야 한다(빌 3:8).

(6) 제자도로 부르심과 사도직으로 부르심

부르심 중 어떤 경우에는 요구가 심한 것 같아 보인다. 이 문제를 좀 더 명확히 이해하려면, 복음서에 가장 자주 등장하는 제자들 중 일부가 추가적인 봉사의 부르심을 받았다는 사실을 인식해야 한다. 그들이 원래 받은 '부르심'은 제자도로의 부르심인데, 이것이 구원으로의 부르심이라면, 부가적인 부르심은 사도직으로의 부르심이며 그것은 곧 봉사로의 부르심이다. 이 봉사로의 부르심을 받은 사람은 예수님의 공생애 동안 그분을 따라야 했으므로 별도의 '비용'이 요구되었다.

• 제자도로 부르심

예수님은 그분의 말씀을 들으러 온 군중을 제자도로 부르셨다.

그들은 예수님의 제자가 되기 위한 비용을 계산하고 십자가를 지라는 도전을 받았다(눅 14:25-33). 부자 청년이 예수님에게 와서 영생 얻는 법을 물으며 자기는 어렸을 때부터 계명을 지켰다고 확신 있게 말했다. 그때 "예수께서 그를 보시고 사랑하사 이르시되 네게 아직도 한 가지 부족한 것이 있으니 가서 네게 있는 것을 다 팔아 가난한 자들에게 주라 그리하면 하늘에서 보화가 네게 있으리라 그리고 와서 나를 따르라 하"셨다(막 10:21). 이 부르심은 다른 부르심과 동일한 패턴을 따르고 있으며, 영생을 얻기 위해서는 예수님을 따라야 한다는 것을 분명히 말하고 있다.

그러므로 예수님의 제자는 예수님을 따르라는 부르심에 응답한 모든 사람이다. 그것은 구원으로의 부르심, 하나님 나라로의 부르심, 영원한 생명을 위하여 예수님을 믿으라는 부르심이다. **제자**라는 용어는 예수님을 믿는 사람을 가리킨다.

제자/추종자라고 불리는 전체 무리에서 굉장히 다양한 모습을 볼 수 있다. 그중에는 상당수의 보통 사람들(눅 6:13), 예수님의 사역을 지원하면서 갈릴리에서부터 그분을 따른 다양한 남녀들(마 8:21; 막 15:41; 눅 8:2-3; 23:49, 55; 24:13, 18, 33), 세리들(눅 19:1-10, 삭개오),[28] 서기관들(마 13:52), 그리고 종교 지도자들(마 27:57; 요 19:38-42, 아리마대 사람 요셉, 니고데모)이[29] 있었다. 예수님이 사역 말기에 예루살렘으로 들어가셨을 때 "제자의 온 무리가 자기들이 본 바 모든 능한 일로 인하여 기뻐하며 큰 소리로 하나님을 찬양"했다고 누가는 기록했다(눅 19:37). 이 큰 무리는 예수님의 부르심에 응답한 모든 사람들로 이루어졌으나, 그들은 예수님 주위에서 따르던 열두 명의 내부 그룹에 속하지 않았다.

- 사도직으로 부르심

복음서들은 예수님의 부르심을 받아 특별한 관계 속으로 들어간 열두 명의 핵심 제자들에 대해 한목소리로 증언한다. '그 열둘'도 더 넓은 무리에서 발견되는, 괄목할 만한 다양성을 보여준다. 사업가(베드로, 안드레, 야고보와 요한), 세리(마태), 열심당 혁명분자[시몬(다대오인)] 등이 있다.[30] 이 열두 제자가 예수님의 사역에서 현저하게 드러난 나머지, 복음서 기록의 여러 시점에서 제자들에 대해 말하는 것이 곧 열둘에 대해 말하는 것이 되었다.

그러나 열둘과 나머지 제자들 사이의 구분은 열둘이 '사도'라고 불리는 부가적 부르심을 받았다는 사실에 기인한다. 누가의 글에 비춰 보면, 예수님이 많은 제자들 가운데 열둘을 선택하고 그들을 사도라 명명하신 것을 알 수 있다(눅 6:13, 17 참조). 열둘은 처음에 예수님을 따르라는 부르심을 받았고, 이 부르심에 의해서 제자가 되었다. 그다음 그들은 예수님에게 선택되어 사도로 명명되었다(마 4:18-22. 막 1:16-20을 마 10:1-4과 막 2:14과 비교하라). 이 열둘의 생활환경은 다른 제자들의 생활환경과 매우 달랐다. 이는 그들이 이스라엘에 대한 선교 사역에서 예수님 주변에 있으면서 그분과 함께하도록 부르심을 받았기 때문이다.

적어도 네 명의 제자들의—베드로, 안드레, 야고보, 요한—경우, 예수 운동의 다양한 단계를 거치면서 그 관계도 발전했다. 1단계에서 이 네 명은 예수님과 어느 정도 장기간에 걸쳐 교제했다(요 1:35-42 참조). 예수 운동 2단계가 시작될 무렵 그들은 공식적인 부르심을 받았다(막 1:16-20; 눅 5:1-11 참조). 학자들은 이 제자들이 확신을 가진 신자가 된 시기에 대해 논쟁한다. 이는 그들이 예수님이 누구신지 점차 분명하게 알아가면서 믿음의 느린 성장을 보이기 때문이다. 하지만 예수 운동 2단계에서 이 네 사람이 받은 부르심은 예수님에게로 오라는 것과 섬기라는 부르심을 포함한 것으로 보인다. "나를 따라오라 내가 너희로 사람을 낚는 어부가 되게 하리라"라고 예수님이 말씀하셨다(막 1:17). 그리고 예수 운동의 2단계 후기에 가서, 이 네 사람은 열둘에 속한 다른 사람들과 함께 사도가 되라는 부르심을 받았다. 누가는 "이때에 예수께서 기도하시러 산으로 가사 밤이 새도록 하나님께 기도하시고 밝으매 그 제자들을 부르사 그중에서 열둘을 택하여 사도라 칭하셨으니"라고 말한다(눅 6:12-13). 뒤에 이 사람들은 이스라엘을 향한 전도 사역을 위해 파송되어, 천국 메시지를 전파하는 예수님의 사역과 연합하게 된다. "예수께서 열두 제자를 불러 모으사 모든 귀신을 제어하며 병을 고치는 능력과 권위를 주시고 하나님의 나라를 전파하며 앓는 자를 고치게 하려고 내보내시며"(눅 9:1-2).

열둘의 영적 순례에 대해 정확한 연대를 확정하기는 쉽지 않지만,[31] 열둘의 역할에 대해 복음서에서 볼 수 있는 단서는 그들이 예수님의 제자들(신자)이었을 뿐 아니라 그분의 사도(사명을 받은 대리자)가 되기 위한 훈련 과정에 있었다는 것이다. **사도**라는 용어는 **제자**라는 용어와 상당히 다른 의미를 가지며, 사도행전에서는 초대교회의 지도자들을 가리킨다.[32] '제자'로서의 열둘은 예수님이 모든 신자에게 이루신 일의 모범이고, '사도'로서의 열둘은 앞으로 시작될 새로운 운동인 교회 지도자로 특정되었다.

예수 운동 2단계의 특징은, 예수님이 사람들을 불러 자기를 따르게 하신 은혜롭고 능력 있는 부르심에 있다. 그분이 부르신 사람들 중 일부는 이미 그분을 따르고 있었지만 이제 예수님은 자신이 원하는 제자도의 형태를 분명히 밝히신다. 예수님은 제자들이 자신을 천국 건설을 시작하는 인물로 알아야 하고, 개인적으로 예수님에게 헌신해야 한다는 것을 강조하셨다. 예수님은 단순히 또 한 명의 선생 혹은 선지자가 아니었다. 예수님은 남자들과 여자들을 부르셔서, 죄를 용서받고 천국에 들어가려면 자신을 주님으로 알고 자기에게 와야 한다고 하신다. 그러므로 그 부르심은 예수님을 메시아로 받아들이기 위해 지불해야 하는 비용을 계산하라는 말 속에 포함되어 있다. 다른 어떤 것에 대한 충성도 허락되지 않는다. 오직 예수님만이 하나님이시다. 오직 그분만이 구원의 유일한 희망이다. 그분이 영생에 이르는 유일한 길이다. 이런 종류의 부르심은 1세기에 상상도 할 수 없는 특이한 것이었지만, 정확하게 어떤 종류의 사람이 예수님의 추종자가 될 수 있는지를 밝혀주기 시작했다. 운동의 3단계에서는 예수님이 의도한 것과 다른 이유로 그분에게 온 사람들에게 긴장을 일으키기 시작하는 것을 보게 된다.

3단계: 추종자들을 걸러냄

예수 운동의 3단계는 유월절에 군중을 먹이던 때로부터 시작되었다. 이제 스스로 예수님의 추종자라고 말하는 사람들을 걸러낼 필요가 있었다. 예수 운동에 급가속이 붙었다. 예수님의 사역 초기에 큰 무리의 제자들이 그분을 따라다녔다(눅 6:17; 10:1; 요 6:60). 예수님이 군중을 먹이자 사람들이 떼로 몰려와서 그분의 제자가 되겠다고 했다. 그러나 예수 운동이 확장되어 가면서 따르는 무리 중 많은 이들의 기대가 예수님의 기대와 같은 노선에 있지 않았다. 예수님의 부르심은 그분의 지상 사역과 추종자들에 대한 그분의 기대를 밝혀주었다. 그러나 많은 사람들은 계속해서 예수님을 오해했다(마 13:10-17; 막 4:10-12에서 비유적 가르침을 이해하지 못하는 군중에 대해 예수님이 언급한 부분을 보라).

오천 명을 먹인 사건은 예수님의 기대와 사람들의 기대가 충돌하는 중요한 순간이었다. 요한은 이렇게 말한다. "그 사람들이 예수께서 행하신 이 표적을 보고 말하되 이는 참으로 세상에 오실 그 선지자라 하더라 그러므로 예수께서 그들이 와서 자기를 억지로 붙들어 임금으로 삼으려는 줄 아시고 다시 혼자 산으로 떠나가시니라"(요 6:14-15). 이것은 그 반응의 복잡성 때문에 흥미로운 구절이다. 사람들은 예수님에 대해 높은 존경심을 드러냈다. 그들은 예수님을 "참으로 세상에 오실 그 선지자라"(요 6:14)라고 했다. 이것은 모세가 예언한 선지자(신 18:15)를 예수님에게 적용한 말임이 거의 확실하다.³³ 기적을 행하여 사람들을 먹이신 사건으로 메시아에 대한 그들의 기대감이 불붙었고 이는 전투적인 성격을 띠었음에 틀림없다. 예수님은 그들이 억지로 자신을 왕으로 삼으려 한다는 것을 아셨다. 1세기 유대교 내에서 메시아에 대한 기대는 다양했다. 그러나 로마의 통치를 전복하고 이스라엘에 평안과 번영을 가져다주는 황금기가 오리라는 것이 공통된 소망이었다.³⁴ 그런데 예수님의 목적은 사람들이 하나님의 나라를 더 철저히 이해하는 것이었다. 기적으로 사람들을 먹이신 것이 예수님에게도 세상적인 필요가 중요했다는 표시였지만, 아직은 하나님의 나라를 이 세상에 세울 때가 되지 않았다. 그들의 오도된 열망에 희생되지 않고 예수님은 그들을 떠나 혼자가 되셨던 것이다.

예수 운동의 셋째 단계인 이때, 예수님은 지상 사역의 참된 성격을 강조하기 시작하셨다. 그렇게 함으로 예수님은 자신의 기대와 노선이 다른 사람들을 걸러내셨다. 기적으로 사람들에게 빵을 공급 하신 뒤에 예수님은 그것을 기회로 삼아 그들이 먹고 마셔야 하는 영적인 양식 곧 그분의 몸과 피에 대해 가르치신 것이다(요 6:22-59).

이 가르침에 대하여 여러 제자들의 반응을 보여줌으로 복음서 저자는 우리를 놀라게 한다. "제자 중 여럿이 듣고 말하되 이 말씀은 어렵도다 누가 들을 수 있느냐 한대"(요 6:60). 보통 사람도 아니고, 종교 지도자들도 아닌 **예수님의 제자들**이 예수님의 가르침을 받아들이기 어려워한 것이다! 하지만 예수님은 이런 반응에 대비하고 있었다. 사실을 말하자면 이 가르침은 바로 그런 반응을 끌어내기 위한 것임이 분명했다. 왜냐하면 그 가르침이 누가 참된 제자이며 누가 아닌지를 드러냈기 때문이다. 예수님은 제자들을 가리키면서 "너희 중에 믿지 아니하는 자들이 있느니라"라고 말씀하셨다(요 6:64). 예수님은 처음부터 그분의 제자들 중 누가 안 믿는 자인지 아셨다. 이는 누가 그분을 배반할지 아셨던 것과 같다(요 6:64). 제자들 중에 신자가 아닌 자들이 있었다. 표면상으로 그들은 예수님의 다른 제자들과 같아 보였으나 그들이 예수님에게서 얻기를 기대한 것은 예수님의 목적과 달랐다. 그분은 영생을 위해서 자신을 하나님의 아들로 믿는 사람들을 원했던 것이다(요 20:30-31).

그러므로 초기 제자들의 무리는 뒤죽박죽이었음을 알 수 있다. 예수님이 자신의 기대를 밝히자 "그의 제자 중에서 많은 사람이 떠나가고 다시 그와 함께 다니지 아니하더라"(요 6:66). 이 사람들이 예수님을 따른 것은 예수님이 기적을 행하고 교훈을 베푸는, 흥미 진진하면서도 새로운 인물이었기 때문이다(요 2:23-25 참조). 하지만 예수님의 가르침이 그들의 기대에 부응하지 않자 그들은 떠났다. 이 개인들은 예수 운동에 '제자'로 적극 참여했지만 실제로는 예수님의 목적과 노선이 같지 않았던 것이다.

이 사건을 통해서 예수님은 그분의 제자가 된다는 것의 정의를 세우셨다. 제자들이 떠나가자 예수님은 열둘을 향해 질문하셨다. "너희도 가려느냐." 그때 시몬 베드로가 앞으로 나서서 참된 제자의 증명서가 될 만한 말을 했다. "주여 영생의 말씀이 주께 있사오니 우리가 누구에게로 가오리이까 우리가 주는 하나님의 거룩하신 자이신 줄 믿고 알았사옵나이다"(요 6:67-69). 베드로는 참된 제자도의 정의를 대변한 것이다. 예수님의 참된 추종자, 그분의 참된 제자는 믿음으로 그분에게 헌신하는 사람들이다(비록 유다처럼 계속해서 거짓으로 그렇게 하는 사람도 있었지만, 요 6:70-71).

예수 운동의 이 단계에서 참된 제자도와 거짓된 제자도 사이의 대비가 분명하게 드러났으며, 예수님에 대한 믿음이 영생을 위하여 그를 믿는 믿음으로 분명하게 전이되었다. 그분을 떠난 제자들은 예수님의 메시아적 사역을 바로 이해하지 못했으며, 진정으로 예수님을 의지하지 않았다. 그들은 세상적인 기대를 품고 예수님을 따랐다. 참된 제자도는 영생에 대한 소망을 하나님의 거룩하신 자인 예수님에게 두는 것이며, 이를 베드로가 다른 제자들을 대신하여 말한 것이다. 베드로와 다른 제자들에게 있어서 제자도는 영원한 생명의 문제였다. 떠나간 제자들에 대해 레온 모리스(Leon Morris)는 이렇게 논평한다.

이 장에서 발생한 일은 그를 따른다는 것이 그들이 기대했던 어느 것과도 전혀 달랐음을 극명하게 보여준다. 그들의 견해를 분명히 알 수 있는 어떤 설명도 없지만, 그들이 일반적인 기대와 같은 노선에서 메시아 왕국에 대해 관심을 가졌을 가능성이 크다. 그들의 기대와 달리 예수님은 그들에게 그리스도를 믿고 받아들이고, 그의 살을 먹고 그의 피를 마시며, 그가 선포하는 하나님의 나라에 들어오라고 부르신 것이다. 그들에게는 과한 부르심이었다. 그들은 그 생명의 말씀을 거절했다. 그리고 그들은 돌아갔다.[35]

예수 운동의 3단계는 제자들을 걸러내는 결과를 가져왔다. 이제 사람들과 제자들은 예수님이 이 땅에 오신 목적을 더 분명히 이해했다. 예수님은 자신의 가르침을 통해서 제자들 중 진정으로 믿지 않는 사람들을 효과적으로 걸러내셨다. 남은 자들은 참신앙을 재천명함으로 예수님의 목적에 스스로를 맞춰야 했다. 이제 예수 운동의 4단계에서 우리는 더욱 제한된 제자의 무리를 보게 된다.

4단계: 축소된 추종자들의 무리

예수 운동의 4단계는 예수님의 지상 사역 마지막 주간에 해당된다. 예수님이 십자가를 지기 위해 갈릴리에서 예루살렘으로 여행하시는 동안 그분 주위 사람들의 수는 점점 줄어들었다. 예수님이 지상 사역의 목적을 분명히 밝힐수록 따르는 사람들의 수도 줄었다. 예수님은 로마제국을 전복하거나 지상 왕국을 세우기 위해 오신 것이 아니었다. 그분은 영적 구원의 좋은 소식을 전하러 오신 것이다. 그분은 십자가를 질 목적으로 오신 것이다. 예수님의 사역 후기에도 그분이 표적을 행하거나(예를 들면 나사로를 살림, 요 11:1-45), 민족의 구원자로 인식되었을 때(예를 들면 승리의 예루살렘 입성, 요 12:9-19)에는 그분의 인기가 상승했으나, 예수 운동의 전체적인 인기는 시들고 있었다. 그분의 생애 마지막 며칠 동안 이 비극적인 모습이 보인다. 누가의 기록에 의하면, 승리의 예루살렘 입성(눅 19:37) 때에는 많은 제자들이 있었으나 고작 일주일도 지나기 전에 군중은 종교 지도자들에게 설득되어 바라바를 놓아주고 예수님을 죽이라고 요구했다(마 27:15-26). 또한 모든 제자들이 그분을 버리고 떠났으며, 십자가 주위에는 사도 요한과 갈릴리에서부터 예수님을 따라온 여인들만 보였다. 이때가 예수 운동 중에서 예수님이 의도하신 사역에 대한 바른 이해가 절대적으로 필요한 순간이었다. 추종자들의 믿음이 이제 시험대 앞에 선 것이다.

이것은 이 위기의 순간에 십자가에 달린 주님의 시신을 얻기 위해서 나온 두 명의 제자 곧 니고데모와 아리마대 요셉에게 특별히 그러했다. 예수 운동 초기에 니고데모가 호기심을 가지고 밤에 예수님을 찾아와서 질문하던 것을 우리는 기억한다. 우리는 니고데모에게서 느리긴 했지만 제자도가 지속적으로 발전해나간 것을 본다. 최초의 만남에서 니고데모는 예수님의 말씀을 이해하지도 깨닫지도 못한 것으로 보였다. 그러나 시간이 지난 후에 예수님이 다시 예루살렘을 방문했을 때, 니고데모는 자신의 동료 바리새인들 앞에서 예수님을 변호하기 위하여 등장했다. 복음서 저자는 그를 "그중의 한 사람 곧 전에 예수께 왔던 니고데모"라고 소개했다(요 7:50). 비록 니고데모가 공개적으로 신앙을 고백하지는 않았지만 동료 바리새인들에게 예수님에 대한 공정한 재판을 요구해서 그들을 분노하게 했다(요 7:50-52). 한 주석가는 이렇게 말한다. "그 밤에 가진 대화에서 그가 아무리 이해하지 못한 것으로 보여도 예수님과의 만남은 그에게 깊은 인상을 남겼다."[36] 그가 아직 투신한 것으로 보이지는 않았지만, 예수님이 그에게 표를 해두었다.[37] 니고데모가 언제 헌신한 제자가 되었는지 확실히 알지 못하지만, 다음 번 성경 기록에 등장했을 때 그는 믿음을 걸고 나타났다. 십자가에서 그와 아리마대 요셉이 예수님의 시신을 요구한 것이다(요 19:38-42). 아리마대 요셉은 예수님의 '은밀한 제자'라고 불린다. 그런데 복음서 저자가 니고데모를 소개하는 방식을 보면 "니고데모도 아리마대 요셉과 비슷한 방식으로, 예수님이 돌아가시자 자신의 믿음을 분명히 한 사람으로 그려진다는 인상을 지울 수 없다."[38] 레온 모리스는 이 사건에 대해 충격적인 설명을 한다. "공개적으로 예수님을 따르던 제자들과 은밀히 따르던 이 두 제자들에 대한 예수님의 영향력은 완전히 반대였다는 점이 무척 흥미롭다. 공개적으로 따르던 제자들조차 도망치고 예수님과의 관계를 천명해서 얻을 게 아무것도 없는 지금, 그들은 오히려 공개적으로 자신을 드러낸 것이다."[39] 니고데모가 처음에 예수님을 찾은 것은 호기심 때문이었다. 우리는 그가 언제 예수님의 제자가 되었는지는 모르지만, 예수님의 사역이 진행되는 동안 그것에 주목하면서 그에게 믿음이 생겼고, 그것이 필요한 때에 공개적으로 표출된 것이다.

예수 운동의 이 단계에서 제자들의 수는 심각하게 줄었다. 마지막까지 예수님과 함께한 사람은 몇 명 되지 않았다. 그러나 부활 후에 예수님이 열둘에게(이제 열한 명이 되었다), 여인들에게, 오백여

명에게(고전 15:5-6) 나타나셨을 때 그들의 믿음은 새로워졌다. 그리고 예수님의 제자라고 불릴 수 있는 사람의 수가 축소된 그때를 배경으로 예수님의 지상명령이 선포된다. 이제 그분의 제자가 된다는 것이 무엇인지에 대해 오해가 있을 수 없었다. 예수님은 철저한 어조로 사람들을 호출했고, 단순히 호기심만 있거나 예수님의 천국 관점을 갖지 않은 사람들을 걸러냈으며, 예수님의 참된 추종자가 된다는 것이 무슨 뜻인지 제자들에게 분명히 가르치셨다. 그러므로 이제 예수님은 제자들이 모든 족속으로 "제자를 삼는" 일에 투신해야 한다는 것을 과감하게 가르치실 수 있었다. 제자란 불신자의 무리(민족들)에서 나와서 예수님을 구주와 주님으로 시인하고 제자도의 길을 걷는 사람이다.

5단계: 초대교회

예수 운동의 5단계는 오순절 교회의 탄생과 함께 왔다. 예수님은 제자들에게 자신의 지상 사역 기간에는 성령이 **그들과 함께**(*par' humin*[파르 후민])했으나 뒤에는 성령이 **그들 안에**(*en humin*[엔 후민]) 거할 것이라고 약속했다. 예수 운동을 위한 성령 역사의 의미가 오순절에 극적으로 드러났다. 처음 며칠 동안 오천 명의 새로운 신자들이 이 운동에 합류한 것이다(행 2:37-42; 4:1-4 참조). 성령의 능력이 예수 운동에서 완전히 새로운 단계의 일을 시작했다. 교회가 생긴 때부터 그 운동은 유대와 사마리아의 다른 지역으로 확대되었으며(행 8장), 이방인들이 교회로 들어왔고(행 10장), 박해도 그 운동을 무너뜨리지 못했다(행 4, 5, 7, 8, 12장 참조).

예수님의 지상 사역 동안에는 다른 형태의 제자들이 있었기 때문에, 또한 제자는 스승 주위에 있어야 한다는 생각 때문에 때로 혼란스러웠던 **제자**라는 용어가, 예수 운동의 이 단계에서는 예수님을 믿는 사람들을 가리키는 말로 자유롭게 사용되었다. 이제 내재하시는 성령으로 말미암아 모든 신자는 지속적으로 예수님과 함께 있다. '신자들'의 무리라는 말(행 4:32)이 이제는 '제자들'(*mathētai*)의 무리(행 6:2)라는 말과 동일한 표현이 되었으며, '믿는 자'라는 표현과 '제자'라는 표현이 동일한 사람들을 가리켰다(행 6:7; 9:26; 11:26; 14:21-22 참조). 다른 스승들의 제자들도 여전히 '제자'라고(행 19:1 이하 참조) 불렸지만, 예수님의 추종자들이 가장 흔히 자신들을 '예수님의 제자'라고 불렀다. 이 제자들이 '그리스도인'이라고 불린 것은 뒷날의 일이다(행 11:26 참조).

교회의 성장은 지상명령의 직접적인 성취였다. 제자들은 주변 이방 민족들에게 가서 불신자들을 제자로 만들었으며, 그들에게 세례를 주고 새로운 회심자들에게 예수님의 교훈을 가르쳐 순종하게 했다. 바울과 바나바가 소아시아 지역의 이방 도시들에서 사역한 결과 지상명령이 놀라운 방식으로 이루어졌다. 누가는 이렇게 기록한다. "복음을 그 성에서 전하여 많은 사람을 제자로 삼고 루스드라와 이고니온과 안디옥으로 돌아가서 제자들의 마음을 굳게 하여 이 믿음에 머물러 있으라 권하고 또 우리가 하나님의 나라에 들어가려면 많은 환난을 겪어야 할 것이라 하고"(행 14:21-22). 예수님이 제자들에게 가르치신 모든 것이 새로운 신자들에게 전수되었다. 그러므로 새로운 회심자들이 영원히 현존하시는 예수님을 따르는 순종적인 제자가 될 수 있는 것이다(마 28:18-20 참조). 제자들이 다른 사람들을 제자 삼고 그들의 믿음이 영광스러운 하나님 나라에 들어갈 때까지 믿음의 성장하도록 도움으로써 1세기의 예수 운동은 계속되었다. 모든 참된 예수 운동이 그렇게 일어난 것이다.

적용점

원래의 예수 운동은 그 뒤를 좇아 사는 오늘의 우리에게 몇 가지 중요한 적용점을 보여준다. 그 적용점은 제자도라는 일반적인 주제를 어떻게 바라보아야 할지에 대해서 지침을 제시할 뿐 아니라 앞으로 예수 운동에도 도움을 줄 것이다.

첫째, 이제 우리는 오늘날 존재하는 다양한 제자도 모델이 예수 운동의 어느 한두 가지 특정 단계에만 집중한 결과임을 알 수 있다. 예를 들어, 제자는 단순히 배우는 사람이라는 점만 강조하는 사람들은 1단계와 3단계에만 집중한 것인데, 단순히 예수님을 따르던 다양한 사람들이 그 단계에서 떠났다. 제자도가 철저한 헌신이라고 강조하는 사람들은 2단계에 집중한 것인데, 그 단계는 개인이 모든 것을 버리고 예수님 주위에서 그분을 따르는 단계였다. 제자도를 사역이라고 보는 사람들 역시 2단계에 집중한 것이지만, 특별히 그들은 열둘을 제자도의 결정적 요소로 본다. 모든 그리스도인이 제자라고 말하는 사람들은 주로 5단계에 집중한다.

그러므로 우리는 2장에서 다룬 제자도 모델 전부가 부분적으로 옳다는 것을 인식해야 한다. 제자도에 대해 더욱 포괄적이고 정확한 이해에 도달하려면 예수 운동의 역사적 발전과 제자들이 거쳐간 다양한 단계를 보아야 할 것이다. 오늘날 우리와 가장 쉽게 동일시되는 단계는 초대교회의 단계이다. 그러나 우리는 각각의 단계에서 교훈을 얻을 수 있고 또 얻어야 한다. 특별히 예수님이 자신의 제자도를 밝히신 부분에서 그러하다. 교회는 예수님이 하신 지상 사역의 결론이 된 지상명령을 따라야 하며, 지상명령에서 우리는 제자들을 부르고 훈련하신 예수님의 목적이 절정에 이르는 것을 본다.

둘째, 우리는 복음전파 활동에서 믿음이 역사적, 개인적으로 준비되고 발전된다는 것을 인정할 필요가 있다. 사복음서를 함께 살펴보면 예수님과 그분의 추종자들 사이에서 발생한 시간의 흐름과 믿음에 대한 통찰을 얻게 된다. 공관복음서와 요한복음 기록의 차이 때문에 우리는 예수 운동의 연대기를 정확하게 이해하는 데 어려움을 겪는다. 이것은 마태, 마가, 누가가 제자들의 부르심을 위한 역사적 준비를 전혀 보여주지 않는다는 사실에서 더욱 두드러진다. 그들은 아무런 준비 없이 곧바로 부르심을 말한다(마 4:18-22; 막 1:16-20; 눅 5:1-11). 이는 공관복음서 저자들이 독자들은 그 배경을 알고 있다고 생각했기 때문이든지, 아니면 예수님의 권위 있는 부르심과 제자들의 즉각적인 응답을 강조하고 싶었기 때문일 것이다. 그 배경을 생략했기 때문에 예수님의 부르심과 제자들의 응답에 대한 그들의 묘사를 오늘날 독자들이 오해할 수 있다. 요한복음은 베드로, 안드레, 야고보, 요한 네 사람이 세례 요한의 제자였을 가능성이 매우 높다고 말한다. 이들은 세례 요한을 통해서 예수님에 대해 들었고, 기적적인 표적을 보고 '믿었으며', 사람들을 모으고 세례 베푸는 일을 예수님과 함께했는데, 이 모든 것이 공관복음서에 기록된 그들에 대한 부르심과 응답 이전의 일이었다.

셋째, 예수 운동에 대한 이런 조망으로부터 우리는 응답한 모든 사람이 참된 신자였던 것은 아니라는 사실을 깨닫고 경고를 받아야 한다. 심지어 열둘에 포함되어 한동안 따르던 제자 중에도 참된 신자가 아닌 자가 있었으므로, 우리는 우리 중에도 신자라고 주장하지만 실은 아닌 사람이 있다는 것을 예상해야 한다. 이것이 '예수 운동'에서 중요한 문제가 된 이유는 그 후의 교회사에서 이방인들이 교회로 밀려들어오고, 때로는 영적 동기보다 정치적 동기가 더 강하게 드러나는 경우가 생기면서였다.[40] 요한복음에 나타난 제자도를 다룰 때 이 문제를 더 충분히 조사하겠지만, 여기에서 한 가지 강조해야 할 점이 있다. 자신이 제자/신자라고 외적으로 선언하는 사람에게는 내부에서 우러나오는 생활의 변화가 수반되어야 한다고 예수님이 말씀하셨다는 사실이다.

이것이 넷째 적용점으로 연결된다. 팔레스타인에서의 지상 사역뿐 아니라 오순절 이후 하늘의 사역에서도 예수님은 성령이 제자도의 열쇠임을 강조하셨다. 성령이 불신자에게 죄를 깨닫게 하시고, 새로운 신자에게 중생을 일으키시며, 성장을 이끄신다. 우리는 제자를 만드는 모든 일에서 성령이 일하시게 해야 한다. 다양한 프로그램과 방법론을 참고할 수는 있지만, 제자도의 실천은 처음부터 끝까지 성령을 의지해야 한다. 성령을 프로그램화할 수는 없다.

아내와 나는 1970년대 예수 운동 시기에 만났다. 하나님이 이전에 소위 '히피'라고 불린 사람들 속에서 움직이시던 놀라운 기간이었다. 믿음을 새로 발견한 우리에게는 참된 흥분과 신선한 순진함이 있었다. 우리는 사람들이 마약과 절망에서 해방되는 것을 보며 기뻐했다. 우리의 예배는 기쁨과 감사의 감동적인 경험이었으며,

예수 그리스도와 맺은 새로운 관계는 경탄의 경험이었다. 우리는 낡은 폭스바겐 밴을 범퍼 스티커로 도배하고, 길을 지나가는 예수님의 사람들에게 '하나의 길'이라는 표시로 손가락을 열심히 들곤 했다. 들으려고 하는 사람이라면 누구에게나 열심히 증거했으며, 그런 일을 하는 동안 우리는 노래하고 웃었다.

그러나 거기에는 비극적 측면도 있었다. 많은 사람에게 그것은 또 다른 흥분에 불과했던 것이다. 그때 우리와 무척 친했던 오십여 명의 친구들 중 오늘날 예수님과 동행하고 있는 사람은 한 손으로 꼽을 정도에 불과하다. 얼마 전에 당시 우리와 각별한 사이였던 한 친구를 우연히 만났다. 그는 리더 중 한 명이었다. 특별히 달라진 것 같아 보이진 않았지만 나를 대하는 태도가 별로 친절하지 않았다. 대화를 나누던 중 내가 (우리가 옛날에 말하던 방식으로) "네 머리는 주님과 어떻게 되었어?"라고 물었다. 그는 이상한 눈빛으로 나를 쳐다보면서 천천히 대답했다. "예수님 말이야? 이제는 더 이상 말하지 않아. 이미 오래전 이야기야. 그때는 지금과 달랐지."

운동은 흥분의 시기이다. 예수님은 새로운 생명, 참된 변화, 전혀 다른 관점, 변화된 꿈, 열정적인 사람들의 모임을 만들 수 있다. 그러나 헌신의 방향은 운동이 아니라 예수님을 향해야 한다. 우리 자신의 기대와 의제는 예수님의 목적을 흐릿하게 만든다. 어떤 운동이든지, 주님을 따르는 제자의 실제에서 그 가치가 입증되는 것이다.

복습 문제

1 당신은 예수님의 제자인가? 그것을 어떻게 아는가?

2 예수님을 따르기 위해서 당신은 어느 정도의 비용을 계산해야 하며, 어떤 십자가를 져야 하는가?

3 열둘에 대한 부르심과 당신에 대한 부르심은 어떻게 비교되는가?

4 당신이 빌리 그레이엄(Billy Graham) 전도단의 상담자를 훈련하는 일을 맡았다고 가정해보자. 그리스도를 따르기 전에 '비용을 계산하려는' 사람들을 어떻게 도우라고 그 상담자들을 훈련하겠는가?

5 예수님의 진정한 제자가 되려면 예수님을 위해 최소한 어느 정도의 헌신을 해야 하는가?

7장
그저 따르는 것이 아닌 그분을 닮는 삶

초점 맞추기

1. 예수님의 제자에게는 어떤 특징이 있는가? 예수님의 제자들은 1세기에 있던 다른 형태의 제자들과 무엇이 달랐는가?
2. 1세기에 예수님의 제자도 형태는 무엇을 의미했는가? 그것이 오늘날에는 무슨 의미를 가지는가?
3. 개인의 제자도가 예수님 주위에 모인 제자들의 공동체보다 어느 정도 더 중요했는가? 그 이유가 무엇인가?

올해는 굉장히 의미 있는 해이다! 올해 나는 20주년 기념식을 두 번이나 축하했다. 두 번이라고? 그렇다. 올해는 성인으로서 내 인생에 가장 중요한 두 가지 일을 기념하는 해이다. 20년 전 새해 첫날, 나는 예수 그리스도께 나의 구주가 되어달라고 기도했으며 그때부터 내 인생이 영원히 바뀌었다. 나는 그 결정을 놓고 여러 달 동안 갈등했다. 성경을 공부하고, 사람들과 대화를 나누었다. 여러 책을 읽고 성경의 내용과 씨름했다. 그러다가 마침내 나는 그 갈등이 끝난 것을 깨달았다. 나는 예수님이 하나님이시라는 것과 그분이 나를 포함한 모든 사람들에게 하나님을 알려주시려고 이 세상에 오신 것을 머리와 마음으로 확신했다. 당시에 참석하고 있었던 대학 집회에서 나는 조용히 예수 그리스도의 제자가 되었다.

성인으로서의 내 인생에 두 번째로 중요한 사건은 같은 해 12월에 생겼다. 그날 나는 캘리포니아 피스모 해변 출신의 훌륭한 처녀와 결혼했다. 그녀의 이름은 린이었으며, 우리는 내가 그리스도인이 된 지 일주일 뒤에 사귀기 시작했다. 그 후로도 나는 훌륭한 하나님의 사람들을 많이 알게 됐지만, 린만큼 내게 막대한 영향을 준 사람은 없다.

그 놀라운 20년이 순식간에 지나갔다. 절망적인 죄인이요 혼란 가운데 있던 청년을 현저하게 바꿔놓은 20년이었다. 요즘 나는 내가 예수 그리스도의 제자로 모험적인 생활을 하게 된 것에 대해 매일같이 하나님께 감사한다. 아직 나는 성장을 위한 먼 길을 가야 하지만 (내 아내에게 물어보라!) 지난 20년은 제자로서 나의 생활에 놀라운 변화를 일으켰다. 그중의 일부를 설명해보겠다.

나는 '제자도의 성경 신학'이라는 과목을 가르치기 시작하면서 다음과 같은 질문을 내걸었다. "당신을 '제자로 만든' 누군가가 있는가?" 놀랍게도 거의 공통된 대답은 "없다"였다. 다른 질문을 계속 던진 결과, 나는 대부분의 사람들이 어떤 의미로 그렇게 대답했는지 알게 되었다. 그들은 자신이 예수 그리스도의 제자로 성장하기 위해 더 성숙한 그리스도인으로부터 한 걸음씩 인도받는 공식적인 절차를 거치지 않았다는 뜻으로 그런 대답을 한 것이다. 그래서 나는 질문의 방향을 약간 틀어보았다. "당신은 지금 다른 누군가를 제자로 만들고 있는가?" 이번에도 대부분 공통된 대답이 나왔다. "아니다"였다. 왜 그런 결과가 나왔을까? 두드러지게 나타나는 한 가지 이유는 "내가 제자로 훈련받은 적이 없기 때문에 무엇을 어떻게 해야 할지 모른다"라는 것이다.

충분히 그럴 만한 일이다. 나는 학생들이 말하는 바를 이해할 수 있다. 나 역시 그리스도인으로 살아온 지난 20년 동안 어떤 형태로든지 공식적인 제자도 관계를 맺어본 적이 없기 때문이다. 처음에는 그것 때문에 답답함을 느꼈다. 나는 그런 형태의 관계를 간절히 원했다. 그러나 내가 처한 상황을 생각해보면, 그것은 실제로 불가능한 일이었다. 앞 장에서 내가 그리스도인이 된 것이 1960년대 말, 1970년대 초였다는 것을 독자들은 기억할 것이다. 우리들의 그룹 안에는 공식적인 제자도 관계를 수행할 만큼 성숙한 신자가 없었다. 우리는 각자 알아서 해야 하는 처지였다.

그런데 바로 그런 이유로 금년에 맞은 두 개의 기념식이 그처럼 큰 의미를 가지게 되었다. 내가 공식적인 제자도 관계를 맺을 수 없음을 알았을 때 나는 두 가지를 결심했다. 첫째, 나는 매일 매 순간 예수님과 친밀한 관계 속에서 동행하는 법을 배우는 일에 헌신했다. 둘째, 아내와의 관계에서 부족한 부분을 보완해가는 길에 힘쓰기로 했다. 지금에야 깨닫지만, 이 두 가지 헌신은 내 인생에서 가장 중요한 '제자 삼기' 관계였다. 그 뒤로 나는 공식적인 기독교 교육에 관여해왔고, 고된 훈련 세미나들을 해왔고, 많은 연구/교제 관계를 맺어왔지만, 나는 지금도 위에서 말한 두 가지 헌신이 내 생애에서 가장 중요한 제자 삼기 요소라고 본다.

이 두 가지는 내가 여러 가지 방법으로 학생들에게 가르치고자 노력하는 것이다. 제자도는 단순한 프로그램이 아니다. 제자도란 실제 세상에서 예수님과 함께 걸으며 그분을 닮는 것이다. 그리고 실제 세상은 나의 가정에, 나와 가장 가까운 관계에, 내 생애 매 순간에 있다. 주께서 린을 내 삶 속에 들이신 그날, 우리 둘은 젊고 성숙하지 못한 그리스도인이었다. 그러나 우리는 우리의 관계를 주님께 의탁하고 함께 성장하기 시작했다. 우리가 말씀 속에서 함께 성장함에 따라 예수님은 린을 도구로 삼아서 나의 연약함을 열어 보이시고, 내가 서서히 예수님의 형상으로 변화되도록 도우시며 격려하셨다.

내가 제자로 훈련받았는가? 많은 사람이 말하는, 공식적인 의미에서는 받지 않았다. 그러나 내가 예수님을 닮도록 실제 생활에서 나를 도운 동료가 있었다는 의미에서 나는 제자훈련을 받은 것이다. 다른 사람들과 제자도 관계를 발전시켜나갈때 내가 초점을 맞추는 것이 바로 그 방향이다. 나는 공식적 제자도 관계를 통해서 많은 사람을 지도하지만, 그런 관계는 종종 일차원적이라는 것을 깨닫는다. 그들은 영적 생활이 보다 나아지는 데에 초점을 맞춘다. 특별히 어떤 종류의 학습지도법을 활용하여 그렇게 하려고 한다. 물론 나는 이런 종류의 관계를 좋아하지만, 예수님이 지도하신 제자도는 그것보다 훨씬 다차원적이라는 사실을 점점 깨닫는다. 예수님은 삶의 모든 영역에서 전인적인 영향을 미쳤다. 만약 내가 다른 사람이 제자로 성장하도록 돕는 일을 한다면, 나는 그 사람이 삶의 모든 영역에서 발전하도록 도와야 한다.

바로 이 문제에 착안하여 우리는 예수님이 자기 제자들에게 무엇을 하셨는지, 그리고 예수님 승천 후에 초대교회가 무엇을 했는지 자세히 살펴야 한다고 믿는다. 예수님의 지상 사역 동안에 제자들은 예수님을 '따라가야' 했다. 그것은 예수라는 인물에 대해 충성을 표시하는 결정적인 행동이었다.[1] 후기 랍비의 제자들은 스승 주변에 머물면서, 스승이 율법을 가르치는 것을 물리적으로 모방하기도 했는데, 이는 "스승을 모방하는 것이 곧 하나님을 모방한 모세를 모방하는 것이기" 때문이다.[2] 유대교 제자들의 목표는 언젠가 자기도 스승 혹은 랍비가 되어 제자들을 거느리는 것이었다.[3] 그러나 예수님의 제자들은 그들의 스승이요 교사인 예수님의 제자로 남아야 했으며, 오직 예수님만을 따라야 했다(마 23:1-12 참조). 예수님의 제자들이 그분의 가르침 중 많은 것을 암기하여 그 내용을 교회의 전통으로 후대에 넘겨주기는 했지만, 제자들은 궁극적으로 예수님이라는 인물에게 헌신했다. 그들은 랍비적 형태의 제자들처럼 단순히 예수님의 교훈에만 투신한 것이 아니었다.[4] 제자도란 종교적, 영적 차원만을 개발하는 일이 아니라, 그 사람 전체에 영향을 끼친다. 이 장에서는 제자들과 함께하는 예수님을 볼 것이다. 그분이 어떤 종류의 관계를 발전시켰는지 보고, 제자들을 위해서 세운 목표가 어떤 것이었는지 볼 것이다. 지금부터 우리는 예수님이 그분의 제자라고 불린 사람들과 발전시켜 나갔던 다양한 관계들을 주목하기로 한다.

예수님 주변에 모인 제자들

복음서에는 사람들이 '예수님을 따랐던' 몇 가지 방식이 나타난다. 때로 그 단어는 공간적인 의미만을 가진다. 예를 들어, 사람들이 한 곳에서 다른 곳으로 예수님을 "따랐다"(눅 22:54)고 말하는 부분, 혹은 예수님이 관리의 집으로 "따라가서" 그의 딸을 고친 경우(마 9:19) 등이다. 그러나 따른다는 것이 '제자도'를 의미하는 다른 경우들이 있다. 그것은 은유적 의미로 제자가 되어 예수님과 동행한다는 뜻이다. '예수님을 따른다'는 말은 제자가 되어 예수님을 좇는다는 기술적인 표현이다. 제자란 비용을 계산하고, 믿음으로 헌신하며, 그다음 단계로 예수님을 '좇아가는' 사람이다.[5] 하지만 은유적 의미는 다양할 수 있다는 것을 인식해야 한다. 어떤 제자들은 예수님의 지상 사역 기간에 물리적으로 예수님과 함께 있으면서 그분을 따랐지만(예를 들면 열두 제자), 다른 제자들은 오직 은유적 의미로만 예수님의 제자가 되어 그분을 따랐다(예를 들면 아리마대 요셉, 요 19:38). 예수님을 따른다는 것은 그 길(the Way) 위에서 예수님과 함께하며 그분을 섬기는 것을 의미한다. 하지만 따라가는 방식은 예수님이 추종자들을 어떤 사역으로 부르셨는지에 따라서 물리적으로 혹은 은유적으로 나타났다.

열둘

네 개의 복음서는 하나같이 예수님의 부름을 받아 그분과 특별한 관계에 들어간 열두 명의 핵심 그룹에 대해서 증언한다. 예수님은 훨씬 많은 수의 제자들 사이에서 열둘을 선택하여 불러내셨다. 이 열둘은 예수님과 항상 함께 있는 자들이 되었다. 그들은 예수님과 함께 천국을 선포했으며, 앞으로 탄생할 교회의 사도가 되기 위해 훈련을 받았다(눅 6:13, 17 참조). 이 열두 제자가 예수님의 사역에서 매우 두드러졌기 때문에 복음서 기록의 여러 곳에서 **제자**라는 단어는 열둘과 동의어로 쓰이기도 했다. 실제로 복음서 저자들은 **제자**라는 용어와 **열둘**이라는 용어를 동일한 의미로 사용하는 경향이 있었으며 오늘날 대부분의 학자들은 이 주장에 동의한다.[6] 그러나 복음서 저자들이 **제자**라는 용어가 열둘에게만 적용되어야 한다고 말한 것은 아니다.[7] 그들은 예수님이 모든 신자들을 다루는 방법의 모범으로서, 또한 그분의 부활 후에 그 운동의 지도자가 될 사람들을 훈련한 방법의 모범으로서 열둘에게 초점을 맞추었으며, 열둘을 부각시킨 것이다.

열둘은 모든 것을 버리고 예수님을 따르라는 부르심을 받은 것으로 잘 알려졌다. 거기에는 가족, 직업, 그리고 재산까지 뒤로하고 떠나는 것이 포함되었다. 그런데 이것은 예수님의 제자가 되고자 하는 모든 사람에게 요구되는 희생으로 자주 오해된다. 도리어 우리는 물리적으로 예수님 주변에서 그분을 따르는 것이 예수님의 동역자인 열둘의 특별한 역할 중 일부분이었음을 인식해야 한다. 예수님을 따르기 위해 모든 것을 떠나는 일은 예수님과 함께 천국을 전파하며(마 10:1-15 참조), 앞으로 교회에서 담당할 역할을 훈련하기 위해(마 19:23-30 참조) 필요한 희생이었다.[8]

하지만 열둘 이외의 더 광범위한 제자들 무리 가운데에서도 그렇게 예수님 주변에서 그분을 따르라는 부르심을 받은 사람들이 있었다(눅 9:59-62; 23:49, 55; 요 6:66 참조). 예수님이 사명을 주어 파송한 칠십 명, 예수님의 지상 사역의 일부 기간 동안 그분을 물리적으로 따른 여인들의 무리가 거기에 포함된다.

칠십 명

예수님은 또한 다른 칠십(이) 명을[9] 임명하여 선교 여행을 하도록 파송하셨다(눅 10:1-20). 오직 누가만이 이 선교에 대해 언급하고 있다. 사람들은 이것이 이방 선교를 미리 암시하는 것으로 본다. 누가의 기록은 몇 가지 중요한 요소를 제기한다. 먼저 열둘 이외에도 선교 활동에 참여한 사람들이 있었음을 알 수 있다. 뒤에 우리는 사도행전에서 교회의 선교 활동이 열둘로만 제한되지 않았음을 볼 것이다. 이 칠십 명이 칠십 개의 이방 민족에 대한 선교를 예증하든지(창 10장), 혹은 고대 이스라엘의 칠십 인 장로를 상징하든지(출 24:1; 민 11:25), 또는 당시 산헤드린을 대체할 것을 암시하든지, 한 가지 분명한 것은 예수님이 열둘 외에도 지상 사역 기간 동안에 훈련시켜 일을 맡기신 다른 제자들이 있었다는 사실이다.[10] 이 칠십 명의 선교사들은 열둘과 마찬가지로 예수님이 수행한 것과 동일한 사명에 밀접하게 연결되어 있었다. 그들은 예수님이 열둘에게 준 것과 같은 권위를 받았고(눅 10:19; 9:1), 동일한 메시지를 전했다(눅 10:9; 9:2). 데니스 스위트랜드(Dennis Sweetland)는 이렇게 썼다. "칠십 명은 그전에 예수님이 파견한 열둘과 마찬가지로 이적을 행하고, 하나님의 말씀을 전했으며, 청중에게 결단을 요구했다. 이 선교사들의 권위 있는 말씀을 듣고 능력 있는 일들을 본 사람들은 그들의 구원 메시지를 받아들이거나 거부해야 했다."[11] 이와 같이 칠십 명은 예수님의 전언자로 나가서 동일한 권위를 행사하고, 동일한 메시지를 전파하며, 동일한 이적을 행한 것이다. 그러나 칠십 명이 돌아와서 자기들이 주의 이름으로 귀신들을 제압했다며 기뻐하자, 예수님은 정말로 중요한 것을 그들에게 선언하였다. "그러나 귀신들이 너희에게 항복하는 것으로 기뻐하지 말고 너희 이름이 하늘에 기록된 것으로 기뻐하라 하시니라"(눅 10:20). 예수님이 선포하신 구원이 선교의 가장 중요한 동기인 것이다.[12]

예수님을 따른 여인들

복음서와 사도행전은 예수님의 제자였던 다양한 여인들에게 현저한 위치를 부여한다. 누가는 갈릴리 전도 여행 동안 예수님과 열두 제자와 함께 동행한 일단의 여인들에 대해서 말한다.

> 그 후에 예수께서 각 성과 마을에 두루 다니시며 하나님의 나라를 선포하시며 그 복음을 전하실새 열두 제자가 함께하였고 또한 악귀를 쫓아내심과 병 고침을 받은 어떤 여자들 곧 일곱 귀신이 나간 자 막달라인이라 하는 마리아와 헤롯의 청지기 구사의 아내 요안나와 수산나와 다른 여러 여자가 함께하여 자기들의 소유로 그들을 섬기더라(눅 8:1-3).

이 단락에서 사용된 표현에 주목해야 한다. "그와 함께"(*sun autō* [순 아우토])라는 어구는 누가복음에서 사용된 기술적인 표현으로(눅 8:38; 9:18; 22:56), 단순히 함께 있었다는 것을 훨씬 넘어서는 의미 곧 제자도를 나타낸다.[13] 비록 유대교에도 이와 유사하게 여인들이 자기 돈, 재산, 음식으로 랍비와 그의 제자들을 섬긴 경우가 있기는 하지만 그 여자들이 랍비의 제자로 간주되지는 않았다. 이 단락은 여인들이 곧 예수님의 제자였음을 드러낸다. 이 여인들은 사역으로 부르심을 받았는데, 이는 예수님과 함께 여행하면서 그 무리의 물질적 필요를 공급했다는 뜻이다.[14] 바로 이 무리에 속한 여인들 중 일부는 예수님을 따라[15] 예루살렘까지 갔으며, 주님이 십자가에 달리실 때 곁에 있었고, 주님의 부활 후에는 처음으로 빈 무덤에 있었다(눅 23:49, 55; 24:9).

예수님과 열두 제자와 함께 여행한 이 일군의 여인들의 등장은 괄목할 만한 현상이다. 귀신이 쫓겨나기 전에는 막달라 마리아가 사회 부적응자로 간주되었을 것이다. 요안나는 유대 사회의 상류층 여인이었다. 수산나의 배경에 대해서는 알려진 바가 없지만, '다른 많은' 여인들이 함께했음을 주목할 수 있다. 벤 위더링톤(Ben Witherington)의 설명이다. "여기에서 누가는 복음이 어떻게 계급과 경제적 장벽, 사회적 장벽들을 허물고 다양한 삶에 처해 있던 남자들과 여자들을 화해시켜 하나의 공동체로 이끌어 들였는지에 대한 증거를 제공한다."[16] 위대한 스승의 여성 제자들이란 1세기 팔레스타인에서는 희귀한 일이었으며, 예수님이 사마리아 여인과 접촉한 것에 대한 당시 제자들의 태도도 그것을 나타낸다(요 4:27). 그러나 이 여인들은 예수님 제자들의 두 가지 특성인 비용과 헌신을 분명히 보여주었다. 그들은 열둘의 테두리 내에 속한 것으로 간주되지 않았지만 예수님의 지상 사역에서 중요한 부분을 담당했다.

이 설교 여행에서 여인들이 담당한 정확한 역할에 대해서는 논쟁이 계속되고 있다. 어떤 사람들은 그 여인들이 제자로 여겨졌으므로 예수님과 열둘과 함께 복음전파에도 참여했다고 주장한다.[17] 이 주장은 공적인 전파와 제자도 사이에 근거가 확실하지 않은 관계를 상정함으로써 문맥을 과도하게 확대해석한 결과일 수 있다. 그들이 복음 사역을 지원하기 위해 예수님과 동행하기는 했어도 직접 선포 사역에 참여했는지는 의심스럽다. 한편 이 여인들이 오직 요리와 빨래를 위해서만 동행했다고 보는 것도 정당하지 않다.[18] 그 여인들이 "자기들의 소유로"(눅 8:3) 섬겼다는 명백한 진술 외에는 사역의 정확한 성격이 불분명하다. 이 여인들을 제자들의 테두리에 포함시킴으로 예수님은 당시 유대교 내의 몇 가지 사회적 장벽을 허문 것으로 보였다. 그러나 열둘의 테두리 내에는 여인들을 포함시키지 않음으로써 예수님은 여전히 당시의 가부장적 구조 내에서 활동하셨음을 알 수 있다. 우리가 말할 수 있는 것은, 여인들의 역할이 재정의되기는 했지만 그것은 유대 사회구조를 벗어난 것이라기보다는 그 구조 안에서였다는 것이다.[19]

예수님과 열둘을 섬긴 이 여인들에 대한 누가의 기록에서, 예수님이 시작하신 제자도의 독특한 형태 중 또 다른 경우를 발견한다. 여인들은 제자로 부름받았으며, 심지어 예수님의 공적인 복음 선포 사역을 섬기기까지 했다. 그러나 **섬긴다**(*diakoneō*[디아코네오])는 말을 천한 의미로 이해해서는 안 된다. 그것은 서로 '섬김'이 제자도의 본질이라는 중요한 의미로 이해되어야 한다. 누가는 최후의 만찬 자리에서 그들 중 누가 가장 큰지에 대한 문제를 놓고 벌어진 논쟁을 기록했다.

예수께서 이르시되 이방인의 임금들은 그들을 주관하며 그 집권자들은 은인이라 칭함을 받으나 너희는 그렇지 않을지니 너희 중에 큰 자는 젊은 자와 같고 다스리는 자는 섬기는 자와 같을지니라 앉아서 먹는 자가 크냐 섬기는 자가 크냐 앉아서 먹는 자가 아니냐 그러나 나는 섬기는 자로 너희 중에 있노라(눅 22:25-27).

이 일단의 여인들은 예수님과 열둘을 섬기는 가운데 제자도의 본질을 이미 보여준 것이다.[20]

더 넓은 제자들의 무리

물리적으로 예수님을 따르는 것이 예수님 당시 신자의 정상적인 생활은 아니었다. 물리적으로 따라다니는 것은 하나님 나라를 선포하시는 예수님의 사역에 봉사하기 위함이었다. 열둘, 칠십(이) 명, 갈릴리에서 온 여인들의 무리는 다양한 방법으로 예수님을 도울 수 있도록 예수님 주변에 있으라는 부르심을 받은 것이다. 그렇다면 청중의 무리 혹은 심지어 정기적으로 예수님 주변에 나타나는 제자들의 무리에 대해서는 어떻게 생각해야 하는가?

어떤 사람들은 예수님과 물리적으로 함께한 사람들만 참된 제자라고 말한다. 이것은 게르트 타이센(Gerd Theissen)이 초기 연구에서 '돌아다니는 은사자들'(wondering charismatics, 제자들)을 지역 공동체의 '동조자들'(sympathizers)과 구분하면서 적용한 것이다.[21] 타이센이 시사하는 바는 이렇다. 두 부류의 사람들 모두 예수 운동이라는 사회 조직의 일부였으나, 예수님의 철저한 윤리에 주의를 기울인 사람들은 제자이고, 자신의 사회 내에 머물면서 예수님의 철저한 윤리와 타협한 사람들은 동조자들이었다는 것이다. 그러나 타이센은 예수님 주변에 있으라는 부름은 받지 않았지만 그럼에도 여전히 제자였던, 더 넓은 무리의 사람들의 증거를 간과한 것이다.

예수님과 실제적으로 가까이 있는 것, 즉 예수님의 지상 사역 동안 그분과 함께 여러 지역을 다니는 것이 모든 추종자들에게 요구되지는 않았다.[22] 사실 그 특권은 작은 무리의 사람들에게만 허용되었다. 이것을 예증하는 사실이 두 가지 있는데, 거라사의 귀신 들린 사람과 아리마대 요셉이다. 거라사의 귀신 들린 사람에게서 군대 귀신이 쫓겨나간 뒤, 그는 예수님을 따르겠다고 간청했다. 그러나 예수님은 그에게, 가족과 친구들에게 가서 하나님이 그를 위해서 얼마나 큰일을 하셨는지 이야기해주라고 말씀하셨다(막 5:18; 눅 8:38-39). 이 사람은 예수님과 열두 제자를 보고, 당시 팔레스타인에 허다했던 스승-제자 관계 같은 것을 생각하면서 자기도 그들처럼 제자가 되기를 원했다. 그러나 한 주석가가 설명하듯이, 예수님에게는 다른 계획이 있었다. "그 사람은 자기가 알고 있는 유일한 형태의 제자도를 충실하게 따르려고 했다. 예수님은 그를 거부한 것이 아니라 그의 방향을 바꿔주셨다. 예수님은 유대교의 팔레스타인으로 돌아가고, 이방 사람인 그는 자기 고향으로 돌아가야 했다. 거기서 친지들에게 하나님이 예수님 안에서 자기를 위해 무슨 일을 하셨는지 선포함으로 그의 믿음을 증명해야 했다."[23] 아리마대 요셉이 또 다른 예이다. 이 사람은 예수님의 지상 사역 기간에 예수님 주변에서 그분을 쫓아다니지는 않았지만, 이스라엘의 기존 구조 속에서 계속 봉사하며(막 15:43; 눅 23:50-51) 자신을 예수님의 제자로 여겼다(마 27:57; 요 19:38).

물리적으로 오직 열둘과 좀 더 넓은 제자들 무리만 예수님의 주위에서 그분을 따라갈 수 있었다 해도, 모든 사람은 비유적으로 예수님을 따라야 했다. "누구든지 자기 십자가를 지고 나를 따르지 않는 자도 능히 내 제자가 되지 못하리라"(눅 14:27)라는 선언이 비유적으로 예수님을 따르는 원리가 되었다. 예수님은 군중이 실제로 가서 십자가를 찾을 것이라고 기대하지 않으셨다. 비유적인 십자가는, 자기 자신의 의지에 대해서는 죽고 예수님의 제자도에서 발견되는 아버지의 뜻을 취하는 것이었다.[24] '예수님을 따른다'는 것이 비유적 의미로도 이해되어야 한다. 곧 군중은 자기들의 길을 예수님의 길에 투신함으로써 그들의 결정을 행동으로 옮겨야 하는 것이다. 더 넓은 의미의 제자 무리에 속한 모든 사람은, 비록 물리적으로 예수님을 따르지는 못했지만 믿음으로 예수님에게 투신하는 행동을 통해 비유적 의미로 예수님을 따라야 했다. 볼프강 쉬라게(Wolfgang Schrage)가 이렇게 설명한다.

> 제자들의 내부 조직 안으로 들어가는 것이 구원의 필수 조건은 아니며, 종교 엘리트를 위한 금욕적 성취도 아니다. 사람은 예수님과 긴밀한 관계 속에 들어가서 팔레스타인의 길을 함께 걷지 않고도, 천국 메시지를 받아들이고 회개하고 예수님의 추종자가 될 수 있다. 물론 부르심을 받은 사람은 원래 자리에 머물러 있을 수 없다. 그들은 이 세상 것들에 포로로 잡혀 있으면서 무슨 대가를 지불하더라도 세상의 것을 붙드는 태도를 용인할 수 없다. … 그러나 모든 사람에게 예수님의 부르심이란 위험과 고난을 위해 자기를 부인하고 버릴 준비를 한

다는 의미이다.[25]

비유적으로 예수님을 따른다는 것은 가지가 자연스레 포도나무에 붙어 있듯이 제자들이 예수님에게 붙어 있는 것을 연상시킨다(요 15장). 그리고 이것은 다시 자연스럽게 바울이 즐겨 사용하는 '그리스도 안에'라는 표현을 생각나게 한다. 이 비유적 의미가 교회 시대를 위한 무대가 된다. 예수님이 지상에 안 계셔서 제자들이 물리적으로 따를 순 없게 되었지만, 그럼에도 예수님이 그들과 항상 함께하심(마 28:19-20)으로, 제자들은 비유적으로 예수님을 따를 수가 **있었으며**, 예수님을 의지하여 더욱 그분을 닮을 수 있었다.

예수님을 점점 닮아감

이제 우리는 제자도에서 비유적으로 예수님을 따르는 것이 신자의 정상적인 생활이었음을 알게 되었다. 모든 제자는 영적으로 예수님에게 붙어 있으며, 그분에게서 영적 자양분을 공급받고, 그분에게서 배우며, 그분을 닮아가야 한다. 그러나 열둘과 같은 어떤 제자들은 예수님과 물리적으로 함께 있으면서 그분을 따라야 했다. 이것은 그들이 천국을 선포하는 예수님의 지상 사역에 참여해야 했다는 의미이며, 또한 그들이 예수님 승천 후의 교회 사역을 감당하기 위해 훈련을 받고 있었다는 의미이다. 하지만 비유적인 의미로 따라가는 것은 모든 제자들을 위한 것이며, 모든 제자들은 점점 성장하여 예수님처럼 되어야 한다는 것이다.

안에서부터 밖으로

고대 세계에서 제자들은 스승을 높이 존경했다. 일반적인 원리로 학문 기관의 학생이든, 전투적 반군 지도자의 추종자든, 종교 광신자를 따르는 사람이든 간에 제자는 스승 가까이 있고 친근하기 때문에 스승의 생활 방식, 교훈, 가치관을 받아들이게 되어 있었다. 예수님도 그 원리를 인정하셨다. "제자가 그 선생보다 또는 종이 그 상전보다 높지 못하나니 제자가 그 선생 같고 종이 그 상전 같으면 족하도다"(마 10:24-25).[26] 예수님의 제자들도 그분을 닮으려고 했다. 그들은 동일한 메시지를 가지고 나아갔으며(마 4:17을 10:7과 비교), 동일한 사역을 실행하고 자비를 행하며(마 9:36을 10:5 이하와 비교), 동일한 종교적, 사회적 전통을 지키며(마 12:1-8; 막 2:23-27), 같이 순종하는 가족이었다(마 12:46-49). 또한 예수님이 섬김을 받으러 온 것이 아니라 섬기러 왔듯이 그들도 마찬가지로 종이라는 성격을 가져야 했다(마 20:26-28; 막 10:42-45; 요 13:12-17). 마지막으로 예수님의 제자들은 예수님이 당하신 것과 같은 고난에 동참해야 했다(마 10:16-25; 막 10:38-39).

다른 스승-제자 관계와 마찬가지로 예수님의 제자들도 예수님을 닮으며, 그분이 한 것과 동일한 사역을 했다. 그러나 예수님의 제자들은 독특한 방식으로 예수님을 닮아간다. 예수님과 제자들 사이에 성립된 영적인 연합, 즉 예수님이 그들 안에 그들이 예수님 안에 있는(요 17:13-26 참조) 연합은 다른 어떤 제자도 관계에서도 발견되지 않는 독특한 '닮음'이다. 이 영적인 연합은 바울이 마침내 밝힐 닮음을 예견한다. 바울은 자신의 최고 욕망이 그리스도처럼 되는 것이고, 신자의 궁극적 삶의 목표가 그리스도의 형상을 본받는 것이라고 말하면서 그분을 닮는다는 것이 무엇을 뜻하는지 밝히고 있다(롬 8:29).

예수님의 지상 생애 동안 그분의 제자들은 예수님의 생활을 보고 자기들의 길을 그와 비슷하게 조정할 수 있었다. 오순절 후에는 내주하시는 성령을 통해서 이 영적 관계가 성립될 것이며, 그때에 제자는 내부에서부터 그리스도의 형상으로 변할 것이다.

신자들의 모범

제자라는 용어는 예수님에게 믿음의 투신을 한 사람을 가리키는 가장 평범한 호칭이다. 제자가 부름받은 것은 그가 다른 사람들보다 훌륭하기 때문이 아니다. 그들은 구원이 필요하며 예수님과 연결되어서 변화받아야 할 죄인이기에 부르심을 받은 것이다. 한스 크발바인(Hans Kvalbein)은 "'제자들'이 다른 그리스도인들 사이에서 '질적으로 더 높은' 그리스도인 혹은 특별한 그리스도인을 위한 모델이라고 생각하는 것은 근본적으로 잘못됐다"라고 직설적으로 선언한다.[27] 제자들은 결코 더 높은 형태의 신자라고 규정되지 않는다. 실제로 그들을 그려낸 그림은 매우 부정적일 때가 있다. 도리어 제자들이란 모든 그리스도인의 정상적인 성장 과정의 실례일 뿐이다.

복음서 저자들은 제자들의 실제적인 모습을 보여주었다. 그들에게는 장점과 단점이 있었고 그들은 승리와 패배를 겪었다. 예수님은 보통 사람들을 택하여 구원과 봉사와 경건한 성장으로 나아가도록 불러내셨다. 복음서 저자들은 큰 무리의 제자들과 열둘 모두가 보인 불완전성을 한목소리로 증언하지만, 동시에 그들의 성장도 증언한다. 제자들의 좋은 점과 나쁜 점을 현실적으로 그린 목적은 예수님이 어떻게 제자들의 성장을 도우시는지 교회에 실례를 제공하기 위함이다. 예수님이 그들에게 무엇을 명하셨는지, 그들이 순종할 수 있도록 어떻게 도우셨는지, 열국 중에서 제자가 된 사람들에게 그들이 다시 가르쳐야 했다(마 28:19-20 참조). 예수님은 제자들을 가르치고(막 4:10-12) 잘못을 고쳐주며(마 16:5-12) 권면하고(마 17:19-20) 그들을 지원했으며(눅 22:31-34) 위로하고(요 20:19-22) 그들을 회복시키셨다(요 21:15-19). 예수님은 자기를 따르는 자들에게 제자도의 높은 기준을 제시했으나 항상 그들과 함께하면서 그들이 그 기준에 도달하도록 도우셨다. 제자는 언제나 더 온전한 제자가 되려고 노력해야 했으므로 제자들의 삶에서 볼 수 있는 성장 과정은 교회를 위한 모범이면서 격려가 되어야 한다.

제자이면서 사도였던 열둘의 경우는 모든 신자가 어떻게 성장해야 하는지 보여주는 실례이면서, 또한 예수님이 어떻게 교회 지도자를 훈련하는지 보여주는 실례였다. 특별히 복음서 저자들이 베드로를 별도로 다룬 것은 그가 예수님의 지상 사역 기간뿐 아니라 초대교회 시기에도 지도자 역할을 맡았기 때문이다. 예수님의 지상 사역 기간 동안 베드로는 종종 열둘의 대변인 역할을 했다(예를 들면 마 14:28; 15:15; 18:21; 26:35, 40; 막 8:29; 9:5; 10:28; 요 6:68). 초대교회 시기에 베드로는 그가 천국의 열쇠를 쥔 반석으로 기초 역할을 할 것이라는 예수님의 예언을 성취했다(마 16:17-19; 행 1:8; 2:14 이하; 8:14 이하; 10:34 이하 참조). 하지만 베드로 또는 그를 포함한 열둘이 굉장한 성자로 높임을 받은 것은 아니다. 그들은 예수님의 부르심을 받아 제자가 되었고, 예수님이 교회 지도자로 훈련시킨 보통 사람들이었다. 후에 복음서 저자들이 글을 써서 보낸, 교회의 지도자들은 예수님이 열둘을 훈련하여 성장시킨 과정을 읽으면서 큰 격려를 받았던 것이다.

오늘날 많은 사람들이 제자들을 상당히 높인 나머지 제자들은 우리와 같은 사람이 아닌 것처럼 보이게 되었다. 그들은 성자로 추앙받아서 우리가 범접할 수 없는 특별한 사람들이 되었다. 다른 한편으로 오늘날 어떤 사람들은 제자들이 (특별히 베드로가) 실수한 것을 들어 그들을 과소평가한다. 복음서 저자들이 제공하는 관점에서 가장 큰 격려가 되는 것은 예수님이 보통 사람들을 불렀고 그들이 예수님과의 관계를 통해 변화되었다는 점이다.

제자도의 차원

그러므로 예수님을 닮기 위해 제자도 안에서 성장해야 한다. 사도 요한은 예수님을 따르던 경험을 회상하면서, 어떤 사람이 진정으로 믿는지, 참된 제자가 되었는지를 증명하는 제자도의 세 가지 표지에 관해 예수님이 가르치신 것을 기록했다. 그 표지는 예수님의 말씀 안에 거하는 것(요 8:31-32), 형제를 사랑하는 것(요 13:34) 그리고 열매를 맺는 것이다(요 15:8).[28] 이 세 가지 표지가 제자의 전 생애에 걸쳐서 영향을 미친다. 제자도 안에서 성장한다는 것은 우리가 일반적으로 그리스도인의 성장이라고 부르는 것과 동일하게 이해해야 한다. 비록 요한이 부활과 오순절 성령 강림의 결과에 차이가 있음은 인정하기는 했지만, 제자도에 대한 예수님의 가르침은 신약성경의 다른 부분에서 성화에 관하여 가르치는 내용과 실질적으로 동일하다. 제자로서 성장한다는 것은 그리스도인으로서 성장한다는 것이며, 그리스도인으로서 성장한다는 것은 제자로서 성장한다는 것이다. 예수님은 제자도를 다차원적인 현상으로 이해했다. 이제부터 온전한 제자에 대해서 살펴보겠다.

(1) 영적인 생명

교회사에서는 '영성 훈련'(spiritual disciplines)의 발달이 영적 성장의 열쇠로 여겨졌다. 이 '훈련'은 다른 관점에서 바라볼 수 있다. 그것을 보는 한 가지 방법은 '내적 훈련', '외적 훈련' 그리고 '공동체 훈련'으로 접근하는 것이다.[29] 그것을 바라보는 또 다른 방법은 '금욕 훈련', '참여 훈련'으로 보는 것이다.[30] 그러나 문제의 핵심은 제자의 삶 속에서 하나님이 일하시는 것과 제자가 하나님의 뜻에 순종하는 것 사이의 균형이다.

• 성령이 일으키는 성장

예수님은 제자로 성장하기 위한 기본 조건이 하나님의 성령에 의해서 새롭게 태어나는 것임을 강조했다. 이에 대해 최초로 기록된 대화 속에서, 예수님은 니고데모에게 자신이 시작하는 천국의 삶은 성령이 가져다주는 새 생명을 통해 시작된다고 말씀하셨다(요 3:1-15). 제자로서의 성장은 성령을 통한 중생이 있어야 가능하다. 성령은 또한 안에서부터 지속적이고 자발적인 성장을 일으킬 것이다. 예수님은 1세기의 바리새 유대인들을 가리키면서 그들이 겉을 먼저 깨끗케 한다고 신랄하게 비판하셨다(마 23:25-28). 예수님은 겉으로 드러나는 우리 모습의 근원이 마음임을 강조하셨다(마 12:33-37). 그러므로 변화는 안에서 시작되어 밖으로 나와야 한다. 이와 같이 성령에게서 온 새 생명을 통해 제자들의 마음이 변화되었다. 그런후에야 참된 영적 생명을 받는다. 제자의 마음속에서 일하시는 성령의 작용으로 성장이 시작되고 유지된다.

- 계속해서 비용을 계산하고 십자가를 짐

예수님을 따르겠다고 결단한 사람은 제자가 되었을 때 지불해야 할 비용을 계산해야 한다. 그것은 세상으로 향하던 충성을 오직 예수님을 향한 충성으로 바꾸는 것이다. 오직 그때만이 예수님이 그의 구주가 될 수 있다. 그러나 예수님은 제자들에게 **계속해서** 비용을 계산하라고 도전하셨다(막 8:34-9:1). 생명으로 들어가는 문은 좁고, 일단 들어가면 그 길에서의 생활은 무척 고되다(마 7:13-14). 제자는 자신을 부인하고 **매일** 십자가를 지고 예수님을 따라야 한다(눅 9:23).[31] 십자가를 져야 한다는 선언에 '매일같이'(kath' hēmeran [카스 헤메란])를 첨가함으로 누가는 예수님이 매일 자기를 부인할 것, 매일 십자가를 질 것, 매일 주님의 발자국을 따를 것을 요구했음을 명확히 한다(눅 9:23; 막 8:34 참조).[32] 그러므로 자기 부인, 십자가를 짐, 예수님을 따름은 그 길로 들어서는 것을 규정할 뿐 아니라 그 길 위에서의 삶을 규정한다. 그 이유는 두 가지이다. (1) 사람은 진정으로 그 길에 들어서지 않고도 들어선 것처럼 자신을 속일 수 있다(예를 들면 가룟 유다). 자신을 둘러싼 운동이 추진력을 얻었을 때, 예수님은 다양한 사람들이 스스로를 제자라고 부른다는 사실을 아셨다. 예수님은 그들에게 스스로를 살펴서 과연 자기들이 정말로 예수님만을 스승이요 주인으로 따르고 있는지 판단하라고 도전하셨다. 그렇지 않다면 그들은 진정으로 믿음의 발걸음을 내딛은 것이 아니었다. (2) 제자도로 들어오기 위해서 지불해야 하는 것과 동일한 비용이 제자도의 삶을 위해서도 필요하다. 제자의 성장은 지속적으로 아버지의 뜻을 따르고 예수님에게 충성하는 삶을 통해 성취된다. 마태는 예수님이 기대하신 제자도 생활과 다른 생각을 한 것이 분명한 한 '제자'에 대해 말한다(마 8:22). 그는 집으로 돌아가 부친을 장사 지내기 원했다. 이 일은 예수님이 제자가 아닌 자들을 향하여 하신 말씀, 즉 제자가 되기 전에 먼저 아버지와 어머니를 미워해야 한다는 가혹한 요구를(눅 14:26) 상기시켰다. 그 '제자'는 거의 예수님을 떠날 순간에 처했다. 그렇다. 그는 선한 일을 위해—자기 아버지를 장사 지내는—떠나기를 원했지만, "죽은 자들이 그들의 죽은 자들을 장사하게 하라"(마 8:22)라는 예수님의 가혹한 대답은 그 사람의 태도가 예수님이 요구한 전적인 충성을 버리려는 변명에 불과했음을 보여준다. 한 주석가가 말하듯이 "제자도 생활에서 충성을 나누는 것은, 그것이 종교와 오랜 전통에 뿌리를 둔 것이라 해도 예수님에게만 드려야 하는 충성에 대한 받아들일 수 없는 위협이 될 수 있다."[33]

• 양육과 기도

하나님의 일하심과 제자의 순종이 균형을 잡는다는 사실은 예수님의 교훈으로 양육하고 기도하는 것이 필요하다는 사실로 예증할 수 있다. 예수님의 제자도가 가진 분명한 목적은 제자들이 그분의 교훈을 알게 되는 것이며, 그 교훈에 순종했을 때 그들이 죄의 굴레에서 해방되는 것이다(요 8:31-32). 예수님이 1세기 다른 유대교의 스승들과 어느 정도 비슷한 점이 있기는 하지만, 특별한 가르침 때문에 그분은 이스라엘의 다른 종교적 권위와 분명히 구별되었다. 마태와 마가의 기록에 의하면, 예수님의 초기 가르치심에 대해, 회당에서 행한 것이든 산에서 행한 것이든 "무리들이 그 가르치심에 놀라니 이는 그 가르치시는 것이 권위 있는 자와 같고 그들의 서기관들과 같지 아니함일러라"(마 7:28-29; 막 1:22). 예수님은 새로운 권위의 교훈 곧 하나님 자신의 말씀을 전하신 것이다. 그러므로 예수님의 가르침을 안다는 것이 그분의 제자들을 다른 종류의 추종자들과 구분해주었다. 예수님의 교훈이 예수님의 제자도를 다른 것들로부터 구별했던 것이다.

그러나 이 교훈을 아는 것만으로는 충분치 않다. 예수님의 제자들은 예수님의 모든 명령을 '순종하도록' 곧 '지키도록' 부름받았다(마 28:19). 예수님의 제자들은 다른 스승의 제자들과는 완전히 다른 종류의 삶을 살 것이다. 왜냐하면 그들은 역사상 가장 특이한 교사와 교훈에 순종할 것이기 때문이다. 바로 이것이 우리가 예수님의 '제자들'을 단순히 '학습자'라고 부르기를 주저하는 이유다. 예수님의 제자들은 그분의 가르침을 지적으로 알지만, 동시에 그 가르침에 **순종하기** 때문에 그들의 삶이 진정한 차이를 보여줄 것이다. 실제로 제자들을 파송하여 모든 민족을 제자 삼는 범세계적 사명을 주실 때 예수님은 "내가 너희에게 분부한 모든 것을 가르쳐 지키게 하라"는 내용을 포함하셨다(마 28:20). 그러므로 제자들은 예수님의 교훈을 양식으로 섭취하여 그들의 영적인 생명을 양육한다.

그리고 예수님의 교훈에 순종하는 것이 영적 운동에 필수적인 요소이다.

기도는 언제나 유대인의 삶에서 중심 요소였다. 마찬가지로 기도는 예수님의 삶에서도 중심 요소였다. 예수님은 중대한 사역을 시작하기 전에 언제나 기도하셨다(막 1:35; 6:46). 그리고 기도를 통해 예수님은 자신의 지상 사역에 관하여 아버지와 교통하고(요 17:1-5), 자신의 삶을 위한 아버지의 뜻과 정직하게 씨름하셨다(막 14:32-39). 또한 기도를 통해 예수님은 제자들의 현재와 미래의 활동을 지원하셨다(요 17:6-26).

기도는 또한 제자들이 예수님의 부름을 받아 시작한 영적 생활의 중심 요소였다(마 6:7-15; 눅 11:1-4). 제자들은 기도를 통해서 하나님 아버지와 교통하는 법을 배웠다. 성부의 뜻이 예수님을 통해서 그들에게 밝혀졌지만, 그들은 기도를 통해서 자신을 성부의 뜻과 일치시켜야 했다. 그들은 기도를 통해서 성부의 영광스러운 모습을 증거했으며, 성부의 뜻이 이루어지기를 기도했다. 또한 날마다 필요한 것을 얻기 위해 성부를 의지해야 한다는 것을 인정하고, 자신들이 사죄가 필요한 존재임을 고백했으며, 신자 사이에 조화가 필요하다는 것을 고백하고, 시험이 닥쳐왔을 때 성부의 인도를 구했다. 기도는 예수님이 그들을 떠나신 후에 예수님과 교통할 수 있는 유일한 길이다. 그들이 예수님의 일을 계속할 것이기에, 제자들이 기도로 예수님과 연합함으로써 예수님의 이름으로 구하는 것은 무엇이든지 예수님이 시행하실 것이다(요 14:12-14). 앞으로 다가올 시대에 기도는 제자들이 매일 매 순간 예수님의 임재 속에서 행할 수 있는 중요한 방법이었다(마 28:20).

(2) 윤리적 생활

예수님의 가르침은 그분의 지상 사역 기간뿐 아니라, 그 이후로도 계속될 제자들의 생활 원칙에서 윤리적 기초가 되었다. 예수님의 제자도 가르침에서 우리는 제자들의 윤리 생활에 핵심을 형성한 기본 특성을 발견할 수 있다.[34]

첫째, 예수님의 제자들은 궁극적 이상에 초점을 맞춰야 한다. 산상보훈에는 대조되는 가르침들이 나타나는데, 이는 예수님이 제자들을 위해서 구약의 율법을 더 급진적으로 선포한 것임을 보여준다(마 5:21-47). 예수님의 높은 이상이 "하늘에 계신 너희 아버지의 온전하심과 같이 너희도 온전하라"라는 말 속에 담겨 있다(마 5:48). 예수님의 제자들은 마음을 어중간하게 먹어서는 안 된다. 그들은 전진하면서 하나님의 자비와 은혜를 의지해야 하지만, 동시에 그 이상에 완전히 집중해야 한다.

둘째, 행동과 마찬가지로 생각과 동기도 중요하다. 제자의 새로운 생활은 마음속에서 성령이 작용한 결과이므로, 의로움이 마음 가장 깊은 곳까지 바로잡아서 마음을 곧게 한다. 분노가 살인의 본질이며(마 5:21-22), 간음은 마음으로도 범할 수 있다(마 5:28). 제자의 의로움에는 꾸밈이나 겉치레가 있을 수 없다.

셋째, 사랑이 제자의 삶의 중심 주제이다. 예수님은 이렇게 강조하셨다. "또 네 이웃을 사랑하고 네 원수를 미워하라 하였다는 것을 너희가 들었으나 나는 너희에게 이르노니 너희 원수를 사랑하며 너희를 핍박하는 자를 위하여 기도하라 이같이 한즉 하늘에 계신 너희 아버지의 아들이 되리니"(마 5:43-45). 한번은 어떤 율법사가 예수님에게 영생을 얻기 위해서 무엇을 해야 하는지 묻자 예수님은 이렇게 대답하셨다.

> 예수께서 이르시되
> 율법에 무엇이라 기록되었으며 네가 어떻게 읽느냐
> 대답하여 이르되
> 네 마음을 다하며 목숨을 다하며 힘을 다하며 뜻을 다하여 주 너의 하나님을 사랑하고 또한 네 이웃을 네 자신같이 사랑하라 하였나이다
> 예수께서 이르시되
> 네 대답이 옳도다 이를 행하라 그러면 살리라(눅 10:26-28).

제자의 삶과 행동의 중심 주제는 사랑이다.

넷째, 예수님의 제자들은 그들이 행하고 생각한 모든 것에 대해 회계해야 할 것이다. 예수님은 심판이 인간 존재의 불가피한 요소임을 가르치셨다. 그것이 불신자를 정죄하는 요소가 될 것이며, 동시에 제자도를 고백하기는 했지만 그 고백이 참되지 않은 사람들을 또한 구분할 것이다. 예수님이 이렇게 말씀하셨다.

> 나더러 주여 주여 하는 자마다 다 천국에 들어갈 것이 아니요 다만 하늘에 계신 내 아버지의 뜻대로 행하는 자라야 들어가리라 그날에 많은 사람이 나더러 이르되 주여 주여 우리가 주의 이름으로 선지자 노릇하며 주의 이름으로 귀신을 쫓아내며 주의 이름으로 많은 권능을 행하지 아니하였나이까 하리니 그때에 내가 저희에게 밝히 말하되 내가 너희를 도무지 알지 못하니 불법을 행하는 자들아 내게서 떠나가라 하리라(마 7:21-23).

(3) 공동체 생활

예수님의 제자도는 개인주의와 공동체 사이의 복잡한 균형을 포함한다. 우리는 앞에서 자신을 따르라는 예수님의 부르심이 각자의 비용을 계산하고 개인적으로 예수님을 따르도록 요구한다는 사실을 보았다. 하지만 공동체의 개념도 어디에서나 드러난다. 그것이 열둘과 **제자들**이라는 복수의 사람들 사이의 연대든지, 영적 가족에 대한 강조든지(마 12:46-50), 교회의 약속이든지(마 16:18; 18:17), 공동체 내에서 책임적 관계든지(마 18장) 마찬가지이다.

개인주의인가, 공동체인가? 예수님은 자신의 제자도에서 어느 것을 장려하셨는가?[35] 많은 사람들은 예수님이 가족을 어떻게 다루셨는지가 그분의 제자도를 이해하는 열쇠라고 제안했다. 구약에서 신약에 이르기까지 육신의 가족은 인류를 위한 하나님의 계획에서 중심 역할을 담당했다. 가족은 하나님이 세우셨고, 법으로 보호되었으며, 하나님과 그분의 백성 관계를 예증했다. 하나님의 백성은 하나님의 가족이 되라는 부르심을 받았으며, 여러 가지 방식으로 가족은 언약 활동의 중심이 되었다. 가족이라는 수단을 통해서 후대 개인들이 하나님의 뜻과 공동체 생활의 중요성을 알도록 양육될 수 있었다.[36] 그렇다면 왜 예수님은 그분을 따르려는 사람들에게 아버지와 어머니, 아내와 자녀를 "미워하라"라고 말하여 이 확립된 공동체를 단절하려고 하신 것처럼 보였는가? 칼과 가족에 대한 가혹한 말을 하면서 선지자 미가를 들어 말씀하신 예수님의 의도는 무엇이었을까?

내가 세상에 화평을 주러 온 줄로 생각하지 말라 화평이 아니요

> 검을 주러 왔노라 내가 온 것은
>
> 사람이 그 아버지와
>
> 딸이 어머니와
>
> 며느리가 시어머니와 불화하게 하려 함이니
>
> 사람의 원수가 자기 집안 식구리라 (마 10:34-36; 미 7:6 참조).

예수님이 가족을 떠나라고 하거나, 심지어 아버지와 어머니, 아내와 자녀를 "미워하라"고 도전했을 때(눅 14:26), 그분은 가족의 해체나 가족에 대한 반항을 요구하신 것이 아니다. 도리어 예수님이 선언하신 것은, 충성의 주요 대상이 가족이어서는 안 되고 예수님이어야 한다는 것이다. 예수님 시대에 유대교의 사회생활에서는 가족이 가장 일차적인 위치를 차지했다. 그래서 가족 구성원 개개인의 삶의 방향을 가족이 결정하고, 가족은 구성원에게 절대적인 충성을 요구할 수 있었다.[37] 형제 두 쌍이 열둘 속으로 부르심을 받았을 때 예수님은 그들에게 모든 지상의 관계를 끊으라고 요구하시지는 않은 것이 분명하다(마 4:18-22). 베드로는 장모와 가족 관계를 유지했고(막 1:29-31), 예수님도 요한에게 자신의 사후에 어머니를 돌봐달라고 부탁하셨다(요 19:26-27). 예수님은 성경적 가족 관계를 지속하셨지만, 그 관계들이 예수님보다 더 중요해지면 제자들은 그것을 '미워해야' 했다. 한스 크발바인이 지혜롭게 말했다.

예수님이 제자들에게 자기 가족을 떠나라고 말하고 심지어 아버지와 어머니, 아내와 자녀를 "미워하라"(눅 14:26)고 요구한 것은, 당연한 말이지만 누구에게나 무조건적으로 해당되는 일반적 명령이 아니다. 이런 관계가 예수님에 대한 절대적 순종을 방해할 때만 그 명령이 타당하다. 그 명령은 "네 아버지와 어머니를 공경하라"는 십계명의 명령을 무효화하지 않는다. 십계명의 명령은 예수님(막 10:19)과 사도 모두(엡 6:2)에 의해서 확증되었다.[38]

가족에 관한 한 예수님 시대의 사람들은 수단과 목적을 혼동했다. 가족은 다음 세대에게 하나님의 뜻과 지식을 전달할 수 있도록 계획되었는데도, 가족에 대한 충성이 너무 강한 나머지 그 충성이 하나님의 뜻을 찬탈할 수도 있었다. 예수님은 지상의 가족을 중요하게 여겼지만, "누구든지 하늘에 계신 내 아버지의 뜻대로 하는 자가 내 형제요 자매요 어머니이니라 하시더라"(마 12:50)라는 말씀으로 가족의 궁극적 목적을 보여주신 것이다.

예수님은 사람들을 그분과의 인격적 관계 속으로 부르셨다. 하지만 제자도에 대한 연구에서 오직 개인에게만 초점을 맞추면 개인을 믿음의 공동체로부터 분리하는 위험에 빠진다. "제자도의 수직적 차원 곧 각 개인의 부르심과 그 이후 주님과의 관계에만 초점을 맞추면, 우리는 쉽사리 이기심과 타인에 대한 무관심에 빠질 수 있다."[39] 예수님은 개인들을 제자도로 부르셨지만, 그 부르심에 대한 응답은 제자를 믿음의 공동체 속으로 이끈다.

적용점

예수님을 닮는다는 것은 생각만 해도 영광스러운 일이다! 위대한 옛 찬송 하나가 마음에 떠오른다. 첫 소절이 이렇게 시작된다.

> 주와 같이 되는 것! 복되신 구주시여,
> 이것이 나의 지속적인 간구와 기도입니다.
> 예수님이여, 이 땅의 모든 보화라도 기꺼이 버리겠나이다.
> 주의 형상을 온전히 입을 수만 있다면.
>
> 주와 같이 되는 것!
> 주와 같이 되는 것, 복되신 구주시여, 주와 같이 순결하게!
> 따뜻함으로 오소서, 충만함으로 오소서.
> 당신의 형상을 내 마음 깊이 새기소서.

놀라운 표현 아닌가? 나도 이런 염원을 품고 있다. 그러나 당장 나의 주목을 끄는 것은 현재의 내 생활 상태이다. 내가 예수님과 같아지려면 아직 멀었다!

예수님의 제자들도 우리와 크게 다르지 않았다. 이 사람들은 예수님의 삶과 가르침에 끌렸지만, 그것이 자기들의 삶과 도저히 비교될 수 없음을 알고 있었다. 베드로가 초기에 예수님을 만난 일이 있었는데, 그때 베드로는 예수님의 기적을 목격하고서, "예수의 무릎 아래에 엎드려 이르되 주여 나를 떠나소서 나는 죄인이로소이다"라고 말했다(눅 5:8). 예수님의 삶에 비춰 보았을 때 제자들은 자신들의 모자람을 너무나 잘 알고 있었다.

그러므로 그들에게 성장이 필요했다. 우리에게도 역시 성장이 필요하다. 내가 예수님처럼 되려면 성장해야 한다. 그런 내용을 교회에서 찬송으로 부르기만 해서는 안 된다. 나는 매일의 생활에서 그분과 함께 성장해야 한다.

바로 이런 이유 때문에 삶으로 제자도에 접근하는 것이 그렇게도 중요하다. 예수님은 일상에서 만나는 다양한 상황 속에서 작은 무리의 제자들과 함께 생활하셨다. 그분은 삶의 모든 활동 속에서 제자들에게 모범을 보여주셨다. 우리는 일상을 떠나 신자들과 함께 교회에 모여 삶에 대해 말하고 삶을 향상시킬 전략을 세운다. 그러나 교회 현장은 실제 생활로부터 지나치게 인위적으로 분리된 나머지 우리가 교회에서 하는 일이 매일의 생활과는 무관한 것처럼 보인다. 구조화된 제자도 모임에서 우리는 삶의 한 가지 차원 곧 영적인 차원에만 집중하는 경향이 있다. 그러나 영적인 차원이 삶의 다른 측면, 곧 윤리, 신체, 관계, 사회, 지적, 감정적, 혹은 심리-논리적 차원과 어떻게 상호작용하는지 논의하고 입증하지 못한다면, 점점 더 우리는 영적인 차원을 인격의 다른 면들로부터 분리하게 될 것이다.

일상생활에서 우리는 혼자가 될 때가 많다. 이는 우리의 일, 가족, 이웃 혹은 취미 활동이 우리를 다른 신자들로부터 격리하기 때문이다. 그렇게 되면 우리는 다른 신자들과 함께 있을 때 취했을 법한 생활과는 어느 정도 다른 생활을 하게 된다. 내가 그것을 반드시 '죄'라고 말하는 것은 아니다. 아마 '세속적' 혹은 '영적이지 않은'(a-spiritual)이라고 말하는 편이 더 정확할 것이다. 우리의 주일 생활이 그 외 나머지 날들의 생활과 무척 달라질 여지가 있다.

다음 장부터 이 문제들을 더욱 직접적으로 다룰 것이다. 여기에서 두 가지 적용점을 제안하고자 한다. 첫째, 우리는 실제 세계에서 예수님과 동행하는 삶을 살아야 한다. 남자와 여자, 설교자와 평신도, 성숙한 사람과 미성숙한 사람, 부자와 가난한 자, 결혼한 자와 독신자 등등 우리 모두는 매일의 세상 속에서 예수님과 함께 사는 법을 배울 필요가 있다. 예수님은 일상의 모든 상황에서 우리와 동행하기를 원하신다. 예수님의 제자가 되기 위해서는 삶의 어떤 상황으로부터 피해야 하는 것이 아니다. 십자가에 달리기 전날 제자들을 위해 기도하시면서 예수님은 아버지에게 이렇게 말씀하셨다.

> 내가 아버지의 말씀을 그들에게 주었사오매 세상이 그들을 미워하였사오니 이는 내가 세상에 속하지 아니함같이 그들도 세상에 속하지 아니함으로 인함이니이다 내가 비옵는 것은 그들을 세상에서 데려가시기를 위함이 아니요 오직 악에 빠지지 않게 보전하시기를 위함이니이다 내가 세상에 속하지 아니함같이 그들도 세상에 속하지 아니하였사옵나이다 그들을 진리로 거룩하게 하옵소서 아버지의 말씀은 진리니이다 아버지께서 나를 세상에 보내신 것같이 나도 그들을 세상에 보내었고(요 17:14-18).

예수님은 제자들이 지상명령을 받고 세상으로 나아갈 때 그들과 함께할 것을 약속하셨다(마 28:18-20). 당신과 내가 일, 학교, 가족, 친구들이 있는 매일의 세상 속으로 들어갈 때 예수님이 우리와 함께하신다.

개인적으로 우리는 예수님의 임재를 실천해야 하며 그렇게 하는 법을 배워야 한다. 나는 회심 이후 처음 며칠 동안 사람들이 나의 새로운 믿음을 비웃을까봐 두려웠다. 나는 자신이 그리스도인이라고 드러내는 사람들을 비웃으면서 큰 즐거움을 느끼던 무신론자였다(비록 무지하기는 했지만!). 그런데 이제 내가 그리스도인이라니! 회심 후 첫날 아침, 나는 내가 학교 교정을 걸어가면 친구들이 전부 나를 비웃을 거라고 확신했다. 나는 계속 예수님에게 말하면서 학교 갈 채비를 했다. 낡은 폭스바겐 밴을 몰면서 예수님이 마치 내 옆자리에 앉아 계신 것처럼 말하던 것도 기억난다. 교정을 가로지르면서 나는 내 옆에 계신 예수님과 함께했다. 첫 번째 강의에 들어가서는 심지어 예수님이 내 옆에 앉을 수 있도록 빈 자리가 두 개인 곳을 찾기까지 했다! 순진한 것인가, 생각이 없는 것인가? 그럴 수도 있다. 그러나 이것이 새롭게 예수님의 제자가 된 사람의 믿음이었다. 그때 나는 매일같이 예수님의 임재 속에 살면서 예수님의 실재를 경험했다. 예수님이 승천하신 후에 예수님의 몸은 비록 이땅에 없었지만 제자들은 기도를 통해서, 매일같이 '예수님의 임재를 실천함'을 통해서 예수님과 함께했다. 우리는 어디를 가든지 의식적으로 우리의 감각을 예수님에게 열어놓아야 하며, 어떤 상황에서도 예수님과 통신할 수 있는 전화선을 개발해야 한다.

예수님이 삶의 다양한 환경 속에서 우리에게 참된 백성이 되는 법을 가르치신다. 예수님은 우리를 이 세상 밖으로 데려가길 원치 않으신다. 우리가 문제, 어려움, 유혹, 시험을 통과해나갈 때 우리와 함께할 것을 약속하신다. 이제 우리가 내주하시는 하나님의 성령을 통해 그리스도와 연합했으므로 그분이 우리 안에서 우리를 변화시키고, 힘을 주며, 모든 환경에서 우리를 격려하신다.

여기에서 드러난 두 번째 적용점은, 다른 제자들도 우리와 함께 걷도록 해야 한다는 사실이다. 얼마나 자주 제자들이 무리를 이루고 있는지 주목하라. 열둘, 여인들의 무리, 둘씩 짝지어 파송된 칠십 명 등. 그들이 혼자 있는 경우를 거의 발견하지 못한다. 우리에게는 다른 제자들이 필요하다. 예수님과 동행하는 길에서 우리는 다른 사람들을 책임지는 정도에 비례하여 성장할 것이다. 이것은 초신자 시절에 내가 아내 린과 함께 발견한 사실이다. 다른 누군가를 '제자 삼는' 것이 무엇인지 우리는 몰랐지만, 하나님의 말씀과 서로에 대한 지식이 늘어가고, 삶의 다양한 환경을 함께 통과하면서 서로에게 더욱 책임을 느끼게 되었다. 우리는 상대에게 아무것도 숨기지 않고 우리의 죄와 연약함을 서로 고백하는 습관을 길렀다. 또한 생활 속에서 서로의 적절한 권위를 인정했는데, 이는 삶에 찾아오는 유혹을 거부할 수 있도록 서로 도우며, 거짓을 추구하지 않도록 서로 경계하며, 일상생활에서 거짓에 빠지지 않도록 서로를 지키는 것이다. 나는 다른 사람들과의 상호 제자도 관계를 발전시키는 법을 배웠으며 지금도 배우고 있다. 거기에는 나의 딸들, 가까운 동료 부부, 이웃과 친구 부부들, 곧 내가 예수 그리스도를 따르는 길에서 함께 걷는 특권을 누리는 진짜 사람들, 진짜 제자들이 포함되어 있다.

복습 문제

1 1세기에 문자적으로 예수님을 따르는 것과 오늘날 비유적으로 예수님을 따르는 것 사이에 어떤 차이점이 있는가?

2 당신이 선택할 수 있다면, 1세기에 예수님을 따르는 편을 택하겠는가, 아니면 오늘날 따르는 편을 택하겠는가? 그 이유가 무엇인가?

3 오늘날 제자들의 성장을 돕기 위해서 우리는 무엇을 할 수 있는가?

4 1세기에 예수님을 따랐던 여인들의 역할에 해당하는, 오늘날 여인들의 역할이 무엇이겠는가?

5 개인적 제자도와 공동체 제자도의 균형을 어떻게 발전시켜야 하는가?

8장
예수님이 직접 부르신 열두 제자

초점 맞추기

1. 열두 제자에 대해서 당신은 무엇을 알고 있는가? 그들의 배경은 어떠했는가? 예수님을 따르기 전 그들은 서로 알고 있었는가?
2. 예수님은 자신이 선택한 열둘에게서 어떤 특징을 찾았다고 생각하는가? 열둘이 다른 제자들과 어떻게 달랐는가?
3. 열둘 사이에 구별이 있었는가? 어떤 종류의 구별이었는가?
4. 왜 예수님이 열둘을 택했는가? 왜 그 이상이나 이하가 아니었는가?

"나는 '진짜 세상'으로 빨리 나가고 싶어 견딜 수가 없다!" 수년 동안 나는 여러 대학 학생들에게서 이 말을 들었다. 그들은 캠퍼스

내의 다른 학생들과는 동떨어져 모임을 갖고, 어서 졸업한 뒤 '진짜 세상'으로 들어갈 날만 기다리고 있다. 지금 내가 가르치고 있는 학교에서도 어떤 학생들은 이 캠퍼스를 '바이올라 거품'(Biola Bubble)이라고 부른다. 나는 또한 많은 기독교 환경이 거품이라고 불리는 것을 들었다. 여기에서 말하는 '기독교적 거품'이란 하나의 인위적인 환경으로, 그 안에서 우리는 자신이 보는 것이 세상의 전부라 여기며 살아가지만, 실제로는 현실에서 유리되고 격리되고 차단된 곳을 의미한다. 나는 대학교, 신학교, 기독교 집회 장소, 수련회 장소, 기독교 봉사 기관, 심지어 교회까지도 그와 비슷한 표현으로 부르는 것을 들었다.

이런 방식으로 자신을 표현하는 사람들은 존경할 만한 열망을 토해내는 것이다. 기독교적 거품을 무시하는 말을 함으로써, 그들은 자기들이 삶의 현장으로 들어가 신앙을 실천하여 불신자 사이에서 변화를 일으키겠다는 각오를 표현하는 것일 수 있다. 그들에게는 자기들이 배운 모든 것을 세상에서 실천하겠다는 열심이 있다. 그들은 삶과 신앙의 최전선에서 살아갈 날을 초조하게 기다리는 것이다. 나는 그런 열망을 이해할 수 있다. 앞 장에서 예수님이 설계한 제자도는 세상에서 그분과 함께 살도록 의도적으로 계획된 것임을 보았다. 그분의 제자들이 세상에 **속하면** 안 되지만, 그들은 세상 **안에서** 그분과 함께 살아야 한다.

다른 한편으로, 이른바 거품을 깔보는 것은 우리가 삶을 준비하도록 돕는 귀중한 기관들의 목적 자체에 대해서 오해하고 있다는 표현일 수도 있다. 이것을 설명하기 위해 내가 겪은 경험 중에서 비슷한 경우를 찾아보겠다. 베트남 전쟁에 참전했을 때 나는 대부분의 시간을 공수부대 분대장으로 지냈다. 내가 가장 원치 않았던 것은 한창 전투 중에 느닷없이 신병이 들어와서 처음부터 전투 기술을 가르쳐야 하는 상황이었다. 그 신병에게는 일정 기간 어느 정도 평화롭고 안전한 상태에서 실전에 사용할 수 있는 모든 기술을 교육받는 과정이 필요했다.

훈련소의 목적이 바로 그런 훈련을 위한 것이다. 그런데 흥미롭게도 내가 훈련 조교로 있을 때 나는 훈련병들에게서 '인위적인 거품'이라는 소리를 들었다. 이 훈련병들은 전투를 수행할 때 절대적으로 필요한 기술을 배우고 있었는데도 어떤 사람들은 자신이 배우는 것이 그다지 소용없다고 생각한 것이다. 곧 그들은 훈련을 지겨워했다. 자기들이 마치 지. 아이. 조(G. I. Joe) 같은 전쟁놀이를 하는 어린아이가 된 기분이 들었던 것이다.

훈련 도중에 나는 한때 그런 태도를 취했던 한 훈련병의 이야기를 해주곤 했다. 이 훈련병은 독도법(map reading) 강의에 별로 주의를 기울이지 않았다. 그는 자기가 지도를 읽어야 할 지도자 위치에 갈 일은 절대 없을 것이라고 확신했다. 그는 그저 징집된 사람으로서 지도 읽는 것을 담당할 상급자가 항상 있을 것이라고 생각했다. 그는 겨우 두 달 후에 자신이 전쟁터의 한복판에서 지도자 위치에 서게 될 줄을 전혀 알지 못했다. 그러다가 그는 마침내 일단의 군인을 이끌고 정찰을 나가게 되었다. 첫 번째 정찰을 나갔을 때 그와 동료들이 논을 지나다가 기습 공격을 당했다. 몸을 숨기기도 어려운 상황이었다. 그들은 적을 퇴치하기 위해 포병에게 지원을 요청해야 했다. 이것은 그가 지도를 읽어야 한다는 것을 의미했다. 그는 지도를 보며 자신의 위치와 적의 위치를 파악한 뒤 포격 지점의 좌표를 무선으로 알려주었다. 첫 포탄이 소리를 내면서 머리 위로 날아왔다. 그런데 300미터 앞에 떨어져야 할 포탄이 50미터 앞에 떨어진 것이다! 심지어 그다음 포탄은 더 가까이 날아올 판이었다! 그는 즉시 무전기에 대고 "사격 중지! 사격 중지!"를 외쳐야 했다. 지도를 잘못 읽은 나머지 그는 포병부대가 바로 자신과 부대원들에게 포를 쏘도록 인도한 것이다!

이 이야기를 들려주면 대부분의 훈련병들이 정신을 바짝 차렸다. 그러나 그들에게 더욱 큰 충격을 준 것은, 독도법에 별로 주의를 기울이지 않을 뿐더러 자기에게는 독도법이 필요하지 않다고 생각하다가 자신과 부대원을 거의 몰살시킬 뻔한 사람이 바로 **나 자신**이라고 말할 때였다. 그런데 지금 내가 바로 훈련 조교가 되어 그들에게 독도법을 가르치고 있었던 것이다!

그 사건은 내게 결코 잊을 수 없는 교훈을 주었다. 대학교 캠퍼스, 신학교, 기독교 집회 장소 혹은 훈련 센터, 심지어 지역 교회 같은 기관들은 사람들이 매일의 삶을 더욱 충실하게 살아가도록 훈련받을 수 있는 기회와 환경을 제공하고자 생겨난 것이다. 그 과업을 가장 잘 이룰 수 있는 환경은 일상의 활동을 떠나서 훈련에 집중할 수 있는 곳, 혹은 여러 집회 장소나 수양회 장소처럼 일상생활에서 겪었던 힘든 시간을 재평가하거나 회복할 수 있는 곳이다. 그리고 이런 훈련, 회복, 교제는 또한 일주일에 한 번씩 모이는 지역 교회의 본질적 기능 중 하나이다. 그러나 기독교 거품 속에서 보내는 시간은 무척 빨리 지나가고 우리는 다시 일상생활 속으로 돌아가야 한다. 나는 학창 시절에 학교의 가치를 더 잘 알았다면 좋았을 것이라고 말하는 졸업생들을 종종 본다.

우리는 기독교적 거품에 잠재된 위험성을 인식할 필요가 있다. 그 중 하나는 거품 안에 있는 삶이 무척 편해서 밖으로 나오려 하지 않는 것이다. 이것이 교수, 목사 혹은 전임 사역자에게 위험 요소로 작용한다. 또 다른 하나는 그 거품이 매일의 삶에 적용될 수 없는 인위적인 환경을 조성한다는 점이다. 거품 속에서 받은 훈련은 우리가 일상생활을 해나가는 데 적합하지 않을 때가 많다. 우리는 기독교 캠프에서 보낸 '산 정상의 경험'이 산을 내려오자마자 사라질 수 있다는 것을 무척 잘 안다.

예수님의 열두 제자들도 일종의 거품 속에 있었다. 사복음서는 하나같이 예수님의 부름을 받아 그분과 특별한 관계 속으로 들어간 핵심 인물인 열두 사람에 대해 증언한다. 누가의 표현에 의하면, 그 열둘은 훨씬 많은 수의 제자들 가운데에서 부름을 받았다(눅 6:13, 17). 예수님이 열둘을 불러 자기와 함께 있도록 하신 것은, 그들이 지상 사역 기간에 예수님을 도우며 그분의 승천 뒤에도 지상에서 사도의 기능을 수행할 수 있도록 그들을 훈련하기 위함이었다.[1] 그런 이유 때문에 그들은 직업, 가족, 일상 활동을 뒤로하고 약 3년에 걸쳐 예수님에게 훈련받은 것이다.

어떤 경우에는 그처럼 자신의 모든 것과 떨어져야 하는 희생이 힘겨울 수도 있다. 부자 청년이 예수님을 따르려 하지 않자 베드로는 이런 태도와 대비되는 자신 그리고 열둘의 나머지 사람들을 가리키면서 질문했다. "우리가 모든 것을 버리고 주를 따랐사온대 그런즉 우리가 무엇을 얻으리이까"(마 19:27). 또 다른 경우에는 예수님과 함께하는 특권이 놀라운 경험을 제공하기도 했다. 베드로, 야고보, 요한이 예수님의 변화와 모세, 엘리야의 등장을 목격하는 특권을 얻었을 때, 이 산 정상의 경험은 베드로에게서 다른 반응을 이끌어냈다. "주여 우리가 여기 있는 것이 좋사오니 우리가 초막 셋을 짓되 하나는 주를 위하여 하나는 모세를 위하여 하나는 엘리야를 위하여 하사이다"(눅 9:33). 마침내 그들이 함께할 수 있는 마지막 시간이 되었을 때, 예수님은 그들이 미래에 해야 할 일을 위한 준비를 갖추었다고 말씀하셨다. 이것은 그들이 그렇게 보이든 그렇게 보이지 않든 그렇다는 말이었다. 물고기를 잡으러 나간 몇몇 제자들과 해변에 모여 아침을 먹던 때 예수님은 베드로에게 그가 예수님을 사랑하는지 세 번 질문하셨다. "세 번째 이르시되 요한의 아들 시몬아 네가 나를 사랑하느냐 하시니 주께서 세 번째 네가 나를 사랑하느냐 하시므로 베드로가 근심하여 이르되 주님 모든 것을 아시오매 내가 주님을 사랑하는 줄을 주님께서 아시나이다 예수께서 이르시되 내 양을 먹이라"(요 21:17).

우리는 열둘에게서 많은 것을 배울 수 있다. 우리는 예수 운동에서 그들의 역할을 보았으며(6장), 그들이 예수님을 닮게 만든 제자도 과정의 일부도 보았다(7장). 이 장에서는 한 무리를 이루고 있던 그들을 좀 더 자세히 살피고, 그다음으로 각 사람에 대해 간단히 살필 것이다. 거품 속에서 보낸 그들의 시간은 삶의 가장 큰 도전을 위한 준비 기간이다. 우리 모두는 일종의 거품과 같은 시기를 보낼 것이기에 그들의 사례에서 배울 것이 있다. 우리 각자가 독특한 개인인 것처럼 열둘 각자도 마찬가지였으며, 주님은 개개인의 잠재력에 따라서 그들을 불러 발전시키신 것이다. 우리는 열둘 각자에게서 다양하게 배울 수 있다. 이는 주님이 우리를 각자의 잠재력에 따라서 발전시키고 싶어 하시기 때문이다.

일반적인 특성

열둘의 전반적인 특징에 대해서 먼저 살펴보기로 한다.

제자들과 사도들

성경적 제자도에 관한 연구에서 제자도로 부르심과 사도로 부르심을 구별해야 하는 중요한 요소가 종종 간과된다.[2] 열둘의 목록을 소개하면서 누가는 예수님이 "그 제자들을 부르사 그중에서 열둘을 택하여 사도라 칭하셨으니"라고 말한다(눅 6:13). 우리가 복음서에서 보듯이 이것이 열둘의 역할에 대한 단서이다. 그들은 예수님의 제자(신자)일 뿐 아니라 그분의 사도(사명을 받은 대리자)가 되기 위해 훈련받을 사람들이었다. 복음서에서는 이 두 용어가 모두 사도에게 적용된다. '제자'로서 열둘은 예수님이 신자들 안에서 이루는 일의 예로 선택된다. 그리고 '사도'로서 열둘은 앞으로 올 새로운 운동인 교회 내에서 지도자로 선택된 것이다.[3]

열둘이라는 숫자

숫자 열둘은 구원사적 의미를 가진 것임이 분명하다. 열두 제자를 선택한 데에는 "과거를 회상하고 미래를 내다보는 양면적 결심이 있다. 즉 과거 방향으로는 고대 이스라엘의 지파 구성이 있다. 동시에 미래 방향으로는 메시아 공동체의 최종 형태가 있다."[4] 이 숫자는 이스라엘 열두 지파의 조상인 야곱의 아들 열둘과 같다. 숫자 열둘은 교회의 변천에서도 중요한 의미가 있다. 이는 열한 사도가 숫자 열둘을 채우기 위해서 가룟 유다 대신 맛디아를 새로운 사도로 뽑았기 때문이다(행 1:15-26).

그러므로 열둘은 하나님의 계획 속에서 구원사가 계속된다는 것을 상징한다. 또한 이스라엘과 교회 사이에 연속성과 함께 불연속성이 있음을 의미한다. 예수님은 제자들에게 이렇게 말씀하셨다. "내가 진실로 너희에게 이르노니 세상이 새롭게 되어 인자가 자기 영광의 보좌에 앉을 때에 나를 따르는 너희도 열두 보좌에 앉아 이스라엘 열두 지파를 심판하리라"(마 19:28). 교회는 하나님의 전체적인 구원 계획에서 기초가 되는 위대한 축복에 참여하게 되었다. 이전에는 그 약속들이 아브라함과 이스라엘에게만 언약으로 주어졌다. 하지만 교회는 이스라엘을 대체하는 것도 아니고, 이스라엘에게 특별히 적용되는 민족적 예언을 성취하는 것도 아니다. 흥미롭게도 숫자 열둘은 계시록에서 다시 한 번 중요하게 나타난다. 이스라엘의 열두 지파가 환난의 시기에 봉사를 위한 인을 받으며(계 7:1-8), 새로운 천상의 예루살렘에는 이스라엘 열두 지파의 이름이 성문에 기록되어 있으며, 열두 사도의 이름이 성벽 기초에 새겨져 있다(계 21:12-14). "이스라엘과 교회는 하나님의 계획에서 각각에게 정해진 시기에 하나님의 백성이 되어 그들을 통해서 하나님이 영광을 받을 것이다."[5] 열두 사도를 모으는 일 속에서 우리는 예수님이 실제로 모든 시대의 하나님의 백성을 연합하기 위해 오신 이스라엘의 메시아적 왕이라는 암시를 발견한다.[6]

그러나 열둘은 교회 내에 조직된 항구적인 단체로 기능한 것이 아니다. 그들은 초대교회의 기초로서 의미를 가진다. 그들은 오순절 전에 등장하고, 오순절 후 초창기에 하나의 단체로 기능을 발휘한다. 그들은 또한 양식 배분을 놓고 제자들 사이에 분열과 논쟁이 발생했을 때 지도적인 역할을 한다. 누가는 이렇게 기록한다. "열두 사도가 모든 제자를 불러 이르되 우리가 하나님의 말씀을 제쳐놓고 접대를 일삼는 것이 마땅하지 아니하니 형제들아 너희 가운데서 성령과 지혜가 충만하여 칭찬받는 사람 일곱을 택하라 우리가 이 일을 그들에게 맡기고 우리는 오로지 기도하는 일과 말씀 사역에 힘쓰리라 하니"(행 6:2-4). 하지만 그 이후로는 사도행전에서 '열둘'이라는 명칭이 등장하지 않으며, 서신들에도 역시 등장하지 않는다. '사도들'이라는 명칭은 정기적으로 등장하는데, 이는 초대교회에서 그들이 능동적으로 활동했다는 뜻이다. 비록 열둘이 하나님의 구원사 계획에서 연속성을 갖기는 했지만, 후기 교회 발전에서 그 명칭이 등장하지 않는 것으로 미루어 볼 때, 그들이 하나의 단체를 이루어 항구적인 지도자 조직이 된 것은 아님을 알 수 있다.[7]

열둘의 목록

다음 도표는 복음서들과 사도행전에 등장하는 열두 제자의 목록이다.

마태복음 10:2-4	마가복음 3:16-19	누가복음 6:13-16	사도행전 1:13
베드로라 하는 시몬 그의 형제 안드레 세베대의 아들 야고보 그의 형제 요한	시몬에게는 베드로란 이름을 더하셨고 세베대의 아들 야고보 야고보의 형제 요한 안드레	베드로라고도 이름을 주신 시몬 그의 동생 안드레 야고보 요한	베드로 요한 야고보 안드레

마태복음 10:2-4	마가복음 3:16-19	누가복음 6:13-16	사도행전 1:13
빌립 바돌로매 도마 세리 마태	빌립 바돌로매 마태 도마	빌립 바돌로매 마태 도마	빌립 도마 바돌로매 마태
알패오의 아들 야고보 다대오(혹은 리비우스) 가나나인 시몬	알패오의 아들 야고보 다대오 가나나인 시몬	알패오의 아들 야고보 셀롯이라는 시몬 야고보의 아들 유다	알패오의 아들 야고보 셀롯인 시몬 야고보의 아들 유다
가룟 유다 곧 예수님을 판 자라	가룟 유다니 이는 예수를 판 자더라	예수를 파는 자 될 가룟 유다라	

이 목록은 열둘 사이의 중요한 구별을 보여준다. 첫째, 목록의 이름들이 통일을 이룬다는 것은 초대교회에서 열둘이 중요했다는 사실을 드러낸다. 열둘의 이름 중 오직 한 사람의 이름만이 변형을 보여준다. 다대오가 야고보의 아들 유다로 불린다는 것이다. 앞으로 보겠지만, 이것은 동일인을 가리키는 방식의 차이일 뿐이다.[8] 사도행전의 목록은 열둘의 이름들이 하나의 단체로 등장하는 마지막 위치이다. 맛디아나 바울이 포함된 목록은 없다.

둘째, 오직 베드로, 요한, 마태만이 신약성경에 포함된 글을 썼다. 열둘 중에 몇몇 사람은 개인적으로 신약성경에서 아무런 중요성도 보여주지 않지만, 그들이 사도 무리에 포함되었다는 점은 그들이 예수님의 지상 사역과 초대교회 시기에 중요하면서도 항구적인 위치를 차지했음을 확증한다.

셋째, 열둘이 네 명씩 하나의 그룹으로 묶이는 것을 볼 수 있다. 모든 목록에서 각 그룹의 첫째 이름은 동일하다(첫째, 다섯째, 아홉째 자리를 각각 베드로, 빌립, 알패오의 아들 야고보가 차지한다). 각 그룹 내의 이름 순서는 첫째 이름만 제외하고 다양하게 배열된다. 각각의 목록에서 그룹의 순서는 동일하다. 이렇게 그룹을 이루는 모습은 열둘이 그보다 더 작은 단위로 조직되었으며 각 단위에 지도자가 있었음을 암시한다.[9]

넷째, 첫째 그룹은 처음 부름받은 두 쌍의 형제인 베드로, 안드레, 야고보, 요한으로 구성되는데(마 4:18-22과 병행구), 이들은 일반적으로 '내부 인사'(inner circle)라고 불린다. (하지만 몇몇 중요한 일에서는 베드로, 야고보, 요한만 예수님과 함께했다.) 이 내부 인사들은 야이로의 딸을 치료한 경우(막 5:37 이하와 병행구)와 변화산 사건(막 9:2 이하와 병행구) 같은 특별한 일에서 예수님과 함께했다. 그들은 감람산 강화(講話)를 들었으며(막 13:3 이하. 안드레도 있었다), 겟세마네의 번민 동안에도 예수님과 함께했다(마 26:37 이하와 병행구).

다섯째, 마태의 목록을 헬라어 본문으로 보면 둘씩 짝을 이루고 있는데, 이는 예수님이 열둘을 둘씩 짝지어 보낸 마가복음 6장 7절의 파송 상황을 반영할 수도 있다.[10]

여섯째, 베드로는 모든 목록에서 항상 첫 번째로 등장하는데 이는 열둘 안에서 그의 지도적 위치를 표시하며, 가룟 유다는 그 이름이 빠진 사도행전 목록을 제외하고는 항상 맨 마지막에 등장한다. 베드로는 늘 열둘의 대변인 역할을 했으며(예를 들면 마 14:28; 15:15; 18:21; 26:35, 40; 막 8:29; 9:5; 10:28; 요 6:68), 초대교회 시절에는 반석으로서 교회의 토대를 놓는 역할과 천국 열쇠를 쥔 역할을 할 것이라는 예수님의 예언을 성취했다(마 16:17-19; 행 1:8; 2:14 이하; 8:14 이하; 10:34 이하 참조). 베드로는 열둘의 지도자로 동등함 속의 첫째라는(*primus inter pares*) 의미에서 '첫째'로 불렸다(예를 들면 마 10:2).

개개 인물의 특성

신약성경에서 열둘은 통상 하나의 단체로 언급되며, 때때로 개인들에게 초점을 맞추기도 한다. 예를 들면 베드로는 평범한 그리스도인에게 가장 익숙한 이름의 사도이다. 이는 그의 이름이 신약성경에 210회나 언급되기 때문이다. 바울의 이름은 162회 언급된다. 다른 사도들의 이름이 언급되는 회수를 다 합치면 142회이다.

열둘에는 놀라울 정도로 다양한 사람들이 포함되어 있다. 예를 들어 사업가(베드로, 안드레, 야고보, 요한), 세리(마태), 열정적 혁명분자(셀롯인 시몬) 등이다. 열둘의 개인적 삶에 대해서는, 성경에 소개된 간단한 자료와 초대교회 교부들의 진술 이외에는 별로 알려진 바가 없다. 후기 교회사에서 이 사람들에 대한 상상을 초월하는 신화들이 생겨났다.[11]

시몬 베드로

훗날 예수님에게 베드로라는 이름을 받은 시몬은 갈릴리에서 나고 자랐으며, 아버지 및 형제 안드레와 함께 어부로 생계를 꾸려갔다. 안드레가 세례 요한의 제자였으므로 베드로도 그러했을 가능성이 매우 높다(요 1:35-40 참조). 예수님이 세례 요한에게 세례를 받으러 오셨을 때 안드레가 예수님을 따랐으며, 자기 형제인 베드로에게 가서 예수님이 메시아라고 말했다. 베드로는 예수님을 따르라는 부름을 받았으며, 곧 제자들 중에서 가장 눈에 띄게 되었다. 그의 이름은 제자들이나 사도들의 모든 목록에서 항상 맨 앞에 등장한다(마 10:2-4; 막 3:16-19; 눅 6:14-16; 행 1:13). 예수님은 시몬에게 아람어로 *Cephas*[케파스], 곧 '돌'이라는 뜻의 이름을 주셨으며, 이것을 헬라어로 번역하면 *Petros*[페트로스]가 되는데, 이 단어로부터 영어의 Peter[피터]라는 이름이 유래되었다.[12]

베드로는 예수님 주변에 있던 세 명의 내부인사에 속했다(베드로, 야고보, 요한. 마 17:1; 26:37; 막 5:37; 14:33 참조). 그는 예수님 생존 시에 열둘의 대변인이었으며(마 16:13-16; 요 6:66-69 참조), 열둘의 지도자로, 동등한 사람들 중에서 첫째라는 의미에서 '첫째'라고(예를 들면 마 10:2) 지칭되었다.

베드로는 열둘 중에서 가장 강인한 성격이었던 것으로 보인다. 그는 예수님에게 자신도 물 위로 걸을 수 있게 해달라고 요청했고(마 14:28-33), 비유를 설명해달라고 요청했으며(마 15:15), 열둘을 대표하여 신앙을 고백했다(요 6:66-69). 그러나 그의 강인한 성격은 때로 그를 문제에 빠뜨리기도 했다. 그는 주제넘게 나서서 예수님에게 십자가를 지지 말라고 설득하다가, 사탄의 충동을 받아 오히려 거치는 돌이 되는 잘못을 범했다(막 8:31-33). 베드로는 매우 현실적이면서 인간적인 제자였다. 그는 모순된 신앙으로 갈등에 빠지기도 했고 믿음이 약해지기도 했다(마 14:28-31). 그는 예수님의 사역을 이해하는 데에 둔하고 어리석은 모습을 보이기도 했다(마 15:15; 17:4; 19:27). 그는 한순간에 최고의 신앙고백을 한 자에서 영적 이해도가 가장 낮은 자로 떨어지기도 했으며, 그 결과 예수님에게 가장 위대한 선언과 가장 강한 꾸중을 모두 들었다. 그러나 긴 세월 동안 많은 그리스도인들에게 격려가 된 것은 베드로의 회복력이다. 그가 예수님을 부인하던 밤은 가장 어두운 밤이었으나, 부활의 장면에서 제일 먼저 무덤으로 달려간 사람도 베드로였다(요 20:1-10).

　베드로는 초대교회에서 지도적 역할을 담당했다. 그의 위대한 신앙고백과 함께 그가 취하기 시작한 지도자 역할(마 16:16 이하)은 예수님의 인정을 받았고 교회의 기초를 놓는 일에까지 확장될 것이라는 약속을 받았다. 실제로 그 이후의 역사가 그렇게 진행되었다. 예수님은 부활하신 뒤 베드로에게 나타나서 그분의 양을 먹이라는 특별한 권면의 말씀을 해주셨다(요 21장). 오순절 전에 베드로는 제자들 사이에서 지도자 역할을 했으며(행 1:15 이하), 오순절과 그 이후에도 지도적 인물이며 설교자였다(행 2:14, 37, 38; 3:4, 6, 12; 4:8; 5:3 이하; 8:14, 18 이하; 9:32 이하; 10:9 이하; 11:2 이하; 12:3 이하; 15:6 이하 참조). 메시아의 신분에 대해서 최초로 개인적인 선언을 한 대표 제자 베드로는 사도행전에서 천국 문을 모든 사람에게 열어준 사도였다. 그의 권위 있는 설교와 존재감을 통해서 천국이 유대인들에게(행 2장), 사마리아인들에게(행 8장), 그리고 이방인들에게(행 10장) 열렸다.[13] 교회가 세워질 때 베드로에게는 독특한 기능과 자격이 부여되었다. 신약의 교회사에서 필수적인 인물이기는 했지만, 베드로는 거의 언제나 다른 제자들과 함께했다. 사도행전 초기에 베드로가 인정받는 지도자로 나타나기는 하지만(행 2, 3, 5, 8장), 예루살렘 교회에서는 그가 야고보와 함께 지도자직을 수행했다(행 15:7-13 이하 참조). 그 이후로 베드로는 서술에서 사라지고, 교회의 지속적인 사역을 위해 바울이 특별한 관심의 대상이 된다. 베드로가 교회 설립에서 필수적인 역할을 담당하기는 했지만, 그가 유일한 기초는 아니었다(엡 2:19-20; 계 21:14 참조).

　베드로는 특별히 마태복음에서 제자의 긍정적인 예로도 부정적인 예로도 묘사된다.[14] 마태복음에서 그는 모든 제자들이 따라가야 할 모델로 소개되는 매우 인간적인 제자이다. 그는 믿음을 실행하고(마 14:28-29), 예수님을 메시아요 하나님의 아들로 고백하며(마 16:16), 예수님에게서 배운 제자의 본보기이다(마 17:24-27). 그런데 더 많은 경우에 그는 하지 말아야 할 일의 실례가 되고 있다. 제자는 예수님에게서 눈을 떼지 말아야 하며(마 14:30), 거침돌이 되지 말아야 하고(마 16:23), 이 세상의 보상을 추구하지 말아야 하며(마 19:27), 예수님을 부인하지 말아야 한다(마 26:69-70). 베드로가 현저하게 높아지고 현저하게 낮아지는 모든 경우가 있지만, 마태는 그를 현실적이고, 인간적이며, 모범적인 제자로 규정한다.

성경에 기록된 베드로는 엄청나게 강인한 성격을 가진 인물로 나타나지만, 그런 면에서 항상 일관된 모습을 보인 것은 아니었다. 주님의 부름을 받아 추종자가 되었을 때 베드로는 아직 청년이었다. 베드로의 삶이 교회에 영감과 격려의 원천이 된 것은 삶 전체에서 그가 성장하는 모습을 볼 수 있기 때문이다. 베드로는 말년에도 사역 초기와 마찬가지로 힘이 있었다. 그러나 거기에서 나타나는 차이는 베드로가 주님을 위해 일관되게 강인할 수 있는 법을 배웠다는 점이다.

예루살렘 공의회 이후로 베드로의 이름은 사도행전에서 사라지지만, 그가 사도로서 아내와 함께 여행하며(고전 9:5) 교회를 방문하고 든든히 했음이 분명하다. 그는 인생의 후반기에 교회들을 위한 목자 역할을 수행했으며, 자신의 이름으로 편지를 기록하기도 했다. 전설에 의하면 베드로는 주후 65년에 로마에서 순교했는데, 십자가에 거꾸로 매달렸다고 한다.

안드레

안드레는 시몬 베드로의 형제로 잘 알려져 있다. 그는 갈릴리 북쪽 해변에 위치한 어촌 벳새다에서 태어나 어부로 자랐다. 안드레는 세례 요한의 제자가 되었으며, 예수님을 따른 사람으로는 그 이름이 최초로 밝혀진 자였다(요 1:35 이하 참조). 뒤에 그는 예수님의 지상 사역을 따르기 위해서 베드로와 함께 자신의 생업이었던 어업을 포기했다. 안드레 또한 예수님 주변에 포진한 내부 인사 중 한 사람이었다.

열둘의 목록에 등장하는 것 이외에 안드레는 복음서에 여섯 번 등장한다(막 1:16 병행구; 1:29; 13:3; 요 1:40 이하; 6:8; 12:22). 요한복음의 서술이 안드레의 모습을 가장 잘 보여주며, 그의 실천적인 믿음을 강조한다. 안드레가 처음 예수님을 만나는 장면은 우리에게 많은 점을 시사한다. 그는 자기 형제에게 깊은 관심을 가진 나머지, 베드로에게 가서 자기가 예수님과 만난 사실을 이야기하고 그를 직접 예수님에게 소개한다. 뒤에 안드레는 보리떡 다섯 개와 물고기 두 마리를 가진 소년을 예수님에게 이끌고 와서 오천 명을 먹이게 했으며(요 6:8), 그다음에는 질문을 품은 그리스인들을 빌립과 함께 예수님에게 데려갔다(요 12:22).

후기 교회 전승에 의하면 안드레는 여러 곳에서 활동했는데, 그 중에 비두니아, 스키티아, 그리스와 에베소가 포함되어 있다. 외경인 〈안드레행전〉(Acts of Andrew)[15]은 안드레가 아가야에서 붙잡혀 X자 모양의 십자가에 달렸다고 전한다(그래서 그 십자가를 성 안드레의 십자가라고 부른다).

야고보 (세베대의 아들)

세베대의 두 아들인 야고보와 요한도 역시 벳새다 출신이다. 그들의 가족은 부와 영향력이 있었는데, 아마도 벌이가 좋은 어업 때문이었을 것이다(막 1:20; 눅 5:10; 요 18:15 참조). 그들의 부친인 세베대는 다른 어부를 고용할 정도로 부자였으며, 십중팔구 그들의 모친이었을 살로메는 십자가와 무덤에까지 예수님을 따라갔고(마 27:55-56; 막 15:40; 16:1 참조) 예수님의 지상 사역을 지원한 여인들 중 한 명이었을 것이다(마 27:55-56; 눅 8:3 참조). 많은 사람들은 이 살로메를 '예수님의 모친의 자매'로 지칭된 여인일 것으로 이해하는데, 만약 그렇다면 야고보와 요한은 예수님과 사촌 관계이다.[16] 이것은 예수님이 십자가에서 자기 어머니를 요한에게 부탁한 것에 대한 설명이 되며, 또한 야고보와 요한의 어머니가 나아와 예수님의 나라에서 자기 아들들을 위한 자리를 요구한 것에 대한 설명도 된다(마 20:20-21). 야고보와 요한은 "우레의 아들"이라고 불렸으며(막 3:17), 이것은 그들의 불같은 성격 때문이었을 것이고, 또한 그들의 공격적인 야심을 설명해주기도 한다(막 10:35 이하. 또한 그들 어머니의 성격까지도! 마 20:20-21).

베드로, 안드레, 요한(모두가 어업 동업자였다. 눅 5:10 참조)과 함께 야고보도 예수님의 지상 사역에 참여하라는 부르심을 받았으며(막 1:19-20 병행구) 예수님 주변의 내부 인사가 되어서 야이로의 딸을 고침(막 5:37 이하 병행구), 변화산 사건(막 9:2 이하 병행구), 감람산 강화(막 13:3 이하), 그리고 겟세마네의 번민(마 26:37 이하 병행구)과 같은 중요한 경우에 예수님과 동행했다. 야고보는 후에 사도들 중 최초의 순교자가 되었다. 헤롯 아그립바 1세가 교회를 핍박할 때 칼에 죽임을 당한 것이다(행 12:2).

요한(세베대의 아들)

요한이 거의 언제나 목록에서 야고보 다음으로 기록된 것을 볼 때 그는 아마 야고보의 동생이었을 것이다. 아주 초기부터 교회는 요한을 안드레와 함께 예수님을 따른 다른 제자라고 밝혔다(요 1:35-40).[17] 그렇다면 요한도 역시 예수님의 제자가 되기 전에 세례 요한의 제자였을 것이다. 뒤에 두 쌍의 형제(베드로/안드레, 야고보/요한)는 예수님을 따르라는 부름을 받고 내부 인사를 구성했다. "우레의 아들" 중 한 명인 요한(막 3:17)은 주님의 일과 명예에 열심을 품은 청년이었다(막 9:38-41; 눅 9:51-54).

"예수의 제자 중 하나 곧 그가 사랑하시는 자"로 알려진 익명의 제자는 요한복음에만 등장하며[요 13:23; 19:26-27; 20:2; 21:7, 20; 21:4 (1:40; 18:15; 19:35도 가능함)], 제4복음서의 저자와도 관련된 것으로 이야기된다(요 21:20-24). 이 사랑받는 제자가 누군지에 대해서는 다음과 같은 의견들이 있다. (1) 실제 인물이 아닌 상징적 인물, (2) 나사로, (3) 요한 마가, (4) 대제사장과 연관되어 예루살렘에 있던 알려지지 않은 예수님의 제자, (5) 세베대의 아들 사도 요한, (6) 사도 요한의 제자들. 이 의견들에 대해 학자들의 끈질긴 지지 이론들이 있기는 하지만, 내적 증거(언급된 장면에서 특별히 예수님과 가까이 있던 제자들을 고려해볼 때)와 이레니우스(Irenaeus, *Heresies* 3.1.1)나 폴리크라테스(Polycrates, 유세비우스의 *History* E.3.31.3, 또한 V.24.2f에 인용됨) 등 초대 교

부들의 진술인 외적 증거를 더하면, '사랑받는 제자'는 세베대의 아들 요한일 가능성이 가장 크다.[18]

'사랑받은 제자'는 십자가를 목격한 유일한 제자로 기록되었다. 십자가 이후에 그는 예수님의 모친을 자기 집으로 모셨다(요 19:25-27). 그는 가장 먼저 빈 무덤을 보았고, 교회의 초기 지도자 중 한 명이었으며, 바울이 '교회의 기둥'으로 인정한(갈 2:9) 사람들 중 하나였다. 예루살렘 공의회 이후에는 요한에 대한 언급이 없지만, 교회 전승에 따르면(특별히 이레니우스를 통해 전해진) 요한은 에베소와 그 주변 지역의 감독이었다. 그는 1세기의 마지막 10년 동안 밧모 섬으로 유배되었는데, 그것은 도미티안(Domitian) 황제의 박해 기간과 일치한다. 전설에 의하면 유일하게 요한은 열둘 중 박해를 피한 사도였으며, 1세기 말까지 생존했다.

예수님이 사랑했던 불같은 성격의 요한은 예수님의 사랑에 크게 감동했다. 초대 교부 중 한 사람인 제롬(Jerome)은 에베소에서 매우 늙은 '복된 전도자 요한'에 관한 일화를 전해준다. 그는 자기 제자들의 팔에 의지하여 회중 속으로 나아갔으며, "자녀들아, 서로 사랑하라"라는 말밖에는 할 수가 없었다. 같은 말을 듣다가 지친 사람들이 마침내 "선생님, 왜 언제나 그 말만 하십니까?" 하고 묻자, 요한은 "그것이 주님의 명령이며 오직 그것만 되면 충분하기 때문이지"라고 대답했다는 것이다.[19]

빌립

빌립도 베드로, 안드레, 야고보, 요한과 마찬가지로 갈릴리 북쪽의 어촌인 벳새다 출신이다(요 1:43-44). 빌립도 예수님의 부름을 받기 전에 세례 요한의 제자였을 것이다. 빌립과 안드레는 열둘의 목록에서 자주 한 쌍을 이루어 등장한다(막 3:18; 행 1:13. 이 두 사람만이 그리스 이름이다). 그들의 이름은 드물게 거론되지만(요 6:8; 12:21-22) 이를 통해 그들이 고향에서 시작된 관계를 유지하고 있었으리라는 암시를 얻을 수 있다.

빌립은 열둘의 목록에서 언제나 다섯 번째로 등장하는데, 이는 네 명씩으로 된 두 번째 무리의 처음이다. 공관복음서에는 그의 이름이 목록에만 등장하지만, 요한복음은 빌립과 관련된 네 가지 사건을 기록하고 있다. 거기에서 그가 메시아에 대한 구약의 기대를 분명히 이해했으며, 선교사의 심정을 품고 있었음이 드러난다. 예수님을 따르라는 부름을 받은 직후 그는 나다나엘을 예수님에게 인도했다(요 1:43-46). 뒤에 그리스 사람 몇 명이 예루살렘에 경배하러 왔다가 빌립에게 와서 부탁했다. "선생이여 우리가 예수를 뵈옵고자 하나이다 하니 빌립이 안드레에게 가서 말하고 안드레와 빌립이 예수께 가서 여쭈니"(요 12:21-22). 그러나 빌립도 역시 영적 통찰에 결함이 있음을 드러냈다. 오천 명을 먹일 때 그는 자기들이 가진 것에 대해 절망했을 뿐이다(요 6:5-7). 최후의 만찬 자리에서 예수님이 자신과 성부 사이의 관계에 대한 더 깊은 통찰을 제공하실 때 빌립은 "주여 아버지를 우리에게 보여주옵소서 그리하면 족하겠나이다"라고 말했다. 그에 대해서 예수님은 이렇게 대답하셨다. "빌립아 내가 이렇게 오래 너희와 함께 있으되 네가 나를 알지 못하느냐 나를 본 자는 아버지를 보았거늘 어찌하여 아버지를 보이라 하느냐 나는 아버지 안에 거하고 아버지는 내 안에 계신 것을 네가 믿지 아니하느냐"(요 14:8-10).

후대 교회 전승에서는 사도 빌립과 전도자 빌립(행 6:5)이 계속해서 혼동되었지만, 유세비우스(Eusebius)는 2세기의 감독이었던 폴리크라테스와 파피아스(Papias)가 빌립을 가리켜 "열두 사도 중 한 명"으로서 소아시아를 돌보았고, 처녀로 늙은 두 명의 딸과 함께 히에라폴리스(Hierapolis)에 묻혔다고 말한 것을 인용한다.[20]

바돌로매

바돌로매는 열두 제자를 열거하는 네 개의 목록에 모두 등장하지만 신약성경의 다른 곳에는 등장하지 않는다. 바돌로매는 아버지의 이름을 따는 아람어식 이름으로서 *Bar-Talmai* [바르-탈마이] 즉 '톨라미의 아들'(수 15:14의 70인역 참조) 혹은 '톨로마이우스의 아들'[Josephus, Antiq. 20.5(1.1) 참조]일 가능성이 높으며, 이 이름은 70인역과 요세푸스의 글에 몇 가지 형태로 등장한다. 9세기 이후 바돌로매는 일반적으로 나다나엘과 동일시되었다. 이것은 나다나엘의 성이 바돌로매로, 그의 완전한 이름이 나다나엘 바-톨로마이였으리라는(시몬 바-요나 참조) 추측에 근거한 것이다. 이럴 가능성을 가리키는 요소가 몇 가지 있다. (1) 공관복음서에는 나다나엘이 한 번도 언급되지 않고 요한복음에는 바돌로매가 언급되지 않으므로, 공관복음서 열둘의 목록에서 빌립과 바돌로매의 이름이 함께 등장한다는 것은 요한복음 1장 43-51절에 그려진 둘 사이의 밀접한 관계를 암시한다. 사도의 목록에 대한 연구는 네 명의 사도들이 한 팀이 되어 무리를 이루는 것을 보여주므로, 빌립이 이끄는 두 번째 네 명의 무리 속에서 바돌로매와 빌립이 한 짝이었음을 암시한다. (2) 요한복음은 나다나엘을 사도로 취급하고 있다. 나다나엘과 함께한 사람들이 전부 사도들이었으며(요 1:35-51), 나다나엘도 사도 무리의 한 구성원이었던 것으로 보인다(요 21:1-2). 나다나엘이 백성에 대한 하나님의 계시 속에서 인자가 차지하는 중심적인 역할을 증거할 것이라는 예수님의 약속은 사도적 기능을 암시한다(요 1:50-51). (3) 바돌로매라는 이름이 아버지의 이름을 딴 것이므로 이 이름을 가진 사람에게 다른 이름이 또한 있을 가능성이 매우 높다.

이 각각의 주장에 대한 반대 논리가 제기되었다. (1) 공관복음서의 사도 목록에 빌립과 바돌로매가 함께 등장하는 것은 우연이다. 왜냐하면 사도행전의 목록에는 이 둘이 함께 등장하지 않기 때문이다. (2) 예수님의 사역 도중에 나다나엘이 전혀 언급되지 않기 때문에 요한복음 1장 43-51절에 기록된 예수님과 나다나엘의 대화가 반드시 사도직으로의 공식적 부르심을 의미하는 것은 아니다. (3) 바돌로매라는 이름이 자체의 고유한 이름으로 사도 목록에 기록되었다. 그것이 반드시 아버지의 이름을 딴 이름이어야 하는 것은 아니다. 목록에서 아버지의 이름을 딴 경우에는 헬라어의 소유격으로 표현되며 아람어의 *bar*[바]로 표현되지 않는다.

바돌로매가 나다나엘이라는 주장이 옳다면 빌립이 갈릴리 가나 출신인(요 21:2) 바돌로매(나다나엘)를 인도하여 예수님을 메시아로 인정하게 한 셈이다(요 1:45-46). 그가 예수님을 만나는 장면이 요한복음 1장 47-51절에 기록되어 있다. 꾸밈이 없는 참된 이스라엘 사람 나다나엘은 예수님이 메시아라는 심오한 선언을 했다. 그에 대해서 예수님은 나다나엘이 더 큰 메시아의 증거를 볼 것이라고 말씀하셨다. 바돌로매와 나다나엘이 동일인이 아니라면 우리는 네 개의 목록 외에는 바돌로매에 대해 아무런 정보도 가지고 있지 않다. 바돌로매와 나다나엘을 동일시하는 주장이 결정적인 것은 아니므로, 아무런 의문이 없이 그것을 당연하게 여기는 것은 증거의 범위를 벗어나는 일이 된다. 현재의 증거만으로는 확실한 결론에 도달할 수 없지만, 그 둘이 동일인이라는 주장을 완전히 거부하는 것 역시 근거가 충분하지 않다.

바돌로매에 대한 전설이 많이 있지만 신뢰할 만한 것은 거의 없다. '열두 사도의 족보'에 따르면, 바돌로매는 납달리 지파에 속했으며, 공식적으로 그의 이름은 요한이지만 사랑받은 세베대의 아들이 요한이어서 예수님이 그의 이름을 바돌로매로 고쳐주었다고 한다. 유세비우스는(*History*, 5.10.3) 바돌로매가 인도에서 복음을 전했으며, '실제 히브리 글자로 된' 마태복음을 남겼다고 전한다. 또한 전설에 의하면 바돌로매가 아르메니아, 브리기아, 루가오니아, 메소포타미아 그리고 페르시아에서 사역한 것으로 되어 있다. 그의 죽음과 관련된 전설도 몇 가지 있다. 그중 하나는 바돌로매가 인도와 대(大)아르메니아에 복음을 전했으며, 거기서 산 채로 가죽이 벗겨지고 목이 잘려 죽었다고 전한다. 〈성 바돌로매의 순교〉에 의하면 사람들이 그를 부대 속에 넣어 바다에 던졌다고 한다.

외경의 글 몇 개도 또한 바돌로매와 관련되어 있다. 마태복음 주석 서문에서 제롬은 〈바돌로매 복음〉을 언급한다. 《젤라시오 교령》(*Decretum Gelasianum*, 6세기경 로마 가톨릭의 성경 목록을 포함한 라틴어 문서―옮긴이)에 의해서 정죄받은 사실 외에는 이 책에 대해서 알려진 바가 없다. 현재 다섯 가지의 교정본으로 존재하는 《바돌로매의 질문들》이라는 후대의 책은 아마 부분적으로 앞의 그 책에 근거했을 것이다. 콥트어로 된 《사도 바돌로매에 의한 그리스도 부활의 책》은 현재 몇 개의 단편으로 존재한다. 이 책들을 사도 바돌로매의 글로 인정할 수 있을지는 매우 의심스럽다.

신약성경의 바돌로매는 역사의 침묵 속에 싸여 있다. 그렇지만 예수님의 가장 가까운 동역자들인 네 개의 사도 목록 속에 그의 이름이 포함되어 있다는 사실로 그의 명성이 지속되고 있다.[21]

도마

도마는 열둘의 목록에서 두 번째 그룹에 등장한다. '도마'는 명칭 혹은 별명이었을 가능성이 상당히 높다. 왜냐하면 그 단어는 아람어의 '쌍둥이'(*téômā*[테오마])에 해당하며, 요한은 그를 "디두모라 하는 도마"라고 세 번 칭하는데, 디두모는 쌍둥이라는 뜻의 헬라어이기 때문이다. 그의 쌍둥이 형제의 정체에 대해서는 확실한 자료가 존재하지 않는다.

도마의 활동에 대한 개인적 설명은 요한복음에만 등장한다(요 11:16; 14:5; 20:24-29; 21:2). 예수님의 부활에 대해 의심하고(요 20:25) 예수님이 가는 곳에 대한 영적 인식이 부족하여(요 14:5) 그는 '의심 많은 도마'로 알려졌지만, 복음서에서 그는 이와 다르게 강인한 인물로 그려진다. 그가 다른 제자들을 재촉하며 예수님과 동행하여 유대로 가서 함께 죽자고 하는 장면에서 그의 용기가 드러나며(요 11:16), 예수님의 부활 후 갈릴리에서 몇몇 다른 제자들을 모으는 장면(요 21:2)은 그의 신실함을 보여주고, 예수님을 주와 하나님으로 시인하는 그의 고백(요 20:28)은 성경 전체에서 예수님의 신성을 나타낸 가장 심오한 선언으로 인정받는다.

교회 전승에 따르면 도마는 선교사가 되어 동방의 파르티아, 나아가서 인도까지 여행한 것으로 되어 있다.[22] 외경인 〈도마행전〉(Acts of Thomas)은 그가 인도에서 박해를 당하고 마침내 순교하여, 회심자들이 장사해주었다고 말한다. 하지만 이 설명은 근거가 없어 보인다. 알렉산드리아의 클레멘트(Clement of Alexandria)에 의하면 도마가 자연사했기 때문이다.[23] 도마가 등장하는 전설적인 이야기가 많지만, 그런 글들은 신빙성이 전혀 없다.

마태

열두 사도의 목록들은 마태를 네 명씩 묶은 모임 중 두 번째 모임에 포함시킨다. 마태복음의 목록은 그를 "세리 마태"라고 하는데, 이는 9장 9절에서 주님이 세리인 그를 부른 사실을 가리킨다. 동일한 사실을 기록하면서 마가와 누가는 그를 레위라고 부른다. 이렇게 다른 이름이 사용된 이유에는 다양한 추측이 있지만, 대부분의 학자들은 이 세리가 마태 레위라는 두 개의 이름을 가진 것으로 본다. 이런 이름을 얻은 것이 출생 때인지 회심한 때인지는 알 수 없다.[24] 레위라는 이름은 그가 레위 지파에 속했다는 사실을 표시할 수 있으며, 그렇다면 그는 레위의 관습에 익숙했을 것이다.[25] 그의 부르심에 대한 마가의 기록이 그를 "알패오의 아들"이라고 칭하므로(막 2:14), 어떤 사람들은 이 말을 레위가 "알패오의 아들 야고보"(막 3:18 참조)의 형제였다는 의미로 이해한다. 그러나 다른 형제들의 짝이 구체적으로 밝혀져서 연결되어 있으므로, 레위 마태와 야고보가 형제일 가능성은 없다.

레위 마태는 세관 초소에 앉아 있다가 예수님으로부터 자신을 따르라는 부르심을 받았다. 이 초소는 가버나움 근처에 상인들의 왕래가 잦은 대로변에 있으면서, 그 지역을 여행하는 상인들을 대상으로 헤롯 안디바스에게 바칠 세금을 걷었을 것이다. 레위는 즉시 예수님을 따랐으며, 자기 집에서 예수님을 위해 잔치를 열고, 여러 명의 세리들과 죄인들을 초대했다(눅 5:29-30). 일반적으로 세리들은 생활이 윤택하고 지역 주민의 비웃음을 샀으므로(삭개오, 눅 19:1-10 참조) 마태가 부름을 받고 응답한 사실은 사회적 통념 밖의 일이었다. 곧 세리의 삶에서 기적과 같은 역전이 일어난 것이다.

레위 마태에 대해서는 2세기 이후로 널리 입증된 이야기 곧 그가 그의 이름으로 지칭되는 복음서 저자라는 사실 이외에는 거의 알려진 바가 없다. 세리였던 그는 세속적인 부기법을 배웠을 것이며, 갈릴리의 유대인 그리스도인으로서 예수님의 삶을 구약의 기대 관점에서 해석할 수 있었을 것이다.[26] 유세비우스는 마태가 처음에는 "히브리인들"에게, 다음에는 "다른 사람들"에게 전했다고 말하는데, 거기에는 페르시아, 파르티아, 수리아 같은 곳이 포함되었다.[27] 마태의 죽음에 대해 다양한 이야기가 전해진다. 그가 순교했다고 전해지는 것도 있고 자연사했다고 전해지는 것도 있다.

야고보 (알패오의 아들)

알패오의 아들 야고보는[28] 항상 아홉째에 열거되어 제자들의 셋째 그룹 중 첫째가 된다. 신약성경에 등장하는 네 개의 목록 외에는 성경에서 그의 이름이 언급되지 않는다. 하지만 그가 마리아의 아들이자 요세의 형제인 "작은 야고보"와 동일시되기는 한다(막 15:40; 마 27:56 참조). 그렇다면 "어린 혹은 작은"(헬라어 *ho mikros*[호 미크로서])이라는 지칭은 그를 예수님의 형제 야고보 그리고 세베대의 아들 야고보와 구별하는 의미가 있다. 이는 그가 나이가 어리든지, 키가 작든지, 아니면 존경을 덜 받는다는 의미일 것이다. 또한 그의 모친인 마리아는 십자가를 목격했고, 빈 무덤을 발견했을 것이다(마 27:56; 막 15:40; 16:1; 눅 24:10).[29]

후대 교회로 전승된 이야기에 의하면 야고보는 갓 지파에 속했으며 그리스도를 전한다는 이유로 유대인들에게 돌에 맞아 죽었다고 한다. 그가 예루살렘 성전에 묻혔다는 전설도 있다.

다대오/야고보의 아들 유다

다대오는 (어떤 본문에는 리비우스로 혹은 이본의 합성어[30] 형태로 되어 있다) 마태(마 10:3)와 마가(막 3:18)에 의해서 제자들의 세 번째 그룹으로 언급되지만, 누가는 두 개의 목록에서 "야고보의 아들 유다"(직역하면, 야고보의 유다)라고 말한다(눅 6:16; 행 1:13). 나머지 이름들이 목록에 따라 일관되게 등장하므로 우리는 복음서 저자들이 열둘의 구성에 대해서 익히 알고 있었으며, 따라서 이 이름들이 동일인을 가리킨다고 확신할 수 있다. 유다는 이름이고 다대오는 별명이나 지명이었을 것이다.[31] 신약성경에서 이 사람과 관련된 유일한 사건 기록은, 최후의 만찬 자리에서 예수님이 제자들에게 이야기하는 도중에 "가룟인 아닌 유다가 이르되 주여 어찌하여 자기를 우리에게는 나타내시고 세상에는 아니하려 하시나이까"라고 말한 것이다(요 14:22).

성경 이외의 많은 이야기들이 유다-다대오가 후기에 어떻게 활동했는지를 전하지만, 그중에서 신빙성이 있다고 인정할 수 있는 것이라고는 그가 교회 시대 초기에 메소포타미아 지역에서 활동했다는 것 정도이다.[32]

셀롯인 시몬

열둘 중의 이 다른 시몬은 가나나인 시몬(마 10:4; 막 3:18) 혹은 셀롯인 시몬(눅 6:15; 행 1:13)으로 알려져 있다. 가나나인(Cananaean)이라는 말을 지명과 연결해서 가나안 출신(Canaanite, 마 15:22 참조) 혹은 가나 출신 사람이라는 뜻으로 오해하지 말아야 한다. 이 말은 '열심' 혹은 '열심당'이라는 아람어 *quan'ānā*[콰나나]를 헬라어로 옮긴 것이다. 그러므로 누가가 사용한 헬라어 *zēlōtēs*[젤로테스]는 마태와 마가가 사용한 아람어에 해당하는 단어이다.[33] 이 표현은 시몬이 부름을 받고 예수님을 따르기 전에 열정적인 민족주의자였음을 표시하며, 그가 가진 기질의 특성을 표시할 수 있다. 로마의 압제와 유대 종교 기득권자들의 타협을 바라보는 유대 민중의 태도는 지속적인 정치-종교적 혁명 활동으로 표출되었다. 후기에 **열심당**이라는 용어는, 주후 70년 예루살렘 멸망으로 귀결되는 시기의 게릴라 방식을 띤 전쟁에서 적극적으로 활동했던 군사-정치-종교 단체를 지칭하는 말로 사용되었다.[34]

가룟 유다

가룟 유다는 언제나 열둘의 목록 맨 마지막에 나오며, 그의 이름에는 예수님을 판 자라는 수치스러운 낙인을 찍는 설명이 첨가된다(마 10:4; 막 3:19; 눅 6:16; 요 18:2, 5 참조). 사도행전 목록에는 그의 이름이 없다. **가룟**(*Iscariot*[이스카리옷])이라는 단어의 의미는 불분명하다.[35] 어떤 사람들은 이 용어가 *sicarios*[시카리오스] 곧 "단도를 가진 자, 강도, 암살자"라는 단어의 셈어(Semitic) 형태에서 유래했다고 제안하는데(행 21:38 참조), 이는 유다를 셀롯인 시몬과 유사한 급진 민족주의자로 보는 것이다.[36] 그러나 시카리 운동이 번성한 것은 주후 50년대이므로 이 용어가 이렇게 이른 시기에 유다에게 사용되었다고 보기는 어렵다.[37] 또 어떤 사람들은 가룟이라는 말이 '거짓말장이'라는 아람어에서 왔다고 제안한다. 곧 유다가 '거짓의 사람', '배반자'를 표시한다는 것이다. 그러나 이렇게 하면 불필요한 설명이 반복되는 결과를 낳는다. 또 어떤 사람들은 이 용어가 '가죽 가방'을 의미하는 히브리어에서 유래된 별명이라고 말한다. 유다가 그런 가방에 재물을 넣어 가지고 다녔을 것이라고 추측하기 때문이다. 그러나 신약성경에서 유다의 책임을 가리키는 **재정 담당자**에 해당하는 헬라어는 그 단어가 아니다.[38] 가장 널리 수긍되는 견해는 '가룟'이 유다의 출생지를 가리킨다는 것이다. 이는 유다의 아버지가 '가룟인 시몬'으로 묘사되기 때문이다(요 6:71; 13:2, 26). 이곳은 모압의 그리욧(Kerioth, 렘 48:24, 41; 암 2:2 참조) 곧 남유다의 헤브론 남방 15킬로미터 지점에 위치한 그리욧-헤스론 곧 하솔이든지(수 15:25) 아니면 갈릴리의 가르단(Kartan, 수 21:32)일 수 있지만, 정확한 지역은 확정할 수 없다.

유다의 초기 삶에 대해서는 확실한 것이 아무것도 없지만, 그가 헤브론 근처의 그리욧 출신이라면 그는 열둘 중에서 유일한 유다 사람이었을 것이다. 우리는 유다가 사도 일행의 재정 담당자였다는 것을 알고 있다(요 12:4-6; 13:29). 그의 이름은 예수님이 열둘을 택하실 때 처음 등장하지만(막 3:19; 눅 6:16), 예수님의 지상 사역 마지막 주간, 곧 베다니에서 마리아가 예수님에게 값비싼 향유를 붓는 사건 이전에는 유다가 구체적으로 등장하는 일이 없다. 이때 가난한 사람을 도울 수 있는 돈이 낭비된다는 이유로 다른 제자들 몇 명이 화를 냈지만(마 26:8-9; 막 14:4-5 참조) 요한은 유다에게만 비난의 초점을 맞춘다. 그러나 예수님이 꾸짖으신 대상에는 다른 사람들도 포함된다(요 12:4-6. 8절에서 "You have"라는 뜻의 동사 echete[에케테]는 복수형이다). 요한은 유다가 사도의 기금을 정기적으로 훔친 잘못이 있다고 지적한다(요 12:6).

성경적으로나 역사적으로 유다가 유명해진 사건은 그가 예수님을 배신한 일이다.[39] 그는 사탄의 지시를 받고 있었으며(눅 22:3; 요 13:2), 그의 절도를 자극했던 탐욕 때문에 별로 큰돈도 아닌 은 삼십에 예수님을 팔아넘기기로 했다(요 12:4-6). 그런데 이 액수는 합의된 금액의 일부였을 가능성도 있다(마 26:14-16; 막 14:10-11; 눅 22:3-6). 비록 예수님은 그의 배신을 예상하셨고(요 6:71; 12:4), 누가는 사전 계획을 이야기하지만(눅 22:3-6), 이 비열한 행동은 마지막 만찬 자리에서 예수님 이외의 모든 사람들에게 충격을 주었다(마 26:20 이하; 막 14:17 이하). 대제사장과 바리새인들에게서 일단의 군인을 확보한(요 18:3) 유다는 그들을 인도하여 예수님이 군중을 떠나 제자들과 함께 머물던 겟세마네 동산으로 갔고, 그곳에서 그분께 입맞춤으로 누가 예수님인지를 군인들에게 가르쳐주었다(마 26:47-56; 막 14:43-52; 눅 22:47-53; 요 18:2-12).

공식적으로 예수님의 사형이 확정되자 유다는 후회에 사로잡혀서 제사장들에게 은을 돌려주었다. 그러고는 물러가서 자살했다(마 27:3-10; 행 1:18-19). 뒤에 제사장들은 그 피값으로 나그네의 무덤을 위한 땅을 구입했다. 예수님 승천 후 사람들은 유다 대신에 맛디아를 뽑아 열둘을 채웠으나 맛디아에 대해서는 아무것도 알려진 바가 없다(행 1:26).

유다는 복잡한 성격의 소유자였음이 분명하다. 그가 사도 무리의 재정 담당자였다는 사실에서, 그가 다른 사람들도 인정할 만큼 긍정적인 성격을 보여주었다고 짐작할 수 있다. 왜냐하면 그가 담당한 직책은 일반적으로 탐욕스럽거나 무책임한 사람에게는 맡기지 않는 까닭이다. 그 직책은 존경받는 직책이었으며, 열둘이 그에 대해 가졌던 어느 정도의 존경심을 표시할 수도 있다.[40]

하지만 돈을 사랑하다가 타락한 사람은 한두 명이 아니며, 유다도 그런 희생자 중 한 명으로 보인다. 요한의 말에 의하면, 마리아가 값비싼 향유를 예수님에게 부은 행위에 대해서 유다가 반대한 것은, 가난한 사람들에 대한 걱정 때문이라는 유다의 주장과 달리 탐욕 때문이었다. 유다는 도적이 되어 그들의 자금을 훔치고 있었다(요 12:6). "이와 같이 탐욕에 거짓이 첨가된다."[41]

이렇게 되어 유다가 예수님을 배반한 사건이 복잡해진다. 왜 유다는 자신이 충실하게 따르고 섬기던 스승을 배신했을까? 마태와 마가가 기록한 순서를 보면, 예수님에게 향유를 부은 사건이 있은 직후 유다가 대제사장들에게 가서 예수님을 넘겨주는 일을 꾸몄다고 되어 있다. 유다의 배신을 부추긴 요소가 여러 가지로 추측된다. 탐욕과 돈에 대한 사랑, 다른 제자들에 대한 질투, 스승의 사역이 맺을 결과에 대한 환멸, 메시아가 스스로 메시아임을 선언하지 않을 수 없도록 만들겠다는 광적인 의도, 메시아 왕국에서 두드러진 자리를 차지하겠다는 세속적 소망이 무너졌을 때 발생한 독한 복수심 등이다. 가증스러운 배신의 이면에는 이런 요소들이 일정 부분 자리를 차지하고 있겠지만, 유다의 동기를 이해하려는 모든 시도는 유다의 영적 상태에 대한 분명한 인식에 기초해야 한다. 하나님의 예정된 계획 속에는 유다의 배신이 포함되어 있었지만(요 6:64, 70-71), 그의 행동에 대해 그 자신의 영적 책임이 있다는 것 또한 분명하다. 예수님은 진실한 부르심으로 유다를 제자와 사도로 삼으셨으며, 드러난 일들로 보면 유다 역시 부르심에 진실하게 응답했다. 하지만 그 부르심을 받고 뒤돌아 떠난 모든 사람들과 마찬가지로 유다도 진정으로 믿은 적이 없었다(요 6:64). 외적으로는 예수님을 따르고 있었지만, 내적으로 그는 항상 사탄 무리의 일부였다(요 6:70). 최후에 가서야 그의 내면의 진짜 특성, 곧 "멸망의 자식"(요 17:12), 사탄의 도구(요 13:2, 27-30)인 성격이 드러났으며, 사도행전 1장 25절에 그의 영원한 운명이 선언되었다. "유다는 이 직무를 버리고 제 곳으로 갔나이다." 유다의 영적 상태가 배신의 배후 동기이다. 진정으로 예수님과 함께하지 않는 사람은 실제로 그분을 대적한다. 랄프 마르틴(Ralph P. Martin)이 생생하게 선언한다.

유다는 진정으로 그리스도의 사람이 된 적이 없다. 그는 사도의 직책에서 떨어졌으나, (우리가 알 수 있는 한) 주 예수님과 참된 관계를 맺은 적이 없다. 그래서 그는 '멸망의 아들'이 되었으며, 한 번도 '구원받은' 적이 없기 때문에 잃어버린 바 된 것이다. 그리스도에 대한 그의 최고 호칭은 "랍비"였지(마 26:25), "주님"이었던 적이 없다. 그는 예수님의 무리 중에 있기는 했지만 예수님의 정신을 공유하지 않은 채로(롬 8:9 참조) 예수님을 따르는, 즉 투신하지 않은 사람들에 대한 두려운 경고로서 성경의 무대 위에 살고 있다. 그는 '심판과 저주를 받은 사람'으로 복음서 서술에서 사라진다. 이는 그가 그렇게 선택했고, 하나님이 그의 두려운 선택을 확증했기 때문이다.[42]

적용점

우리는 열둘에게서 사람의 성격이 놀라우리만치 다양성하고 복잡하다는 것을 본다. 예수님은 친구들, 동업자, 심지어 일상생활에서는 서로 적이었을 사람들을 선택했다. 세리였던 마태는 정치적 배경이 시몬과 양극단에 있었지만, 예수님은 그 두 사람을 불러 자신과 가장 친밀한 사람들 속에 포함하셨다.[43] 예수님의 사명, 은혜와 받아들임과 사랑의 분량이 그렇게도 복잡했던 것이다. 그들이 일상생활에서 분리되어 예수님과 함께 보낸 몇 해는 그들에게 극히 중요한 시간이었다. 주님과 비슷하게 변화되어 모든 족속으로 제자를 삼으라는 예수님의 지상명령을 수행하도록 준비를 갖추는 기간이었기 때무이다. 그들은 일종의 거품 속에 있었지만 그 기간은 그들의 사명을 수행하기 위해서 꼭 필요한 시간이었다.

거품에 대해 무시하는 투로 말하는 것이, 다양한 기독교 제도 속에 있는 우리들에게는 하나님의 뜻을 오해한다는 표시일 수 있다. 나는 학생들에게 이렇게 말한다.

여러분이 이 학교로 부름받은 것은 '전투'하는 삶을 위한 준비로서 훈련을 받기 위함입니다. 물론 여러분 중 일부는 잘못된 이유로 왔을 수도 있고, 어떤 사람은 자기의 처지에서 탈피하기 위해, 어떤 사람은 즐기기 위해 왔을 수 있습니다. 그리고 여러분의 교수인 우리들 중 일부는 현실을 멀리 떠난 이곳에 머물면서 여러분이 실생활에서 살아갈 준비를 충분히 시켜주지 못할 수도 있습니다. 그러나 사실을 말하자면, 앞으로의 삶에서 필요한 기술을 다듬기 위해 상대적으로 평화롭고 안전한 이곳에서 보내는 시간이 여러분에게 필요합니다. 여기에서 얻을 학문적 준비, 영적 양육, 성장 과정 '심리, 감정, 인간 관계'가 언젠가는 (여러분이 생각하는 것보다 더 일찍!) 여러분에게 활용되어 저 바깥세상에서의 싸움에서 성공하도록 도와줄 것입니다.

바로 그런 이유로 나는 '바이올라 거품'이라는 말을 하지 않는다. 도리어 나는 이곳을 '바이올라 신병 훈련소'로 불러야 한다고 말한다! 그러면 학생들은 늘 낄낄거리지만 즉시 그 비유를 이해하기 시작한다. 교수진과 직원이 여기에 있는 목적은, 세상에서 학생들이 직면할 진짜 전투에 대비해 그들을 가장 효과적으로 준비시킬 수 있는 환경을 제공하는 것이다. 학생들은 이곳에 자기의 실력을 충분히 향상해야 한다. 일단 세상으로 나가면 일을 하면서 훈련받는 것이 훨씬 더 힘들기 때문이다.

또한 우리는 안전한 환경에서 벗어나 자기의 기량을 시험해볼 '연출된 실제 상황 훈련'(live-fire exercise)을 해야 한다. 이런 과정을 간과해서는 안 된다. 군대에서 훈련 조교였을 때 나는 훈련병들에게 '낮은 포복'을 가르쳐야 했다. 기술 자체는 그리 어렵지 않았지만 긴 거리를 낮은 포복으로 가는 것은 매우 힘든 일이다. 훈련병들은 손과 무릎을 들어 올리는 속임수를 쓰려고 했다. 훈련병들에게 어째서 그 훈련을 제대로 해야 하는지 가르치기 위해 밤에 그들을 사격장으로 데려가곤 했다. 거기에서 우리는 지상 3피트 정도 높이에 자동 소총을 걸어놓고 실탄을 발사했다. 그것이 얼마나 낮게 발사되는지를 보이기 위해서 표적지를 사용했다. 그러고 나서 훈련병들이 '낮은 포복'으로 총알이 날아다니는 곳 아래를 기어가게 한다. 확실히 말하지만 이때 속임수를 쓰는 사람은 아무도 없다. 심지어 그들은 땅 밑으로 파고 내려갈 만큼 자세를 낮춘다! 우리에게는 거품을 벗어나 연출된 실제 상황 속에서 훈련하는 시간이 필요하다. 예를 들면 학교의 파트타임 일자리, 외부 사역, 단기 선교 등이다. 나는 학생들과 함께 복음전파 프로젝트를 계획하거나 그들을 데리고 이단 단체를 방문한다. 이런 방법으로 그들이 현실에서 자신의 기량을 발휘하도록 하려는 것이다!

당신이 학문 기관에 몸담은 사람은 아닐 수도 있지만, 우리는 모두 잠시 쉬어 갈 자신만의 거품을 가질 수 있다. 주말 교회 캠프, 일주일간의 가족 캠프, 훈련 세미나, 여성 수련회, 남성 수련회, 부부 수련회 등등이 그러하다. 나는 교회의 사역도 이런 방식으로 접근해야 한다고 믿는다. 교회가 존재하는 이유는, 신자를 세상 속의 삶에서 회복시키고, 그들에게 다른 신자들과 교제할 기회를 주며, 그들이 세상으로 진격하도록 훈련시키기 위함이다. 세상에서 벗어날 마음으로 교회를 위해 사는 것도 가능하지만, 우리는 교회를 우리 삶에서 가장 중요한 피난처 중 하나로 여겨야 한다. 그다음으로 우리 삶에서 주된 거품은 가족이 되어야 한다. 나는 이 혼돈의 세계에서 확실한 평화를 제공하는 피난처가 가정이라고 생각한다. 나는 가족과 함께 있는 것을 무척 좋아하기 때문에 때로는 다른 사람들을 배제하기도 한다. 그러나 그리스도를 중심으로 하는 가족은 예수님의 가장 유능한 제자들이 자랄 수 있는 곳이다.

우리는 열둘과 주님이 세상의 삶을 위해 훈련한 방법에서 많은 것을 배운다. 예수 그리스도의 제자인 우리는 모두 놀라울 정도로 다양성을 지니고 있으며, 거기에서 형성되는 관계 역시 무척 복잡하다. 우리는 주님이 열둘의 인생을 통해 이루신 일을 보며 격려받아야 한다. 당신은 열둘 중 누구와 가장 관련이 있다고 생각하는가? 그 이유가 무엇인가? 누가 주님이 당신의 삶에서 이루고자 하시는 일에 힘이 될 수 있는가? 바로 그 지점이 생활 속에서 주님을 매일같이 만날 수 있는 거품이 된다. 우리 삶의 다양한 거품을 하나님께 감사해야 한다. 때로는 우리의 훈련이 인위적으로 보이기도 하지만 그 시간을 하나님께 감사하라. 자신을 준비시키는 이 기회를 앞으로 다시는 얻지 못할 수도 있다. 단 1분이라도 낭비하지 말라! 당신은 곧 자신과 다른 사람을 인도하라는 요구를 받을지도 모른다. 그러면 사람들은 당신의 '독도' 능력에 의존할 수도 있다. 당신이 시간을 어떻게 보내느냐에 따라 사상자가 날 수도 있고 승리를 얻을 수도 있다!

복습 문제

1 당신은 열둘 중 누구와 가장 관련이 있다고 생각하는가? 그 이유가 무엇인가? 예수님이 복음전파를 위해 파송하면서 열둘 중 누군가와 당신을 짝지어준다면 당신은 누구와 짝이 되고 싶은가? 가장 짝이 되기 싫은 사람은 누구인가? 그 이유는 무엇인가?

2 예수님은 다양한 사람들을 모아서 열둘을 이루셨다. 그들이 지도자 그룹으로 함께 일하면서 가장 힘든 점은 무엇이었다고 생각하는가? 거기에서 우리는 무엇을 배울 수 있는가?

3 열둘은 당신에게 어떤 지도자의 모범을 보여주는가?

4 신약성경 저자들이 열둘의 활동에 대해서 대부분 빈약하게 기록한 이유가 무엇이라고 생각하는가?

4부
복음서가 이야기하는 제자도

사 복음서 연구자들은 각각의 복음서가 서로 다른 관점에서 예수님의 생애를 기록하고 있음을 오래전부터 인식했다. 성인 성경 공부반 참석자들에게 마태복음, 마가복음, 누가복음, 요한복음이 각각 예수님을 어떻게 그려냈냐고 질문하면, 대부분 마태는 예수님을 '왕'으로, 마가는 예수님을 '종'으로, 누가는 '참된 인간'으로, 요한은 '참된 하나님'으로 묘사했다고 쉽게 대답할 것이다. 정확한 신학적 그림이 무엇인지에 대해서는 성경학자들 사이에 의견 차이가 있지만, 복음서 저자들이 자신의 배경, 청중의 필요, 성령의 인도에 의해 저마다 다른 신학적 관점을 가지고 예수님을 그렸다는 점에는 대부분 동의할 것이다.

복음서 저자들이 예수님에 대해 서로 다른 시각을 가지고 있다면 그의 가장 가까운 동료인 제자들을 바라볼 때도 역시 다른 관점을 가졌을 것이라고 예상할 수 있다. 그리고 실제로 그러하다. 각각의 복음서는 예수님의 제자들에 대해 독특한 관점을 가지고 그들을 그린다. 각각의 복음서가 제자들의 독특한 성격에 초점을 맞추고 있기 때문에 그 제자들을 불러서 훈련하신 예수님의 목적을 이해하는 데 도움을 얻을 수 있다.[1]

예수님의 지상 사역 기간에 그분을 따르던 제자들을 묘사한 장면이 복음서의 전경(panorama)을 지배한다. 우리는 그 제자도의 비전을 개인 수준에서뿐 아니라 역사적 수준에서도 주목해야 한다. 제자도를 좁게 이해하면 역사적인 스승-제자 관계에 대한 전문적 논의가 될 수 있다. 또한 넓게 이해하면 제자도는 기독교적 경험으로, 그런 삶의 길이 요구하고 함의하고 포함하는 것이다.[2] 복음서의 제자도를 충분히 이해하기 위해서는 다음을 주목해야 한다. (1) 제자도에 대한 도전이 주어지고 제자들이 그것을 실행한 예수님 생애 초기의 순간. (2) 교회 생활에서 제자가 되고자 하는 사람들이 평가되던 순간.[3]

이 단원의 목표는 네 개의 복음서 각각이 묘사하고 있는 제자들의 모습을 드러내는 것이다.[4] 앞에서는 예수 운동에 대해 복음서 저자들 네 명이 조망한 것을 종합해서 본 예수님의 제자도 형태(6장), 예수님을 닮는다는 것의 의미(7장), 열두 사도에 대한 광범위한 시각(8장)을 다뤘다. 몇몇 부분은 앞에서 다룬 것과 겹치는 부분도 있겠지만, 이 단원의 의도는 제자도에 대한 복음서 저자들 각각의 독특성을 부각시키는 것이다. 또한 우리는 한 저자의 제자도 논의와 다른 복음서 저자의 논의 사이에 겹치는 부분이 있음을 알게 될 것이다. 각각의 복음서 저자는 일반적인 제자도 자료를 기록한다. 그렇게 겹치는 자료의 상당한 내용을 앞에서도 이미 다루었다.

이 단원에서는 어느 한 복음서가 다른 복음서들보다 더 강조하는 특정 주제에 초점을 맞출 것이다. 그 주제는 그 복음서 저자가 가진, 예수님의 제자에 대한 관점을 부각시키는 편리한 방법이 될 것이다. 우리는 각 복음서 저자의 관점을 부각시킬 것이지만 철저하게 분석하지는 않을 것이다. 많은 책들이 각각의 복음서가 그리는 제자도에 집중했기 때문에 나는 그 자료들을 독자에게 제공할 것이다. 여기에서는 간단히 밑그림을 그릴 것이다.

복음서들은 각각 예수님의 제자도에 대해 저자의 독특한 조망을 기록했다. 각 복음서가 집중하는 나름의 특징은 예수님의 제자도가 어떤 것인지 이해하는 데 도움을 줄 것이다. "네 개의 정경 복음서에서 우리는 서로 다른 선, 그림자, 색깔, 명암으로 그려진 예수님의 초상을 본다. 마가의 예수님은 누가의 예수님과 다르게 행동한다. 마태의 예수님은 요한의 예수님과 다르게 말한다. 그와 같이 제자도의 역할도 네 개의 복음서에서 서로 다르다."[5] 이것을 전부 합쳐놓으면 각각의 복음서가 제공하는 제자들의 모습은 예수님이 제자들에게 의도한 것이 무엇인지 전체적인 모습으로 보여준다. 각 복음서 저자들의 조망을 살펴볼 때 우리는 그 복음서 저자의 마음과 관점 속으로 들어가려는 노력을 기울여야 한다. 그렇게 하는 것이 우리 삶을 향한 도전이 될 것이며, 예수님을 더욱 분명히 보게 해줄 것이다!

9장
마태복음: 지상명령을 따르는 본보기

초점 맞추기

1. 당신에게 '영웅'이 있는가? 누가 그런 존재였는가? 무엇이 어떤 사람을 영웅으로 보이게 하는가? 영웅은 당신에게 도움을 주는가? 그런 이유와 그렇지 않은 이유는 무엇인가?

2. 예수님의 제자들이 오늘을 사는 우리에게 어떤 방식으로 그리스도인의 삶에서 모범이 되는가?

3. 모든 제자들이 마태복음 28장 16-20절의 지상명령을 성취하라는 부르심을 받는가?

4. 우리는 누구를 '제자 삼으라'고 부름받는가? 그 과정은 무엇인가? 그것은 어떻게 성취되는가?

영웅. 나는 루 게릭(Lou Gehrig), 아이젠하워 장군(General Dwight D. Eisenhower), 헬렌 켈러(Helen Keller), 재키 로빈슨(Jackie Robinson), 테디 루즈벨트 대통령(President Teddy Roosevelt), 데이비 크로켓(Davey Crockett), 애니 오클리(Annie Oakley) 그리고 나의 특별한 영웅인 에이브러햄 링컨(Abraham Lincoln) 같은 영웅들과 함께 자랐다. 책과 영화 그리고 이야기를 들려주시는 할아버지를 통해서 (할아버지 역시 어릴 적 내 영웅이셨다!) 이 남자들과 여자들이 감수성 예민한 어린 소년에게 매일의 영웅이 되었다. 나는 그들의 많은 이야기들을 외우고 있었다. 이 사람들은 위대한 성취 때문에, 혹은 그들에게 덧붙여진 경이로운 전설 때문에 그들의 실제 삶보다 훨씬 크게 느껴졌다. 나는 사람들 눈에 비친 그들의 위업에 경외심을 품고 있었다. 여기에 내가 올려다볼 수 있는 사람들이 있었다! 하지만 동시에 이들은 나와 크게 다르지 않은 사람들이었다. 나는 자서전을 탐독하고서 그들의 평범한 면, 인간적인 면, 탐탁지 않은 면을 알게 되었다. 그런 면을 통해 나의 영웅들은 현실의 사람들이 되었고, 나와 별다른 차이가 없어 보였다.

이 영웅들은 내게 놀라운 일을 해주었다. 그들의 이야기를 통해 나는 꿈을 꾸게 되었다. 그들과 함께 나는 그들을 영웅으로 만든 모험과 도전을 경험했다. 인생이라는 것이 내 주변의 이웃이나 날마다 내가 하는 행동보다 더 크다는 것을 이해하게 되었다. 거창한 대의와 거대한 모험이 용감한 자를 기다리고 있었다! 그러나 더욱 중요한 것은 내가 어떤 일에 집중할 때, 내 삶에서 어떻게 큰일을 이뤄낼 수 있는지 이 영웅들이 실례를 제공했다는 것이다. 이들은 고난과 인생의 불공평을 딛고 일어서서 자신의 삶을 가치 있는 것으로 만들었으며 나는 그 모습에 큰 도전을 받았다. 이 영웅들이 완전한 사람이 아님을 알기 때문에, 그들 중에는 비극적으로 삶을 마친 사람도 있음을 알기 때문에, 나는 영웅조차도 실패할 수 있음을 깨달았다. 나는 그들의 강점과 약점에서 배웠다.

영웅이란 용기와 고결함으로 힘든 과업을 성취하는 데 집중하며, 이런 자세로 직면한 상황에 대응한 실제 사람들이었다. 마태는 제자들에 대한 기록에서 그런 종류의 영웅을 우리 앞에 펼쳐 보인다. 그러나 제자들의 삶과 현대 교회 사람들의 삶은 간극이 너무 커서 그 거리가 때로 그들 사이에 놓인 2천 년보다 훨씬 멀게 느껴지기도 한다. 때로 이 거리는 예수님의 제자들이 살았던 종류의 삶과 오늘날 교회 내 사람들의 삶 사이에서 차이를 느끼는 이들에 의해 질적으로 측정된다. 이런 질적인 차이에 영향을 받은 나머지 오늘날 어떤 복음서 연구자들은 예수님을 따르는 사람들 속에 두 계급, 혹은 두 계층의 신자들이 있다고 생각하기에 이르렀다. 첫째 계층은 예수님에 대해 믿음을 갖는 보통 신자들이다. 둘째 계층은 예수님의 제자가 되라는 부르심을 받은 사람들이다. 이런 이 층 구조에 대한 이해가 신약성경을 연구하는 다양한 연구자들의 글과 사역에 반영되었다. 이런 관점은 교회에 광범위한 영향을 미친다. 왜냐하면 두 수준의 신자들이 예수님의 사역 속에 반영되어 있다면, 이런 두 수준의 신자들이 오늘날 교회에서도 있을 것이라고 예상되기 때문이다. 이런 종류의 가르침은 제자들이란 몇몇 헌신적인 그리스도인들만 될 수 있는 실례라고 선언한다.

하지만 마태가 제공하는 제자의 그림은 모든 그리스도인을 위한 실제적인 모습이다. 마태는 이야기를 전개하면서 정상적인 성장 과정을 보여주는 제자들의 모습을 드러낸다. 예수님을 따르라는 부르심에 응답하면서 그들은 일생 동안 주님에게 온 마음을 집중하여 투신하는 모험에 착수한다. 그러나 그들은 이상적인 사람들이 아니다. 그들에게는 약점이 있었고 실패가 있었다. 그들은 예수님의 부르심에 응답하여 자기에게 계획된 역할을 수행하기 위해 성장해나간 보통 사람들이다. 그들이 특별한 사람들이었던 것은 사실이지만 마태는 그들을 이상적인 존재로 그리지 않는다. 마태가 누군가를 이상화하려고 의도했다면, 그 인물은 바로 예수님일 것이다. 예수님이 마태복음의 중심인물이다.[1] 예수님이 주님이시고, 예수님이 임마누엘 곧 "우리와 함께하는 하나님"이시다(마 1:23). 우리는 예수님이 마태의 이야기에서 발견되는 이상적인 영웅이라고 말할 수 있다.

그러나 마태복음에서 제자들은 우리를 위한 또 다른 유형의 영웅이다. 제자들은 약점을 지니고 있었으며 실패를 경험하는 전형적인 인간이었지만, 동시에 잠재력을 가지고 있었다. 그들은 예수님의 부르심에 응답하고서 하나님 나라 건설이라는 위대한 일을 이루기 위한 전략을 실행하는 데 동참하겠다고 나선 사람들이다. 제자들은 용기와 고결함으로 자신들의 과업을 성취하는 데 집중하며, 이런 자세로 직면한 상황에 대응한 실제 사람들의 실례이다. 우리는 제자들을 우상화하거나 혹은 이상화된 인물의 범주에 넣어서는 안 된다. 교회의 초석이 되는 일로 부름받았다는 점에서 그들은 특별하지만 동시에 그들은 우리와 매우 유사한 보통 사람들이다. 우리와 동일한 자질을 갖춘 사람들이 영웅으로 새롭게 탄생한 것이다. 우리는 그들의 실례에서 많은 것을 배울 수 있다.

제자도에 대한 마태의 독특한 견해

예수님의 제자들을 바라보는 마태의 관점은 엇갈려 나타난다. 병행구에서는 그렇게 말하지 않는데 마태는 제자들이 예수님과 함께하는 것으로 밝힐(마 9:19) 때도 있고, 병행구에서는 제자들이 예수님과 함께 있다고 말하는데 마태는 제자들을 배제할(마 12:15) 때도 있다. 병행구에 없는 **제자들**이라는 말을 포함하여 제자들에 대해 매우 긍정적인 태도를 의도적으로 투사하지만(마 12:49), 때로는 부정적인 생각을 일으키기 위해서 병행구에는 없는 방식으로 제자들을 상세하게 거론한다(마 26:56). 어떤 때에 마태는 제자들을 거론하여 베드로의 죄책을 나누게 하지 않지만(마 16:23), 다른 경우에는 그들을 지적하여 베드로의 죄책을 같이 지게 한다(마 14:31). 때로 마태는 의도적으로 제자들을 '열두' 사도와 연결하는 전통을 더욱 추진하는 것처럼 보이지만(마 10:1), 다른 경우에는 더 광범위한 제자의 무리를 암시한다(마 8:21; 27:57). 이렇듯 엇갈리는 조망은 제자도에 대한 마태의 관점을 알 수 있게 특별한 통찰을 제공한다.[2]

예수님 주위에 모인 작은 무리의 제자

마태와 마가는 예수님의 제자들중 작은 무리만 언급하는데, 이는 큰 무리의 제자를 언급하는 누가와 요한과 다르다(눅 6:17;

10:1; 요 6:60-66 참조). 올브라이트(Albright)와 맨(Mann)은 예수님이 집안에서 제자들을 만날 수 있고(마 9:10-19, 28; 13:36 이하 참조), 그들이 모두 배 한 척으로 함께 여행할 수 있었으므로(마 8:23; 14:22 참조), 마태가 작은 무리의 제자들만 예수님과 함께할 수 있었음을 강조한다고 말한다.[3]

앞에서 본 것처럼 예수 운동 초기에는 많은 수의 제자들을 포함하여 큰 무리가 예수님을 따라다녔다. 마태는 이 많은 수의 제자들을 잘 알고 있었다. 병행구를 연구해보면, 누가복음과 심지어 마가복음에도 훨씬 큰 무리의 제자들이 언급되는 몇몇 경우에서 마태는 오직 열둘에게만 집중하고 있음이 드러난다. 마태를 목격자로 보든, 아니면 다른 복음서 저자들과 함께 동일한 구전을 다루는 것으로 보든, 마태는 예수님의 지상 사역에서 그분을 따르던 많은 수의 제자들을 알고 있었음이 확실하다.[4] 하지만 마태의 이야기에는 일관되게 오직 작은 무리의 제자들만 예수님 주위에 있었다.

제자들, 열둘, 사도들

이 작은 수의 제자들은 열둘과 밀접하게 연결되어 있다. 마태와 마가는 '제자'라고 불린 그 사람들을 '열둘' 혹은 '사도'와 일치시키는 경향이 있다. 로버트 마이어(Robert Meye)는 이렇게 주장한다. "마가는 일관되게 열둘만을 예수님의 제자로 보고 예수님의 사역을 서술한다."[5] 마태도 역시 이런 관점으로 예수님의 제자들을 본다.[6] 마가는 적어도 열한 번 예수님의 제자들을 '열둘'이라는 말로만 지칭한다. 마태는 제자들을 지칭하면서 '열둘'이라는 표현을 여덟 번 사용하지만 '열둘'만을 지칭해서 이러한 표현을 사용한 적은 한 번도 없다.[7] 병행구에서도 이 동일시가 인정되므로 마태는 마가가 '열둘'이라고 말하는 곳에서 '제자들'이라는 표현을 사용할 수 있고(마 13:10과 막 4:10 비교; 마 18:1과 막 9:35 비교), 또한 "그의 열두 제자"(his twelve disciples)라는 표현도 사용할 수 있으며(마 11:1), 또한 때로는 '열둘'이라는 표현에 '제자들'을 합쳐서 '열두 제자들'이라는 표현을 사용할 수도 있다(마 10:1; 20:17; 26:20). 그런데 흥미롭게도 오직 마태만이 '열두 제자들'이라는 긴 명칭을 사용한다. 페쉬(R. Pesch)는 심지어 "레위"(막 2:14)를 "마태"(마 9:9; 10:3 참조)로 대체하는 곳에서도 마태는 제자들과 열둘을 엄밀하게 일치시켜야 함을 확실히 강조하려 한다고 말한다.[8] '열둘'이라는 명칭을 이렇게 독특하게 사용한 것 외에도 마가와 마태는 '사도들'이라는 명칭을 단 한 번만 사용하는데(마 10:2; 막 6:30), 이는 열둘이 팔레스타인의 전도 사명을 위해 파송될 때에만 해당된다. 그러므로 마태는 **제자**라는 용어를 '열둘'이라는 명칭과 매우 밀접하게 일치시키며, 이것은 즉시 **사도들**과 연결된다.

마태(그리고 마가)가 일반적으로 **제자**라는 용어를 '열둘'이라는 명칭과 동일시하지만, **제자**라는 용어를 열둘로만 한정하려는 의도는 없다. 마태는 열둘 이외의 제자들도 구체적으로 언급한다(마 8:21).[9] 마태는 예수님의 교훈을 받아들이고 예수님을 따르라는 철저한 요구에 순종한 더 넓은 무리의 제자들을 표시한다(마 10:24-42). 마태는 또한 관련된 동사를 통해 열둘 외에도 이름이 밝혀진 제자인 아리마대 요셉의 존재를 인정한다(마 27:57). 또한 제자도 용어를 사용하여 예수님의 십자가 현장에 있던 여인들을 묘사한다.[10] 마태는 일반적으로 제자들을 열둘과 동일시하지만, 다른 제자들의 존재를 배제하지는 않는다. 다른 말을 하지 않는 한 마태가 제자라고 할 때에는 열둘을 가리키는 것이지만, 이것이 예수님에게 다른 제자들이 없었다고 말하려는 것은 아니다.[11]

제자들, 무리, 종교 지도자들

예수님의 제자들, 무리 그리고 유대 지도자들이라는 세 부류의 사람들이 마태의 예수님 이야기에서 배경을 이룬다. 제자들은 예수님을 진정으로 따르는 자들, 다시 말해 참된 신자들이다. 무리는 기본적으로 중도적 성향의 사람들인데 예수님이 복음을 전하고, 가르치고, 병을 고쳐줌으로 구원하려는 대상이었다. 그러나 무리가 한 부류의 그룹으로 예수님에게 믿음을 드러내 보인 것은 아니다. 유대 지도자들은 예수님의 반대자들로서 십자가를 초래한 사람들이다.[12]

제자들은 예수님이 지상 사역을 하시는 동안 그분의 긴밀한 동반자였으며(마 9:19; 14:22), 무리를 돌보는 사역에서 함께 수고한 이들이다(마 9:36-37; 14:13 이하; 15:32 이하). 예수님은 무리 앞에서 제자들을 들어 그분의 참된 가족 즉 하나님 아버지의 뜻을 행하는 자들의 실례로 삼았다(마 12:49-50). '무리'는 호기심을 갖기는 했어도 기본적으로 중도의 성향을 보인 부류로서 예수님의 길에 진지하게 참여하지 않았고, 경우에 따라 예수님에 대해 긍정 혹은 부정적인 태도를 취했다.[13] 예수님이 복음을 전하고 가르치고 병을 고치실 때 군중은 주변에서 그분을 따랐지만(예를 들면 마 4:25), 제자도를 위한 두 가지 조건, 곧 비용을 계산하고 헌신하는 일은 하지 않았다. 무리는 문자적으로만 예수님을 따랐을 뿐, 그분의 제자로서 형이상학적인 의미로 동행한 것은 아니었다.[14] 무리는 그분을 따랐고(마 4:25), 그분에게 병을 고쳐달라고 호소했으며(마 15:29-31), 그분을 환호했지만(마 7:28; 21:9-10), 때로는 그분을 비웃고(마 9:23-25), 그분을 붙잡으러 왔으며(마 26:47), 대제사장과 장로들에게 영향을 받았고(마 27:20), 마지막으로 예수님의 피에 대한 책임을 지게 되었다(마 27:24).

예수님의 목표는 무리 중에서 제자들을 만드는 것이었다. 예수님이 가르치고 복음을 전하실 때, 무리 중에서 나와 예수님을 '주'라고 부르는 것이 믿음의 표시였다(마 8:18, 21; 17:14-15 참조).[15] 한 개인이 무리 중에서 나왔을 때 믿음을 발휘하여 신자가 되든지 아니면 믿지 않기로 결정하는 것이다(마 19:16-22 참조). 그러므로 무리는 중도적 그룹이다. 이 무리에서 나온 사람들이 예수님의 제자가 되거나 아니면 예수님을 반대해서 종교 지도자들과 연합했다.

예수님의 가르침을 이해함

다른 어느 복음서 저자들보다도 마태는 참된 제자도의 본질이란 예수님의 가르침을 깨닫고 순종한 자들에게서 발견된다는 점을 강조한다. 마태는 적어도 세 번 제자들이 예수님의 가르침을 깨달았다고 말하지만(마 13:51; 16:12; 17:13), 병행구에서 마가는 제자들이 깨닫지 못한 것으로 표시한다(막 6:52; 8:21; 9:10, 32). 여기에서 마태의 목적은 마가의 목적과 다르다. 마가의 목적은 심지어 제자들조차 예수님의 지상 사역의 장엄함을 깨닫기가 얼마나 어려웠는지를 강조하려는 것이다. 마태도 이 점에는 동의하지만 거기에서 더 나아간다. 곧 예수님이 가르치실 때 참된 신자는 깨닫게 된다는 것이다. 마태의 전형적인 방법은, 예수님의 지상 사역에서 발생하는 일들을 깨닫기가 얼마나 어려운지 보여준 다음, 거기에서 더 나아가 예수님이 가르침을 끝내면 제자들이 마침내 그것을 깨달았음을 보여주는 것이다.

제자들과 무리의 영적 이해력은 양극단에 있었다. 예수님이 위대한 비유로 천국 비밀을 가르칠 때, 그분은 처음에 무리를 향하여 그 비유를 말씀하셨다(마 13:1 이하). 그러나 그 일은 무리의 완악한 마음을 드러낼 뿐이었다. 그들은 비유를 들어도 깨달을 수 없었던 것이다(마 13:10-17). 그 결과 예수님은 무리를 떠나 조용한 집 안으로 들어가셨고 거기에서 제자들이 그분의 교훈을 받았다(마 13:10, 36). 예수님이 교훈을 마칠 즈음에 제자들은 예수님의 교훈을 깨달았다고 이야기했다(마 13:51). 이와 같이 참된 제자들은 예수님의 교훈을 깨달을 것이다. 예수님에게서 배우고, 하나님 뜻이 예수님을 통해 실현된다는 것을 배울 때 하나님의 뜻을 발견하는 것이라고 예수님은 암시하셨다(마 9:13; 11:29). 참된 제자란 하나님의 뜻에 순종하는 사람이며(마 12:49-50), 예수님의 비유에서 배우는 사람이고(마 13:51; 24:32), 천국의 방법에 따라 예수님을 통해서 '제자가 되는' 사람이다(마 13:52; 27:57). 어떤 학자들은 마태복음의 '제자들의 깨달음'을 마가복음의 '깨닫지 못함'에 대비하여, 이것이 마태가 제자들을 '이상화'하려고 시도한 것이며, 제자들에 관해서 존경스럽지 못한 모든 것을 윤색하려 한 것이라고 설명한다.[16] 마태가 제자들의 실책에 초점을 맞추지는 않지만(예를 들면 마 8:25; 13:16; 14:31), 그는 제자들의 부족한 믿음에 대해서 말하며(마 14:31; 16:8, 22-23; 17:20) 제자들의 부정적 측면을 보여준다(마 26:8, 56).[17] '깨달음'은 제자들을 이상화하려는 것이 아니라 예수님과 그분의 가르침을 강조하는 것이다.[18]

참된 의미의 '복음'을 제시하면서 마태는 "예수님 안에서 하나님의 구속 동기와 활동이 성취되었음에 시각을 맞추는 예증적인 역사"를 기술한 것이다.[19] 마태의 시각은 특히 스승인 예수님과 제자들의 관계에 대한 그의 이해에서 현저하게 드러난다. 제자들이 엑스트라로 취급되어서는 안 되지만,[20] 제자들은 예수님의 말씀과 행함을 강조하려는 마태복음의 일차적인 목적에 봉사한다.[21] 각각의 주된 가르침들은 일차적으로 제자들을 향한 것이며(마 5:1; 10:1; 13:10, 36; 18:1; 23:1; 24:1-3), 부분적인 가르침들은 자주 제자라는 용어가 포함됨으로 그것이 제자도의 가르침으로 바뀐다.[22] 마태는 예수님이 하나님의 뜻을 가르치러 왔으며, 참된 제자는 그 뜻을 깨닫고 순종하는 사람임을 우리에게 이해시키려 하는 것이다.

마태복음에서 제자도의 발전

이와 같이 마태는 주로 예수님 주변에 모인 열둘로 이루어진 작은 무리의 제자들에게 초점을 맞추었다. 그들은 예수님의 가르침을 진정으로 깨닫고 순종하는 까닭에 종교 지도자들과 무리로부터 분리되었다. 예수님의 제자에 대한 이 관점이 마태 당시의 교회에 무엇을 의미했고, 오늘의 교회에는 무엇을 의미하는가?

예수님을 위하는가, 대적하는가?

어떤 학자들은 예수님 주변으로 작은 무리가 모인 사실에 대해, 완전히 헌신한 소수들로 이루어진 작은 무리만이 제자가 될 수 있다는 의미라고 해석한다. 게르트 타이센은 부자 청년의 사례는 '더 나은' 의를 성취하는 과정을 통해서만 제자가 될 수 있다는 표시라고 주장한다.

> 마태복음에서 부자 청년은 무엇보다도 모든 계명을 지키라는 요구를 받는다. 그 이후에야 그는 제자가 되라는 부름을 받는다. 그에 대한 부름은 조건적인 용어로 표현되었다. "네가 온전하고자 할진대 가서 네 소유를 팔아 가난한 자들에게 주라…"(마 19:21). 온전해지고자 하는 사람에게는 특별한 규칙이 있다. 〈디다케〉(*Didache*)도 그것을 비슷한 용어로 표현한다. "네가 주의 전체 멍에를 질 수 있다면 너는 완전할 것이지만, 그렇게 할 수 없다면 네가 할 수 있는 것을 하라"(*Didache* 6.2).[23]

타이센의 제안에 의하면, 일련의 규범들을 완수해야만 예수님에 대해 동의하는 그 이상으로 완전히 헌신한 제자가 될 수 있다는 것이다. 따라서 철저하게 헌신한 작은 무리의 개인들만이 제자가 될 수 있었다.[24]

타이센은 우리 모두가 분명히 해야 하는 한 가지 문제를 제기한다. 그가 예수님에 대한 제자의 헌신을 강조한 것은 정당하다. 그러나 그 헌신은 영원한 생명을 얻는 것과 관계된 것이지, 그리스도인의 생활이 얼마나 향상되었는지를 나타내는 단계와 관계된 것이 아니다. 마태가 소개한 부자 청년은 "선생님이여 내가 무슨 선한 일을 하여야 **영생**을 얻으리이까"(마 19:16, 강조는 저자 표시)라는 질문을 가지고 예수님에게로 왔다. 그러나 제자는 예수님에 대한 믿음의 헌신을 통해서 되는 것이지, 행위의 헌신을 통해서 되는 것이 아니다. 우리는 이 문제를 분명히 해야 한다.

예수님은 제자가 되어 그분을 따르려는 사람들을 예리하게 구분하셨다. "나와 함께 아니하는 자는 나를 반대하는 자요 나와 함께 모으지 아니하는 자는 헤치는 자니라"(마 12:30).[25] 사람은 예수님을 위하든지 예수님을 반대한다. 제자들은 예수님과 함께하기로 결단했다. 예수님을 주로 고백했을 때 그들은 제자가 되었다. 중간 지대는 없다. 이 진술 속에서 우리는 예수님의 지상 사역 동안 그분 주위에 있던 세 부류의 실례를 본다. 제자들은 예수님과 함께했고, 유대교 지도자들은 예수님을 대적했고, 무리는 그분과 함께하든지 아니면 그분을 대적하든지 양단간에 결정을 내려야 했다.

처음에 무리는 예수님의 가르침(마 7:28-29)과 기적(마 9:8)에 놀랐고, 예수님의 긍휼하신 관심을 받아들였으며(마 9:35-38; 14:13-14), 예수님과 함께하는 것처럼 보였다. 그러나 무리는 갈수록 마음이 완악해지고(마 13:2-3; 10-17; 34-36 참조), 결국에는 유대교 지도자들에게 설득당하여 예수님의 죽음을 요구했다(마 27:15-25). 오직 제자들, 하나님의 뜻을 행하는 그의 형제들만 부활 후에 그분의 추종자로서 '예수님과 함께' 했다(마 12:49-50; 28:10, 16 참조).

제자들은 교회 내에서 군중 위에 높이 솟아 이상화된 신자이거나[26] 평신도를 돕는 교회 내 사제 계급이 아니다.[27] 제자들은 예수님의 참된 추종자이고, 종교 지도자들은 예수님의 적이며, 무리는 지속적으로 예수님의 구원 사역의 대상이 되는 사람들이다. 예수님은 지상 사역 동안 직접 무리 안으로 들어가셨다. 그분은 그들에게 복음을 전하고 가르쳤으며, 그들의 병을 고쳐주셨다. 이제 그분은 자기의 제자들을 준비시켜 무리 안으로 들어가게 하신다(마 10:5 이하; 14:14-19; 15:29-36). 승천하신 후의 사역에서 예수님은 제자들을 더 큰 무리 곧 여러 나라로 파송하여 그곳에 사는 사람들을 제자 삼게 하신다(마 28:16-20).

평신도와 지도자

최초의 제자들은 예수님이 어떻게 지속적으로 제자들을 부르고 가르치고 훈련하는지 마태가 교회에 보여주는 실례였다. 마태는 예수님과 제자들의 이야기를 전할 때, 특정 공동체의 필요에 맞도록 해석해서 전해주었다. 마태가 자신의 상황을 예수님과 열둘의 역사적 배경에 투사했다는 말이 아니다. 도리어 그 반대이다. 그는 독자에게 가장 적합한 내용의 역사 자료를 선택했다. 그는 실제 그대로의 제자들을 묘사함으로—비록 그들을 이상적인 본보기로 만들려고 의도하지는 않았지만[28]—그들이 그리스도의 교회가 어떠해야 하는지 보여주는 실례가 되도록 했다. 그들이 이상화된 것이 아니라, 우리가 앞에서 보았듯이 그들의 '깨달음'이 예수님과 그분의 가르침을 돋보이게 했다.[29]

마태는 긍정적인 면과 부정적인 면을 전부 보여주었다. 긍정적인 면은 예수님의 뜻에 완전히 순종하면서 따르는 참된 제자들에게 어떤 일이 발생하는지 보여주는 것이다(특별히 제자도에 대한 교훈에서). 부정적인 면은 성부의 뜻을 순종하는 일에서 예수님과 하나 되지 못하는 제자들에게 발생할 수 있는 상황을 보여준다(도망, 마 26:56; 잠이 듦, 26:40, 45; 만용, 26:35). 이렇게 부정적으로, 또는 긍정적으로 그려진(마 15:23; 16:5-12; 17:6-7; 17:16-20; 19:13-15) 제자들은 가르침을 받고 더 깊은 깨달음을 얻어 예수님과 하나가 된, 다시 말해 예수님의 불완전한 추종자를 보여주는 실례가 된다.[30] 또한 하나의 실례로서, 그들은 제자라고 불리기 위해서는 어떻게 되어야 하는지를 상당히 현실적이고 실제적으로 보여주는 사람들이 되었다(마 28:16-20).

실제로 열둘은 교회 내 평신도와 지도자 모두의 실례가 된다(마 4:18-22; 10:1-2). **제자**라는 단어는 예수님의 추종자, 곧 신자의 모습으로 부각되어 일반적으로 교회와 동일시될 수 있는 사람을 떠올리게 한다. **열둘**이라는 단어는 초대교회에서 사도의 역할을 수행한 반복될 수 없는 역사적 인물들을 떠올리게 한다. 열둘은 신자와 지도자, 제자와 사도의 이중적 역할을 수행한다. 마태는 그리스도인으로서의 통상적인 역할과 함께 지도자 역할을 강조한다.[31] 오직 소수의 무리만 영생에 이르는 좁은 문으로 들어가라는(마 7:13-14) 부름에 응답했지만, 일단 그 문으로 들어간 후에는 모두가 임박한 고난에 대해 비밀리에 듣고(마 16:21), 그 나라에 대한 예수님의 가장 깊은 계획을 비밀리에 들었다(마 13:10 이하, 36 이하).[32] 그런 특권이 참된 신자 모두에게 주어진다.

시몬 베드로: 동등함 가운데 첫째

마태복음에서 제자들이 제자가 된다는 게 무슨 뜻인지 긍정적, 부정적으로 보여주는 실례의 역할을 한 것처럼, 마태복음에서 시몬 베드로의 모습은 교회의 한 인물을 통해 제자도를 보여주는 실례가 된다.[33] 마태는 제자들을 부르고 가르치고 파송하여 그들과 같은 사람들을 더 만들도록 하신 예수님에게 초점을 맞춘다. 그러나 제자들은 이름 없고 얼굴 없는 집단적 통일체이다. 마태는 종종 의도적으로 제자들의 이름이 특별히 거명되는 것을 피하거나 (예를 들면 마 20:20-28; 24:3; 26:37) 제자들의 범주를 밝히지 않음으로써(예를 들면 마 24:1; 26:18-19) 제자들을 하나가 된 이름 없는 단체로 제시한다. 마태의 이런 경향은 콘젤만(Conzelmann)이 제자들을 집합적 통일체로 보려는 전통의 경향이라고 부른 것과 일치하지만,[34] 흥미롭게도 마태는 마가보다 이것을 더욱 강조한다.

이름 없고 얼굴 없는 제자 단체라는 배경에 놓고 볼 때, 베드로는 특별히 강하게 부각된다. 왜냐하면 그는 이름이 밝혀져서 강조되는 유일한 제자이기 때문이다. 마태는 다른 복음서 저자들보다 베드로를 긍정적인 면과 부정적인 면 모두에서[35] 더욱 부각시킨다. 베드로는 제자들의 단체가 실례로 사용되는 것과 매우 유사하게 실례로 사용된다. 마태가 제자들을 하나의 실례가 되는 단체로 삼아 집중하지만, 베드로는 '전형적인' 개인으로 이해된다.[36] 장점과 단점 모두에서 베드로는 교회에 실례가 될 수 있으므로 마태는 베드로의 진정한 인간적 요소를 부각시킨다. 교회는 인간적인 베드로의 특징에서 많은 공통점을 발견할 것이다. 기복이 있다는 점에서 그는 일반 신자와 매우 유사하며, 따라서 교회가 실례로 삼아 배울 수 있는 사람이 된다.

이것은 마태가 기록한 교회 지도자들에게도 마찬가지이다. 베드로는 복음서에서 언제나 제자들의 지도자로 나타난다. 그러나 그것은 내부에서의 직책일 뿐이다. 즉 베드로는 동등한 사람들 중에서 첫째이다. 그러므로 베드로는 마태복음에 기록된 교회 지도자들을 위한 실례로 활용될 수 있었다. 베드로가 지도자로서 성공과 실패를 경험한 것처럼 교회 지도자들도 베드로의 경험에서 배울 수 있다. 베드로가 제자들을 대표하여 제기한 질문 혹은 응답들은 마태 당시의 교회에도 여전히 거론되는 문제들이었다(예를 들면 마 15:15; 17:24-25; 18:21).[37]

교회 전체는 제자들의 단체와 동일시될 수 있고, 교회 내 각 신자와 각 지도자는 베드로에게서 배울 수 있다. 예수님이 베드로를 가르치시듯 예수님의 가르침이 교회에게 주어진다. 초점은 베드로에게 "내가 나의 교회를 세울 것이다"라고 약속하신 예수님에게 있다. 예수님이 그를 불렀고 교정하고 가르치셨다. 예수님이 베드로와 함께 베드로를 통해서 일하셨듯이, 그분은 교회와도 똑같이 하실 것이다.

지상명령의 대사들

예수님이 지상 사역에서 자기 추종자들과 함께하시면서 그들은 훈련하고 가르치신 결과, 예수님이 원하시는 종류의 제자와 제자의 정의가 생겨났다. 지상명령에서 예수님은 그분이 사람들을 양육하신 것처럼 이제는 제자들이 더 많은 사람들을 양육해야 한다고 말씀하셨다. 그 명령은 예수님이 이 세상에 오신 목적을 요약한다. 게다가 마태복음 마지막에 지상명령이 위치한 사실은 마태가 복음서를 기록한 전체 목적을 표시하는 것으로 인식되었다.[38] 그것은 마태복음에서 제자의 역할을 이해하기 위해서 특별히 중요하다. 부활하신 예수님이 지상 사역 기간에 자신과 함께한 제자들, 곧 이제 "열한 제자"라고(마 28:16) 불린 사람들을 만나서 이렇게 선언하신다. "하늘과 땅의 모든 권세를 내게 주셨으니 그러므로 너희는 가서 모든 민족을 제자로 삼아 아버지와 아들과 성령의 이름으로 세례를 베풀고 내가 너희에게 분부한 모든 것을 가르쳐 지키게 하라 볼지어다 내가 세상 끝날까지 너희와 항상 함께 있으리라"(마 28:18-20).

이 명령은 예수님의 제자도가 지닌 독특성을 다시 한 번 보여준다. 예수님의 부르심은 구원으로의 초대이면서 동시에 봉사로의 소환이다. '부르심'[39]을 더 넓은 성경적 개념 안에서 볼 때, 예수님이 제자들을 부르신 것은 하나님이 이스라엘을 불러서 복 받은 백성으로, 그리고 다른 사람을 위해 복이 되는 백성으로 삼은 것과 유사하다. 이스라엘이 부름받은 이유는 홀로 하나님의 백성이 되어 하나님의 복을 즐기기만 하는 게 아니라 동시에 지상 모든 민족을 위한 복의 근원이 되기 위함이다. 이와 마찬가지로, 예수님의 부르심은 예수님과 제자도 관계로 들어와 왕국에서 예수님과 함께 일하라는 부르심이다. 모든 남녀가 예수님과의 관계 속으로 부름을 받는데, 이 관계는 그들의 구원을 보장하면서 동시에 복음이 지속적으로 선포되는 일 또한 보장하는 것이다. 어떤 구절들은 한 가지 요소를 다른 요소보다 더 강조하는 것처럼 보이지만, 예수님을 따르라는 부르심은 그것이 열둘이든 아니면 더 넓은 제자의 무리든[40] 거기에 응답하는 사람들이 복음의 메시지가 주는 복에 참여할 뿐만 아니라 또한 앞으로 이어질 복음 메시지 선포에서 예수님과 연합한다는 것을 의미했다. 예수님은 제자들에게 이렇게 말씀하셨다. "이제부터는 너희를 종이라 하지 아니하리니 종은 주인이 하는 것을 알지 못함이라 너희를 친구라 하였노니 내가 내 아버지께 들은 것을 다 너희에게 알게 하였음이라 너희가 나를 택한 것이 아니요 내가 너희를 택하여 세웠나니 이는 너희로 가서 열매를 맺게 하고 또 너희 열매가 항상 있게 하여 내 이름으로 아버지께 무엇을 구하든지 다 받게 하려 함이라"(요 15:15-16).

예수님은 지상 사역 동안에 제자들을 가르치고 훈련하셨다. 이제 예수님은 제자들을 파송함으로 그분 자신이 그들에게 한 것을 더 많은 이들에게 전하려 하신다. "열한 제자"(마 28:16)라는 더 완전한 명칭을 사용함으로 마태는 교회와 사명의 연대를 말하는 동시에 사도의 지도적 역할을 인정한다. '열하나'인 이 추종자들은 교회의 형성과 구원 역사에서 독특한 역할을 담당한다(마 19:28). '제자'로서 그들은 영원한 생명으로 들어온 모든 사람을 대표한다(마 19:29). 그러므로 '열하나'라는 면에서는 지상명령의 지침이 교회 내 지도직을 가진 사람들에게 주어지지만, '제자'라는 면에서 그들은 모든 제자의 패러다임이다. 그러므로 '열한 제자'로서 그들의 역할 속에서 지상명령은 모든 신자의 의무가 된다.[41]

예수님의 지상 사역은 이스라엘 내에서 제자들을 삼는 일에 집중되었다(요 4:1 참조). 승천하신 후에는 모든 족속을 "제자 삼는" 사명을 제자들에게 부여하셨다(마 28:16-20). '제자 삼기'란 아직 사죄를 받지 못한 사람들에게 복음 메시지를 선포하는 것임이 분명하다. 누가는 부활 후에 예수님이 제자들에게 나타난 또 다른 경우를 기록하여 이 명령의 뜻에 빛을 비춘다. 예수님은 시간을 들여서 제자들에게 그분의 지상 사역과 승천 후 사역 사이의 관계를 밝혀주셨다. 누가의 말이다.

> 이에 그들의 마음을 열어 성경을 깨닫게 하시고 또 이르시되 이같이 그리스도가 고난을 받고 제삼일에 죽은 자 가운데서 살아날 것과 또 그의 이름으로 죄 사함을 받게 하는 회개가 예루살렘에서 시작하여 모든 족속에게 전파될 것이 기록되었으니 너희는 이 모든 일의 증인이라(눅 24:45-48; 요 20:21-23).

누가의 통찰을 마태의 것과 조합해보면, 예수님의 이름 안에서 회개와 사죄를 선포하는 것으로 '제자 삼기'가 성취된다는 것을 알 수 있다. 다른 말로 하면, 어떤 사람이 자신의 죄를 용서받기 위해 그리스도께로 돌아올 때 즉 구원을 받을 때 제자가 되는 것이다.

누가가 기록한 '복음전파'와 마태가 기록한 '제자 삼기'의 대상이 누구인가? 두 경우 모두 '모든 족속'(*panta ta ethnē*[판타 타 에쓰네])이다. 이제 이방인과 유대인을 포함한 모든 족속에게 예수님의 제자가 될 기회가 주어졌다. 어떤 사람들은 마태가 '모든 족속'이라는 말로 이방인만을 가리켰기 때문에 거기에 유대인은 포함되지 않는다고 주장하지만,[42] 대부분의 사람들은 마태의 전체적인 의도에는 유대인이 포함된다는 것을 인정한다. '모든 족속'이라는 제대로 된 표현은 마태복음에서 네 번 사용되었는데, 사용된 문맥을 보면 유대인을 포함한 모든 족속으로 보는 것이 합당하다(마 28:19; 24:9, 14; 25:32). 가장 중요한 것은 지상명령에서 마태가 복음서 서문의 보편적 주제로 회귀한다는 점이다(마 1:1). 거기에 보면 아브라함을 통해서 땅의 모든 족속에게 약속되었던 복(창 12:3)이 이제 메시아 예수님 안에서 성취되는 것을 알 수 있다. 창세기 18장 18절, 22장 18절에서 아브라함에게 주어진 원래의 약속이 반복되는데, 70인역은 여기에서 마태복음 28장 19절에서 발견되는 것과 동일한 표현인 "모든 족속(nation, 만민/민족)"을 사용했다. 마태의 목적은 예수님이 어떻게 모든 사람의 메시아인지 보여주는 것이다. 예수님을 통해 모든 사람이 구원을 받는다는 그의 주제는(예를 들면 마 1:1; 2:1-12; 4:15-16; 8:5-13; 10:18; 13:38; 24:14 등) "모든 족속을 제자로 삼으라"는 명령에서 이 복음서를 절정으로 이끈다.[43] '모든 족속'을 제자 삼으라는 마태복음의 위임령을 "그의 이름으로 죄 사함을 받게 하는 회개가 예루살렘에서 시작하여 모든 족속에게 전파될 것"(눅 24:47)이라는 누가복음의 위임령에 비추어 생각해보면, 이스라엘에서 행하신 예수님의 사역이 훗날 지상의 모든 족속에게 복음을 전해주는 일의 출발점이 되었음을 알 수 있다.[44]

사도들이 예루살렘과 유대와 사마리아와 땅끝까지 이르러 예수님의 메시지를 전파하며 제자를 삼는 초대교회의 활동에서, 모든 족속을 제자로 삼으라는 명령이 말 그대로 놀랍게 성취되었다. 누가는 바울과 바나바가 소아시아 지역의 이방 도시인 더베를 다니면서 "복음을 그 성에서 전하여 많은 사람을 제자로 삼고 루스드라와 이고니온과 안디옥으로 돌아가서 제자들의 마음을 굳게 하여 이 믿음에 머물러 있으라 권하고"라고 말한다(행 14:21-22). 초대교회에서 복음 메시지를 믿는다는 것은 곧 제자가 된다는 뜻이었다(행 4:32을 6:2과 비교하라). 수많은 남자들과 여자들이 예수님과의 관계 속으로 부름받았으며, 그 관계 속에서 구원이 확보되었고 지속적인 복음전파가 보장되었다. 쿰란 종도 같은 고립주의자들은 '불의한 사람들의 무리'로부터 떠나기로 작정했지만, 예수님과 그분의 운동은 이스라엘 내에서 그리고 땅의 가장 먼 곳까지 나아가면서 활동했다.[45]

그러나 예수님의 지상명령은 그분의 제자가 되어 구원을 확보한다는 것 이상을 포함한다. 그것은 또한 제자로서의 성장 과정을 포함한다.[46] 제자들에게 "모든 족속을 제자로 삼으라"라고 명령했을 때 예수님이 의미하신 바는, 그분 자신이 제자들을 만드셨듯이 제자들도 그 일을 하라는 것이다. 그 과정은 예수님이 그들에게 하신 것과 정확하게 일치하지는 않을 것이다. 왜냐하면 오순절 이후의 상황이 그 과정을 바꿀 것이기 때문이다.[47] 그럴지라도 그 과정은 여러 가지 면에서 유사할 것이다. 특별히 성장 과정이 "아버지와 아들과 성령의 이름으로 세례를 베풀고 내가 너희에게 분부한 모든 것을 가르쳐 지키게 하라"(마 28:19-20)라는 구절에 포함되어 있다. 한 사람이 그 민족으로부터 나와 제자의 삶을 살라는 초청에 응할 때, 그는 세례와 예수님의 가르침에 순종함으로 그 일을 시작하게 된다. '세례'는 새 제자가 자신을 예수님과 동일시하는 활동을 묘사하며, '가르침'은 새 제자가 제자도 안에서 성장하게 만드는 활동을 묘사한다.[48] 우리는 성장 과정이 오직 가르침만을 포함하는 것이 아님을 주목해야 한다. 제자도에서 성장은 새 제자가 예수님의 명령을 순종할 때 성취된다. 예수님의 지상 사역에서 보았듯이 순종은 예수님의 제자임을 증명하는 표시이다. "손을 내밀어 제자들을 가리켜 이르시되 나의 어머니와 나의 동생들을 보라 누구든지 하늘에 계신 내 아버지의 뜻대로 하는 자가 내 형제요 자매요 어머니이니라 하시더라"(마 12:49-50). 리더보스(H. N. Ridderbos)는 다음과 같이 간결하게 말한다. "사도들은 예수님이 지상 사역 기간에 명한 모든 것을 사람들에게 가르쳐서 지키게 해야 했다. 사도의 말을 듣는 사람들은 예수님의 명령 아래로 이끌려 들어갔기 때문에 자신이 진정 예수님에게 속해 있음을 그들의 삶으로 증명할 수 있어야 했다. 그것이 바로 복음전파의 최종 목적이다."[49]

그러므로 마태복음의 여러 가지 목적 중 하나는 예수님의 제자들이 미래에 제자들을 만들고 양육할 때 도움을 주기 위한 자료를 제공하는 것이다. 그래서 마태는 예수님을 제자들의 지고한 주님이요 교사라고 가르쳤다. 예수님의 지상 사역 동안에는 제자들이 깨닫지 못하고 쉽게 오해하는 등 연약함을 지니고 있었으나, 마태는 예수님의 가르침이 그들을 깨달음과 순종에 도달하게 했다고 강조한다. 그 동일한 깨달음과 순종이 앞으로 다가올 시대에도 제자들을 증명하는 표시가 될 것이다. 마태복음은 바로 이 목적을 위해서 언제든지 사용될 수 있다. 왜냐하면 제자도에서의 성장 과정은 주로 새로운 제자들을 가르쳐서, 예수님이 원래 제자들에게 명한 모든 것을 새 제자들이 지키게 하는 방식으로 이루어지기 때문이다. 마태복음의 주요 말씀들이 제자들을 향한 것이기 때문에, 또한 마태복음에서 예수님의 말씀 대부분이 제자도 교훈으로 제자들에게 주어졌기 때문에, 마태복음은 제자도의 교훈을 드러내는 간

편한 자료이다. 따라서 신자가 믿음 생활을 하는 목적이 무엇인지 분명하게 밝혀진다. 예수님의 제자들은 '모든 족속을 제자로 삼기' 위해 부름을 받아 훈련을 받고, 사명을 받는다. 마태는 제자들이 미래에 다른 사람들을 제자로 삼아 양육하는 사명을 감당하도록 제자들을 준비시킬 수 있는 복음서를 설계한 것이다. 볼프강 트릴링(Wolfgang Trilling)은 새로운 회심자에게 주어질 교훈을 다음과 같이 설명한다.

> 예수님이 그의 제자들에게 명한 모든 것을 포함해야 한다. 그것이 이 복음 속에, 특히 중요한 강론들 속에 들어 있다. 그것은 스승의 교훈으로, 참된 제자도 그리고 하나님의 참된 뜻을 성취하는 길에 대한 지침들이다. 그것은 "의의 길"(마 21:32)을 포함한다. 어떤 것도 배제되거나 첨가되지 말아야 하며, 어떤 것도 그 의미가 약화되거나 새로운 의미가 덧붙여져서는 안 된다. 부활한 주님에 의해서 이것이 엄격하게 확증된다.[50]

예수님은 제자도의 필수 요소로 그 위임령을 마무리하는데, 곧 주님의 임재이다. 주님은 말씀하셨다. "볼지어다 내가 세상 끝날까지 너희와 항상 함께 있으리라"(마 28:20). 새로운 제자가 세례를 받고 예수님이 명령한 모든 것을 배워 지키게 될 때 그분이 거기 계신다. 그 명령을 순종하는 사람들과 그것에 응답하는 사람들은 부활하신 예수님이 모든 제자들을 계속해서 양육하시리라는 사실을 의식하며 위로받는다. 제자들이 따를 수 있도록 주님은 항상 제자들과 함께하시는 것이다.

적용점

소년 시절에 우러러보던 영웅들은 나의 도전 의식을 북돋아주었다. 예수님의 제자들은 내게 인생과 영원을 향한 도전을 준다. 그들은 좁은 문으로 들어가서 영생에 이르는 길을 걷기 위해, 1세기 종교의 기존 체제라는 넓은 문과 편한 길을 떠나라는 예수님의 부르심에 순종한 용감한 남자들과 여자들이다.

나는 내가 그랬던 것처럼 열둘이 스스로를 영웅이라고 부를지에 대해서는 회의적이다. 그들은 자신들의 연약함을 잘 알았다. 그들은 오직 예수님의 임재, 성부의 뜻, 성령의 능력을 통해서만 자기들이 변화될 것이며 훗날 세상을 변화시킬 것임을 알았다. 그들은 예수님의 부르심에 응답하고 주님의 지침에 순종하며 제자도 안에서 성장해간 보통 사람들이었다. 열둘에게 초점을 맞춤으로 마태는 모든 신자들이 예수님의 제자들과 연대하고 있음을 강조했다. 첫 제자들은 모든 신자들의 모범이었다. 예수님과 함께하는 모든 사람들, 즉 신자가 된 사람들은 열둘이 그러했던 것처럼 제자로 성장할 수 있다. 이 사실은 오늘의 교회에 중요하게 적용된다. 나는 다음과 같이 적용해보자고 제안한다.

첫째, 마태는 그리스도인의 삶이란 제자가 되어 예수님과 함께하는 것임을 독자들이 이해하기를 원했다. 이것은 회심이 이후에 자신을 헌신하는 순간이나 영적 성장의 과정이 아니라 제자도의 시작점이라는 것을 의미한다. 제자도의 길을 따라 여행하는 가운데 성장의 정도가 나타나겠지만, 참된 신자는 모두 그 길 위에 있는 제자들이다. 그러므로 복음전파가 제자 삼기의 출발점이다. 예수님은 이미 신자인 사람을 제자로 만드는 것이 아니라 '모든 족속'을 제자로 삼아야 한다고 말씀하셨다. 세상 민족들에 비하면 제자가 되어 '예수님과 함께하는' 사람들의 수는 적다. 구원과 제자도의 좁은 문으로 들어가는 사람은 메시지를 거부하는 사람들에 비해서 그 수가 적다고 예수님은 선언하셨다. 예수님 당시에 그러했고 오늘날에도 마찬가지일 것이다.

둘째, 제자도의 가르침은 모든 신자들을 향한 것이다. 마태가 원하는 것은 독자들이 예수님의 가르침을 받으므로 자기들을 예수님의 제자들과 동일시하는 것이다. **제자**라는 용어는 교회 내의 신자를 예수님의 친근한 추종자와 연결한다. 예수님이 사역하던 당시의 역사적 상황은 특이한 것이었지만, 예수님이 제자 삼는 과정은 오늘날 예수님이 신자/제자 삼는 과정의 실례가 된다. 오늘날 교회에 다니는 사람들이 예수님을 구주로 인정한다면, 우리는 그들 스스로가 자신이 예수님의 제자임을 이해하도록 도전할 필요가 있다. 제자훈련은 보통 신자들보다 더 헌신된 사람들이나 지도적 위치에 있는 사람들 혹은 직업적인 사역자들만을 위한 것이라고 은연중에 생각하는 신자들이 많다. 예수님의 가르침에 대한 순종이 제자훈련의 핵심이며, 제자훈련은 모든 신자를 향한 부르심이다.

셋째, 마태가 독자들에게 이해시키려 하는 것은, 제자들 사이의 구분이 그들의 역할과 관련된 것이지 영적 위치나 헌신에 관련된 것은 아니라는 점이다. 열둘은 제자이면서 동시에 사도였다. 그들은 예수님을 메시아로 믿는다는 면에서 제자였다. 그들은 지도자와 사역자라는 특정한 역할로 부름받았다는 면에서 사도였다. 이 동일한 원리가 오늘날에도 적용된다. 모든 신자는 예수님을 구주로 믿는 믿음을 통해서 제자가 되었다는 사실을 인식해야 한다. 또한 우리는 하나님이 제자들 중 일부를 교회 내 지도자로 세웠음을 인정해야 한다. 여기에서 세 가지 사실이 부각된다. (1) 교회 내 신자들은 제자로서 동등하다. 두 계급 혹은 두 수준의 그리스도인이 있다는 생각은 인위적인 개념일 뿐이다. 이는 더 헌신된 그리스도인과 덜 헌신된 그리스도인이라는 거짓 이원론을 영구화해 만인제사장의 원리를 파괴한다. 우리는 모두가 신자로서 동등하지만 역할에 차이가 있다는 점을 조심스럽게 인식해야 한다. (2) 지도자로 부름받은 제자들은 제자/지도자의 기능을 담당해야 한다. 제자/지도자는 언제나 다른 신자들과 동등하다. 베드로는 동등한 사람들 중의 지도자로서 역할을 한 것이다. 우리도 똑같이 해야 한다. (3) 우리는 열둘이 모든 신자를 위한 본보기가 될 때와 지도자를 위한 본보기가 될 때를 가장 조심스럽게 구분해야 한다.

제자도에서 성장의 필요성을 이해하기 위해서는 제자들의 참된 인간성을 이해해야 한다. 그리스도인들은 때로 제자들을 이상적인 인물로 여긴 나머지 그들이 제자도의 모델이 된다는 참된 이해를 해친다. 그들을 이상화한다면 우리는 주님이 어떻게 그들을 성장시키셨는지 이해하지 못하며, 그들이 어떻게 우리의 본보기가 될 수 있는지 이해하지 못한다.

자신들의 죄성과 불완전함을 깨달았기 때문에 아마 열둘은 자신이 성취한 일들을 내보이는 데 주저했을 것이다. 오히려 그들은 예수님을 드러냈다. 또한 나는 사도 바울이 "내가 그리스도를 본받는 자가 된 것같이 너희는 나를 본받는 자가 되라"(고전 11:1)라고 말한 것을 따르겠다. 바울은 열둘보다 덜 겸손한 것이 아니었다. 바울은 예수님이 승천하셨으니 인간적인 모범이 필요하다는 것을 인정했을 뿐이다. 마태복음의 제자들을 관찰하면서 우리는 "그들이 그리스도를 따르듯이 그들의 모범을 따르라"라고 동일하게 말할 수 있다.

여러 해에 걸쳐서 사도들의 생애를 연구하는 동안 그들은 나의 영웅이 되었다. 그들은 예수님의 지상 사역에서 그분을 따르다가 복음을 전하기 위해 세상 끝까지 간 남자들과 여자들이다. 그들은 나의 영웅이지만 예수님은 나의 구주요 주님이시다. 오늘날 예수님이 우리를 통해 이루고자 하시는 것의 실례를 우리가 제자들에게서 볼 수 있기를 기도한다. 우리에게 그 모범을 따를 용기가 샘솟고 우리 역시 우리의 삶을 관찰하는 다른 사람들에게 모범이 되기를 기원한다. 이는 우리도 다른 누군가의 영웅이 될 수 있기 때문이다!

복습 문제

1 우리가 '제자로 삼아야' 하는 '민족'이 누구인가?

2 지상명령을 수행하기 위한 최선의 길이 무엇인가? 교회가 어떻게 참여해야 하는가?

10장
마가복음: 구원하는 종을 섬기는 종들

초점 맞추기

1. 제자들이 예수님의 어떤 가르침을 가장 이해하기 힘들어했는가?
2. 오늘날 우리들이 가장 이해하기 어렵고 순종하기 어려운 예수님의 가르침은 무엇이라고 생각하는가?
3. '위대함'이란 무슨 의미인가? 당신은 하나님의 '위대한' 남자나 여자가 되기 위해 무엇을 하겠는가?

영화 〈백 투 더 퓨처〉(Back to the Future) 시리즈는 놀라운 성공을 거두었다. 이는 등장인물들이 현재, 과거, 미래를 자유롭게 오갔기 때문이다. 이 영화는 시청자가 현재의 가치와 행동들을 다른 시기와 비

교할 수 있도록 했다. 나는 1편만 보았지만, 스케이트보드를 타는 주인공의 생경한 모습에 과거의 사람들이 경악하는 장면을 떠올리면 여전히 웃음이 나온다. 이 영화가 인기를 끈 사실은 과거가 현재에 미치는 영향 그리고 현재가 미래에 미치는 영향에 대해 사람들이 큰 관심을 가지고 있음을 증명한다.

현재에 적응하면서 과거로부터 배운다는 것은 여전히 힘든 문제이다. 하지만 그것은 꼭 필요한 일이다. 부모와 조부모들은 젊은 세대에게 그들이 과거에 끌어온 겪었던 이야기를 해주는데, 이는 젊은 세대의 머릿속에 '이전의 좋은 가치관'을 주입해서 미리 경고를 주기 위한 목적이다. 하지만 젊은 세대는 이전 세대에게 '보다 현대적이 될' 것과 '과거 속에서 살지' 말 것을 호소하곤 한다.

복음서 저자들도 전부 그런 긴장 속에서 살았다. 특별히 마가는 예수님의 과거 이야기를 아주 생생하게 만들어서 독자들의 현재 삶에 영향을 끼치고 싶어 했다. 복음서 저자들은 과거가 당시의 관심사와 관련되기를 원했다. 그때나 지금이나 마가는 독자에게, 예수님은 진정 동시대적 인물이라고 강조한다.

마가는 우리를 1세기로 데려간다. 그는 우리가 팔레스타인의 하늘 아래에서 예수님과 함께 걸으며, 그분이 설교하고 가르치는 것을 들으며, 그분이 이적을 행하는 것을 보며, 그분이 종교 지도자들과 논쟁하는 것을 보며, 그분에 대한 사람들의 반응을 목격하게 한다. 마가복음을 읽는 사람은 1세기와 오늘날을 오가면서, 예수님의 원래 메시지와 사역을 오늘날 삶의 환경에 분명히 적용시키라는 도전을 받는다. 마가복음은 예수님의 메시지와 사역에 대한 가장 기초적인 선언이다. 그 글은 "하나님의 아들 예수 그리스도의 복음의 시작이라"라는 말로 시작한다(막 1:1). 목적을 선언하는 이 말 다음에는 1세기에 전개된 예수님의 메시지와 사역에 대한 설명이 마치 속사포처럼 이어진다.

제자도에 대한 마가의 독특한 견해

마가는 또한 예수님과 함께했던 제자들의 기본적인 모습을 보여준다.[1] 여기에서 우리는 예수님을 만난다는 것이 어떤 것인지, 그분의 권세 있는 부르심을 받는다는 것이 어떤 것인지, 그분이 귀신을 쫓아내고 문둥병자를 고치며 사나운 바다를 잠잠케 하심을 놀라운 눈으로 관찰하는 것이 어떤 것인지에 대한 통찰을 얻을 수 있다. 마가의 서술을 통해 우리는 예수님이 대중 운동의 중심이 되셨을 때 제자들이 얼마나 흥분했는지를 이해하며, 예수님이 군중을 먹이셨을 때 그들이 받은 충격을 인식한다. 또한 예수님이 정치적 죄수가 되어 겟세마네 동산에서 끌려감에 따라 종려주일의 메시아적 승리가 공포로 바뀌는 것을 공감하게 된다.

예수님을 경험함

마가가 예수님과 제자들을 단순하게 다룬 것은 그가 묘사하는 모습을 이해하기 위한 단서가 된다. 마가는 예수님의 실재를 있는 그대로 경험할 필요가 있는 사람들, 예수님의 메시지와 사역에 의해서 감동과 도전을 받을 필요가 있는 사람들에게 글을 쓴다.

마가는 제자들이 예수님과 동행하면서 경험한 것을 우리가 새롭게 경험하기를 원한다. 교회에 다니는 사람들은 예수님과 너무 익숙해질 위험에 직면한다. 우리는 교회에서 예수님에 대해 듣고, 예수님의 삶을 담은 네 개의 복음서를 읽으며, 심지어 텔레비전과 극장에서 그분의 삶을 소재로 한 영화를 보기까지 한다. 예수님이 이렇게 익숙해지면, 그분이 우리의 선입관 수준으로 축소되거나 뻔한 인물로 변질될 수 있다. 1세기의 제자들은, 예수님이 그분 자신과 그분의 목적을 계시했을 때 지속적으로 그들의 마음과 영혼을 예수님에게 맞추어야 했다. 예수님은 그들을 믿음의 최전방으로 데리고 가셨는데, 거기에서 그들은 때로는 승리하고 때로는 뒤처지며 때로는 완전히 오해했다. 마가는 우리가 동일한 방식으로 예수님을 생생하게 경험하기를 원했으나, 그러면서도 최초 제자들의 믿음을 보며 우리가 배우기를 원한 것이다.[2]

예수님의 메시지와 사역을 이해하기 어려움

제자들에 관한 마가의 묘사는 복음서 기록 중에서 가장 모호할 것이다. 한편으로는 제자들이 긍정적으로 그려진다. 그들은 예수님에게 특별히 선택되어 권세와 함께 사명을 받고(막 1:16-20; 3:13-19 상반절) 천국의 비밀을 들으며(막 4:10-12) 예수님의 사역을 추진하는 것으로(막 3:14-15; 6:7-13, 35-44) 묘사된다. 이스라엘에서의 사역을 위해 예수님에게서 능력을 받은 제자들은 예수님이 하신 일을 자기들도 한다. 그들은 복음을 전하고, 병을 고치며, 귀신을 쫓아낸다. 다른 한편으로, 제자들은 별로 좋지 않은 색깔로 채

색된다. 하나님에게서 빛을 받고 예수님에게서 능력을 받았으면서도 제자들은 깨닫지 못한다는 점이 드러난다. 그들은 비유를 깨닫지 못하고(막 4:13; 7:17-18), 바다를 잠잠케 하는 장면에서는 하나님 아들로서의 예수님의 참된 정체를 깨닫지 못하며(막 4:35-41; 6:45-52), 기적적으로 군중을 먹일 수 있는 예수님의 잠재력을 이해하지 못한다(막 6:34-44; 8:1-10). 제자들은 본질적으로 종의 신분이며(막 10:35-45) 십자가의 길을 가야 하는(막 8:31-33; 9:30-32) 예수님의 사역 혹은 가르침(막 8:14-21)의 성격을 진정으로 이해하지 못한다. 이처럼 깨닫지 못했기 때문에 결국 유다가 예수님을 배반하게 되고(막 14:43-46), 제자들이 예수님을 버리게 되며(막 14:50), 베드로가 예수님을 부인하게 된다(막 14:54, 66-72).

마가의 제자도의 발전

마가는 이야기를 전개하면서 예수님의 복음 메시지에 대해 근본적으로 대립되는 두 가지 견해를 대비한다. 이 견해들은 하나님의 일을 생각하는 것과 사람의 일을 생각하는 것이다(막 8:33 참조).

하나님의 일을 생각함

예수님에 대한 제자들의 반응이 이야기의 주요 부분을 차지한다. 제자들은 특별히 예수님을 따르라는 부르심과, 예수님을 하나님의 복음을 능력 있게 선포하는 인물로 대하라는 부르심을 받았다. 그들에게는 천국의 비밀이 주어졌다. 그들은 자신들의 삶에서 하나님의 구속하심을 경험했다. 은밀하게 받은 특별한 지침 속에서 그들은 예수님의 이름으로 복음을 전하며, 병을 고치고, 귀신을 쫓아내며, 가르칠 수 있는 능력을 받았다. 그러나 다른 한편으로 보면 그들은 오해하고 있었다. 그들은 혼란에 빠지고 두려워했다. 역경이 닥치자 그들은 연약한 믿음과 완고한 마음을 드러냈다. 이런 혼란은 예수님이 누구이신지에 대한 그들의 근본적인 이해를 좀먹었고, 제자의 삶에서 예수님의 정체성이 어떤 의미를 가져야 하는지를 망각하게 했다.[3]

마가는 역사적 사실을 다룬다. 예수님의 지상 사역 기간 동안 제자들은 예수님을 완전히 이해하지 못했다. 마가는 역사에 존재한 실제 제자들을 통해서 예수님과 십자가의 신비를 깨닫기가 얼마나 어려운지 독자들에게 보여준다. 비록 예수님이 천국을 선포하고 시작하기 위해서 오셨고, 하나님의 약속에 따라서 성령의 기름 부음을 받은 왕의 아들인 것은 사실이지만, 마가는 천국의 미약한 시작은 보려 하지 않고 영광의 절정만 보려는 사람들의 생각을 교정해주기 위해서 글을 쓴다. 지금 여기에서 천국은 감춰진 모습으로 있으며, 메시아 예수, 하나님의 아들은 고난과 십자가라는 견지에서 이해되어야 한다(막 8:31-33; 9:30-32; 10:32-34).

종의 신분이 가진 위대성

마가복음 10장 45절의 중심 선언은 삶과 사역에 대한 예수님의 이해와 제자들의 이해가 얼마나 불일치하는지를 보여준다.

"인자가 온 것은 섬김을 받으려 함이 아니라 도리어 섬기려 하고 자기 목숨을 많은 사람의 대속물로 주려 함이니라." 문제의 핵심은 종이 된다는 것인데, 이것은 제자들이 기대하지 않던 개념이었다. 이 구절이 제자도에 대한 예수님의 관점을 이해할 수 있는 열쇠이므로 자세히 살펴보아야 한다. 예수님은 **사역**의 본질을 종의 일로 이해하신다. 그러므로 제자들은 제자도의 본질을 종의 일로 이해해야 하며,[4] 거기에는 그들의 동기, 위치, 야망, 기대, 그리고 모범이 전부 종이 되는 것을 포함한다(종의 신분을 가르치는 핵심 구절인 막 9:33-37[5]과 10:35-45이, 그것을 포함하는 더 큰 제자도 단락인 막 8:27-10:45 내에 있는 것을 주목하라).

예수님이 세 번째로 십자가를 예언하셨을 때(막 10:32-34) 자신이 세상에 온 목적은 십자가를 지는 것임을 밝히셨다. 예수님은 자신을 기다리고 있는 것이 십자가의 고난임을 알고 계셨다. 이 십자가 예언을 하자마자 야고보와 요한이 나아와 예수님이 영광에 들어갈 때 자기들이 하나는 예수님 좌편에 다른 하나는 우편에 앉을 수 있는지 물었다. 예수님은 방금 자신이 앞으로 받을 고난에 대해 이야기했기 때문에, 이것은 도대체 말이 안 되는 질문이었다! "너희는 너희가 구하는 것을 알지 못하는도다"라는 예수님의 말씀은 그들이 빠져 있는 혼돈 상태를 지적한 것이다. 그 후에 이어지는 대화는 그들이 예수님의 목적지를 정말로 이해하지 못하고 있음을 더 확실히 보여준다(막 10:38-39).

야고보와 요한은 예수님의 고난이 어떤 것일지에 대해 모호한 관념을 가지고 있었다. 그들의 마음이 가 있던 곳은 고난이 아니라 십자가 이후의 영광과 위대함이었던 것으로 보인다. 예수님이 죽음 가운데에서 일어나시면 곧 영광으로 들어가실 것임을 이해했다는 면에서는 그들의 판단이 옳았다. 그리고 그들에게는 바로 그것이 중요한 문제였다.

제자들이 이런 일에 관심을 보인 것은 이번이 처음은 아니다. 앞에서 마가는 그들이 누가 가장 큰지 논쟁하다가 예수님에게 들킨 것을 언급했다(막 9:33-37 참조). 제자들은 본성 깊은 곳에 무엇인가를 가지고 있었다. 그러다가 그것이 잘못된 방향으로 초점이 잡히면 하나님의 뜻과 일에 대립하는 방향으로 그들을 이끌었던 것이다. 아마 그것을 '위대해지려는 야망'이라고 부를 수 있을 것이다. 야고보와 요한은 위대해지고자 하는 야망에 따라 움직였다. 그 위대함이 희생과 십자가를 통해서 온다고 해도 위대함에 도달하기만 한다면 그런 희생은 치를 만한 것이다. 예수님이 십자가에 대해서 말씀하시는 것을 들을 때 그들은 예수님의 말씀이 이익(영광)을 위해서는 그 고난(십자가)이 치를 가치가 있다는 말로 이해했음이 분명하다. 그들은 예수님의 나라에서 예수님 좌우편에 앉는 영광을 얻을 수만 있다면 그 희생을 감수하고 고통을 기꺼이 당할 각오가 되어 있었다. 다른 제자들과 함께 야고보와 요한도 예수님이 세상 나라를 세울 것이라 생각했고, 제자들이 그 나라에서 권세를 차지하는 것은 당연하다고 생각했다. 바로 그것이 일반적인 세상 나라에서 발생하는 일 아닌가? 그러나 그들이 이해하지 못한 것은 예수님의 나라는 지상의 다른 나라들과 다르며, 따라서 예수님의 특별한 사람들은 지상의 나라들에서 중요한 위치에 있는 사람들과는 전혀 달라야 한다는 점이었다.

야고보와 요한은 예수님이 십자가로 가는 동기를 오해했다. 물론 예수님은 영광에 들어갈 것이다. 물론 그분은 자신의 나라를 세울 것이다. 그리고 당연히 그 나라의 보좌에 그분이 왕으로 앉을 것이다. 그러나 그것은 예수님의 궁극적 동기가 아니다. 그분의 동기는 **자기**중심적인 것이 아니라 **타인** 중심적인 것이다(막 10:42-45 참조). 예수님은 영광에 들어가기 위해서 십자가로 간 것이 아니다. 그분은 원래 영광 가운데 계시지 않았던가! 예수님이 십자가로 가서 자신의 목숨을 내어놓은 것은 모든 사람이 구속을 경험할 수 있게 하기 위함이었다. 이 단락의 절정은 45절이다. "인자가 온 것은 섬김을 받으려 함이 아니라 도리어 섬기려 하고 자기 목숨을 많은 사람의 대속물로 주려 함이니라." 하나님 나라의 규칙은 겸손한 섬김이며 예수님은 이것의 완전한 모범이신데, 특별히 구속 사명에서 그러하다. "섬김을 받으려 함이 아니라 도리어 섬기려 하고"라는 구절은 예수님의 성육신한 삶을 가리킨다. 예수님은 자신이 어떻게 행하든지 종들이 굽신거리면서 받들어 모시는 권세자로 오신 것이 아니다. 도리어 그분 스스로 종으로 오셨다. 그리고 그 결말은 자기 생명을 "많은 사람의 대속물로" 주는 것이다.[6]

마가는 어떤 의도를 가지고 제자들을 그렸을까? 최근 몇몇 연구들은 주로 부정적 측면을 강조했다. 부정적 측면에만 집중하는 사람들은 자주 열둘이 문학적으로 만들어진 인물이며, 이들은 교회 내 분란을 나타내고, 복음서 저자들이 그 분란을 문제 삼고 있다는 입장을 취한다. 깨닫지 못하는 제자들의 모습은 예수님과 그분의 나라에 대립한다는 증거라고 지적하는 것이 그들의 공통된 접근이다. 마가의 청중은 제자들의 실패를 인식하고 교회 내에 그들의 반대자들에 대해서 경고를 받아야 한다는 것이다.[7]

그러나 우리는 제자들의 긍정적인 면과 부정적인 면을 함께 봐야 마가의 목회적 동기를 이해할 수 있다. 마가가 제자들에 대해 가장 높은 평가를 하고 있지만 또한 그들의 실패를 통해 공동체를 가르치고 있다.[8] 마가는 제자들이 예수님의 메시지와 사역을 이해하는 과정에서 경험한 어려움을 지적한다. 마가는 역사 속에 존재한 제자들을 통해 예수님과 십자가의 신비를 이해하기가 얼마나 어려운지 그의 독자들에게 보여준다. 제자들이 깨닫지 못한 사실을 강조하는 구절들은 사람의 일을 생각하지 말고 하나님의 일을 생각해야 함을 교회에게 가르쳐준다(예를 들면 막 8:33). 부활의 장면은 예수님의 예언이 성취되었음을 보여주며(막 9:9; 14:28), 예수님이 그들에게 말씀하신 대로 그들이 갈릴리에서 예수님을 볼 것이기 때문에(막 16:7), 독자는 베드로를 포함한 제자들이 예수님과 화해하는 모습을 예상하게 된다.[9] 갈릴리로 모이라는 명령은 베드로와 제자들이 비록 예수님을 부인하고 버렸지만, 부활하신 주님이 그들을 내치지 않았다는 확신을 제공한다.[10] 마가는 제자들의 둔감함을 콕 집어서 보여줌으로 진정한 제자도 곧 이기심 없는 섬김의 길이 무엇인지 그 의미를 가르쳐준다.

예수님 나라의 회원이 되는 것은 특권이며, 이 특권을 얻은 제자는 종이다. 이것은 하나님의 일을 생각하는 것이며(막 8:31-33), 예수님의 메시지(막 9:1-8)와 모범(막 9:9-32)을 통해 십자가를 지는 삶을 추구하고(막 9:34-38), 나아가 지위(막 8:33-37), 배타주의(막 9:38-10:16), 이 세상의 보화(막 10:17-31)를 거부하는 것이다. 마가복음의 제자들은 하나님 나라의 회원이 되는 특권을 받았으나, 그들의 깨닫지 못한 이유는 세상적인 기대 때문이었다. 제자도의 가르침은 그들이 하나님의 길을 생각하도록, 곧 종 됨을 통해서 고난과 십자가의 길을 가도록 지도한다.

적용점

마가복음의 교회와 오늘날의 교회를 위한 적용점은 매우 강력하다. 우리의 타락한 세계를 지배하는 교만과 자기중심성 때문에 '위대함'에 대한 세상 기준이 자주 삶의 중심 동인이 된다. "고통이 없으면 이익도 없다"는 짧은 경구를 생각해보라. 연습에서 고통을 경험하지 않으면 성장을 기대할 수 없다. 음식을 줄이는 고통을 감수하지 않으면 체중 감량이라는 이익을 실현할 수 없다. 학교에 가서 교육받는 고통을 감수하지 않으면 보다 나은 일자리를 얻을 수 없다. 지금 저축하는 고통을 견디지 못하면 뒷날에 안락한 휴가를 보낼 만큼의 돈을 모으지 못할 것이다.

"고통이 없으면 이익도 없다"는 것은 참된 격언이다. 그러나 예수님이 제자들에게 말씀하셨고 오늘날 우리에게도 말씀하신대로, 그것은 유일한 동기도 아니고 심지어 가장 고상한 동기도 아니다. 예수님은 오직 영광에 들어가기 위해서 십자가로 가신 것이 아니다. 기억하라, 그분은 원래 영광 가운데 계셨다! 예수님이 십자가로 가신 것은, 다른 사람들이 죄로부터 놓임을 받는 이익을 얻도록 하기 위함이다. 다른 사람들이 영생을 얻고 지금 풍성한 삶을 누릴 수 있게 하기 위해서 그분은 십자가로 가셨다. 예수님은 이렇게 말씀하신다. "그렇다, 고통을 당하면 얻는 것이 있다. 그렇다, 나는 왕국을 얻을 것이다. 그러나 그것이 최고의 동기는 아니며, 그것이 내가 하는 일의 핵심이 아니다. 나는 영광을 위해서 여기 있는 것이 아니다. 내가 여기 있는 것은 나의 가진 모든 것을 내어놓음으로 모든 사람들이 진정한 생명을 얻게 하기 위함이다." 예수님은 자신의 영광을 위해서 십자가로 간 것이 아니다. 그분이 십자가로 간 것은 당신과 내가 지금 죄 용서를 받고 영생을 얻어 여기 앉아 있도록 하시기 위함이다. 예수님에게 삶의 더 높은 동기는 '나의 고통, 다른 사람의 이익'이었다.

이생에서 우리의 희생이 오직 나 자신의 이익, 내 미래의 안락함만을 위한 것이라면, 그 이익은 점점 자기중심적이 되고 점점 의미 없는 공허함으로 남을 것이다. 야고보와 요한은 하나님 나라에서의 위대함이 권력, 지위, 성취, 혹은 인정의 문제가 아니라는 것을 배웠다. 위대하다는 것은 종의 위치를 취하고 우리 주위의 다른 사람들의 최선을 구하는 것이다. 우리 자신의 개인 희생은 다른 사람들의 이익을 위하는 것일 때 의미와 목적을 지니게 된다.

동시에 모든 야심이 전부 나쁜 것은 아니라는 말도 덧붙여야겠다. 야심은 탐욕스러울 때, 다른 사람들에게 상처를 줄 때, 자신을 다른 사람들보다 높일 때, 교만할 때 나쁜 것이다. 야고보와 요한은 야심에 찬 사람들이었다. 그들은 삶에서 무엇인가를 이루려고 했고, 중요한 사람이 되려 했고, 하나님 나라에서 크게 쓰임받기를 원했다. 그것이 바른 방향으로 집중되었을 때, 곧 그 야심이 이기심 없는 종의 일에 묶일 때 그것은 강점이 된다. 야고보와 요한의 강점은 그것이 탐욕과 이기심이 되었을 때 가장 큰 약점이 되었다. 그것이 이기심 없는 종의 길로 향했을 때 하나님은 그들의 야심에 찬 성격을 힘 있게 사용하셨다. 요한의 야심적인 추진력이 바른 방향으로 향했을 때, 그것은 예루살렘에 있는 초대교회들 그리고 후에는 소아시아에 있는 교회들을 지도하고 양육하는 일에 사용되었다. 야고보의 야심(열정)은 그를 사도로서 최초의 순교자가 되게 했으며, 그것이 교회가 용기를 갖는 전환점이 되었다.

이런 종류의 종의 섬김이 가능한 것은 우리를 대속하신 예수님이 종으로 섬기셨기 때문이다. 그분은 우리의 해방을 위해 값을 지불하셨다. 그분은 우리를 (1) 죄의 형벌로부터("죄의 삯은 사망이요 하나님의 은사는 그리스도 예수 우리 주 안에 있는 영생이니라" 롬 6:23 참조) (2) 교만하고 자기중심적 동기를 지닌 우리를 지배하는 죄의 세력으로부터 해방하셨다. 특별히 이 문맥에서는 스스로 크게 되려는 동기가 구속에 의해 깨어지며, 우리는 다른 사람에게 초점을 맞춤으로 섬기게 된다. 마가는 예수님이 구속의 종이었듯이 참된 제자도는 이기심 없는 종의 섬김을 일으킨다는 것을 보여준다.

문화적 편견, 자기중심적 동기, 그리고 인간적 연약함 때문에 우리는 예수님의 사역과 메시지를 완전히 이해하기는 힘들 것이다. 제자들은 언제나 예수님의 사역과 메시지에 대해서 경외하는 심정을 가져야 할 것이다. 그것이 우리의 길과 너무나 다르기 때문이다. 그러나 예수님의 부르심에 응답한 우리는 예수님이 우리를 절대로 버리지 않으리라는 확신을 가졌다. 예수님은 1세기에 제자들과 함께하셨던 것처럼 오늘날도 우리 앞서 걸어가는 주님이 되신다.

복습 문제

1 열둘이 예수님의 메시지와 사역을 이해하지 못한 사실을 마가가 힘주어 강조한 이유가 무엇인가?

2 우리는 어떻게 그리스도인들이 '하나님의 일을 생각하도록' 훈련할 수 있는가?

3 현 시대에 '종의 섬김'은 인기 있는 소명인가? 왜 그런가? 왜 예수님은 자기의 추종자들이 종이 되기를 원하셨는가?

4 예수님은 어떻게 제자들을 위해 섬김의 본을 보이셨는가? 오늘날 우리는 어떻게 종이 될 수 있는가?

11장
누가복음: 값비싼 희생의 길을 가는 추종자들

초점 맞추기

1. 왜 누가는 그리스도인의 삶을 '그 도'라고 묘사했을까(행 19:8-9 참조)? 이 개념이 제자도에 대한 성경적 관념과 어떻게 어울리는가?

2. 사람이 "자기 부모와 처자와 형제와 자매와 더욱이 자기 목숨까지 미워하지 아니하면" 제자가 될 수 없다는 예수님의 말씀은 무슨 뜻인가? 그것이 당신에게는 무엇을 뜻하는가?

몇 년 전 랄프 카마이클(Ralph Carmichael)이 아름다운 곡을 만들었다. 사람들은 캠프파이어를 할 때 그 노래를 자주 불렀다. 그 노래가 인기를 끈 이유는 예수님을 인격적으로 만난 결과를 숙고해보라고

사람들에게 도전했기 때문이다. 자연에 각인된 하나님의 장엄하심과 인간 역사 속으로 들어오신 예수님에 관한 가사 다음에 이어지는 후렴구에서 "그것이 나와 무슨 상관인가?"라는 질문이 등장한다. 이 질문에 대해 합창 부분에서는 이렇게 답한다.

> 그것이 나와 무슨 상관인가?
> 믿음으로 내가 그를 얼굴과 얼굴을 대하여 볼 때까지
> 이제 그 은혜의 놀라움을 느꼈으니,
> 나는 그가 우리에게 신경 쓰지 않는 하나님이 아니며
> 멀리 떨어진 곳에 존재하는 분이 아님을 알았네.
> 이제 그는 매일 내 곁에서 걸으며
> 내가 길을 잃지 않도록 항상 보살피신다네.
> 저 좁은 길을 찾도록 나를 도우시니
> 그가 나의 모든 것일세.

캠프 노래들이 향수를 불러일으키는 것과 마찬가지로, 그 가사는 노래를 부르는 많은 사람들이 고백하는 것 이상을 말한다. 하나님의 은혜를 경험한 사람은 매일같이 예수님을 따르는 좁은 길에 선다는 것을 합창이 증언한다. "그가 나의 모든 것일세"라는 가사를 어떤 사람은 별 감흥 없이 부를 수도 있겠지만, 실제로 그 가사는 예수님에게 꼭 붙어 있는 결과로 삶의 모든 측면이 철저하게 그분의 영향을 받는다는 사실을 선언한다. 이것은 강렬한 선언이지만, 예수님을 따라서 구원의 새 삶으로 들어간 자에게 예수님이 요구하시는 것이 바로 그와 같은 믿음의 헌신이다.

나는 나의 회심을 선명하게 기억한다. 복음 메시지를 듣던 중, 신자가 되겠다는 결정은 전부 아니면 전무라는 것을 깨달았다. 예수님이 정말 자신에 대해 말한 그런 존재라는, 즉 그가 사람들에게 생명의 길을 보여주기 위해서 세상에 온 하나님의 아들이라는 개념은 사실이든지 사실이 아니든지 둘 중 하나였다. 이것도 저것도 아닌 중간이란 존재하지 않았다. 따라서 나의 응답도 중간일 수는 없었다. 나는 전적으로 그리스도인이 되든지, 아니면 기독교로부터 완전히 돌아서야 했다. 그리스도에 대한 이 같은 결정은 생명의 문제였다. 그는 나의 하나님이거나 하나님이 아니었다. 나는 '종교'에는 아무런 관심도 없었다. 과거에도 그랬고 현재에도 그렇지만 나는 종교 예식을 좋아하지 않는다. 예수님이 하나님이라는 이 문제는 종교가 아니라 생명과 연결되어 있었다. 그가 진정 하나님이라면, 삶의 의미에 대해서, 내가 내 삶의 에너지를 어디로 쏟아야 할지에 대해서, 내 매일의 활동을 어떻게 수행해야 할지에 대해서 그의 말을 듣지 않은 내가 바보였다. 그가 하나님이 아니라면, 마치 그가 하나님인 것처럼 종교적 외형을 꾸미려 한 내가 바보였다.

내가 성장할 때 다닌 교회의 많은 사람들은 교회로 오는 동안 '마법의 터널'을 통과하는 유형에 속했다. 가족이 심하게 다투거나, 상대방에 대한 증오로 가득 차 있거나, 서로 잔인하게 대했으면서도 차를 몰고 교회 주차장에 들어서는 순간 마치 마법의 터널을 통과한 것처럼 전혀 딴사람들이 되었다. 사랑스럽고 친절하고 행복한 사람들 말이다! 나는 우리 모두 그와 비슷한 일을 경험한다고 생각한다. 왜냐하면 악한 마귀가 주일 오전까지 초과근무를 하면서 우리를 청결한 마음으로 예배하지 못하도록 묶어두기 때문이다! 하지만 '마법의 터널'을 통과하는 사람들의 마음은 더 깊은 문제 곧 종교성의 문제를 드러낸다. 이 문제는 선행을 통해서 구원을 '획득하려고' 시도하는 사람들의 문제이며, 예수 그리스도와 인격적인 관계를 갖지 못하면서도 문화적으로 그리스도인인 사람들 곧 마음은 살아계신 하나님에게서 멀지만 예배를 드리는 것이 '옳은 일'이기 때문에 교회에 나가는 사람들의 문제이다.

내 어린 시절의 계부는 매우 천한 행동을 하곤 했다(훌륭하고 경건한 현재의 계부를 말하는 게 아니다). 내가 회상할 수 있는 가장 어린 시절의 기억은, 밤중에 내가 잠이 깼을 때 어머니가 계부에게 매를 맞고는 쓰러져서 고통스럽게 비명을 지르는 모습이다. 어머니는 무척 강인한 분이셨다. 하지만 그 강인함은 신체적인 것이 아닌 성품, 결단력, 신앙의 강인함이었다. 어머니는 어렸을 적에 뼈결핵에 걸려서 엉덩이를 수술한 후 회복 기간 동안 전신 깁스를 한 채로 여러 달을 보낸 적이 있다. 지금도 어머니는 다리를 약간 저시지만 그렇다고 해서 무엇을 주저하는 일은 없다! 어머니는 그때나 지금이나 강하고 용감한 분이다. 그러나 나의 계부는 천박한 이유로 어머니를 비웃었으며 이것을 몹시 즐겼다. 말다툼이라도 일어나면 계부는 어머니의 치마를 들추고 변형된 엉덩이를 가리키면서 어머니를 '병신'이라고 놀렸다. 그런데 바로 이 계부가 우리가 다니던 교회에서 리더 노릇을 했다. 주일날 교회에 도착하는 순간 그는 평소의 모습과 전혀 다른 사람이 되었다.

나는 십대에 교회를 떠났다. 어머니는 나의 결정을 좋아하지 않았지만 내 개인적 갈등을 이해하셨다. 나는 내가 본 많은 것들이 종교적 게임에 불과하다고 인식했다. 나는 그런 것을 원치 않았다.

나는 스스로 방향을 정하고서 행복과 의미를 발견하려고 노력했다. 그러나 너무 어렸기 때문에 쾌락을 탐닉하는 생활로 이어지고 말았다. 앞에서 묘사한 그런 경험들 때문에 나는 매우 불행하고 분노에 찬 청년이 되었다. 나는 인생의 밑바닥까지 내려갔다. 나는 내가 교회에서 비판하던 그 사람들과 상당히 유사하게 나 자신을 위장하면서 게임을 하고 있다는 사실을 깨달았다. 내 마음의 암흑 속에서 비록 내가 겉으로 계부처럼 행동하지는 않았지만 실제로는 계부와 전혀 다르지 않음을 알게 되었다.

바로 그때 나는 예수님과 만났다. 그분의 메시지를 듣고 있을 때 내가 그분을 나의 하나님으로 삼고 따르도록 예수님이 부르고 계심을 깨달았다. 그것은 내 모든 것을 그분께 드리는 것을 의미했다. 그것은 가볍게 내릴 수 있는 결정이 아니었다. 그것은 일종의 '생명보험'에 들기 위해서 할 수 있는 단순한 기도가 아니었다. 그것은 나의 생명을 예수님에게 드리는 것을 의미했다. 나는 전부냐 전무냐의 선택을 놓고 몇 달 동안 갈등했다. 마침내, 예수님이 진정 하나님이신 것을 깨닫고 나 자신을 그분께 드렸다. 나는 예수님을 나의 하나님으로 받아들이기 위해서 지불해야 하는 비용을 계산하고 그분을 따를 준비가 된 것이다.

자연히 내 생활은 역전되었다. 나는 매일 예수님을 따랐으며 그분이 내 삶에 대해서 말씀하시는 것을 들었다. 나는 따라야 할 방향과 삶의 목표를 가지게 되었다. 나는 나를 도와서 예수님을 더 잘 알 수 있게 해주는 사람들과 함께 시간을 보냈다. 어떤 것들은 자연히 보류되었다. 그리스도인이 되던 날 나는 마약을 그만두었으며 마약으로 대표되던 생활 곧 생활 방식, 철학, 현실에 대한 음악적 표현들도 그만두었다. 왜냐하면 당시에는 마약이 나의 '신'이었기 때문이다. 회심한 첫날, 나는 나의 '신'을 마약에서 우주의 하나님인 예수 그리스도로 바꿨다. 시간이 지남에 따라 삶의 다른 영역에서도 변화가 일어났다. 예를 들면 당시 나는 입이 무척 거칠었다. 그런데 예수님이 이끄시는 순결한 삶을 이해함에 따라 나는 성령의 능력으로 욕하는 것을 자제하게 되었다. 나의 아내는 아직도 그것을 놀라운 기적으로 여긴다! 나는 종교적으로 변한 것이 아니었다. 나는 하나님이 창조 때부터 내게 의도하신 참사람이 된 것이다. 나는 원래 내가 살도록 계획된 그 삶을 살고 있다. 그리스도인의 삶이란 하나님이 우리에게 살도록 창조하신 삶이다.

나의 하나님이 되시는 예수님의 의미를 숙고하면서 지낸 그 시간은 오늘날까지 내 삶의 기준이 된다. 나는 아직도 많은 부분에서 성장해야 한다. 내 삶에는 아직도 예수님이 나를 위해서 설정한 목표에 합치되어야 하는 부분들이 있다. 하지만 나의 최초 결정이 내 삶의 방향을 정해주었다. 예수님은 하나님이든지 하나님이 아니든지이다. 그가 하나님이라면 그를 나의 하나님으로 인정하지 않고 살아가는 나는 바보이다. 그가 하나님이 아니라면 마치 그가 하나님인 양 종교적으로 꾸미는 나는 바보이다. 그 결정이 가장 중요하다. 그 결정을 위한 비용은 한 사람의 전 생애이다.

예수님의 생애를 둘러싼 사람들과 사건에 대해서는 다정스레 묘사한 의사 누가가 예수님의 참된 제자란 무엇을 뜻하는지에 대해서는 엄혹하게 설명하고 있다. 누가는 부활을 넘어 초대교회까지 계속되는 이야기를 제공함으로 제자도가 기독교 시대에 구현되는 모습까지 보여준 유일한 복음서 저자이다. 누가는 한 사람이 최초로 투신한 이후 걸어가야 할 기나긴 길이 그 앞에 있음을 인식한다. 그 길은 교회에게 성령으로 충만한 승리의 길이지만 동시에 배교, 박해, 순교로 점철된 길이기도 하다. 참으로 누가는 예수님을 따르라는 부름에 응답하는 것이 그리스도인의 삶으로 들어서는 출발점임을 보게 해준다. 이런 역사적 조망 때문에 누가는 다른 어느 복음서 저자들보다 예수님의 제자들이 그분을 따르기 위해 지불해야 하는 비용을 강조한다. 제자도로 들어가기 위한 비용은 십자가를 지는 것, 이 세상에서 자기 생명과 자기 가족까지 미워하는 것, 뒤를 돌아보지 않는 것, 자기의 모든 것을 파는 것같이 불가능해 보이는 것들이다. 그 비용은 궁극적으로 그 사람 자신의 생명을 의미한다. 그것은 바울이 한 말 "너희는 너희 자신의 것이 아니라 값으로 산 것이 되었으니 그런즉 너희 몸으로 하나님께 영광을 돌리라"(고전 6:19-20)와 희한하게도 유사하게 들린다.

예수님을 따르라는 부르심에 응답하는 것은 가벼운 결정이 아니며 일시적인 헌신도 아니다. 그것은 마음 내키지 않은 상태로 할 수 있는 것이 아니며, 무기력하게 할 수 있는 것도 아니다. 예수님을 따른다는 것은 자기 삶을 그분의 길에 투신함을 의미한다. 우리가 그렇게 하면 그분의 성령이 그 길의 끝에 도달하기까지 필요한 용기, 힘, 인내력을 공급하신다.

제자도에 대한 누가의 독특한 견해

제자도에 대한 누가의 설명을 알아보기 위해서는 복음서 전체를 살살이 연구해야 하지만, 다른 복음서들 특별히 다른 공관복음서에 그려진 제자들과 누가가 묘사하는 제자들을 비교하면 그 특징이 더욱 선명하게 드러난다. 또한 누가복음은 누가복음-사도행전으로 된 두 권짜리 저서의 첫 번째 책이므로, 제자도에 대한 누가복음의 가르침과 사도행전의 가르침을 비교하면 더욱 포괄적으로 조망하게 될 것이다.

누가복음에 나타나는 제자들의 모습은 마태와 마가의 기록과 많은 점에서 유사하지만 차이점도 나타난다. 가장 현저한 차이점은 다음과 같다.[1]

1. 누가는 예수님이 최초 추종자들을 부른 일에 대해 독특한 기록을 제공한다. 마태와 마가의 기록에서는 예수님이 갈릴리 해변을 걷다가 베드로, 안드레, 야고보, 요한을 불러 자신을 따르라고 했고 그들도 즉시 따른 것으로 되어 있다(마 4:18-22; 막 1:16-20). 그런데 누가는 베드로가 예수님과 함께 배를 타고 나갔다가 기적적으로 많은 고기를 잡고, 예수님의 신적 권위의 빛에 비추어 자신의 악함을 고백한 이야기를 기록한다(눅 5:1-11).

2. 누가는 마태와 마가복음에 나타나지 않는 다수의 제자들에 대해서 언급하는데, 이는 요한복음에도 나타난다(요 6:60-66). 누가는 훨씬 많은 수의 제자들 가운데에서 열둘이 사도로 선택되었음을 보여준다(눅 6:13, 17). 누가는 또한 승리의 입성 때 바리새인을 포함한 많은 군중이 그 광경을 보고 있었으며(눅 19:39), **제자의 온 무리**가 함께 경축했음을 기록한다(눅 19:37-39).

3. 오직 누가만이 예수님이 열둘만 선교 여행에 파송한 것이 아니라(마 10:5 이하; 막 6:6하-13; 눅 9:1-6 참조), 칠십(이) 명도 파송했음을

보여준다(눅 10:1-16). 칠십 명이 칠십 개의 이방 민족(창 10장)을 나타내든지, 고대 이스라엘의 장로들을 나타내든지(출 24:1; 민 11:25), 혹은 산헤드린을 대체하는 것을 나타내든지 간에, 그들의 존재는 예수님이 지상 사역 동안에 훈련한 열둘 외에도 많은 수의 제자가 있었음을 보여준다.[2]

4. 누가는 또한 갈릴리 전도 여행에 대한 이야기를 한다. 이 여행에서 예수님은 열둘과 함께 몇 명의 여인들과도 동행하신다. 이 여인들 중에는 예수님에게 치료받은 여인도 있는데, 그들은 자기들의 재산으로 예수님과 열둘이 쓸 것을 공급했다(눅 8:1-3). 그 여인들 중에는 일곱 귀신이 쫓겨 나간 막달라 마리아, 헤롯의 청지기 구사의 아내 요안나, 수산나가 있었고 그 외에도 많은 여인들이 함께했다. 사용된 어구를 보면 이 여인들도 예수님의 제자들이었다.[3]

5. 누가는 베드로가 예수님을 부인한 사건에 대해서 부드러운 태도를 보이는데, 이는 다른 복음서에서 볼 수 없는 현상이다. 누가는 사탄이 베드로를 밀 까부르듯 하려고 했던 베드로의 영적 갈등을 기록하지만, 베드로가 예수님을 부인한 이야기는 베드로를 위한 예수님의 기도와 그가 앞으로 제자들을 굳게 할 것이라는 암시에 의해서 어느 정도 상쇄된다(눅 22:31-34).

6. 누가는 겟세마네의 배반 장면에서 모든 제자가 예수님을 버리고 도주했다는 수치스러운 사실을 기록하지 않지만(마 26:56; 막 14:50; 눅 22:53-54 참조), 예수님을 아는 모든 사람이 갈릴리에서 온 여인들과 함께 십자가 현장에 있었음을 언급한다(마 27:55-56; 막 15:40-41; 눅 23:49 참조). "예수님을 아는 모든 사람들"(한글 개역개정에는 "예수님을 아는 자들"로 되어 있다—옮긴이)이라는 어구는 그분의 친척

을 가리키지 않고 친구들을 가리킨다(눅 2:44 참조). 따라서 이 말은 그분의 추종자들 중 일부가 십자가 현장에 있었음을 표시한다(요 19:26 참조).[4] "그를 아는 모든 사람들"(pantes hoi gnōstoi [판테스 호이 그노스토이])이라는 어구는 남성 복수이다. "갈릴리로부터 따라온 여자들"이라는 언급과 합쳐보면 이 어구는 십자가를 목격한 남자와 여자로 구성된 예수님의 추종자들이 있었음을 표시한다.[5]

누가복음을 사도행전과 비교해보면, 누가가 묘사하는 제자들의 그림에 중요한 빛이 비춰진다. 사도행전에서 **제자**라는 단어(행 6:1-2, 7; 9:10, 26; 11:26; 14:21-22; 15:10; 16:1)는 '그리스도를 믿는 자'와 동의어로 사용된다. 예를 들어 "믿는 무리"(행 4:32)는 "모든 제자"(행 6:2)와 유사한 표현이다. 제자들이란 예수님을 구주로 고백한 자들, 뒤에 "그리스도인들"(행 11:26; 26:28) 혹은 "성도들"(행 9:13, 32, 41) 혹은 "나사렛 이단"(행 24:5)이라고 불린 사람들이다. 누가가 복음서에서 사용한 **제자**라는 용어는 사도행전에서 그 용어가 그런 의미로 사용될 것을 보여주는 전조이다. "그 제자의 많은 무리"(눅 6:13, 17 상)는 "많은 백성"(눅 6:17 하)과 구별되므로, 누가는 일부 무리가 아닌 사람들 곧 예수님을 따르는 많은 사람들이 있었음을 독자에게 알리고자 한다(눅 6:13; 8:9; 9:54; 10:23; 11:1; 14:26; 19:37, 39). 이 제자들은 확신을 가지고 예수님을 믿는 사람들로서, "신기하게 여기는 자들"이라고 이름 붙일 수 있는 군중과 구별되었다.[6] 그러나 이 넓은 무리의 제자들이 사도는 아니었다(눅 6:13). 열둘은 계속해서 제자도를 상징하는 초점으로 작용한다. 그러나 누가는 훨씬 큰 무리의 제자들이 주님을 따르는 추종자들이었다는 점 또한 독자에게 알리고 싶어 한다.[7]

누가복음에서 제자도의 발전

누가가 보여주는 중요한 점은 예수님의 공적 사역 기간에 제자들이 동심원을 이루어서 그분 주변에 있었다는 것이다. 가장 안쪽 원에는 형제인 두 쌍의 사람들이 있었다(베드로와 안드레, 야고보와 요한). 그다음에 열둘이 있다. 열둘 다음에는 칠십(이) 명과 예수님을 섬긴 여인들을 포함한 동역자들이 있었다. 그다음에 제자들의 무리 곧 신자가 되기로 작정한 사람들이 온다. 제자들의 이 마지막 원 바깥에 예수님과 그 행동에 호기심을 품고 있기는 하지만 아직 신자는 아닌 사람들이 있었다. 이 모든 것은 누가가 가진 제자도의 독특한 관점을 이해하는 데 매우 중요하다.

그 도를 따르는 사람들

예수님은 영생으로 들어가는 것을 표시하기 위해서 '문'(thura[쑤라]), '대문'(pulē[풀레])의 개념을 변형한 은유들을 즐겨 사용하셨다.[8] 가장 잘 알려진 비유 중 하나에서(요 10:1-17), 예수님은 자신이 양떼의 문(thura)이라고 선언하시며, 사람이 그리로 들어가서 구원을 받고 풍성한 생명을 얻는다고 하셨다(요 10:9-10). 여기에서 예수님은 오직 그분을 통해서만 구원을 얻으며, 예수라는 문을 통해 들어간 후에는 풍성한 삶을 위한 모험을 계속한다는 것을 강조하신다.[9] 잘 알려진 또 다른 말씀에서 예수님은 멸망으로 인도하는 큰 문과 넓고/쉬운 길을 생명으로 인도하는 좁은 문(pulē)과 협착하고/힘든 길에 대비하여 말씀하신다(마 7:13-14). 여기에서 예수님이 중요하게 지적하신 점은 길보다 문이 먼저 온다는 것이다. 이 말의 의미는 사람이 생명의 문으로 들어가기 위해서는 좁은 길을 먼저 걸어야 하는 것이 아니라는 뜻이다. 그것은 행위의 체계가 될 것이다. 그것이 아니라, 사람은 구원의 문 곧 예수님을 통과해 들어오며, 그 다음에는 예수님과 함께하는 좁은 길 곧 제자도가 그들 앞에 열린다는 것이다.[10]

누가는 복음서와 사도행전 모두에 구원을 얻기 위해서 들어가야 하는 이 좁은 문(*thura*)이라는 은유적 표현을 기록한다(눅 13:23-24; 행 14:27). 한번은 어떤 사람이 예수님에게 와서 "주여 구원을 받는 자가 적으니이까"라고 질문한 적이 있다. 이에 대해서 예수님은 좁은 문의 비유를 사용하여 "좁은 문으로 들어가기를 힘쓰라 내가 너희에게 이르노니 들어가기를 구하여도 못하는 자가 많으리라"라고 대답하셨다(눅 13:23-24). 많은 제자들이 예수님을 구주로 고백했어도, 결단을 내리지 않은 일반 군중에 비추어 볼 때 그 많은 제자들도 적은 수에 불과했다. 좁은 문을 통과하여 들어가는 사람은 구원으로 들어가는 것이다. 이는 누가의 제자도 그림의 중심 주제 곧 **예수님의 제자는 그 도를 따르는 사람들임**을 보여준다.

복음서와 사도행전 모두에서 누가는 구원의 길로 들어가는 것과 제자도는 오직 믿음을 통해서만 발견된다는 점을 강조한다(눅 7:50; 8:48; 13:22-30; 17:19; 행 10:43; 13:38-39; 16:31).[11] 구원 그 자체는 '그 길'(*hē hodos*[헤 호도스]) 곧 하나님이 계시한 삶의 패턴이다. 신자가 구원의 좁은 문으로 들어가면 그들은 제자도의 길, 예수님을 따르는 삶의 패턴으로 인도되는 것이다. 그러므로 사람들은 그 길로 들어가서 주님의 발자취를 따라가야 한다.[12] 예루살렘을 중심으로 하는 누가의 조망은 고난받기 위해 예루살렘으로 가시는 예수님에게 집중되며(눅 9:51), 제자들은 길을 따라 그분과 함께 여행한다(눅 9:57). 구원을 '그 길'이라고 하는 이 관념은 훗날 사도행전에서 제자들의 공동체를 '그 길'로 부르게 했으며(행 9:2; 19:9, 23; 22:4; 24:14, 22), '교회'라고 알려진 사람들을 가리키는 호칭이 되었던 것이다.

비용이 드는 길

예수님이 자신을 따르고자 하는 호기심을 가진 구도자들에게 은혜로 믿음의 문을 열어놓기는 했으나, 동시에 그 길로 들어와서 자신과 함께 걸으려는 사람을 위해 준비된 참믿음은 비싼 것임을 선언하신다. '비용 계산하기'라는 주제가 제자도에 대한 누가의 전체적 그림의 주된 색조이다(눅 9:57-62; 18:24-30 참조). 예수님을 따르면서 하나님 나라가 가까웠음을 공개적으로 선언하는 그분의 사명 수행에 참여하여 함께 여행하라는 부르심을 입은 사람들에게는 특별한 '비용'이 요구되었다. 이 부르심을 받은 사람들은 특별히 열둘이었지만, 짐작컨대 전도 사명을 받고 파송된 칠십 명도 그런 부르심을 받았고(눅 10장), 예수님과 열둘의 전도 여행에 함께한 여인들도 그런 부르심을 받았다(눅 8:1-3).

'비용을 계산하라'는 요구는 봉사를 위해서 부름받은 사람들에게만 해당하는 것이 아니다. 이 요구는 예수님을 따르고자 하는 모든 사람을 향한 것이다. 아직 영생으로 들어가기로 작정하지 않은 개인들과 군중에게 그것이 요구되었다.[13] 적극적으로, 비용을 계산한다는 것은 하나님을 향한 사랑이 믿음의 중심임을 인식하는 것이다.[14] 핵심 단락은 율법 전문가가 영생을 얻는 문제를 가지고 예수님을 찾아온 내용이 기록된 누가복음 10장 25-37절이다. 율법에 무엇이라고 기록되었는지 예수님이 질문하셨을 때, 그 율법사는 영생을 얻기 위해서는 마음, 영혼, 정신, 힘을 하나님을 사랑하는 일에 집중해야 하며, 또한 이웃을 자기 몸처럼 사랑해야 한다는 것을 올바르게 인식하고 있었다. 그러나 하나님과 이웃을 사랑한다는 것의 참된 뜻이 무엇인가? 예수님은 그런 중요한 문제를 추상적인 개념으로 남겨두지 않으셨다. 그분은 늘 추상적인 것을 구체적인 현실의 영역으로 가지고 들어오셨다. 여기에서 예수님은 하나님과 이웃을 향한 사랑의 증거가 자기 이웃에게 자비를 행하는 데에서 발견된다고 설명하셨다. 이 율법사가 영생을 얻으려면 그도 가서 그렇게 해야 한다(눅 10:37).

부정적으로, 비용을 계산한다는 것은 다른 것들에 대한 충성을 거두어들이고 예수님을 주님으로 모시며 개인적인 충성을 바쳐야 함을 인식하는 것이다.[15] 핵심 단락은 누가복음 14장 25-33절로, 예수님이 군중에게 제자도로 들어가기 위한 조건을 선언하시는 부분이다. 군중은 예수님에게 오기는 했지만 아직 그분에게 헌신하기로 작정하지는 않았다. 그들이 헌신하기 전에 예수님은 세 번의 도전을 하셨는데, 이는 헌신을 위해 비용을 계산해야 한다는 표시였다. 누가는 그 일을 비교적 상세하게 기록한다.

> 수많은 무리가 함께 갈새 예수께서 돌이키사 이르시되 무릇 내게 오는 자가 자기 부모와 처자와 형제와 자매와 더욱이 자기 목숨까지 미워하지 아니하면 능히 내 제자가 되지 못하고 누구든지 자기 십자가

를 지고 나를 따르지 않는 자도 능히 내 제자가 되지 못하리라 너희 중의 누가 망대를 세우고자 할진대 자기의 가진 것이 준공하기까지에 족할는지 먼저 앉아 그 비용을 계산하지 아니하겠느냐 그렇게 아니하여 그 기초만 쌓고 능히 이루지 못하면 보는 자가 다 비웃어 이르되 이 사람이 공사를 시작하고 능히 이루지 못하였다 하리라 또 어떤 임금이 다른 임금과 싸우러 갈 때에 먼저 앉아 일만 명으로써 저 이만 명을 거느리고 오는 자를 대적할 수 있을까 헤아리지 아니하겠느냐 만일 못할 터이면 그가 아직 멀리 있을 때에 사신을 보내어 화친을 청할지니라 이와 같이 너희 중의 누구든지 자기의 모든 소유를 버리지 아니하면 능히 내 제자가 되지 못하리라(눅 14:25-33).

26, 27, 33절에서 세 번 반복되는 "…내 제자가 되지 못하리라"라는 구절에 주목하면 헌신의 대가가 비싸다는 사실이 극명하게 인식된다. 여기에서 예수님은 가족에 대한 충성, 자기 뜻, 사람의 모든 것을 포기한다는 말로 비싼 제자도를 묘사한다.

(1) 가족

첫째로 예수님은 "무릇 내게 오는 자가 자기 부모와 처자와 형제와 자매와 더욱이 자기 목숨까지 미워하지 아니하면 능히 내 제자가 되지 못하고"라고 말씀하신다(눅 14:26). 예수님의 제자가 되어 그분을 따른다는 것은 사람들이 기대하는 것과는 다르다. 예수님을 따른다는 것은 예수님을 자기 삶에서 가장 높은 곳에 두고, 다른 어떤 것에 대한 헌신이 예수님에 대한 헌신의 자리를 감히 침범하려 하면 그 대상을 '미워하는' 것이다. 다른 어떤 것도 예수님을 대신하여 충성의 대상이 될 수 없다. 가족도(눅 14:26), 재산도(눅 12:13-21; 16:10-13, 14-15, 19-31), 자신의 생명도(눅 14:26), 다른 어떤 것도(눅 14:33) 마찬가지이다. 제자도의 길에 들어선다는 것은 오직 예수님 뒤만 따라서(눅 9:23; 14:27) 좁은 구원의 문으로(눅 13:22-30) 들어간다는 뜻이다. 이것은 군중에게 충격을 주었음이 분명하다. 왜냐하면 선지자적 인물은 대개 큰 군중을 자기 주위에 모았기 때문이다. 그런데 예수님은 열광적인 군중에게 비용을 계산하라고 도전함으로 도리어 그들을 막았던 것이다. 예수님이 가르치신 종류의 제자도는 다른 형태의 제자도와 근본적으로 달랐다. 예수님의 제자도는 '따르려는 사람'에게 그분을 주님으로 삼고 최고의 자리를 부여해야 할 것을 요구한 것이다.

누가복음 14장 26절은 문자 그대로 미워하라는 말이 아님이 분명하다. 왜냐하면 예수님은 추종자들에게 원수까지도 사랑하라고 명하셨고(눅 6:27), 자신의 어머니를 보살피셨으며(요 19:26-27), 아버지와 어머니를 공경하라는(출 20:12) 구약의 명령을 거슬러 행하지 않으셨기 때문이다.[16] 그러므로 여기에서 '미워하라'는 말은 덜 사랑한다는 의미로(창 29:31, 33; 신 21:15 참조), 다른 모든 사랑의 관계에 대비해서 하나님에 대한 사랑의 절대적 우위를 표시하든지,[17] 이 세상에 대한 충성이 예수님을 따르지 못하도록 막으면 그것을 떠나야 함을 가리키든지(눅 8:20 이하; 9:59-62 참조), 혹은 이와 유사하게 자기 자신까지 포함하여 모든 것을 예수님을 향한 헌신에 종속시켜야 할 필요성을 표시하는 것이다(눅 16:13; 9:59-62 참조).[18] 유대교의 생활환경에서는 가족이 중심 역할을 차지하기 때문에, 가족이 구성원 중 한 개인의 인생 방향을 결정할 수도 있음을 우리는 앞에서 살펴보았다. 1세기 유대교에서 사람들이 인정하는 이상적인 삶은 결혼하여 가정을 세우는 것이었다. 그래서 슈무엘 사프라이(Shmuel Safrai)의 결론은 이렇다. "현자는 가족에게서 신성한 명령의 성취를 보았을 뿐 아니라, 그들은 가족의 생활에 거룩의 후광을 입히려고 노력했다."[19] 예수님은 가족의 분열이나 가족에 대한 반란을 요구하신 것이 아니다. 다만 일차적인 충성의 대상은 예수님이 되어야지 가족이 되어서는 안 된다고 선언하신 것이다. 다음과 같은 예에서 예수님이 모든 가족 관계의 단절을 의미한 것이 아님을 볼 수 있다. 그분은 열둘 중에 형제 관계에 있는 두 쌍을 불렀고(마 4:18-22), 결혼을 가장 높게 존중했으며, 간음을 정죄하고 배우자가 부정을 저지른 경우 외에는 이혼을 허용하지 않았으며(마 5:27-32; 19:3-9), 베드로가 그의 장모와 가족 관계를 유지하는 것을 허락했고(막 1:29-31), 사도 요한에게 자신의 사후에 어머니를 돌봐줄 것을 지시하셨다(요 19:26-27). 예수님은 성경적인 가족 관계를 지지하셨지만, 그것이 예수님을 따르는 데에 방해된다면 '미워해야' 했다.[20] 그리하여 예수님을 하나님이요 주님으로 삼고, 그분에게 충성을 바치면서 다른 무엇도 그 충성을 방해하지 못하게 함을 통해 제자의 생활로 들어오는 것이다.[21]

(2) 자기

둘째로 예수님은 "누구든지 자기 십자가를 지고 나를 따르지 않는 자도 능히 내 제자가 되지 못하리라"라고 말씀하셨다(눅 14:27). 예수님은 자신이 불러 따르게 한 사람들의 마음을 알고 계셨다. 예수님은 오직 그분에게만 믿음을 집중하는 사람들을 원하셨다. 그분을 따르겠다고 나선 사람들 중에는 진정한 신자가 아닌 것으로 드러난 자들이 있었다(요 6:60-66 참조). 그러므로 예수님은 사람들에게 지속적으로 그분의 제자가 되기 위해 비용을 계산하라고 요구하셨다. 그 비용은 결국 그 자신의 생명이었다. 완전한 원리가 누가복음의 앞부분 말씀에서 발견된다.

> 또 무리에게 이르시되 아무든지 나를 따라오려거든 자기를 부인하고 날마다 제 십자가를 지고 나를 따를 것이니라 누구든지 제 목숨을 구원하고자 하면 잃을 것이요 누구든지 나를 위하여 제 목숨을 잃으면 구원하리라 사람이 만일 온 천하를 얻고도 자기를 잃든지 빼앗기든지 하면 무엇이 유익하리요 누구든지 나와 내 말을 부끄러워하면 인자도 자기와 아버지와 거룩한 천사들의 영광으로 올 때에 그 사람을 부끄러워하리라(눅 9:23-26).

이 '비용'에 대한 말씀은 예수님이 복음 메시지를 통해 영생을 주시는 배경에서 나온다. 예수님이 모든 사람을 향해서 말씀하고 계심을 주목하라. 자기를 부인함, 자기 십자가를 짐, 예수님을 따름은 모두 제자도에서 예수님을 따를 때 계산해야 하는 비용이다(눅 14:27). 이 전체 표현은 예수님이 십자가를 지러 간다는 선언을 배경으로 이해되어야 한다. 십자가는 끔찍한 고통과 수치의 상징이었지만 예수님의 삶을 향한 성부의 뜻이었다. 십자가로 가는 것이 예수님이 세상에 온 목적이었다. 십자가에 달리기 전에 겟세마네에서 예수님은 "내 원대로 마시옵고 아버지의 원대로 되기를 원"했기 때문에(눅 22:42) 기꺼이 십자가로 갈 것을 성부께 확증하셨다. 예수님을 따른다는 것은 자기 삶을 위한 자신의 뜻을 부인하고 자기 신앙의 외적인 증명으로 예수님을 따르는 것이다. 이는 우리 삶을 위한 하나님의 뜻에 순종하는 상징이다.[22] 한번은 육신의 어머니와 형제들이 예수님과 대화하고자 한 적이 있는데, 그때 예수님은 제자도로 부름받은 사람들과의 관계를 밝혔다. "손을 내밀어 제자들을 가리켜 이르시되 나의 어머니와 나의 동생들을 보라 누구든지 하늘에 계신 내 아버지의 뜻대로 하는 자가 내 형제요 자매요 어머니이니라 하시더라"(마 12:49-50). 제자도로서 예수님을 따른다는 것은 성부의 뜻을 행한다는 표시였다.

예수님이 세상에 온 것이 자신의 뜻을 행하려 함이 아니라 성부의 뜻을 행하려 함이며, 또한 그분의 삶을 향한 뜻이 십자가로 가는 것이었듯이(눅 22:42), 각 사람은 자신의 뜻을 부인하고 성부의 뜻을 지고 예수님을 따름으로써 그리스도를 본받아야 한다(눅 9:23 참조). 십자가의 심상은 예수님을 따르는 일에 수반될 고난까지 마땅히 숙고한다는 것을 암시한다.[23]

어떤 문법학자들은 그 말씀에서 시제가 부정과거형 명령에서 현재형 명령으로 바뀌는 것에 중요한 의미가 있다고 본다. 나이젤 터너(Nigel Turner)는 부정과거형으로 되어 있는 첫 번째와 두 번째 명령, "자기를 부인하라, 자기 십자가를 지라"는 어떤 행동을 시작하라는 명령이고, "나를 따르라"라는 세 번째 명령은 지속적으로, 계속해서 무엇을 하라는 명령이라고 설명한다. 그 의미는 '자신을 부인하고(단번에, 부정과거 명령형), 자기 십자가를 지고(단번에, 부정과거 명령형), 나를 따르라(지속적으로, 현재 명령형)'는 것이 된다. 자신을 부인하고 십자가를 지는 것이 단번에 되돌릴 수 없는 결단이라면, 따르는 것은 지속적인 훈련이다.[24] 구원의 결단과 지속적으로 예수님을 따르는 실천은 이렇게 구분된다.

(3) 자기의 모든 것

셋째, 군중을 향한 이 확대된 진술에서 예수님은 그분을 따를 때 따라오는 비용을 계산해야 할 필요성을 강조하기 위해 두 가지 비유를 들어 설명하신다(눅 14:28-32). 첫 번째 비유는 충분한 돈도 없이 망대를 건축하기 시작했다가 중도에 포기하여 사람들의 비웃음을 사는 일이 없도록, 건축에 착수하기 전 비용을 계산하는 사람이다(눅 14:28-30). 두 번째 비유는 전쟁에 나가기 전에 자기 군대에게 필요한 전력을 계산하는 왕이다. 두 비유의 교훈이 누가복음 14장 33절에서 분명하게 드러난다. "이와 같이 너희 중의 누구든지 자기의 모든 소유를 버리지 아니하면 능히 내 제자가 되지 못하리라." 이 말씀은 온 마음을 집중하지 않는 모든 것을 정죄한다. 예수님의 말씀은 두 비유가 전해주는 속뜻을 대단히 흥미롭게 활용한다. 이 비유들은 임무를 완수하거나 전쟁에서 승리하기 위해서 자신의 모든 자원을 완전히 쏟아부어야 함을 강조한다. 제자도에 관한 말씀도 자신을 예수님에게 완전히 쏟아부어야 함을 강조한다. 거기에 이중적인 교훈이 있다. 첫째, 자기 앞에 놓인 제자도의 먼 길을 내다볼 때, 그 먼 길을 가기 위해서는 완전한 헌신이 필요하다는 것을 인식해야 한다. 적당히 헌신한 사람은 임무를 포기할 것이다. 둘째, 어떤 사람이 자기가 가진 모든 것의 소유권을 포기해버리면, 예수님이 제자들을 불러 맡기는 임무를 완수하기 위해서 필요한 자원을 예수님에게 전적으로 의탁할 것이다. 여기에서 예수님이 요구하시는 것은 제자가 되려면 자신의 소유를 모두 포기해야 한다는 뜻이 아님을 인식해야 한다. 왜냐하면 예수님의 추종자들도 계속해서 자기들의 소유를 유지했기 때문이다. 예를 들면, 베드로와 안드레는 부름을 받은 후에도 집을 보유했으며(막 1:29), 아리마대 요셉은 부유한 제자였으며(마 27:57; 눅 23:50-53), 여성 추종자들은 자기들의 소유로(*huparkontōn*[휘파르콘톤], 눅 8:1-3. 동일한 분사가 눅 14:33에서도 발견된다) 예수님을 후원했다. 월터 리펠드(Walter Liefeld)의 말이다.

> 여기에서 부자 청년 관원의 걱정(눅 18:22)과는 달리, 예수님이 제자는 자신의 모든 소유를 팔아 나눠 줘야 한다고 말씀하시는 것이 아니다. 예수님의 생각은 아마 직접 모든 것을 처분하는 것이라기보다는 물건을 포기하는 것, 소유권을 포기하는 것으로 보인다. 예수님의 제자들이 청지기로서 맡겨진 물건들을 사용할 수는 있지만 그것들은 더이상 그들 자신의 것이 아니다. '포기하다'의 현재 시제(*apotassetai*[아포타세타이])는 소유에 관하여 예수님이 요구하는 것이 지속적인 포기의 태도임을 암시한다.[25]

소유는 너무나 자주 안전을 보장하는 자원, 자기 가치의 표지, 개인적 힘의 수단이 된다. 예수님은 자신을 따르는 사람들에게 그들의 안전보장, 자기 가치, 힘을 예수님에게서 찾으라고 명령한다. 그들은 예수님을 향한 전적인 헌신 비용을 계산해야 한다.[26]

예수님의 제자가 되려면 그분을 하나님으로 모시고 전적인 충성을 바쳐야 한다는 면에서(눅 14:26), 하나님의 뜻을 짊어지려면 자기의 뜻을 부인해야 한다는 면에서(눅 14:27), 예수님의 제자로 얻는 자원을 위해 자기의 자원을 포기해야 한다는 면에서(눅 14:33) 많은 비용이 들 것이다. 예수님 외에는 다른 어떤 것으로도 충성의 대상이 대체될 수 없다. 가족도(눅 14:26), 재물도(눅 12:13-21; 16:10-13, 14-15, 19-31), 자신의 생명도(눅 14:26), 다른 어떤 것도(눅 14:33) 안 된다. 제자도의 길로 들어선다는 것은 구원의 좁은 문으로 들어가(눅 13:22-30) 예수님만 따르는 것을 의미한다(눅 9:23; 14:27).

각 사람의 비용과 각 사람의 십자가

영원한 생명이라는 선물이 예수님을 따르는 비용 계산을 통해서 온다는 것은 얼마나 역설적인가! 하지만 영생을 얻는 방법을 찾아 예수님에게 온 어느 부자 청년을 둘러싼 이야기에서 이것이 분명하게 드러난다. 그 청년은 어린 시절부터 계명들을 지켰다고 확신 있게 선언했지만, 예수님은 그에게 한 가지 부족한 것이 있다고 말씀하셨다.

> 네게 있는 것을 다 팔아 가난한 자들에게 나눠 주라 그리하면 하늘에서 네게 보화가 있으리라 그리고 와서 나를 따르라 하시니 그 사람이 큰 부자이므로 이 말씀을 듣고 심히 근심하더라 예수께서 그를 보시고 이르시되 재물이 있는 자는 하나님의 나라에 들어가기가 얼마나 어려운지 낙타가 바늘귀로 들어가는 것이 부자가 하나님의 나라에 들어가는 것보다 쉬우니라(눅 18:22-25).

마가는 이 부자 청년이 "슬픈 기색을 띠고 근심하며 가니라"라는 비극적인 세부 내용을 첨가한다(막 10:22). 이 청년에게는 가서 구원을 얻으라든지, 선행으로 그것을 사라는 명령이 주어지지 않았다. 도리어 예수님은 그의 마음을 시험하셨다. 이는 그 청년에게 무엇이 중요한지 아셨기 때문이다. 그 청년이 종교적인 동기를 가지긴 했지만, 그의 재산이 예수님을 따르는 것보다 우선순위에서 더 높았다. 예수님은 이 청년이 재산 중심성을 극복할 수 있도록 도우려 하신 것이다.[27]

하나님에 대한 신뢰를 재물로 대체하려는 유혹이 어리석은 부자의 비유에서도 드러난다(눅 12:13-21). 재물은 거기에 수반되는 권력, 특권과 함께 쉽사리 사람의 신, 안전보장의 원천, 소망, 자만심이 될 수 있다. 예수님은 이 청년을 시험하면서 재물이 그를 하나님에게서 떼어놓고 있음을 보여주셨다. 그러나 슬픈 결말에서 드러나듯이, 이 청년은 재물이 그의 삶에서 차지하는 자리를 버릴 수 없었다. 그래서 그는 참된 보화 곧 제자가 되어 예수님을 따름으로 얻는 영생이라는 보화를 발견하지 못했다. 그의 믿음은 예수님이 아니라 재물을 향하고 있었다.

예수님을 향한 충성이 곧 하나님을 사랑하는 것이라고 정의할 수 있으며, 이것이 믿음의 핵심이다.[28] 예수님에게 왔던 율법사는 영생을 얻기 위해서는 사람의 마음, 영혼, 정신, 그리고 힘이 하나님에 대한 사랑에 맞춰져야 하며, 하나님을 사랑한다는 사실을 증명하는 것은 이웃을 자기 몸처럼 사랑하는 것임을 바로 이해하고 있었다(눅 10:25-37 참조). 하나님과 이웃을 향한 사랑은 예수님과 그분의 길에 무조건적으로 투신했다는 증거이다.

이 '비용과 십자가'를 나타내는 구절들은 이해하기가 무척 어렵다. 그 구절들은 양극단의 신학적 입장을 만들어냈는데 그것들은 다소 인위적인 입장을 취한다. 비용을 계산하고 십자가를 지라는 예수님의 요구가 그분을 하나님으로 믿고 충성하라는 요구임을 깨닫게 되면 많은 어려움이 해결될 것이다. 예수님은 그분을 따르겠다는 결단을 내리기 전에 그들 삶의 모든 영역을 청소하라고 요구하시는 것이 아니다. 각 사람의 십자가 비용은 각 사람의 마음 성향과 하나님의 뜻에 따라서 각각 다르다. 부자 청년 관원은 자신의 재물을 포기하라는 요구를 받았지만, 예수님의 지상 사역 동안 어느 지점에서 제자가 된 니고데모와 아리마대 요셉은 (요 3:1-14; 19:38-42 참조) 여전히 종교적 기성 제도에 머물렀고 그들의 재물도 계속 소유했다. 그들이 정말 예수님에게 충성하는지 믿음의 증명이 요구되자, 그들은 나서서 예수님의 시신을 요구했다(마 27:57-60). 그들은 부유했지만, 부자 청년 관원처럼 재물을 자신들의 '신'으로 섬기지 않았다.[29] 아리마대 요셉과 니고데모는 그들의 재물과 영향력을 사용하여 십자가에 달린 예수님이 부활하실 때까지 머무신 새 무덤을 공급했다.

각 사람은 예수님에게 충성하기 위한 비용을 계산해야 하며, 예수님은 각 사람에게 적합한 비용을 요구하신다. "하나의 귀한 진주를 얻기 위해서 모든 것을 포기하라는 요구는 모든 사람에게 주어지지만(마 13:45-46), 익숙하고 습관화된 행위와 결별하는 것 그리고 충성의 성격과 예수님의 대의와 하나님 나라의 임재는 사람마다 다른 형태를 취한다."[30] 예수님은 그분이 부르시는 각자의 마음을 아시지만 비용은 각 사람의 몫이다. 제자도의 '비용'은 생명이다. 사도 바울은 훗날 이렇게 말했다. "내가 그리스도와 함께 십자가에 못 박혔나니 그런즉 이제는 내가 사는 것이 아니요 오직 내 안에 그리스도께서 사시는 것이라 이제 내가 육체 가운데 사는 것은 나를 사랑하사 나를 위하여 자기 자신을 버리신 하나님의 아들을 믿는 믿음 안에서 사는 것이라"(갈 2:20).

그 길을 따라 여행하기

제자도는 구원의 길 입구로 들어서면서 시작된다. 제자도는 그 길을 따라 걸으면서 전진한다. 누가는 자기 부인, 십자가를 짐, 그리고 예수님을 따르는 것이 그 길 입구로 들어서는 것만을 규정하지 않고 그 길에서 사는 생활 또한 규정한다는 것을 보여 준다. 십자가를 져야 한다는 선언에 대한 누가의 설명은, 이것이 자신의 뜻을 부인하고 성부의 뜻을 짊어진 채 주님을 따르는 삶이 매일같이 지속되는 일임을 특별히 밝힌다(눅 9:23; 막 8:34 참조). 예수님의 삶은 하나님의 뜻을 성취하는 데 자기의 뜻을 맡기는 실례가 되어 지속적으로 제자들 앞에 보여진다. 그러므로 그 길 위에 있는 복된 삶이란 하나님의 말씀을 듣고 순종하는 생활이다(눅 11:27-28). 그 길 위에서 걷는 모든 사람이 진정으로 그 길에 속한 것은 아니다. 자신이 그 길에 투신했다는 외적인 선언은 생활에서 맺는 열매로 판단되어야 한다(눅 6:43-49; 19:11-27). 그 열매는 부분적으로는 다른 사람들을 사랑하고 선을 베푸는 것(눅 6:17-36), 물질 소유에 대한 적절한 청지기직(눅 6:35; 8:3), 섬기는 자세(눅 22:24-30), 기도(눅 10:2; 11:1; 18:1-8), 그리고 그 길을 증거하는 것이다(눅 9:1-6; 10:1-12, 17-20; 12:8-12; 14:23-24; 24:44-49).

마가복음에서는 십자가를 지라는 말씀이 군중과 제자로 구성된 청중에게 한 것으로 기록되었고(막 8:34-38), 마태복음에서는 오직 제자들로만 이루어진 청중에게 한 것으로 기록되었다(마 16:24-28). 그러므로 우리는 구원을 위한 투신을 결심한 후에도 자신을 점검해야 할 지점이 있음을 주목해야 한다. 예수님의 정체에 대한 제자도의 이해도는 예수님의 지상 사역 동안 점점 높아졌다. 초기에 예수님의 제자라고 한 사람들 모두가, 예수님이 그들 중 일부가 기대하거나 예상한 것과는 다른 메시아적 구원자라는 사실을 올바로 이해한 것은 아님을 기억해야 한다. 예수님이 자신을 더욱 분명하게 드러내시자 예수님의 제자들 중 많은 이들이 떠났다(요 6:60-66 참조). 심지어 열둘도 처음 예수님을 따르기 시작했을 때보다 예수님의 메시아적 정체에 대해서 더 확고히 이해하게 되었으나 그들 중 하나는 참된 신자가 아닌 것으로 드러났다(요 6:70-71 참조). 예수님이 이미 제자가 된 사람들에게 십자가를 지라고 말씀하셨을 때, 이는 그들이 자기들의 결정에 따라오는 결과를 실제로 알고 있는지 스스로 살피게 하시려는 의도였다. 뒤에 가서는 십자가의 길이 처음 결단할 때보다 훨씬 많은 것을 포함할 것이다. "예수님은 어떤 타협도 용납하지 않았다. 지금 그를 부끄러워하는 자를 인자는 그 나라가 임할 때에 부끄러워할 것이다(막 8:38 참조)."[31]

적용점

누가는 그 길 위에서 예수님을 따라갈 때 제자들이 감당해야 하는 비용을 강조한다. 제자도에 진입하기 위해서 예수님이 요구하신 과한 요구들 곧 십자가를 지는 것, 가족과 세상에서의 생명을 미워하는 것, 뒤를 돌아보지 않는 것, 자기의 모든 소유를 파는 것 등은 오랫동안 그분의 은혜로운 부르심과 조화하기 어려웠다. 1세기의 사회 종교적 배경이라는 문맥에서 보면, 그런 요구들은 예수님이 특별한 형태의 제자도로 사람들을 부르셨음을 보여준다. 예수님의 제자가 된다는 것은 직업을 바꾸거나, 정치적 입장을 바꾸거나, 심지어 하나님에 대한 마음을 새롭게 하는 차원이 아니다. 도리어 그것은 그 길인 예수님을 따라서 영생으로 들어가느냐의 문제였다. 다른 것에 대한 집착은, 그것이 가족에 대한 집착이든 종교적 집착이든 경제적 집착이든 상관없이, 예수님 대신에 다른 것을 '신'으로 삼는 행위이다. 그 길로 들어가는 것이나 그 길에서 행하는 것 모두 제자가 되어 예수님을 따름으로 이루어진다. 누가가 제자도를 이렇게 묘사하는 데에 집중했지만, 누가만 그것을 강조한 것은 아니다. 사도 요한 역시 참된 길인 예수님과 함께하는 삶을 강조했다. 요한은 예수님이 "내가 곧 길이요 진리요 생명이니 나로 말미암지 않고는 아버지께로 올 자가 없느니라"라고 말했다(요 14:6). 사도 바울은 "내게 사는 것이 그리스도니 죽는 것도 유익함이라"라고 강조해서 말했다(빌 1:21).

제자의 생활은 누가의 관점이 요약한 것처럼, 예수님을 구주로 삼고 충성하는 사람, 예수님을 주님으로 삼고 그분과 함께 그 길로 들어선 사람, 주님의 말씀에 순종함으로 그분을 닮아가는 사람의 생활이다. 예수님은 철저한 헌신의 길로 우리를 부르시며, 그 헌신은 궁극적으로 한 사람의 삶을 바꿔놓을 것이다. 예수님은 은혜로 구원을 주시지만 구원으로 들어가는 문은 좁다(눅 13:23-24). 예수님만큼 좁다. 그 문으로 들어가는 것은 오직 예수님만을 구주로 삼고 충성하며, 생명을 위해서 예수님의 뜻에 충성하며, 예수님과 같이 되는 일에 집중하는 것이다.

예수님은 사람들의 마음을 알고 계시며, 각 사람에게 그들 마음의 상태를 드러내는 맞춤형 요구를 하신다. 자기 재물에 집착하는 부자 청년 관원의 행동은 구원을 얻기 위해서 예수님을 믿는 것보다 재물이 더 우선순위에 있다는 표시였다(눅 18:18-25). 자기 재물을 포기한 세리 삭개오의 행동은 잃어버렸던 죄인에게 구원이 임했다는 표시였다(눅 19:1-10). 이 두 경우에 하나님의 일이 드러난다는 점을 강조해야 한다. 부자 청년 관원이 돈에 대한 사랑 때문에 구원을 외면하고 떠났지만, 그는 예수님의 지시를 따를 수도 있었다. 하나님의 능력은 사람에게 불가능해보이는 것을 이룰 수 있다(눅 18:26-27 참조).[32] 삭개오가 관대하게 나눠 준 것은 구원을 추구한 결과가 아니었다. 도리어 예수님이 삭개오를 찾아오셨고 그를 구원하신 것이다. 재물을 포기한 것은 삭개오가 아브라함과 같은 믿음의 참된 백성이 마땅히 해야 할 표현으로서 예수님에게 응답했다는 표시일 뿐이다(눅 19:9-10 참조).[33] 외적인 행동은 예수님을 향해서 바른 방향을 잡은 마음의 표시이며, 그 행동은 믿음에 대한 반응으로 그 사람 속에서 일하시는 하나님에 의해서 이루어진다.

우리는 누가의 이런 구절들에서 믿음과 행동의 상호작용을 볼 수 있다. 하지만 종종 그것들이 우리 자신의 경험에서는 어떻게 일어나는지 보기가 쉽지 않다. 비용을 계산하라는 예수님의 도전을 자신에게 적용할 때 우리는 자주 극단적인 고민에 빠진다. 어떤 사람은 비용 계산하는 것을 무척 중요하게 강조한 나머지 '행위 구원'을 이야기한다고 비난받는다. 비용을 계산하라는 도전을 전혀 하지 않는 사람들은 '손쉬운 믿음주의'라고 비난받는다. 어떻게 해서라도 우리는 예수님의 균형을 찾아야 한다. 곧 구원은 은혜를 통해 오직 믿음으로만 받는다는 것을 분명히 확립하면서, 동시에 이 세상에 대한 집착이 예수님을 대신하는 '신들'이 될 수 없음을 분명하게 확립하는 균형이다.

나는 최근에 이 균형을 놓고 고민하는 몇몇 젊은이들을 주목했다. 이스라엘에 가서 연구 여행을 하는 도중에 벌어진 일인데, 그곳에서 나는 그리스도인이 된 팔레스타인 젊은이 세 명을 만났다. 그중 한 사람은 자기가 그리스도인이 된 결과 어떻게 그의 가족에게 배척을 당했는지 이야기해주었다. 다른 한 사람은 자기가 그리스도인이 되었음을 가족에게 알렸을 때 가족들에게서 버림받았다. 당시 그는 부랑자처럼 살고 있었다. 세 번째 사람은 자기가 그리스도인이 되었음을 아직 가족에게 알리지 않았다. 왜냐하면 가족의 전통을 수치스럽게 만든 그를 형제들 중 누군가가 죽일 것이 확실하기 때문이다. 조만간 그에게 자기의 믿음을 더 이상 감추지 못할 순간이 올 것이며, 그것은 영원한 생명과 지상의 생명 중에서 무엇을 선택할 것인지의 문제가 될 것이다. 이 청년들은 예수님에게 충성하기 위해서 가족에 대한 충성이라는 비용을 계산하지 않을 수 없다. 그들은 자기의 믿음에 의해 예수님을 구주로 받아들이기로 결정했지만, 실로 그것은 값비싼 믿음이었다.

여기 미국에서는 정반대의 일이 벌어지고 있다. 한 젊은 여성이 지역 교회에서 적극적으로 활동하며 예수님에 대한 신앙을 고백했다. 그녀의 어머니는 여호와의 증인에 속해 있었으며, 그녀의 삶을 힘들게 만들었다. 어머니는 딸에게 죄의식을 느끼게 하고 딸이 어머니를 버렸다고 불어넣었고 마침내 그 여성은 어머니의 압박에 굴복하여 교회를 떠났고, 어머니와 함께 여호와의 증인 그룹에서 적극적으로 활동하게 되었다. 그 여성은 예수님에게 충성하기 위해 지불해야 하는 가족이라는 비용을 계산한 다음, 오히려 예수님을 떠나기로 작정한 것이다.

우리는 이러한 사례에 등장하는 사람들의 마음을 완전히 다 안다고 절대로 말할 수 없다. 그러나 그들의 행동은 그들의 마음이 신앙적 문제에 어떻게 반응하는지를 드러낸다.

마태는 그의 독자들에게 그리스도인의 생활이란 제자가 되어 '예수님과 함께'하는 것임을 이해시키려 했다. 이는 회심할 때 제자가 되는 것이며, 투신한 순간이나 영적 성장 이후의 어느 순간에 제자가 되는 것이 아니라는 뜻이다. 제자도의 길을 걸어가는 동안 성숙에 이르는 정도는 사람마다 다르지만, 참된 신자들은 모두 그 길 위에 있다. 그러므로 제자 삼기의 시작점은 복음전파이다. 예수님은 우리가 '모든 족속'을 제자 삼아야 한다고 하셨지, 이미 신자가 된 사람들을 제자 삼아야 한다고 말하지는 않으셨다. 누가의 추가적인 통찰을 통해서 우리는 회심하고자 하는 사람에게는 어떤 방식으로든지 제자도의 삶을 위한 비용을 계산하라고 도전해야 한다는 것을 알 수 있다. 이 점을 밝히기 위해서 복음을 분명하게 제시할 필요가 있다. 제자로서 '예수님과 함께' 동행하는 사람은 세상에 비해 수가 적다. 구원과 제자도의 좁은 문으로 들어오는 사람이 그 메시지를 거부하는 사람에 비해 상대적으로 적을 것이라고 예수님이 선언하셨다. 예수님 당시에 그러했으니 오늘날에도 마찬가지일 것이다. 예수님의 길은 십자가의 길이며, 모든 신자에게 요구되는 길이다.

그러므로 회심할 때가 앞에 놓인 어려움을 심사숙고하기 위한 중요한 순간이다. 예수님은 여러 군데에서 초기 제자들에게 박해가 임할 것이라고 말씀하셨다. 제자도에 대한 연구를 통해 우리는 사도행전의 초대교회와 사도적 교부들을 볼 것인데, 당시에는 박해와 순교가 예수님의 제자들이 통상 당하는 일이었다. 구주로서 예수님의 이름을 선언하는 것은 그 이름을 위해 박해를 당할 것이 확실함을 의미했다. 이것은 제자도의 비용을 계산하라는 예수님의 교훈을 오해할 수 없도록 예증한다. 비용을 계산한다는 것은 제자가 되는 비용을 의미할 뿐 아니라 제자도 생활에 따라오는 비용까지 포함한다. 제자도의 비용을 계산하라는 비유에서 예수님은 이것이 제자도의 과정을 완성하는 데에 드는 비용임을 분명하게 가리키셨다(눅 14:28-33). 예수님은 제자도가 단순한 회심의 순간이 아니라는 사실을 사람들이 이해하기를 원하셨다. 제자도는 그 뒤에 따라오는 삶을 포함했다. 사도들과 사도적 교부들은 이런 생활이 지속될 것임을 강조했다. 특히 이그나티우스(Ignatius)는 생애 마지막 순간이 가까울수록 완전한 제자에 더욱 가까이 다가갔음을 강조했다.[34]

값비싼 믿음이라는 이 동일한 원리가 처음으로 믿음을 가진 순간뿐 아니라 지속적인 믿음 생활을 규정해야 한다. 우리는 예수님으로부터 우리를 떼어놓으려 하는 방해물을 많이 만난다. 그 방해물 중 많은 것들은 우리의 신분을 예수님에 대한 충성으로 규정하려 하지 않고 세상 것들에 대한 충성으로 규정하려는 시도 때문에 생겨난다. 그리스도인들은 계속해서 자신의 신분을 세상에서 예수님과 함께 걷는, 예수님의 제자 됨에서 찾음으로 값비싼 믿음을 실천한다. 우리는 많은 것들로 예수님을 대체하라는 유혹을 받는데, 그것들은 제자도와 정반대되는 것들이다. 때로는 선한 것이 우리를 방해할 수도 있다. 예를 들면 경력 혹은 공동체에 대한 봉사 같은 것인데, 이를 통해 얻을 수 있는 특권과 칭찬이 예수님의 제자라는 우리의 신분을 희생하라고 요구할 수 있다.

우리는 세상의 것들이 우리가 예수님을 보지 못하게 할 수 있음을 잘 알지만, 또한 우리는 기독교적 요소들이 예수님의 자리를 차지할 수도 있음을 인식할 필요가 있다. 기독교 학교의 교수요 복음적 교회의 목사인 나는 때로 **나** 혹은 **기관**의 발전을 위한 것이기는 하지만 반드시 **예수님**을 드러낸다고 볼 수 없는 것들에 과도하게 사로잡히기도 한다. 내가 몇 권의 책을 집필했는지, 그 책을 통해서 어떤 칭찬을 받았는지, 혹은 나의 강의를 몇 명이 듣는지 등이다. 나는 이런 것들에서 나 자신을 발견하고, 내가 이 세상에서 예수님과 함께 걷는 제자가 된 단순한 사실 속에서 나 자신을 발견하지 못하도록 유혹받을 수 있다. 내가 맨 처음에 예수님에게 보인 그 응답을 오늘도 보여야 한다. 나는 비용을 계산해야 하고 매일 나의 십자가를 지고 예수님을 좇아야 한다. C. S. 루이스(C. S. Lewis)는 예수님이 비용을 계산할 것을 요구한 목적에 대해, 우리가 우리 삶을 예수님 손에 맡김으로 예수님이 우리를 온전히 그분의 형상으로 만들 수 있게 하는 것이라고 인식했다. 루이스는 이것을 예수님의 관점에서 설명하려고 노력하면서 이렇게 밝힌다.

바로 이런 이유로 그가 사람들에게 그리스도인이 되기 전에 '비용을 계산'할 것을 경고했다. 그는 이렇게 말한다. "당신이 내가 하도록 허락한다면 내가 당신을 완성할 수 있다는 것에 대해서 조금도 의심하지 마라. 당신이 자신을 내 손에 맡기는 순간, 당신은 바로 그 길로 들어선 것이다. 그 이하도, 그 외의 다른 어떤 것도 아니다. 당신은 자유의지를 가지고 있으며, 당신이 원하면 나를 밀어낼 수 있다. 그러나 당신이 나를 밀어내지 않는다면 내가 이 일을 끝까지 이루고야 말 것임을 알라. 당신이 세상에서 사는 동안 어떤 고난을 대가로 지불하든지, 죽음 이후에 어떤 상상할 수 없는 정화(purification)를 당신이 지불해야 하든지, 그것이 나에게 어떤 비용을 요구하든지, 당신이 말 그대로 완전하게 될 때까지 나는 결코 쉬지 않으며 당신 또한 쉬지 못하게 할 것이다. 나의 아버지가 조금도 주저함 없이 나를 기뻐했듯이, 당신을 기뻐한다고 말하게 될 때까지 나는 이 일을 할 수 있고, 잘 할 수 있다. 그러나 그 이하의 일은 하지 않을 것이다."[35]

이것은 격한 말이다. 그러나 예수님의 제자가 되는 것은 오직 강인한 사람들 곧 참된 생명, 영원한 생명, 살아계신 주님과의 삶을 위해 비용을 계산한 사람들에게 해당된다.

복습 문제

1   왜 예수님은 누군가 제자로 입문할 때 사람마다 다른 요구를 하셨는가?

2   오늘날 전적으로 예수님을 따르려는 '미래의' 제자들을 막는 마음속의 '우상' 즉 '신'에는 어떤 것들이 있는가? 당신은 그런 사람에게 어떻게 복음을 제시하겠는가?

3   오늘날 우리의 사역에서 제자들의 동심원이 어떤 의미를 가지는가?

12장
요한복음: 예수님이 표시한 신자들

초점 맞추기

1. 무엇이 '거짓 믿음'에 반대되는 '참된 믿음'인가? 그 차이를 어떻게 알 수 있는가?
2. 예수님을 믿으면서도 참된 제자가 아닐 수 있는가?
3. 그리스도인은 다른 사람들과 어떤 방식(들)으로 다른가? 당신의 삶에서 사람들이 당신을 그리스도인이라고 인식하게 하는 표지는 무엇인가? 참된 그리스도인의 가장 중요한 특징이 무엇인가?

내 친한 친구(동시에 서평 동료이다!)인 켄과 나는 10년 이상 상호 책임(mutual accountability) 관계를 유지하고 있다. 직업과 성격에 관한 한

켄과 나는 물과 불처럼 서로 다르다. 회사의 부사장인 그는 글로벌 기업이라는 거칠고 요동치는 환경 속에서 살며, 사교적이고 외향적이며 즉흥적인 성격이다. 나는 은밀하고 팽팽한 학문 세계에서 살고 있으며, 혼자 있기를 좋아한다. 그래서 내 아내와 켄은 수년 동안 나를 그 세계에서 끌어내는 작업을 해왔다! 이렇듯 켄과 나는 무척 다르지만 우리는 거의 매주 토요일마다 아침 6시 30분에 만나서 함께 서핑을 하고, 하나님과의 인격적 동행에 대해 서로에게 도전하며, 가족생활에 대해 격려하고, 각자의 전문적인 생활에 대해 서로를 지원해준다. 우리는 10년도 더 전에 대학 사역에 함께 참여한 이래로 이런 관계를 유지해왔다.

켄은 대학을 졸업하자마자 즉시 가족이 운영하는 기업체에서 일자리를 잡았고, 회사생활을 배웠다. 대학 시절에 켄은 매우 헌신적인 그리스도인이었다. 그는 그때와 동일한 헌신을 자신의 사업에도 들여오고 싶어 했다. 한번은 내가 그에게 사업 영역에서 어떤 목표를 이루고 싶냐고 물었다. 그는 이렇게 말했다. "마이크, 나는 단지 이 세계의 체제를 유지하기 위해서 사업에 뛰어든 게 아닐세. 나는 회사에서 탁월하게 일하려고 노력하지만, 내가 여기 있는 진짜 목적은 예수 그리스도를 위해서 경제계에 영향을 미치기 위함이지. 사람들에게 예수님에 대해 말하기 위해서, 그리고 예수님이 진실로 내 생활 속에 계시다는 것을 그들에게 보여주기 위해서 내가 여기 있는 걸세." 이것은 비기독교적 분위기의 산업 속에 있으며, 비기독교적 회사에서 일하는 젊은 그리스도인에게는 과도한 목표인 것처럼 보인다! 하지만 내가 지난 몇 년간 켄을 관찰한 바에 의하면 그는 그 목표를 향해 한결같이 투신하고 있다.

켄은 요한이 복음서에서 묘사하는 종류의 제자도에 걸맞는 실례이다. 요한은 예수님이 이 세대의 악으로부터 사람들을 구하기 위해 세상에 오셨다고 폭넓게 조망한다. 그는 구원을 얻기 위해 진정으로 예수님을 믿는 사람과 그렇지 않은 사람을 충격적으로 대비한다. 이 대비가 예수님의 제자들 속에서 눈에 띄게 드러난다. 예수님의 제자들은 그분에 대한 참신앙이 인생에 변화를 일으킨다는 것을 세상에 생생히 보여주는 증거이다. 켄은 바로 그것을 추구한다. 그는 매일같이 격렬하고 요동치는 경제계 속으로 들어간다. 그리고 그의 삶은 예수님을 향한 참된 신앙이 매일의 생활 속에 변화를 일으킨다는 증거이다.

제자도 중심 즉 당신과 나를 위한 예수님의 목적 중심에 '생명'이 있다. 예수님은 유대인들에게 자신이 세상에 온 이유를 설명하시면서, "내가 온 것은 양으로 **생명**을 얻게 하고 더 풍성히 얻게 하려는 것이라"라고 말씀하셨다(요 10:10). 예수님은 우리가 생물학적으로 얻은 생명과는 다른 생명을 주기 위해서 오셨다. 태어났을 때 우리가 받은 생명은 다른 사람들이 가진 것과 똑같다. 그러나 예수님은 전혀 다른 무엇을 주기 위해서 오셨다. 그분은 우리에게 영적 생명을 주기 위해서 오신 것이다. 우리는 이 점을 분명히 해야 한다. 왜냐하면 예수님이 주신 생명이야말로 의미와 목표를 주기 때문이다. 그분의 생명이 매일매일의 삶에 변화를 주는 것이다.

지난여름 우리 가족은 멕시코의 바하 캘리포니아(Baja California) 끝까지 갔다. 카보산루카스(Cabo San Lucas) 근처의 어느 훌륭한 서핑 지점까지 가기 위해서 사막 길을 천 마일이나 달렸다. 거기서 머무는 동안 나는 흥미로운 청년을 만났다. 서른 살쯤 된 그는 코스타

아줄(Costa Azul, 푸른 해변)이라고 불리는 멋진 곳에서 서핑 용품 가게를 하고 있었다. 아름다운 해변이 내려다보이는 언덕 위 노천카페에 앉아 있을 때, 그는 자기가 지난날 '이상적인 삶'을 찾기 위해서 세상 곳곳을 여행했다고 말했다. 그리고 아름다운 이곳에 정착하여 열대 지방의 천국을 가졌다고 했다. 그러나 대화를 계속하는 동안 그는 나를 빤히 보며 고백했다. "마이크, 하지만 여전히 무언가 부족하다는 걸 느껴요. 지금의 '이상적인 삶'은 내가 찾던 것을 가져다주지 못해요."

켄과 이 젊은 남자의 삶은 얼마나 다른가? 바로 이것이 요한이 우리에게 보여주는 대비이다. 신앙과 불신앙의 대비, 제자와 비제자의 대비, 삶과 죽음의 대비. 요한은 신앙의 형태와 불신앙의 형태 사이에 분명한 선을 긋는다. 참된 신앙만이 참된 제자를 만들며, 내부의 믿음이 그런 급격한 변화를 만들어낸 결과 외부의 삶이 그 믿음을 증거할 것임을 요한은 보여준다. 참된 제자의 생활은 예수님 말씀에 거하며, 다른 제자들을 사랑하며, 열매를 맺음으로 믿음의 증거를 나타낼 것이다.

요한의 독특한 제자관

요한의 관점에서 본 제자도의 의미와 성격에 대한 최근의 연구들은 다양한 해석 방법론을 채택했지만, 요한복음에서 나타나는 제자도의 세 가지 근본적인 측면에 대해서는 전체적인 합의에 도달했다.[1]

첫째, 제자의 중심 특징은 아버지와 자신을 연결하는 예수님의 주장을 믿고 받아들이는 것이다.² 특별히 열둘은(요 6:67, 70; 13:18; 15:16, 19; 6:64, 66 참조) 처음부터 예수님이 진정 누구였는지를 인식하고 환호하고 믿은 사람들이다(요 1:41, 45, 49; 6:69; 13:13; 20:28-31; 21:7, 12 하). 요한복음에서 '예수님의 제자들'은 예수님의 공적 사역이 시작된 가나의 혼인 잔치 때 처음 등장한다(요 2:2). 예수님은 최초로 기록된 기적을 행하여 물로 포도주를 만드셨는데, 그 후에 요한은 "예수께서 이 첫 표적을 갈릴리 가나에서 행하여 그의 영광을 나타내시매 제자들이 그를 믿으니라"(요 2:11)라고 말한다. 이것은 요한이 자신의 복음서가 가진 목적을 최초로 암시하는 말인데, 그는 이 목적을 복음서 뒷부분에서 명확하게 진술한다. "예수께서 제자들 앞에서 이 책에 기록되지 아니한 다른 표적도 많이 행하셨으나 오직 이것을 기록함은 너희로 예수께서 하나님의 아들 그리스도이심을 믿게 하려 함이요 또 너희로 믿고 그 이름을 힘입어 생명을 얻게 하려 함이니라"(요 20:30-31). 기적적인 표적을 행함으로 예수님은 자신의 영광을 드러내고 그분의 참된 정체를 계시하셨다. 사람들이 진정 그분을 메시아로, 또한 하나님의 아들로 인식하고 믿으면, 그들은 영원한 생명을 받는다. 처음부터 끝까지 요한은 예수님에 대한 인식, 환호 그리고 믿음이 예수님의 제자가 가진 중심 특징임을 강조한다.³

둘째, 이 믿음은 점진적 이해와 깨달음의 과정을 필요로 하며 그 과정을 밟는 것으로 그려진다.⁴ 제자들이 예수님의 사역의 '그때'를 완전히 이해하지는 못했지만,⁵ 예수님의 사역과 가르침(요 6:67-71; 9:2-7; 11:1-45), 부활 후의 나타남(요 20:8-21), 그리고 성령 받음(요 8:19-23)을 통해서 궁극적으로 하나님의 아들인 예수님의 완전한 신분을 파악했다. 참신앙은 인식과 이해에 합치된다. 예수님과 함께 걸으며 그분의 사역을 보고, 그분의 가르침을 듣고, 그분의 부활을 목격하고, 그분의 성령을 받음으로 제자들은 점점 예수님이 진정 누구인지 인식하고 이해했으며, 더불어 예수님에 대한 믿음도 성장했다. 그러나 이것은 그들의 이전 신앙에 결함이 있었다는 뜻은 아니다. 요한은 결함이 있는 믿음을 보여준 사람들을 분명히 밝힌다(예를 들면 요 2:23-24). 참된 신앙은 예수님의 정체를 바르게 인식하고 이해함에 따라 성장하고 성숙한다.[6]

셋째, 요한은 신자와 불신자, 제자와 비제자 사이를 지속적이고 의도적으로 대비한다. 비제자, 곧 불신자는 불신 '세상'의 일부이다. 하나의 범주로서 '세상'은 원래 하나님께 적극적으로 적대적인 모든 사람을 포함하지만, 요한의 서술(그리고 '고별 설교')에서는 '세상'이 실질적으로 '유대인들'이라는 범주와 동의어가 된다. 그 결과 믿는 제자들과 믿지 않는 유대인 사이의 매우 특수한 대비가 형성된다.[7] 대비를 좋아하는 요한의 경향이 여기보다 더 확연히 드러난 곳은 없다. 예수님의 제자들은 진정으로 믿는다. 이로 인하여 그들은 믿지 않는 자, 세상에 속한 자, 예수님을 거부한 자, 궁극적으로 자기 죽음에 대해 책임을 질 자들과 분리된다.

요한의 제자도의 발전

요한은 분명히 제자도의 중심으로 믿음을 강조한다. 또한 요한은 믿음을 참된 제자와 거짓 제자를 구분하는 특징으로 강조하며, 믿음을 제자도 발전의 중심으로 강조한다.

결함 있는 믿음

제자들은 예수님의 표적을 보았으며, 그분의 가르침을 듣고 믿었으나, 그들의 믿음은 믿음에 결함이 있던 사람들과 질적으로 달랐다. 예수님의 사역 초기에, 명절을 맞아 예루살렘에 있던 군중은 예수님이 행하시는 표적을 보고 그분을 믿었다. 하지만 예수님은 그들에게 자신을 의탁하지 않으셨는데(요 2:23-25), 이는 그들이 올바르게 믿지 않았음을 인식하신 결과이다. 레이몬드 브라운(Raymond Brown)의 설명이다.

> 여기 묘사된 반응은 중간적인 것이다. 그것은 성전 장면에서 '유대인들'이 보인 적대적인 어리석음보다는 낫지만, 2장 11절의 가나 혼인 잔치에서 표적을 통해 예수님의 영광을 보게 된 제자들의 믿음과 같지는 않다. 여기 예루살렘에서는 사람들이 기꺼이 표적을 보고 확신을 얻고자 했지만, 표적을 통해서 그들이 본 것은 예수님이 기적을 행하는 인물이라는 것이다.[8]

다른 사례는 더욱 충격적이다. 예수님이 자신을 생명의 떡으로 묘사한 설교를 하시면서, 예수님은 자신의 살을 먹고 자신의 피를 마시는 데에 참된 생명이 있다고 말씀하셨다(요 6:51-58). 요한은 예수님의 제자들 중 많은 이들에게 이 가르침이 특별히 어려웠다고 전한다(요 6:60). 그런 어려운 말이 실제로 혼란을 일으킬 수 있지만,

예수님은 이를 통해 그들의 진짜 문제를 드러내셨다. "살리는 것은 영이니 육은 무익하니라 내가 너희에게 이른 말은 영이요 생명이라 그러나 너희 중에 믿지 아니하는 자들이 있느니라 하시니 이는 예수께서 믿지 아니하는 자들이 누구며 자기를 팔 자가 누구인지 처음부터 아심이러라"(요 6:63-64). 이 제자들이 믿는다고 고백한 것이 분명하지만, 예수님은 처음부터 그들의 마음을 알고 계셨다. 그들은 진정으로 믿은 적이 없었던 것이다. 이제 불신앙의 증거가 그들의 행동에서 드러났다. 그들은 성령의 능력을 받지 못하고 육체에 속해 있었으므로 예수님의 가르침을 이해하는 데 어려움을 겪었다. 아마 그들은 제자들 사이에 분열을 조장하기도 했을 것이다. 요한이 "그때부터 그의 제자 중에서 많은 사람이 떠나가고 다시 그와 함께 다니지 아니하더라"라고 말하는(요 6:66) 순간부터 그들의 불신앙이 비극적으로 드러난다. 이 제자들이 예수님을 따른 것은 그분이 흥미진진한 새로운 기적을 행하는 자요 교사였기 때문으로 보인다. 그러나 요한복음 2장 23-25절에 기록된 것처럼 예수님은 그들이 진정으로 믿는 것이 아님을 알고 계셨다. 그들이 예수님에게 일종의 헌신을 하긴 했지만 뒤에 나타난 행동은 그들의 불신앙을 보여주었다.[9]

참신앙의 표지

예수님의 제자들 중 한 무리의 사람들이 떠난 후에 예수님은 열둘을 향해서 "너희도 가려느냐"라고 질문하셨다(요 6:67). 열둘의 대변인으로 베드로가 앞에 나서서 예수님을 따른다는 것이 그들에게 무엇을 의미하는지 분명하게 말한다. "주여 영생의 말씀이 주께 있사오니 우리가 누구에게로 가오리이까 우리가 주는 하나님의 거룩하신 자이신 줄 믿고 알았사옵나이다"(요 6:68-69). 열둘은 예수님을 믿음으로 말미암아 예수님을 '알게' 되었다. 즉 예수님과의 인격적인 관계 속으로 들어간 것이다. 더 넓은 범위의 제자들이 예수님을 떠남으로 그들의 불신앙을 드러낸 반면, 베드로의 고백은 참신앙의 실례, 예수님의 말씀을 영생에 대한 진리라고 선언하는 사람의 실례였다. 시몬 베드로는 예수님을 자기의 하나님이라고 고백한 사람의 실례가 되었다.[10] 그러므로 예수님의 참된 제자는 영생을 위해서 예수님을 믿는다고 고백하는 사람이다. 진정으로 믿는다는 것은 단순한 호기심을 넘어 삶의 의미와 목적을 위한 예수님의 말씀이 진리임을 확신하는 것이다.

하지만 열둘 중에도 한 사람, 가룟 유다는 진정으로 믿지 않는다는 것을 예수님은 알고 계셨다(요 6:64, 70-71 참조). 단지 믿는다고 고백만 하는 것(요 2:23-24), 단지 예수님 주변에서 따르는 것(요 6:66), 단지 예수님의 제자라고 선언하는 것은(요 6:60-66) 참믿음을 가졌다는 필수적인 증명이 아니다. 요한은 예수 운동 초기에 제자가 되기 위해서 예수님 주위에 모인 다양한 유형의 사람들에 대한 기억을 상기시킨다.[11] 각 사람은 자기들이 원하는 바에 따라서 예수님에게 나름대로의 종교적/사회적 기대를 품고 있었다. 그들 각자는 제자가 된다는 것의 의미에 대해서 서로 다른 관념을 가지고 있었는데, 그것이 자주 예수님의 의도와는 다르게 나타났다. 예를 들어, 예수님이 오천 명을 먹이신 후에 군중은 그분을 자기네 왕으로 삼으려 했다. "그 사람들이 예수께서 행하신 이 표적을 보고 말하되 이는 참으로 세상에 오실 그 선지자라 하더라 그러므로 예수께서 그들이 와서 자기를 억지로 붙들어 임금으로 삼으려는 줄 아시고 다시 혼자 산으로 떠나가시니라"(요 6:14-15). 사람들이 예수님에게서 원했던 기대와 예수님이 지상 사역에서 성취하시고자 했던 것 사이의 차이가 예수님을 따르는 사람들 사이에 분열을 일으켰다. 예수님은 자신이 원하는 제자도에 어떤 일이 따를지 분명히 단언하셨다.

일군의 제자들이 예수님을 떠난 후에(요 6:66), 일종의 체로 걸러내는 작업이 예수님의 사역에서 일어났다. 처음에는 많은 수의 제자들이 자기 뜻대로 예수님을 좇았으나, 이제는 예수님이 자신을 따르는 사람들에게, 내가 그분이 원하는 유형의 제자인지 스스로 점검할 것을 도전하기 시작하셨다. 사람들이 오해한다는 이유로 스승-제자 모델을 포기하는 대신 예수님은 자신이 세우는 제자도의 성격을 규정하셨다. 여기에는 제자들의 실제 믿음을 시험하는 것이 포함되었다. 요한은 진정으로 믿는 제자가 삶에서 드러내는 증거로, 예수님이 말씀하신 제자의 표지 세 가지를 기록한다. 참된 제자-신자는 이 증거들을 가지고 있을 것이다. 마지막에 거짓 제자-거짓 신자는 이런 증거의 결핍으로 그 정체가 밝혀질 것이다(예를 들면 가룟 유다). 참된 내적 믿음은 급격한 변화를 일으켜서 외적인 삶으로 믿음의 증거를 드러낼 것이다.

예수님 말씀에 거함

참된 제자의 첫째 증거는 '예수님 말씀에 거함'이다. 요한은 이렇게 말한다. "그러므로 예수께서 자기를 믿은 유대인들에게 이르시되 너희가 내 말에 거하면 참으로 내 제자가 되고 진리를 알지니 진리가 너희를 자유롭게 하리라"(요 8:31-32). 어떤 사람들은 이 유대인들이 예수님에 대해 참신앙을 발휘했다고 말하지만,[12] 대부분의 주석가들은 계속되는 문맥이—거기에서 다루는 것이 다른 사람들이라는 아무런 표시가 없다[13]—그들의 믿음에 극히 결함이 있음을 지적한다. 이 유대인들은 죄에서 해방되어야 하고(요 8:32을 33-36과 비교), 예수님을 죽일 방도를 찾으며(요 8:37), 그들의 아비는 마귀이고(요 8:42-44), 예수님을 믿지 않으며(요 8:45-46), 하나님께 속하지 않고(요 8:47), 예수님이 귀신 들렸다고 비난하며(요 8:48-52), 예수님을 돌로 치려고 한다(요 8:59).[14]

요한의 통상적인 어법에서 '유대인'이라는 표현은 '예수님에게 적대적인 사람들'을 의미한다.[15] '그를 믿은 유대인들'[16]이라는 어구는 효과를 위해 의도적으로 모순되는 용어를 사용한 것이다. 그들은 여전히 민족에 대한 메시아적 열망을 가진 참된 유대인들이었지만 예수님을 대적하는 자들의 일부였다. 그런 정도이므로 그들은 예수님을 하나님의 아들로 믿지 않았다. 예수님의 말을 어느 정도 신용했을 뿐이다.[17] 그들이 예수님의 말에 계속 거하는 상태를 유지한다면, 그것이 그들에게 예수님의 계시가 될 것이며 그 능력을 발휘할 것이다. 그렇게 되면 진리가 그들을 해방하므로 이것이 그들에게 구원이 될 것이다(요 8:32).[18] 조건적 진술 "너희가 내 말에 거하면"은 그들이 미래에 예수님 말씀에 충성한다면, 그것은 그들의 현재 신앙고백이 사실임을 증명하리라는 뜻이다. 미래 조건의 결론이 현재 시제로 되어 있는데("참으로 내 제자가 되고") 이는 그들이 거하느냐 거하지 않느냐가 그들의 현재 주장의 증거가 되리라는 뜻이다. "말씀에 계속 거하는 것이 신앙고백의 진실성과 비진실성을 증명해줄 것이다. 그것이 생명의 시금석이다.[19]

이 유대인들은 참된 신자가 아니었다. 그들은 예수님이 민족의 구원자라고 믿었을 수도 있고, 혹은 예수님을 단지 뛰어난 선생으로만 존경했을 수도 있다. 그러나 그들에게 필요한 것은 더 큰 헌신이 아니라 구원, 참믿음이었다. 그들은 피상적인 방식으로만 믿고 예수님 말씀에 신빙성이 있다고 생각했을 뿐이다. 그러나 이제 그리스도가 그들을 시험대 앞에 세웠다. 참믿음은 그분의 말씀에 거한다는 증거에 의해서 입증될 것이다. 그러면 그들은 죄에서 해방되어 참된 제자로 살 것이다.

'거한다'는 것은 '존재의 영역 안에 머문다'는 뜻인데, 여기에서 존재의 영역이란 예수님의 말씀이다. 이것은 단순한 호기심을 넘어서 삶의 의미와 목적에 대한 예수님의 말씀이 진리임을 믿는 것인데, 베드로가 선언한 내용이 바로 그것이다(요 6:66-69 참조). 이 유대인들은 예수님의 말씀이 유일한 진리임을 알지 못했다. 그들은 부분적으로 따르고 부분적으로 믿었을 뿐이다(요 8:23-24 참조). 참신앙이란 삶의 모든 영역에서 예수님의 말씀이 진리라는 사실에 근거해서 산다는 의미이다. 예수님의 참된 제자들은 그분의 말씀을 듣고 그것을 선언하고 그것을 온 삶의 기준으로 삼고 순종한다. 이것이 그들을 죄로부터 해방하여(요 8:34), 성부가 그들에게 의도한 삶을 살게 한다(요 8:36-40).

그러므로 여기에서 예수님은 참된 신자들에게 제자가 되기 위한 더 높은 형태의 헌신을 요구하는 것이 아니다. 사람은 제자가 되기 위해서 말씀 안에 머무는 것이 아니다. 도리어 사람은 참믿음을 통해서 제자가 되며, 그 믿음의 실재는 예수님의 진리의 말씀에 거함을 통해서 증명된다. 이 유대인들은 요한복음 2장 23-25절에 나오는 무리와 비슷하게, 잘못된 믿음을 가졌다.

예수님은 참된 신자와 거짓된 신자를 선별하셨다. 그분은 그들이 자신을 돌아보아 스스로 참된 신자인지 아닌지를 증명하도록, 그들에게 도전을 주셨다. 그 일은 그대로 이루어졌다! 이 강론 마지막에 예수님이 자신의 영원한 신성을 선언하자 예수님에게서 돌아섬으로 그들의 진정한 색깔을 드러냈다(요 8:57-59).[20] 참된 제자도, 참된 신앙은 예수님 말씀에 거하는 데에서 증명된다. 참신앙의 증거는 예수님의 말씀을 생명의 말씀으로 알고 꼭 붙잡는 제자들 속에서 드러난다. 참된 제자는 예수님의 해방의 말씀을 통해서 죄의 굴레로부터 자유롭게 된다.

서로 사랑함

예수님이 그들을 사랑하셨듯이 서로 사랑하는 것이 참된 제자-신자의 두 번째 표지이다. 제자들과 함께한 마지막 밤에 다락방에서 행한 강론에서 예수님은 이렇게 말씀하셨다. "새 계명을 너희에게 주노니 서로 사랑하라 내가 너희를 사랑한 것같이 너희도 서로 사랑하라 너희가 서로 사랑하면 이로써 모든 사람이 너희가 내 제자인 줄 알리라"(요 13:34-35). 요한복음에서 이 조건적 선언("너희가 서로 사랑하면 이로써 모든 사람이 너희가 내 제자인 줄 알리라")이 제자가 된다는 것이 무슨 의미인지에 대한 두 가지 중요한 요소를 보여준다. 첫째는 제자들의 사랑이 구원받지 못한 세상의 사랑과 대비된다는 것이다. 제자가 아닌 모든 사람들은 형제애를 예수님 제자들의 구별되는 특징으로 볼 것이다.[21] 이 사랑의 광경이 세상에 대한 증거였으며, 초기 교회들도 그렇게 취급했다. 초대교회의 교부인 터툴리안(Tertullian)은 이렇게 말했다.

> 이교도들은 놀라서 외치기를
> "이 그리스도인들이 어떻게 서로를 사랑하는지 보라"라고 했는데,
> 이는 그들이 서로 미워하기 때문이다.
> "또한 그들이 어떻게 서로를 위해서 기꺼이 죽는가"라고 했는데,
> 이는 그들이 기꺼이 서로 죽이기 때문이다.[22]

이 사랑은 그리스도가 신자의 마음속에 머물 때 오직 그리스도만이 발휘할 수 있는 사랑의 외적 표현이다. 세상의 경험만으로는 이 사랑을 알 수 없다. 그러므로 세상은 제자들의 사랑 때문에 그들이 다른 누구도 아닌 그리스도에게만 속했다는 것을 즉시 인식하고 알 것이다.[23] 이와 같이 이 사랑은 믿음의 실재와 예수님이 신자의 삶에 일으킨 변화를 세상에 드러낼 것이다.[24] 제자들이 서로에게 발휘하는 사랑이 세상과 대비되는 것이다.

둘째, 모든 제자들은 이 사랑을 드러내야 한다. 만약 이것이 세상과 제자 사이의 차이점을 나타내는 것이라면 제자에게는 선택의 여지가 없다. 사랑은 우월한 신자가 열등한 신자에 비해서 얼마나 훌륭한지 측량하는 기준이 아니다. 도리어 사랑은 참된 신자가 세상으로부터 구별되는 기준이다. 이 사랑은 특별한 계급의 신자에게 주어진 표지가 아니라 보통 신자의 표지이다. 자연의 어떤 것

도 이 사랑을 일으키지 못한다. 그것은 꾸밀 수 있는 것이 아니다. 오직 하나님에게서 난 사람만이 경험할 수 있고 또한 경험해야 하는 것이다. 그것은 "너희가 서로 사랑하면"(ean 다음에 따라오는 가정법)이라는 조건적 진술이 만족되어야 하는 기준이다.[25] 사랑은 사람이 더 이상 옛 세상에 속하지 않음을 알려주는 기준이다. 그러므로 "서로 사랑은 기독교적 제자도의 증명이며, 그것을 드러내는 표지이다".[26]

열매 맺음

제자 곧 참된 신자의 세 번째 표지는 열매를 맺는다는 것이다. 예수님은 "너희가 열매를 많이 맺으면 내 아버지께서 영광을 받으실 것이요 너희는 내 제자로 입증되리라"라고 말씀하셨다(요 15:8, NASB). 참된 신자-제자는 열매를 맺을 것이다. 이는 가지가 정말로 포도나무에 붙어 있으면 가지에 참생명이 전달되기 때문이다. 신앙을 고백하는 신자라도 그가 예수님에게 거짓으로 붙어 있거나(요 15:2), 붙어 있지 않다면(요 15:4) 열매를 맺지 못할 것이다. 이는 가지가 포도나무에 붙어 있지 않으면 열매를 맺게 하는 생명이 포도나무에서 가지로 전달될 수 없기 때문이다. 결국 열매 맺지 못하는 가지는 불에 던져질 것인데(요 15:6), 이것은 불신자의 최후에 대한 일관된 묘사이다.[27]

이 연구를 위해서는 요한복음 15장 8절의 둘째 부분이 무척 중요하다. 특히 *hina*([히나], 관계대명사)로 시작하는 절에 초점을 맞출 때 그러하다. KJV는 그것을 "너희가 열매를 많이 맺는 데에서 내 아버지가 영광을 받으며, 너희는 내 제자가 될 것이다"라고 번역한다. 어떤 사람들은 이 말을 제자들은 보통 신자보다 더 헌신한다는 것을 의미한다고 해석한다. 예를 들어 한 주석가는 "모든 사람의 최고 열망은 '제자'가 되는 것이다"라고 말하면서, "지상에서의 삶이 거의 종말에 다다르고 열매가 포도나무의 가지에 잘 익어 매달릴 때까지 참된 제자도는 거의 출발도 하지 않았다"라는 다른 사람의 말을 인용한다.[28] 이런 극단적 형태의 견해가 교부들 중에서 나타났다. 즉 순교의 피를 맛본 사람만이 참된 제자로 간주되었다는 뜻이다.[29]

초기 교부들 대다수와 현대 주석가들 대다수가 위의 NASB와 NIV의 번역, 즉 "너희가 열매를 많이 맺는 것이 내 아버지의 영광이며 너희를 나의 제자로 보여주는 것이다"(요 15:8)라는 해석을 따른다. 예를 들면 레이몬드 브라운은 이렇게 말한다. "청중들이 열매를 맺으면 제자가 된다는 의미가 아니라, 열매를 맺는 것으로 그들이 제자임을 증명한다는 의미이다. '제자가 됨' 혹은 '제자임'이라는 말은 '예수님 안에 있음' 혹은 '예수님 안에 거함'과 동일하다."[30] 이 말의 의미는 "제자도란 정적인 것이 아니라 성장하고 발전하는 삶의 방식이다. 참된 제자는 언제나 더 온전한 제자가 되어가고 있다".[31] 또한 웨스트코트(Westcott) 주교는 이렇게 말한다. "완전한 제자도를 이루기 위해서는 언제나 무언가 부족하다. 그리스도인 '이다'는 결코 될 수 없고, 항상 그리스도인이 '되어 가는' 것이다. 그리고 바로 이 열매 맺음에 의해서 그리스도인이 그 이름을 사용하는 것이 정당화될 수 있다."[32]

요한은 여기에서 열매 맺는 것이 신자-제자의 외적이며 가시적 표지임을 강조한다. 이것은 요한복음 8장 31절과 13장 34-35절의 사상과 연결되어야 한다. 사람은 구원을 위해서 예수님 말씀에 거함으로 제자가 된다. 이 새로운 제자들은 삶의 모든 영역에서 예수님의 말씀에 지속적으로 거한다는 특징을 가진다. 그들은 예수님의 사랑에 지극히 감동한 나머지 다른 제자들을 사랑할 것이며, 그들이 예수님에게 붙어 있기 때문에 예수님의 생명이 그들에게 흘러들어가서 열매를 맺을 것이다.[33]

적용점

요한은 구원을 얻기 위해서 예수님을 믿으면 제자가 된다는 것을 분명히 보여준다. 또한 그는 제자들이 참된 제자도의 증거로서 예수님의 생명의 표지를 지닌다는 것을 보여준다. 이는 요한이 예수님의 사역 초창기에 니고데모와의 대화에서(요 3:1 이하) 새로운 출생을 보여주었기 때문이다. 예수님의 제자란 그분 주위를 따라다니면서 그분에게서 무언가를 배우는 사람들이 아니다. 절대로 아니다! 예수님의 제자들은 새로운 생명으로 들어가고, 이것이 급격한 변화를 일으키는 것이다.

사도 요한은 생애 말기에 이 복음서를 썼다. 지상 사역 동안 예수님과 함께했고, 승천하신 예수님의 사역에서도 함께한 모든 것을 여러 해 동안 묵상한 후에 쓴 것이다. 요한의 복음서를 그의 서신들과 비교해보면, 예수님에 대한 믿음이 급격하게 새로운 삶을 일으킨다는 점과 요한이 독자들에게 이 사실을 이해시키려 한다는 것을 알 수 있다. 요한은 교회가 이 진리를 굳게 쥐고 우리를 변화시키길 원한다. 지난 수년 동안 나는 제자도에 대한 요한의 메시지를 주의 깊게 들으면서, 내 개인의 삶과 사역 방향이 요한의 메시지에 따라 형성되어야 한다는 것을 확신했다.

참믿음의 결과인 예수님의 제자

구원을 얻기 위해서 예수님에 대한 참신앙을 가지면 예수님의 제자가 된다는 그분의 메시지에 우리는 조심스럽게 귀 기울여야 한다. 예수님을 나의 구주로 받아들이는 순간부터 나는 그분의 제자가 되었다. 나는 오직 하나님의 은혜로 새로운 생명 안에 들어갔으며, 믿음을 통해서 시작된 그 생명은 믿음을 통해서 계속된다. 예수님은 나를 불러 그분을 따르라고 하셨다. 내가 그 부르심에 순종했을 때 그것이 내 삶 전체의 유형을 결정했다. 그분은 나를 제자로 만드셨으며, 내가 순종하자 계속해서 나를 성장시켜 주셨다. 요한복음에서 제자의 세 가지 표지를 보았을 때 이것은 더욱 극명하게 다가온 각각의 표지는 하나님에게서 비롯된 새로운 출생을 통해 시작된다. 믿음에 의해서 예수님의 모범을 지속적으로 따라갈 때, 제자의 삶에서 이루어지는 하나님의 활동을 통해서 그 표지가 더욱 분명해진다.

자유를 주시는 예수님 말씀에 거함

참된 제자도, 참믿음은 예수님 말씀에 거함에 의해서 증명될 것이다. 예수님의 말씀을 삶의 전 영역을 위한 진리로 붙잡고 가는 제자들에게서 참믿음의 증거가 보인다. 그들은 진리를 들으면 그것을 실행하는데(거하는 것), 이것이 그들 삶에서 결국 분명히 드러날 것이다. 참된 제자는 예수님의 해방의 말씀을 통해 죄의 굴레에서 벗어난다.

참된 제자도는 영생에 대한 예수님의 말씀에 거하는 것으로 시작되며 그 결국은 구원이다. 그러나 예수님 말씀에 거하는 것이 모든 삶을 위한 기준이 된다는 점 또한 주목하라. 예수님에 관한 진리를 아는 것이 영원한 생명과 관련하여 죄의 굴레를 끊지만, 삶의 모든 영역에 대한 진리를 예수님으로부터 알게 되면 우리는 삶에서도 죄의 굴레를 끊을 수 있다. 우리가 진리를 안다면 내적으로 그것을 선언하고, 그다음에는 그것이 안에서 밖으로 나와서 우리 삶의 가치 체계가 된다는 의미이다.

중요한 실례 중 하나가 '성공'의 문제이다. 성공에 대한 우리의 정의가 무엇인가? 세상은 성공에 대해 다양한 정의를 내리는데, 안타깝게도 성공에 대한 세상 기준이 우리를 포로로 삼는다. 바로 그것이 1960년대에 그렇게도 많은 사람들이 탈출하여 세상적인 성공을 추구하는 무한경쟁으로부터 벗어날 길을 찾은 이유이다. 하지만 그리스도인에게는, 60년대의 사람들처럼 도망치거나 여피 세대의 사람들처럼 세상 기준을 받아들이는 것이 아니라, 예수님 말씀에 거하는 것이 예수님 안에서 성공 개념을 찾는다는 것을 의미한다. 즉 우리는 성공과 가치를, 예수님만이 참된 가치를 가진다고 말한 것에서 찾는다.[34] "먼저 하나님의 나라와 그의 의를 주목하라"라는 말로 요약할 수 있다.

가치 선택은 안에서 시작되어 밖으로 뻗어 나온다. 우리가 삶의 모든 분야에서 예수님의 말씀에 순종하기로 결정하면, 그 선택은 그 영역에서 우리를 사로잡았던 죄의 굴레를 끊는다. 이는 이제 우리가 무엇이 진리인지를 알기 때문이다. 죄(이생의 자랑)는 우리가 이런저런 위치를 차지하면 성공한다고 말할 것이다. 예수님은 그런 위치는 이차적인 것이라고 말씀하신다. 우리의 결정적인 위치는 그분의 제자라는 사실이다. 그분의 제자가 된 것을 다른 무엇보다 귀중하게 여기기로 결정함에 따라서 세상에서의 위치가 바른 관점에서 이해될 수 있다. 그렇게 되면 우리는 세상에서 소금의 역할을 감당할 수 있을 것이다.

또 다른 실례는 자아상의 문제이다. 죄는 우리 자신에 대해 온갖 거짓말을 우리에게 넣어주려고 애쓰지만, 예수님 안에 거한다는 것은 예수님이 우리에 대해서 말씀하신 바로 산다는 의미이다. 하나님은 우리를 사랑하시며, 우리는 그분의 특별한 피조물로서 우리가 하나님과 바른 관계를 맺을 때만 그것이 성취될 것이다.

예수님의 사랑으로 사랑함

초대교회에서 사랑은 구별되는 표지였다. 교회는 세상으로부터 핍박과 추방을 경험했지만, 이 고난이 교회 내에 갈등이나 두려움을 일으키지 않았다. 오히려 그런 고난이 사랑의 교제를 이루었다. 세상은 바로 이 사랑에 주목했으며, 이 사랑 때문에 교회는 우뚝 섰다. 교회의 사랑은 세상이 지금껏 본 적 없는 현상이었다. 서로를 향한 제자들의 사랑은, 그들이 세상의 제자가 아니라 진실로 예수님의 제자임을 증명했다.

무엇이 이 사랑을 가능하게 할까? 첫째, 중생을 통해서 신자의 마음속에 하나님의 사랑으로 말미암은 변화가 발생하며 이것이 신자에게 사랑의 힘을 부어준다(요일 4:17-21 참조). 둘째, 중생한 마음은 이제 하나님으로부터 무한한 사랑을 공급받으며, 그럼으로 지속적으로 사랑을 쏟아낼 수 있다(특별히 요일 4:12-16, 19-21을 보라). 그 사람이 사랑하지 않는다면, 그는 자신이 하나님을 모른다는 사실을 증명하는 것이다. 우리에게 생명을 준 것이 하나님의 사랑이며, 우리 안에 있는 이 하나님의 사랑이 우리가 서로 사랑하게 될 것을 보장한다.

온 세상이 이 사랑을 원한다. 라디오에서, 잡지에서, 세계 문제 해결을 위한 토론에서 필연적으로 **사랑**이라는 단어가 등장한다. 하나님은 우리가 서로 사랑하도록 만드셨다. 그러나 인류의 큰 비극은 자기중심적이며 교만하다는 것이다. 우리는 자기 자신의 길을 원하는데, 다른 누군가가 그 길을 방해하면 그 사람을 진정으로 사랑하지 못한다. 우리 생명 속으로 들어온 하나님의 생명이 자기중심성과 교만을 부순다. 자기중심성과 교만이 이생에서는 완전히 제거되지 못하지만, 하나님은 우리가 그것들을 제어하여 다른 사람의 필요를 우리의 필요보다 앞에 놓을 수 있게 할 것이라고 약속하셨다. 결국 이것이 바로 사랑이다.

생명의 열매를 맺기

어렸을 적에 나는 조부모님의 농장에서 지내는 걸 좋아

했다. 그분들이 큰 과일 농장을 하고 계셔서 나는 1년 동안 계절마다 나무 돌보는 법을 배울 수 있었다. 개간하기, 비료 주기, 가지치기, 거두기, 추수하기 등 농장에서는 해야 할 일이 많았고 또한 이모든 일들을 제때 해주어야 한다. 나는 열매가 잘 맺히도록 나무에 양분을 주고 돌보는 법을 배웠다. 그러나 내가 절대로 할 수 없는 게 한 가지 있었다. 나는 나무들이 열매를 맺게 하지는 못했다. 열매는 나무의 자연스러운 생명 활동으로 생겨난 결과이며, 한 종류의 나무는 항상 그 종류에 해당하는 열매만 맺는다. 그 나무가 살아 있다면, 매년 같은 시기에 열매를 맺는다. 나의 일은 나무에 양분을 공급하는 것이다. 복숭아나무라면 당연히 복숭아를 맺는다. 복숭아나무가 배를 맺을 수는 없다.

가지 비유를 통해서 예수님은 우리 안에 새 생명이 있으면 그 생명의 자연스러운 결과로 열매를 맺을 것이며, 그 열매의 종류는 새 생명과 일치할 것이라고 말씀하셨다. 오직 죽은 가지만이 열매를 맺지 못한다. 개인으로서 나의 책임은 말씀으로 나 자신에게 양분을 공급하고, 생명의 물을 마시며, 햇볕을 쬐고, 생명을 가진 다른 사람들과 교제하여 나를 세상 요소들로부터 보호하는 것이다. 사역에서 나의 책임은 다른 '과일 나무들'에게 열매가 맺힐 수 있는 바른 환경을 제공하여 양육하고 돌보는 것이다. 거기에 맺힐 열매가 어떤 종류일까? 첫째, 성령의 열매이다. 이는 참된 신자들에게 전체적으로 드러날 성령의 특징들이다(갈 5:22-26). 둘째, 제자를 통해서 하나님이 만드실 새로운 회심자이다(요 4:34-38; 15:16). 셋째, 그리스도 안에서 새로운 생명을 받은 사람을 통해서 하나님이 이루실 의와 선행이다(빌 1:11; 골 1:10).

제자도의 사역

여러 해 동안 목회와 교육 사역을 하면서 나는 제자도에 대한 예수님의 가르침인 세 가지 진리에 초점을 맞추었으며, 이것을 내가 하는 모든 일의 핵심으로 삼았다. 그러므로 제자도는 내가 하는 한 가지 일이 아니라 내가 자신을 위해, 가족을 위해, 교회를 위해 하는 모든 활동을 요약한 것이다. 나는 나 자신을 무엇보다도 예수님의 제자로 본다. 가족 안에서는 나의 책임을 상호 제자도로 본다. 그리고 나는 제자도를 교회의 프로그램 중 하나가 아니라 교회의 목표를 요약한 것으로 본다.

그러기 위해서는 어떻게 해야 할까? 첫째, 중생이 강조되어야 한다. 사람이 구원받으면 새로운 피조물이 된다는 것을 인식해야 한다. 구원을 받을 때 하나님은 그의 안에 새 생명을 넣어주신다. 그 순간부터 그는 새 사람, 예수님의 제자가 되는 것이다. 이것이 나 자신, 가족 혹은 교회 활동의 바탕이 된다.

둘째, 제자도의 삶은 그 바탕 위에 세 개의 기둥으로 세워진다. 첫째 기둥은 말씀에 거하라는 예수님의 가르침에서 온다. 우리는 사람들이 하나님의 말씀을 들을 수 있도록 기회를 제공해야 하며, 어떻게 그 말씀이 삶에서 그들 자신의 진리로 주장될 수 있는지 이해시켜야 하고, 그들이 그 삶을 어떻게 살 수 있는지 보여주면서 격려해야 한다. 첫째 기둥을 잘 세워야 둘째와 셋째 기둥도 제자리를 잡는다.

둘째 기둥은 다른 제자들을 사랑하는 것이다. 우리는 개인 생활과 단체 생활에서 이 사랑의 모범이 되어야 하며, 가정과 교회에서 사랑으로 양육할 수 있는 환경을 제공해야 하고, 사랑이 우리 관계에서 중심이 되어야 하며, 우리의 모든 행동이 사랑을 반영해야 한다. 사람들은 하나님의 새로운 피조물이 될 때까지는 어떻게 하나님의 사랑으로 사랑할 수 있는지 진정으로 깨닫지 못한다. 우리는 그들이 하나님의 사랑을 이해하고 경험할 수 있도록 도와야 한다. 우리의 관계에서 사랑을 나누고 서로를 향해 사랑이 표현될 수 있도록 우리의 활동을 조직해야 한다. 요한이 우리에게 가르쳐준 놀라운 관점은 이 사랑이 지금 우리 삶에 퍼져 있는 하나님의 사랑 때문에 자연스럽게 나타난다는 것이다!

셋째 기둥은 열매 맺는 것이다. 사람들이 성령의 일을 이해할 수 있도록 우리가 돕고 성령을 충만하게 받는 방법을 보여주면, 제자 개인의 삶에서뿐 아니라 교회 생활에서도 성령의 열매가 자연적으로 맺힐 것이다. 잃어버린 자를 찾으시는 예수님의 마음을 우리도 품으면 우리도 세상에 참여하지 않을 수 없고, 예수님의 메시지와 사역을 들고 잃어버린 세상으로 들어갈 것이며, 그 결과 하나님이 우리를 통해서 회심의 열매를 거두실 것이다. 예수님의 의와 생명이 점점 우리의 우선순위가 됨에 따라, 하나님의 영은 우리 개인과 공동체의 의가 예수님을 닮아가게 할 것이며 또한 서로를 향한 봉사에서도 개인과 공동체가 예수님을 닮게 할 것이다.

우리가 볼 수 있듯이 제자도에 대한 요한의 가르침은 개인 생활, 가정생활, 그리고 교회를 향한 사역 구조에서 강력한 모델이 된다. 우리는 예수님에게서 눈을 떼고 실패하거나 그분을 부인하거나 그분의 인도를 거부할 수도 있다. 처음에 제자들도 그러했다. 그러나 요한은 진정으로 믿는 사람이라면 결코 제자 되기를 그만두지 않는다고 말한다. 예수님이 그들을 회복하셨다. 이 회복의 가장 아름다운 그림 중 하나가 요한복음 마지막 장에 기록되었다. 거기에서 우리는 제자들의 실패 후에, 그분의 부활 후에, 그들이 갈릴리에 모인 후에 예수님이 제자들에게 나타나신 것을 본다. 열둘의 지도자요, 공개적으로 예수님을 부인한 베드로가 예수님의 사랑을 회복하는 초점이 된다. 예수님이 최후로 지시하신 게 무엇인가? "나를 따르라!"(요 21:22). 요한은 현실적이다. 그리스도 안에서 새로운 피조물인 우리는 타락한 세상에서 더듬거리다가 거꾸러지기도 하지만, 우리의 주인이며 스승이신 예수님은 우리보다 앞서 가며 길을 보여주시고, 우리가 넘어지면 일으켜 세우시고, 제자도에서 새로운 수준으로 성장해가도록 우리를 격려하신다.

복습 문제

1. 이번 주에 사도 요한이 우리 교회를 방문한다면, 그는 교회 구성원들이 진실로 예수님 말씀에 거하며, 서로 사랑하며, 열매를 맺고 있다는 어떤 증거를 발견할까?

2. 당신의 생활에서 제자도의 세 가지 증거를 어떻게 제시하겠는가?

3. 당신은 제자도가 하나의 이벤트라고 생각하는가, 아니면 과정이라고 생각하는가?

4. 당신은 무엇이 그 이벤트 혹은 과정의 핵심 요소/단계라고 생각하는가?

5부
초대교회로 이어진 제자도

13장
사도행전: 믿음의 공동체

초점 맞추기

1. 다음 구절들에서 '사도행전의 제자도 신학'을 수립하라(누가 제자이며, 제자는 무엇을 하며, 제자도에는 무엇이 따르는가?). 그런 신학을 수립하기 위해서 그 외에 무엇이 필요한가?(행 6:1, 2, 7; 9:1, 10, 19, 26, 36, 38; 11:26, 29; 13:52; 14:20, 21, 22, 28; 15:10; 16:1; 18:23, 27; 19:9, 30; 20:1, 30; 21:4, 16).

2. 개인 관계와 공동체 관계 중 어느 것이 성경적 제자도 개념에서 더 중요한가? 사도행전에서 '제자들'과 '교회' 사이의 연결점은 무엇인가?

3. 사도행전 9장 25절과 19장 1절에서 **제자**라는 단어가 사용되는데, 이것이 사용되는 문맥과 사도행전 전체 문맥에서 이 단어가 사용되는 것을 어떻게 설명하겠는가?

4. 사도행전에서 **제자**와 거의 유사하게 사용할 수 있는 다른 용어는 무엇인가?

제자도라는 관념은 많은 이들이 마음속으로 예수님과 맺는 일대일 관계를 떠올리게 한다. 그들은 이렇게 믿는다. "나는 예수님의 제자이며, 제자도에서 성장한다는 것은 점점 더 예수님을 닮아감으로 그 관계를 발전시키는 것이다." 이것은 분명 중요한 진리이다. 왜냐하면 우리는 복음서에서 예수님이 개인들을 불러 그분을 따르고, 섬기며, 그분과의 관계에서 성장하라고 요구하는 경우를 많이 보기 때문이다(예를 들면 베드로, 안드레, 요한, 야고보, 마태, 삭개오 등). 아주 오래전 내 마음을 끌었던 기독교 신앙의 위대한 진리는 예수 그리스도 안에서 이 땅에 오신 하나님이 개인들과 인격적으로 관계를 맺자고 제안하시고 그 관계를 확립하셨다는 선언이었다. 나는 그 제안에 열정적으로 응했고, 예수님과 인격적인 제자도 관계를 맺었으며, 그 후로 이 관계가 매일의 삶에서 중심이 되었다.

하지만 이 개인 관계를 극단으로 밀고 가면—다른 많은 진리에서 그러하듯이—개인적인 제자도와 마찬가지로 성경의 중요한 진리인 '공동체' 개념을 자주 약화시킨다.[1] 성경이 기록된 초창기 시대부터 하나님은 자기 백성을 공동체 안으로 부르셨다. 이것은 초기 족장 가족들, 방황하는 이스라엘 민족, 이스라엘 왕국, 열둘의 무리, 혹은 교회에서도 마찬가지이다.[2] 예수님은 실제로 남자들과 여자들을 그분과의 깊은 인격적 관계 속으로 부르셨지만, 제자도의 성장에서 개인적 측면에만 집중한다면, 개인을 믿음의 공동체로부터 분리하는 위험에 빠지게 된다. 일대일 제자도를 너무 밀어붙이면, 20세기 문화의 특징인 일종의 불건전한 독립성으로 발전해 나갈 위험성이 크다.³ 그런 종류의 불건전한 개인주의는 우리를 속여서 우리 자신을 다른 사람들로부터 분리할 수 있으며, 우리에게는 다른 사람이 필요하지 않다는 교만을 부추기고, 우리를 필요로 하는 사람에게 다가가는 것을 주저하게 만든다. 다음은 데이비드 길(David Gill)의 현명한 말이다.

> 우리에게는 **세상에서 우리의 제자도를 지원하고 교정해주는 공동체**가 있어야 한다. 이것은 매우 분명한 것임에도 불구하고 우리는 자주 개인적으로 무언가를 실행한다. 기독교 제자도는 론 레인저가 아니다 [공정하게 말하면, 가면을 쓴 이 사람도 톤토를 곁에 두고 있어야 했지만(론 레인저는 톤토라는 인디언과 함께 가면을 쓰고 서부의 불의에 맞서 싸우던 가공의 인물이다—옮긴이)]. 우리는 우리 문화의 개인주의에 저항하고 다른 사람들과 깊고 공고한 관계를 발전시켜야 한다. 우리는 강력한 도전에 직면했고, 공동체 없이는 그것을 이뤄낼 수 없다.⁴

"우리는 강력한 도전에 직면했고, 공동체 없이는 그것을 이뤄낼 수 없다." 우리는 이 말을 정말로 믿는가? 젊었을 때 나는 이 말을 믿지 않았다. 그 원인이 문화적 배경인지, 내가 처한 환경인지 혹은 내 교만한 독립성인지는 모르겠으나 나는 혼자 있기를 좋아하고, 다른 사람을 필요로 하지 않았으며, 다른 사람이 나를 필요로 하는 것도 원치 않았다. 고등학교를 막 졸업한 어린 시절에 나는 내 독립심을 자랑했고, 혼자 힘으로 인생을 살아나갈 수 있는 능력을 자랑했다. 나의 주제는 사이먼과 가펑클의 유명한 노래 〈나는 바위, 나는 섬〉(I am a Rock, I am an Island)이었다.

그 시절 나의 개인주의적이고 독립적인 성향을 누그러뜨려준 사람은 나의 형 빌이었다. 우리는 삼 형제이고 그중 내가 둘째이다. 형은 나보다 두 살 위, 동생은 나보다 두 살 아래이다. 성장하는 동안 우리는 돌아가면서 '최고의 친구'가 되곤 했다. 어떤 때에는 미친 듯이 싸우기도 했다. 우리가 함께한 시간을 되돌아보면, 전반적으로 우리는 형제 사이가 무척 좋았다.

때로는 동생 팀이 나에게 최고의 친구였다. 팀은 운동을 잘했고, 나처럼 야구와 축구를 좋아했다. 우리는 이웃 아이들과 늘 공놀이를 했다. 우리는 공통점이 많아서 매우 가까웠다.

때로는 형 빌이 나에게 최고의 친구였다. 십대 후반이라는 다양한 환경 속에서 나는 빌과 가장 가까워졌다. 우리는 함께 여러 가지 운동을 즐겼고, 다양한 일을 함께했으며, 온갖 종류의 문제에 함께 빠져들었다(당시에는 우리 모두 그리스도인이 아니었다!). 의좋은 형제이자 친구인 우리는 마침내 '동반 입대 프로그램'으로 군대에도 함께 지원했고, 함께 공수부대 훈련에 자원했다. 우리가 베트남으로 갈 것을 알고 있었지만, 훈련을 함께 받으면 전투에 투입되었을 때에도 서로 의지할 수 있을 줄 알았다.

그런데 기본 훈련을 하러 떠나기 직전, 형과 나는 크게 싸웠다. 싸움은 격렬했고 나는 사납게 성질을 부렸다. 당시 나는 심하게 분노한 나머지 빌뿐 아니라 내게 어느 누구도 필요하지 않다는 마음이 들었다. 그래서 어머니에게 전화로 작별을 고한 뒤 혼자 군대로 떠났다. 우리가 언제나 그러했듯이 훗날 형과 나는 화해하고서 그

바보 같은 싸움을 회상하며 웃었지만, 당시 나의 독립성은 되돌아올 수 없는 길로 내 인생을 이끌었다. 그해에 혼자 훈련받는 동안 나는 점점 더 독립적인 성향을 띠었다. 실제로 내가 혼자서 해나갈 수 있었기 때문에 나는 점점 더 교만해졌다.

1968년 베트남으로 가라는 명령이 떨어졌다. 전쟁터에서 보낸 그해는 내 삶의 전환점이 되었다. 전투에서 살아 돌아가기 위해서는 같은 분대원들이 필요하다는 사실을 깨달으면서 나의 건방진 자기 충족성이 무너졌다. 분대장이 되면서 나는 다른 사람들이 나를 의지하기 원하며, 그래서 그들에게 내가 필요하다는 사실을 갑자기 깨달았다. 내게 여전히 개인주의적 성향이 남아 있었지만, 나는 이전에 도저히 알지 못했던 공동체의 필요성을 이해하게 되었다. "우리는 강력한 도전에 직면했고, 공동체 없이는 그것을 이뤄낼 수 없다."

베트남에서 돌아온 후에 빌과 나는 노스캐롤라이나 주의 포트 브래그에 정착했다. 빌은 나에게 자기 부부와 함께 살자고 제안했다. 우리는 함께 중요한 시간을 보냈다. 내가 형 부부와 지속적으로 나눈 사랑 그리고 우정은 내가 정상적인 생활로 다시 돌아오는 데 꼭 필요했다. 그들을 떠난 직후에 나는 그리스도인이 되었다. 나는 우리가 서로 대화하고 우리 자신과 세상을 이해하고자 노력하던 때에, 내가 예수님의 제자가 되는 길에서 그들이 나를 지원한 중요한 사람들이었음을 깨달았다.

그러나 빌에 대한 이야기는 이것이 끝이 아니다. 이제 그의 독립성이 그를 험한 길로 이끌 차례였다. 빌은 무엇인가에 정신이 빠진 상태였다. 친구들을 방문하러 여행을 다녀온 뒤 그는 가족에게 자기가 떠나겠다고 선언했다. 나는 형의 말을 결코 잊을 수 없다. "나는 평생 다른 사람들만 생각해왔는데(우리는 스물다섯 살에 그렇게도 오래 살았다고 생각했다!) 이제 나는 나 자신에 대해 생각할 때가 되었어." 그러고는 빌은 정말 떠났다. 아내를 떠나고, 가족에게 등을 돌렸으며, 학교를 떠나고, 건축가라는 전망 좋은 직업도 포기했으며, 주님께 등을 돌리고, 자신의 독립성과 쾌락을 추구하는 길로 들어섰다. 그는 세상을 여행하면서 온갖 활동, 철학, 쾌락을 추구하다가, 15년 후 막다른 길에 부딪혔다.

3년 전 빌에게서 전화가 왔다. 고통과 공포가 가득한 전화였다. 빌은 방금 에이즈에 감염되었다는 진단을 받았다. 그 후 빌의 몸이 질병으로 빠르게 시들어가던 2년 동안 나는 우리 집과 가까운 주에 사는 그를 몇 번 방문했다. 언젠가 몇 달 만에 빌의 집에 방문했을 때였다. 현관문이 열리자 내 앞에는 머리털이 없고 바짝 마른 노인이 굽은 허리를 겨우 지팡이에 의지하며 중심을 잡고 서 있었다. 그가 빌이었다. 예전에 빌은 키가 190센티미터에 몸무게가 82킬로그램이었다. 그는 뛰어난 운동선수였고, 멋있었으며, 몸매도 좋았다. 그러나 이제 질병이 그를 망쳐버렸다.

몇 주 후에 어머니가 전화하셨다. 의사가 빌이 그리 오래 살지 못할 거라 했다면서 가능한 한 빨리 와서 형을 만나라고 하셨다. 나는 에이즈 호스피스 병동에 있는 빌을 찾아가, 주말 내내 그와 함께 지냈다. 이제 질병이 그를 완전히 망쳐버렸다. 빌은 침대에 누워 움직일 수도 없고 겨우 입을 열었으며, 나치 포로수용소에서 나온 사람 같았다. 빌은 끔찍한 시간을 견딘 것이다. 집으로 돌아오기 전에 우리 가족은 형의 침대 주위에 모여서 마지막으로 그를 보았다.

빌은 나와 단둘이 작별 인사를 하기 원했다. 다른 사람들이 나간 다음 형은 가쁜 숨을 몰아쉬며 나에게 "목을 세워"라고 말했다. 나는 그가 자세를 바꾸길 원하는 줄 알고 내 팔을 형의 머리 아래로 넣었다. 그러자 그는 고통으로 신음을 냈지만, 내 팔을 잡고서 약하고 울음 섞인 소리로 "마이크, 나를 안아줘" 하고 말했다. 나는 형을 안은 채 울고 또 울었다. 이전에 그렇게 울었던 적은 없었다. 그러자 형은 속삭이듯 작은 소리로 말했다. "마이크, 나를 사랑해줘서 고마워. 필요할 때 여기 있어줘서 고마워. 나는 최고의 두 형제, 최고의 가족을 가졌어."

그런 뒤 나는 돌아왔고 다음 날 어머니가 전화로 형이 사망했다는 소식을 전해주셨다. 내가 떠난 다음 빌은 의식불명 상태가 되었고 다시는 의식을 되찾지 못했다.

나는 내 가족을 통해서 공동체가 절대적으로 필요하다는 것을 배운다. "우리는 강력한 도전에 직면했고, 공동체 없이는 그것을 이뤄낼 수 없다." 나에게는 빌이 필요했지만, 나 자신의 독립성 때문에 나는 그에게 등을 돌렸고, 나중에는 빌도 가족에게 그렇게 했다. 우리는 다 실수를 범한다. 그러나 직면한 도전이 너무 커서 혼자서는 대처할 수 없을 때, 가족 공동체는 우리가 존재의 가장 어두운 순간을 견딜 수 있도록 힘과 용기와 사랑을 공급한다.

이것이 바로 개인 제자들이 하나의 공동체 곧 하나님의 가족으로 움직여야 하는 이유이다. 제자들은 3년 동안 예수님과 함께하면서 그분의 부르심에 순종하고, 그분의 가르침을 듣고, 그분의 사역을 목격했다. 그 훈련 끝에 그들 경험에서 가장 어두운 순간, 곧 예수님의 재판과 십자가가 닥쳤다. 텅 빈 십자가의 그림자 속에서 그들이 다락방에 모여 숨죽이고 있을 때, 그들은 모든 소망을 잃은 상태였다. 그들이 참고 견딘 모든 것이 허사로 보였다. 그들의 모든 희생이 낭비로 여겨졌다. 주님은 어디에 계신가? 이제 누가 그들의 길을 인도할 것인가?

그러나 그 어둠으로부터 새로운 소망의 빛이 비쳤다. 부활 그리고 새로운 창조, 즉 교회였다. 이제 예수님의 추종자들은 그들의 제자도 여행에서 새로운 국면으로 접어들었다. 예수님은 그 길을 가리켜 보이셨지만 제자들은 희미하게만 인식하고 있었던 것이다. 가장 어두운 순간에 예수님 주위에 모였던 작은 무리의 제자들은 오순절의 그 며칠 동안 예루살렘에서 수천 명으로 폭발했으며, 얼마 지나지 않아 로마제국 전체에서 셀 수도 없게 되었다. 이제 제자들은 성령의 능력을 받아서, 예수님이 이스라엘에서 시작한 복음 메시지를 땅끝까지 용감하게 선언했다. 그리고 이 제자들이 연합하여 부활하신 주 예수 그리스도의 몸인 교회를 이룬 것이다. 예수님은 개개인을 제자도로 부르시지만, 그 부르심에 응답한 제자들은 믿음의 공동체인 교회로 모이게 된다.

누가는 예수님의 지상 사역 이야기를 그분의 승천 사역까지 확장한 유일한 복음서 저자이다. 누가는 복음서에서 시작한 이야기를 사도행전까지 계속하면서 우리가 제자도를 위한 공동체의 필요성을 볼 수 있게 한다. 예수님은 더 이상 물리적으로 제자들과 함께하시지 않지만, 여전히 그들과 항상 함께할 것이라고 약속하셨다(마 28:20). 이제부터는 공동체가 성령을 통해서 새로운 시대에 주님을 따를 때 꼭 필요한 교제, 격려, 교훈 그리고 상호 관계를 제공할 것이다.

사도행전에 나타난 누가의 독특한 제자관

사도행전에서 누가가 보여주는 제자의 그림은 많은 부분 복음서에서 시작한 밑그림과 동일하지만, 그것이 교회 시대를 여는 시작으로서 색칠되었다는 점에서 독특하다. 사도행전의 제자도 그림을 온전히 이해하기 위해서는 앞에서 검토한 누가복음을 부분적으로 의지해야 한다. 이는 그 복음서가 부활 이후의 상황을 예시하기 때문이다. "사도행전을 제대로 읽기 위해서는 누가복음을 주석으로 활용해야 하고, 누가복음을 정확하게 해석하기 위해서는 사도행전을 주석으로 채용해야 한다."[5]

'신자', '그 길의 사람들', '그리스도인'으로 지칭되는[6] 제자들

사도행전에서 **제자들**이 처음 등장하는 곳은, 오순절 이후에 "제자가 더 많아졌다"고 누가가 선언하는 부분이다. 유사한 방식으로 누가는 하나님의 말씀이 증대됨에 따라 제자의 수가 증가하고, 그중에는 "그 믿음에 복종하는"[7] (개역개정 성경은 "이 도에 복종하는"이라고 번역되었다—옮긴이) 많은 제사장들도 있었다고 선언한다. 그 앞에서 누가는 예수님에 대한 신앙을 고백하는 사람들을 가리켜서 "믿는 자들", "제자들"이라는 표현을 사용했다(행 2:44; 4:32; 5:14 참조). 이것은 누가복음에서 사용된 사례와 유사하다. 누가복음에서 **제자**라는 단어가 예수님을 믿는 사람을 가리킨다는 것을 보았다.[8] 사도행전 전체를 통해서 **제자**라는 말은 자신들의 믿음을 예수님에게 두고 그분을 따르는 사람들 곧 회심자를 일컫는 명칭이다.[9] **제자**

라는 용어가 계속해서 사용되고 있다는 사실은 예수님의 지상 사역 기간에 그분을 따르던 사람들과 부활 이후 교회에 속한 사람들 사이에 연속성이 유지되었음을 분명히 보여준다.[10]

이와 유사한 용법이 다른 곳에서도 발견된다. 초대교회의 활동 기록은 '제자들'을 '그 도'와 동일시한다(행 9:1-2). 즉 예수님을 메시아로 믿은 사람들이 뒤에 '그리스도인들'로 불린 것이다.[11] 사도행전 9장에서 누가는 다소의 사울이 팔레스타인의 제자들을 핍박한 사실(행 9:1), 사울의 다메섹 도상 경험, 사울이 다메섹에서 제자들을 대면한 일(행 9:1, 10, 19)을 기록한다. 이 새 회심자가 제자들에 속하려고 시도했을 때(행 9:26), 예루살렘의 그리스도인들은 두려워하면서 "그가 제자 됨을 믿지 아니"했다.[12] 문제는 바울이 진짜 신자인지 아니면 제자들 무리에 침투하려는 '비밀 정보원'인지였다. 그러나 바나바가 사울의 회심에 진정성이 있음을 보증했고, 사울은 제자들의 무리 속으로 받아들여졌다.[13] 누가가 **제자**라는 단어로 '신자'를 가리키는 데 거리낌이 없었다는 사실은 욥바에서 다비다(헬라어로 도르가)와 관련된 사건을 기록한 부분에서도 나타난다. 제자의 여성형인 *mathētria*[마쎄트리아]가 사용된 유일한 경우이다. 이 단어는 세속 헬라어와 후기 기독교 문헌에 등장한다.[14] 누가는 다비다를 단순하게 '제자'라고 부르는데, 이는 그리스도에 대한 그녀의 믿음을 가리키는 표현이며(행 9:36), 욥바의 신자 전체를 묘사하면서 "제자들"(*hoi mathētai*[호이 마쎄타이])이라고 부르는 것(행 9:38)과 마찬가지이다. *mathētēs*[마쎄테스]라는 말이 일반적으로 남자를 가리키지만, 남성과 여성을 구분할 때는 중성이 되며, 따라서 예수님을 따르는 남자와 여자가 섞여 있는 사람들을 가리킬 때는 이 단어에 여성도 포함된다(예를 들면 행 6:1).[15] 그러므로 누가가 여기에서 여성형을 사용한 것은 남자뿐 아니라 여자도 예수님의 제자였다는 사실을 강하게 되풀이하는 것이다.

그리스도인이라는 단어가 성경에 처음 등장할 때, **제자들**이라는 단어와 연결되어 있다는 것은 시사하는 바가 있다. "제자들이 안디옥에서 비로소 그리스도인이라 일컬음을 받게 되었더라"(행 11:26). 여기에서 다시 **제자**는 '신자'(여기에서는 '그리스도인')를 지칭할 뿐이다. 그리스도인이라는 이름은 이방인들 사이에서 생겨났음이 분명하다.[16] 많은 종파와 신비 종교들이 서로 경쟁하던 대도시 안디옥에서 *Christos*[크리스토스]에 대해 그렇게도 많이 말하던 사람들은 *Christianoi*[크리스티아노이], 즉 그리스도의 사람들이라고 불리게 되었다. 그래서 그 용어는 '제자들'을 회심하지 않은 이방인뿐 아니라 유대교와도 구별했다. 사도행전 11장 26절에 등장하는 이 단어는 최소한 그리스도를 믿는 사람들은 이교도인 이방인들과 유대교로부터 분리되었다는 것을 이방인들이 인식했음을 보여준다. 신약성경에 이 단어가 등장하는 다른 두 경우를 보면 교회 밖 사람들이 처음에 **그리스도인**이라는 단어를 사용할 때는 조롱(행 26:28)과 적대감(벧전 4:16)의 요소가 포함되었음이 드러난다. 초대교회가 자신들을 가리켜서 일반적으로 **그리스도인**이라고 불렀다는 증거가 신약성경에는 없다. 사도행전 11장 26절에서 누가는 연대기적으로 생각하지 않는다. 여기에서 드러나는 것은 **그리스도인**이라는 용어가 생기던 때에 예수님의 추종자들을 가리키는 일반적인 용어가 **제자들**(*mathētai*[마쎄타이])이었다는 사실이며, 교회는 이 단어와 같은 의미로 **신자들**(*hoi pisteuontes; hoi pistoi* [호이 피스튜온테스; 호이 피스토이], 행

5:14; 10:45; 롬 1:16; 딤전 6:2), **형제들/자매들**(adelphos/adelphē[아델포스/아델페], 행 6:3; 약 2:15), 그리고 **성도들**(hoi hagio[호이 하기오이], 행 9:13; 고전 1:2) 같은 단어들을 사용했다.[17]

예수님의 추종자들을 가리키기 위해 **제자들**이라는 단어를 사용하는 이 현상은 사도행전 전체에 나타난다. 누가는 단순히 신자를 불신자와 구분하기 위한 목적으로 **제자들**이라는 용어를 사용한다. 예를 들면, 비시디아 안디옥과 루스드라 지방에서 유대인들과 이방인들에게 박해를 받으면서도 "제자들은 기쁨과 성령이 충만"(행 13:52)했고, 사도들 주위에 "제자들이 둘러섰"다(행 14:20). 누가는 더베의 이방인들 속에서 행한 바울과 바나바의 선교 사역을 "복음을 그 성에서 전하여 많은 사람을 제자로 삼고"라고 요약하며, 루스드라와 이고니온의 신자들 사이에서 행한 그들의 목회 사역에 대해서는 "제자들의 마음을 굳게 하여 이 믿음에 머물러 있으라 권하고"라고 기록한다(행 14:21-22). 안디옥 "교회"를 바울과 바나바가 방문한 것을 기록하면서(행 14:27) 누가는 그 사람들에 대해서도 유사한 표현을 사용하여 "제자들과 함께 오래 있으니라"라고 말한다(행 14:28). 베드로는 유대인의 율법 규례로부터 그리스도인의 자유를 변호했는데, 이는 단지 "제자들"을 위한 것이었다(행 15:10). 디모데가 신자의 신분이었다는 사실은 단순하게 **제자**라는 호칭에서 표현된다(행 16:1). 갈라디아와 브루기아 지역에서 바울이 행한 사도 사역에는 "모든 제자를 굳건하게" 하는 일이 포함되었다(행 18:23). 아볼로가 아가야로 가기 원했을 때 에베소의 "제자들"은 아가야의 "제자들"에게 아볼로를 영접하라는 편지를 썼다(행 18:27). 그 도를 비방한 에베소 회당의 사람들과 달리 "제자들"은 바울과 함께 두

란노 서원으로 가서 가르침을 받았다(행 19:9). 에베소의 "제자들"이 바울을 에베소의 군중으로부터 보호하기 위해 노력했고(행 19:30), 바울이 마게도냐로 떠나기 전에 권면의 말을 한 것도 그들에게였다(행 20:1). 바울은 뒤에 에베소 장로들에게 "양 떼"를 지켜야 하는 의무를 말하는데, "양 떼"란 "제자들"과 같은 사람들이다(행 20:28-30 참조). 바울과 그의 동역자들이 두로에 도착했을 때 함께 머물 "제자들"을 찾았는데, 이는 돌레마이에 도착했을 때 "형제들"을 찾아 함께 머문 것과 병행을 이루며, 예루살렘으로 가는 길에 가이사랴의 "제자들" 중 몇 사람이 그들과 동행하며 "오랜 제자"인 나손에게 소개해서 그들이 거기에 머문 것과도 병행을 이룬다(행 21:4, 7, 16 참조).

누가복음에서와 마찬가지로 사도행전에서도 "믿는 자들"이라는 표현과 "제자들"이라는 표현이 같은 집단의 사람들을 가리킨다.[18]

(1) 예외

사도행전에 등장하는 **제자**라는 단어가 '신자'라는 단어를 지칭한다는 것을 문자 그대로 모든 학자들이 인정하지만, 중요한 구절 두 개가 예외적인 용례일 수 있다. 사도행전에서는 **제자**가 28회 등장하는 데 그중에서,[19] 오직 9장 25절과 19장 1절 이하는 이 용어의 변형을 보여준다.

a. 사도행전 9장 25절

제자라는 단어의 묘한 용례가 사도행전 9장 25절에 등장한다. 여기에서 누가는 "사울과 그의 제자들"이라는 표현을 사용한다. 유대인들이 새로 회심한 사울에 대해 계교를 꾸미고 그가 피하지 못하도록 성문을 지키고 있는 상태를 기록한 후에 누가는 "그의 제자들이 밤에 사울을 광주리에 담아 성벽에서 달아 내리니라"라고 말한다(행 9:25). 거기에 사울의 제자들이 있다는 누가의 말은 무슨 뜻일까?[20] 이 묘한 현상이 많은 논쟁을 불러일으켰다. 어떤 주석가들은 잘 알려진 랍비였던 사울에게 랍비의 전통에 따라서(마 22:16; 막 2:18 참조) 자기 제자들이 있었으며, 그들이 사울을 따라 다메섹까지 갔다고 제안한다. 이 랍비적 제자들이 이제 기독교로 개종했으며, 사울을 유대인들로부터 피하도록 도왔다는 것이다. 그렇다면 이것은 누가가 사도행전에서 '제자들'이라는 말을 사용하여 랍비적 제자들을 지칭한 유일한 경우가 된다. 다른 주석가들은 다메섹과 주변 지역에서 사울의 복음 전도가 열매를 맺었으며, "그의 제자들"이란 그가 전한 복음을 듣고 회심하여 사울을 영적 지도자로 삼은 뒤 그 주위에 모인 다메섹 지역 사람들이라는 결론에 도달한다.[21] 그렇다면 이것은 사도행전에서(혹은 신약성경에서?) 어떤 그리스도인 개인이 자신의 제자들을 소유했다고 말하는 유일한 경우가 될 것이다. 몇몇 주석가들은 그런 용법이 신약성경에서는 불가능하다고 선언하면서, 대신 후기 소수의 다른 독법이 누가의 원래 본문을 반영하는 것이라고 주장한다. 이 다른 독법이 '그를'(목적격 *auton*[아우톤])을 '그의'(소유격 *autou*[아우투])로 바꿨으므로, 원래 누가의 말은 "제자들이 그를 데려갔다"였다는 것이다. 이 주석가들은 어떤 개인 그리스도인이 개인적으로 제자들을 거느렸다고 말하는 것은 사도행전에서 제자라는 단어의 통상적인 의미를 벗어나며, 19절과 26절에서 제자들이 독립적으로 사용되었으므로 누가가 '그의 제자들'이라고 썼

을 리 없다고 주장한다.²²

다른 독법을 주장하는 것이 문제를 해결하는 것처럼 보이기 때문에 매력적이지만, 거기에는 불필요하게 조화시키려는 동기가 작용하는 것으로 보인다. 누가가 통상적으로 '제자'라는 단어를 '신자'로 지칭한다는 것을 보기는 했지만, 여기에서 누가의 용법을 다른 곳에 억지로 맞추려 하는 것은 문제를 회피하려는 것일 수 있다. '그의 제자들'이 더 난해한 독법이므로,²³ 이것이 원래 본문이었을 가능성이 높다. 그렇다면 제자도 현상에 대한 우리의 이해도 거기에 맞춰져야 한다. 누가는 사울이 초기에 복음을 전파할 때 적극적으로 반응한 사람들이 있다고 말하는 것이 분명하며, '그의 제자들'은 사울의 복음전파를 통해 회심하고서 그리스도인으로 성장하는 중 사울에게 도움을 받은 사람들을 지칭하는 말이다.

그러므로 사도행전 9장 25절에 나타난 제자들은 신자들이며, 이는 사도행전 다른 곳에서 누가가 쓴 용례와 유사하다. 그러나 사도행전에 나타난 누가의 용례에서 독특하게도 그들은 영적인 스승 주위에 모인 회심자들을 가리킨다.

b. 사도행전 19장 1절 이하

제자라는 용어가 기묘하게 사용된 또 다른 경우는 사도행전 19장 1절이다. 바울이 에베소에 도착했을 때 거기서 어떤 '제자들'을 만났다고 기록된 곳이다. 문제는 그들이 그리스도인이 아니라 세례 요한의 제자로 보인다는 점이다. 주석가들은 오랫동안 이 구절을 놓고 토론을 벌였으며, 의견은 거의 반반으로 나뉜다. 한 가지 견해는 이 '제자들'이 실제로 그리스도인이지만 받은 가르침이 불완전하다는 것이다.²⁴ 또 다른 견해에 따르면 이들은 요한의 세례만 받았으므로 세례 요한의 제자이며 따라서 그리스도인이 아니라는 것이다. 그들은 요한의 세례를 받고서 자신들을 요한의 제자라고 부르기는 했지만, 요한의 온전한 가르침(예를 들면 성령에 대한)을 알지 못했으며, 예수님이 요한의 메시지가 성취된 존재라는 것도 몰랐다.²⁵ 또 다른 견해에 의하면 이들은 예수님의 제자도, 세례 요한의 제자도 아니었으며, 다만 그렇게 보일 뿐이다. 즉 누가는 중심 인물 관점에서 이야기를 하고 있다는 뜻이다. 바울은 제자들로 추정되는 어떤 사람들을 만났지만, 그들의 기독교적인 상태에 대해 의심쩍었기 때문에 그들의 주장을 더욱 면밀하게 조사해보았다. 누가는 그들이 제자였다고 말하는 것이 아니라, 바울이 처음 그곳에 도착했을 때 그들이 바울에게 어떻게 보였는지를 말한다는 것이다. 그들은 에베소에서 살다가 요한의 가르침을 배웠고(불완전하게!), 요한의 세례를 받았으며, 스스로를 그리스도인이라고 (거짓되이) 주장하고 있었다.²⁶

이들이 (첫 번째 견해처럼) 예수님을 진정으로 믿는 사람들이었다면 그들은 비록 불완전한 교훈밖에 받지 못했다 하더라도 예수님의 참된 '제자들'이었다. 이 경우에는 이 단어의 용례가 사도행전의 앞선 용례들과 비슷하게 된다. 아마 이 제자들과 초기 예수 운동에서 예수님의 제자도 형태를 충분히 이해하지 못하고 예수님을 좇았던 제자들(예를 들면 요 6:66; 8:31)이 병행을 이룰 것이다.

이들이 (두 번째 견해처럼) 세례 요한의 제자들이었다면, 누가는 여기에서 그 용어를 일반적인 용례에 따라 예수님 외의 위대한 스승이나 교사를 따르는 사람이라는 의미로 사용했을 것이다. 이것은 세례 요한의 다른 제자들이 등장하는 복음서 증거와도 일치한다(예를 들면 막 2:18; 요 1:35). 복음서의 증거들은 비록 사도행전에서 누가가 사용한 통상적인 용법에서는 예외가 되지만 당시 일반적인 헬라어의 용법과는 일치한다.[27]

한편, (세 번째 견해처럼) 이 사람들이 진정으로 예수님의 제자도 세례 요한의 제자도 아니고, 겉으로만 예수님의 제자이며, 요한의 추종자로 바울이 도착하기 전에 기독교 운동에 참여했던 자들이라면, 누가는 단지 그들을 바울의 관점에서만 묘사하는 것이다. 따라서 누가가 사도행전 다른 곳에서 사용한 '예수님을 믿는 자들'을 가리키는 용법과 일관되게 그 단어를 사용하는 것이 된다. 비록 그들이 신자로 잘못 인식되고 있더라도 말이다.

이것은 어려운 문제이다. 그래서 브루스(Bruce)는 다음과 같이 말한다. "그들이 세례 요한의 제자이든 예수님의 제자이든, 그들이 어디에서 어떻게 가르침을 받았는지는 오직 추측만 할 수 있을 뿐이다."[28] 여기에서 우리의 목적이 이 문제를 완전히 살펴보는 것은 아니므로, 이 문제가 우리의 연구에 적용될 두 가지 요소만 지적할 수 있다. (1) 그 제자들은 이 사건이 있을 때까지 성령을 경험하지 못했으므로, 이들은 사도행전에서 누가가 이해하는 충만한 의미의 '그리스도인들'이 아닌 것으로 보인다(행 19:1-3, 6). (2) 이 제자들이 요한의 세례를 받았으므로 요한의 추종자로 간주되는 것이 정당하다. 그러나 '제자'라는 말이 아무 수식 없이 사용되었으므로, 저자가 이 표현을 '세례 요한의 제자'를 의미하려는 의도로 사용했다고 보기는 어렵다.[29]

이 두 가지 요소에 비춰 볼 때, 세 번째 견해를 수정하는 것이 가장 나아 보인다. 이 '제자들'은 요한의 세례를 받았고 요한의 메시지를 따랐다. 하지만 그들은 요한의 가장 초기 메시지의 중요한 요소였던(마 3:11 참조) 성령을 알지 못했으므로(행 19:2) 요한의 메시지를 매우 부족하게 배운 상태였다. 그럼에도 그들은 자신들을 요한의 제자라고 했다. 예수 운동이 주변 지역에서 알려지기 시작하자 이들은 예수 운동에 참여했다. 왜냐하면 그것이 요한의 사역에 대한 그들의 이해와 연결된 것으로 보였기 때문이다. 그래서 이 제자들은 요한과 예수님의 참된 차이를 알지 못하면서도 예수 운동에 참여하면서 자신들을 예수님의 제자라고 불렀다. 그러나 그 장면에 등장한 바울은 그들의 이해와 믿음의 결함을 판단할 수 있었다. 그들에게 질문을 던져본 결과 그들이 진정한 신자가 아니며 따라서 예수님의 참된 제자가 아니라는 사실이 드러났다. 그러나 그들은 기독교 메시지를 더욱 완전히 이해하게 되면서 믿음에 이르렀다. 그들이 새로 발견한 믿음의 표징으로 성령이 그들에게 임했고 그들은 참된 제자들의 공동체인 교회의 일원이 되었다.[30]

이 '제자들'은 예수님의 지상 사역 초기에 요한의 제자였다가 뒤에 예수님의 말씀을 듣고 그분을 따른 사람들의 경우와 유사하다. 예수 운동에 참여했기 때문에 예수님의 '제자'라고 불리기는 했지만, 참된 신자가 아니고 진정으로 예수님에게 헌신하지도 않은 사람들이 그중 있었다는 사실이 뒤에 밝혀졌다(예를 들면 요 6:66; 8:31). 사도행전 19장 1절 이하의 "제자들"도 이와 유사한 경험을 거친 것으로 보인다. 그들은 자신을 '그리스도인' 혹은 '제자'라고 불렀으나 그들은 요한과 예수님을 제대로 구분하지도 못했고, 예수님에게 진정으로 헌신하지도 않았다.[31] 그들이 외부로 드러낸 최초의 모습이 자신을 요한과 예수님의 추종자라고 부르는 사람들과 유사했으므로 누가는 그들을 '예수님을 믿는 자'라는 의미에서 제자라고 부른다. 비록 뒤에 그들이 요한과 예수님의 메시지에 대해 이해가 부족하며, 그들이 믿을 때까지 참된 제자/신자가 아닌 것으로 드러났지만, 이것은 누가가 사도행전 다른 곳에서 그 용어를 사용하는 용례와 일치한다.

사도행전에서 누가가 **제자**라는 용어를 단순하게 사용할 때는 예수님을 메시아로 고백하는 신자를 표시한다.

'교회'로서의 제자들

비록 '믿는 자들'이라는 표현과 '제자들'이라는 표현을 동일시하기는 하지만, 의미심장하게도 누가는 오순절의 도래와 함께 제자도를 위한 새 시대가 시작되었음을 분명히 밝힌다. 우리가 인식해야 하는 가장 중요한 특성 하나는, 사도행전에서 **제자**라는 단어가 새로운 믿음의 공동체인 교회와 서로 긴밀하게 연합한, 부활 이후 신자들을 묘사하는 데 사용된다는 점이다.[32]

사도행전에서 이 용어가 맨 처음 사용된 문맥을 보면, 누가는 **제자들**이 구별되는 믿음의 공동체로 연합되었다는 것을 표시한다. "제자가 더 많아진" 것을 주목한 후에 누가는 그들이 "제자들의 회중(congregation, 행 6:2 NASB; *plēthos tōn mathētōn*[플레쏘스 톤 마쎄톤])"으로 함께 모였다고 묘사한다. 여기에서 **회중**으로 번역된 단어 *plēthos*는 사도행전에서 두 가지 의미로 사용되었다. 그것이 '큰 무리, 많은 수의 사람'을 의미할 수도 있고(예를 들면 행 2:6), 혹은 '충만한 회중'

을 의미할 수도 있다. 사도행전 6장 2절은 그중에서 후자의 의미이다. '제자들의 회중'은 예루살렘에 있는 신자 단체의 모임을 가리킨다. 이것을 누가복음 19장 37절의 동일한 어구가 등장하는 곳과 비교해보면 무척 인상적이다. 거기에서 누가는 이 표현을 첫째 의미로 사용하여, 종려주일에 예수님의 예루살렘 입성을 보기 위해 모인 제자들의 "무리"를 가리켰다.[33] 사도행전 6장 2절에서는 *plēthos*를 "제자들"과 연결함으로서 누가는 이제 "제자들의 회중"이라는 표현을 "믿는 자들의 회중"(행 4:32, NASB. 한글 개역개정은 "믿는 무리"로 번역—옮긴이), "회중"(행 6:5; 15:12, 30 NASB. 한글 개역개정은 "무리"로 번역—옮긴이), "교회"(행 5:11 NASB; 7:38 NASB; 8:1; 등)와 동일한 의미로 사용한다.[34]

교회라는 단어가 복음서에는 두 번 등장하는데, 두 번 모두 마태복음에서 예수님이 신자들의 미래 공동체를 예언적으로 말하는 부분에 나온다(마 16:18; 18:17). 오순절에 성령의 내주를 경험한 직후, 사도행전 누가의 기록에 믿음의 공동체를 지칭하고자 **교회**(*ekklēsia*[에클레시아])라는 단어가 등장한다. 그것을 조지 래드(George Ladd)가 이렇게 말한다.

> 엄밀히 말해서 *ekklēsia*는 성령이 예수님의 작은 유대인 제자 집단 위에 부어져 그들을 그리스도 몸의 핵으로 만든 오순절에 탄생했다. 오순절 이전 제자들은 교회의 싹으로 여겨야 한다. *ekklēsia*가 공통의 종교 신념과 경험으로 묶인 단순한 인간의 교제로 이해되어선 안 된다. 그렇기는 하지만 또한 그 이상이다. 그것은 성령을 통해서 하나님이 창조하신 것이다. 그러므로 오직 하나의 *ekklēsia*만 있고 또한 있을 수 있다.[35]

그렇다면 교회는 하나님의 새로운 창조물로서 유대인이든, 사마리아인이든, 이방인이든 모든 회심자들이 성령에 의해 가입하는 곳이다(행 1:8 참조).³⁶ 그런데 그리스도의 몸인 오직 하나의 교회가 있는 것이지만, *ekklēsia*는 예루살렘, 안디옥(행 11:26; 13:1; 14:27; 15:3; 15:30), 수리아와 길리기아(행 15:41), 남 갈라디아(행 14:23) 혹은 에베소(행 20:17, 28) 등 어디든, 어느 지역의 그리스도인 모임이든 이를 지칭하는 데도 사용된다. 누가는 '제자들'이 예수님을 그리스도로 믿고 새로운 창조물인 교회에 연합한 사람임을 강조한다. 회심자들의 모임은 '교회'(*ekklēsia*) 혹은 '회중'(*plēthos*)으로 불리고, 교회 내 개인들을 지칭할 때는 "신자들"(예를 들면 행 2:44; 4:32), "형제들"(예를 들면 행 15:1, 3, 32-33, 36, 40; 16:2, 40 등), 혹은 "제자들"(예를 들면 행 6:1, 2, 7; 9:1, 10, 19, 26, 36, 38; 11:26, 29; 13:52 등)이라는 표현이 사용된다.³⁷

제자라는 용어가 여전히 사용되고 있다는 사실은 예수님의 지상 사역 기간에 그분을 따르던 사람들과 부활 이후 교회에 속한 사람들 사이에 연속성이 유지된다는 것을 분명히 보여준다. 그러므로 예수님이 시작하신 형태의 제자도 본질은 교회에서도 계속된다. 그러나 새로운 믿음 공동체를 위한 제자도는 예수님이 제자들과 함께 직접 팔레스타인을 걷던 시대의 제자도와 다를 것이다.³⁸

제자와 제자들

'믿음의 공동체'인 제자들을 이해하도록 돕는 또 하나의 중요한 요소가 단수 **제자**와 복수 **제자들**의 구분이다. 단수형인 **제자**가 마가복음에는 한 번도 등장하지 않지만, 요한복음에는 자주 등장하는데, 거기서는 매번 어떤 특정 개인, 통상 "예수님이 사랑한 제자"를 가리킨다(요 9:28; 18:15, 16; 19:26-28; 20:2-4, 8; 21:7, 20, 23, 24 참조). 마태복음과 누가복음에서 단수형은 예수님의 말씀에만 등장하며, 제자도의 성격에 대하여 가르치는 곳에서 사용된다(마 10:24, 25, 42; 눅 6:40; 14:26, 27, 33). 사도행전에서는 다섯 번 단수형이 나오는데 이는 항상 어떤 특정한 사람을 가리킬 때이다(행 9:10, 26; 16:1; 21:16; 9:36에서는 단수 여성 명사가 사용되었다).

복음서와 사도행전에서는 보통 복수형인 **제자들**이 사용되었다. 단수형은 예수님을 믿고 따르기로 고백하는 개인을 지칭한다.[39] 복수형은 통상 어떤 중요한 요소를 표시할 때 사용되었다. 곧 예수님의 가까운 동행자들의 경우든 교회의 경우든, 각각의 제자들은 항상 공동체와의 관계 속에서 이해된다는 점이다. 따라서 제자도는 통상적으로 공동체라는 맥락 속에서 등장하는 개념이다. 그 공동체가 사도행전에서 탄생한 교회이다.

제자들과 사도들

사도행전에 나타난, 제자도에 대한 누가의 조망에서 주목해야 할 또 다른 중요한 특성은 그가 **제자**와 **사도**를 구분한다는 점이다. **사도**(히브리어로 *shaliach*[샬리악], 헬라어로 *apostolos*[아포스톨로스])라는 단어는 지난 세기에 학문적으로 상당히 주목받았으며, 그 결과 이 단어의 성경적 의미는 파송자의 메시지와 파송자를 대리하는 권위와 함께 파송된 개인을 표시한다는 확신을 새롭게 해주었다.[40] 복음서에서 예수님이 많은 수의 제자들 중 열둘을 선택하여 '사도들'

이라 불렀고, 그다음에는 그들이 이스라엘에서 선교 활동을 하기 위해 파송된 것을 보았다(마 10:2; 막 6:30; 눅 6:13; 9:10 참조). 일차적으로는 이 선택된 집단을 계속해서 '제자들'이라고 불렀는데, 이것은 다른 신자들과 공통성을 표시한다. 그러나 점진적으로 그들을 '열둘'이라고 불렀는데, 이 호칭은 예수님의 가장 친밀한 동료로 구별되는 성격을 표시한다. 복음서(오직 누가복음에서)에서 몇 번 이들은 '사도들'이라고 불린다. 이 호칭은 미래 교회에서 특별한 역할을 위해 준비되고 있던 이 열두 제자들과 암묵적으로 동일한 호칭이다(눅 17:5과 눅 17:1; 9:10; 22:14; 24:10을 비교하라).[41]

복음서에서 사도행전으로 넘어오면 충격적인 현상이 발생한다. 집단으로서의 열둘은 한 번도 '제자'라는 말로 언급되지 않는다. 그들은 항상 '사도들'로 강조된다.[42] 사도행전에서 열둘을 처음 언급할 때부터 누가는 그들을 "사도들"이라고 부른다(행 1:2). 그런 연후에 누가는 새로운 공동체 지도자로서의 열둘에 초점을 맞춘다. 넓은 의미에서 열둘은 물론 제자들에 포함된다. 그들이 신자 공동체의 일부이기 때문이다(예를 들면 행 9:26). 그러나 지도자들이라는 더 작은 집단을 지목할 때는 "사도들"이라고 부른다(열둘이든, 바나바이든, 바울이든. 예를 들면 행 1:2, 26; 2:37; 14:4, 14 등). 뒤에는 지도자를 가리키는 다른 용어들이 사용된다. **장로들**(*presbuteroi*[프레스뷰테로이], 행 11:30; 21:17-18), 양 떼를 보살피는 **감독자들**(*episkopoi … poimanein*[에피스코포이 … 포이마네인]" 행 20:28, NIV "계속 보살피다") 같은 용어들이다.[43] 그러나 누가에게 있어 '열두 사도'는 구원사에서 독특한 역할을 담당한다. 그들로부터 과거로 거슬러 올라가면 고대 이스라엘의 제도가 있고, 미래로 내다보면 메시아 공동체의 최종 형태가 있다. 열둘은 더 큰 무리의 제자들 사이에서 교회 설립의 특별한 역할을 위해 선택되었던 것이다(마 19:28; 엡 2:20 참조).[44]

제자라는 용어에 대한 논의와 연결해서, **사도**라는 용어에 대한 이 논의는 다시 한 번 사도행전에서 **사도**와 달리 **제자**는 단지 '그리스도인'을 가리키는 용어임을 드러낸다. 폴 헬름(Paul Helm)은 사도행전에 나타난 제자 됨의 본질을 간략하게 강조한다.

> 사도행전에서 **제자**라는 용어는 신자들, 곧 그리스도를 고백하는 사람들을 묘사하는 데 사용된다(행 6:1, 2, 7; 9:36; 11:26). 그들이 그리스도께 직접 부름받지는 않았지만, 최초의 제자들이 전하는 메시지를 통해 그리스도의 영에 의해 부름을 받았다. 뒤에 부름받은 제자들이 (예수님의 지상 사역 동안 함께 동행하지는 못했으므로) 특권을 덜 누리긴 하지만 어떤 의미에서도 최초의 제자들보다 열등하지 않다.[45]

제자란 예수님을 구주와 주님으로 고백하는 사람들이다. 사도들은 제자들의 공동체인 교회 지도자가 되도록 제자들 사이에서 부름받은 자들이다.

사도행전으로 넘어가는 제자도

이제 복음서가 '제자들'을 인식하는 방식에서 사도행전과 유사하면서도 구별된다는 것을 알았다. 교회 시대의 삶은 예수님이 그분의 추종자들과 함께 팔레스타인을 걷던 시대의 삶과 비슷하면서도 매우 달랐을 것이다.⁴⁶ 비록 예수님이 지상 사역 동안에 새 시대를 대비해 제자들을 준비시키려 하셨지만, 그것을 위해서는 먼저 그들이 품은 당연한 기대들을 철저히 버리는 것이 필요했다. 그러므로 부활 이후 취약한 상태에서 제자들은 예수님에게 40일 동안 마지막 가르침을 받았다. 이 교훈의 중점은 새 시대에 도움이 될 원칙에 그들의 주의를 집중하는 것이었다.

부활과 승천 사이 기간 동안 예수님이 제자들에게 행하신 마지막 사역에 관해 누가가 기록한 것을 보면, 공동체 시대에 제자들의 행동을 지도할 원칙이 드러난다(행 1:6-11). 여기에서 선언된 원리와 지상 사역 동안 예수님이 시작하신 제자도 원리 사이에 연속성을 볼 수 있지만, 또한 새 시대가 그 원리들에서 새로운 적용을 요구한다는 것도 알 수 있다. 풀어서 말하자면, 예수님의 마지막 사역을 다음과 같은 권면으로 정리할 수 있다.⁴⁷ 첫째, 삶의 의미를 구현하기 위해서 예수님의 교훈에 집중하라(행 1:1-3). 둘째, 성령에 의해서 이루어진 공동체의 하나 됨을 실현하라(행 1:4-5). 셋째, 성령의 능력으로 예수님의 좋은 소식을 전하는 증인이 되라(행 1:6-8). 넷째, 예수님의 부재가 그분의 재림 때까지 소망의 동기가 되게 하라(행 1:9-11).

삶의 의미를 구현하기 위한 예수님의 교훈

제자들이 복음서 시대에서 교회 시대로 넘어갈 수 있게 하는 첫째 권면은 "삶의 의미를 구현하기 위해 예수님의 교훈에 집중하라"이다(행 1:1-3을 보라).

예수님의 가르침은 새로운 공동체의 제자도 생활에서 기초가 된다. 제자도 삶에서 성장의 중심은 예수님이 지상 사역 동안 제자들에게 명한 모든 것에 순종함을 통해 이루어진다는 것을 예수님은 특별히 말씀하셨다(마 28:20). 부활과 승천 사이 40일 동안 예수님은 부활 후 다가올 시대에 제자들이 경험할 왕국 생활에 대한 최후의 지침을 내리셨다(행 1:1-3). 예수님이 지상 생활 동안 그리고 부활 이후 승천 사이 기간에 제자도라는 주제로 가르치신 모든 것이 교회 시대의 제자도를 위한 기초가 된다. 에버렛 해리슨의 말이다. "초대교회의 눈으로 볼 때, 예수님과 동행했던 사람들에 의해 교회가 인도되긴 했지만, 한 사람이 제자의 신분이 된다는 것은 주 예수의 추종자가 되는 이익뿐 아니라 희생까지 감수한다는 것을 의미했다."[48] 열둘은 예수님의 교훈을 전수함에 있어서 지도적 역할을 수행했다. "사도의 가르침에 전념했다"(행 2:42 참조)는 표현은 사도들에게 주어진 예수님의 교훈이 교회의 새로운 제자들에게 전달된 수단을 보여준다.

그러나 이런 원칙이 있다 해도 우리는 연속성/불연속성의 문제가 복음서와 사도행전 사이의 제자도 교훈에 영향을 미친다는 것을 인식해야 한다. 구체적으로 말해서, 세 가지 서로 다른 범주의 제자도 교훈에 주목해야 한다. 첫째, 어떤 교훈들은 일차적으로 예수님의 지상 사역에서 그분과 함께했던 제자들의 생활을 향한 것이다. 그렇기 때문에 어떤 경우에는 제자들에게 주어진 교훈이 예수님의 지상 사역이라는 특정한 환경을 위해서 그들을 준비시키기 위한 것이었지, 교회의 상황을 위한 것이 아니었다.[49] 예수님의 지상 사역 기간에만 해당되는 제자도 교훈들을 찾아내기 위해서는 상당한 인내가 필요하지만, 그 작업은 매우 중요하다. 우리는 세부적인 내용은 건너뛴다고 하더라도 제자도의 원리가 그 교훈으로부터 추론될 수 있다는 것 또한 주장해야 한다.

이런 제자도 교훈의 실례가 제자들이 이스라엘 내에서 짧은 선교 여행을 떠나기 전 예수님이 제자들에게 주신 강론에서 발견된다(마 10장 참조). 거기에는 그 여행에만 특정하게 적용되는 지침들이 있다. 예를 들어, "이방인의 길로도 가지 말고 사마리아인의 고을에도 들어가지 말고 오히려 이스라엘 집의 잃어버린 양에게로 가라"(마 10:5-6)라는 명령은 예수님의 지상 사역 기간에만 적용되는 특별한 구원사적 의미를 가진다. 이 명령은 교회로 넘어오지 않았다. 사도행전 1장 8절에서 예수님은 제자들을 예루살렘, 유대, 사마리아, 그리고 이방인을 포함한 세상 끝까지 파송함으로써 그 지침을 철회하는 특정한 명령을 내렸다. 마태복음 10장의 강론 첫 부분의 다른 지침들, 이를테면 배낭이나 옷이나 신발을 가지지 말라는 지침도(마 10:10) 역시 예수님의 지상 사역 동안 제자들이 행한 이스라엘 내의 짧은 선교 여행 기간에만 적용되는 명령이다. 카슨(D. A. Carson)은 "5-16절에서 예수님의 모든 지침은 예수님의 공적 사역 동안 열둘의 상황에 깔끔하게 부합된다"라고 설명한다.[50]

하지만 예수님의 선교 강론을 세심하게 살펴보면, 이스라엘 내의 선교에만 적용되는 지침(마 10:5-15)을 준 것이 아니라, 오순절 이후 미래의 범세계적 선교 여행에 적용될 지침을 미래 시제로 주었음(마 10:16-23)이 드러난다. 계속해서 카슨의 말을 들어보자. "그러나 17-22절은 훨씬 광범위한 사역, 심지어 왕들과 이방인들에 대한 사역까지 내다보고 있음이 분명하다. 거기에 묘사된 박해는 최초의 사도적 사역 기간에는 부합하지 않고 그것을 넘어 오순절 오랜 후의 큰 갈등의 시대까지 내다보고 있다."[51] 나아가서, 범세계적 선교에 대한 교훈 다음에 예수님은 오순절 이전과 이후의 양 시대 모두에 적용되는 일반적인 제자도 교훈을 주셨다(마 10:24-42).

그러므로 이 한 번의 강론에서 우리는 예수님의 지상 사역 동안에만 적용되는 제자도 지침(마 10:5-15), 오순절 이후 미래 증거에 적용되는 제자도 지침(마 10:16-23), 모든 시대에 적용되는 일반적인 제자도 원리(마 10:24-42)를 발견한다. 다음은 카슨의 결론이다.

> 그러므로 예수님이 열둘에게 임무를 부여하는 이 상황을 명백한 단기 여행 일정뿐 아니라 앞으로 뻗어나갈 더 긴 선교를 위한 패러다임으로 취급한 것이 전혀 부자연스럽지 않다. 후자를 위해서 열둘에게는 당면한 여행을 위한 지침 그 이상의 것이 필요했는데, 그들이 행한 현재의 여행을 부분적으로는 미래에 있을 여행을 위한 연습으로 봐야 한다. 이런 의미로 볼 때 열둘은 오순절 이후의 증거에서 다른 제자들을 위한 패러다임이 되며, 마태는 이 점을 잘 이해했다(마 28:18-20). 마태는 마태복음 10장이 그의 독자들에게 이와 같은 의미로 읽히도록 의도한다.[52]

지상 사역 동안 예수님과 함께 있던 제자들을 위해 의도된 제자도 교훈과 오순절 이후 시대를 위해서 의도된 교훈을 구분하려면 우리는 조심스럽게 성경 본문을 분석해야 한다. 그렇게 할 때에만 예수님의 제자도 교훈을 정확하게 활용할 수 있을 것이다.

예수님이 제자들에게 자신이 메시아임을 드러내지 말라고 주의를 준 것이 또 다른 일반적인 실례에 속한다(예를 들면 마 16:20; 막 9:9). 이런 침묵이 필요했던 것은 유대 군중의 마음속에 일어날 수 있는 오해 때문이었다. 예수님은 백성이 메시아에게서 기대하는 것과 자신이 성취하러 온 것이 때로 매우 다르다는 것을 알고 계셨다. 따라서 오해의 위험을 피하기 위해 자신의 신분이 자신이 원하는 방식으로 드러나기를 원하셨다. 그래서 예수님은 몇몇 경우에 자신과 관련된 어떤 현상들을 드러내지 말라고 제자들에게 경고하셨다. 그러나 사역 후기에 가서는 그 침묵이 처음과 달라지며, 사도행전에서는 이 침묵의 권고가 반복되는 것을 발견할 수 없다. 그러므로 예수님의 지상 사역 당시의 상황을 위한 지침으로 의도된 제자도 교훈을 구분할 때는 조심해야 한다.

둘째 범주의 제자도 교훈에는 교회의 기초가 되는 지도자직과 연관해서 열둘에게 특별히 내린 지침 혹은 진술이 포함된다. 열둘은 교회 건설이라는 특별한 구원사적 역할을 받았으며, 예수님이 그들에게 행하신 특별한 훈련의 일부는 그 특별한 역할을 감당하기 위한 것이었다. 이 제자도 교훈의 일부는 원칙적으로 오늘날 교회 지도자를 위한 모범으로 사용될 수 있지만, 열둘을 향한 어떤 교훈들은 구원사적 독특성을 지닌다는 점에 유의해야 한다.[53]

이 범주에 속한 제자도 교훈의 한 실례는 가이사랴 빌립보 근처에서 베드로와 예수님 사이에서 벌어진 유명한 설전이다. 베드로가 예수님의 메시아적 신분을 고백하자, 예수님이 베드로에게 이렇게 말씀하셨다.

바요나 시몬아 네가 복이 있도다 이를 네게 알게 한 이는 혈육이 아니요 하늘에 계신 내 아버지시니라 또 내가 네게 이르노니 너는 베드로라 내가 이 반석 위에 내 교회를 세우리니 음부의 권세가 이기지 못하리라 내가 천국 열쇠를 네게 주리니 네가 땅에서 무엇이든지 매면 하늘에서도 매일 것이요 네가 땅에서 무엇이든지 풀면 하늘에서도 풀리리라(마 16:17-19).

예수님이 여기에서 선언하신 내용은 교회 설립의 구원사에서 베드로가 할 역할이라는 것을 해석자들이 인식한다면 이 구절에 대한 수많은 오해를 피할 수 있을 것이다. 이 구절 전체에 걸쳐 2인칭 단수 인칭 대명사와 동사가 사용된다는 점에서 이 사실이 분명히 드러난다(예를 들면 19절에서 "내가 **네게**[*soi*, 소이] 줄 것이다", "**네가** 무엇을 **매든지**[*dēsēs*, 데세스]"). 여기에서 베드로 개인에게 한 이 말이 유대인들에게(행 2장), 사마리아인들에게(행 8장), 그리고 이방인들에게(행 10장) 천국의 문을 열어주는 그의 독특한 역할 속에 드러난다. 일단 베드로가 '열쇠'를 사용하여 이 민족들에게 문을 연 뒤에는, 독특한 역할을 성취한 베드로 자신은 사도행전의 각 장면에서 서서히 사라져갔다.[54] 우리는 열둘의 독특한 역할을 주의해서 살펴봐야 하지만, 그들에 대해 예수님이 말씀하신 것 이상을 말함으로써 도를 넘어서는 안 된다.[55]

동시에 우리는 열둘을 향한 교훈 중 어떤 것이 교회 지도자들과 제자들 전체에게 적용되는지 조심스럽게 살펴야 한다. 예를 들면, 예수님과 베드로의 대화 속에는 '사죄'에 대한 진술(마 16:19)이 포함되어 있으며, 이것이 마태복음에서 언급한 다른 '교회'의 문맥 속에서 반복된다(마 18:18). 그 말씀은 이 문맥 속에서 제자들 전체에게 주어지고 있으며(마 18:1 참조), 따라서 사죄에 대해 예수님이 베드로에게 하신 말씀은 또한 제자들 전체를 향한 것이기도 하다. 게다가 부활 이후 다락방에 모인 제자들에게도 예수님이 사죄에 관한 유사한 진술을 하신다(요 20:23).

그러므로 둘째 범주의 제자도 교훈은 교회 설립에 있어서 열둘에게 특별히 적용된다. 그 교훈은 모든 신자를 위한 일반적 교훈과 분명히 구분되어야 한다.

셋째 범주에 포함되는 것이 오순절 이전과 이후의 모든 제자들에게 적용되어야 하는 제자도 교훈이다. 예수님의 제자도 교훈은 대부분 이 범주에 속한다. 일반적으로 첫째와 둘째 범주에 속하지 않은 예수님의 제자도 교훈 대부분이 이 범주에 속한다고 말할 수 있다. 그러나 여기에서도 원발, 곧 모든 교훈의 1세기 역사적 정황을 인식하는 발을 먼저 내딛고 복음서를 답사해야 한다는 지도 원리를 준수하는 것이 극히 중요하다.[56] 모든 제자들을 향한 일반적인 제자도 교훈까지도 자연히 1세기 사회, 역사 상황이라는 조건 아래 있는 것이다. 그럴지라도 교회의 제자들은 확신을 가지고 셋째 범주의 제자도 교훈을 오늘날 자신들에게 적용해야 한다.

이 문제가 극히 중요해지고 있다. 예수님의 제자도 교훈 중에서 역사적으로 예수님의 지상 사역과 관련된 교훈들, 그리고 열둘에게 구원사적 역할로 주어진 교훈들을 골라내기 위해 예수님의 제자도 교훈을 분석하면, 마침내 우리는 오늘날 교회에서 신자의 삶을 인도하기 위해 의도된 제자도 교훈의 집합을 얻게 된다. 이렇게 문제를 명확하게 함으로 예수님이 지상명령에서 말씀하신 것을 훨씬 더 주의 깊게 살필 수 있다. 제자가 된 사람들은 예수님이 지상 사역에서

명하신 모든 것을 배우고 준수해야 한다(마 28:18-20).

성령에 의해서 이루어진 공동체의 하나 됨

예수님의 제자들이 복음서 시대에서 교회 시대로 넘어갈 수 있게 하는 둘째 권고는 "성령에 의해서 이루어진 공동체의 하나 됨을 실현하라"는 것이다(행 1:4-5을 보라).

사도행전 첫 장부터 앞으로 성령이 제자들과 함께 중심 역할을 담당할 것이라고 분명하게 드러난다. 그 제자들은 직접 예수님과 함께 생활한 특권을 누렸지만, 예수님의 지상 사역이 가진 성육신적 한계 때문에(예를 들면, 그분이 신체적으로 동일한 시간에 여러 곳에 있을 수 없는 것) 모든 제자들이 동일한 특권을 누리지는 못했다. 앞서 보았듯이 예수님의 추종자들을 분류해보면 그분 주위에 동심원이 그려졌다. 열둘은 예수님의 지상 사역 중에 항상 그분과 함께하는 특권을 누렸다. 열둘 중에서도 내부 집단은 몇몇 특별한 경우에 오직 자기들만 예수님과 함께 있는 특권을 누렸다. 한동안 예수님과 더불어 열둘과 동행했던 여인들은 그들에게 물질의 필요를 공급하는 특권을 누렸다(눅 8:1-3). 칠십 명은 이스라엘 내에 짧은 선교로 파송되는 특권을 위해 예수님에게 훈련받았다(눅 10:1 이하). 많은 수의 제자들 중 일부는 한동안 예수님 주위에서 그분을 따르는 특권을 누렸지만 대부분은 그런 특권을 위한 부르심을 받지 못했다. 그러나 이제 성령이 임함으로 각각의 제자는 성령의 내주하심이라는 특권과 성령 안에서 하나의 공동체를 이룬다는 특권을 누리게 되었다. 예수님은 십자가로 가시기 전 마지막 밤에 성령에 의해서 이루어질 이런 전이를 예언하셨다. 그 마지막 날에 대한 요한의 설명에서, 도래할 시대에 펼쳐질 성령의 활동을 가르치시는 예수님에 대한 장엄한 기록을 볼 수 있다.

간단하게 요약하면, 그 교훈은 지금까지 제자들과 함께하던 성령이 이제는 그들 안에 머물 것이라는 약속을 포함한다(요 14:17). 성령이 그들에게 모든 것을 가르칠 것이며, 예수님이 그들에게 말한 모든 것을 기억나게 할 것이다(요 14:26). 성령이 예수님을 증거할 뿐 아니라 제자들을 도와서 예수님을 증거하게 할 것이다(요 15:26-27). 앞으로 임할 박해의 시기에 제자들의 조력자가 될 성령(요 16:1-7)이 죄에 대해서, 의에 대해서, 심판에 대해서 세상을 정죄할 것이다(요 16:8-11). 제자들은 아무 도움이 없이 진리를 깨달아야 하는 상황에 처하지 않을 것이다. 왜냐하면 성령이 그들을 모든 진리 가운데로 인도할 것이며(요 16:13), 예수님의 말씀을 그들에게 드러낼 것이며, 그 결과 그들이 예수님을 영화롭게 할 것이기 때문이다(요 16:13-15). 예수님은 일단 승천한 후에 성령을 보내시고, 성령은 제자들이 지상명령을 성취하며 그리스도의 형상으로 변화하기 위해서 필요한 능력, 인도, 위로, 하나님의 임재를 제공할 것이다. 브루스가 말했듯이 "교회는… 세상에서 성령이 활동하는 기관이다. 예수님의 제자들 사회에 활기를 불어넣고 능력을 공급하며 지도하는 이가 바로 성령이다."[57]

성령의 시대가 예수님이 그들과 함께하던 시대를 닫아버리는 것이 아니다. 오히려 성령은 제자들이 지상에 살던 예수님과 누리던 제자도 관계를 승천한 예수님과의 제자도 관계로 옮겨갈 수 있도록 한다. 바울이 앞으로 몸이라는 은유를 사용하여 표시할 교회가,

지금 성령에 의해서 그리스도의 몸으로(고전 12:12-13) 함께 모인 제자들의 공동체가 되어, 성령을 통해서 방해받지 않는 사랑의 교제를 예수님과 나누고 있다(엡 1:22-23; 5:23-32).

성령의 능력으로 기쁜 소식의 증인이 됨

제자들이 복음서 시대에서 교회 시대로 넘어갈 수 있게 하는 셋째 권면은 "성령의 능력으로 기쁜 소식의 증인"이 되라는 것이다(행 1:6-8을 보라).

승천하기 전 준비 기간에 예수님은 제자들이 가져야 할 관심의 초점을, 도래할 시대에 그들이 감당할 역할에 집중하셨다. "오직 성령이 너희에게 임하시면 너희가 권능을 받고 예루살렘과 온 유대와 사마리아와 땅끝까지 이르러 내 증인이 되리라"(행 1:8). 이 설명에서 누가는 예수님과 함께 있을 때 제자들이 맡은 역할이 새로운 시대의 역할로 이행되는 중요한 전이를 다시 한 번 기록했다. 이 구절에서 교회를 언급하지는 않지만, "누가가 제자들에게 하는 말은 성령이 임함으로 말미암아 존재하게 되는 교회에게 하는 말이다. 선교가 교회를 존재하게 하고, 또한 교회의 본질을 규정한다".[58] 예수님은 제자들과 함께 있던 동안에 그들을 짧은 선교 여행으로 파송하셨지만(예를 들면 마 10:5-15; 눅 9:1-6; 10:1-20), 동시에 그들의 증거가 모든 민족에게 미칠 미래 시기를 가리켜 보여주셨다(마 10:5-15, 특별히 18절). 예수 그리스도의 복음을 증거하는 것이 초대교회의 가장 분명한 목표 중 하나가 되었다. 우리는 오순절부터 사도행전 마지막까지, 예루살렘과 유대인 속에서(행 2-7장), 사마리아인 속에서(행 8장), 열국의 이방인 속에서(행 10-28장) 이루어지는 이 활동을 추적할 수 있다.

바울과 바나바가 1차 전도 여행에서 소아시아 지역을 돌면서 복음을 전한 활동에서 이 증거가 전환되는 중요한 예를 볼 수 있다. 더베에 도착해서 "복음을 그 성에서 전하여 많은 사람을 제자로 삼고 루스드라와 이고니온과 안디옥으로 돌아가서 제자들의 마음을 굳게 하여 이 믿음에 머물러 있으라 권하고"(행 14:21-22). 여기에서 누가는 더베의 이방인 속에서 행한 바울과 바나바의 선교 사역을 복음을 전하고 많은 사람을 제자로 삼았다는 말로 요약하며, 루스드라와 이고니온의 신자들 속에서 행한 그들의 목회 사역을 제자들의 마음을 굳게 하며 이 믿음에 머물러 있으라고 권했다는 말로 요약한다.

이 두 가지 사역이 예수님의 명령을 교회가 성취하는 것을 보여주는 실례이다. 불신자들 속에서 선교 사역을 기록할 때 누가는, 마태가 예수님의 지상명령을 기록할 때 사용한 동사인 '제자 삼다'(*mathēteuō*[마쎄튜오], 행 14:21을 마 28:19과 비교)라는 동사를 사용했다. 마태복음에서 그 동사가 사용된 세 번의 경우(마 13:52; 27:57; 28:19) 이외에 신약성경에서 이 동사가 발견되는 곳은 여기가 유일하다. 이방인에게 복음을 전한 결과 '제자를 삼았'으므로 누가의 어구는 지상명령과 직접적인 언어 연결을 이룬다.[59] 또한 신자들 속에서 바나바와 바울이 했던 목회 사역을 묘사하면서, 누가는 그들이 '믿음에 머물라'는 권면으로 '제자들'의 마음을 굳게 했다고 말한다. 누가의 어구가 지상명령에서 예수님이 요약한 제자도 과정과 연결되었음을 짐작할 수 있다. 왜냐하면 '제자들의 마음을 굳게 하는' 것과 '이 믿음에 머물러 있으라고 권하는' 것은, 제자도 성장의 지속적인 과정으로 "내가 너희에게 명한 모든 것을 가르쳐 지키게" 하는 것의 일종이기 때문이다.[60] 나아가서 이 회심자들이 '믿음에 머물러 있도록' 돕는 교회 활동은 예수님의 교훈을 붙드는 것이 참된 제자의 표지라는 예수님의 진술(요 8:31)과 유사하다.[61] 불신자를 제자로 삼고 신자를 성장하게 하는 교회 활동은 지상명령에 담긴 예수님의 의도를 실제로 보여주는 예이다(마 28:18-20).

초대교회는 성령의 능력으로 예수님을 증거하는 자신들의 사명에 충실했다. 이것은 복음서에서 복음전파를 위한 그들의 준비(예를 들면 마 10:5-23), 지상명령(마 28:18-20), 그리고 예수님의 승천 이전 선언(행 1:8)을 연결하여 성취하는 중요한 활동이다.

예수님의 부재가 재림 때까지 소망의 동기가 됨

예수님의 제자들이 복음서 시대에서 교회 시대로 넘어갈 수 있게 하는 넷째 권면은 "예수님의 부재가 그분의 재림 때까지 소망의 동기가 되게 하라"이다(행 1:9-11을 보라).

예수님이 하늘로 들려 올라가서 시야에서 사라지자 그것을 목도한 추종자들은 이제 예수님이 육신으로는 그들과 함께하지 않는 삶을 시작하게 되었다. 그런데 갑자기 빛나는 흰 옷을 입은 두 천사가 나타나서 그들이 본 그대로 예수님은 미래에 다시 오실 것이라고 선언했다. 겟세마네와 골고다에서 머뭇거리던 제자들은 그로부터 며칠 내에 용감하고 단호한 교회 지도자들이 되었다. 그들은 자기 자신을 찾은 것 같았다. 이러한 차이를 무심히 본 사람들은 신자가 주의 직접적인 임재를 체험하지 않는 것이 도리어 유리하다는 결론에 도달할 수도 있을 지경이었다. 그러나 이런 식으로 추론하는 것은 제자들의 삶에서 실제로 발생한 일을 오해한 결과이다. 도리어 제자들은 하나님이 그들 내부에서부터 변화시킨 새로운 삶의 차원으로 들어간 것이다.[62]

무엇이 이런 변화를 초래했는가? 몇 가지 요소가 있다. 예수님은 제자들이 이 세상에서 예수님을 대표하므로 그들과 함께할 것을 약속하셨다(마 28:20). 예수님은 자신이 그들 안에 거할 것이며, 그들은 생명 자체이신 예수님 안에 거할 것이라고 약속하셨다(요 14:20). 일단 예수님이 떠나시면 그들이 행할 것으로 약속된 더 큰 일들(요 14:12)이 이뤄질 것인데, 이는 예수님이 보내셔서 그들과 함께할 것이라고 약속한 성령을 통해, 즉 거듭나게 하고, 힘을 주고, 위로하는 성령의 임재로 성취될 것이다(요 14:16-17). 그 약속이 성취될 시기가 가까이 왔다. 오순절 성령 강림과 함께 제자들의 삶에 변화가 일어났다. 그 변화는 그리스도의 이름을 부르고 내주하시는 성령을 받는 각 개인에게 약속된 것이다. 해리슨의 말이다. "새 창조는 실제로 새롭고 다르며 옛 창조보다 대단히 우월하다. 그것은 내주하시는 그리스도에 의해 인간의 상황 속에서 구현되는 하나님 자신의 생명이다. 주 예수님이 그 백성의 삶 속에서 보이지 않는다면, 이는 그들이 예수님을 자기 것으로 하지 않고 그분을 자기의 주님으로 삼지 않았기 때문이다."[63]

예수님이 육신으로 임재하지 않는 날들 때문에 제자들의 삶에 변화가 필요해졌으나, 그들을 향한 예수님의 약속으로부터 소망이 솟아났다. 예수님이 그들과 함께하시기 위해 돌아오겠다고 약속하신 것처럼(요 14:1-3), 두 천사가 그 약속을 재천명했다(행 1:10-11). 예수님의 부재는 성령의 임재를 확증했으며, 이것은 다시 예수님의 재림에 대한 소망을 강하게 해주었다.

적용점

예수님은 개인들에게 자신을 따르라고 부르셨다. 그 개인들은 다양한 배경을 가지고 예수님에게 왔으며, 예수님과 함께하면서도 다양한 기질과 인격을 드러냈다. 예수님은 그들을 하나로 모은 도전의 요소였고, 그들을 묶어주는 응집의 요소였으며, 그들이 함께 새로운 지평을 향해서 나아가게 하는 역동적 비전이었다. 열둘의 하나 됨과 더 큰 운동을 통한 제자들의 응집은 궁극적으로 오직 예수님으로부터 말미암은 것이다. 예수님이 그들을 떠나 아버지께로 가시면 그 응집이 와해될 수 있었다. 또한 그들의 개인주의가 다시 하나 됨을 지배하게 될 수도 있었다. 그런데 그와 반대되는 일이 발생한 것이다. 제자들은 이전보다 더욱 하나가 되었고 더욱 결집되었다. 그들은 공동체가 되었다.

제자들이 육신으로 예수님을 따를 때에는 그 공동체가 싹을 틔우고 있었다. 그들은 예수님에 대한 헌신이라는 공통점으로 느슨하게 결합된 운동이었지만, 공동체로 움직이지는 않았다. 제자들은 예수님이 지도해주시기를 구할 수 있었고, 그들의 목적에 대해 질문할 수 있었으며, 그들을 위해서 결정을 내리시도록 요구할 수 있었다. 그들은 서로를 향해 헌신할 필요가 없고, 긴밀하게 연계하여 봉사나 어떤 일을 할 필요도 없었다. 실제로 그들은 자주 각자의 개성 때문에 관계가 어려워지기도 했다. 예수님 자신이 육신으로 함께하시면서 그들을 묶어주셨다. 그러나 이제 예수님은 떠났다. 무엇이 그들을 묶어서 공동체를 형성하게 했는가?

하나의 '공동체'는 두 가지 본질적 요소를 반드시 드러내야 한다. 관계(상호 수용, 용서, 봉사) 그리고 구조화된 조직(기능이 분명한 한계와 구분을 가진)이다.[64] 오순절에 제자들에게 성령이 임했을 때, 성령은 그들을 모아서 분명하게 인식될 수 있는 실체인 그리스도의 몸을 형성했다. 몸은 기능에 따라 지체를 구분하는데, 바울은 뒤에 이것을 성령의 은사라고 설명했다(고전 12:4-31). 성령이 임함으로 제자들은 구조화된 조직인 그리스도의 몸을 이루었다. 한 몸이 되었으므로 제자들은 이제 이전의 어느 때보다도 더 서로에게 전념했다. 지상에서 제자들과 함께 있을 때 예수님은 상호 수용, 용서 그리고 봉사를 가르치셨다. 이제 새로운 믿음의 공동체 속에서 성령은 제자들이 서로에게 그 원칙들을 실증하라고 재촉했다. 오순절 직후부터 제자들은 공동체로 기능을 발휘하기 시작했다.[65]

그러므로 사도행전은 제자들이 지금 우리가 살고 있는 이 시대로 넘어온 것을 이해하는 데 결정적인 역할을 한다. 사도행전의 제자도에 대한 연구는 우리가 이 시대 제자도를 이해하도록 중요한 적용점을 준다. 찰스 탈버트(Charles Talbert)는 사도행전에서 중요한 요소 두 개가 상호작용하면서 제자도에 대한 누가의 분명한 관점을 제공한다고 말한다. "한편으로 제자도는 전통에 의해서 형성되고, 경험에 의해서 힘을 얻으며, 공동체에 참여하는 것으로 되어 있다. 다른 한편으로 그것은 걸어야 할 길과 성취해야 할 사명을 포함한다."⁶⁶ 바로 이것이 사도행전의 신앙 공동체에서 우리가 발견하는 것이며, 오늘날을 위한 우리의 모델이 되는 것이다.

제자도 공동체

사도행전은 교회에서 사용되던 **제자도**라는 용어에 대해 연대순으로 가장 최근의 성경적 정의를 제공한다. 제자란 남녀를 불문하고, 유대인과 사마리아인과 이방인을 불문하고, 교회의 지도자인지 단순한 구성원인지를 불문하고, 구원을 얻기 위해서 예수님을 믿는 모든 사람들이다. 우리는 바울이 에베소에서 만난 "제자들"(행 19:1)에게서 믿음의 고백과 공동체와의 연결이 믿음의 실제를 암시하기는 하지만 보장하지는 않는다는 것을 보았다. 참된 믿음이 참된 제자의 본질이다.

나아가서 사도행전은 **제자**라는 용어가 초기 헬라어 용법인 '학습자'보다 훨씬 높은 수준을 표시한다는 것을 우리에게 보여준다. 제자들이 실제로 사도들의 교훈을 받는 일에 적극적으로 가담했지만, 사도행전의 **제자**라는 용어에서는 실제로 '학습자'의 요소가 미미하게 드러날 뿐이다. 사도행전에서 **제자**라는 단어의 가장 자연스러운 의미는 '구원을 위해서 예수님을 믿는 것에 투신한 추종자'이다. 남자와 여자는 그리스도 안에서 '신자', '성도', '그리스도인', '형제 혹은 자매'인 것이다.

그러므로 교회는 구원을 얻기 위해서 예수님을 믿는 모든 사람들로 구성된 제자들의 공동체이다. 때로 교회 내의 사람들은 제자도가 선택 사항인 것처럼, 극단적으로 투신한 사람들만 위한 것처럼, 혹은 지도자나 사역을 위해 부름받은 사람만을 위한 것처럼 여긴다. 우리는 사도행전의 조망을 회복해야 한다. 예수님을 믿으면 공동체로 이끌림을 받으며, 그 공동체의 기대, 책임 그리고 특권이 제자도라는 말로 정의된다.[67]

지도직과 상호성

사도행전은 또한 '제자들'과 다양한 지도직 사이의 관계를 보여준다. 예를 들면, 모든 사도들은 제자였지만, 모든 제자들이 사도였던 것은 아니다. 다시 말하면 모든 사도들은 신자였지만, 모든 신자들이 사도의 역할을 위해서 선택되지는 않았다는 뜻이다. 나아가 **사도들**이라는 용어는 교회 설립에서 구원사적 중요성을 가진 열둘을 특별히 표시한다는 의미를 가지고 있다. 다른 개인들이 사도라고 불리기는 했지만(예를 들면 바울과 바나바) 그 용어가 지역 교회에서의 지도직을 가리키는 광범위한 의미로 사용되지는 않았다. **장로, 감독, 목사** 같은 다른 용어들이 지역 교회의 지도자 역할을 표시하게 되었다. 그러므로 사도행전은 새로운 신앙 공동체에서 지도자들이 중요했다는 것을 이해할 수 있게 한다.

그러나 동시에 우리는 모든 지도자가 유지해야 하는 미묘한 균형을 또한 강조해야 한다. 한 지도자는 특별한 역할을 수행하도록 부름받았지만 동시에 그는 추종자의 기능을 수행하라는 부름도 받았다. 모든 지도자는 또한 제자이기도 하므로, 지도자는 자기들이 계속해서 주님이신 예수님의 추종자임을 기억해야 한다. 도널드 거스리(Donald Guthrie)는 제자도와 균형을 이루는 지도직의 문제를 이야기한다.

> 예수님은 우월한 위치를 추구하는 자들을 분명하게 비판하셨고, 겸손이 더욱 바람직한 품성이라고 반복해서 가르치셨다(마 18:1 이하; 막 9:33-34; 눅 9:46-47). 예수님은 또한 '랍비' 같은 신분 호칭을 사용하는 것을 비판하셨다. 왜냐하면 그분의 제자들은 모두 형제들로서 동일한 주님, 곧 예수님 자신을 모시고 있기 때문이다(마 23:8). 예수님은 '랍비'라는 호칭을 '아버지'와 '주'라는 호칭과 연결하셨다. 예수님의 추종자 집단에서 가장 큰 자는 주인의 뜻에 완전히 순종하는 종(*douloi* [둘로이])이 되려는 사람들이다. 제자가 된 사람들이 주장할 수 있는 유일한 특권은 (십자가를 지는 것과 같은) 봉사와 희생의 특권이다.[68]

제자도의 동등성이 드러날 때 공동체의 상호성이 강조된다. 실제로 우리 모두는 한 주님의 제자들이므로 우리의 제자도 관계 속에서 상호성이 무척 중요하다. 우리는 동등한 사람들로서 서로의 성장에 힘써야 한다. 뒤에 이 개념은 서신서들과 교회 전통에서 '모든 신자의 형제 됨'으로 강조될 것이다.

목회의 초창기 때 이 진리가 우리 부부에게 준 충격이 기억난다. 당시 나는 신학교를 갓 졸업했으며, 목사로서의 역할을 매우 심각하게 여겼다. 하나님은 우리를 불러서 양 떼를 지키고, 양을 먹이며, 이리로부터 보호하여 그들이 성장하고 봉사하도록 격려하게 하셨다. 그런데 이와 같은 나의 역할이 나를 집어삼켰으며, 나의 역할이 내게는 가장 중요한 요소가 되었다. 나는 내게 맡겨진 지도자 역할을 너무나 심각하게 여긴 나머지 동일하게 중요한 다른 진리를 못

보고 말았다. 나는 예수님의 추종자이며, 그분의 제자이고, 그런 의미에서 교회의 다른 신자들과 동료였다. 하지만 나는 내 역할을 무척이나 심각하게 받아들인 나머지 그만 나 자신을 무척 대단하게 생각했던 것이다!

내가 지도자 역할과 제자도 역할 사이에 균형을 잡기 시작했을 때 얼마나 큰 해방을 경험했는지 모른다. 나는 교회 지도를 위한 책임을 머리이신 예수님에게 맡겼다. 그러자 나는 그분의 인도를 의지할 수 있었다. 그런 다음 내 역할을 다른 사람들과 나눌 수 있었다. 그리고 나는 다시 한 번 나 자신을 단순히 사람들 중 하나로, 동료 제자로 볼 수 있었다. 이렇게 함으로 예수님이 높임을 받으시고, 지도자 역할은 공유되었으며, 몸에서 하나 됨이 이루어졌고, 모든 신자들의 위치가 동일한 수준에 이르렀다.

지도자 직책은 상호 제자도와 균형을 이뤄야 한다. 에이버리 덜레스(Avery Dulles)가 다음과 같은 방법으로 균형 잡는 것을 보여준다.

> 제자도는 서로 다른 개인들에게 서로 다른 형태와 정도로 적용되며, 그 개인들이 예수 그리스도를 주로 삼는 인격적 관계를 이루어낸다. 공동체의 공적 사역으로 부름받은 사람들은 특정한 방법을 활용하여 제자도를 실천함으로써 바울처럼 "내가 그리스도를 본받는 자가 된 것같이 너희는 나를 본받는 자가 되라"라고 말할 수 있어야 한다(고전 11:1). 비록 그들이 "한 분 주님"(마 23:10)이신 그리스도의 자리를 대신할 순 없지만, 그들은 훈련과 기도, 그리고 자기 부인을 통해 그리스도의 모습과 동화됨으로써 그리스도인의 생활에서 다른 사람의 본보기가 될 수 있다.[69]

공동체의 실천

사도행전에서 예증되는 제자도의 가장 중요한 발전은 제자들의 공동체인 교회 설립이다. 제자도 삶이 이 공동체에 집중되며, 이 공동체는 제자도에서 성장할 수 있는 기회를 제공하고, 새로운 세대의 제자들을 재생산할 수 있는 환경을 만든다. 이 시대의 '제자도'는 교회와 밀접하게 연결되어 있다. 예수님의 지상 사역이 가진 독특성을 인정하면서, 우리는 또한 예수님이 그분의 제자들을 통해서 시작한 일은 새로운 믿음의 공동체인 교회에서 완전히 성취되도록 의도되었음을 인식한다. 오순절 베드로의 위대한 첫 설교 이후로 처음 신자들이 실천한 일은 예수님의 지상명령과 중요한 연결점을 드러냈다. 그 위임령에서 '제자를 삼으라'는 명령 뒤에 두 개의 분사가 따라오는데, 그것은 반드시 뒤에 이루어져야 하는 제자도의 과정을 표시한다. 곧 "아버지와 아들과 성령의 이름으로 세례를 베풀고 내가 너희에게 분부한 모든 것을 가르쳐 지키게 하"는 것이다(마 28:19-20). 누가의 기록에는, 베드로의 설교 후에 "그 말을 받은 사람들은 세례를 받으매 이날에 신도의 수가 삼천이나 더하더라 그들이 사도의 가르침을 받아 서로 교제하고 떡을 떼며 오로지 기도하기를 힘쓰니라"라고 되어 있다(행 2:41-42). 초대교회의 실천은 예수님의 명령과 일치된다. 세례는 그들이 그리스도와 그분의 몸과 하나가 된다는 것을 표시했다. 그다음 누가는 초대교회의 실천을 표시하는 네 가지 일을 언급한다. 그들은 사도들의 가르침, 교제, 떡을 떼기, 기도에 전념했다. 이 실천은 "유대 사회 내에 존재하면서도 그 사회와 구분되는 대안 공동체로서의 교회를

묘사하기" 시작하는 시점이다.[70]

(1) 사도의 가르침

'사도의 가르침'이란 "권위를 인정받은 사도들이 선포한, 나사렛 예수에 관한 메시지이기 때문에 권위 있는 것으로 인정된 일단의 자료"를 말한다.[71] 여기에서 사도들은 "내가 너희에게 분부한 모든 것을 가르쳐 지키게 하라"는 예수님의 명령을 직접 성취하고 있다. 사도들은 예수님과 그분의 교훈에 대해서 자기들이 알고 있던 모든 것을 새 제자들에게 넘겨주어 맡기고 있다.

예수님 제자도의 분명한 목적은 제자들이 그분의 가르침에 순종하는 것이다. 예수님이 1세기 다른 유대교 스승들과 어떤 면에서 유사성이 있기는 하지만, 그분의 독특한 가르침이 이스라엘의 종교 권위자들로부터 그분을 구별했다(마 7:28-29 참조). 그러므로 예수님의 가르침을 알게 되면 그분의 제자들은 다른 종류의 추종자들과는 구별될 것이다. 예수님의 가르침은(뒤에 사도들의 가르침도) 기독교 제자도의 특징적 한계를 나타냈다. 그러나 이 가르침을 아는 것만으로는 충분하지 않다. 예수님의 제자들은 그분이 분부한 모든 것을 '순종' 곧 '준수'하도록 부름받았다(마 28:20). 예수님의 제자들은 역사상 가장 특이한 스승에게 그리고 그분의 가르침에 순종할 것이기 때문에 다른 종류의 제자들과는 전혀 다른 삶을 살 것이다. 바로 이런 이유로, 우리가 예수님의 '제자들'을 단순히 '학습자'라고 부르기를 주저하는 것이다. 예수님의 제자들은 그분이 가르치시는 내용을 알 뿐만 아니라, 그분의 가르침에 순종할 것이기 때문에 그들의 삶에서 진정한 차이가 드러날 것이다.

그렇다면 실천 수준에서 제자들은 예수님의 말씀을 알아야 하고, 일상에서 그것을 살아내야 한다. 바로 이 점에서 제자들의 공동체가 지극히 중요하다. 말씀이 다른 제자들에게 적절히 분배될 수 있도록 성령의 은사가 발휘되어야 한다. 거기에는 가르치는 은사를 받은 사람들, 예수님의 교훈을 전달하고 적용하는 책임을 진 사람들이 포함된다. 제자들 공동체는 또한 예수님의 가르침에 순종하고 일상에서 그것을 살아내도록 격려하고 자극하는 일을 위해서도 꼭 필요하다.

우리의 개인주의가 자주 우리를 다른 제자들로부터 고립시킨다. 우리를 도와서 예수님의 가르침을 더욱 효과적으로 알 수 있도록 해줄 다른 사람들과의 관계 속에 우리가 속하려 하지 않기 때문이다. 다른 한편, 만약 예수님의 가르침을 통해서 우리의 공동체가 모든 공동체를 향한 하나님의 목적에 일치되지 않는다면, 우리는 현실 생활에서 유리된 인위적인 상황을 만들 수 있으며 그 결과 우리는 하나님의 목적과 동떨어진 생활을 하게 될 것이다.

제자들의 공동체에서는 성령의 은사가 발휘될 것이며, 이를 통해 예수님의 가르침을 가장 효과적으로 서로에게 전달할 것이다. 또한 삶의 실제 상황에서 그 교훈에 순종할 수 있도록 서로를 격려하고 자극할 것이다.

(2) 교제

초대교회가 힘쓴 또 다른 중요한 실천이 '교제'였다. 교회 생활에서 그렇게도 중요한 단어가 신약성경에서 처음으로 사도행전에 등장하는데, 바로 *koinōnia*([코이노니아], 교제)이다. 비록 초기 신자들이 처음에는 유대교 제도와 여전히 접촉을 유지했지만, 결국 그들 자신이 독특한 교제를 함으로써 분리되어 나왔다.[72]

교제란 '어떤 것 혹은 어떤 사람과 나누고 참여하는 것'을 의미한다. 윌리엄스(Williams)는 이렇게 말한다. "이 문맥에서 우리는 하나님이 목적이 되심을 이해해야 한다. 하나님이 임재하셨으며, 공동체 전체가 그분의 성령에 참여했다. 그들에게 서로 다른 점과 어려움이 있었음에도(행 5:1-11; 6:1-7; 11:1-18; 15:1-21 참조) 이 공통의 결속이 그들을 하나로 묶었다."[73] 이것은 사회적 경계를 허물고, 교회를 세워서 실천적인 공존을 제공하며, 공동체의 필요에 즉각적인 관심을 보여주고, 하나님이 인류에게 제공하신 것과 같은 종류의 자비와 구원을 세상에 실증하며, 교회 기능의 심장이 된 '상호성'을 실천하는 그런 교제의 시작이다.[74]

우리는 진정 서로를 필요로 한다. 우리 각자가 주님이신 예수님과 개인적으로 교제를 나누긴 하지만, 우리는 그리스도의 몸인 공동체의 일부이다. 우리 삶을 위한 그리스도의 목적이 이루어지기 위해서는 우리가 서로에게서 격리되어 활동해서는 안 된다. 하나님 그리고 그 백성과 나누는 교제의 친밀함은 예수님의 제자들에게 자연스러운 표현이다.

(3) 떡을 뗌

초기의 신자 공동체는 또한 '떡을 떼기'에 힘썼다. 이 실천의 의미에 대해서는 논쟁이 진행되고 있다. 그것이 '교제'와 '기도' 사이에 위치한 것을 보면, 거룩한 냄새를 풍기고 있으며 주의 만찬을 가리킬 가능성이 매우 높다.[75] 초대교회에서 이 실천의 중요성은 주로 "너희가 이를 행하여 나를 기념하라"(눅 22:19; 고전 11:24-25)라는 예수님의 명령으로 요약되어 있다. 떡을 떼는 행동은 그리스도와 그분이 당하신 구속의 죽음을 기념하는 일이었다. 그러나 그리스도와 그분의 구원에 공동으로 참여한다는 사실을 근거로, 로버트 소시(Robert Saucy)는 "주의 만찬에는 주의 몸의 통일성(고전 10:16) 속에서 신자가 가지는 교통이 있다"고 말한다.[76] 최후의 운명적인 밤에 예수님이 제자들에게 한 말을 우리는 기억한다.

> 작은 자들아 내가 아직 잠시 너희와 함께 있겠노라 너희가 나를 찾을 것이나 일찍이 내가 유대인들에게 너희는 내가 가는 곳에 올 수 없다고 말한 것과 같이 지금 너희에게도 이르노라
> 새 계명을 너희에게 주노니 서로 사랑하라 내가 너희를 사랑한 것같이 너희도 서로 사랑하라 너희가 서로 사랑하면 이로써 모든 사람이 너희가 내 제자인 줄 알리라(요 13:33-35).

(4) 기도

다음으로 누가는 이 공동체가 '기도'에 힘썼다고 말하는데, 이는 *koinōnia*의 다른 표현이다.[77] 기도는 언제나 유대교 생활의 중심 요소였다. 기도는 예수님이 제자들을 이끄는 영적 생활에서도 중심 요소였으며(눅 11:1-4 참조), 이제 새로운 신앙 공동체에서도 중심 요소가 되었다. 이 회심자들은 처음부터 새로운 공동체로 모여서 기도했다. 공동체가 참여하는 이 기도가 일차적으로는 새로운 공동체 내에서 마음을 합해 기도하기로 정한 어떤 시기인 것으로 보인다. 하지만 우리는 또한 그들이 유대교의 공적 기도에도 참여했음

을 알고 있다(행 3:1 참조).[78]

정관사가 사용된 것을 볼 때 어떤 특정한 회합을 암시할 것이다…, 특별한 기도회 혹은 유대교의 정규 기도회에 맞춘 기도 시간인 것으로 보인다…. 그러나 기도는 그것이 공식적이든(행 3:1; 22:17; 눅 24:53 참조) 비공식적이든(행 4:24 참조), 정해진 시간이든 필요에 따른 경우든, 그들의 생활에서 옷이나 마찬가지였다. 기도는 교회 전체가 전진하기 위한 추진력의 필수 요소였으며, 적어도 누가의 눈에 교회의 생명력은 기도의 실천에 비례했다(행 2:47 참조).[79]

내가 처음 그리스도인이 되었을 때 기도가 가장 중요한 위치를 차지했다. 초기에 나는 기도를 두 가지 관점에서 보았는데, 그 이후에도 이 관점은 실질적으로 바뀌지 않았다. 첫째, 기도는 내가 주님에게 단순히 이야기하는 시간이다. 성경 읽기가 하나님이 나에게 이야기하는 것이라면 기도는 내가 하나님에게 나를 여는 시간이다. 우주의 하나님에게 개인적으로 이야기할 수 있다는 것이 나에게 얼마나 큰 특권이었는지! 둘째, 기도는 내가 매일 매 순간 예수님의 임재 앞에서 행하는 법을 배우는 길이다. 나의 회심 이후 처음 몇 주 동안은 예수님의 새로운 제자로서 참된 믿음을 실천하는 기간이었다. 나는 예수님의 임재 속에서 살았으므로 매일이 예수님의 실재를 이해하는 기회였다. 초기 제자들은 예수님과 몸으로 함께 있지 못했지만, 기도를 통해서, 매일같이 '예수님의 임재를 실천함으로' 예수님과 함께 있었다.

마음속에 그분의 임재를 통해서(엡 3:17), 성령을 통해서(롬 8:10-

11) 우리는 개인적으로 예수님과 특별한 하나 됨을 유지한다. 또한 다른 신자들과 함께 모임으로 우리는 예수님과의 특별한 하나 됨을 소유한다(마 18:20). 우리는 초대교회의 이 실천 즉 사도의 가르침, 교제, 떡을 뗌, 기도에 전념함 속에서 기독교 교회의 종교적 실천에 필수인 네 가지 요소를 발견한다.[80] 초대교회는 유대교의 실천 속에서 발전된 신앙생활 위에 세워졌으나, 부활한 예수님에 대한 제자도는 이 영적 생활에 독특한 향취를 더했다. 우리는 여기에서 새로운 공동체가 어떻게 제자도 삶을 유지할 수 있는지 본질적 요소들을 본다.[81]

제자도의 방법론

마지막으로 제자도 과정에서 어떤 방법들이 사용되었는가? 그들이 예수님과 함께 실천하던 것을 초대교회가 계속했는가? 아니면 그들이 교회 시대를 위해 새로운 제자도 방법론을 개발했는가? 이것은 우리에게도 중요하다. 우리가 제자도 과정에서 어떤 방법론을 사용해야 할지 알아야 하기 때문이다.

어떤 사람은 예수님의 방법론에 주목하면서, 예수님이 시작하신 과정이 후대 모든 제자도 방법론을 위한 일차적 모델이 되어야 한다고 주장한다. 그들은 심지어 예수님이 열둘과 함께 보낸 기간까지도 모델이 되어야 한다고 말한다. 어떤 사람들은 예수님이 주로 개개의 제자들, 그리고 열둘의 작은 집단과 관계했으므로 이를 통해 우리가 내릴 수 있는 논리적 결론은 제자도 과정이 일대일 관계 혹은 작은 그룹 관계를 필요로 하는 것이라고 제안한다. 그런가 하면 주로 예수님을 관찰하는 사람들은, 초대교회가 예수님이 최초의 제자들과 함께 시작하신 것을 그대로 실천했다고 말한다. 그러므로 오늘날 우리가 채택할 제자도와 제자 삼기 과정을 위해서 예수님을 관찰해야 한다는 것이다.[82]

또 다른 사람들은 사도행전에서 예수님의 승천 이래로 교회의 삶이 시작되었으므로 제자들이 이전에 예수님과 맺은 관계는 교회 시대에는 적용되지 않는다고 본다. 따라서 이제 교회가 제자로서 성장하기 위한 요소들을 제공한다는 것이다. 그들의 제안에 따르면, 예수님이 채택한 제자 삼기 과정은 사도행전과 서신서들에서 우리가 보는 것과 완전히 다르기 때문에, 예수님이 채택한 과정은 그분의 시대로만 한정되었고, 초대교회는 전혀 다른 제자 삼기 과정을 채택했다. 그러므로 우리는 지금 교회 시대에 속해 있으니, 초대교회에서 우리의 모델을 찾아야 한다는 것이다.[83]

이런 제안들은 양극으로 나뉘어서 불필요한 이분법을 낳는다. 이런 이분법의 방법론 모델을 만드는 사람들은 예수님과 교회의 연속성에 초점을 맞추기보다는 두 세대의 독특성에 과도하리만큼 집중한다. 우리는 복음서를 통해 예수님이 지상에서 제자들과 함께 계시던 시대로부터 사도행전의 교회 시대로 전이되는 것을 충분히 관찰했으므로, 두 시대의 제자 삼기 과정이 비슷하면서도 다르다는 것을 인식하고 있다.[84]

우리가 명심해야 할 일차적인 요소는 오늘날 제자 삼기는 항상 교회의 생명이 성장해가는 것으로 수행되지만, 오순절 이전에는 그것이 예수님이라는 인물에 의해서 이루어졌다는 점이다. 이 점을 좀 더 설명하겠다. 오늘날 제자 삼기는 항상 교회의 생명의 성장 모습으로 수행된다고 말할 때, 이는 그리스도의 몸인 교회와 이 과정에서 사용되는 구체적인 도구로서의 지역 교회를 강조하는 것이다. 심지어 우리는 여러 가지 방식으로 제자도가 복음전파, 양육, 교제, 지도직, 예배 등을 포함하는 교회의 전반적인 목표라고까지 말할 수 있다. 모든 신자들은 제자이고, 신자가 교회를 이루므로 교회에서 하는 모든 일은 어떤 방식으로든 제자도 및 제자 삼기와 연결된다. 오순절 이전에는 제자 삼기 과정이 직접 예수님과 함께 진행되었다고 말하는 것은 예수님이 더 이상 몸으로 제자들과 지상에 있지 않음을 강조하는 말이다. 성령과 그분의 몸인 교회를 통해서 예수님은 계속 제자들을 돌보신다. 예수님의 승천과 오순절 이후로 상황이 극적으로 변했기 때문에 제자들은 새로운 환경에 적응해야 했던 것이다.[85]

방법론의 차이는 때로 제자도 과정이 일어나는 실제 형태의 문제까지 내려간다. 예를 들면, 예수님이 선택하여 자신과 함께하게 한 작은 그룹인가, 아니면 사도행전과 같은 교회 장치인가 하는 문제이다. 다시 한 번 말하지만, 이런 제안들은 과도하게 이분법적이다. 복음서 기록을 보든 사도행전 기록을 보든, 예수님과 교회가 제자들의 성장을 도모한 몇 가지 다른 형태의 장치들을 발견할 수 있다. 이것은 우리가 제자들의 성장에 가장 효과적으로 기여하는 장치를 활용해야 한다는 의미이다.

이 장치에는 예수님이 자기 추종자들과 유지했고 초대교회 지체들 사이에서 드러나는 일대일 관계(예를 들면, 바나바와 사울/바울)가 포함된다. 예수님은 지상 사역 시기든지 교회 시대든지 모든 사람을 개별적으로 그분 자신에게로 부르며, 이 인격적인 관계는 오늘날 제자도의 핵심이다.

제자도 방법론은 또한 예수님이 열둘과 함께 견지했고, 교회에서 드러나고 있는 것과 같은(예를 들면 바울과 '그의 제자들', 사도들과 초기 회심자들, 행 6장) 멘토 관계도 포함한다.

나아가 제자도 방법론은 사역 지원과 특화된 성장을 위한 작은 소그룹을 포함한다. 이는 예수님이 열둘 안의 내부 그룹과 맺은 형태의 소그룹에서, 예루살렘 교회의 기둥들 사이에서, 계속되는 열둘의 그룹에서 바울, 바나바, 실라, 디모데, 기타 다른 사람들 사이에 발전되어나가는 관계 속에서 우리가 목격하는 것과 같다.

마지막으로, 제자도 방법론은 '상호성'을 포함한다. 예수님의 제자들은 서로를 받아들이며 서로 섬기라고 부름받았다. 그들이 예수님의 생애 동안에는 그 개념을 충분히 이해하지 못했던 것으로 보인다. 예수님은 오늘날에도 지역적, 보편적 믿음의 공동체 내에서 이 동일한 제자도로 우리를 부르신다.

복음서와 사도행전을 연구하면서 우리는 오늘날 자기중심적 개인주의에 도전하고 예수님이 우리를 공동체로 부르셨다는 사실을 인식하도록 준비를 갖춰야 한다. 우리는 서로를 필요로 한다. 예수님의 제자로 사는 삶에서 우리는 엄청난 도전에 직면한다. 공동체 없이는 그것을 이뤄낼 수 없다.

복습 문제

1. 사도행전에서 누가는 안디옥의 제자들이 그리스도와 무척 긴밀하게 연결되어 있어서 그들이 '그리스도인'이라고 불렸다고 기록한다. 만약 공평한 관찰자가 오늘날 당신 마을의 제자들에게 별명을 붙여준다면 무엇이라고 할 것 같은가?

2. 오늘날 교회의 많은 '제자도' 운동에서 제자도는 성숙한 신자와 초신자 사이의 일대일 혹은 소그룹 교육 관계로 정의되는 것이 보통이다.

    a. 이 정의가 사도행전에서 누가가 묘사한 제자도와 어울리는가?

    b. 그리스도인이 예수님 이외의 다른 누구의 '제자'로 불리는 것이 과연 성경적인가? 설명해보라.

    c. 그런 일대일 혹은 소그룹 환경을 묘사하는 더 좋은 용어가 있는가?

3. 어떤 '제자 삼기' 방법론이, 당신이 그리스도인으로 성장하는 데 가장 도움이 되었는가? 이유가 무엇인가? 당신은 다른 사람의 성장을 돕기 위해서 무엇을 하는가?

4. 당신의 개인적인 제자도 여행에서 성령의 사역이 어떻게 강조되었는가?

14장
성경에서 사라진 제자들

초점 맞추기

1. 성경의 서신서를 열어서, 제자도를 가르치는 구절 중 사람들이 좋아하거나 가장 잘 알려진 구절을 찾아보라. 무엇이 그 구절을 '제자도' 구절로 만들었는가?
2. 오늘날 예수님이 육신으로 당신과 함께 계셔서 그분을 따를 수 있는 상태가 아닌데도 여전히 예수님의 제자가 되는 것이 가능한가? 당신이 그렇게 생각하는 이유가 무엇인가?

때로 나는 학생들에게 다소 짓궂은 장난을 한다! 그것은 내가 제자도 강의를 할 때 학생들의 주의를 끌기 위한 하나의 작은 계략이다.

상당한 시간 동안 복음서와 사도행전에서 제자도의 개념을 공부한 후에 나는 서신서에서 학생들이 좋아하는 제자도 구절을 찾아보라는 말로 강의를 시작한다. 학생들은 서신서의 그 구절이 제자도에 대해 무엇을 가르치는지 내게 대답해야 한다. 학생들은 자원해서 다양한 구절과 생각을 말한다. 특별히 디모데후서 2장 2절을 택한 학생은, 제자도란 미래의 제자 양육자를 훈련하는 것을 의미한다고 말할 것이다. 또 다른 학생은 골로새서 2장 6-7절을 택할 텐데, 거기에서 제자도란 개인 성장에 힘쓰는 것을 의미한다. 한 명 정도는 데살로니가전서 2장 9-12절을 택할 것인데, 거기에서 제자도란 복음 증거와 양육으로 이해된다. 또 다른 학생은 에베소서 4장 11-13절을 제안할 것이며, 거기에서 제자도는 상호 목회로 나타난다. 그리고 어떤 학생은 반드시 빌립보서 3장 8-11절을 거론하면서 제자도는 전체 그리스도인의 삶이라고 말할 것이다!

그러면 나는 학생들에게, 그 구절에 있는 어떤 내용 때문에 그것이 '제자도' 구절이 되는지를 묻는다. 일단 그 구절에 **제자** 혹은 **제자도**라는 단어가 등장하는지를 묻는다. "없어요? 그러면 왜 그것을 제자도 구절이라고 하지요?" 그러면 한순간 학생들은 어리둥절해 하지만 언제나 누군가는 "**단어**는 없지만 **개념**이 있으니까요"라고 말한다. 나는 학생들과 조금 더 장난을 치면서, 실제 단어가 등장하는 구절을 보여달라고 요구한다. "여러분이 인용한 구절들이 제자도를 가르칠 **수도 있지만** 우리가 더욱 확신할 수 있도록 구체적인 단어를 언급하는 구절을 제시해보세요." 학생들은 이 묘한 단어인 **제자**를 찾으려고 법석을 떤다.

그러면 마침내 나는 내 작은 계략을 드러낸다. "**제자**라는 단어는 서신서에도 계시록에도 등장하지 않습니다!" 그 말에 어떤 학생은 충격을 받은 것 같아 보이고, 다른 학생은 혼란스러워 보이고, 어떤 학생은 내가 그들을 놀렸다는 생각에 화를 참지 못한다(이 책을 읽는 독자 중 일부도 지금쯤 비슷한 느낌을 가질지도 모른다!). 또 다른 학생들은 성경 뒷부분에 있는 색인을 훔쳐보았기 때문에 그럴 줄 알았다는 표정을 짓는다. 장난을 좀 쳤고, 그들의 주의를 확실히 끌었다는 것 외에도 이 작업은 세 가지 중요한 점을 드러낸다.

첫째, 대부분의 학생들이 서신서에서 제자도를 가르친다고 확신함에도 불구하고, **제자** 혹은 **제자도**라는 단어가 거기에 등장하지 않는다는 사실을 모르고 있었다. 그들 중 대부분이 서신서에 나타난 제자도를 설명하는 책을 읽거나 메시지를 들었지만 그 용어들이 서신서에 등장하지 않는다는 사실을 인식하지는 못했다.

둘째, 제자도 관련 용어를 포함하고 있지 않은 특정 구절에 '제자도' 딱지를 붙이려면, 그 구절과 성경에서 제자도를 명백하게 가르치는 다른 구절들을 언어적 혹은 개념적으로 연결할 수 있어야 한다. 우리는 이미 사도행전에서 이것의 실례를 보았다. 교회를 '제자도 공동체'라고 묘사할 수 있었던 것은 **신자들**, **제자들**, **제자들의 회**, 그리고 **교회**라는 용어 사이의 연관성을 확정했기 때문이다.

셋째, 다양한 주제를 제자도라고 묘사하는 것이 올바를 수 있지만(예를 들면 지도자 훈련, 사역 훈련), 제자도의 온전한 개념은 이런 특정 주제 중 어느 것보다도 넓다. 제자도는 특정한 스승-제자 관계를 말하는 좁은 의미로 이해될 수도 있지만, 동시에 그리스도인의 삶 전체를 말하는 넓은 의미로도 이해될 수 있다. 즉, 그런 삶의 방식이 요구되고 적용되며 수반되어야 하는 것으로 이해될 수 있다.[1]

이 장과 다음 장에서 우리는 두 가지 중요한 연구를 수행할 것이다. 첫째, 이 장에서는 서신서에서 **제자**라는 말이 등장하지 않는 이상한 현상을 살펴볼 것이다. 그 단어가 왜 등장하지 않는가? 그것이 문제가 되는가? **제자**라는 용어가 등장하지 않는 것이 서신서의 저자들이 제자도를 옹호하지 않는다는 의미인가? 둘째, 다음 장에서는 다른 용어, 가르침, 은유 속에 제자도 개념의 증거가 있는지 살필 것이다. 이런 증거는 복음서의 제자도 개념과 중요하게 연결되어 있다.

제자라는 용어가 등장하지 않는 이상한 현상

마태, 마가, 누가, 요한은 **제자**(*mathētēs*[마쎄테스])라는 단어가 예수님의 부르심과 선언에 응답하는 모든 사람을 지칭하는 데 가장 적절한 단어라는 사실에 동의한다.² 복음서에서 **제자**라는 단어는 예수님의 추종자를 지칭하는 가장 일반적인 호칭이며, 사도행전에서는 부활하고 승천하신 예수님을 믿는 사람들을 가리키는 가장 일반적인 호칭이다. 예수님이 지상 사역 동안 추종자들과 함께하면서 그들을 훈련하고 가르치신 결과로 그분이 원하시는 제자와 제자의 정의가 생겼다. 지상명령에서 예수님은, 그분이 그들에게 한 것과 같은 일을 그들은 더 많이 해야 한다고 제자들에게 말씀하셨다. 예수님은 자신의 모든 제자들에게 부활한 주님이 될 것이며, 항상 그들과 함께할 것을 약속하셨다. 쉐리던(Sheridan)이 다음과 같이 간략하게 설명한다. "마태는 예수님이 문을 연 시대가 지속될 것임을 보았고, 제자들은 예수님의 복음전파와 교훈을 계속하라는 임무를 받았다. 예수님이 제자들을 만들었듯이 그들도 제자를 만들어야 하지만, 그들 자신을 위한 제자여서는 안 된다. 예수님은 언제나 그들의 유일한 스승이시다."[3] 그러므로 서신서와 계시록에 **제자**라는 단어가 등장하지 않는다는 것은 큰 충격이다. 많은 학자들이 이에 대해서 단순한 호기심 정도로 끝내지만, 어떤 이들은 이 현상에서 많은 것을 이끌어냈다.

문화적 회피

어떤 사람들은 *mathētēs*라는 단어가 유대인 집단에서는 사용하기에 무리가 없었지만, 교회가 그리스 세계로 퍼져나갔을 때는 사용하기에 적절하지 않았다고 말한다. 즉 일반적인 헬라어 용례로 보면 그 단어가 철학 학파의 학생을 의미한다는 것이다. 그러므로 서신서 저자들이 그 단어 사용을 피한 이유는 사람들에게 기독교가 단순히 철학 운동이라는 생각을 불러일으키지 않기 위해서라고 그들은 말한다.[4] 이런 이유로 **제자**라는 단어가 헬라어를 사용하는 세계 속에 있는 교회 안으로 들어가지 못했고 초대교회에서 사용되지 않았다는 것이다.[5]

이 주장에는 몇 가지 문제가 있다. 첫째, *mathētēs*가 그리스 철학 학파의 학생들을 가리킬 수는 있었다 해도, 그 단어는 그 의미만 가진 전문 용어가 아니었다. 철학 학생들을 가리키는 몇몇 다른 용어들이 있었을 뿐 아니라, *mathētēs*는 종교, 철학 집단에서 훨씬 광범위하게 사용되었다.[6]

둘째, 사도행전을 서술하면서 누가는 그 용어가 그리스의 (Hellenistic) 소아시아에서부터(행 14:20, 21, 22, 28; 16:1; 18:23; 19:1, 9, 30; 20:1, 30 참조), 그리스(Greece)의 중심부인 아가야에 이르기까지(행 18:27) 기독교 신자들을 지칭하는 데 널리 사용되었음을 보여준다. *mathētēs*라는 단어는 헬라어를 쓰는 집단에서 회심한 사람들이 그 단어를 사용할 수 없게끔 하는, 어떤 본질적인 의미를 지니지 않는다. 기독교에서 사용되는 다른 용어들은 세속 그리스 사회에서 기독교와는 다른 의미를 가지지만(예를 들면 말씀=**로고스**, 사랑=**아가페**, 교제=**코이노니아**), 그렇다고 해서 그리스도인들이 그 단어 사용을 중지하지는 않았다. 실제로 그리스도인들은 자주 공통의 용어들을 다른 문화와 연결고리로 삼았다. 현대 언어학을 성경 연구에 적용하여 얻은 한 가지 긍정적인 결과는, 글이든 말이든 단어의 의미는 문맥 속에서 이해되어야 한다는 사실을 강조하게 된 것이다.[7]

셋째, 예수님은 유대교 내에서 자신의 제자도를 명확히 정의하기 위해서 상당한 시간을 들였는데, 이는 그분이 유대인들과 동일한 용어(예를 들면 *talmidh*[탈미드] '제자')를 사용했기 때문이다. 이와 동일한 현상이 헬라어를 사용하는 집단에서도 분명히 발생했을 것이다. *mathētēs*는 넓은 의미를 가졌기 때문에 그리스도인들이 오해의 염려 없이 사용할 수 있었으며, 점차적으로 예수님과 관련된 특수한 제자도를 밝혀나갈 수 있었던 것이다.

사도행전 기록에 의하면, *mathētēs*는 바울이 간 세 번의 선교 여행 전체에 걸쳐서 그리스도인을 지칭하는 단어로 사용되었으며, 그 여행은 그리스 땅으로 교회가 퍼져나가는 중요한 선교적 확장이었다. *mathētēs*가 등장하지 않는 것이 그리스인 집단에서 그것을 사용하기에 부적절했기 때문이라는 이유는 성립하지 않는다.

역사적 예수님과의 관련성

어떤 사람들은 *mathētēs*의 사용이 중지된 것은, 예수님의 지상 사역 동안에 예수님을 따르는 것과 그 단어가 밀접하게 연결된 나머지, 신자가 부활한 주님과 맺는 관계를 그 단어로 표시하는 것이 부적절했기 때문이라고 주장한다.[8] 역사 속 예수님이 제자들과 누렸던 다양한 관계가 그분의 승천 이후에는 지속될 수 없었으므로, 교회 시대에는 해당되지 않는 관계를 묘사한 그 용어가 더 이상 사용되지 않았다는 것이다. 로버트 마이어는 "부활 이전 제자들 공동체의 독특성이 신약성경에 각인된 나머지, 특정한 제자도 관련 언어가 부활 이후 예수님을 믿는 사람들을 묘사하는 표준적인 용어로 쓰이지 않게 되었다"고 제안한다.[9] 여기에서는 특별히 스승이신 주님이 추종자들과 맺는 관계가 현저하게 부각된다. 제럴드 호손(Gerald Hawthorne)은 *mathētēs*가 등장하지 않는 현상과 함께 **따르다**와 **따르는 자**(*akoloutheō*[아콜루쎄오])라는 단어가 서신서와 계시록에(계 14:4; 19:4에만 등장함) 등장하지 않는 충격적인 사실을 주목한다. 그의 가정에 의하면, 서신서 저자들이 **제자**와 **따르는 자**라는 단어 속에서 역사적 예수님이 존재하지 않는 새 시대에는 더 이상 가능하지 않은 관계를 보았으며, 따라서 그 단어를 어휘에서 지웠다. 이렇게 된 것은 지상에 존재하신 예수님을 따르기 위해 직업, 부모 등을 버리는 것이 모두에게 보편적으로 요구되지 않기 때문이다. 주님의 부활 승천과 함께 그런 문자적 의미로 그분을 '따르

는' 것이 가능하지 않게 되었다는 뜻이다.[10]

이 설명이 유익한 관점을 제공하기는 한다. 단, 그것이 '따르다'의 문자적 의미와 초대교회에서 제자도 용어가 사라진 것을 과도하게 취급하는 점을 지적해야 한다. 예수님의 지상 생애 기간에도 *akoloutheō*라는 용어가 상징적인 의미의 '제자도로 따르기'를 의미할 수 있었고, 우리는 이것을 인정해야 한다. 과거에 집착하던 것을 떠나라는 부르심에는 보편적 형태와 특정한 형태 모두가 있다. 보편적이고 비유적인 형태의 부르심이란 구원을 얻기 위해서 오직 예수님에게만 충성을 바쳐야 한다는 것을 의미했다. 특정하면서 문자적인 형태의 부르심이란 예수님의 공적 사역 기간에 이스라엘 땅에서 그분과 동행했던 사람들에게만(특별히 열둘) 적용되는 것이었다.[11] 제자도 용어가 역사 속 예수님과 무척 긴밀하게 연결되었기 때문에 초대교회가 그 용어 사용을 포기했다는 제안 역시 증거를 과장한 것이다. 예수님의 지상 사역의 기억에 직접 의존하는 한 고전적 구절에서 베드로는 '따르다'라는 단어의 합성 형태인 (*epakoloutheō*[에파콜루쎄오] 따르다)를 사용한다. "이를 위하여 너희가 부르심을 받았으니 그리스도도 너희를 위하여 고난을 받으사 너희에게 본을 끼쳐 그 자취를 따라오게 하려 하셨느니라"(벧전 2:21). 부활이 일어난 지 오랜 시간이 지난 후에도 사도행전에서는 예수님을 믿는 사람들을 계속해서 '제자들'이라고 부른다. 누가의 연대기에 의하면, 부활로부터 최소한 20년이 지난 후에도 신자들은 '제자들'이라고 불리는데, 이는 서신서에서 알려진 모든 교회들이 설립된 훨씬 이후의 일이다. 그러므로 예수님의 지상 생애 동안 그분과 아무런 접촉도 가진 적 없던 대부분의 신자들이, 예수님의 부활로부터 오랜 시간이 지난 이후에도 여전히 자신들을 예수님의 '제자'로 밝혔다는 강력한 증거가 있는 셈이다. 나아가, 안디옥 교회의 감독이던 이그나티우스의 글에서 그리스도인을 부르는 가장 현저한 용어가 **제자**이다. 이는 신자들이 주후 2세기까지도 계속해서 자신들을 예수님의 추종자로 밝혔음을 표시한다.

이 설명이 증거를 과장하기는 하지만, *mathētēs*라는 용어가 사라진 이상한 현상의 한 중요한 요소를 다룬다. 부활 후에 교회가 예수님과의 관계를 다른 관점으로 보았다는 것이다. 이제부터 그 요소를 좀 더 상세히 다루어보겠다.

다른 용어들로 전이

제자라는 용어가 나타나지 않는 현상에 대해서 널리 받아들여지고 있는 한 설명은, 부활 이후의 상황에 더욱 어울리는 다른 용어들이 기독교 공동체 내에서 **제자**라는 말을 대체했다는 것이다. 사도행전에서는 **제자**가 여전히 예수님에 대한 신자의 관계를 표시하는 중요한 용어였지만, 그것은 다른 용어로 전이되기 시작했다. 이 다른 용어들이 신자가 부활한 주님과 맺는 관계, 서로에 대해서 맺는 관계, 사회에 대해서 맺는 관계를 더 적절하게 표현했다는 것이다.[12] 부활한 주님과의 새로운 관계를 표시하는 용어가 자연스럽게 **신자들**(*hoi pisteuontes*[호이 피스튜온테스], 행 5:14; *hoi pistoi*[호이 피스토이], 행 10:45)이 되었다. 사도행전에서 부활한 주님과의 관계를 묘사하는 다른 용어로는 "그 도를 따르는" 사람들(예를 들면 행 9:2) 그리고 "그리스도인들"(행 11:26; 26:28)이 있다. 또한 제자들 서로의 관계를 표시하는 단어들이 매우 뚜렷해졌다. 특히 **형제들**과 **자매들**(*adelphoi*[아델포이], *adelphē*[아델페])이라는 단어가 새로운 공동체의 영적 가족을 표현했다(예를 들면 행 1:15-16). 사도행전 21장 16절 이후부터 *mathētēs*가 사용되지 않고, 대신 공동체에 속한 사람을 표시하기 위해서 **형제들**이라는 단어가 사용되기 시작한다(예를 들면 행 21:7, 17, 20; 28:14-21). 신자의 거룩한 부르심과 그들의 사회에 대한 관계를 표시하는 표현은 **성도**(*hoi hagioi*[호이 하기오이], 행 9:13, 32, 41; 26:10)였다.

그러므로 이 설명은 사도행전에서 *mathētēs*라는 단어가 사라지면서 다른 용어들이 사용되기 시작했다고 말한다. 이것과 유사하게, 서신서들은 부활 이후 공동체의 일상적 관심사를 반영한다고 말한다. 예수님은 상호 관계의 제자도는 형제와 자매라는 새로운 가족 관계를 포함한다고 말했으며(예를 들면 마 12:46-50; 23:8), 이제 교회는 부활하신 주님 아래에서 그 관계를 경험하고 있었다. 서신서에서는 역사 속 예수님을 따르는 것을 표시한 **제자들**이라는 용어보다 그리스도의 하나 됨 안에 참여함을 나타내는 용어들이 자연스럽게 예상된다는 것이다. 그러므로 우리는 바울이 편지에서 교회 내 형제/자매, 성도, 그의 사랑하는 자들이라는 말을 사용했을 것이라고 예상할 수 있다.

이 설명에는 장점이 있다. 특히 사도행전에서 초대교회가 스스로를 지칭하는 방식에 전이가 발생함을 볼 수 있기 때문이다. 하지만 **제자**라는 용어가 기독교 집단에서 완전히 사라졌는지에 대해서는 결정적으로 말할 수 없다. 앞의 두 설명은 그 용어의 사용이 완전히 중지되었다는 것을 강조한다. 마지막 설명은 신자들의 관계를 더욱 정확하게 묘사하는 다른 용어들이 더 빈번하게 사용되기 시작했다는 것이다. 이 마지막 설명은 그 용어의 일반적인 사용이 완전히 사라졌다는 것을 반드시 요구하지는 않는다. 이 설명은 단지 그 용어가 서신서들과 계시록에 등장하지 않는 이유가 그 장르의 문헌 속에서 사태의 진상을 더 잘 표현하는 다른 단어들이 채택되었기 때문이라고 말하는 것뿐이다. 복음서와 사도행전은 서술적 자료들로, 예수님이 추종자들을 훈련하여 복음을 세계로 전파하도록 하는 모습을 3인칭으로 묘사한다. 그런데 서신서들은 동료 신자들을 2인칭으로 삼아 저자가 1인칭으로 쓴 편지들로서, 부활하신 주님과의 관계, 믿음의 공동체와의 관계 그리고 외부 사회와의 관계를 설명한다. 계시록은 승리의 재림이 있기 전에 땅 위에서 심판을 행하시는 영화로운 주님의 활동을 서술하는 환상이다. 이 문헌의 장르는 예수님과 그분의 추종자들을 묘사하기에 가장 적절한 용어들을 반영한다.

 서신서들에서 *mathētēs*가 사라진 것은 여전히 신기한 일로 남지만, 위의 세 가지 설명이 우리에게 도움을 준다. 가장 설득력이 적은 것은 첫째 설명이다. 왜냐하면 세속 헬라어를 사용하는 사회와 교회가 *mathētēs*에 부여하는 의미가 내적으로 대립되기 때문에 그 단어 사용이 중지된 것으로는 보이지 않기 때문이다. 둘째와 셋째 설명을 조화하는 설명이 더욱 설득력 있다. *mathētēs*가 여전히 주님이신 예수님의 추종자들을 가리키기에 적절한 단어였지만, 스승이 더 이상 그들과 함께 있지 않기 때문에, 이 제자들이 부활하신 주님에 대해서, 공동체에 대해서, 사회에 대해서 맺는 관계를 묘사하기 위해 다른 용어들이 점점 자연스럽게 사용되었다는 것이다.[13]

이것은 특별히—부활하신 주님이 주제이며, 교회 내 신자들의 상호 관계가 설명되고, 교회가 사회와 맺는 상호관계가 규정된—서신서와 계시록에 해당될 것이다. 그러나 우리는 실제로 **제자**라는 용어의 사용을 완전히 중지했다는 강력한 증거를 발견하지는 못한다. 서신서와 계시록에 나오는 교회들이 위치한 바로 그곳과 관련하여 사도행전이 그 용어를 사용한 연대를 보면 이 교회들의 탄생과 발전의 시기와 겹치는 것을 알게 된다.[14] 이 지역 회심자들은 2세기에 들어가서까지 상당 기간 동안 제자라고 불렸다.[15]

그러므로 서신서와 계시록에서 **제자**라는 용어가 등장하지 않는 이유는 시대 환경과 문헌의 성격 때문으로 보는 것이 가장 그럴듯하다. 이는 구약성경에서 발견되는 것과 비슷한 현상이다. 이 사실을 기억하면서 다음 장에서는 **제자도의 개념**이 서신서에 나타나는지 나타나지 않는지에 주의를 집중할 것이다.

적용점

이 장은 신약성경에서의 기묘한 현상, 곧 서신서와 계시록에서 **제자**라는 단어가 등장하지 않는 놀라운 사실을 다루었다. 나는 사람들이 단순히 그 단어의 사용을 회피한 것이 아니라 이 문헌에서 다뤄지는 주제들에 더욱 적절한 다른 단어들을 사용했다고 제안했다. 우리 자신의 경험에서 그와 유사한 점을 찾을 수 있다. 우리가 일상적으로 나누는 대화를 기록한다면 아마 서로를 제자라고 지칭하는 경우는 거의 없을 것이다. 우리는 서로를 보다 일반적인 호칭인 신자, 그리스도인, 그리스도 안의 형제와 자매라고 부를 것이다.

하지만 우리는 연대기적으로 서신서 문헌과 겹치는 사도행전의 서술에서 초대교회의 신자들을 제자라고 부르는 경우를 많이 본다. 사도행전에서 **제자**라는 단어가 사용될 때, 그 단어는 제자들이 스승과 맺는 긴밀한 제자도 관계를 떠올리게 한다. 그 스승은 새로운 교회 시대에도 그들이 따를 수 있는 부활한 주님이셨다.

오늘날 우리가 그 의미의 일부를 상실한 것은 아닌지 걱정된다. 오늘날 사람들이 제자도를 말하는 것을 들어보면, 대개는 신자들 사이의 관계를 의미한다. 그것이 잘못된 것은 아니다. '제자 삼으라'는 지상명령은 제자들이 다른 제자들을 만드는 과정에 참여할 것을 의미하기 때문이다. 그러나 복음서와 사도행전 초대교회의 경우처럼 오늘날에도 제자도는 일차적으로 살아계신 주 예수님과 맺는 긴밀한 관계라는 사실이 더욱 힘 있게 강조되어야 한다. 지상명령은 제자가 된 사람들이 예수님의 제자임을 강조한다. 그들은 오직 이차적인 의미에서만 다른 제자들과 제자도 관계를 맺는다. 예수님은 언제나 제자들의 스승으로 우리와 함께하시는 것이다.

부활하신 주님과 친밀하게 제자도 관계를 맺는, 생생한 느낌이 현대 그리스도인들의 마음에서 사라지지 말아야 한다. 복음서 시기에서 교회 시기로 넘어가는 서로 다른 역사적 환경 때문에, 우리가 주님과 맺는 관계 혹은 서로 맺는 관계를 다르게 볼 수 있음을 인식해야 한다. 그러나 이로 인해서 서신서의 교훈들을 더욱 세심하게 탐사하여 사도들이 제자도의 개념을 그들 교회의 신자들에게 어떻게 전달했는지 알아봐야 한다. 그 신자들 대부분은 예수님을 육신으로 본 적이 없다. 그런데도 사도들은 그들의 경험과 가르침을 통해서 예수님을 생생하게 되살렸으며, 빈 무덤 이후 시대에 예수님의 제자들을 준비시키는 데 필요한 수단들을 신자들에게 제공한 것이다. 이런 의미에서 우리의 상황은 초대교회와 크게 다르지 않다. 우리 또한 오늘날 제자가 된다는 것의 의미를 사도들에게서 배울 필요가 있다. 이것이 다음 장의 주제이다.

복습 문제

1. 어느 설명이 **사도**라는 단어가 서신서에 나타나지 않는 이상한 현상의 이유를 적절히 잘 설명한다고 생각하는가?

2. 당신이 **사도**라는 호칭을 서신서에 등장하는 다른 용어로 바꾸려 한다면, 어떤 용어를 사용하겠는가? 서신서 중에서 제자도 개념에 가장 근접한 표현으로 어떤 것들이 있는가?

3. 당신이 '제자도'를 생각할 때, 다른 신자와의 일대일 관계 혹은 예수 그리스도와의 개인적 관계 중 어느 것이 가장 먼저 떠오르는가? 매 순간마다 예수님을 당신의 주인으로 인식하기 위해서 어떤 방법을 사용할 수 있는가?

15장
서신서: 다른 용어로 표현된 제자들

초점 맞추기

1. **제자**라는 단어가 서신서에 없다 하더라도 거기서 제자도가 발견되는가? 성경 본문에서 예를 찾아 설명하라.

2. 아래 구절들에서 모방과 모범이라는 개념과 연결된 제자도의 이해를 발전시켜보라. 다시 말하면, 다른 사람을 모방한다는 것이 무슨 뜻인가? 다른 사람을 모범으로 삼는다는 것이 무슨 뜻인가?(눅 6:40; 고전 11:1; 엡 5:1; 살전 1:6; 히 6:12 참조).

3. 예수님을 우리 삶의 모범으로 삼는 것이 적절한가? 그렇거나, 그렇지 않다면 그 이유가 무엇인가? 만약 그렇다면 어떤 방식으로 그러한가?

예수님이 제자들을 떠나셨다. 그러나 떠나시기 전 예수님은 성령을 약속함으로 제자들을 위로하셨다. 예수님은 그들과 영원히 함께하실 것을 약속하셨다. 그들 마음속에 거하겠다고 약속하셨다. 그러나 예수님은 그들과 함께 계시지 않았고, 그들은 예수님을 직접 보고 함께 걸으며 주님으로 따를 수 없었다. 그 이후에 이어진 시대 속에서 제자들은 어떤 모습일까? 예수님이 그들과 함께 계시지 않을 때, 즉 그들과 함께 계시면서 직접 가르치지 않고, 그들과 함께 계시면서 잘못을 고쳐주지 않으며, 그들과 함께 계시면서 힘을 주지 않고, 그들과 함께 계시면서 바른 길을 보여주지 않을 때, 그분의 제자가 된다는 것은 무엇을 뜻할까?

이것이 육신으로는 더 이상 주님이 그들과 함께 계시지 않는 연약한 제자들 그룹이 직면한 새로운 시대, 새로운 딜레마, 새로운 위기였다. 몇몇 제자에게는 이것이 믿음의 거침돌로 작용했다. '의심 많은 도마'로 알려진 도마는 예수님이 부활하셨다는 소식을 받아들이기 어려웠다. 마침내 몸으로 나타나신 예수님을 보았을 때 그는 "나의 주님이시요 나의 하나님"이라고(요 20:28) 고백했는데, 이것은 성경에서 예수님의 신성을 가장 심오하게 선언한 말이다. 그러나 예수님은 보지 않으면서도 믿는 믿음이 도래할 시기에 필요하다고 공언하셨다. "예수께서 이르시되 너는 나를 본 고로 믿느냐 보지 못하고 믿는 자들은 복되도다 하시니라"(요 20:29).

우리의 상황이 그들과 매우 유사하므로, 우리는 예수님이 육신으로 함께 계시지 않는 새 시대를 직면한 제자들의 상태를 이해한다. 어떤 이들에게는 예수님이 육신으로 우리와 함께 계시지 않아 직접 따를 수 없다는 사실이 믿음의 주된 걸림돌이 된다. 그러나 어떤 이들은 이것이 매일의 삶에서 우리 주님을 따르는 참된 믿음이 만개할 수 있는 기회라고 생각한다.

찰스 셸던(Charles Sheldon)은 《예수님이라면 어떻게 하실까?》(*In His Steps*)에서 진정한 믿음의 삶을 생생하게 그려냈다. 이 책은 미국 중서부 지방 어느 작은 마을의 목사와 회중에 관한 이야기이다. 이 책은 "예수님이라면 이런 상황에서 어떻게 하셨을까?"라는 어려운 질문을 제기한다. 셸던은 일상의 다양한 환경 속에서 이 질문을 던지는 신자의 삶에 어떤 일이 발생하는지 추적했다. 남들을 속이면서 사업을 하라는 유혹에 직면했을 때 예수님이라면 어떻게 하셨을까? 동료들의 압력 속에서 자신의 신념과 타협하라는 유혹에 직면했을 때 예수님이라면 어떻게 하셨을까? 교인들이 듣기 원하는 설교를 해서 종교적 인기를 얻느냐, 아니면 예수 그리스도의 복음을 전하여 사회적 배척을 받느냐를 선택하지 않을 수 없는 처지에서 예수님이라면 어떻게 하셨을까? 빈궁한 사람을 돕는 것과 개인의 안락을 얻는 것 사이에서 선택해야 할 때 예수님이라면 어떻게 하셨을까? 비록 비판을 받기도 했지만,[1] 이 책은 예수님이 복음서에서 제자들에게 하셨고, 사도들이 서신서에서 했던 것과 동일한 점을 교회에게 도전했다. 제자도란 예수님을 따르면서 예수님을 닮는 것이다. 교회에서뿐 아니라 일상에서 예수님을 닮는 것이다. 셸던은 예수님이 우리의 모범이시며 우리는 그분의 발자취를 따라야 한다는 것을 올바로 이해했다.

사도 베드로는 이 개념을 분명히 이해했다. 그는 독자들에게 일터라는 환경에서 당하는 고난을 어떻게 처리해야 하는지에 대한 모범을 제공했다. 그 모범은 예수님이었다. "그러나 선을 행함으로 고난을 받고 참으면 이는 하나님 앞에 아름다우니라 이를 위하여 너희가 부르심을 받았으니 그리스도도 너희를 위하여 고난을 받으사 너희에게 본을 끼쳐 그 자취를 따라오게 하려 하셨느니라"(벧전 2:20-21). 마지막 부분의 "그 자취"(in his steps)가 원래 찰스 셸던에게 영향을 끼쳐 그 책을 쓰게 한 말이다.

주께서 현재 육신으로 우리와 함께 계시기에 우리가 그분을 따를 수 있는 것이 아님을 우리는 잘 알고 있다. 하지만 복음서에서 제공한 모범과 교훈으로 예수님은 지금도 매일 우리가 속한 세계 속에서 우리의 길을 인도하신다. 베드로와 다른 사도들은 예수님의 지상 사역 동안에 그분과 동행했으며, 그들이 보인 사역의 열정은 주변 사람들의 마음과 삶 속에 예수님을 생생하게 만들어주었다. 그것이 바로 제자도의 뜻이다.

그러나 지상 사역에서 예수님을 따를 수 없었던 사람들은 어떻게 되는가? 그들은 예수님의 모범을 따른다고 말할 수 있었는가? 사도 바울은 예수님의 지상 사역 기간에 그분을 따른 사람은 아니었지만, 그 자신이 예수님의 모범을 따랐고 신자들에게도 예수님을 따르라고 요구했다. 바울은 데살로니가 사람들에게 이렇게 썼다. "또 너희는 많은 환난 가운데서 성령의 기쁨으로 말씀을 받아 우리와 주를 본받은 자가 되었으니 그러므로 너희가 마게도냐와 아가야에 있는 모든 믿는 자의 본이 되었느니라"(살전 1:6-7). 뒤에 그는 "내가 그리스도를 본받는 자가 된 것같이 너희는 나를 본받는 자가 되라"라고 썼다(고전 11:1).

바로 이와 같은 말들 때문에 우리는 제자도의 개념이 서신서에도 있느냐 하는 질문에 힘 있는 소리로 그렇다고 말할 수 있다. "바울이 지상에 육신으로 계시던 예수님과 관련이 없었음에도, 또한 **제자**라는 단어가 그의 서신들에 나타나지 않음에도, 그의 교훈과 모범에 의해 그는 제자도 문제에서 놀랍게도 그리스도의 마음을 가졌다고 결론 내리지 않을 수 없다."[2] 고대와 현대 모두를 아우르는 교회사에서 제자도 개념이 마태복음에서 요한계시록까지 신약성경 전체에 분명히 드러난다는 것은 일치된 견해이다. 학자들의 강조점과 연구 방법은 다양할지라도 모든 학자들이 제자도의 개념이 관련된 용어, 교훈, 은유를 통해서 신약성경 어디에나 존재한다는 데에 동의한다.[3]

그러므로 신약성경 전체에서 제자도 교훈을 발견하며, 그것은 오늘날에도 우리가 예수님과 동행할 수 있도록 돕는다. 이제 서신서를 살펴보면서, 십자가 이전의 제자도 표현과 십자가 이후의 제자도 표현 사이의 관계를 밝히고, 서신서의 제자도 표현이 오늘날 어떤 의미를 갖는지 밝힐 것이다.

제자도 개념의 증거

십자가 이후의 시대를 사는 우리에게 제자도에 대한 복음서의 표현들을 어느 정도 다시 언급하는 것이 필요하다. 서신서와 계시록의 용어, 교훈, 은유적 언어 속에서 사도들은 오늘의 우리를 위한 제자도를 다시 이야기한다. 이제 몇몇 실례를 선택해서 검토하는 동안 복음서와 사도행전에서 발견되는 제자도의 충만함 또는 풍성함과 같은 것을 교회의 생명 속에서도 볼 것이다. 이런 다양한 표현은 신약성경 전체 개념에서 제자도 사상이 얼마나 풍성한지에 대한 증거가 된다.

관련된 제자도 용어

제자도 용어는 주님이신 예수님과 제자들 사이에서 발전된 관계에 자연스럽게 연결된다. 여기에서 1차 목적은 복음서에서 '제자들'이라고 불린 사람들과 서신서와 계시록에서 다른 용어로 불린 사람들 사이를 연결해주는 것이다. 또한 우리는 복음서 시대와 서신서 시대 사이에 다리를 놓는 특정한 종류의 제자도 용어를 살펴볼 것이다. 첫째, 어떤 용어는 복음서 시대와 서신서 및 계시록 시대를 직접 연결한다. 예를 들면, **신자, 형제/자매, 종, 교회** 같은 용어이다. 둘째, 어떤 용어는 사도행전, 서신서, 계시록에서 동일한 사람을 가리킨다. 예를 들면, **성도**와 **그리스도인** 같은 용어이다. 이 둘째 용어가 복음서에서는 제자들을 가리키는 데 사용되지 않았지만 사도행전에서는 제자들을 가리키는 일반적인 말로 사용된다. 이 두 종류의 제자도 용어가 복음서와 사도행전에서 제자라고 불린 사람들과 사도행전과 서신서에서 다른 용어로 불린 사람들 사이를 연결해준다.

(1) 신자들

기독교 역사에서 **신자**[4]라는 말은 예수 그리스도를 구주와 주님으로 '믿은' 개인을 가리키는 가장 일반적인 용어 중 하나이다. "내가 어떻게 하여야 구원을 받으리이까"라는 빌립보 간수의 질문에 바울과 실라는 "주 예수를 믿으라 그리하면 너와 네 집이 구원을 받으리라"라고 대답했다(행 16:30-31). 초대교회에서 그들이 부활한 주님과의 새로운 관계를 자연스럽게 표현한 하나의 어구는 **신자**였다(*hoi pisteuontes*[호이 피스튜온테스], *hoi pistoi*[호이 피스토이]).[5] 그들이 더 이상 육신으로 존재하는 예수님을 따를 수 없었으므로, 초대교회는 자연히 '믿음'을 새 시대에 그들이 예수님과 맺는 관계의 주요 특징으로 삼고 거기에 초점을 맞췄던 것이다.

이런 전이는 요한복음의 결론 부분에서 인식된다. 제자로 예수님 주위에서 따랐던 도마는 부활하신 주님을 보고 위대한 고백을 했지만(예수님이 "주요 하나님"이다), 예수님은 보지 않고 믿는 자들에 대한 축복을 선언하셨다(요 20:24-29). 바울 또한 '믿음'을 새 시대의 중심적 성격으로 인식했다. 바울이 자신은 더 이상 그리스도를 "육신을 따라" 알지 않는다고 말한 부분이(고후 5:16) 자주 논란이 되지만, 그 구절에서 바울은 이전에 예수님에 대해 취하던 '세상적' 태도를 비난하면서, 이제 "그리스도 안에" 있음으로 말미암아 그것이 지나갔다고 말한다.[6] '제자'에서 '신자'로의 전이는 교회가 역사 속 예수님과 부활한 그리스도 사이의 관계를 어떻게 이해했는지 보여준다. 예수님의 추종자는 신체적 의미로 예수님을 따르던 '제자'의 존재에서 그리스도 안에서 새로운 피조물인 '신자'의 존재로 넘어간 것이다(고후 5:17).

바울은 또한 '예수님에 대한 믿음'에서 '진리에 대한 믿음'으로 초점을 확대한다(살후 2:13). '진리에 대한 믿음'이란 바울에게는 본질적으로 사도적 기독교를 형성하는 모든 것에 대한 믿음을 의미한다. 다른 곳에서 **신앙**(*pistis*[피스티스])은 부가적으로 객관적인 어감의 '믿음'이라는 뜻을 가지면서 단순히 '기독교'를 의미하기도 한다(딤전 4:1, 6; 딛 1:4).[7] 그러므로 참된 신자는 다음과 같은 특징을 가졌다. 곧 더 이상 예수님 주위에서 따르지는 못할지라도 부활하신 주님과 구주의 현실성에 믿음을 집중하고, 구원에 대한 개인 믿음을 실천하며, 기독교적인 삶에 대한 사도적 가르침에 일관된 생활 방식을 취한다. 이것이 지상 사역에서 예수님이 가르치신 제자도의 개념을 진정으로 지속하는 것이다.

(2) 형제들/자매들

형제(*adelphos*[아델포스])와 **자매**(*adelphē*[아델페])라는 단어는 신체적으로 혹은 비유적으로 사용된, 길고도 다양한 역사를 가지고 있다.[8] 원래 *adelphos*는 친형제, *adelphē*는 친자매를 가리키는 말이었지만, *adelphos*는 친척을 가리키는 데도 사용되었다(예를 들면 창 29:12 이하. 70인역). 이 용어의 비유적 용법이 이스라엘 민족 속에서 자연스럽게 생겨났다. 왜냐하면 열두 지파가 야곱의 열두 아들들에서 유래되었기 때문이다. 이것이 시편 22편 22(23)절에서 분명히 드러난다. 여기에서 "형제"는 "회중"과 병행되며, 그다음 구절(23[24]절)에서 야곱/이스라엘의 후손과 같은 뜻이다. 이와 관련된 특성이 발견되는 곳이 하나님이 자기 백성과 맺는 관계를 나타내는 데 **아들**과 **형제**라는 용어를 사용하는 용법이다[예를 들면 호 1:10-2:1(2:1-3)].

유대교에서도 **형제**라는 말이 물리적 의미와 비유적 의미 모두 사용되었다. 이 용어는 물리적 관계를 가리키면서(4마카비서 9:23; 10:3, 15; 13:19, 27), 또한 언약 교제에 의해서 확립된 형제애를 가리킨다(1마카비서 12:10, 17). 합성어인 **형제애**(*philadelphia*[필라델피아], 4마카비서 13:23, 26; 14:1 참조)도 등장한다. 요세푸스는 에세네 회원 사이의 관계를 비유적으로 말하기 위해서 *adelphos*를 사용하며(Wars 2.122), 쿰란 문서에서 **형제**는 공동체 구성원 사이의 관계를 표시하는 일반적인 용어이다. 실제로 그 공동체에서 형제애가 중요한 이유는 그들이 스스로를 이스라엘의 진정한 남은 자, 진정한 하나님의 백성으로 보았기 때문이다.⁹ *habher*([하베르] 동무, 형제)라는 히브리어 용어는 학자를 표시하기 위해서 사용되기도 했지만, 또한 제2성전기부터 예수님 시대까지 바리새파에 합류한 자들을 묘사하는 데 사용되기도 했다.¹⁰

그 단어의 역사에서 관찰되는 현상이 신약성경 용어에서도 동일하게 발견된다. *adelphos/adelphē*는 육체적, 비유적 양 편의 의미로 형제/자매를 표시한다. 신약성경에서 가장 유명한 육체적 관계는 베드로와 형제 안드레(막 1:16), 요한과 형제 야고보(막 1:19), 마리아와 마르다 자매의 형제 나사로(요 11:1-2) 그리고 예수님의 형제와 자매들이다(막 3:31-35; 6:3 참조). 구약성경의 비유적 용법이 신약성경에 연장된 것으로, 사도들이 유대인을 '형제들'이라고 부르는 것(행 2:29; 3:17; 7:2; 13:15, 26, 38; 22:1; 23:1 이하; 28:17)과 자신들을 같은 방식으로 지칭하는 것을 들 수 있다(행 2:37).

그러나 이 용어가 신약성경에서 특별히 중요해졌다. 마태복음 12장 46-50절에서 예수님은 영적인 형제와 자매가 되는 사람들을 규정하셨다. 육신의 모친과 형제들이 밖에서 기다리고 있었지만, 예수님은 자기 제자들을 가리키시며 이렇게 말했다. "나의 어머니와 나의 동생들을 보라 누구든지 하늘에 계신 내 아버지의 뜻대로 하는 자가 내 형제요 자매요 어머니이니라"(마 12:49-50). 이 정의를 통해 예수님은 하나님의 가족 내에서의 영적인 결합이 민족 혹은 혈연 가문보다 우위임(눅 14:26 참조)을 선언하셨다. 여기에서 예수님은 제자도를 가족적 중요성과 연결하신다.

초대교회는 새로운 공동체의 가족적 성격을 이해했다. *adelphos*는 그들이 최초로 자신을 지칭한 용어 중 하나였다(행 1:15, 16; 6:3 참조). 사도적 공의회의 결정은 그 용어를 이방 그리스도인들에게 명백하게 적용하면서, 그들도 역시 하나님 가족의 일부라는 확신을 제공했다(행 15:23). 고린도전서 5장 11절에서 바울은 형제인 체하는 부도덕한 사람을 가리켜서 "어떤 형제라 일컫는 자"라고 부르며, 신자들을 율법의 굴레 아래로 되돌리려고 시도하는 유대주의자들을 "거짓 형제들"(*pseudadelphoi*[프슈다델포이], 고후 11:26; 갈 2:4)이라고 부른다.

그러나 가족 관계는 단순히 비유적이기만 한 것이 아니다. 그것은 영적 출생에 근거해 있다. 예수님은 하나님의 독생자요, 맏아들이요, 그분이 사랑하는 아들이다. 예수님에 대한 믿음을 통해서 신자들은 새로운 생명으로 출생하는데(고후 5:17; 벧전 1:3-5), 이를 통해 그들은 예수님의 형제라고 불린다(롬 8:29; 히 2:11 이하). 예수님을 그리스도라고 믿음으로써 사람은 하나님에게서 태어나며, 그 가족 구성원들의 관계를 나타내는 표시는 서로 사랑하는 것이다(요일 5:1-2). 거기에서 파생한 단어 *adelphotes*([아델포테스], 오직 벧전 2:17; 5:9에서만 발견됨)는 범세계적인 신자들의 형제단(brotherhood)을 마음에 그리게 한다. 그 형제단은 서로에 대해서 형제애를 실천하라는 권고를 받는다(*philadelphos*는 벧전 3:8에만 등장; *philadelphia*는 롬 12:10; 살전

4:9; 히 13:1; 벧전 1:22; 벧후 1:7). 사랑은 형제 관계의 뚜렷한 특징이기 때문에 자기 형제를 사랑하지 않는 것은 하나님을 사랑하지 않는다는 증거이며(요일 4:19-21) 이것은 또한 그 사람이 하나님의 진정한 가족 구성원이 아니라는 뜻이다.

예수님의 공적 사역 기간 동안 참된 형제와 자매는 그분의 제자들이었다. 제자도의 이 가족적 측면은 서신서에서도 계속되는 것이 분명하다. 교회는 새로운 출생을 통해 하나님의 가족으로 들어온 형제와 자매로 이루어진다.

(3) 종들

'종'이라는 용어(*diakonos*[디아코노스]와 *doulos*[둘로스]가 이런 의미를 가지기도 함)를 통해서 예수님은 자신이 인류를 위해 하나님을 섬김으로써 성취한 역할을 표현했다. 마찬가지로 이 용어를 통해서 예수님은 제자들이 예수님을 섬김으로써 서로와 하나님 나라를 위해서 성취해야 하는 역할을 선언하셨다(예를 들면 막 10:42-45; 눅 22:24-27). 앞에서 마가복음을 다룰 때, 마가가 특별히 제자도의 극히 중요한 이 측면에 초점을 맞춘 것을 보았다.

서신서에서 '종'이라는 말은 특정한 사역을 위해서 구별된 사람들을 가리키는 특별한 의미를 가진다. 예를 들어 바울은 사도로서 자신의 역할을 그리스도의 종이라는 말(롬 1:1, *doulos*; 골 1:23, *diakonos*)로 표현했다. 그러나 어떤 특정 사역이 중요하기는 하지만 서신서 저자들은 예수님이 그렇게 했듯이 계속해서 믿음의 공동체의 모든 회원이 종임을 강조한다. 특별히 *diakonos*보다도 빚을 지고 있다는 뜻이 더 강한 *doulos*라는 용어를 사용하여 서신서 저자들은 그리스도인에게 종으로 섬길 의무가 있다고 선언한다.[11] 그리스도인은 예수 그리스도의 섬김으로 죄의 노예 상태에서 해방되었는데, 이는 하나님과 서로와 이웃을 섬기기 위함이다. 베드로는 단호하게 말한다. "너희는 자유가 있으나 그 자유로 악을 가리는 데 쓰지 말고 오직 하나님의 종과 같이 하라 뭇사람을 공경하며 형제를 사랑하며 하나님을 두려워하며 왕을 존대하라"(벧전 2:16-17). 바울도 이 주제를 반복한다. "하나님께 감사하리로다 너희가 본래 죄의 종이더니 너희에게 전하여 준 바 교훈의 본을 마음으로 순종하여 죄로부터 해방되어 의에게 종이 되었느니라"(롬 6:17-18).

자기 생명을 많은 사람의 대속물로 내어주기 위해(막 10:45) 자기를 비우고 종의 형체로(빌 2:7, *doulos*) 오신 예수님은 사람들을 죄의 노예 상태에서 해방하시고 이제는 그들이 세상에서 그리스도의 종이 되게 하신다. 이 충격적인 제자도 주제는 신약성경 전체를 통해서 명확하게 울려 퍼진다.

(4) 교회

복음서의 제자도로부터 서신서의 제자도로 분명한 전이를 보여주는 용어가 **교회**라는 단어이다. 우리는 사도행전을 다루면서 이 개념을 자세히 보았으므로 여기에서는 몇 가지만 언급하겠다.

교회라는 단어가 복음서에는 두 번 등장한다. 그것은 제자들에게 그들이 앞으로 교회를 세우고 권징을 행해야 할 임무를 말하는 부분이다(마 16:18; 18:17). 사도행전에서는 '제자의 공동체'라는 어구가 '교회'의 다른 표현이다. 서신서에서 **교회**라는 단어는 지금 그리스도의 몸을 이루는 모든 신자들을 지칭하는 말이면서, 동시에 어떤 지역에서 드러나는 그 몸을 가리키는 말이기도 하다. **교회**라는 단어는 복음서, 사도행전, 서신서 신자들의 직접적인 연속성을 뜻한다. 그래서 그 단어는 역사 속 예수님 시기, 초대교회 시기, 서신서 시기의 제자도와 직접적으로 연관되었음을 선언한다.

'모든 민족을 제자로 삼으라'는 지상명령에서 예수님은 심판으로부터 구원해주시는 것뿐만이 아니라, 회심을 통한 삶 전체에 변화를 제공하신다. 새로운 제자들은 교회로 모이며, 그곳에서 포괄적인 제자도 과정을 수행한다. 포괄적인 제자도 과정을 통한 삶의 변화가 교회에서 자주 간과된다. 제자도는 교회의 생명이다. 참된 교회는 오직 제자로만 이루어져 있으므로 교회의 전체적인 활동은 이 세상에서 예수님을 따르는 제자들에게 돌봄, 훈련, 그리고 사명을 제공해야 한다.[12]

(5) 그리스도인

오늘날에는 '그리스도인'[13]이라는 말이 예수님의 추종자를 가리키는 가장 일반적인 이름이 되었지만, 신약성경에는 이 말이 단 세 번 등장한다. 사도행전 11장 26절, 26장 28절, 베드로전서 4장 16절이다. 대부분의 학자들은 이 단어가 라틴어로부터 형성되었다는 데에 동의하며, 타키투스(Tacitus), 수에토니우스(Suetonius), 소(小) 플리니우스(Pliny the Younger)의 글에서 *Christianus*([크리스티아누스], 복수는 *Christiani*[크리스티아니])라는[14] 라틴어 이름을 발견한다. 1세기에 추종자를 표시하기 위해 사용하던 일반적인 관행은 지도자 혹은 스승 이름 뒤에 *-ianus*라는 접미사(복수에는 *-iani*)를 붙이는 것이다(예를 들면 *Pompeiani, Augustiani, Ceasariani*). 이와 동일한 초기 그리스 시대의 관행은 -ianos(복수는 -ianoi)를 붙이는 것이다 (예를 들면 Herodianoi, 마 22:16; 막 3:6; 12:13; Josephus, Antiq. 14.15.10). 이와 같이 라틴어든(Christianus), 헬라어든(Christianos), 이 용어는 그리스도라는 명칭으로부터 만들어졌으며, 그리스도의 추종자 곧 그리스도에게 속했거나 그리스도에게 헌신한 사람을 가리켰다.

사도행전 11장 26절에 의하면 그리스도인이라는 이름이 생긴 곳은 안디옥이며, 누가의 연대에 의하면 이 시기는 주후 40년과 44년 사이이다. 누가는 "제자들이 안디옥에서 비로소 그리스도인이라 일컬음을 받게 되었더라"라고 말한다. 이 어구에 따르면 이 이름이 교회 외부 사람들에 의해서 지어졌음을 표시한다.[15] 외부인 중에서도 유대인이 제자들을 그리스도인 곧 Christos[크리스토스]의 추종자라고 부르지는 않았을 것이다. 그렇게 불렀다면 예수님이 자신을 그리스도라고 선언한 것을 인정하는 결과가 되기 때문이다.[16] 대신 유대인들은 예수님의 제자들을 "나사렛 이단"이라고 불렀다(행 24:5). 따라서 그리스도인이라는 이름은 안디옥의 이방인 속에서 생겼어야 한다. 많은 종파들과 신비 종교들이 경쟁하는 대도시 안디옥에서 Christos에 대해 그렇게도 많이 말하는 사람들이 Christianoi[크리스티아노이], 곧 그리스도의 사람들이라고 불린 것이다. 그래서 그 용어는 제자들을 회심하지 않은 이방인들뿐 아니라 유대교와도 구별해주었을 것이다.

이름의 기원에 대해서는 논란이 있다. Christianoi라는 용어는 공식적인 로마 호적을 위해서 안디옥 총독의 직원이 만들었을 수도 있다. 혹은 안디옥 사람들이 그 말을 통해서 예수님을 메시아로 믿는 사람들을 조소하는 의미로 사용했을 수도 있다. 이것은 네로를 열광적으로 지지하는 공직자들을 *Augustiani* [어거스티아니]라고 부른 것과 유사하다.[17] 혹은 더욱 개연성이 큰 견해로, *Christos*를 하나님으로 따르면서 일종의 비밀스러운 단체로 간주된 사람들을 대중이 부르는 속어로 생겨났을 수도 있다.[18] *Christos* 곧 메시아라는 이름이 이방인들에게는 아무 특별할 것이 없었으며, 어떤 종교 명칭이라기보다는 예수님의 둘째 이름으로 들렸을 것이다.

사도행전 11장 16절에 등장하는 그 용어는 적어도 이방인들이 그리스도를 믿는 사람을 이방인이나 유대인과 구별되는 별도의 사람들로 인식했음을 표시하지만, 신약성경에 그 용어가 등장하는 다른 두 경우는 일종의 조소(행 26:28)와 적대감의 요소(벧전 4:16)가 교회 밖에서 그 용어를 사용하는 사람들에 의해 그 말에 첨가되었음을 표시한다. 초대교회가 통상 그 용어로 자신을 표시했다는 증거는 신약성경에 없다.

Christianos [크리스티아노스]가 자신을 지칭한 최초의 경우는 〈디다케〉 12:4이며, 이그나티우스가 믿음의 공동체의 회원을 지칭하면서 이 용어를 일상적으로 사용했지만(1세기 후반에서 2세기 초반), 다른 초대 교부들의 글에서는 이 이름이 별로 등장하지 않는다. 2세기 중반 폴리캅(Polycarp)이 자신을 *Christianos* (Ep. 10.1; 12.1)라고 불렀으며, 변증가들 사이에서는 그 용어가 그리스도를 따라서 순교의 길을 가는 사람들이 스스로를 지칭하는 용어로 사용되었다. 초대 교부들 사이에서 이 용어가 별로 사용되지 않은 이유를 소 플리니우스가 트라야누스(Trajan) 황제에게 보낸 편지(주후 112년 경)에서 발견할 수 있을 것이다. 예수 그리스도를 믿는다고 고발당한 사람들은 '그리스도인'인지 아닌지를 밝히라는 요구를 받았다. 만약 그렇다

고 대답하면 죽임을 당했다. 혹은 그들이 로마 시민이라면 재판을 받기 위해 로마로 보내졌다(Letters 10.96). 초대교회 핍박의 시기에는 그 이름을 사용하는 것이 위험한 일이었다. 로마인들 생각에 그 이름은 황제를 대적하는 신을 믿는다는 명백한 표시였기 때문이다. 그럼에도 교회 내에서는 메시아의 이름을 위하여 고난당한 사람들에게 명예가 돌아갔다. 그리스도인으로 고난당하는 것이 하나님을 영화롭게 했기 때문이다(벧전 4:16 참조).

고대의 제자도 관계에서는 예수님이 제자들과 맺은 관계가 별로 알려지지 않았다. 십자가에 가까이 가면서 예수님은 그들의 관계가 친구 관계였다고 선언하셨다.[19]

> 내 계명은 곧 내가 너희를 사랑한 것같이 너희도 서로 사랑하라 하는 이것이니라 사람이 친구를 위하여 자기 목숨을 버리면 이보다 더 큰 사랑이 없나니 너희는 내가 명하는 대로 행하면 곧 나의 친구라 이제부터는 너희를 종이라 하지 아니하리니 종은 주인이 하는 것을 알지 못함이라 너희를 친구라 하였노니 내가 내 아버지께 들은 것을 다 너희에게 알게 하였음이라 너희가 나를 택한 것이 아니요 내가 너희를 택하여 세웠나니 이는 너희로 가서 열매를 맺게 하고 또 너희 열매가 항상 있게 하여 내 이름으로 아버지께 무엇을 구하든지 다 받게 하려 함이라 내가 이것을 너희에게 명함은 너희로 서로 사랑하게 하려 함이라(요 15:12-17).

예수님의 제자들은 그분과 친구였으므로 서로에 대해서도 친구였다. 공동체에 속한 어떤 사람들을 구별해주는 표지는 오직 그들이 서로를 섬기며 주님을 섬긴다는 것뿐이었다. 이렇게 그들은 그리스도의 모범을 따르면서 그리스도인들 곧 '작은 그리스도들'이라고 불린 것이다. 제자도는 그리스도인의 생활이다.

제자도 생활에 관련된 교훈들

예수님이 강조한 제자도 교훈들이 서신서와 계시록에는 없다. 사도들에 의해 그 내용이 채워지고 비옥하게 되었던 것이다. 그리스도가 육신으로 거하시던 때에는 그분과 아무 관련이 없던 바울까지도, 서신에 담긴 교훈과 삶의 모범을 통해서 그가 제자도 문제에서 그리스도의 마음을 가졌음을 보여주었다.[20]

(1) 예수님 따르기

제자들이 예수님의 지상 사역 기간에 그분을 따르고 있을 때, 예수님은 그들에게 모범을 보이시며 따라오도록 했다(요 12:26). 마찬가지로 베드로는 교회 내에 있는 사람들에게 예수님의 모범을 보고 그분의 자취를 따르라고 권했으며(벧전 2:21), 심지어 바울도 데살로니가 신자들에게 "너희는… 우리와 주를 본받은 자가 되었으니"(살전 1:6)라고 말했다. 히브리서 저자는 독자들 앞에 놓인 달려갈 길을 보이면서 "믿음의 주요 또 온전하게 하시는 이인 예수를 바라보자"라고 말한다. 그는 독자들에게 고난, 순종, 영광에서 그들의 모범이 된 "그를 바라보자"라고 도전한다(히 12:2-3). 계시록에서 사도 요한은 144,000명의 성도들, 순결하고 더럽혀지지 않았으며, "어린 양이 어디로 인도하든지 따라가는" 자들의 환상을 보았다(계 14:4).

(2) 십자가 지기

제자의 품질보증서 중 하나는 "자기를 부인하고 자기 십자가를 지고 나를 따르라"(막 8:34)라는 예수님의 부르심에 순종하는 것이다. 이 부르심에 응한 자는 그리스도를 구주로 받아들이는 관계에 들어가지만, 자기 부인, 매일 십자가를 짐, 그리스도 따르기라는 원칙은 제자도의 삶을 지속적인 매일의 삶으로 규정한다(눅 9:23). 특별히 바울의 교훈을 통해서, 교회는 모든 신자가 실제로 십자가에서 그리스도와 함께 죽었음을 배웠다(갈 2:20). 이 십자가에 달림은 하나님의 백성이 예수님의 부르심 곧 죄와 자아에 대해서 죽어야 한다는 요구를 성취할 수 있도록 하나님이 지정하신 방법이다.[21] 오늘날 그것을 실현 가능한 삶의 원리로 만들려면 그 능력을 자기가 취해야 한다(롬 8:13). "바울이 로마서 6장에서 그 문제를 설명하듯이, 우리는 가장 먼저 우리가 그리스도와 함께 죽고 부활했다는 것을 **알아야** 하며, 다음에는 그것이 지극히 중요하다고 마음 깊이 **생각해야** 하며, 마지막으로 우리 자신과 우리의 구속된 능력을 하나님이 쓰시도록 **드리는** 것이다."[22]

(3) 제자의 표지

예수님의 선언에 의하면, 제자들의 믿음은 새로운 생명이 제자의 세 가지 필수 요소로 표현되도록 할 것이다. 곧 그분의 말씀에 거함(요 8:31-32), 다른 제자들을 사랑함(13:34-35), 열매 맺음(15:8)이다. 사도는 제자들을 불신 세상과 거짓 교사들로부터 구분해줄 참 믿음에 대한 확신을 교회에게 주었는데, 이는 예수님이 가르치신 믿음의 표지를 그대로 전달하는 메아리이다.

a. 예수님 말씀에 거함

예수님을 구주로 믿는다고 시인하는 자는 예수님 말씀에 거함으로 그 믿음을 증명할 것이라고 요한은 선언한다. "우리가 그의 계명을 지키면 이로써 우리가 그를 아는 줄로 알 것이요 그를 아노라 하고 그의 계명을 지키지 아니하는 자는 거짓말하는 자요 진리가 그 속에 있지 아니하되 누구든지 그의 말씀을 지키는 자는 하나님의 사랑이 참으로 그 속에서 온전하게 되었나니 이로써 우리가 그의 안에 있는 줄을 아노라 그의 안에 산다고 하는 자는 그가 행하시는 대로 자기도 행할지니라"(요일 2:3-6; 3:24; 4:13-15; 요이 9 참조).

b. 다른 제자들을 사랑함

요한이 주로 강조한 것 중 하나가 사랑인데, 이는 그가 '예수님이 사랑한 제자'라는 점에서 예상할 수 있는 바이다. 사랑에 대한 요한의 강조는 예수님이 강조하신 것을 상기시킨다. 참된 신자는 성품 자체가 사랑이신 하나님에게서 태어났으므로 사랑할 것이다. 참된 신자는 이제 무한한 사랑이신 하나님에게서 사랑을 끝없이 공급받는다. 다른 신자들에 대한 사랑은 하나님을 사랑한다는 증거이다. 요한은 첫째 서신에서 이렇게 말한다.

> 하나님은 사랑이시라 사랑 안에 거하는 자는 하나님 안에 거하고 하나님도 그의 안에 거하시느니라 … 우리가 사랑함은 그가 먼저 우리를 사랑하셨음이라 누구든지 하나님을 사랑하노라 하고 그 형제를 미워하면 이는 거짓말하는 자니 보는 바 그 형제를 사랑하지 아니하는 자는 보지 못하는 바 하나님을 사랑할 수 없느니라 우리가 이 계

명을 주께 받았나니 하나님을 사랑하는 자는 또한 그 형제를 사랑할 지니라(요일 4:16 하, 19-21).

제자들이 예수님의 지상 사역 동안 그분과 함께 다니던 때와 마찬가지로 오늘날에도 제자들은 예수님이 그렇게 하셨듯이 서로 사랑할 것이다.

c. 열매 맺음

성령과 육신 사이에서 벌어지는 전쟁을 다루면서 바울은 육신의 일을 지적해 보여주고, 육신을 따라 사는 사람들은 하나님 나라를 유업으로 받지 못할 것이라고 말한다. 그와는 대조적으로 성령을 소유한 사람은 성령의 열매를 맺을 것이다(갈 5:18-23).[23] 열매를 맺기 위해서는 그분 안에 거하는 것이 절대적으로 필요함을 예수님이 말씀하셨듯이(요 15:5), 바울은 신자들이 "예수 그리스도로 말미암아 의의 열매가 가득하여 하나님의 영광과 찬송이 되기를 원하노라"라고 기도하고(빌 1:11), 또한 "주께 합당하게 행하여 범사에 기쁘시게 하고 모든 선한 일에 열매를 맺게 하시며 하나님을 아는 것에 자라게 하시고"(골 1:10)라고 기도한다.

(4) 세상의 빛

세상에 오셨을 때 예수님은 새로운 생명의 빛을 비추는 빛이셨다(요 1:6-10; 8:12). 예수님은 제자들에게 세상으로부터 구별되라 하면서도 여전히 세상에 빛과 소금이 되라고 권하셨다(마 5:13-16). 요한이 그 가르침을 반복하면서 참생명은 빛 가운데 거함으로 발견된다고 말한다. "우리가 그에게서 듣고 너희에게 전하는 소식은 이것이니 곧 하나님은 빛이시라 그에게는 어둠이 조금도 없으시다는 것이니라 만일 우리가 하나님과 사귐이 있다 하고 어둠에 행하면 거짓말을 하고 진리를 행하지 아니함이거니와 그가 빛 가운데 계신 것같이 우리도 빛 가운데 행하면 우리가 서로 사귐이 있고 그 아들 예수의 피가 우리를 모든 죄에서 깨끗하게 하실 것이요"(요일 1:5-7). 바울 역시 신자는 어두운 세상 속에서 빛이라고 말함으로 이 교훈들을 유지한다.

> 너희가 전에는 어둠이더니 이제는 주 안에서 빛이라 빛의 자녀들처럼 행하라 빛의 열매는 모든 착함과 의로움과 진실함에 있느니라 주를 기쁘시게 할 것이 무엇인가 시험하여 보라 너희는 열매 없는 어둠의 일에 참여하지 말고 도리어 책망하라 그들의 은밀히 행하는 것들은 말하기도 부끄러운 것이라 그러나 책망을 받는 모든 것은 빛으로 말미암아 드러나나니 드러나는 것마다 빛이니라 그러므로 이르시기를 잠자는 자여 깨어서 죽은 자들 가운데서 일어나라 그리스도께서 너에게 비추이시리라 하셨느니라(엡 5:8-14; 살전 5:6 참조).

(5) 기도

예수님은 기도의 사람이셨으며 제자들에게 기도하라고 가르치셨다(눅 11:1-4). 사도들도 지속적으로 기도의 필요성을 강조했다(살전 5:17). 그들 자신이 기도하기를 실천했고(골 1:9), 다른 신자들(약 5:13, 16), 교회 지도자들(엡 6:19), 정부 지도자들(딤전 2:1-2)을 위해서 기도할 것을 요구했다. 바울도 스스로 기도의 사람이 되고,

다른 사람들에게 기도하라고 가르침으로써 예수님의 모범을 따랐다. 그는 이렇게 썼다.

> 모든 기도와 간구를 하되 항상 성령 안에서 기도하고 이를 위하여 깨어 구하기를 항상 힘쓰며 여러 성도를 위하여 구하라 또 나를 위하여 구할 것은 내게 말씀을 주사 나로 입을 열어 복음의 비밀을 담대히 알리게 하옵소서 할 것이니 이 일을 위하여 내가 쇠사슬에 매인 사신이 된 것은 나로 이 일에 당연히 할 말을 담대히 하게 하려 하심이라 (엡 6:18-20; 살전 5:17 참조).

(6) 의의 귀감

그리스도는 의로운 순종의 귀감이며 율법의 완성이다(마 3:15). 그 나라에서 그분을 따르는 사람들은 율법을 완성하며 서기관과 바리새인을 능가하는 의를 가지고 있다(마 5:17-20). 제자도로 나아오라는 예수님의 부르심에 응답하는 사람들은 주 하나님과 그들의 이웃을 사랑함으로 율법을 이룬다(마 19:16-22). 그리스도가 율법의 세력에 종말을 고함으로 우리는 열매를 맺게 되었으며(롬 7:4), 지금 그리스도 안에 있는 사람들은 의의 종이고(롬 6장), 이제 사랑이 율법을 이룬다고(롬 13:9) 바울은 말한다.

제자도 공동체를 가리키는 은유

제자도와 관련된 용어와 가르침 외에도 복음서의 제자도 은유들을 상기시키는 몇 가지 은유가 서신서에서 발견된다.

(1) 걷기

'걷는다'는 비유는 구약에서 하나님의 길을 따라서 삶을 영위하는 사람들을 묘사할 때 즐겨 사용하는 표현이다(한글 성경에서는 주로 '행한다'라고 번역됨―옮긴이). 예수님의 초청에 응답한 자들은 그 길로 들어와서 그분을 따른다. 사도 요한이 이 주제를 반복한다. "우리가 그의 계명을 지키면 이로써 우리가 그를 아는 줄로 알 것이요 그를 아노라 하고 그의 계명을 지키지 아니하는 자는 거짓말하는 자요 진리가 그 속에 있지 아니하되 누구든지 그의 말씀을 지키는 자는 하나님의 사랑이 참으로 그 속에서 온전하게 되었나니 이로써 우리가 그의 안에 있는 줄을 아노라 그의 안에 산다고 하는 자는 그가 행하시는(원어에서는 '걸으시는'―옮긴이) 대로 자기도 행할지니라(원어 '걸을지니라'―옮긴이)"(요일 2:3-6).

바울도 이 관점을 받아들였다. 그가 즐겨 사용하는 은유 중 하나가 '하나님과 함께 걷는다'는 것이기 때문이다. '걷는다'는 은유적 표현은 요한의 서신에 몇 번 나타나는 것을 제외하면 바울의 서신에만 나타난다. 이 표현은 한 사람이 하나님과 다른 사람들과의 관계에서 어떻게 '사는지', 어떻게 처신하는지를 나타낸다. 바울이 하려는 말의 주제를 요약한 문장이 "내가 이르노니 너희는 성령을 따라 행하라('걸으라'―옮긴이) 그리하면 육체의 욕심을 이루지 아니하리라"(갈 5:16)이다. 이것이 그리스도인의 삶에 대해 바울이 가진 개념을 규정한 것이다.[24]

바울의 견해에서, 어떤 사람의 걷는 방식이 그 사람의 삶 전체를 표현한다. 한스 디터 베츠(Hans Dieter Betz)는 바울의 조망을 다음과 같이 밝힌다.

인간은 그가 처한 역사와 문화 속에서 언제나 여러 삶의 길 사이에서 선택해야 하고 항상 선택한다. 고대인에게 삶의 길이란 '삶의 스타일' 이상이었다. 그것은 외적 모습일 뿐 아니라, 외양이 다른 것은 배후에 있는 결정적인 요소가 다르기 때문이기도 하다. … 그러므로 사람들의 삶의 길이 그들의 삶의 질을 결정한다.[25]

바울에게 한 사람의 '걷는' 방법은, 하나님이 예수 그리스도 안에서 제공한 모범을 따르라는 도전과 밀접하게 연결되어 있다. "그러므로 사랑을 받은 자녀같이 너희는 하나님을 본받는 자가 되고 그리스도께서 너희를 사랑하신 것같이 너희도 사랑 가운데서 행하라 그는 우리를 위하여 자신을 버리사 향기로운 제물과 희생제물로 하나님께 드리셨느니라"(엡 5:1-2).

(2) 목자와 양

예수님은 자신을 문으로 묘사하면서, 그분의 양인 제자들이 그 문을 통해 초장으로 들어가 구원을 발견한다고 하셨다. 그분의 양은 그분의 음성을 듣고 순종할 것이며, 예수님은 그들을 위해 자기의 목숨을 내어놓으실 것이다(요 10:7-18). 히브리서 저자는 예수님이 제자들과 맺고 있는 이 관계를 넌지시 언급하면서, 하나님이 어떻게 "양들의 큰 목자이신 우리 주 예수를 영원한 언약의 피로 죽은 자 가운데서 이끌어내셨"는지를 회상한다(히 13:20). 또한 베드로는 예수님이 양 떼인 교회를 돌보는 장로들에게 상급을 주실 큰 목자라고 말한다. "…하나님의 양 무리를 치되… 목자장이 나타나실 때에 시들지 아니하는 영광의 관을 얻으리라"(벧전 5:2-4).

(3) 가지

그리스도가 제자들을 포도나무인 그분 안에 거하는 가지라고 말씀하셨듯이(요 15:1-11) 바울이 즐겨 사용하는 은유 중 하나가 "그리스도 안에" 거한다는 것이다(고후 5:17). 바울은 그리스도인이 예수님의 죽음과 부활에 동참하는 자들로 묘사한다. 세례 받은 자들은 죄에 대하여 죽고 노예 상태에서 해방되었으며 하나님의 자녀가 되어 영광스러운 자유로 인도된다. 바울은 그리스도인의 삶 전체를 예수님의 실존을 다시 구현하는 것으로 보는데, 이는 다른 저자들이 제자도라고 부른 것을 실천하는 것이다. 바울에 의하면, 성육신과 십자가에서 보여주신 예수님의 겸손과 순종은 모든 그리스도인의 모델이다(빌 2:5-10). 우리는 그리스도 안에서 자신을 내어주신 하나님을 본받아야 한다(엡 5:1-2). 의식적으로 그리스도를 본받은 바울은 그리스도와 함께 자신을 회심자들의 모범으로 제시한다(고전 11:1; 4:16; 빌 3:17; 살전 1:6; 살후 3:7, 9 참조).[26]

(4) 본받음

본받는 자(*mimetēs*[미메티스])라는 용어는 복음서의 예수님의 제자들과 초대교회의 신자들을 연결해주는 중요한 연결고리이다.[27] 제자라는 단어가 이상하게도 서신서에는 등장하지 않지만, 미카엘리스(W. Michaelis)의 결론은 최근 학자들의 의견을 대표한다. 곧 제자와 본받는 자는 하나이며 동일하다는 것이다.[28] 명사 **본받는 자**와[29] **함께 본받는 자**(*summimetes*[섬미메테스], 빌 3:17)라는 명사는 언제나 동사 **이다, 된다**와 함께 사용되며, 따라서 **본받다**라는[30] 동사와 유사한 의미를 가지게 된다. 관련된 개념들이 **유형, 모범**(*tupos*[투포스])과

같은 단어의 사용에서 발견되며, 이것이 '본받음'을 뜻하는 용어와 관련된 몇몇 경우에 등장한다.[31]

고전 헬라어와 그리스 시대 헬라어에서 '본받다/본받는 자'는 (1) 어떤 사람이 다른 사람의 행동을 보고 흉내 내는 단순한 행동 (2) 다른 사람을 따라하고 흉내 내는 즐거움 (3) 실체를 예술적으로 표현하는 활동(예를 들면 연극, 그림, 조각, 시)을 가리킨다. 무시하는 어투로 사용될 때는 볼품없고 독창성 없는 베끼기를 가리키는 용어이다.

플라톤의 우주론에서 현 세상은 더 높은 이데아 세계의 비가시적인 원형을 가시적이고 불완전하게 모사(*mimēma*[미메마])하는 것이다. 그러므로 '하나님을 본받음'은 도덕적, 인격적 결단이 아니라 존재론적 발전을 나타낸다.[32] 신비 종교에서는 제의적이고 마술적인 형식의 본받음이 주요 관심사가 된다.[33]

이 단어 집단이 정경 70인역에는 없지만, 모범적인 남자나 여자를 본받는 것이 유대 문헌에서는 현저하게 드러난다.[34] 위경에서는 '본받다/본받는 자'라는 말이 또한 하나님과(*Test. Ash*. 4:3) 그분의 성품을(*Aristeas* 188, 210, 280-281) 본받는 것을 표시한다. 필로(Philo)는 *mimēma*를 사용하여 원본과 사본이라는 플라톤적 우주론을 표시하며(*De op. mund*. 3.877), *mimeomai*[미메오마이]를 사용하여 사람과(*Vit. Mos*. 1.158) 하나님을(*Decal*. 111; *Leg. All*. 1.48; *De op. mund*. 26.79) 포함하여 어떠한 모델을 본받는 것을 표현한다. 요세푸스는 하나님을 본받는 것에 대해서는 말하지 않지만, 다른 사람의 자질이나 행동을 의식적으로 본받는 것을 말하기 위해서 이 용어를 사용한다(*mimeomai*, *Antiq*. 12.241; *mimetēs*, *Antiq*. 8.315).

a. 사람을 본받음

신약성경의 용법에서 '본받음' 개념은 신자에게 다른 신자들, 그리스도, 그리고 하나님을 본받으라고 요구한다. 대상이 되는 사람들은 본받을 만한 모범으로 가장 많이 추천된 사람들이다. 사람을 본받는 것은 다른 신자의 행동과 단순한 비교에서부터(살전 2:14) 본받아야 할 행동을 소개하는 것까지 있다(빌 3:17; 살후 3:7, 9; 히 6:12; 13:7). 바울은 자신을 본받아야 할 모범으로 소개하지만(고전 4:16; 11:1; 빌 3:17; 살후 3:7, 9), 자신을 완전에 도달한 이상으로 치켜세우지는 않는다. 한번은 자신을 본받으라고 권하기 전에 의도적으로 자신의 불완전을 고백한다(빌 3:13, 17 참조). 바울의 길을 본받으면(고전 4:16-17) 신자는 그리스도의 메시지와 그것이 공동체인 그들의 삶에서 어떻게 적용될지 적절하게 이해할 수 있다.[35]

b. 하나님과 그리스도를 본받음

그렇기에 본받을 대상인 인간은 궁극적으로 그리스도를 가리킨다. 바울은 두 번에 걸쳐서 독자에게 자신을 본받으라고 말하지만, 동시에 본받아야 할 최후의 대상으로 그리스도를 거론한다(고전 11:1; 살전 1:6). 오직 에베소서 5장 1절에서만 신자는 하나님을 본받는 자가 되라는 요구를 받지만, 여기에서도 모범은 그리스도이다. 곧 그분의 용서, 사랑, 희생의 봉사이다(엡 4:32; 5:2). 그리스도는 신자가 일상에서 따라야 하는 하나님의 성육신한 모범이시다.[36]

후기 교회 전통에서는 이 하나님과 그리스도를 본받는다는 주제가 지나치게 강조되었다. 그래서 제자도와 본받음이 구별되었다. 제자도는 그리스도를 따라가는 것을 의미한 반면, 본받음은 그리스도의 특성을 복제하는 것을 의미했다. 그리스도를 따르는 것은 하나님의 은혜로 힘을 얻어 믿고 순종하는 것이며, 본받음은 헌신된 사람인 성자가 성취하는 일이라고 생각했다.[37] 그러나 신약성경은 이렇게 구분하지 않는다. 그리스도의 지상 삶의 어떤 측면이 신자들이 따라야 할 모범(예를 들면 고난, 살전 1:6; 벧전 2:21: *hupogrammos*[휘포그람모스] 참조)으로 제시되기는 하지만, 이것은 그리스도의 일을 따름으로 자기 의를 드러내는 것이 아니며, 예수님이 공적 사역에서 하신 특정 행동을 복제한다는 의미도 아니다.[38] 신약성경에서 '본받음'과 관련된 용어는 독특한 윤리 차원을 가지고 있으며, 그리스도인 삶의 '직설법'과 '명령법' 사이의 대비를 부각한다. 그리스도의 죽음과 부활에 참여하는 것[그리스도 안에서 신자를 새로운 피조물로 만드는 직설법(고후 5:17)]은 본받으라는 단호한 요구에 지금 여기에서 순종하는 신자의 삶으로 이루어진다.[39]

적용점

제자도 용어, 가르침, 은유에 대한 짧은 개요는 예수님이 공적 사역 기간 동안 제자들과 함께 시작한 일이 어떻게 교회 시대로 전이되었는지를 보여준다. 예수님은 교회를 통해 계속 자기 백성을 제자 삼고 계신다. 서신서 저자들은 예수님의 사역에서 제자도 개념의 풍부한 유산을 취하고, 이를 그리스도와 연합하여 그 몸을 이룬 교회에게 힘 있는 방법으로 전달해준다.

    부활하신 그리스도와 교회에서 함께하는 삶은 지상에 계신 예수님과 함께하던 삶과는 다르다. 그러나 이에 대한 연구는 신약성경 저자들이 이 두 시기 사이의 연속성을 이해했음을 보여준다. 복음서와 사도행전에서의 제자도 방법론이 가진 연속성/불연속성을 논의하면서, 우리는 어떤 학자들이 교회 시대에는 전혀 다른 형태의 제자도가 요구된다고 말하는 것을 보았다. 예를 들면, "헌신자의 작은 집단보다도 더 훌륭한 한 명의 스승과 맺던 과거의 관계는 끝났다. 제자도라는 용어 속에 포함된 훈련 과정은 다른 것으로 대체된다".[40] 이 논증의 강점은, 예수님이 승천하셨을 때 발생한 관계의 변화를 강조한다는 점에 있다. 하지만 제자도를 단순히 "헌신자의 작은 집단보다도 더 훌륭한 한 명의 스승"의 모습으로 정의한다면, 그 개념이 예수님의 사역 속으로 들어가기 위해서 거친 과정을 간과하는 것이다. 예수님의 제자들은 유대교 랍비의 학생들과 같지 않았다. 예수님이 자기 제자들에게 의도한 제자도는 독특한 것이었으며, 그것은 제자들이 몸으로 그분을 따를 수 있던 시기만을 위한 것이 아니었다. 예수님의 제자도는 또한 제자들이 교회로 모일 때를 위해서 준비되기도 했다.[41] 개념으로서의 제자도는 단순한 어떤 용어들보다 훨씬 광범위하다.[42] 비록 **제자**와 **따르다**가 자연히 제자도 개념에 기여하고 묘사하는 것이 사실이지만, 관련된 다른 용어, 교훈, 이미지 역시 중요하다.[43] 이 장에서 다룬 것은 예수님의 지상 사역과 승천 후 자기 백성 속에서 사역을 연속적으로 이어나가시는 몇 가지 방법이다.

예수님의 자취를 좇는다는 것은 매일의 힘든 상황 속에 있는 독자들을 격려하기 위해서 베드로가 쓴 훌륭한 표현 중 하나이기도 하다. 몸으로 주님의 발자취를 좇았던 베드로는 우리에게 계속 그분을 따르라고 권한다. "이를 위하여 너희가 부르심을 받았으니 그리스도도 너희를 위하여 고난을 받으사 너희에게 본을 끼쳐 그 자취를 따라오게 하려 하셨느니라"(벧전 2:21).

복습 문제

1 복음서에서 서신서로 이어지는 제자도의 연속성을 볼 때, 어느 용어, 교훈, 은유가 가장 의미심장하게 다가오는가? 그 이유는 무엇인가?

2 당신은 어떻게 예수님의 모범을 따르고 있는가? 당신은 그분을 본받고 있는가? 설명해보라.

3 당신은 목회자들을 향해서 "내가 그리스도를 본받는 것처럼 나를 본받으시오"라고 말할 수 있는가? 우리가 그렇게 말한다면 교만하게 들리지 않겠는가? 바울이 그렇게 말한 뜻이 무엇인가? 당신은 무슨 뜻으로 그 말을 하겠는가? 예를 들어보라.

16장
사도적 교부: 그 이름을 위한 순교자들

초점 맞추기

1. 당신은 신앙 때문에 '박해'를 받은 적이 있는가? 그렇다면 그때 당신은 어떻게 대응했는가? 그런 경우가 없다면, 박해를 당할 때 당신이 어떻게 대응할 것이라고 생각하는가?
2. 박해를 경험한 사람에게 특별한 영적 가치나 복이 있는가? 설명해보라.

"순교자의 피는 실로 교회의 씨앗이다. 죽음으로 우리는 정복한다. 우리가 으스러지는 순간, 그때에 우리는 승리로 나아간다."[1] 교부인 터툴리안의 자신만만한 선언은 교회사를 통해서 내려온, 전쟁을 위한 소집의 외침이었다. 그 외침 속에서 우리는 박해가 성장과 용기를 가져다준다는 것을 깨닫는다. 전승에 따르면, 예수님의 최초 제자인 열둘 대부분은 예수님이 부활하신 그리스도라고 믿는 믿음 때문에 순교한 자들이었다. **순교자**라는 단어는 증인이라는 의미의 헬라어 **마르투스**(martus)에서 왔다. 처음부터 교회는 자신의 믿음을 다른 것과 타협하느니 그리스도에 대한 믿음을 증거하면서 차라리 죽음을 택한 사람들을 존경해왔다. 초대 순교자들을 연구하는 어느 연구자의 말이다.

> 기독교 순교자들은 삶이 자신들에게 줄 수 있는 어떤 것보다도 예수님을 섬기고 사랑하는 것이 더 중요하다는 점을 보여주었다. 이들은 겉으로 아무런 해가 되지 않는 공식적 말을 반복하기만 해도 목숨을 건질 수 있을 때 자발적으로 죽음을 택했다. 이를 통해 순교자들은 자기들의 삶에서 그리스도의 중심성뿐 아니라, 그리스도의 부활과 도래할 세상에서의 삶에 대한 자신들의 믿음을 증거했다.[2]

그리스도인이 된 첫날부터 나는 초대교회가 세운 '고난 속에서의 증거'라는 이 기초의 중요성을 이해했다. 나는 그들의 믿음을 보며 도전받았지만 그들의 희생에 대해서는 고민에 빠졌다. 언젠가 우리 집 부엌에서 새 신자와 나눈 대화가 기억난다. "이렇게 말하는 것이 바보같이 들릴 걸 알지만, 나는 우리가 어떤 종류의 박해를 경험했다면 정말 좋았을 거라고 생각해요. 오늘날 우리가 처한 환경에서는 그리스도인이 되기가 무척 쉽습니다. 우리가 박해를 경험한다면 우리 믿음은 어떻게 될까요?" 이것은 새로 믿어서 열심이 뜨거운 그리스도인의 성급한 말일 수도 있지만, 그런 감정은 언제나 교회의 일부가 되어왔다. 예수님은 지상 사역 동안 그런 감정을 불러일으키는 제자도를 요구하셨다.

> 또 무리에게 이르시되 아무든지 나를 따라오려거든 자기를 부인하고 날마다 제 십자가를 지고 나를 따를 것이니라 누구든지 제 목숨을 구원하고자 하면 잃을 것이요 누구든지 나를 위하여 제 목숨을 잃으면 구원하리라 사람이 만일 온 천하를 얻고도 자기를 잃든지 빼앗기든지 하면 무엇이 유익하리요 누구든지 나와 내 말을 부끄러워하면 인자도 자기와 아버지와 거룩한 천사들의 영광으로 올 때에 그 사람을 부끄러워하리라(눅 9:23-26).

교회 초창기부터 사람들은 예수님의 급진적인 부르심에 응했으며, 많은 사람이 죽음에 이르기까지 예수님을 따르는 데 필요한 강인함과 용기를 얻었다. 순교의 각오는 성경 전체에 일관되게 흐르는 주제이다. 어떤 때는 급하게(요 11:16 도마의 진술),[3] 어떤 때는 자신만만하게(눅 22:33 베드로의 진술),[4] 때로는 예언적으로(요 21:18-19 베드로를 향한 예수님의 말씀)[5] 언급된 성경 인물들의 말은 어떤 비용을 지불하든지 예수님을 따르겠다는 태도가 그들의 마음속에 깊이 새겨졌음을 보여준다. 초창기부터 박해가 교회의 운명임이 드러났지만, 박해가 예수님을 따르고자 하는 열정을 누그러뜨리지는 못했다. 누가는 사도들이 유대교의 산헤드린에서 구타당할 때 어떤 태도를 보였는지 포착했다. "사도들은 그 이름을 위하여 능욕받는 일에 합당한 자로 여기심을 기뻐하면서 공회 앞을 떠나니라 그들이 날마다 성전에 있든지 집에 있든지 예수는 그리스도라고 가르치기와 전도하기를 그치지 아니하니라"(행 5:41-42).

사도들이 이 땅에서 사라질 즈음, 순교가 현실이 되었다. 그리고 가장 초기 교부들의 글에서 주님의 이름을 위해 기꺼이 고난당하려는 각오를 발견한다. 《폴리캅의 순교》(*Martyrdom of Polycarp*)의 저자는 이렇게 썼다. "하나님의 뜻에 따라서 발생한 모든 순교는 복되고도 고귀하다(왜냐하면 우리는 공경하는 심정으로, 모든 것을 다스리는 능력을 하나님께 돌려야 하므로). 주님에 대한 그들의 고귀한 태도, 꾸준한 인내, 충성을 존경하지 않을 사람이 누구인가"(*Mart. Pol.* 2.1-2).[6] 다음은 이그나티우스의 말이다. "내가 마치 무엇이나 되는 사람처럼 여러분에게 명령하는 것이 아닙니다. 내가 그 이름을 위하여 사슬에 매여 있지만 나는 예수 그리스도 안에서 완성에 이르는 길에 들어서지도 않았기 때문입니다"(*Eph.* 3.1).

박해가 현실이 아닌 상황에 사는 사람에게는 이렇듯 예수님을 위하여 죽음을 불사한다는 태도가 낯설게 보인다. 하지만 자기 십자가를 지고 따르라는 예수님의 과격한 요구와 그들 사이에 직접적인 연관성이 있다는 것을 인식해야 한다. 제자도를 이해하려면 순교 문제를 다뤄야 한다. 우리가 직접 순교를 경험하지는 않겠지만, 예수님을 위한 고난은 모든 신자가 어떤 식으로든 직면하는 현실이다. 우리보다 앞서 가면서 예수님을 위해 궁극적인 희생 즉 생명을 지불하는 것까지 감내한 어떤 사람들의 삶을 통해 오늘날 우리가 고난과 희생에 직면할 때 그것을 처리하는 방법에 대해 많은 것을 배울 수 있다.

이 장의 목적은 사도들이 지상에서 사라진 이후 초대교회에서의 제자도를 조사함으로, 고난을 경험하는 동안에 제자도가 무엇을 의미하는지 배우는 것이다. 고난, 박해, 순교는 초대교회 그리스도인들의 냉엄한 현실이었다. 그들의 경험을 보는 동안 우리가 실제로 보는 것은 그 너머에 계신 예수님이다. 그들의 가장 큰 열망은, 결과가 어떠하든지 그리스도를 따르는 것이기 때문이다. 순교의 죽음을 당한 초대 교부 중 한 사람인 폴리캅은 우리를 위해 그리스도가 십자가에서 당한 고난을 언급하며 이렇게 말했다. "그러므로 이제 우리는 그분의 인내를 본받읍시다. 우리가 그분의 이름을 위하여 고난을 당한다면 그분에게 영광을 돌립시다. 바로 이것이 그분이 직접 우리에게 보여주신 본보기이며, 바로 이것이 우리가 믿어온 것이기 때문입니다"(Phil. 8.1-2).

사도적 교부들의 중요성

사도적 교부들이라는 말은 신약성경 이외의 가장 초기 기독교 문서들의 저자들을 가리킨다.[7] 이 글들이 중요한 것은 초대교회, 특히 대부분의 사도들이 역사에서 사라진 이후 시기(특별히 주후 70-150년)를 연구하는 데 일차적 자료가 되기 때문이다. 그 글들은 사도 시대 직후 그리스도인들의 생활과 기독교 운동에 대해 중요하고도 비견할 수 없는 섬광과 통찰을 제공한다.[8] 초기의 제자도 개념을 거기에서 볼 수 있다. 사도적 교부들이 글을 쓰던 시기의 교회는 설립된 지 적어도 반세기가 지났다. 초기처럼 회심자가 쇄도하는 현상은 거의 사라졌고, 점증하는 이단은 교회를 위협했으며, 로마제국의 박해는 점점 심해져 그들의 존재 자체를 위협했다. 이런 상황에서 제자도란 과연 무엇이었을까?

성경 자료를 연구할 때처럼, 사도적 교부들을 연구할 때도 우리는 제자도에 관한 태도를 드러내는 특정한 용어, 교훈, 개념들에 집중할 것이다. 게다가 우리의 발견을 성경 자료들과 비교함으로써 제자도의 삶이 가진 유사성과 차이점을 찾아볼 것이다. 신약성경에 나오는 동일한 제자도 용어와 개념 몇몇이 사도적 교부들의 글에도 등장한다.[9] 우리의 연구를 위해 닻으로 삼을 글은 수리아 안디옥 교회의 감독이던 이그나티우스의 글이다. 이그나티우스는 다른 어느 사도적 교부보다도 제자도 용어를 많이 사용하며, 초대교회 시대 제자도의 발전에 대한 대부분의 정보를 제공한다. 다음은 버지니아 코윈(Virginia Corwin)의 관찰이다. "이그나티우스 서신에는 다른 사도적 교부들을 다 합친 것보다 더 많은 본받음과 제자도에 대한 언급이 등장한다."[10] 이그나티우스가 우리의 연구를 위한 닻이 될 것이지만, 다른 사도적 교부들이 이 주제를 더 완전하게 이해하도록 도움을 준다면 그들의 글도 간단하게 다룰 것이다.[11]

이그나티우스의 제자도

"우리가 알듯이, 유성은 수백만 마일의 막대한 거리를 조용히 통과한 후에 대기권에서 불이 붙어 빛의 소나기를 만들어낸다. 수리아 안디옥의 감독 이그나티우스가 그와 똑같다."[12] 이 묘사는 안디옥 교회의 감독이었던 초대교회의 지도자 이그나티우스의 찬란한 영향력을 잘 포착한 것이다. 이그나티우스는 현대 그리스도인들에게는 별로 알려지지 않았지만, 그의 영향력은 교회사 전체에서 무척 중요하다. 그의 초기 생애에 대해서는 알려진 바가 거의 없다. 수리아 안디옥 지역에서 오랜 기간 지속되었을 그의 사역은 교회 연대기에 기록되지 않았다. 우리는 2세기 초 로마에서 그가 순교의 시간을 맞이하기 직전 몇 주 동안에 그를 처음 만날 수 있으며, 그것이 그와의 유일한 만남이다. 그러나 그 몇 주 동안 이그나티우스는 교회에 상당한 영향력을 미치는 유산을 남겨놓았다. 그의 유산은 일곱 개의 짧은 편지 형태로 되어 있다.

이그나티우스는 안디옥에서 박해가 일어났을 때 체포되어 재판을 받기 위해 로마로 압송되었다. 그는 로마 군인 열 명과 함께 주후 110년경 수리아에서 로마로 여행했다.[13] 여행하는 동안 그는 그가 가는 길에 있던 다섯 곳의 교회(에베소, 마그네시아, 트랄레스, 빌라델비아, 서머나)에 편지를 썼다. 그 외에 친구인 서머나 교회 감독 폴리캅에게 편지를 한 통 썼고, 자신이 그곳에 도착할 것을 알리는 또 한 통의 편지를 로마에 썼다.[14] 이 일곱 개의 짧은 서신으로 이그나티우스는 교회사에 강력한 흔적을 남겼다. 그의 서신은 이른 시기에 쓰였고, 발전의 극히 중요한 시기에 교회가 처했던 상태를 비견할 데 없이 반영했다는 점에서 이그나티우스는 중요한 인물이다. 또한 그리스도인의 삶과 사역을 향한 그의 태도가 중요한 영향력을 끼쳤으며, 이는 우리 연구의 초점이기도 하다.

이그나티우스는 복잡한 사람이었다. 어떤 학자들은 그가 자신에 대한 회의로 가득했다고 말한다. 이는 안디옥에 있던 그의 교회 내에서 분파들의 다툼을 그가 통제할 수 없었다는 사실에 기인할 수 있다. 또 어떤 학자들은 그가 부적절하게 권위적인 태도를 보였으며, 이것이 그 자신의 교회와 다른 교회, 그리고 교회 지도자들에 대한 그의 태도에서 드러난다고 말한다. 어떤 사람들은 그가 평소에 스스로 뒤로 물러나는 태도를 보였다는 점을 들어 이그나티우스는 자존감이 낮은 사람이었음을 시사한다. 그런가 하면 다른 사람들은 그가 정력적이고 충동적이며 원기 왕성한 성격을 타고났다고 말한다.[15] 이렇듯 그의 태도에 대해서는 다른 해석을 내리지만, 모든 학자들이 임박한 순교를 대하는 그의 놀랄 만한 태도를 지적한다. 자신의 순교에 대한 이그나티우스의 태도는 언제나 독자들을 뒤흔들어놓았다. 그 이유는 그가 순교를 간절히 원했기 때문이다. 심지어 그는 독자들에게 로마 정부의 절차에 관여하지 말라고 간청하기까지 한다. "죽음을 기대하는 생생하고도 거의 섬뜩한 이그나티우스의 열정 때문에 많은 독자들이 저항감을 느꼈으며, 상당한 정도의 근거 없는 비판(예를 들면, 그를 '신경증 병자'로 분류하는 것과 같은)이 그에게 가해졌다."[16] 제자도에 대한 이그나티우스의 독특한 이해가 순교에 대한 바로 이 태도에서 드러나며, 이 요소가 이후 교회의 제자도 개념에 심오한 영향을 끼쳤다. 나는 로마 교회에 보낸 이그나티우스의 편지에서 고전적인 구절을 길게 인용하고자 한다. 이 구절은 임박한 순교에 대한 극단적인 공포를 꾸밈없는 힘과 감정으로 묘사한다. 그러나 그것은 또한 순교를 향한 이그나티우스의 믿을 수 없는 태도를 보여주며, 예수 그리스도의 제자인 자신에게 순교가 무슨 의미인지 보여준다.

나는 수리아에서 로마까지 땅과 바다를 통과하면서, 밤과 낮 구별 없이, 잘 대해주면 더 악해지는 표범 열 마리에게 묶여서—함께 간 병사들을 가리킴—맹수들과 싸우고 있습니다. **그들의 부당한 취급 때문에 나는 더욱 제자가 되고 있습니다.** 그러나 '그것 때문에 내가 의로워지지는 않습니다'. 나를 위해 준비된 맹수들을 즐길 수 있기를. 나는 그 맹수들이 두려워서 감히 손대지 못한 어떤 사람들과는 달리, 그것들을 달래어 나를 즉시 삼키도록 할 것입니다. 만약 나는 원하는데 그것들이 준비되지 않았다면 그것들에게 강요라도 하겠습니다. 인내하고 들어주십시오. 나에게 최선이 무엇인지를 알고 있습니다. **이제 마침내 나는 제자가 되기 시작했습니다.** 보이는 것이든 보이지 않는 것이든 나를 질투하여 내가 예수 그리스도에게 도달하지 못하도록 하는 일이 없게 하소서. 불과 십자가와 맹수와의 싸움, 절단, 난도질, 탈골, 사지 절단, 온몸을 부스러뜨림, 마귀의 잔인한 고문, 이 모든 것이 임할지라도 오직 예수 그리스도에게만 도달하게 하소서(*Rom.* 5.1.4-5.3.3. 굵은 글씨는 저자가 강조한 것).

절박한 상황에서 이런 태도를 취하는 것을 보고 우리는 얼이 빠질 수밖에 없다. 이그나티우스의 태도 이면에는 무엇이 있을까? 이런 태도가 다른 사도적 교부들에게서도 발견되는가? 이그나티우스는 제자도를 어떻게 이해했으며, 그것이 신약성경의 개념과 어떤 관계에 있는가? 이것이 우리가 제자도를 이해하는 데 어떤 의미를 가지는가? 이제 이런 간단치 않은 문제들을 살펴볼 것이다.

제자도 용어

이그나티우스는 우리가 신약성경에서 발견하는 것과 동

일한 용어들을 많이 사용한다. 다른 사도적 교부들도 그런 용어들을 사용하지만 이그나티우스가 쓰는 정도로 사용하지는 않는다. 이그나티우스는 **제자**라는 단어와 관련된 단어를 총 열네 번 사용하는데 반해서, 다른 사도적 교부들을 다 합해도 **제자**라는 단어를 사용하는 횟수가 열두 번에 미치지 못한다. 이그나티우스가 **제자**라는 용어를 유달리 풍부하게 사용하지만, 그는 다른 사도적 교부들과 함께 몇 가지 공통적인 제자도 용어를 사용한다.

(1) 제자

이그나티우스는 다른 사도적 교부들보다 **제자**라는 단어를 더 빈번하게 사용했다. 하지만 그 용어는 교부들의 다른 글에도 등장한다. 《폴리캅의 순교》(17.3.3, 5; 22.2.1), 디오그네투스에게 익명으로 보낸 편지(11.1-2에 네 번 등장)가 그것에 포함된다.

이그나티우스는 명사 **제자**(*mathētēs*[마쎄테스]),[17] 동사 **내가 제자 삼다/제자가 되다**(*mathēteuō*[마쎄튜오]),[18] 그리고 드문 명사인 교훈(*mathēteia*[마쎄테이아])을 한 번(*Trall.* 3.2.5) 사용했다. 우리는 앞으로 용례의 범주를 더 완전히 다루겠지만, 현 시점에서 몇 가지 사실이 이그나티우스에게 있어 '**제자**' 용어의 중요성을 보여줄 것이다.

첫째, 이그나티우스는 제자 용어를 서로 모순되는 것처럼 보이는 세 가지 방식으로 사용했다. 어떤 구절에서는 **제자**라는 단어가 단순히 그리스도인을 가리킨다. 다른 구절에서는 그 단어가 다른 그리스도인들보다 더 헌신된 그리스도인을 가리키는 것처럼 보인다. 또 다른 몇 군데에서는 **제자**라는 단어가 순교자를 가리키는 것으로 보인다. 이 놀라운 용례가 여러 해 동안 제자도 연구자들 사이에 많은 논쟁을 일으켰다.

둘째, 이그나티우스는 동사 내가 **제자 삼다/제자가 되다**를 사용했는데, 이 동일한 동사가 마태복음의 지상명령에서 사용되었으므로, 그는 초대교회의 글 및 활동과 독특한 연결고리를 제공했다.[19] 그래서 이제 예수님의 지상명령에 대한 마태의 기록(마 28:19)에서, 사도적 교회 활동에 대한 누가의 기록을 지나(행 14:21), 2세기 교회 생활에 대한 이그나티우스의 기록까지(*Eph.* 3.1.3; 10.1.4; *Rom.* 3.1.2; 5.1.4) 직선으로 연결된다.

셋째, 몇몇 문맥에서 이그나티우스는 명사 *mathētēs*의 '학습자'라는 측면에 집중하는 것으로 보인다(*Rom.* 3.1.2). 우리는 앞에서 그 명사가 가진 의미의 영역 속에 '학습자'가 분명히 포함되지만, 신약성경과 그리스의 세속적 용법 모두에서 '추종자'라는 요소가 더 현저하다는 것을 보았다. 이그나티우스에게서 '학습자'의 요소는 명사 **제자**(*mathētēs*)와 같은 어근에서 형성된 드문 명사인 **교훈**(*mathēteia, Trall.* 3.2.5)을 그가 사용했다는 사실에 의해서도 예증될 것이다. 이 용어는 신약성경에서 발견되지 않으며, 초기 기독교 문서의 다른 어떤 곳에도 등장하지 않는다.

넷째, 이그나티우스가 자신을 제자로 지칭하기는 하지만 자신을 사도로 간주하지는 않는다(*Trall.* 7.1.4; *Rom.* 4.3.2). 이그나티우스에게 '사도'란 교회의 기초가 되었던 특별하고 제한된 집단의 사람들이었다(*Magn.* 6.1.5; 7.1.2; 13.2.3; *Phld.* 5.1.6; 9.1.5; *Smyrn.* 8.1.2 참조). '사도들의 회의체'는 열둘과 바울로 제한된 것으로 보인다(*Rom.* 4.3.2).

《폴리캅의 순교》(이그나티우스로부터 약 50년 후인 주후 160년경에 기록됨)에서 제자 관련 용어가 사용된 것도 매우 흥미롭다. 첫째, *mathētēs*

는 '주의 제자요 주를 본받는 자'로서 순교한 사람들을 지칭하는 데 사용된다(*Mart. Pol.* 22.2.1). 이것은 이그나티우스에게서 발견되는 것과 유사하다.

둘째, 그 용어는 또한 기독교 지도자와 신참 훈련생 사이의 멘토 관계를 나타내는 데 사용된다. 예를 들어서 저자는 이레니우스를 '폴리캅의 제자'라고 부른다(*Mart. Pol.* 22.2.1).[20] 이그나티우스는 다른 그리스도인들의 모범을 배우고 그것을 따르는 것에 대해서는 동의하지만, 두 그리스도인 사이의 형식적인 멘토 관계를 표시할 때 그 용어를 사용하지는 않는다.[21]

셋째, '동료 제자'라는 단어(*summathētēs*[섬마쎄테스])가 《폴리캅의 순교》에 합성어 형태로 등장하지만, 이그나티우스에게서는 보이지 않는다. 저자는 순교자들, 특히 폴리캅을 가리키면서 그도 동료 제자들과 함께 순교할 수 있기를 기도한다. "하나님께서 우리도 그들의 동무요 동료 제자들이 될 수 있게 해주시기를"(*Mart. Pol.* 17.3.5). 이것은 흥미로운 현상이다. 왜냐하면 '동료 제자'라는 표현은 그리스와 초기 기독교에서 매우 드물게 사용되던 말이기 때문이다. 그러나 이 단어는 신약성경 요한의 기록에서 한 번 등장한다. "디두모라고도 하는 도마가 다른 제자들에게(동료 제자들에게) 말하되 우리도 주와 함께 죽으러 가자 하니라"(요 11:16). 흥미롭게도 이 경우도 역시 순교자가 거론되는 문맥이다.

제자라는 단어는 또한 《디오그네투스 서신》(*The Epistle to Diognetus*)에도 등장한다. 이 서신은 사도적 교부들의 글 모음에서 가장 최근의 것이며(주후 약 150-225년) 라이트풋(J. B. Lightfoot)은 이 서신을 "초대 기독교의 가장 고상한 글"이라고 했다.[22] 불신자를 향한 이 익명의 변증적 논문에서 저자는 **제자**라는 단어를 네 번 사용하는데, 모두가 도전적인 성격의 한 단락에 등장한다.

> 나는 이상한 일들을 말하는 것이 아니고, 불합리한 망상에 빠진 것도 아닙니다. 사도들의 **제자**였던 나는 이제 이방인의 교사가 되었습니다. 진리의 **제자들**이 된 사람들에게 나는 전승되어온 교훈들을 합당한 방법으로 가르치려고 노력합니다. 실로, 바른 교훈을 받고 말씀(Word)을 사랑하게 된 사람들 중에 말씀에 의해서 **제자들**에게 공개적으로 알려진 것을 정확하게 배우려고 노력하지 않는 사람이 있습니까? 그들에게 말씀이 나타나서 이것을 계시했으며, 과거와 마찬가지로 매우 분명하게 말해주었습니다. 불신자들은 이해하지 못했지만, 그는 그것들을 **제자들**에게 설명했고, 그에게 충실한 그들은 아버지의 신비를 배웠습니다(*Diogn*. 11.1-2.[23] 굵은 글씨는 저자가 강조한 것).

이 흥미로운 단락에서 몇 가지 문제가 제기된다. 첫째, "제자들"은 "불신자들"의 반대 의미로 사용되므로, "진리의 **제자들**이 된다"는 것은 기독교로 회심함을 표시한다. 둘째, "사도들의 제자"인 저자는 사도들에게 가르침을 받은 사람이었으며,[24] 지금 "이방인의 교사"가 되었다. 이 표현은, "진리의 제자들이 된 사람들"이라는 어구가 드러내듯이 복음의 진리를 획득했음을 나타낸다. 이그나티우스와 폴리캅의 순교에서 보았듯이, 이런 용법은 '학습'의 측면을 강조한다. 셋째, 이 '학습'의 측면은 회심과 밀접하게 연결된다. 기독교의 의미를 배우고 그것을 자신의 것으로 받아들임으로 사람은 '진리의 제자' 곧 그리스도인이 된다.

계속되는 부분에서 사도적 교부들이 가지고 있던 제자도에 대한 개념을 이해하는 데에 이 관찰이 중요하다는 사실을 보겠지만, 먼저 관련 용어들에 대해 약간의 설명을 하려고 한다.

(2) 따르는 자

우리는 복음서들이 '제자도'에 해당하는 은유적 표현으로 **따르다/따르는 자들**을 통상적으로 사용했으나 그 용어가 복음서 이외의 신약성경에서는 매우 드물게 발견되는 현상을 보았다. 흥미롭게도 '따른다'는 말을 사용해 은유적으로 제자도를 의미하는 경우가 이그나티우스에게서는 발견되지 않는다. 이그나티우스는 어떤 사람 혹은 어떤 것의 뒤를 실제로 따라가는 것(*Phld.* 11.1.3), 혹은 다른 사람의 교훈이나 어떤 교훈의 특성에 순종하거나 그것을 취하는 것을 묘사하기 위해서(*Eph.* 14.1.5; *Phld.* 2.1.3; 3.3.2; *Smyrn.* 8.1.1) 이 단어를 사용했다. 마찬가지로 클레멘트도 다른 사람의 교훈 혹은 어떤 교훈의 특성에 순종하거나 그것을 취하는 것을 묘사하기 위해서 '따르다'라는 단어를 사용했다(*1 Clem.* 14.1; 40.4).

사도적 교부들의 경우 드물게 '따르다'가 '제자도'에 근접하는 은유적 의미로 사용되었다.[25] 한번은 클레멘트가 그리스도인의 정당한 의무는 "진리의 길을 따르는" 것이라고 말한 적이 있다(*1 Clem.* 35.5). 하지만 이와 유사한 은유적 의미가 다른 용어를 통해서 표현되는 경우가 발견된다. 예를 들어 《폴리캅의 순교》의 저자는 "복음에 일관된 **예수 그리스도의 말씀을 따라서 여러분이 걸으므로**, 형제들이여 작별을 고합니다. 택함을 받은 거룩한 자들의 구원으로 인해서 그와 함께 하나님이 영광받으시기를. 복된 폴리캅이 순교했듯이, **그의 발자취를 따라서 우리도** 역시 예수 그리스도의 나라에서 **발견되기를**"(22:1; 굵은 글씨는 저자가 강조한 것). 여기에서 저자는 "예수님의 말씀을 따라서 걷는다"는 표현과 "발자취를 따라서"라는 표현을 동시에 사용한다.

(3) 형제/자매, 그리스도인, 성도

신약성경 저자들이 제자들을 다른 이름으로도 지칭했듯이, 사도적 교부들도 제자들을 예수 그리스도를 믿는 자,[26] '형제/자매', '그리스도인', '성도'라는 이름으로 지칭한다.

형제/자매라는 호칭이 사도적 교부들에게서 성경의 용법을 기억나게 하는 방식으로 사용되고 있다. 이는 신자들이 동일한 하나님의 가족이라는 생각을 함축한다. 사도적 교부들은 어떤 지역에 모인 신자들의 무리 전체를 지칭하기 위해서 흔히 **형제들**이라는 단어를 사용한다.[27] 하나님의 가족 구성원 개인을 지칭할 때 남녀를 구분하여 '자매들' 그리고 '형제들'이라는 표현이 사용된다(예를 들면 Ign. *Poly*. 5.1.2, 4; *Mart. Pol*. 20.1.3). 하지만 이 특별한 관계는 한 지역 교회의 지체들로만 제한되지 않는다. 다른 지역 교회에 속한 사람들도 역시 그들의 '형제'로 지칭되며(예를 들면 Ign. *Smyrn*. 12.1.1), 어디에 있든지 모든 신자들은 동일한 '형제 됨'의 부분인(*1 Clem*. 2.4) '형제들'로 불리기 때문이다(예를 들면 *Mart. Pol*. 1.2.5).[28] 이것은 예수님이 제자들을 향해서 사용한 호칭, 그리고 초대교회가 서로를 향해서 사용한 호칭과 매우 유사하다.

사도적 교부들에게서도 **그리스도인**이라는 호칭이 신자를 가리키는 말로 사용된다. 이 단어는 이그나티우스의 편지에 흔히 등장하며, 익명의 그리스도인이 디오그네투스에게 보낸 편지에 가장 빈번하게 등장한다. 단수형과 복수형으로 등장하는 **그리스도인**(들)이라는 단어는 예수 그리스도를 믿는 사람을 가리킨다.[29] 이 시기에 신자를 '그리스도인'이라고 부르는 것이 일반화된 것으로 보인다. 그 증거로, 이그나티우스도 또한 관련된 명사(**기독교**)[30]와 동사(**기독교적인**, *Trall*. 5.2.4)를 사용하여 받은 교리, 추종하는 이데올로기, 그리스도와 그분의 가르침에 대한 진실된 신앙이 만들어내는 생활 방식을 가리키는 것을 들 수 있다. 누가가 기록한 안디옥 초기에 그러했듯이(행 11:26), **제자**라는 용어가 그리스도인이라고 불리는 사람들을 공통적으로 지칭한다는 것은 의미심장하다.

신약성경의 신자들 곧 제자들을 가리키는 호칭으로(Ign. *Smyrn*. 1.2.4; *Pol. Phil*. 1.1.4; 12.3; 라틴어로 *sanctus*[상투스]) 혹은 구약의 선지자들을 가리키는 호칭으로(Ign. *Phld*. 5.2.4) 사도적 교부들에게서 **성도**라는 단어가 또한 사용되지만, 이 단어는 **형제/자매** 혹은 **그리스도인**만큼 빈번하게 등장하지는 않는다.

(4) 본받는 자/본받다, 모범

신약성경의 서신을 연구하면서 우리는 '본받음'의 개념이 예수님의 제자도 사상과 밀접하게 연결된 것을 발견했다. 그와 동일한 개념적 연결이 사도적 교부들에게서도 발견된다. 이그나티우스는 네 번에 걸쳐서 다양한 교회의 신자들에게 '주를 본받는 자'가 되라고 권면한다. 이것은 의로운 행동에서(*Eph*. 1.1.3), 박해를 받아도 보복하지 않는 점에서(*Eph*. 10.3.2), 품성과 인내의 성향에서(*Trall*. 1.2.3), 그리고 아버지 뜻에 대한 순종에서(*Phld*. 7.2.4) 예수님의 모범을 따르는 것을 의미한다. 또한 이교도들이 신자의 선한 행실을 보고 그들의 모범을 따라서 예수님의 제자들이 될 것이다(*Eph*. 10.1.4). 그렇기에 본받음과 제자도는 밀접하게 연결되어 있다.

순교에 대한 명상 속에서도 제자도와 본받음이 한 점으로 수렴된다. 한번은 이그나티우스가 처형당하는 지점까지 주를 본받는 것이 허락되기를 원하는 자신의 마음을 표현했다. "나로 나의 하나님의 고난을 본받는 자가 되도록 허락하라. 누구든지 그분을 자기 안에 소유하고 있다면 나를 강제하는 것이 무엇인지 알고 내가 원하는 것을 이해하며 나와 공감하도록 하라"(*Rom*. 6.3.1). 궁극적인 제자도를 경험하고자 하는 이그나티우스의 갈망은 예수님을 따라서 죽는 것을 의미했다. 마찬가지로, 그리스도를 본받고자 하는 이그나티우스의 갈망은 무척이나 열정적인 나머지, 그는 자신에게 임박한 순교를 예수님이 보이신 고난에 비추어 해석했으며, 모든 그리스도인이 이와 동일한 열정을 경험해야 한다고 가정했다.

비록 클레멘트가 그리스도와 관련하여 **본받는다**(*mimeomai*[미메오마이])는 단어를 사용하지는 않지만, 그가 교회를 향하여 그리스도가 겸손과(*1 Clem*. 16.17) 선행에서(33.8) 세운 '모범'(*hupogrammos*[휘포그람모스])을 따르라고 권면할 때에는 본받음과 관련된 용어를 사용했다. 게다가 클레멘트는 신약성경에 나타난 본받음의 다른 측면을 강조했다. 곧 경건한 신자들의 모범을 따르는 것이다. 그는 교회에게 구약 선지자들에게서 발견되는 겸손을 본받는 자(*mimētai*[미메타이])가 되며(17:1), 특히 베드로와 바울(5:4, 7; 6:1) 같은 사도들 그리고 자기가 속한 시대의 경건한 신자들의(63:1) 모범(*hupodeigma*와 *hupogrammos*)을 따르라고 권면한다.

'본받음'이라는 주제는 또한 폴리캅의 《빌립보서》와 익명의 《폴리캅의 순교》에도 등장한다. 이 책에서 저자는 그리스도(17.3.3) 혹은 폴리캅 같은 순교자를(1.2.2; 19.1.5) 본받을 만한 모범으로 제시한다. 우리를 위해 십자가에서 고난을 당하신 그리스도를 이야기하면서 폴리캅 자신이 "그러므로 우리는 그의 인내를 본받는 자가 됩시다. 또한 우리가 그의 이름을 위해 고난을 당한다면 그분에게 영광을 돌립시다. 이것이 그분 자신이 우리에게 주신 모범이며, 이것이 우리가 믿는 것이기 때문입니다"(*Phil*. 8.1-2).

로마제국이 박해를 하던 그 끔찍한 시기에 고난 속에서 그리스도의 모범을 따른다는 주제는 교회 내 모든 사람의 믿음에 필요한 자극제였다.

제자도의 특징

사도적 교부들은 신약성경 저자들이 사용한 것과 동일한 제자도 용어들을 사용했다. **제자**라는 단어를 사용할 때 교부들, 특히 이그나티우스는 그 용어를 제한된 방식으로 사용했다. 복음서에서 그리고 사도행전에서 **제자**라는 단어가 믿는 자들을 가리키는 단순한 호칭으로 사용되었다. 많은 곳에서 그 단어는 특별한 의미 없이 사용되었다. 한편으로는, 예수님이 자신의 독특한 형태의 제자도를 발전시켜감에 따라 **제자**라는 단어가 점점 특별한 전문적 의미를 지니게 되었다. 그 전문적 의미란, 예수님과의 특별한 관계를 의미하고, 성장 과정이 있을 것을 가정하는데, 이 성장 과정은 특별히 스승을 본받아 스승처럼 되는 것을 목적지로 한다. 초대교회 시대 즈음에 예수님의 제자가 된다는 것에 대한 전문적 이해가 그 용어에 고착되었다. 사도행전에서는 그 용어가 신앙을 고백하는 그리스도인을 가리키는 평범한 호칭으로 사용된다. 하지만 사도적 교부들은 이 호칭을 평범한 의미로 사용하지 않았다. 그들은 문맥 속에서 그리스도인의 제자도 삶이라는 전문적 의미로 일종의 경외감을 포함하여 **제자**라는 단어를 사용하는 경향이 있었다. 이것은 예수님의 지상 사역에 함께했던 제자들에 대한 존경심이 점점 증가한 것에서 영향을 받았을 수도 있지만, 그보다는 교회가 경험한 박해의 영향을 받았음이 거의 확실하다.

전체적으로, 제자도는 그리스도인의 삶을 발전시키는 것이라고 이해되었다. 하지만 이그나티우스와 다른 몇몇 사도적 교부들의 제자도는 당황스럽게도 순교와 관련된다. 우리는 앞에서 이그나티우스가 **제자**라는 말을 '신자' 혹은 '그리스도인'으로 지칭하는 듯하다는 점에 주목했다. 몇몇 구절에서 제자도란 단순히 그리스도인의 삶을 실천하는 것이다. 하지만 순교에 점점 가까이 가면서 이그나티우스가 마침내 자신이 '제자가 되는' 것으로 이해하는 것에 우리는 주목했다. 몇몇 구절에서는 제자도가 그리스도인 생활에서 더욱 진보한 단계인 것처럼 보인다. 제자도에 관해 이렇게 모순되어 보이는 표현을 어떻게 이해해야 할까? 이 질문에 적절히 답하기 위해서는 그 두 가지 표현을 더 자세히 살펴봐야 한다.

(1) 기독교적 삶으로서의 제자도

이그나티우스는 회심과 기독교적 성장을 통해 제자도의 삶으로 들어와서 진보를 이룰 수 있다고 말했다. 이방인들이 "하나님을 발견"하면 그들은 "제자가 된다"(*Eph*. 10.1.4). 일단 제자가 되면 그리스도와 그 교훈에 합당한 생활을 영위함으로써 제자는 성장을 이룬다. 이그나티우스는 교회를 향해 이렇게 썼다. "그분의 제자가 되었으므로 이제 기독교에 일관된 삶을 사는 법을 배웁시다. 이것 이외의 다른 이름으로 불리는 사람은 누구든지 하나님께 속하지 않기 때문입니다"(*Mag*. 10.1.3). 여기에서 그는 교회를 율법주의로 되돌려 놓으려는 유대주의자들과 '기독교에 일관되게 사는' 참된 '제자들'을 대비하고 있다.

이그나티우스는 제자도의 삶이 시작되는 지점인 회심이 믿음의 결과임을 힘 있게 강조했지만, 제자도의 삶을 계속해가는 것은 믿음의 증명임을 또한 동일하게 강조했다. 마그네시아인들에게 보낸 편지에서 그는 그리스도의 죽음과 부활을 믿는 사람들이 제자라고 말했다. 심지어 그는 구약 선지자들을 가리키면서 "성령 안에서 제자들"이라고 말하는데, 그 이유는 그들이 그리스도를 기다렸기 때문이다. 그리스도인의 삶은 십자가의 신비를 중심으로 하며, 거기서부터 흘러나온다.

> 그런데 만약 과거의 습관 속에서 살던 사람이 새로운 소망으로 들어왔고, 더 이상 안식일을 지키지 않고 주의 날(Lord's day)을 지키며, 그 주일을 기초로 우리의 생명도 그분과 그분의 죽음을 통해서 일어나며(어떤 사람은 이것을 부인한다), 그 죽음의 신비를 통해서 우리가 믿게 되었고, 이 믿음 때문에 우리가 인내를 가지고 견디면서, 그로 말미암아 우리가 유일한 주님이신 예수 그리스도의 제자로 발견되고자 한다면, 어떻게 우리가 그분 없이 살 수 있습니까(Ign. *Magn*. 9.1.1-6).

십자가와 부활이 기독교 실존의 모양을 결정한다. 그리스도는 자신을 제자라고 부르는 모든 사람의 유일한 주님이시다. 그분은 죽기까지 복종하여 인내의 궁극적인 모범을 보이셨기 때문이다. "'인내'가 바로 제자도의 표지이다. 이그나티우스에게 그리스도의 교훈은 죽기까지 복종함으로 아버지의 뜻을 이루는 것이기 때문이다."[31] 믿음은 인내로써 증명되어야 한다. 순종하는 자만이 제자로 입증되며, 결정적인 증거는 죽기까지 복종하는 것이다(Ign. Magn. 9-10 참조). 교회를 향한 로마 정부와 유대주의자들의 위협을 보면서 이그나티우스는 인내와 순종이 참된 믿음/제자도의 증거라고 선언했다. 회심은 한 사람이 제자가 되는 시점이지만, 참된 제자는 제자도에서 계속 성장해갈 것이다.

이것은 제자들이 항상 완전하게 순종할 것이라는 의미가 아니다. 때로 제자들도 길을 벗어날 것이며, 따라서 다시 그 길로 돌아와야 할 것이다. 이그나티우스는 폴리캅에게 길을 벗어난 지체들을 어떻게 다루어야 하는지 조언했다. "당신이 좋은 제자들만 사랑한다면 그것은 아무 공로도 아닙니다. 도리어 너그러운 마음으로 더욱 골치 아픈 사람들을 순종하게 하십시오"(Poly. 2.1.1). 이그나티우스는 신약성경 저자들만큼 현실적이다. 순종과 인내는 제자들에게 기대되는 표지이지만, 길 위에서 여행 중인 사람에게 완성이 요구되지는 않는다.

(2) 발전하는 제자도

사도적 교부들의 제자도는 분명히 발전적인 성격을 지녔다. 그리스도인이 회심을 통해서 제자가 되기는 하지만, 제자의 생활은

(즉 제자도) 정적인 현상이 아니다. 제자도란 더욱 예수님을 닮겠다는 목표를 향해서 성장하고 진보하는 것이다. 단순히 **제자**라는 용어를 사용해서 저자들은 헌신적으로 예수님을 따르는 그리스도인상을 떠올리게 한다. 참된 제자가 된다는 것은 예수님을 따르겠다는 명확한 회심으로 헌신한 사람이며, 그렇게 헌신한 사람은 그것을 끝까지 밀고 나갈 것이라고 기대된다. 이것이 박해를 경험하는 사람들에게 특별히 중요하다. 박해의 시기에 그리스도인으로 고발된 사람들은 단지 예수님의 이름을 부인하기만 하면 방면되었다. 그러나 계속해서 예수님의 이름을 주장하는 사람들은 믿음의 실체를 증명했다. 이것이 그들이 참된 추종자라는 궁극적 증명이며, 그 이름과 기독교의 삶과 목회의 참됨에 대한 변증이었다.

그러므로 회심의 순간은 앞으로 닥칠 어려움을 생각해보면 의미심장한 순간이었다. 예수님의 이름을 구주로 선언하는 것은 그 이름을 위해서 반드시 박해를 경험할 것이라는 의미였다. 이것은 제자도의 비용을 계산하라는 예수님의 교훈에 딱 맞는 실례이다. 비용을 계산한다는 말은 제자가 된다는 것의 비용을 의미할 뿐 아니라 제자도의 삶에 따라오는 비용까지 의미했다. 제자도의 비용 계산에 관한 비유에서 예수님은 제자도의 과정을 마치기까지 드는 비용이 어떤 것인지 분명히 지적하셨다(눅 14:28-33). 예수님은 제자도란 단순한 회심의 순간이 아니라, 그 뒤에 따라올 생활까지 포함한다는 것을 사람들이 인식하기를 원하셨다. 이그나티우스가 특별히 강조한 것이 바로 이 계속되는 삶이다. 자기 삶의 완성에 가까이 갈수록 그는 완성된 제자에 더욱 가까이 갔던 것이다.[32]

누군가가 "제자는 언제나 더욱 온전한 제자가 되어가고 있다"라고 말했다. 이것은 이그나티우스가 강조한 발전 과정과 유사하다. 회심의 순간에 제자가 되지만, 성장함에 따라서 더욱 주님처럼 되며, 더욱 예수님과 비슷하게 되어감으로써 마침내 그리스도를 닮는 온전한 임무 완수에 더욱 가까이 가는 것이다. 이 주제는 또한 신약성경이 발전시키는 "이미/아직"의 긴장으로 계속된다. 이것의 실례가 특별히 바울에게서 발견된다. 그는 구원을 얻기 위해서 그리스도를 아는 것의 비용을 **이미** 계산했지만, **아직** 그분을 완전히 알지는 못했다. 그의 삶을 통해서 그 지식이 확장되었으며, 그가 죽을 때 완성될 것이다.

> 그러나 무엇이든지 내게 유익하던 것을 내가 그리스도를 위하여 다 해로 여길뿐더러 또한 모든 것을 해로 여김은 내 주 그리스도 예수를 아는 지식이 가장 고상하기 때문이라 내가 그를 위하여 모든 것을 잃어버리고 배설물로 여김은 그리스도를 얻고 그 안에서 발견되려 함이니 내가 가진 의는 율법에서 난 것이 아니요 오직 그리스도를 믿음으로 말미암은 것이니 곧 믿음으로 하나님께로부터 난 의라 내가 그리스도와 그 부활의 권능과 그 고난에 참여함을 알고자 하여 그의 죽으심을 본받아 어떻게 해서든지 죽은 자 가운데서 부활에 이르려 하노니
> 내가 이미 얻었다 함도 아니요 온전히 이루었다 함도 아니라 오직 내가 그리스도 예수께 잡힌 바 된 그것을 잡으려고 달려가노라 형제들아 나는 아직 내가 잡은 줄로 여기지 아니하고 오직 한 일 즉 뒤에 있는 것은 잊어버리고 앞에 있는 것을 잡으려고 푯대를 향하여 그리스도 예수 안에서 하나님이 위에서 부르신 부름의 상을 위하여 달려가

노라(빌 3:7-14).

이그나티우스도 바울과 같았다. 이그나티우스는 삶에서 위기의 순간에 글을 썼다. 그에게 제자가 된다는 것은 편한 일이 아니었다. 그 일을 위해 생명을 바쳐야 했다. 하지만 이것이 그를 도전 앞에서 움츠러들게 하지는 못했다. 실제로 순교에 직면했을 때 그는 자신이 제자도 삶의 완성에 더욱 가까이 다가갔다고 생생하게 인식했다. 그는 점점 마지막에 가까워지고 있었으며, 주님과 함께할 순간으로 더욱 다가가고 있었던 것이다.

게다가 순교에 직면해서 그는 주님이 걸었고 열둘의 대부분과 바울이 걸었던 것과 동일한 고난의 길을 걷고 있음을 깨달았다.[33] 그는 자신의 순교에서 공포를 본 것이 아니라 주님이 걸으신 것처럼 걷는 특권을 본 것이다.

교회사 후기에 이런 태도가 극단으로 흘러서 공로에 의한 구원 혹은 성자의 자격 같은, 기독교의 더 높은 수준에 도달하기 위해 금욕적인 방식으로 순교를 추구하는 경향까지 생겨났다. 그런 개념은 성경적 제자도가 아니다. 반면 이그나티우스에게서 예수님과 사도들이 발전시킨 모델을 밀접하게 따르는 제자도의 모범을 발견한다.

(3) 본받음과 제자도

우리는 이그나티우스의 생각 속에서 제자도와 본받음이 하나로 수렴된다는 것에 주목했다. 이 두 관념이 정확히 같은 것은 아니지만 의미상 서로 가깝다. 제자도란 그리스도에게 헌신하는 것이며, 그분의 모범을 따르는 것이다. 본받음은 모범의 측면을 강조하지만 동시에 헌신을 전제한다. 코윈(Corwin)의 설명이다.

> 기독교 삶에 대한 이그나티우스의 견해를 이해하는 열쇠는 본받음과 제자도라는 쌍둥이 개념을 이해하는 것이다. 그것들이 그의 중심 생각이기 때문이다. 이 두 개념이 그가 촉구하는 내용을 형성하며, 두 개념이 표시하는 길을 따르면 그리스도인의 삶은 든든하게 선다. 주님에 대한 헌신 속에서 효과적인 동기가 제공되고, 최소한 일반적인 의미에서 삶의 모범이 제공되기 때문이다.[34]

어떤 사람들은 이그나티우스가 본받음이라는 주제를 그리스 철학에서 취했다고 제안한다.[35] 하지만 이그나티우스의 교훈을 신약성경의 교훈과 상세히 비교해보면, 이그나티우스가 그의 교훈을 헬레니즘이 아닌 성경의 모델을 따라서 형성했음이 드러난다.[36] 이그나티우스가 처형에 이르기까지 주를 본받는 것이 자신에게 허락되기를 바라는 소망을 표현할 때, 그의 말은 신약성경의 용례를 반영한다. "나로 나의 하나님의 고난을 본받는 자가 되도록 허락하라. 누구든지 그분을 자기 안에 소유하고 있다면 나를 강제하는 것이 무엇인지 알고 내가 원하는 것을 이해하며 나와 공감하도록 하라"(Ign. Rom. 6.3.1). 여기에서 이그나티우스는 자기 생각에 모든 그리스도인이 이해해야 하는 것을 말하고 있다. 즉 순종이 그리스도가 당한 것과 같은 고난을 자기도 동일하게 감당해야 함을 의미하더라도 완전한 순종에 대한 열망을 가져야 한다는 것이다. 이 문맥은 그리스도가 보이신 순종의 모범을 따른다는 것이 고난을 의미했던 신약성경의 저자들과 이그나티우스가 궤를 같이하고 있음을 분명히 드러낸다. 사도 베드로가 말했다. "이를 위하여 너희가 부르심을 받았으니 그리스도도 너희를 위하여 고난을 받으사 너희에게 본을 끼쳐 그 자취를 따라오게 하려 하셨느니라"(벧전 2:21).

우리는 또한 제자도와 본받음이 신자들 사이의 관계에서 어우러지는 것을 볼 수 있다. 신자들은 이방인이 따를 수 있는 경건의 모범을 제공해야 하며(Ign. *Eph.* 10.1.4), 또한 서로에게서 배워야 한다(Ign. *Rom.* 3.1.2).《폴리캅의 순교》의 저자는 신자가 다른 신자의 모범을 따를 때 그는 그 사람의 제자라 말할 수 있다고 제안한다(*Mart. Pol.* 22.2.1). 신약성경은 신자가 제자를 두는 것에 대해서 오직 한 번 말하지만(행 9:25 바울/바울의 제자들), 신자가 다른 신자들의 모범에서 배우고 그것을 따른다는 것은 온전히 신약성경의 주제이다. 그 모범은 자주 앞선 신자들이 고난을 감내한 방식과 연결되어 있다. 히브리서 저자는 독자들을 향해 믿음으로 고난당한 구약 성도들을 되돌아보면서 예수님의 고난의 모범을 따르라고 권면하며(히 12:1-3), 바울은 데살로니가인들에게 칭찬하기를 "형제들아 너희가 그리스도 예수 안에서 유대에 있는 하나님의 교회들을 본받은 자 되었으니 그들이 유대인에게 고난을 받음과 같이 너희도 너희 동족에게서 동일한 고난을 받았느니라"라고 했다(살전 2:14).

어떤 사람들은 이그나티우스가 그리스도의 고난을 본받음과 순교를 강조함으로 '그리스도의 고난을 재현'한다는 후대 교회의 교리로 기울었다고 했다. 후대 교회에서는 제자도와 본받음 사이에 구분이 지어졌다. 제자도는 그리스도를 따르는 것을 의미한 반면, 본받음은 성자의 반열에 도달하기 위해서 그리스도의 특성을 반복하는 것을 의미했다. 그리스도를 따르는 것은 하나님의 은혜로 격려받는 믿음과 순종의 범주로 여겼고, 본받음은 헌신된 사람인 성자가 성취하는 것으로 이해됐다.[37] 그러나 이그나티우스에게서 본받음이라는 주제는 후대 교회의 전통에서 발견되는 것과 같지 않다. 이그나티우스가 생각한 고난에 이르기까지 그리스도를 본받는 것이 특별한 성자에게 해당되는 일이 아니기 때문이다. 도리어 그것은 모든 그리스도인의 소명이었다.[38]

(4) 순교로서의 제자도

이그나티우스의 글은 사람이 회심과 기독교적 성장을 통해서 제자도의 삶으로 들어오고 전진해나간다고 말하지만, 그는 순교에 접근해가는 사람들이 독특한 방식으로 제자도를 경험한다고 말하는 듯한 언어를 사용하여 현대 독자들을 놀라게 한다. 예를 들면, 이그나티우스는 "로마에서 맹수들과 싸움으로 참된 제자가 되기 위한" 열성을 표현한다(*Eph*. 1.2.4). 그는 임박한 순교를 맹수에게 먹히는 것으로 간주하면서, "맹수를 구슬러서 그것들이 나의 무덤이 되고 내 몸의 아무것도 남기지 않음으로, 내가 잠든 후에 다른 사람에게 짐이 되지 않도록 하라. 그리하여 세상이 더 이상 나의 몸을 보지 않을 때 나는 예수 그리스도의 참된 제자가 될 것이다"라고 말한다(*Rom*. 4.2.4). 이그나티우스는 순교가 마침내 가져다줄 영적 유익에 환호한다. 곧 그가 마침내 제자가 된다는 것이다.

> 나를 위해 준비된 맹수들을 즐길 수 있기를. 나는 그 맹수들이 두려워서 감히 손대지 못한 어떤 사람들과는 달리, 그것들을 달래어 나를 즉시 삼키도록 할 것입니다. 만약 나는 원하는데 그것들이 준비되지 않

았다면 그것들에게 강요라도 하겠습니다. 인내하고 들어주십시오. 나에게 최선이 무엇인지 알고 있습니다. 이제 마침내 나는 제자가 되기 시작했습니다(*Rom.* 5.3.2).

제자도와 관련된 이런 종류의 말을 우리는 어떻게 이해해야 하는가? 초대교회의 몇몇 연구자들은 여기에 이그나티우스 제자도가 두 단계 형태임을 발견했다. 그들의 제안에 따르면, 이그나티우스에게는 순교를 경험하는 것만이 제자도에 도달하는 길이었다. 한두 구절만 취하여 본다면 우리는 실제로 이런 결론에 도달해야 할 것이다. 하지만 이그나티우스가 제자도와 순교를 논하는 일곱 구절을 면밀히 조사해보면 각각의 구절에서 그가 철저하게 신약성경의 주제를 드러내고 있음을 볼 수 있다. (1) 그리스도인의 삶은 발전 과정으로 그 완성은 죽음 그리고 그리스도와의 연합에 의해서만 이루어지며, (2) 그리스도인의 삶과 사역의 본질은 죽어서 주님 앞에 설 때 입증된다. 예를 들면, 이그나티우스는 죄수의 몸이 된 상태가 자기에게 큰 영적 축복을 가져다주는 것이라고 묵상하면서, 제자도에 대한 그의 사상을 어떻게 봐야 하는지에 대한 독특한 관점을 우리에게 제공한다. 순교에 직면해서 그는 마침내 '하나님께 도달'할 것이며, 그로 말미암아 마침내 제자가 될 것이다. "나 자신으로 말하자면, 비록 죄수의 몸이 되었지만 천상의 일들, 천사의 등급과 공중 권세의 위계질서, 보이는 것과 보이지 않는 것들을 파악할 수 있다. 하지만 이 모든 것에도 불구하고 나는 아직 제자가 아니다. 우리에게 하나님이 부족하지 않게 해주는 것들이 아직 우리에게 몹시도 부족하기 때문이다"(*Trall.* 5.2.4). 슈델(Schoedel)은 이렇게 언급한다. "어거스틴도 '하나님을 얻기 위해서 그렇게도 많은 것을 견딘' 순교자들에 대해 말하는데, 이는 하나님을 '소유한다'는 것에 대한 미래 지향적 형태의 주제이다"(Ign. Magn. 12 참조).[39] 이런 의미의 제자는 죽기까지 복종함으로 하나님의 영적인 충만에 도달한 사람이다.

위에 인용된 구절에서, 이그나티우스는 맹수에게 잡아먹히는 순교가 임박한 것을 생각하면서 이렇게 말한다. "맹수를 구슬러서 그것들이 나의 무덤이 되고 내 몸의 아무것도 남기지 않음으로, 내가 잠든 후에 다른 사람에게 짐이 되지 않도록 하라. 그리하여 세상이 더 이상 나의 몸을 보지 않을 때 나는 예수 그리스도의 참된 제자가 될 것이다"(Ign. Rom. 4.2.4). 그의 몸이 사라진다는 것은 그가 더 이상 다른 누구에게도 짐이 되지 않을 것을 의미하며(놀랍게도 바울적인 주제), 또한 그가 완전한 변하는 시작점이 될 것이다. 그는 계속해서 말한다. "내가 고난을 당한다면 나는 예수 그리스도의 해방된 사람이 될 것이며, 그분 안에서 자유롭게 상승할 것이다. 그때까지 죄수인 나는 아무것도 원하지 않는 것을 배운다"(Rom. 4.3.4). 이 세상을 떠나면서 참된 자유, 참된 완전성 곧 참된 제자도에 도달하리라는 것을 이그나티우스는 깨닫는다.[40]

발전의 측면과 입증의 측면의 결합이 이그나티우스가 인용하는 바울의 진술에서 분명하게 드러난다. "나는 수리아에서 로마까지 땅과 바다를 통과하면서, 밤과 낮 구별 없이, 잘 대해주면 더 악해지는 표범 열 마리에게 묶여서—함께 간 병사들을 가리킴—맹수들과 싸우고 있습니다. 그들의 부당한 취급 때문에 나는 더욱 제자가 되고 있습니다. 그러나 '그것 때문에 내가 의로워지지는 않습니다'"(Rom. 5.1.4). 여기에서 이그나티우스는 제자도를 칭의와 동일시하며 고린도전서 4장 4절을 기반으로 그 원리를 예증한다. 이그나티우스는 순교를 위한 그의 로마 여행을 적대 세력에 대한 승리의 투쟁으로 보고 있다. 로마 세력은 패배의 길로 추락하고 있지만, 그 방법은 역설적이다. 이그나티우스는 원형극장에서의 죽음과 그것을 통해 하나님께 도달하는 형태로 승리할 것이다. 현재의 고난은 그가 제자가 되고 있음을 가르치고 칭의를 위해 그를 준비시킨다. 바울의 말을 인용함으로 이그나티우스의 칭의가 아직 미래, 곧 그의 완전함이 성취될 때의 일이라는 것이 강조된다.[41] 임박한 순교를 이야기하는 가운데 이그나티우스는 순교가 가져다줄 영적 유익 때문에 크게 기뻐한다. 그는 마침내 제자가 될 것이다.

> 나를 위해 준비된 맹수들을 즐길 수 있기를. 나는 그 맹수들이 두려워서 감히 손대지 못한 어떤 사람들과는 달리, 그것들을 달래어 나를 즉시 삼키도록 할 것입니다. 만약 나는 원하는데 그것들이 준비되지 않았다면 그것들에게 강요라도 하겠습니다. 인내하고 들어주십시오. 나에게 최선이 무엇인지 알고 있습니다. 이제 마침내 나는 제자가 되기 시작했습니다. 보이는 것이든 보이지 않는 것이든 나를 질투하여 내가 예수 그리스도에게 도달하지 못하도록 하는 일이 없게 하소서. 불과 십자가와 맹수와의 싸움, 절단, 난도질, 탈골, 사지 절단, 온몸을 부스러뜨림, 마귀의 잔인한 고문, 이 모든 것이 임할지라도 오직 예수 그리스도에게만 도달하게 하소서(Rom. 5.3.1-3).

이 부분은 아마 그의 편지들 중에서 가장 극단적인 진술일 것이지만, 이것은 다시 한 번 제자도, 곧 예수 그리스도와 함께한다는 최후의 성취를 의미하는 그 제자도에 도달하기 위해서는 어떤 고난도 당하겠다는 이그나티우스의 열의를 보여준다.

이그나티우스가 폴리캅에게 보낸 편지에도 동일한 주제를 발견한다. 서머나 사람들과 폴리캅이 기도한 결과 안디옥에 있는 자신의 교회가 평안 가운데 있게 되었으므로, 이그나티우스는 이제 걱정에서 벗어났다. 그는 이 세상의 모든 염려로부터 해방된 마음으로 순교의 순간을 맞이할 수 있었다. 그러므로 이제 그는 자신을 위한 그들의 능력 있는 기도를 다시금 간절히 원한다. 이그나티우스는 그들이 무엇을 위해 기도하기를 원하는가? "…고난을 통해서 내가 하나님께 도달하도록, 당신들의 기도를 통해서 내가 제자인 것이 입증되도록"(Pol. 7.1.5). 슈델(Schoedel)은 이렇게 설명한다. "안디옥의 문제들이 해결되었다는 것을 이그나티우스는 자신의 어려움이 끝날 것이라고 기대할 수 있다는 표시로 받아들였다. 더욱 정확히 말하면, 안디옥에서 이그나티우스의 정당성이 입증된 것은, 이제 이 감독이 하나님의 최종 승인에 대해 더 높은 소망을 가질 수 있음을 의미한다."[42]

또 다른 한 구절은 순교와 관련하여 이그나티우스가 제자도에 대해 취한 태도를 밝혀준다. 에베소의 신자들에게 편지하면서, 이그나티우스는 감독인 자신의 권위에 근거하여 강하게 권면한다. 하지만 그는 또한 이생에서의 불완전성, 곧 오직 제자로서의 성장과 죽음을 통해서만 바로잡을 수 있는 불완전성을 지적한다. "내가 마치 무엇이나 되는 사람처럼 여러분에게 명령하는 것이 아닙니다. 내가 그 이름을 위하여 사슬에 매여 있지만 나는 예수 그리스도 안에서 아직 완전함에 이르지 않았기 때문입니다. 이제 겨우 나는 제자가 되기 시작했으므로 동료 학습자로서 여러분에게 말하는 것입니다. 나는 믿음, 교훈, 꾸준함, 그리고 인내에서 여러분에게 훈련을 받아야 하기 때문입니다"(*Eph*. 3.1.1-3). 이그나티우스는 감독의 권위를 가지고 있었지만 자신을 에베소 신자들 위에 두지 않는다. 또한 그가 자신을 그들 위에 두지 않는 이유는 그가 지금 "제자가 되기 시작"하기 때문이다. 제자도는 그를 더 높은 성자의 반열에 두지 않는다. 도리어 그는 죽음 이후에 그리스도와 함께한다는 최종 목표를 실현하는 과정으로 보고 있다. 실제로 이 신자들은 그의 "동료 학습자들"이다.[43]

그러므로 이그나티우스는 순교를 제자도 발전 과정의 종착점에 도달하는 시기로, 또한 그가 예수 그리스도의 부지런하고 충성스러운 종으로 완전히 입증되는 시기로 보았다. 이런 의미에서 그가 생각한 참된 제자도는 순교를 통해 그리스도와 연합하는 것이다. 그러나 이 갈망이 현재 땅 위의 제자도 현실을 부인하지는 않았다. 우리는 앞에서 이그나티우스가 다른 곳에서는 제자를 단순한 신자로 간주한 것을 보았다. 이그나티우스가 보여주는 것은, 예수님을 따라서 죽음으로 들어가는 것이 그리스도와 맺고 있는 관계의 완성으로 인도하며 그 관계의 실재를 증명한다는 사실이다. 다음 구절에서 이그나티우스는 단지 이름만 '그리스도인'인 사람들과 '진정한 그리스도인'을 대조하면서, 참된 그리스도인이 신앙의 실재를 증명하는 길은 오직 죽음이라고 힘주어 말한다(*Magn*. 4.1.1).

하나님의 화폐와 세상의 화폐 두 종류의 화폐가 있고, 각 화폐에는 도장이 찍혀 있듯이, 불신자에게는 이 세상이라는 도장이 찍혀 있고 신자에게는 예수 그리스도를 통한 사랑 안에서 하나님의 도장이 찍혀 있다. 우리가 그의 고난 안에서 그를 통해 기꺼이 죽음을 택하지 않는다면 그의 생명이 우리 안에 없는 것이다(Ign. *Magn.* 5.1-2).

이그나티우스에게는 죽기까지 기꺼이 복종하려는 것이 그리스도인, 참된 신자, 제자라는 증명이다.

적용점

순교의 문제가 우리 문화에서는 완전히 사라진 것 같다. 참된 신앙의 자연스러운 결과로 이처럼 과격하게 죽음과 직면했던 초기 신자들에게서 우리는 무엇을 배울 수 있을까? 지난 2천 년 동안 교회는 성경의 자료와 사도적 교부들의 교훈을 부당하게 극단적인 의미로 취했다.

첫째, 어떤 후기 교부들과 심지어 오늘날 어떤 그리스도인 지도자들까지 이그나티우스와 다른 사람들이 보여준 철저한 제자도의 투신을 교회 내 영적 엘리트에게만 가능한 것으로 이해했다. 필립 샤프(Phillip Schaff)는, 후기 교부들이 교회에 의해서 높이 평가받고 예배에서 특별한 자리를 차지하며, '교회의 가장 아름다운 장식으로 여겨진' 자기 부인을 이룬 특별한 계급의 그리스도인들을 언급한 것에 주목한다.[44] 이러한 후기의 관습이 때로 초기 제자도 개념까지 소급해서 투영되었다. 오리겐(origen)은 "거룩의 개념을 완전함에 부여했으며, 따라서 어떤 집단의 그리스도인들 곧 영적 엘리트에게 거룩의 개념을 부여했다".[45] 중세에는 이 주제가 클레르보의 베르나르(Bernard of Clairvaux) 같은 수도자들에 의해서 반영되었다. 베르나르는 수도원 생활을 지상에 존재하던 예수님의 가난, 겸손, 자비를 본받는 것으로 보았다.[46] 그러나 우리가 지금까지 보아왔듯이 이그나티우스나 다른 사도적 교부들이 제자도를 엘리트 개념으로 보았다는 증거는 어디에도 없다. 따라서 모든 그리스도인이 제자이며 이그나티우스가 보여준 제자도의 철저한 성격은 그리스도인의 삶이 연장된 개인적인 사례일 뿐이다. 슈델이 말한다. "여기에서(Ign. Rom. 6.3) 이그나티우스가 그리스도를 따름에 대해 신약성경이 가르치는 개념의 한계를 넘어, 기독교 선교에 투신하는 것과 십자가의 빛으로 인간 존재 전체를 비추려는 관심사보다 특별히 거룩하게 사는 것을 더 중요시했다는 결정적 증거를 찾으려고 한다면, 이것은 치우친 태도이다."[47] 비록 후기 교부들이 이그나티우스에게서 엘리트적 교훈을 위한 모판을 찾곤 하지만 이그나티우스의 의도는 전혀 그런 것이 아니었다.

둘째, 우리는 이와 관련된 방식으로 후기 교부들이 순교에 대한 사도적 교부들의 태도를 오해하여, 고난 혹은 순교로의 부름이 특별한 성자의 자격을 만들어낸다고 생각한 것을 볼 수 있다. 영향력 있는 교부 이레니우스는 이그나티우스와 폴리캅이 순교한 직후에 순교가 최고 형태의 영성이라고 제안했다. "그리스도와 함께 기꺼이 십자가로 나아가는 그리스도의 참되고 완전한 제자, 참된 영성은 언제나 어떤 형태의 죽음을 포함한다. 이런 의미에서 금욕자와 순교자는 교회에서 진정으로 신령한 자들이다."[48] 4세기에 안

토니우스와 사막의 교부들은 수도원 생활과 은자 생활을 "피를 흘리지 않는 순교"로 보았고, 따라서 완전한 제자도로 보았다.[49] 이그나티우스는 자신을 향한 하나님의 뜻에 순교가 포함되는 것으로 보았지만, 이 부르심이 그를 엘리트주의자로 만들지도 않았고, 이 부르심이 다른 모든 사람을 향한 것도 아니다. 시릴 리처드슨(Cyril Richardson)의 말처럼 "다른 사람들은 순교를 포함하지 않는 그들만의 특정한 고난을 통해서 신성에 도달할 수 있을 것이다. 하나님의 뜻이 모든 사람에게 똑같지는 않을 것이다".[50] 이그나티우스는 현실로서의 제자도와 순교를 통해 완전해질 소망으로서의 제자도 사이의 긴장을 편안하게 생각한 것으로 보인다.

오늘날 우리는 성경의 자료와 사도적 교부들을 잘못 해석해서 이와 동일한 극단으로 나아가는 많은 사람들을 발견할 수 있다. 또한 엘리트를 뜻하는 느낌의 용어를 사용해서 제자란 마치 헌신된 그리스도인의 특별한 범주에 속하는 것처럼 말하는 사람들을 발견한다. 그리고 순교를 경험한 사람들이 특별한 성자인 것처럼 말하는 사람들을 발견할 수 있다.[51]

다른 한편으로 오늘날에도 가장 어려운 환경에서 그리스도를 향하여 철저하게 헌신하는 사람들, 그 이름을 위해 순교하면서도 자신들의 행동이 그리스도인 삶의 자연스러운 연장이라고 여기는 이들을 발견할 수 있다. 많은 사람들은 제자도의 삶이 예수님의 이름을 위하여 그들의 안락함, 경력, 가족, 그리고 생명까지 비용으로 지불하라는 도전을 포함한다고 이해한다. 그들은 제자의 삶을 영위하기 위해 비용을 지불하여 모든 것을 버리면서도 자기들의 부르심을 그리스도인 삶의 단순한 연장으로 본다. 최근 내가 읽은 한 이야기는 오늘날에도 예수님을 따르라는 부르심을 위하여 비용을 계산해야 한다는 사실을 확실히 보여주었다.

1964년 아프가니스탄의 카불에서 열네 살 된 소년 지아 노드랏이 시각장애인을 위한 NOOR 학교에 등록했다. 그는 이미 코란 전체를 암기하고 있었다. 서구식으로 말하면, 앞을 못 보는 영어 사용자가 헬라어로 신약성경 전체를 외우는 것이나 마찬가지이다. 왜냐하면 아랍어는 지아의 모국어가 아니기 때문이다. 시각장애인을 위한 학교에서 점자 수업을 받는 동안 지아는 영어까지 완전히 익혔다. 그는 자기 나라에서 전파가 잡히는 기독교 방송 프로그램을 듣고, 자기가 들은 것을 반복 연습한 것이다. 마침내 그는 몇몇 사람들에게 자신이 예수 그리스도를 구주로 영접한 사실을 나누었다. 그들은 그것 때문에 지아가 목숨을 잃을 수도 있다는 사실을 아는지 물었다. 이슬람의 배교법에 따르면 이슬람을 떠나는 사람은 죽임을 당해야 하기 때문이다. 지아는 "나는 메시아를 위해서 죽음의 값을 기꺼이 지불할 준비가 되었습니다. 그가 이미 십자가에서 나를 위해 죽었기 때문입니다"라고 대답했다. 지아는 계속 공부해서 시각장애인 학교를 졸업했다. 그다음 그는 아프가니스탄에서 시각장애인 학교가 아닌 보통 고등학교를 졸업한 첫 번째 학생이 되었다. 그 뒤에는 카불 대학교에서 법률 학위를 받았고 독일의 괴테 대학을 졸업했다. 지아는 페르시아어 신약성경을 자신의 아프간 다리(Dari) 방언으로 번역했으며, 그것이 라호레의 파키스탄 성경회에서 출판되었다. 그리고 그 성경의 3판이 케임브리지 대학교 출판부에서 1989년에 출판되었다.

그리스도에 대한 믿음 때문에 지아는 1960년대, 1970년대 모슬

렘 정권에 의해서, 그 뒤에는 1970년대 후반 공산 정권에 의해서 박해를 받았다. 1980년대에는 공산주의자들에 의해 투옥되었으며 1985년에 석방될 때까지 정기적으로 고문을 당했다. 감옥에서 나온 후 지아는 다른 시각장애인들과 함께 파키스탄을 여행하면서 그곳으로 피신한 아프간 난민들을 위해서 사역했다. 그리고 그는 파키스탄에서 시각장애인을 위한 학교를 열었다.

1988년 3월 23일 지아는 히스비 이슬라미('이슬람 정당')라는 광신적 모슬렘 단체에게 납치되었다. 그는 영어를 할 수 있었기 때문에 CIA 간첩으로 기소되었고, 러시아어를 할 수 있었기 때문에 KGB의 첩자라고 기소되었으며, 그리스도인이었기 때문에 이슬람 배교자라고 기소되었다. 지아는 여러 시간 동안 곤봉으로 구타당했다. 눈이 보이는 사람은 타격이 가해질 때 긴장하고 피할 수 있다. 그러나 시각장애인은 곤봉이 날아오는 것을 볼 수 없기 때문에 그 타격을 그대로 받는다. 이는 마치 주 예수 그리스도가 눈을 가리우고 매를 맞으며 고문당하던 것과 같다(눅 22:64). 지아가 납치당할 때 그의 아내와 세 딸이 함께 있었다. 그 직후에 지아의 아내는 아빠를 쏙 빼닮은 아들을 출산했다. 지아가 아들을 얻은 소식을 들었는지는 아무도 모른다.

가장 최근에 들은 소식은—확실하지 않지만—히스비 이슬라미가 지아를 죽였다는 것이다. 납치되기 전에 지아는 친구들에게 만약 이 당이 자기를 납치하면 자기를 죽일 것이라고 말했다. 히스미 이스라미는 아프간 사람들에게 구호품을 전달하던 파키스탄 그리스도인 두 명을 붙잡아서 고문했다. 그들을 잡아간 사람 중 하나가 그들을 석방하기 전에 "우리는 지아를 죽였듯이 너희를 죽이지는 않겠다"라고 말했다. 게다가 파키스탄 북서쪽 국경 지대의 뉴스 리포터가 히스비 이슬라미가 지아를 잔인하게 죽인 증거를 가지고 있다고 주장한다.[52]

지아 노드랏의 극적인 이야기를 통해서 우리는 이그나티우스가 직면했던 순교의 부르심이 오늘날에도 충격적인 현실로 존재함을 볼 수 있다. 실제로 몇몇 통계학자들은 20세기에 그리스도에 대한 믿음 때문에 순교한 사람이 수백만 명에 이른다고 한다.[53]

나는 지아의 이야기와 전 세계에서 발생하는 순교의 통계 앞에서 죄의식을 느낄 수도 있었다. 하지만 도리어 도전을 받길 원했다. 나는 우연히 그들과 전혀 다른 환경에서 제자로 부름받았다. 물리적 고난을 당해야 하는 일은 별로 없고 순교의 위험도 진혀 없는 환경이다. 하지만 그렇다고 해서 내가 덜된 제자가 아님을 알고 있다. 성경의 가르침에서도, 사도적 교부들에서도 확인할 수 있듯이 제자도는 순교를 통해서 획득할 수 있는 것이 아니다. 제자도는 그리스도인의 삶이며, 우리 모두는 다른 형태의 삶으로 부름받았다. 우리 시대의 희생과 고난과 순교의 이야기를 읽을 때, 이그나티우스와 폴리캅 같은 초대 교부에 대해서 읽을 때, 성경에서 신자의 죽음을 읽을 때, 나는 내가 예수 그리스도의 제자이며 매일 비용을 계산하면서 나에게 맡겨진 십자가를 지라고 부름받았다는 사실을 인식하도록 도전받는다. 그렇게 함으로 나는 먼저 그의 나라와 그의 의를 구한다. 그것이 모든 신자를 위한 제자도의 본질이다.

로마제국의 박해가 자행되던 끔찍한 시기에 고난 속에서 그리스도의 모범을 따른다는 주제는 교회가 고통당하던 초대교회 당시의 모든 사람에게 필요한 신앙의 자극제였다. 《폴리캅의 순교》는 모든

'형제'를 향한 권면으로 마무리되며, 그 권면은 신약성경에서 발견되는 다양한 제자도 표현을 상기시킨다. "복음에 일관된 예수 그리스도의 말씀을 따라서 여러분이 걸으므로, 형제들이여 작별을 고합니다. 택함을 받은 거룩한 자들의 구원으로 인해서 그와 함께 하나님이 영광받으시기를. 복된 폴리캅이 순교했듯이, 그의 발자취를 따라서 우리도 역시 예수 그리스도의 나라에서 발견되기를"(22).

고난 속에서 그리스도의 모범과 긴 세월을 통한 모든 제자들의 모범이 우리의 믿음에도 자극제가 되기를 기도한다.

복습 문제

1 삶에서 당신은 어떤 고난을 당했는가? 그것이 그리스도인으로서 당신의 성장에 어떤 유익이 되었는가? 다른 사람들에게 그와 비슷한 성격의 고난을 어떻게 다루라고 조언하겠는가?

2 우리의 길에 다양한 어려움이 임할 때 어떻게 해야 하는가? 그것들을 피해야 하는가, 열정적으로 대면해야 하는가, 아니면 어떤 다른 방법이 있는가? 당신의 대답이 그리스도인의 실제 삶과 어떻게 연관되는지 설명하라.

6부
이 시대에 예수님이 원하시는 제자도

제 자도의 세계를 통과하는 우리의 여정도 이제 거의 막바지에 이르렀다. 우리는 처음에 고대 이스라엘의 구약 세계에 존재하던 제자도, 그리스-로마 세계에 존재하던 제자도, 그리고 1세기 유대교에 존재하던 제자도의 다양한 형태를 살펴보았다. 그다음에는 예수님의 사역을 따라가면서, 예수님이 그분만의 독특한 제자도로 행하신 일을 보았다. 그리고 각 복음서 저자들의 눈을 통해 그들에게 제자도가 무엇을 의미했는지 그들 입장에서 살펴보았다. 그다음에는 주님이신 예수 그리스도가 아버지께로 올라가신 후에 초대교회에서 제자도 개념이 어떻게 수행되었는지 보았다. 우리는 그것을 사도행전 서술의 조망과, 서신서와 계시록의 교훈에서 보았다. 또한 사도들이 지상에서 사라진 후 박해받는 교회에서 제자도 개념이 어떻게 이해되었는지 보았다.

이제 한 가지 발자취를 더 추적해야 한다. 곧 우리의 세계로 연결되는 발자취이다. 자신을 따르라고 요구하신 예수님의 부르심은 2천 년 전에 일어난 사건이다. 기독교의 세 번째 천 년을 맞이하고 있는 지금, 주님을 따른다는 것이 우리에게 무슨 의미인가? 이 연구의 의도는 오래전 남자들과 여자들이 예수님의 부르심을 들었던 것처럼 우리도 시간, 문화, 기술의 장애를 뛰어넘어서 그 음성을 듣는 것이다. 이 마지막 단원에서 우리는 기독교 시대의 세 번째 천년을 향해 나아가면서 주님을 따른다는 것이 어떤 기대와 의미를 갖는지 탐구할 것이다. 또한 이 연구의 어떤 원리들이 우리 실제 삶의 현장에서 어떻게 수행되고 있는지 볼 것이다.

이제 이 연구의 여행이 종착지에 거의 도달했으므로, 이생에서 주님을 따르는 우리의 여행이 더욱 풍부해지며 그분이 다시 오실 때까지 열매가 풍성하게 맺히기를 기도한다!

17장
예수님이 기대하시는 제자도

초점 맞추기

1. 예수님이 제자인 당신에게 기대하는 바는 무엇인가? 교회, 가정, 학교 등 다른 것들이 예수님의 제자로서 당신에게 기대하는 것은 무엇인가? 당신이 스스로에게 기대하는 것은 무엇인가?

2. 제자도는 그리스도인의 생활과 어떻게 관련되는가? 제자도는 지역 교회에서 어떤 위치를 차지하는가?

3. 당신의 가정에서 예수님의 제자로 성장하는 것이 교회나 선교단체에서 성장하는 것보다 더 쉬운가, 아니면 더 어려운가? 설명해보라.

우리가 어떤 사람이 되어야 할지에 대해 어떻게 행동해야 할지 그

리고 어떤 모습을 보여줘야 할지, 우리 자신과 다른 사람들과 하나님이 갖는 기대는 우리의 성장을 위한 동기가 되고, 우리가 노력하여 달려가는 목표를 설정해주며 바른 행실의 지침이 될 수 있다. 그러나 그러한 기대는 우리가 무조건 순응하도록 강요하는 압력으로, 창의력과 자유를 질식하는 구속복(straitjacket: 정신 이상자와 같이 폭력적인 사람의 행동을 제압하기 위해 입히는 옷—옮긴이)으로, 또는 우리가 어떤 기준을 벗어나는 것인지도 모른다는 두려움을 우리에게 불어넣는 죄의식의 부담으로 작용할 수도 있다. 예수님이 남녀 모든 사람을 부른 것은 제자도라고 하는 놀라운 모험으로 초청하시기 위함이었다. 그것을 모험이라고 하는 것은 우리 중 어느 누구도 이전에 그 길을 통과해본 적이 없기 때문이다. 그것은 우리의 삶에서 각자에게 새로운 길을 제시한다. 인생을 걸어가는 노정에서 한 번씩 다른 방향으로 발걸음을 옮길 때마다 그곳에서 시야에 들어오는 새로운 기회와 도전을 만나게 된다. 예수님이 우리 각자에게 품고 계신 큰 기대는 우리 중 그 누구도 도달할 수 없을 만큼 높다. 그러나 그분은 그러한 기대를 품으시는 동시에 우리가 전에 가본 적 없는 곳으로 자기를 따라오라고 우리를 부르신다. 그때 우리에게 요구되는 것은 창의성과 자유와 담대함이다.

예수님이 제자도의 길을 가는 우리의 여정을 방해하려고 우리에게 그런 기대를 품으신 것이 아니다. 그렇지만 우리는 여러 가지 기대들을 부담으로 여긴다. 우리는 안전하고 예측하기 쉬운 길로 걷는, 편안한 방식을 익힌 뒤 그것에 안주할 수 있다. 그러고는 그것을 다른 사람들에게도 강요하고 그들 역시 우리처럼 걷기를 바랄 수 있다. 우리는 우리를 위해 계획되지 않은 기대들을, 또는 적어도 여정 중에 그 장소를 위해 계획된 것이 아닌 기대들을 받아들일 수 있고, 그렇게 되면 그 기대들은 우리의 움직임을 방해할 수 있다. 또한 우리는 다른 스승들이, 예수님이 우리에게 어떤 기대를 품었다고 말할 때 그것을 받아들일 수 있다. 그러나 사실은 예수님이 그러한 기대를 갖지 않을 수도 있는 것이다.

최근 젊고 유쾌한 연인과 결혼 전 상담을 하는 시간에 나는 "당신은 장래의 배우자에게 꼭 필요한 하나님의 사람입니까?"라고 물었다. 나는 두 사람 모두 하나님의 사람에 대한 기대치가 높기 때문에, 나의 질문에 어떻게 답해야 할지 몰라서 힘들어한다는 것을 알아차렸다. 젊은 여성은 거의 눈물을 터뜨릴 뻔했는데, 그녀는 기대치가 너무 높은 나머지 본인 스스로 부분적이나마 그 수준에 도달했노라고 말할 수 없었던 것이다. 그녀는 완전함이 요구되는 것이 아님을 이해하고 있었지만 그럼에도 그러한 기대들이 부담을 주었기 때문에 무척 괴로워했다.

그 여성의 상황을 보며 나는 이 책 앞부분에서 언급한 젊은 선원을 떠올렸다. 독자 여러분도 기억하겠지만, 매우 성실한 그 청년은 제자도에 관해서 지나치게 높은 기준을 가지고 있었다. 그래서 손을 쥐어짜며 "저는 언제쯤 마침내 예수님의 제자가 되는 걸까요? 무엇을 더 해야 하나요? 제자가 무척 되고 싶지만 제가 더 해야 할 일이 무엇인지 정말 모르겠습니다!"라고 말했다.[1] 그 젊은 선원은 제자도에 대한 어떤 모델을 생각하면서 괴로워다. 만약 그가 생각하는 모델에 따라 예수님의 부르심에 참으로 순응한다고 말할 수 있으려면, 그가 완전히 투신하여 기독교적인 활동만 수행했을 때에야 비로소 가능해질 것이다.

이 청년들은 진지하게 예수님을 따르려고 하는 사람들이다. 우리가 안타까운 마음으로 그들을 동정하는 것은 그들이 인생을 향한 하나님의 부르심에 대해 비현실적인 인식을 가짐으로 힘들어하고 있었기 때문이다. 그들은 자신들이 좀 더 높은 수준으로 행동하지 못한다고 여긴 나머지 죄의식을 느꼈다. 반면 우리는 다른 청년들이(나이가 더 든 사람들도 마찬가지지만) 그리스도인의 생활에 대하여 안일하게 만족하는 것 또한 보게 된다. 그들은 평범하거나 타협적인 자세로 사는 삶에 만족하는 것 같다. 그들은 지금껏 한 번도 그리스도인의 삶에 대하여 불같은 열정을 품지 못한 듯하다. 그들은 매일의 생활에서 예수님과 동행하는 것이 무엇을 뜻하는지 그 흥분되는 감격을 알아차리지 못한다.

매우 흥미로운 것은 이 두 부류의 사람들—완벽주의(perfectionism)적인 생각 때문에 괴로워하는 사람들과 안일하게 만족하는 사람들—모두가 제자도를 잘못 이해하여 그 영향을 받을 수 있다는 점이다. 여기에서 문제가 되는 것은 '제도주의'(institutionalism)이다. 그 기대들이 율법적인 요건으로 굳어지거나 하나님과 동행하는 삶에서 우리의 개성을 억압하거나 사람들에게 부과하는 단순한 프로그램이 되거나 또는 우리가 원하는 대로 사람들이 일하도록 조종하는 매체가 되는 그때, 제도주의가 시작되고 제자도는 억눌리게 된다. 다음 장에서 제도주의의 문제점에 대해 다시 살펴보겠지만 그것이 잘못된 기대와 갖는 관계는 매우 중대하다.

예수님의 제자도에서 우리를 향한 기대에 대한 잘못된 인식은, 앞서 논의한 바 있는 제자도 모델들에 대한 어떤 차이를 가져왔을 수도 있다. 각각의 모델도 부분적으로는 옳다. 왜냐하면 각 모델이 성경의 엄선된 구절과 제자도 개념이 역사적으로 발전해온 어떤 단계에 기초를 두어 정립된 것이기 때문이다. 그러나 어떤 모델들은 실제로 여러가지 면에서 잘못된 것이다. 성경적인 제자도의 전체 발전상을 살펴보았을 때 나는 그러한 오류들을 지적하려고 한 바 있으며 그 문제들을 모두 여기에서 반복하여 다루지는 않을 것이다. 그러나 반드시 지적해야 할 것은 우리가 제자도의 형태로서 항구적으로 범하는 오류들이 오늘날 교회와 선교단체들이 겪는 문제로 이어진다는 점이다. 예를 들어 제자도란 너무나 숭고한 이상으로 보일 수 있고 따라서 엘리트들만 위한 것으로 이해될 가능성이 있다. 또는 제자도가 그리스도인으로서의 의무나 규율을 적극 수행하거나 전문 사역에 관여하는 사람들만을 위한 것으로 이해될 수도 있다. 심지어 제자도가 임의로 선택할 수 있는 것이라고 암시할 수도 있는데, 다시 말해 제자도란 어떤 사람이 그리스도에게 진정으로 헌신할 준비가 되어 있을 때만 들어설 수 있는 그 무엇이라고 생각하는 것이다.

다시 정의로 돌아가서!

제자 그리고 **제자도**라는 용어의 정의를 좀 더 분명히 하는 것이 매우 중요하다. 정확한 정의는 하나님이 우리를 향해 품으시는 기대가 무엇인지 그 올바른 수준을 제시한다. 예수님의 제자가 된다는 것이 무엇을 의미하는지 좀 더 분명한 정의를 얻으려는 노력이 다양한 곳에서 시작되는 징후를 볼 수 있다.

'제자도'를 전문화된 훈련의 초점으로 사용한 어느 선교단체들은 그들이 내린 제자도의 정의를 다시 고려하고 있는데, 이유는 자신들이 그 용어를 잘못 사용했을지도 모른다는 점을 깨달았기 때문이다. 방법론적으로 그들은 건전하게 접근했고 열매도 있었지만 용어를 부정확하게 사용했으며, 그 결과 그리스도인의 생활에 대한 적절하지 못한 기대가 나타났던 것이다.

어느 교회에서는 **제자/제자도**를 높은 수준의 훈련 단계를 가리키는 대명사로 또는 성직자들의 칭호로 사용해왔는데 이제 그들은 자신들의 교리를 성경에 비추어 재평가하고 있다. 예를 들어 때때로 로마가톨릭교회는 제자도 용어를 근거로 평신도와 성직자 간에 잘못된 이분법을 추론하곤 했다. 그러나 제2차 바티칸 공의회(1962-1965)에서는 제자도라는 어휘를 로마가톨릭교에 공식적으로 도입한 바 있다. 공의회 문서들은 스물일곱 번에 걸쳐 **제자**라는 용어를 사실상 **그리스도인**의 동의어로 사용했다. "교황 요한 바오로 2세는 그의 첫 번째 회칙(回勅)인 〈*Redemptor hominis*〉([레뎀프토르 호미니스], 인간의 구세주라는 뜻의 라틴어—옮긴이)(1979)에서 교회를 '제자들의 공동체'로 묘사했는데 그 공동체에서 그리스도는 각각의 모든 구성원에게 '나를 따르라'고 말한다(21호)."[2] 로마가톨릭교회가 그 회칙을 따라서 움직인다면 그것이 그들 교회의 교리에 심히 큰 영향을 미칠 수 있다.

어떤 기독교 학문 기관들은 남녀 청년들을 사역자로 준비시킬 때 단지 지적인 준비보다 훨씬 많은 것이 요구된다는 사실을 잘 알고 있다. 제자란 온전한 사람을 말하는 것이고 그 사람의 지성이 정서, 심리, 신체 그리고 영적인 면과 제대로 통합되지 않으면 단지 일차원적인 사역자들만 배출하게 된다. 이것이 바로 기독교가 세 번째 천 년 시대에 진입하는 시점에서 기독교 학문 기관이 맞닥뜨린 도전의 중심 내용이다.

앞서 예수 그리스도의 제자에 대한 나의 정의를 밝힌 바 있다. 즉 영생을 얻기 위하여 예수님에게로 나온 자로서 그분을 구세주요 또한 하나님으로 받아들이고 그분을 따라 인생의 여정을 내딛은 자이다. 제자도와 제자 삼는 일은 예수 그리스도와 닮아가는 과정을 함축한다. 예수 그리스도의 제자가 된다는 것은 예수 그리스도와 연합하여 이 세상에서 충만한 삶을 살며 그분의 형상을 닮아가는 데까지 자라가는 것을 의미한다. 앞에서 우리는 사도행전의 초대교회에 나타난 제자도에 관해 이야기하면서 성경적인 제자도의 두 가지 중요한 구성 요소를 발견했다. 한편으로 제자도란 사도적 가르침으로 빚어지는 것과 살아계신 하나님을 체험함으로 능력을 얻는 것과 제자들의 공동체에 참여하는 것으로 이루어진다. 다른 한편으로 제자도는 그 제자도를 걸어가야 하는 길과 성취해야 할 사명 모두를 포함한다.[3]

이 정의들은 예수님이 지상명령에서 의도하신 것을 가장 근접하게 제시한 것이다. 따라서 이것이야말로 예수님이 자신의 제자들을 향해 품은 기대를 묘사해준다고 할 수 있다.

적용점

우리는 각 장에서 연구한 것에 대한 적용점을 살펴보았다. 이 장에서는 전체 연구에 대하여 몇 가지 넓은 의미에서 적용점을 제시하고자 한다.

제자도는 그리스도인의 삶이다

앞서 살펴본 바와 같이 제자도란 좁은 의미에서 특정한 스승-제자 관계를 말하는 것으로 이해될 수 있다. 우리는 그러한 관계들이 고대 세계 그리고 특별히 신약 시대의 어떠한 모습으로 나타났는지 조사해보았다. 그러나 신약에서의 제자도 역시 넓은 의미로 볼 때 전반적인 그리스도인의 생활을 말하는 것으로 이해된다. 즉 그러한 생활 방식에 요구되고, 그것을 의미하며, 거기에 수반되는 것을 언급하는 의미로 폭넓게 이해할 수 있다.[4] 제자도는 성장하는 과정을 함축적으로 뜻하기 때문에 학자들은 제자도가 가장 넓은 의미에서 '점진적인 성화'(progressive sanctification)의 교리를 가장 잘 묘사하는 은유라고 주장한다.[5]

이것은 중요한 뜻을 함축하는데 그 이유는 우리 생활 전체가 제자도 과정 속으로 들어와야 한다는 점을 강조하기 때문이다. 생활 전체를 제자도 과정에 포함하지 않을 때 우리는 그리스도인의 생활을 여러 가지 구획으로 구분하고 이분법적으로 나누는 위험을 범하게 된다. 우리는 그리스도인의 생활이 그렇게 구획화되고 이분화되는 경우를 많이 볼 수 있다. 예를 들어 우리의 영적 생활을 우리의 직업이나 지적인 활동에서 분리하여 취급하는 것은 흔한 일이다. 많은 사람들이 사업에서 그리고 교회 생활에서 성공적인 경력을 쌓았지만 두 가지를 별개로 취급한다. 내가 그동안 이야기를 나누었던 나이 든 많은 남녀들이 교회에서는 활동적인 리더로 섬겨왔지만 그들의 일터에서 어떻게 지성적으로, 자비의 마음으로 사람들과 자신의 신앙을 나눌 것인지에 대해서는 배운 바가 전혀 없었다. 예를 또 하나 들자면, 데이트를 하는 청년들의 경우이다. 그들이 자주 겪는 어려움은 어떻게 영적인 영역과 연애 영역을 모두 잘 아우르며 연인 관계를 유지하느냐이다. 언젠가 어느 부인이 전하는 메시지를 들었다. 부인은 남녀가 데이트할 때 너무 격렬한 기도 시간을 갖지 말아야 하는데, 이유는 그러한 시간이 부적절한 신체적 친밀감으로 연결될 수 있기 때문이라고 했다. 그 부인은 좋은 의도로 한 말이고 나도 그 말이 뜻하는 바를 이해하지만, 그런 생각의 기저에는 데이트 관계를 한편으로는 영적 부분으로 그리고 다른 한편으로는 관계, 신체, 정서 부분으로 나누는 이분법이 깔려 있다. 그리고 이것이 그 후에 나와 대화를 나누게 된 몇몇 연인들의 생각 속에 형성되었던 것이다.

앞에서 우리는 누가복음에 나오는 제자도에 관한 어려운 구절에 대해서 이야기를 나눈 바 있는데, 그 구절을 보면 어느 율법 전문가가 일어나 예수님을 시험한다.

"선생님, 내가 무엇을 하여야 영생을 얻으리이까?"

예수께서 이르시되 "율법에 무엇이라 기록되었으며 네가 어떻게 읽느냐?"

대답하여 이르되 "'네 마음을 다하며 목숨을 다하며 힘을 다하며 뜻을 다하여 주 너의 하나님을 사랑하고' 또한 '네 이웃을 네 자신같이 사랑하라' 하였나이다."

예수께서 이르시되 "네 대답이 옳도다 이를 행하라 그러면 살리라"(눅 10:25-28).

제자도 곧 영생에 입문하는 일에는 우리 마음과 목숨과 힘과 뜻을 다하여 하나님과 이웃을 사랑하는 것이 포함된다. 제자도 안에서 자라가는 것 역시 그 모든 것을 다 포함한다.

칼뱅은 교회의 위대한 지적 거인들 중 한 사람이었다. 그런데 칼뱅은 그리스도인의 삶에 대한 짧은 논문에서 전체 그리스도인의 삶이 제자도의 바른 주제가 되어야 한다고 전제했다.

> 복음은 우리 혀로 교리를 말하는 데 있지 않고 삶으로 나타난 교리에 있다. 그것은 이성과 기억력만으로 파악될 수 있는 것이 아니라 우리의 영혼 전체를 사로잡고 내면 깊은 곳까지 침투할 때 온전하게 이해된다. 명목상 그리스도인들이 실제로는 자신이 도달하지 못한 위치에 이미 도달한 것처럼 자랑하여 하나님을 모욕하는 일을 그치게 하고, 그들 자신이 주님이신 그리스도에게 합당한 제자들임을 입증하게 하라. 우리는 우리의 종교에 대한 지식을 얻는 일에 첫 번째 순위를 부여해야 한다. 그것이 구원의 시작이기 때문이다. 그러나 우리의 종교가 우리의 마음을 변화시키고, 우리의 행동거지에 스며들며 우리를 새로운 피조물로 변형하지 않는다면 그것에는 아무런 유익이 없을 것이다.[6]

그리스도인의 생활로서 제자도를 지적할 때 우리가 다루게 되는 것은 예수 그리스도와 관계를 가지는 온전한 인격체이다.

제자도는 하나의 과정이다

우리는 또한 한 단계 더 나아가서 제자도가 하나의 과정임을 제시해야 한다. 제자도를 그리스도인의 생활로 바라본다면 우리는 그것이 평생을 통해 이루어지는 과정임을 자연스럽게 추리할 수 있다. 우리는 종종 우리가 받았거나 착수한 어떤 제자도 '프로그램'에 대해서 이야기한다. 이런 프로그램을 이끄는 리더 중에서 우리가 그 시리즈를 마치면 곧바로 완성된 제품이 될 것이라고 이야기하는 사람은 거의 없으며 그 프로그램이 어떻게 한 사람의 삶 속에서 진행되는 과정과 맞아들어가는지 그들이 보여주는 경우는 매우 드물다.

칼뱅이 말한 대로 우리는 지성이나 기억력을 개발하는 데 그쳐서는 안 된다. 즉 우리는 모든 면에서 균형 잡힌 사람으로 발전해야 한다. 그리고 이런 일을 생애 전체에 걸쳐 계속되는 과정으로 봐야 한다. 제자도는 단순히 어떤 책을 읽거나 강의를 듣는다고 해서 성숙에 이를 수 있는 것이 아니다. 물론 그 과정에 어떠한 커리큘럼이 포함될 수도 있지만 그러나 제자도는 그것보다 훨씬 더 과정을 지향한다.

시간이 갈수록 점점 더 인상 깊게 다가오는 것은, 이 과정에서 가정이 차지하는 중심성이다. 부모로서 자녀를 키우는 일은 특히 제자도가 온전한 인격에 관한 것임을 나에게 가르쳐주었다. 예수님의 제자를 성장시키는 가장 자연스러운 곳 중 하나가 바로 가정이다. 바울이 거듭 강조한 점은 교회 리더들이 그들의 가족 관계를 올바르게 정립할 필요가 있다는 것이다(예를 들면 딤전 3:4-5, 12;

딛 1:6-7). 교회에서 발휘할 리더십을 훈련하는 곳이 바로 가정이다. 따라서 제자도의 출발점은 우리가 자녀와 무엇을 하는지에서부터 시작된다. 우리는 자녀를 예수님에게로 이끌고 그들에게 예수님을 소개하며 그들이 집을 떠난 후에 예수님과 동행하는 삶을 살도록 준비시켜야 한다. 아이를 키우는 일반 원칙이 모든 아이들에게 적용될 수 있으나 각각의 아이에게는 자신만의 개성이 있다. 따라서 적합한 방식으로 성장하도록 특별한 주의를 기울여야 한다. 인생의 여러 단계를 거치면서 아이들에게는 각각 다른 것이 필요하기 때문에 그들을 지도하는 방식도 달라져야 한다. 성숙 단계에 접근할수록 아이들은 독립성과 책임성 두 가지를 모두 얻게 된다. 아이들이 얼마나 성숙했는지는 그 두 가지를 어떻게 균형적으로 유지하는지를 측정함으로 알 수 있다. 성인이 되면서 그들은 자신들이 성장 과정에서 습득한 원칙을 자녀에게 전수해 준다.

이와 동일한 원칙이 교회에서 제자 삼는 일이 무엇인가라는 문제의 핵심이다. 이 기간은 앞으로 제자 삼는 자들을 교회 안에서 훈련하는 데 가장 생산적인 시간이 될 수 있다.

우리는 생물학적 가족 관계의 제자도 과정과 영적 가족 관계의 제자도 과정 사이에 균형을 유지해야 한다. 교회에서 가장 생산적인 사람들 중 어떤 이들은 제자도 과정을 집에서 배웠을 것이다. 그리스도인 가정 환경에서 그 과정을 배우지 못한 사람들에게는(아마도 부모가 그리스도인이 아닌 경우) 하나님의 가족이 결핍된 부분을 채워준다. 제자들이란 진정 하나님의 가족이다(마 12:46-50 참조). 하나님이 만드신 두 가지 제도, 가정과 교회는 모두 제자도 과정을 통하여 인도자의 역할을 감당하도록 하나님이 정하신 것이다.

제자도는 교회의 사역이다

처음 언급한 위의 두 가지 적용점을 기반으로 나는 제자도가 교회의 사역이라는 점을 제안하고 싶다. 우리는 흔히 제자도를 교회의 특정 프로그램으로 여긴다. 이런 시각은 아마도 우리가 앞서 고찰한 바, 제자도의 모델들이 태동하게 된 그 지점부터 존재했던 것이 아닐까 싶다. 그 모델들은 제자도에 대한 성경적 가르침의 국한된 면만 보고 개발되었으며, 결국 성경의 가르침 중 일부만 강조하는 프로그램을 만들어냈다. 그것이 잘못됐다고 말하는 것은 아니지만, 간단히 말하면 그 초점은 매우 편협하고 그 모델들 중 어떤 것은 환원주의(還元主義: 다양한 현상을 기본적인 하나의 원리나 요인으로 설명하려는 경향—옮긴이)적이기도 하다. 여기에서의 위험은 교회들이나 선교단체들이 일차원적 성향을 띠고 사람들을 일차원적으로 훈련하는 일에 매달릴 수 있다는 것이다.

많은 교회에서 '제자훈련'을 받는 후보자들은 다양한 프로그램에 등록하는데 거기에 포함된 것으로는 영적 훈련, 멘토링, 집중 성경 공부, 소그룹, 리더십 개발, 전도, 헌신, 사회 활동, 교회 성장, 영적 은사 및 선교 활동 등이 있다. **제자도**라는 명칭이 그러한 훈련 프로그램에 붙여지면 성도들은 이 하나의 영역이야말로 제자도의 모든 것이라는 인상을 받게 된다.

물론 이 프로그램들은 훌륭하며 나는 그것들 모두가 '제자도'라고 불릴 수 있다는 것에 동의한다. 그러나 나는 우리가 제자도를 좀 더 통합으로 이해하기 위해서 노력할 필요가 있다고 믿는다. 그러니까 나의 제안은, 제자훈련을 구상할 때 보다 폭넓은 접근을 할 필요가 있다는 것이다. 제자도가 그리스도인의 생활이고 또 제자도가 하나의 과정이라고 한다면, 교회는 그리스도인의 생활에 해당하는 모든 영역을 다룰 필요가 있다.

우리들 중 어떤 사람들은 특정 영역의 사역에 부르심을 받고 섬기게 된다. 즉, 다른 형태의 제자훈련이 있어야 한다는 것이다. 어떤 의미에서 교회의 목표는 모든 신자들이 제자로 자라가도록 돕는 것이다. 이것이 제자도의 기초적인 의미이다. 또 다른 의미로 보자면, 예수님이 특정한 책임을 맡기려고 몇몇 사람들을 따로 부르셔서 그들을 훈련하셨던 것같이 우리도 그와 동일하게 해야 한다는 것이다. 그것이 교회학교 교사들을 위한 것이든 장로들이나 심지어 목사들을 위한 것이든 모든 과정은 제자훈련의 정확한 형태를 고려해야 한다.

그러나 가장 넓은 의미에서 우리가 교회에서 건강한 제자들을 양육하기 위해서는 삶의 모든 영역에서— 세속적인 것과 신성한 것, 가정과 교회, 영적인 것과 물질적인 것, 지적인 것과 정서적인 것을 망라하여— 제자로 성장하는 과정에 있는 남녀들을 이해하고 그들을 성장하도록 돕는 일을 시작해야 한다.

주님을 따라 삶 속으로

나는 내 인생의 여정을 사랑한다. 그리고 모든 것을 끝마쳤을 때 기억되길 원하는 내 모습은 선생이나 학자 또는 한 남편이나 아버지가 아니다. 그 모든 것도 중요하지만 나는 오히려 예수 그리스도,

그분의 제자로 기억되고 싶다. 예수님의 제자로 기억된다는 의미는 사람들이 나를 기억할 때, 예수님이 이끄시는 삶의 모든 영역에서 그분을 따르며 충만하게 살았다고 말하는 것이다. 이것을 다르게 말하면 예수님에게 내 시선을 고정하여 그분의 제자로 자라가고 있을 때, 나는 가장 훌륭한 남편과 아버지요 가장 훌륭한 선생과 학자가 된다는 의미이다.

우리들 중 몇몇은 지난 수년 동안 제자도에 관한 이야기에 질렸을 수도 있지만, 우리가 진정 제자도를 아무리 많이 다룬다 해도 결코 지나침이 없을 것이다. 예수님이 우리를 그분과 가장 친밀한 교제로 이끌고자 의도하신 것이 제자도 관계를 통해 이루어지기 때문이다. 따라서 우리는 제자가 된다는 것이 무엇을 뜻하는지 분명히 이해하기 위해 더욱 노력해야 한다.

그렇지만 우리는 결코 그 단계에서 멈추면 안 된다. 제자도가 의도하는 바는 그것을 단순히 연구하는 데 그치는 것이 아니라 삶으로 살아내는 것이다. 어느 날 내가 가르치는 대학원생 한 명이 사무실에 찾아와서 물었다 "윌킨스 박사님, 지금 쓰시는 책에 제자도에 관한 실천 프로그램을 포함하실 건가요?" 마치 유도신문 같지 않은가? "토드 군, 나는 어떤 프로그램도 생각하지 않는다네!" 하고 내가 답했다. 그때 흥미롭게도 그는 "박사님이 그 제자도를 어떻게 살아내고 계신지 사람들에게 이야기해보시는 건 어떨까요?"라고 말했다. 이 책의 마지막 장에서 나는 토드 군의 조언대로 할 것이다. 제자도 프로그램을 가르치는 책과 테이프와 세미나들은 그야말로 수백 가지가 넘는다. 내가 책을 쓰고 있는 이곳의 서가에도 수십 권의 제자도 관련 책자가 꽂혀 있다. 그것들 중 어떤 책은 매우 단순하고 직선적이다. 또 어떤 책은 내용이 너무 복잡해서 주님이 재림하실 때까지 계속 읽어야 할지도 모른다! 어떤 책은 광범위한 내용을 다루고 있고 반면 다른 책은 매우 좁은 주제에 초점을 맞추었다. 나는 그리스도인으로서 살았던 대부분의 기간 동안 '제자도' 사역에 관여해왔지만 독자들에게 줄 어떤 프로그램도 가지고 있지 않다. 대신 마지막 장에서는 내가 나 자신의 삶과 사역에서 제자로 자라가기 위하여 지금 무엇을 하고 있는지에 관한 생각을 나누고자 한다.

내가 이 책을 쓰는 목적은 예수 그리스도를 따르는 동료 제자인 당신이 제자도의 개념을 둘러싼 역사적 그리고 성경적 자료들을 좀 더 온전하게 이해할 수 있도록 돕는 것이다. 첫 장에서 약속한 바와 같이, 나는 이 연구를 통해 당신이 하나님의 말씀을 그리고 그분이 당신의 인생 가운데 뜻하시는 목적을 풍성하게 이해하도록 계속해서 기도한다.

복습 문제

1 이 책을 읽기 전, 당신은 제자가 되는 것이 무엇을 뜻할 것이라고 기대했는가? 그 기대가 바뀌지는 않았는가? 그렇다면 어떻게 그것이 변화하지 않고 그대로 남아 있는가?

2 당신의 삶 가운데 제자도와 관련된 영역에 속하는 것으로 생각하지 않았던 부분이 있는가? 설명해보라. 당신의 삶 중 어느 영역이 제자도로 인한 성장을 통해 가장 영향을 많이 받았는가?

3 당신의 교회나 사역과 관련된 모든 사람이, 복음서의 제자도에 대한 기대는 단지 몇몇 헌신한 자들이 아니라 모든 그리스도인을 향한 기대라는 메시지를 그대로 살아낸다면, 당신의 교회나 사역은 어떤 모습이 될까? 이러한 일이 이루어질 수 있도록 돕기 위하여 당신이 할 수 있는 일은 무엇인가?

18장
예수님의 뒤를 따르는 제자도

초점 맞추기

1. 서퍼(surfer)를 생각할 때 떠오르는 인상은 무엇인가? 서퍼가 예수님의 제자가 되는 것이 가능한가? 설명해보라.
2. 세례 요한이 죽은 후 그의 제자들이 모두 예수님의 제자가 되지 않은 이유는 무엇인가?
3. 하나의 '제도'인 교회와 예수님을 따르는 제자들의 무리인 교회 사이에는 어떤 차이가 생겨날 수 있는가? 그 차이점은 무엇인가?
4. 사람들이 교회에 적응하는 데 어려움을 겪는 이유는 무엇인가?

제자도에 대한 기대와 제자도의 모험 사이에 균형을 유지하는 것

은 까다로운 일이다. 나는 그 균형을 유지하기 위한 노력이 매일의 삶에서 그리고 우리가 세상으로 나아가 섬기는 일에서 꼭 필요하다는 것을 깨달았다. 그 이유는 세상에서 예수님을 따르며 산다는 것이 다른 사람들은 가본 적 없는 곳을 우리가 찾아가게 되고, 우리가 어떤 기대를 품고 있는지 전혀 모르는 사람들과 함께하게 된다는 뜻이기 때문이다. 적절한 예를 하나 들자면 그것은 서핑 세계에서 예수님과 동행하는 것이다.[1]

서핑은 우리 가족에게 강력한 영향력을 행사한다. 이는 우리가 단지 해변 근처에 살고 있어서, 또는 서핑이 멋진 스포츠라서 그런 것이 아니다. 우리 부부는 서핑이 지역 사회를 적극적으로 섬기는 통로라는 것을 발견했다.

이런 사실은 특별히 큰딸이 십대에 들어선 이후 아이들과 함께 시간을 보낼 때 더욱 자명해졌다. 우리는 아이들과 함께하는 그 시간을 무척 좋아했지만, 부모가 아이들의 시간을 모두 차지할 수는 없었다. 십대 때 가장 중요한 요소 중 하나가 친구이므로 십대가 된 우리 딸과 가까운 관계를 유지하는 방법 중 하나는 딸아이의 친구들과 어울리는 것임을 알았다. 그리하여 우리 인생에서 추억으로 남을 그 시간이 시작된 것이다.

어느 여름날, 매주 화요일 아침이면 나는 여섯 명에서 열다섯 명 정도의 중고등학교 학생들을 데리고 서핑을 하러 다녔다. 그 아이들은 스스로를 "화요일 튜브"(Tuesday Tubes) 그룹이라고 부르기 시작했다. 나는 아침 6시 30분에 그들을 차에 태우고 '티 스트리트'나 '트레슬' 또는 '처치스'라고 부르는 동네들과 가까운 곳에서 서핑을 즐겼다. 때때로 약 1마일이나 되는 가파르고 구불구불한 산책로를 따라서 '트레일'이라고 불리는 외딴곳까지 걸어가곤 했다. 그곳은 우리가 즐겨 찾던 서핑 장소였다. 그 이른 아침에 서핑을 마치고 나면 모두 러브 버거(Luv Burger) 식당으로 가서 팬케이크와 달걀로 만든 특별 메뉴를 먹곤했다.

그 아이들은 내 아내를 "엄마"라고 불렀으며, 내가 일을 마치고 집에 돌아오면 여러 개의 서핑 보드와 잠수복이 집 안 곳곳에 널려 있었다. 부엌에서 여러 아이들이 간식을 먹고 있는 모습은 흔히 볼 수 있는 광경이었다.

우리는 그 아이들과 함께 참으로 멋진 시간을 보냈고 또한 멋진 사역을 할 수 있었다. 그 아이들은 아무도 교회를 다니지 않았다. 또 대부분이 결손 가정 출신이었다. 그중에는 부모 중 한 사람과 사는 아이도 있었고, 아빠 혹은 엄마를 평생 만나 보지 못한 아이도 있었다. 우리는 이 아이들에게 무언가 결핍되어 있음을 발견했다. 결핍의 정도는 믿기 어려울 정도로 컸다. 우리는 그들 대부분을 교회 청소년 모임에 나가도록 인도했고 얼마 되지 않아 그들은 한두 명을 제외하고 모두가 그리스도에게 헌신했다. 우리 부부는 이 아이들과 제자도 관계를 맺었다. 그들을 사랑하고, 몇몇에게는 그때까지 한 번도 경험하지 못했던 가정의 손길을 느끼게 해주고, 그들이 예수님의 사랑을 알도록 인도했다. 이것이 얼마나 아름다운 기회였는지 모른다.

그렇지만 내가 **제자도**라는 단어를 언급하는 순간부터 문제는 복잡해진다. 대부분 우리 모두는 **제자도**라는 단어를 들어본 적이 있고 제자라는 것이 어떤 것인지를 머릿속에 떠올릴 수 있다. 참된 제자란 어떠해야 하는지, 제자로서 어떻게 행동해야 하는지, 생활 방식은 어떠해야 하는지 등에 관한 생각을 갖기 마련이다. 그리고 바로 그것이 우리 부부에게 던져진 문제였다. 우리가 이 나이 어린 서퍼들에게 원하는 모습은 어떤 것인가? 그들이 우리 교회나 단체나 그리스도인 학교가 만들어내는 상표(brand)의 제자처럼 되어야 하는가? 우리가 그들에게 원하는, 제자로서의 모습은 어떤 것인가? 이 문제에 대해 가장 큰 깨달음을 주는 성경구절 하나는 누가복음 6장 40절인데, 그 구절에서 주님은 제자가 온전하게 훈련을 받으면 **그 선생과 같으리라**고 말씀하신다. 우리는 아름답게 빚어질 수 있는 이 어린 서퍼들이 우리와 같은 모습으로 바뀌길 원하는가? 생각만 해도 끔찍하다!

이 질문은 매우 중요하다. 우리가 지상명령에 진정 순종한다면 우리 각자는 우리 자신의 작은 '서퍼' 그룹을 만들게 될 것이고 주님이 바로 우리 눈앞에서 그들을 제자로 바꾸실 것이기 때문이다. 그러한 그룹은 하나님이 당신에게 주신 교회나 선교단체나 당신 이웃에서 발견될 수 있다. 그리고 우리가 스스로에게 도전하며 던져야 할 질문은 이것이다. "우리가 이 젊은이들을 어떤 종류의 제자로 빚어갈 것인가?"

그 질문에 대한 답은 일차적으로 복음서에서 찾을 수 있다. 그러나 우리는 고대 사회의 제자도를 연구하면서 매우 신기하고 흥미로운 현상에 깜짝 놀라게 된다. 우리 모두 예수님의 열두 제자에 관해 들어왔으나 우리가 알아야 하는 것은 1세기 때 예수님이 이 땅에 오셨을 당시에도 '제자들'이라고 불리는 몇몇 다른 유형의 사람들이 있었다는 점이다. **제자**라는 용어는 일반적으로 인정받은 리더나 선생에게 헌신한 추종자를 지칭하여 사용되었다. 1세기 때 예수님을 따르는 일에서 가장 큰 장애가 된 것이 있다면, 그것은 사람들이 예수님의 메시지를 들었을 때 그들이 품은 기대 또는 그들이 그분과 관계를 맺으면서 가진 기대들이었다. 그런 기대는 이미 존재하던 다른 유형의 제자들을 그들이 봐왔기 때문이거나 예수님의 제자가 되기 전에 그들 자신이 바로 그런 유형의 모습이었기 때문이다. 잘 알려진 것처럼 예수님은 제도주의 때문에 유대교와 충돌하셨다. 예수님은 전통을 지키기 위해 하나님의 명령을 범하는 바리새인들을 꾸짖으셨다(마 15:3). 서기관과 바리새인 조직 내에서 더 높은 곳에 오르려는 야망을 갖는 것과 지위를 인정받고자 하는 것은 하나님 나라의 역사를 막는 것으로 간주되었으며 위선적이라고 비난받았던 것이다(마 23).

이 장에서는 현재까지 연구한 것을 옮겨보고자 한다. 우리는 복음서 기록에서 발견되는 네 가지 특별한 제자 유형을 살펴보고 그들의 기대라는 관점에서 그리고 예수님이 무대에 등장하셨을 때 그들이 속했던 제도라는 관점에서 그들을 조망할 것이다. 가장 중요한 것은 복음서에서 예수님이 그에 대해 어떤 평가를 내렸는가 이다. 기대와 제도주의의 역동성을 이해할 때 우리는 하나님이 우리를 부르셔서 섬기라고 하신 사람들을 제자로 삼는 과업에 대해 더욱 분명한 인식을 가질 수 있다.

예수님 이외의 스승을 따랐던 제자들

앞에서 우리는 1세기 유대교의 제자도를 연구하면서 예수님이 지상 사역을 시작하셨을 때 다양한 유형의 제자들이 이스라엘에서 활동했음을 살펴보았다. 그렇다면 예수님에 대한 그들의 반응은 어떠했을까?

모세의 제자들: 헌신적인 전통주의자

태어날 때부터 앞을 못 본 사람의 부모에게 질문을 던진 유대인들은(요 9:18 이하), 비록 **그는** 예수님의 제자이지만 **그들은** '모세의 제자들'이라고 하면서 그 남자를 조롱했다(요 9:28). 나는 이 유형의 제자를 '헌신적인 전통주의자'라고 부른다. 그들의 초점은 오직 자신들이 모세를 통하여 하나님과 특별한 관계를 맺은 유대인으로 태어난 특권에 맞춰져 있다(요 9:29 참조). 이런 의미에서 어느 누구든지 진정한 유대인이라면 그가 이스라엘의 다른 집단에 이차적으로 헌신하고 있는지의 여부와 무관하게 자신을 '모세의 제자'라고 불렀을 것이다. 하나님이 유대인들을 그분의 백성으로 선택하셔서 이 세상을 향한 증인으로 삼으셨기 때문이다. 그러나 이 구절에서 알 수 있는 것처럼, 이 유대인들은 그들의 지위가 가진 특권에 너무 크게 초점을 맞춘 나머지 모세의 율법이 예수님에 대하여 증거하고 있음을 놓쳐버렸다.

이것이 그리스도인 가정에서 성장하는 특권을 누린, 바로 내가 '교회에서 자란 아이들'이라고 부르는 사람들이 처한 위험이다. 그들은 어릴 때부터 교회에 다니고 올바른 진리를 믿으며 자라왔다는 이유만으로, 어찌 됐든 자신들은 괜찮다고 여긴다. 그 아이들이 당면하는 커다란 위험성은, 영적인 것에 무척 친숙하기 때문에 예수님의 존재가 그들에게 결코 새롭지 않다는 점이다. 그것이야말로 어떤 사람들이 말한 것처럼 '환경으로 받아들인 기독교'와 참된 제자도의 차이라고 할 것이다.

교회에 오래 다녔기 때문에 일을 처리하는 '자기들의 방식'이 항상 옳다고 생각하는 사람들 역시 이런 위험에 처한다. 때로 우리는 이제까지 일을 처리해오던 방식에만 지나치게 초점을 맞춘 나머지 하나님이 바로 지금 행하고 계시는 일에 우리를 맞추지 못할 수 있다. 이 두 가지 태도는 모두 종전에 '세대 차이'라고 불렸던 문제를 조장할 수 있다.

바리새인들의 제자들: 학구적 종교주의자

'바리새인의 제자들'(마 22:15-16; 막 2;18)은 바리새파의 추종자들로 아마도 학문 기관 중 하나에 속해 있었을 것이다. 바리새인들은 구약을 연구하고 엄격하게 적용하는 것을 활동의 중심으로 삼았다. 또한 그들은 율법의 해석을 복잡한 구전 해석(oral interpretation) 체계로 개발하고 있었다.

이 '제자들'은 최고로 헌신된 사람들이지만, 나는 그들을 추후 유대 랍비학파 전통의 선구자인 '학구적 종교주의자'로 부르고 싶다. 바리새인들이 가진 경향은 그들이 해석한 율법에 따라서 바르게 행하는 것이었으나 그들의 마음은 바른 동기로 움직이지 않았다(마 15:7-9). 예수님이 어떤 바리새인들에게 하신 비난은 성경에서 찾아볼 수 있는 가장 통렬한 것들에 속한다(예를 들어 마 5:20; 23:1-39). 예수님은 자신을 함정에 빠뜨리기 위해 보냄을 받은 '바리새인 제자들'의 악한 의도를 알아차리시고 그들을 "외식하는 자들"이라고 힐난하셨다(마 22:15-18).

오늘날에도 많은 사람이 예수님의 제자가 된다는 것이 무엇을 뜻하는지와 관련하여 이러한 생각을 가지고 있다. 여기에서 두 가지 위험을 만나게 된다. 그 위험 중 하나는 더욱 진보적인 성향의 교회들에서 찾아볼 수 있다. 이러한 교회들 중 몇몇 곳에서는 우리가 종교적으로 어떤 진리를 알고 그것을 살아낸다면(예를 들어 십계명, 산상보훈, 황금률) 어떻게 해서든지 우리는 구원을 '획득하게' 된다고 생각한다. 오늘날 사람들 사이에 널리 퍼져 있는 생각 중 하나는 우리가 선하게 살고 옳은 일을 행하는 것으로 하나님과 올바른 관계를 맺을 수 있다. 이것이야말로 율법주의의 함정에 빠지는 것이며 예수님과 사도 바울이 말씀을 선포하는 가운데 경고했던 내용이다.

또 다른 위험은 복음적이고 성경적인 교회와 선교단체와 학교에서 발견된다. 여기에서 강조되는 것은 연구이다. 제자도의 본질이 성경을 연구하는 것으로 시작된다. 그것은 그리스도인의 생활을 과도한 지적 추구로 바꾸기 때문에 때로는 교만과 우월감에 찬 태도를 보이게 한다. '수도원같이 격리된' 학구적 삶이 최상의 삶이 되는 것이다. 언젠가 한 학생이 내게 말하기를, 그가 이상적으로 생각하는 그리스도인의 생활이란 매일 8시간에서 10시간씩 연구하고 기도하는 것이라고 했다. 하지만 그것은 제자도가 아니다. 단지 금욕적인 수도원주의일 뿐이다. 예수님이 우리를 그분에게로 이끄신 것은 우리가 구원의 기쁜 소식을 전하며 이 세상에서 그분과 동행하도록 하기 위함이다.

세례 요한의 제자들: 운동 참가자

요한의 제자들(막 2:18; 요 1:35)은 선지자 세례 요한을 따르기 위해 제도적인 유대교의 현상(status quo)을 박차버린 용감한 남녀들이었다. 나는 이 유형의 제자를 '운동 참가자'라고 부른다. 그들은 의례적인 관행이나 전통보다 선지자를 통하여 일어나는 하나님의 운동에 더 애착을 가졌던 사람들이다.

이 제자들은 복합적인 성격의 그룹이었는데, 예수님을 처음 따랐던 자들도 원래 그들로부터 나왔다(요 1:35 이하). 그리고 요한의 어떤 제자들은 예수님이 갈릴리에서 사역하시는 동안 예수님과 계속 접촉하기도 했다(마 14:12). 그렇지만 그들은 최소한 한 번은 바리새인 제자들에 가세하여 예수님과 그분의 제자들이 행하는 일에 질문을 던지기도 했다(막 2:18-22).

내가 앞에서 언급했지만, 1970년대 초반에 나와 내 아내는 그때 당시 예수 운동이라고 불린 단체의 일원이었다. 하나님이 '히피족들' 사이에서 운행하셨고 우리는 예수님을 따르라는 부르심을 받았다. 참으로 좋은 시간이었다. 우리는 우리들만의 노래와 예배 형식 그리고 우리에게 적합한 형태의 인간관계를 맺었다. 그러나 안타깝게도 많은 사람들에게 그것은 또 하나의 하이(high: 일종의 환각적인 고양 상태—옮긴이)일 뿐이었던 것이다. 내가 기억하는 노래 중 하나는 〈예수님의 히트(hit: 마약과 같은 대상물에 취하는 것—옮긴이)를 하나 더〉(Take another hit of Jesus)라는 것이었는데, 그것은 내가 그리스도인이 된 지 얼마 지나지 않아 나온 노래였다. 서서히 흥분이 사라지자 많은 사람들은 또 다른 하이(high)를 찾아다녔고 그 운동에 참여하면서 무척 가깝게 지낸 오십여 명의 친구들 중에 오늘까지 예수님과 동행하는 이는 손가락으로 꼽을 정도이다.

분명한 것은, 세례 요한의 어떤 제자들은 요한에게 헌신한 나머지 예수님의 정체성이 갖는 진정한 의미를 놓쳐버림으로 예수님의 제자가 되지 못했다는 점이다. 즉 그들은 예수님을 통하여 나타난 하나님의 계시보다는 그 운동 자체에 자신을 드렸던 것이다.

예수님의 제자였다가 떠난 자들: 헌신적인 혁명가

요한복음 6장 60-66절에서 우리는 아마도 모든 제자 중에서 가장 비극적인 제자의 모습을 발견할 것이다. 예수님이 사역을 시작한 초기 단계에는 큰 무리의 '제자들'이 예수님에게 속하여 그분을 따랐다. 그들 중 그분을 단지 혁명적인 예언자로 생각한 것이 분명해보이는 어떤 사람들은 예수님에 대한 기대가 무너졌을 때 그분을 떠났다. 나는 이 유형의 제자들을 '헌신적인 혁명가'로 부르고 싶다. 그들은 로마를 전복하고 이스라엘의 통치를 회복할 지도자를 찾고 있었던 것 같다. 그들 중 많은 이들은 예수님을 따르기 위해 가정과 직업을 버렸으며 그들 중 어떤 이들은 자신이 추구하는 목적을 위해 죽을 준비까지 되어 있었다. 이러한 태도는 표면상 극단적으로 보이지만, 더 깊이 들어가보면 그들이 진정 바랐던 것은 하나님이 그들의 사고방식에 따라주는 것이었다. 그들은 제자가 될 마음이 있었지만 그것은 단지 자신들의 조건에 맞고, 기대가 충족될 때만 해당하는 말이었다. 예수님이 그들의 방식대로 행하지 않으시자 그들은 떠났다.

제도주의가 가진 위험

이러한 유형의 제자들이 각각 다양한 종교 행위에 가담하고 있었다. 그런데 그들의 실천은 그들이 예수님의 제자가 되도록 예비하는 **것이어야 했으나** 안타깝게도 그렇지 못했다. 구약 시대 유대인에게는 모든 제자도 관계가 오직 하나님에 대한 제자도로 인도하는 길이었다는 점을 우리는 기억해야 한다. 하나님이 예수님의 모습으로 이 땅에 오셨기에 참된 제자라면 오직 그분에게만 집중해야 했다. 참된 제자는 예수님을 알고 그분을 가까이 따르는 일에 열중하여 그분의 형상을 닮아가는 것을 궁극적 목표로 삼아야 했다(롬 8:28-29 참조). 그러나 그들은 오히려 고대하던 그분을 놓쳐버렸다. 그 주된 이유는 그들에게 종교 행위가 무척이나 중요해진 나머지 그들 가운데 오신 하나님을 간과했던 것이다. 이 집단의 사람들은 예수님이 승천하신 후에도 계속해서 존재했고, 그들의 의식과 전통이 그들의 행위에서 일차적인 초점이 되었다.[2]

이런 사실은 어떤 종류의 제자도 프로그램이라 해도 반드시 당면하게 될 커다란 위험 중 하나를 지적한다. 즉 제자도의 **실천**에만 지나치게 초점을 둔 결과 그 **목표**를 잃어버리는 위험이 바로 그것이다. 이러한 제자들에게서 내가 '제도주의의 위험'이라고 부르는 것을 발견할 수 있다.

제도란 개인들을 격려하고 섬기기 위해서 고안된 것으로, 그들이 자력으로 인생을 헤쳐나갈 수 있는 준비를 갖추도록 돕는 데 그 뜻이 있다. 제도는 목적에 이르기 위한 수단이며, 어느 한 사람을 그의 인생에서 하나님과 동행하는 삶을 살 수 있도록 준비시키는 것이 그 목표이다. 그러나 흔히 일어나는 일은 그 목적을 향해 나아가는 동안 우리의 제도가 너무 중요해진 나머지 때때로 상황이 뒤바뀐다는 것이다. 그러면 제도가 개인보다 더 중요하게 되고, 그 결과 개인이 제도를 섬기게 된다. 이러한 경우 제도는 목적이 되고 개인은 그 제도를 섬기는 수단이 되어버린다.[3]

마지막 장에서 제시한 것처럼 제자도의 기대가 율법주의적인 요구 조건으로 굳어지거나 또는 그것이 하나님과 동행하는 우리 삶 속에서 개성을 질식하거나, 사람들에게 강요하는 하나의 **프로그램**이 되거나 또는 우리의 원대로 사람들이 행하도록 조종하는 매개체가 될 때 제도주의가 시작되고 제자도는 억압받게 된다.

당신이 속해 있는 제도를 생각해보라. 그것이 교회든지 선교단체든지 새로운 운동이든지 또는 우리 부부가 만난 십대 청소년들과 같은 작은 제자도 그룹이든지 간에, 우리는 자신에게 몇 가지 냉정한 질문을 던져야 할 필요가 있다.

1. 우리는 **우리 제도**의 제자들을 만들고 있는가, 아니면 우리 제도가 **예수님의 제자**를 만들고 있는가?

2. 우리 제자들은 **프로그램**에 능숙한가, 아니면 예수님과의 철저한 **관계**를 통한 삶에 능숙한가?

3. 우리 제도에 대하여 소속감과 애착을 갖는 것이 우리를 세상으로부터 격리하는가, 아니면 우리가 세상을 변화시킬 준비를 갖추게 하는가?

4. 사람들이 우리에게 초점을 맞추는 것은 우리 프로그램이 중요하기 때문인가, 아니면 우리와 우리 프로그램이 '목적을 위한 수단'으로써 **예수님**을 더욱 분명하게 보도록 하기 때문인가?

현대를 살아가는 예수님의 제자들이 해야 할 중요한 일은 우리가 행하고 있는 실천이 어떤 것인지 점검하여 우리가 얼마나 '제도적'이 되고 있는지를 깨닫는 것이다. 제도주의로 기우는 성향은 참된 제자도를 질식시킬 수 있다. 제도들이 고안된 목적을 성취할 수 있다면 그 제도들 자체가 나쁜 것은 아니다.

예수님은 이 지상에 교회를 세우시고 그분 자신이 더 이상 계시지 않은 이곳에서 교회가 그분의 몸으로 기능하도록 하셨다. 교회가 세워진 의도는 사람들을 이끌어 주 예수 그리스도 및 그분의 백성들과 사랑의 교제를 맺도록 하기 위함이다. 교회는 하나님이 이 지상에서 그분의 목적을 추진하기 위해 만드신 하나의 제도로 볼 수 있다. 그러나 교회들 또는 조직들이 차갑고 종교적인 제도주의의 함정에 빠지는 것은 얼마든지 가능한 일이다. 만약 우리가 그러한 제도주의의 위험에 대한 경고를 무시한다면 결국 교회는 수단이 아닌 목적이 되고 만다.

균형 잡힌 제자도를 통해 제도주의를 막아내기

해결책은 무엇인가? 어떻게 해야 제도주의를 예방할 수 있는가? 나는 핵심 요소 두 개를 제시하고자 한다. 즉 예수님이 보이신 모범과 균형이다. 지상 사역에서 나타난 예수님의 제자 삼는 모범은 '모든 민족을 제자로 삼으라'는 그분의 지상명령(마 28:18-20)을 이행할 때 우리가 따라야 할 모델이다. 초대교회는 그리스도가 승천하신 후 도래한 새로운 날을 맞아들여 변화를 경험했지만 예수님을 주님으로 따르는 일은 지속했다. 덧붙여서, 우리가 해야 할 일은 예수님의 모범을 따르며 균형을 잃지 않는 것이다. 제도주의를 피하려고 지나치게 애쓰다보면 제도들이 제공하는 유익한 방법과 실천을 놓쳐버릴 수 있다. 반면 어떤 특별한 제도의 방법론을 취하는 것에 치우치면 예수님의 제자가 아니라 그 제도의 제자를 낳을 수도 있다.

우리 부부는 멋진 청소년 서퍼 친구들과 함께 지내면서 기쁨의 시간과 낙심의 시간을 모두 체험했다. 우리가 많은 실수를 했지만 주님은 계속해서 그분의 본을 따르라고 우리를 격려하셨다. 그 청소년 제자들과 생활하면서 우리 자신이 성숙해가는 가운데 배운 것을 정리하면 다음과 같다.

인격적인 제자도에 초점을

예수님이 자신을 따라오라고 남자들과 여자들을 부르셨을 때 그들에게 주시고자 한 것은 자신과 맺는 인격적인 관계였다. 단지 대안으로서의 생활양식이나 또 다른 종교적 관습이나 새로운 사회 조직이 아니었다. 유대교 안의 어떤 종파주의자들은 그들의 규율과 전통에 따라 '의로운' 자와 '불의한' 자 사이에 분리의 장벽을 만들었다. 그러나 예수님은 장벽을 깨뜨리시고 종파주의자들의 눈에는 교제하기에 적절치 않다고 여겨지는 사람들을 자신에게로 부르셨다(마 9:9-13; 막 2:13-17). 제자도는 살아 있는 주님이시며 구원자이신 그분과 친밀한 교제를 나누는 가운데 새로운 삶을 시작하는 것을 의미한다.

우리는 스스로에게 도전하여 예수님의 입장을 취하도록 해야 한다. 청소년 서퍼들 상당수는 태도나 생활양식이나 규범 면에서 전통적인 그리스도인 계층과 상당히 다른 배경을 가진 아이들이다. 우리가 쉽게 범할 수 있는 잘못은, 그들을 피상적으로 바라보면서 그들의 내면에 있는 필요들을 놓쳐버리는 것이다. 그러므로 우리는 전통적인 그리스도인과 다른 모습을 보이는 사람들에게 다가가 그들과 교제를 나눌 준비가 되어 있어야 한다.

우리는 이 청소년 서퍼들에게 예수님을 따르는 제자도의 결과는 반드시 생활양식의 변화로 나타나지만 새롭게 시작한 그들이 삶이 일차적으로 의미하는 것은 그분과 인격적인 관계에 들어서는 것이라고 힘주어 강조했다. 그리스도인이 된다는 것은 그들이 어느 특정한 교회 또는 조직 구성원들이 하는 것처럼 행동하거나 말하거나 보이는 것을 뜻하지 않는다고 말이다. 예수님은 그들의 있는 모습 그대로를 받아들이시며 인격적인 제자도의 삶을 권하신다. 그들은 이것을 알 필요가 있다.

이 새로운 삶이 활기를 띠려면 무엇보다 중요한 일을 시작해야 한다. 개인적으로 성경을 읽고 기도하는 것이다. 우리는 청소년 서퍼들 중 한 무리를 데리고 여섯 시간을 여행하여 주 대항 서핑대회가 열리는 곳에 갔다. 그리고 우리는 현대적 감각으로 디자인된 문고판 성경을 사서 아이들에게 한 권씩 나눠 주었다. 그들 대부분은 그동안 자신만의 성경을 가져본 일이 없었으므로 '너무나 좋아'(stoked)했다! 그리고 그들은 자발적으로 매일 저녁마다 모여서 함께 성경을 읽고 기도를 했다. 그들의 마음에서 우러난 행동이었다. 우리는 그때 하나님이 성경을 통해 그들 각자에게 말씀하시는 것을 듣고 또한 그들이 기도를 통해 하나님과 개인적인 대화를 나누도록 하는 데에 강조점을 두었다.

여기에서 우리가 독려했던 하는 것은 전통적인 제도적 접근 방법과 개인적 접근 방법 사이의 균형이다. 우리는 그들이 기성 교회와 조직에 참여하여 좀 더 큰 그리스도의 몸인 그곳에서 동질성을 확인하고 그 몸으로부터 배울 것을 격려한다. 다른 한편으로 서퍼들이 함께 모여 성경을 공부하고 서로를 책임지고 돌보는 그룹을 형성하면, 그러한 그룹은 자주 예수님이 그들을 부르신 바로 그곳으로부터 예수님과 동행하는 삶을 시작하도록 돕는 일에 필요한 개인적인 관심을 제공해준다.

비용을 계산하도록 도전하라

사람들을 제자도로 부르시는 예수님의 자비로운 초청에는 그 제자도를 위하여 치러야 할 비용을 계산하라는 비장한 명령이 수반된다. 예수님의 생애 동안 제자로 부르심을 받았다는 것은 그분에게 전적으로 충성하기 위해 비용을 계산하는 것을 의미했다. 예수님은 현세의 삶에서 안정을 주는 여러 가지 요소가 그분에 대한 충성을 대신할 수 있음을 아셨다. 제자도 비용을 계산하라는 명령은 이 세상이 주는 안정을 그분 안에서 누리는 안정과 교환하라는 의미였다. 어떤 이들에게 이것은 물질적인 부이고(마 19:16-26), 어떤 이들에게는 가정에 대한 애착심이며(마 8:21-22; 눅 14:25-27) 또 다른 이들에게는 민족주의적인 우월감이었다(눅 10:25-37).

서퍼들은 대체로 자유분방한 사고방식을 가졌다. 그들은 통상적으로 사람들을 구속하는 것들이 자신을 방해할 수 없다고 생각한다. 비용을 계산해야 한다는 예수님의 명령은 그들의 귀에 무척 엄격하게 들린다. 그러나 우리는 그들이 서핑에 쏟는 헌신은 예수님이 요구하시는 것을 이해하는 데 도움이 된다는 사실을 발견했다. 비용을 계산하는 것은 그들의 일상을 그대로 보여주는 표지였던 것이다. 서핑은 모든 스포츠 중에서도 가장 어려운 것으로 손꼽히며 극도의 헌신과 고된 훈련과 철저한 자기 조절이 필요하다. 많은 사람들이 말로는 서핑을 하고 싶다고 하고, 또 잠시 시도해보기는 하지만 너무나 어려워서 대부분은 낙심하여 그만둔다. 서핑을 계속하기 위하여 요구되는 것은 헌신과 신체적 어려움과 위험이라는 비용을 계산하는 일이다. 자유분방한 서퍼들이 제자도의 자비로운 초청에 기쁨으로 반응하면서 그들은 예수님을 일편단심으로 따르는 데 요구되는 비용을 선뜻 이해한다. 진짜 서퍼가 '포즈만 취하는 사람'(poser) 즉 서퍼로 연기만 할 뿐 서핑을 제대로 하지 못하는 사람보다 더 경멸하는 것은 없다. 제자도 비용을 계산하라는 도전은 제자인 양 포즈를 취하는 자와 제자로서의 삶을 사는 자의 차이를 깨닫는 것이다.

예수님을 닮도록 도우라

예수님은 제자가 된다는 것이 스승을 닮아가는 것이라고 선언하셨다(마 10:24-25; 눅 6:40). 예수님을 닮아간다는 것에는 예수님과 동일한 메시지와 사역과 긍휼의 마음으로 세상을 향해 나아가고(마 10:5 이하), 동일한 종교적 그리고 사회적 전통을 따라서 실천하며(마 12:1-8, 막 2:18-22), 같은 가족에 속하여 하나님의 뜻에 순종하고(마 12:46-50), 종이 해야 할 섬김을 같이 실천하고(막 10:42-45; 마 20:26-28; 요 13:12-17), 함께 고난을 겪는 일(마 10:16-25; 막 10:38-39)이 포함되어 있다. 참된 제자는 예수님을 무척 잘 알고 그분을 가까이 따랐으므로 그분을 닮아가도록 되어 있다. 제자의 궁극적인 목표는 그분의 형상을 본받는 것이었다(눅 6:40; 롬 8:28-29).

우리의 청소년 서퍼 친구들이 예수님을 닮아가도록 돕는 실제적인 방법은 예수님의 제자가 지녔던 세 가지 표지에 초점을 맞추는 것이었는데, 그것은 사실 예수님의 삶에서 중심이 된 표지였다. 즉 말씀 안에 거하는 것(요 8:31-32), 서로 사랑하는 것(13:34-35), 열매 맺는 것(15:8)이다.[4] 나는 이 세 표지를 개인적인 제자도뿐 아니라 교회 안에서 일어나는 제자도에서 우리의 노력을 집중하는 방편으로 본다. 우리가 교회 안의 다양한 '프로그램들'이나 우리들 개인이 맺는 인간관계들이 생존력을 가지고 있는지 살펴볼 때, 그것이 예수님의 제자들이 지녔던 이 세 표지를 더 잘 드러내는 데 기여하고 있는지 물어야 한다. 만약 기여하고 있다면 계속 그 일에 정진하라! 하지만 기여하고 있지 않다면 그것은 제자도와 무관한 쓸데없는 일이 될 것이다.

(1) 예수님의 말씀 안에 거하는 것을 통하여

참된 제자도가 뜻하는 것은 예수님의 말씀 안에 거하여 그 말씀을 삶의 모든 영역에서 진리로 받아들이는 것이다(요 8:31-32 참조). 예수님의 말씀에 거한다는 것은 끊임없이 성경을 연구한다는 뜻이 아니다. 그것은 예수님이 생명에 관하여 말씀하시는 것을 깨닫고 그 안에서 사는 것을 의미한다. 우리가 제자라면 세상의 가치가 아니라 예수님의 말씀에 귀 기울여야 한다. 이는 구원으로부터 시작되는 것이지만(요 6:66-69에서 베드로의 예), 삶의 다른 모든 영역과도 관련성을 가지게 된다.

예를 들자면 자아상은 이 청소년 서퍼들에게 극도로 중요한 것이다. 그들이 최고의 서퍼가 되어 서핑보드나 잠수복 광고 후원자를 제대로 만나고, 그들이 세계 챔피언이 될 때에만 개인적으로 성취감을 얻는 것이 가능하다고 세상은 말할 것이다. 그러나 예수님의 말씀에 거한다는 것은 예수님이 그들에 관하여 말씀하신 것, 즉 하나님이 그들을 사랑하신다는 것과 그들은 예수님의 특별한 피조물로서 예수님과 올바른 관계를 맺게 될 때에만 그들이 비로소 성취를 누린다는 것을 의미한다.

우리는 시간을 들여서 세상이 들려주는 말과 예수님의 말씀을 비교해야 하고, 젊은이들이 예수님의 말씀에 거하려고 애쓸 때 그들을 지원해주어야 한다.

(2) 서로 사랑하는 것을 통하여

또한 참된 제자도는 예수님이 제자들을 사랑하셨던 것같이 우리가 서로 사랑하는 것을 뜻한다(요 13:34-35). 사랑은 특별한 범주의 헌신된 그리스도인들에게 적용되는 그 무엇이 아니다. 사랑은 예수님의 모든 제자들에게서 뚜렷하게 발견되는 표지이다. 서로 사랑하는 것이 가능한 이유는 중생 즉 하나님의 사랑으로 믿는 자의 마음에서 일어나는 변화 때문이며, 사랑이신 하나님이 공급하시는 무한한 사랑 때문이다(요일 4:12-21 참조).

서퍼들 사이에는 자연스러운 유대감이 형성되는데 그 이유는 서핑에 대한 헌신을 공유하기 때문이다. 그러나 경쟁심으로 인해 질투, 시기, 다툼이 쉽게 일어나고 사람들의 주목을 받게 되면 거대한 자아가 형성된다. 서로에 대해 헌신한다는 사명이 서핑 세계에서 정상에 오르는 일보다 우선순위를 가질 때 예수님의 사랑은 극명하게 드러나기 마련이다.

내가 생생하게 기억하는 일이 하나 있다. 그때 우리 어린 두 딸은 캘리포니아 주 고등학교 서핑 챔피언 대회에 나가려고 준비 중이었다. 서로 경쟁을 하게 된 상황이었지만 딸들은 해변에 서서 같이 기도했다. 이와 같이 헌신적인 마음을 가질 때 개인의 야망을 바른 관점에서 바라볼 수 있게 된다.

(3) 결실을 통하여

예수님은 또한 참된 제자는 열매를 맺게 될 것이라고 말씀하셨다. 이 열매란 무엇인가? 성령의 열매(갈 5:22-26), 새로운 개종자들(요 4:3-38; 15:16), 의와 선한 일(빌 1:11; 골 1:10)이다. 이 기회를 통해서 우리는 청소년들에게 하나님의 영이 어떻게 삶의 모든 영역을 인도하시고 그들의 성품과 증거하는 삶과 지역을 위한 봉사활동 영역에서 그들이 예수님을 닮아가도록 역사하시는지를 보여주어야 한다.

고등학교 졸업반인 청소년 한 명이 최근에 지역 교회에서 세례를 받게 되었다. 그는 교회의 성도들 앞에서 간증하면서 세례가 예수님과 동행하는 삶을 살게 되었다고 세상을 향해 선포하는 것임을 강조했다. 그가 세상을 향하여 이제 예수님이 그의 삶 속에서 실재하신다고 밝힐 수 있었던 것은 그 교회가 필요한 지원과 격려와 훈련을 제공하는, 중요한 역할을 감당했기 때문이다.

길을 인도하여 세상으로

여기에서 예수님의 제자가 가진 결정적이며 중요한 특징이 명확하게 드러난다. 교회 안에서나 다른 그리스도인 친구 사이에서 그리스도인이라는 것을 밝히는 것과 세상에서 헌신적인 삶을 살아내는 것은 별개의 문제이다. 세상 속에서 그리스도를 중심에 두고 산다는 것은 때로 제도주의와 제자도 사이에 분명한 차이가 있음을 보여준다.

그러나 이 청소년 서퍼들에게는 그리스도인으로 살아가려면 어떻게 해야 하는지 알려주는 모델이 없으므로 우리가 그들과 함께 그 일에 뛰어드는 것이 무척 중요하다. 그 말이 뜻하는 바는 그들과 함께 서핑을 하는 것이고(서핑을 같이 하자고 나를 설득하는 것은 그다지 어려운 일이 아니다!), 그들과 함께 대회에 참가하며, 서핑 관련 단체의 일에 관여하는 것이고, 그들이 유혹과 시험에 노출될 때 그들을 안내하고 지원하며 위로해주는 것이다. 이는 그들이 지금 살고 있는 곳과 동일한 세상에서 앞으로 어떻게 살아야 하는지 모델을 제시해주는 것과 같다. 우리가 소금과 빛이 되고, 좁은 길을 걸어가며, 서로를 사랑하고, 이 세상에 소망을 주는 삶을 살아갈 때 우리는 그들이 따를 수 있는 생생한 모범이 된다. 이와 가까운 말씀을 바울의 훈계에서 찾을 수 있다. 즉 "내가 그리스도를 본받는 자가 된 것같이 너희는 나를 본받는 자가 되라"(고전 11:1).

예수님이 걸으신 길을 따라감

제도는 생겼다가 사라지는 것이다. 우리가 과거에 멋진 역할을 해 냈던 전통에 매달리는 확고부동한 보수주의자든지, 아니면 제자도를 체험하는 새로운 길을 쟁취하려고 마음이 불타오르는 혁명주의자든지 간에, 우리는 예수님의 길을 따르기 위해 노력해야 한다. 교회나 선교단체 역시 이러한 제자도를 목표로 삼아 사역의 방향을 정해야 한다. 즉 먼저 사람들이 예수님에게 헌신하도록 하고, 그런 다음 특정한 교회나 그룹에 대해 헌신하도록 하는 것이다. 우리가 배출해야 하는 것은 어느 특정한 방법의 추종자들이 아니라 주님의 제자들이다.

이 청소년 서퍼들 중 많은 아이들은 아직 다듬어지지 않은 부분을 가졌고, 기독교 환경에서 자란 아이들과 다른 모습을 보이며 다르게 행동한다. 우리는 그들이 성경 중심 교회에서 시작하여 주류 교회, 은사주의 교회 그리고 현대적인 선교단체에 이르기까지 많은 교회와 그룹에 참여하도록 애썼으나 그들 중 많은 아이들이 서서히 떨어져 나가는 것을 목도했다. 그것 때문에 마음이 아프고 슬펐다. 그렇게 된 것은 기독교 기관들이 이 아이들은 '무언가 다르다'는 이유를 주로 내세워 그들에 대한 관심을 잃어버린 결과라고 생각한다. 그들은 적응도 잘 못했고 그 기관들에게서 이렇다 할 도움도 받지 못했다.

어느 날 오후, 나는 한 어린 소년과 오랫동안 대화를 나누었다. 그는 사실상 가정에서 버림받은 아이였다. 어머니는 마약 혐의로 구치소에 있었고 아버지는 그가 태어났을 때 이미 가정을 버리고 나가버린 상태였다. 열다섯 살 되는 이 소년과 그의 여동생은 살 곳을 찾아 이 가정 저 가정을 전전했다. 이러한 형편인 데다가 전통적인 기독교 환경에 적응하는 것은 이 어린 소년에게 너무 힘들었던 것이다. 우리가 대화를 마칠 즈음, 아이는 눈물을 글썽이면서 나에게 말했다, "선생님, 선생님 가정을 만나고 나서 제 모든 인생은 바뀌었습니다. 제가 가진 것이 아무것도 없어 보이지만 지금 저에게는 예수님이 계십니다. 그리고 그분은 결코 저를 떠나지 않으실 거예요."

인생 전체를 통하여 우리 모두에게는 위대한 사역에 참여할 수 있는 기회들이 주어질 것이고, 그 사역을 통해 우리는 다른 사람들이 영적으로 성장하도록 도우며 우리 자신도 성장하는 '올바른' 길로 가도록 도전받게 될 것이다. 그리고 제아무리 위대한 사역이라 해도 다음과 같은 단순한 진리를 그 사역이 결코 대신하지 않도록 해야 한다. **"우리들의 사역은 예수님의 제자를 삼되 그것을 그분의 방법으로 하는 것이다."**

서핑을 하기 위해 길고 구불구불한 길을 따라 걸으면, 어떤 아이들은 앞장서 뛰어가 나머지 사람들보다 먼저 물로 뛰어든다. 어떤 아이들은 산책로 꼭대기에 서서 얼마 동안 파도를 바라보며, 그날 그 먼 거리를 걸어올 가치가 있을 정도로 멋진 파도를 즐길 수 있을지를 가늠해본다. 다른 아이들은 장난을 치면서 길을 벗어나 그들이 가서는 안 되는 낭떠러지를 오르락내리락하기도 한다. 자신들이 하는 행동에 책임질 만한 나이가 되긴 했지만 나는 아이들 모두가 해변에 내려갈 때까지는 안심할 수 없다. 그러나 내가 그들이 걷는 일을 대신 해줄 수는 없다. 내가 할 수 있는 일이란 그들에게 내려가는 길을 안내해주는 것뿐이다.

그렇게 시간을 같이 보낸 후에 어떤 아이들은 제자도의 길에서 벗어나버렸다. 어떤 아이들은 예수님과 동행하는 일에 완전히 투신하지 못한 채 아직도 산책로 꼭대기에 서서 바라보고만 있다. 다른 아이들은 앞서 뛰어가 예수님과 동행하는 삶을 충만하게 경험하고 있다. 우리는 계속해서 그들 모두를 지켜보며 그들을 위해서 기도하고 그들이 예수님과 교제하는 삶에 동참하기를 기다린다. 우리가 그들의 인생을 대신 살 수는 없다. 그러나 우리는 그 길을 따라 계속해서 예수님과 동행하며, 그들에게 올바른 길을 안내하기 위해 노력할 수 있다.

복습 문제

1 예수님이 등장하셨을 때, 팔레스타인에 존재하던 제자도의 각 그룹들은 예수님의 제자가 되면서 그들의 배경으로부터 오는 힘을 어떻게 유지할 수 있었을까?

2 당신의 교회나 그룹에서 발견할 수 있는 제도주의의 징후로 어떤 것이 있는가? 당신의 삶 속에서는 어떠한가? 그 제도주의 대신에 예수님을 따르는 제자도를 이루기 위해서 할 수 있는 일은 무엇인가?

3 당신은 그리스도인들 사이에 있을 때와 비그리스도인들 사이에 있을 때 중에서 어떤 경우에 마음이 더 편안한가?

4 이 세상에서 예수님과 동행하는 삶을 살기 위해 당신은 현재 어떤 방법으로 당신의 '서퍼들' 그룹을 돕고 있는가?

주

1부 새로운 삶의 길을 여는 제자도

1장 그분을 따르라는 매력적인 부르심

1 예를 들면, Michael J. Wilkins, *The Concept of Disciple in Matthew's Gospel: As Reflected in the Use of the Term* Μαθητής, Supplements to *Novum Testamentum*, vol. 59 (Leiden: E. J. Brill, 1988); Michael J. Wilkins, "The Use of ΜΑΘΗΤΗΣ('Disciple') in the New Testament" (unpublished M.Div. thesis, Talbot Theological Seminary, 1977).
2 '제자 만들기'는 내가 청년 사역자, 협동목사, 담임목사, 교수로 일하는 동안 내 사역의 중심 목적이었다. 나는 제자도에 대한 성경적 가르침에 대해 수많은 모임에서 강연했고, 평신도를 위한 실천적 제자도 지침을 썼다. 예를 들면, Michael J. Wilkins, "Radical Discipleship," *Sundoulos*, alumni publication of Talbot School of Theology, Fall 1988; "Contentment: Balancing the Perfect and the Imperfect," *Connections*, alumni publication of Biola University, Winter 1988; "Surfers and Other Disciples," *Discipleship Journal*, vol. 11, 2, no. 62 (March/April 1991): 8-14.

2장 과격하지만 현실적인 오늘의 부르심

1 John James Vincent, "Discipleship and Synoptic Studies," *Theologische Zeitschrift* 16 (1960): 456.

2 예를 들면, Charles C. Ryrie, *So Great Salvation: What It Means to Believe in Jesus Christ* (Wheaton, Ill.: Victor Books, 1989), 155; Livingston Blauvelt, Jr., "Does the Bible Teach Lordship Salvation?" *BS* 143 (1986): 41; Kenneth S. Wuest, *Studies in the Vocabulary of the Greek New Testament*, vol. 3, *Wuest's Word Studies* (Grand Rapids: Eerdmans, 1966), 25.
3 Ryrie, *So Great Salvation*, 155.
4 Wuest, *Studies*, 3:25.
5 Blauvelt, "Does the Bible…?" 41.
6 이 견해에서 갈라져 나와 변형된 또 다른 견해는 이렇게 제안한다. 제자도는 사람들이 예수님을 물리적으로 따를 수 있던 시기에는 사용될 수 있는 개념이지만, 예수님이 승천하여 신자들이 더 이상 물리적으로 그분을 따를 수 없는 오늘날에는 우리 자신을 제자라고 말하는 것이 부적절하다는 것이다. 실례로 다음을 보라. Donald R. Rickards, "Discipleship: A BiblicaI Doctrine?" *Voice* 55 (1976), 5-18; Fred L. Fisher, *Jesus and His Teachings* (Nashville: Broadman, 1972). 앞으로 나올 장에서 이 견해를 다룰 것이다.
7 예를 들면, Allan Coppedge, *The Biblical Principles of Discipleship* (Grand Rapids: Zondervan, 1989), 40-42.《우리는 제자사역을 어떻게 이해하고 있는가?》(요단); Leroy Eims, *The Lost Art of Disciple Making* (Grand Rapids/Colorado Springs: Zondervan/NavPress, 1978), 61 이하, 83 이하, 181-188.《제자 삼는 사역의 기술》(네비게이토); Walter A. Henrichsen, *Disciples Are Made—Not Born* (Wheaton, Ill.: Victor, 1974), 18, 40.《훈련으로 되는 제자》(네비게이토); Zane C. Hodges, *The Gospel Under Siege: A Study on Faith and Works* (Dallas: Redención Viva, 1981), 36-45; *Absolutely Free: A Biblical Reply to Lordship Salvation* (Grand Rapids/Dallas: Zondervan/Redención Viva, 1989), 67-68, 87; Gary W. Kuhne, *The Dynamics of Discipleship Training: Being and Producing Spiritual Leaders* (Grand Rapids: Zondervan, 1978), 15.《제자훈련의 원동력》(나침반사); Juan Carlos Ortiz, *Disciple* (Carol Stream, Ill.: Creation House, 1975), 9.《제자입니까》(두란노); J. Dwight Pentecost, *Design for Discipleship* (Grand Rapids: Zondervan, 1971), 14.《제자를 삼아라》(생명의 말씀사); Paul W. Powell, *The Complete Disciple* (Wheaton, Ill.: Victor, 1982), 11-12; J. Oswald Sanders, *Spiritual Maturity* (Chicago: Moody, 1962), 108-109.《영적 성숙》(프리셉트).
8 Ortiz, *Disciple*, 9.《제자입니까》(두란노).
9 Pentecost, *Design for Discipleship*, 14.《제자를 삼아라》(생명의말씀사).
10 Henrichsen, *Disciples Are Made*, 40.《훈련으로 되는 제자》(네비게이토).
11 이 견해의 극단적인 형태가 1970년대 북아메리카의 '목자 운동'에서 발견되는데,

이것은 흥미롭게도 '제자도 운동'이라고 불리기도 한다.

12 그리스도인을 두 부류로 나누는 것은 성경적 제자도 개념의 지지를 받을 수 없다고 말하는 성경학자들이 있다. Martin Hengel [*The Charismatic Leader and His Followers* (New York: Crossroad, 1981), 62-63] and Kvalbein ("'Go Therefore,'" 51).

13 예를 들면, H.-J. Degenhardt, *Lukas-Evangelist der Armen. Besitz und Besitzverzicht nach den lukanischen Schriften: Eine traditions- und redaktionsgeschichtliche Untersuchung* (Stuttgart: Katholisches Bibelwerk, 1965); Karl Hermann Schelkle, *Discipleship and Priesthood*, trans. Joseph Disselhorst, rev. ed. (New York: 1965); Mark Sheridan, "Disciples and Discipleship in Matthew and Luke," *BThB* 3 (1973): 235-255; Paul S. Minear, " The Disciples and the Crowds in the Gospel of Matthew," *AThR* Sup. Series, 3 (March 1974): 28-44; R. Thysman, *Communauté et directives éthiques: la catéchèse de Matthieu*, Recherches et Synthéses: Section d'exégèse, no. 1 (Gembloux: Duculot, 1974); Gerhard Lohfink, *Jesus and Community: The Social Dimension of Christian Faith* (Philadelphia: Fortress, 1984), 31-33.《예수는 어떤 공동체를 원했나?》(분도); Demetrios Trakatellis, "'Ἀκολούθει μοι/Follow Me' (Mk 2:14): Discipleship and Priesthood," *GOThR* 30 (3, 1985): 271-285; Dennis M. Sweetland, *Our Journey with Jesus. Discipleship According to Mark*, GNS 22 (Wilmington, Del.: Michael Glazier, 1987).

14 Minear, "Disciples and Crowds," 31.

15 Sweetland, *Our Journey*, 17, 35.

16 게르트 타이센(Gerd Theissen)이 지역 공동체의 '동조자들'로부터 '방랑하는 능력자들'(제자들)을 구분한 연구에 이것이 암시되어 있다. Gerd Theissen, *Sociology of Early Palestinian Christianity*, trans. John Bowden (Philadelphia: Fortress, 1978), 8-23.《예수운동의 사회학》(종로서적).

17 P. T. Chandapilla, *The Master Trainer* (Bombay: Gospel Literature Service, 1974).《예수님의 제자훈련》(IVP); M. E. Drushal, "Implementing Theory Z in the Church: Managing People as Jesus Did," *Ashland Theological Bulletin* 20 (1988): 47-62; Leroy Eims, *The Lost Art of Disciple Making* (Grand Rapids/Colorado Springs: Zondervan/NavPress, 1978), 61 이하, 83 이하, 181-188.《제자 삼는 사역의 기술》(네비게이토).

18 예를 들면, Donald A. McGavran and Win Arn, *How to Grow a Church* (Glendale, Calif.: Gospel Light, 1973);《교회 성장 전략》(크리스챤헤럴드). C. Peter Wagner, *Stop the World I Want to Get On* (Glendale, Calif.: Regal, 1974), 79.

19 McGavran and Arn, *How to Grow a Church*, 80.《교회 성장 전략》(크리스챤헤럴드).

20 Wagner, *Stop the World*, 79-80. 와그너는 제자와 제자도를 구분한 결과 문제를 혼란스럽게 만들고 말았다. 다른 곳에서는 제자와 제자도를 같은 의미로 사용하는 것 같다. 참고. C. Peter Wagner, "What is 'Making Disciple'?" *Evangelical Missions Quarterly* 9 (1973): 285-293.

21 Dietrich Bonhoeffer, *The Cost of Discipleship*, trans. R. H. Fuller, 2d rev. ed. (New York: Macmillan, 1963), 47, 60.《진정한 사도가 되라》(보이스사).

22 Dallas Willard, *The Spirit of the Disciplines: Understanding How God Changes Lives* (San Francisco: Harper & Row, 1988), 264.《영성훈련》(은성). 이 인용문은 "제자도: 슈퍼 그리스도인만을 위한 것인가?"라는 제목의 부록에서 취한 것이다. 이 부록은 *Christianity Today*, October 10, 1980에 처음 발표되었다.

23 James Montgomery Boice, *Christ's Call to Discipleship* (Chicago: Moody, 1986), 16.

24 예를 들면, Boice (*Christ's Call*), Bonhoeffer (*Cost of Discipleship*), and Willard, *The Spirit of the Disciplines*, as well as Michael Griffiths, *The Example of Jesus*, The Jesus Library, ed. Michael Green (Downers Grove, Ill.: InterVarsity Press, 1985), 43.《예수의 모범》(요단); Hans Kvalbein, "'Go Therefore and Make Disciples⋯': The Concept of Discipleship in the New Testament," *Themelios* 13 (1988): 48-53; John F. MacArthur, *The Gospel According to Jesus: What Does Jesus Mean When He Says "Follow Me"?* (Grand Rapids: Zondervan, 1988), 196 이하.《참된 무릎꿇음》(살림); William MacDonald, *True Discipleship* (Kansas City, Kans.: Walterick, 1975), 3-9.《참 제자의 길》(태광).

25 예를 들면, Bonhoeffer (*Cost of Discipleship*), as well as Jim Wallis, *Agenda for Biblical People* (New York: Harper & Row, 1976), 23-26.《부러진 십자가》(아바서원); Christopher Sugden, *Radical Discipleship* (Hants, England: Marshall, Morgan, & Scott, 1981), 참고. 75; John R. Martin, *Ventures in Discipleship: A Handbook for Groups or Individuals* (Scottdale, Pa.: Herald, 1984), 17; Tom Sine, *Taking Discipleship Seriously: A Radical Biblical Approach* (Valley Forge, Pa.: Judson, 1985).《하나님 나라를 이루는 제자도》(두란노); Ched Myers, *Binding the Strong Man: A Political Reading of Mark's Story of Jesus* (Maryknoll, N.Y.: Orbis, 1988), 7-8.

26 예를 들면, Alice Fryling, ed., *Disciplemaker's Handbook: Helping People Grow in Christ* (Downers Grove, Ill.; InterVarsity Press, 1989), 18; Allen Hadidian, *Successful Discipling* (Chicago: Moody, 1979), 19 이하; Bill Hull, *The Disciplemaking Pastor: The Key to Building Healthy Christians in Today's Church* (Old Tappan, N.J.: Revell, 1988), 52; John R. Martin, *Ventures in Discipleship: A Handbook for Groups or Individuals* (Scottdale, Pa.: Herald, 1984), 17.

27 예를 들면, A. B. Bruce, *The Training of the Twelve*, 1871, reprint (Grand Rapids:

Kregel, 1971).《열두 제자의 훈련》(크리스챤다이제스트). 브루스는 모든 신자를 제자라고 부르지만, 열두 사도와 같이 어떤 사람들은 지도자 역할로 부르심을 받았음을 주목한다(11-12쪽 참조).

28 예를 들면, Robert E. Coleman, *The Master Plan of Evangelism*, 2d ed. (Old Tappan, N.J.: Revell, 1964), 52; Richard R. DeRidder, *Discipling the Nations*, 1971, reprint (Grand Rapids: Baker, 1975), 183.《주님의 전도 계획》(생명의말씀사); Carl Wilson, *With Christ in the School of Disciple Building: A Study of Christ's Method of Building Disciples* (Grand Rapids: Zondervan, 1976), 79 이하.

29 전문적으로 말하자면, 이 시도는 나의 해석학적 접근을 보여준다. 그것은 오늘날 해석학에 정면으로 도전하는 것이다. 특히 저자의 의도성(authorial intentionality)이 있음을 부인하는 문학적-비평적 접근에 도전한다.

30 A. B. Bruce, *Training of the Twelve*, 11-12.《열두 제자의 훈련》(크리스챤다이제스트).

31 라틴어 *discere*([디쎄레], 배우다); 헬라어 *manthanein*([만싸네인], 배우다).

32 이 용어들의 고전적, 그리스적 배경에 대한 논의를 위해서는 Wilkins, *Concept of Disciple*, 11-42를 보라.

33 참고. Johannes P. Louw and Eugene A. Nida, eds., *Greek Lexicon of the New Testament: Based on Semantic Domains*, 2 vols. (New York: United Bible Societies, 1988), 1:470-471.

34 유다가 예수님의 제자 중 하나로 불린 사실을 주목해야 한다(요 12:4). 이 사람은 참된 신자라고 고백은 했으나 실제로는 참된 신자가 아니다. 유다에 대해서는 8장에서 논의되었다.

35 뒷장, 특히 13장에서 이 개념의 중요성이 더 충분히 다뤄질 것이다.

36 S. I. Hayakawa et al., "Student: Pupil, Scholar, Learner, Disciple, Protége," *Use the Right Word: Modern Guide to Synonyms and Related Words* (Pleasantville, N.Y.: Reader's Digest Association, 1979), 596-597.

37 위의 책, "Supporter," 607.

38 Fernando F. Segovia, "Introduction: Call and Discipleship – Towards a Reexamination of the Shape and Character of Christian Existence in the New Testament," in *Discipleship in the New Testament*, ed. Fernando F. Segovia (Philadelphia: Fortress, 1985), 2.

39 Pierson Parker, "Disciple," *IDB*, 1:845.

40 Everett F. Harrison, *The Apostolic Church* (Grand Rapids: Eerdmans, 1985), 142.《사도교회의 역사와 성장》(CLC).

41 Zane C. Hodges, *Absolutely Free: A Biblical Reply to Lordship Salvation* (Grand Rapids/Dallas: Zondervan/Redención Viva, 1989), 68.

42 위의 책, 160-61.
43 예를 들면, 라이리(Charles C. Ryrie)는 지상명령의 명령을 영생에 들어가는 것과 교회의 선교적 사명을 의미하는 것으로 이해한다. 참고. Charles C. Ryrie, *So Great Salvation: What It Means to Beleive in Jesus Christ* (wheaton, Ill.: Victor, 1989), 103-106; and *The Ryrie Study Bible* (Chicago: Moody, 1978), 1502, n. on Mt 28:19.
44 John F. MacArthur, *The Gospel According to Jesus: What Does Jesus Mean When He Says "Follow Me?"* (Grand Rapids: Zondervan, 1988), 201.《참된 무릎꿇음》(살림).
45 위의 책, 197.

2부 예수님의 제자도를 둘러싼 환경

3장 영적 뿌리가 된 구약성경의 제자도

1 부르심을 받은 공동체로서의 이스라엘과 교회에 대해 광범위한 연구를 하려면 다음을 보라. Paul D. Hanson, *The People Called: The Growth of Community in the Bible* (San Francisco: Harper & Row, 1986).
2 참조. Gerhard Hasel, *Old Testament Theology: Basic Issues in the Current Debate*, 3d ed. (Grand Rapids: Eerdmans, 1982), 145-167.《현대구약신학의 동향》(대한기독교출판사). 긴장을 일으키는 몇 가지 요소에 대한 논의를 위해서는 다음을 보라. John S. Feinberg, ed., *Continuity and Discontinuity: Perspectives on the Relationship Between the Old and New Testaments*. Essays in Honor of S. Lewis Johnson, Jr. (Westchester, Ill.: Crossway, 1988).
3 이 가능성을 위해서 우리는 케네스 바커(Kenneth Barker)가 복음주의 신학협회 (Evangelical Theological Society) 회장 취임 연설에서 발표한 긍정적인 내용을 주목한다. Kenneth L. Barker, "False Dichotomy Between the Testaments," *JETS* 25 (1982): 3-16.
4 Ernst Jenni, "lmd," *THAT*, 2, ed. Ernst Jenni and Claus Westermann (München: Chr. Kaiser, 1971), col. 872; Francis Brown, S. R. Driver, and Charles A. Briggs, *A Hebrew and English Lexicon of the Old Testament* (Oxford: Clarendon, 1974), 541 (앞으로 이 책은 BDB로 표기함). 이런 유래는 아람어 *talmidha*[탈미다]에도 적용된다; 참조. Marcus Jastrow, ed., *A Dictionary of the Targumim, the Talmud Babli and Yerushalmi, and the Midrashic Literature* (New York: Pardes, 1950), 2:1673.
5 M. Aberbach, "The Relations Between Master and Disciple in the Talmiduc Age," *Essays Presented to Chief Rabbi Israel Brodie on the Occasion of His Seventieth Birthday*,

ed. H. J. Zimmels, J. Rabbinowitz, and I Finestein, vol. I, Jew's College Publications, new ser., no. 3 (London: Soncino, 1967): 1-24.

6 talmîdh[탈미드]를 번역할 수 있는 다른 가능성을 위해서 다음을 보라. Jacob M. Myers, *I Chronicles*, AB, 2d ed. (Garden City, N. Y.: Doubleday, 1974), 12:170.

7 카일(C. F. Keil)은 talmîdh[탈미드]를 '학자'라고 번역함으로 공식적인 학교가 있었음을 암시한다(이것이 또한 KJV의 번역이기도 하다). 이것은 후기 랍비의 사용례로부터 추론되었을 수 있다. [참조. C. F. Keil and F. Delitzsch, *The First Book of Chronicles*, trans. Andrew Harper, *Commentary on the Old Testament*, reprint (Grand Rapids: Eerdmans, 1975), 272-273].

8 R. N. Whybray, *The Intellectual Tradition in the Old Testament*, BZAW 135, ed. George Fohrer (Berlin: Walter de Gruyter, 1974), 37.

9 예를 들면, 렘 2:24, 광야에 익숙한 들나귀; 렘 13:23, 악을 행하기에 익숙한 사람.

10 Jenni, "*lmd*" cols. 872, 875; BDB, 541; Walter C. Kaiser, "*lamadh*," *TWOT*, ed. R. Laird Harris; Gleason L. Archer, Jr.; and Bruce K. Waltke (Chicago: Moody, 1980), 1:480.

11 BDB, 541; Ludwig Koehler and Walter Baumgartner, eds., *Lexicon in Veteris Testamenti Libros* (Leiden: E. J. Brill, 1951), 1:483. KJV와 RSV는 8장 16절에서 사용되는 용어를 '제자들'이라고 번역했다. NASB는 50장 4절에 사용된 용어를 '제자들'이라고 번역했고, 54장 13절에서는 이 번역을 가능한 대안으로 제시한다.

12 RSV와 NASB는 각각의 난외주에 '제자들'도 가능한 번역이라고 표시했다.

13 예를 들면, Karl H. Rengstorf, "$\mu\alpha\theta\eta\tau\acute{\eta}\varsigma$," *TDNT* 4:427. 그는 이렇게 말한다. "만약 그 용어가 없다면 그 용어가 표시하는 것도 역시 없다. 가르치는 사람과 배우는 사람이라는 공식적 관계를 제외하면, 고전 그리스 세계와 헬레니즘의 경우와 달리 구약에는 스승-제자의 관계가 없다. 선지자를 보든지 서기관들을 보든지 그에 해당되는 것을 찾는 것은 헛일이다."

14 Rengstorf, "$\mu\alpha\theta\eta\tau\acute{\eta}\varsigma$," 427. 참조. Paul Helm, "Desciple," *Baker Encyclopedia of the Bible*, ed. Walter A. Elwell (Grand Rapids: Baker, 1988), 1:630.

15 참조. John James Vincent, *Disciple and Lord: The Historical and Theological Significance of Discipleship in the Synoptic Gospels*, Dissertation zur Erlangung der Doktorwuerde der Theologischen Fakultaet der Universitaet Basel (Sheffield: Sheffield Academic Press, 1976), 18-19.

16 Peter C. Craigie, *The Book of Deuteronomy*, NICOT (London/Grand Rapids: Hodder and Stoughton/Eerdmans, 1976), 168를 보라.

17 F. Helfmeyer, הלך *hālakh*[할라크], *TDOT* 3:388-403; Gerhard Kittel, "$\dot{\alpha}\kappa o\lambda o\upsilon\theta\acute{\epsilon}\omega$," *TDNT* 1:211.

18 Helfmeyer, הלך *hālakh*, 403.
19 특별히, Rengstorf, "μαθητής," 427-431. 많은 사람이 렝스토르프의 영향력 있는 논문을 따랐다. 그중에는 다음과 같은 사람들이 있다. Jenni, "lmd," col. 875; Dietrich Müller, "μαθητής," *NIDNTT* 1:485; Andre Feuillet, "Disciple," *Dictionary of Biblical Theology*, ed. Xavier Leon-Dufour, 2d. ed. (New York: Seabury, 1973), 125.《성서신학사전》(종로서적).
20 Philip Sigal, *Judaism: The Evolution of a Faith*, rev. and ed. Lillian Sigal (Grand Rapids: Eerdmans, 1988).
21 나는 이미 다른 연구에서 이 문제를 깊이 다루었다: Michael J. Wilkins, *The Concept of Disciple in Matthew's Gospel: As Reflected in the Use of the Term Μαθητής*, NovTSup 59 (Leiden: E. J. Brill, 1988), 51-91. 간략한 개관을 위해서는 다음을 보라. Pheme Perkins, *Jesus As Teacher, Understanding Jesus Today* (Cambridge: Cambridge Univ. Press, 1990), 1-22.
22 Martin Hengel, *The Charismatic Leader and His Followers*, trans. J. Greig, 1968 (New York: Crossroad, 1981); Vincent, *Disciple and Lord*, 17-18.
23 여호수아를 모세의 제자라고 부른 곳은 Josephus, *Antiq*. 6.84; 엘리사를 엘리야의 제자라고 부른 곳은 *Antiq*. 8.354; 9.28, 33; 바룩을 예레미야의 제자로 부른 곳은 *Antiq*. 10.158, 178을 보라. 요세푸스는 이 용어를 단 15회 사용하였는데, 그중 8회가 위의 개인을 지칭하는 데 사용되었다.
24 여호수아-모세는 출 24:13; 33:11; 민 11:28; 수 1:1; 엘리사-엘리야는 왕상 19:19-21; 왕하 2:3; 3:11; 바룩-예레미야는 렘 36:26; 43:3.
25 T. R. Hobbs, *2 Kings*, WBC 13 (Waco: Word, 1985), 19, 27.《열왕기상》(솔로몬).
26 여호수아-모세는 신 3:28; 수 1:1 이하; 엘리사-엘리야는 왕상 19:16 참조. 19:19-21; 왕하 2:13-14; 바룩-예레미야는 렘 36:26.
27 여호수아-모세는 신 3:21-22, 28; 엘리사-엘리야는 왕상 19:16 참조. 19:19-21; 바룩-예레미야는 렘 36:1-32.
28 여호수아-모세는 신 31:7-8; 엘리사-엘리야는 왕하 3:11-12; 바룩-예레미야에는 선지자의 직책에 포함된다.
29 참조. Robert R. Wilson, *Prophecy and Society in Ancient Israel* (Philadelphia: Fortress, 1980), 202; 300-301.《고대 이스라엘의 예언과 사회》(예찬사); E. J. Young, *My Servants the Prophets* (Grand Rapids: Eerdmans, 1955), 92-94.《선지자 연구》(CLC); Hengel, *Charismatic Leader*, 17-18.
30 히브리어로 서기관은 *sōphēr*([소페르], ספר)이다.
31 William McKane, *Prophets and Wise Men*, SBT 44 (Naperville, Ill.: Alec R. Allenson, 1965), 22 이하.

32 Bernhard Lang, *Monotheism and the Prophetic Minority: An Essay in Biblical History and Sociology*, The Social World of Biblical Antiquity Series, no. 1 (Sheffield: Almond, 1983), 128 이하.

33 이스라엘 역사에서 선지자적, 정치적, 지혜 전통 내에서 서기관이 차지한 위치에 대한 논의를 위해서는 다음을 보라. David E. Orton, *The Understanding Scribe: Matthew and the Apocalyptic Ideal*, JSNTSup 25 (Sheffield: Sheffield Academic Press, 1989), 39-51.

34 참조. James L. Crenshaw, *Old Testament Wisdom: An Introduction* (Atlanta: John Knox, 1981), 17-25.《구약 지혜문학의 이해》(한국장로교출판사).

35 참조. Friedemann W. Golka, "Die Israelitische Weitheitsschule oder 'Des Kaisers neue Kleider,'" *VT* 33, 3 (1983), 257 이하.

36 Roland E. Murphy, "Wisdom-Theses and Hypotheses," *Israelite Wisdom: Theological and Literary Essays in Honor of Samuel Terrien*, ed. J. Gammie, W. Brueggemann, W. L. Humphreys, and J. Ward (Missoula, Mont.: Scholars, 1978), 39.

37 William McKane, *Prophets and Wise Men*, SBT 44 (Naperville, Ill.: Alec R. Allenson, 1965), 40-47.

38 이와 가까운 입장은 다음을 보라. Howard Clark Kee, *Knowing the Truth: A Sociological Approach to New Testament Interpretation* (Minneapolis: Fortress, 1989), 84-88.

39 F. J. Helfmeyer, הלך *hālakh*, *TDOT* 3:388-403; Gerhard Kittel, "ἀκολουθέω," *TDNT* 1:211.

40 Helfmeyer, הלך *hālakh*, *TDOT* 3:403.

4장 스승에게 헌신한 그리스-로마의 제자도

1 로슬린, 자네 글을 인용할 수 있도록 허락해줘서 고맙네.
2 Plato, *Laws* 796.A.8.
3 Xenophon, *Memorabilia* 1.2.27.3; Plato, *Laches* 180.D; Plato, *Meno* 90.E.6.
4 Plato, *Epistles* 360.C. 4.
5 Plato, *Euthydemus* 276.A.7.
6 Xenophon, *On Hunting* 1.2.2.
7 Plato, *Republic* 599.C.4.
8 Plato, *Cratylus* 428.B.4.
9 Aristotle, *Metaphysics* 5.986b.22.
10 Aristophanes, *Frogs* (964).

11 Isocrates, *Busiris* 28.6.
12 Isocrates, *Busiris* 29.3, 7.
13 Isocrates, *Busiris* 5.11.
14 Isocrates, *Antidosis* 5.5; 30.7; 31.3; 41.5; 42.4; 87.2; 92.3; 98.5; 183.2,5; 185.3; 205.4; 220.3; 222.2, 7; 235.7; 243.8.
15 소크라테스는 소피스트의 철학과 관행에 대해 강렬하게 반대했으며, 그들에 대한 소크라테스의 비판은 플라톤의 글에 잘 수록되어 있다. 아리스토파네스의 희극에서 발견되는, 소피스트들에 대한 소크라테스의 공격과 패러디는 오늘날의 *sophistry*(궤변)라는 단어에도 반영되어 있다.
16 소크라테스의 공격을 포함하고 있는 플라톤의 글 속에서 이 용어가 복잡하게 사용되었는데, 그것에 대한 분석을 위해서는 Michael J. Wilkins, *The Concept of Disciple in Matthew's Gosepl: As Reflected in the Use of the Term* Μαθητής, *NovTSup* 59 (Leiden: E. J. Brill, 1988), 15-22에서 μαθητής([마쎄테스], 제자)의 고전적 배경과 헬레니즘의 배경에 대한 장을 보라.
17 Rengstorf, "μαθητής," 418. 참조. 이와 유사한 진술이 μανθάνω([만싸노], 가르치다)에 관한 항목 (Rengstorf, "μανθάνω," TDNT2 4:394-99), διδάσκαλος([디다칼로스], 선생)에 관한 항목에 (Rengstorf, "διδάσκω, διδάσκαλος," TDNT 2:150)에 등장한다.
18 Wilkins, *Concept of Disciple*, 15-22를 보라.
19 Herodotus, *Books 3 and 4*, trans. A. D. Godley, vol. 2, *Loeb Classical Library* (앞으로 *LCL*) (Cambridge: Harvard Univ. Press, 192), 277.
20 Herodotus, 4.76-77. 그리스 문헌의 번역은 별다른 언급이 없으면 모두 *Loeb Classical Library*에 따른 것이다.
21 Plato, *Protagoras* 343.A.6.
22 Plato, *Menexenus* 240.E.5.
23 이와 비슷한 용례를 찾으려면 다음을 보라. Isocrates, *Panegyricus* 50.5-8, *Antidosis* 296.8.
24 이 단원에서 헬레니즘 시대라는 말은 편의상 사용하는 것이다. 전문적으로 말하면, 헬레니즘 시대는 주전 323년 알렉산더의 죽음부터 주전 31년 악티움 해전까지의 기간을 가리킨다. 주전 31년부터 주후 313년까지 기간이 전문적으로는 '로마' 시대다. [참조. F. A. Wright, *A History of Later Greek Literature: From the Death of Alexander in 323 B.C. to the Death of Justinian in 565 A.D.* (London: Routledge and Kegan Paul, 1932), 3-6]. 이 단원은 신약성경 용례의 배경을 제공할 뿐이므로, '헬레니즘' 시대와 '로마' 시대를 구분하는 것은 불필요한 일이다.
25 Diodorus of Sicily, *Bibliotheca Historica* 1.7.7.3; 1.38.4.4.

26 위의 책, 12.20.1.3.
27 Dio Chrysostom, *On Envy* 60, 61.1.4.
28 Plutarch, *Agis and Cleomenes* 23.3.2; *How a Man May Become Aware of His Progress in Virtue* 78.E.2; *On Moral Virtue* 443.A.8; *On Stoic Self-Contradictions* 1034.F.1.
29 Plutarch, *How a Man* 78.E.2; *On Praising Oneself Inoffensively* 545.F.6.
30 Plutarch, *Saying of Kings and Commanders* 192.A.9.
31 Plutarch, *On the Fortune or the Virtue of Alexander* 328.B.10.
32 Plutarch, *Lives of the Ten Orators* 837.B.7.
33 Plutarch, *That Epicurus Actually Make a Pleasant Life Impossible* 1100.A.6; *Reply to Colotes in Defence of the Other Philosophers* 1108.E.6.
34 비두니아의 프루사의 디온(Dion of Prusa in Bithynia)으로도 알려진 디오 크리소스토모스는 대략 주후 40-120년 어간에 살았다.
35 Dio Chrysostom, *Kingship* 1.38.6.
36 위의 책, 4.40.3.
37 Plutarch, *That a Philosopher Ought to Converse Especially With Men in Power* 776.E.11.
38 Plutarch, *That Epicurus Actually Make a Pleasant Life Impossible* 1100.A.6; *Reply to Colotes in Defence of the Other Philosophers* 1108.E.6.
39 Diodorus of Sicily, *Bibliotheca Historica* 3.67.2.2; 3.67.4.1.
40 Karl F. Morrison, *The Mimetic Tradition of Reform in the West* (Princeton, N.J.: Princeton, 1982), 3-31.
41 Hans Dieter Betz, *Nachfolge und Nachahmung Jesu Christi im Neuen Testament*, BHT 37 (Tübingen: Mohr/Siebeck, 1967), 48-84.
42 그 예로, Dio Chrysostom, *On Homer* 11.7을 보라.
43 다음을 보라. Wilkins, *Concept of Disciple*, 32-42. 또한 Martin Hengel, *The Charismatic Leader and His Followers* (New York: Crossroad, 1981), 25-31.

5장 공동체의 영향을 받은 유대교의 제자도

1 Jacob Neusner, William S. Green, Ernest Frerichs, eds., *Judaisms and Their Messiahs at the Turn of the Christian Era* (Cambridge: Cambridge Univ. Press, 1987), ix. 또한 다음을 참조하라. Richard A. Horsley, *Sociology and the Jesus Movement* (New York: Crossroad, 1989), 72.
2 그러므로 단수를 사용하여 **유대교**라고 말할 때는 1세기에 발견되는 모든 다양성을 포함한 유대 민족 전체를 가리킨다. 유대교 내의 유대교들은 두 가지 특징을 공유한다. (1) "이스라엘"이라는 명칭 (2) 기록된 율법인 구약이라는 공동의 거

록한 책— 이는 마치 기독교 내의 다양한 기독교들이 십자가와 부활로 연합하는 것과 유사하다. (참조. *Judaisms and Their Messiahs*, ix-xi 서문에 실린 뉴스너의 설명.)

3   참조. Max Wilcox, "Jesus in the Light of His Jewish Environment," *Aufstieg und Niedergang der Römischen Welt*, 2:25, 1, ed. H. Temporini and W. Haase (Berlin; Walter de Gruyter, 1982), 159-185.

4   참조. Samuel Sandmel, *Philo of Alexandria: An Introduction* (Oxford: Oxford Univ. Press, 1979) and Peder Borgen, "Philo of Alexander," *Jewish Writings of the Second Temple Period*, ed. M. E. Stone, *Compendia Rerum Iudaicarum ad Novum Testamentum*, 2 (Assen/Philadelphia: Van Gorcum/Fortress, 1984), 233-282.《알렉산드리아의 필로》(엠마오).

5   참조. Michael J. Wilkins, *The Conept of Disciple in Matthew's Gospel: As Reflected in the Use of Term* Μαθητής, *NovTSup* 59 (Leiden: E. J. Brill, 1988), 100-104.

6   요한복음 연구에서 일치된 견해에 의하면 '그 유대인들'은 유대교의 종교 지도자들을 의미한다. 다음을 보라. C. K. Barrett, *The Gospel According to St. John*, 2d ed. (Philadelphia: Westminster, 1978), 171-172.《요한복음》(한국신학연구소); Leon Morris, *The Gospel According to John, NICNT* (Grand Rapids: Eerdmans, 1971), 130-132.《요한복음》(생명의말씀사).

7   그 예로 다음을 보라. Karl H. Rengstorf, "μαθητής," *TDNT* 4:437. 랍비들은 이 단어를 특별한 의미로 사용했다. 제자란 모세 율법과 그에 관한 구전을 랍비의 방법으로 연구하는 것을 의미했기 때문이다.

8   Emil Schürer, *The History of the Jewish People in the Age of Jesus Christ (175 B.C.-A. D. 135)*, A New English Version, rev. and ed. Geza Vermes, Fergus Millar, and Matthew Black, 3 vols., rev. ed. (Edinburgh: T. & T. Clark, 1979), 1:332.

9   바리새인을 묘사하는 이 용어에 대해서는 큰 논쟁이 일어났다. 그것은 주로 요세푸스, 필로, 신약성경에 언급된 유대교와 이스라엘 내의 주요 단체들에 대한 사회학적 연구로 촉발되었다. 요세푸스는 바리새인들을 철학 학파라고 불렀다(*Antiq.* 13.9). 많은 학자들은 그들을 종파로 부른다[예를 들면, Alan F. Segal, *Rebecca's Children: Judaism and Christianity in the Roman World* (Cambridge: Harvard Univ. Press, 1986), 52.] 최근의 사회학적 접근은 그들을 사마리아인(Samaritans) 같은 종파 운동에 대비하면서, 바리새인을 유대교 현상 유지파 그룹 내의 정치적 이익 집단이라고 부른다. 예를 들면, Anthony J. Saldarini, *Pharisees, Scribes and Sadducees in Palestinian Society: A Sociological Approach* (Wilmington, Del.: Michael Glazier, 1988), ch. 12; Horsley, *Sociology and the Jesus Movement*, 73; L. Michael White, "Shifting Sectarian Boundaries in Early Christianity," *BJRL* 70 (3, 1988):

11-13. 《예수운동》(한국신학연구소). 이 문제에 대한 균형 잡힌 접근이 공동체 접근에서 발견된다. Paul D. Hanson, *The People Called: The Growth of Community in the Bible* (San Francisco: Harper & Row, 1986), 349-357.

10 TB *Qiddushim* 66a의 병행구는 *talmîdh*[탈미드]라는 용어를 사용하지 않으며, 마카비서도 마찬가지이다.

11 TB *Pesahim* 112b와 *Babba Kamma* 113a-b, 114a를 보라. David Hill, *The Gospel of Matthew*, NCB (London: Marshall, Morgan & Scott, 1972), 304를 보라.

12 Donald Hagner, "Pharisees," *ZPEB* 4:752.

13 Schürer, *History*, 1:329.

14 참조. Segal, *Rebecca's Children*, 52-54.

15 Schürer, *History*, 1:332-333.

16 Jacob Neusner, *Invitation to the Talmud: A Teaching Book* (New York: Harper, 1973), 13.

17 예를 들면, Josephus, *Wars* 2.259; *Antiq.* 20.97-98.

18 선지자 유형을 이렇게 둘로 구분하여 강조한 책으로는, Richard A. Horsley and John S. Hanson, *Bandits, Prophets, and Messiahs: Popular Movements in the Time of Jesus* (Minneapolis: Winston, 1985), chap. 4.

19 요 1:9-34, 특히 31절; 또한 다음을 참조하라. 마 3:1-12(특별히 1-5절); 막 1:2-8; 눅 3:3 이하. 또한 Josephus, *Antiq.* 18:117을 보라. 그는 요한이 유대인 전체에게 선을 행할 것을 명한 사실을 주목한다.

20 참조. Poul Nepper-Christensen, "Die Taufe im Matthäusevangelium," *NTS* 31 (1985): 189-207.

21 렝스토르프는 "이 기록은 세례 요한의 설교가 이집트의 디아스포라에게까지 퍼졌음을 보여준다"고 말한다. (Rengstorf, "$\mu\alpha\theta\eta\tau\acute{\eta}\varsigma$," 456, n. 271). 요세푸스는 (*Antiq.* 18:118-119) 요한이 군중에 대해 가졌던 큰 영향력을 언급한다.

22 하지만 적어도 한 번 요한의 제자들이 요한을 랍비라고 불렀으며(요 3:26), 눅 3:10 이하에 보면 요한이 군중을 가르친다.

23 Martin Hengel, *The Charismatic Leader and His Followers* (New York: Crossroad, 1981), 35-37.

24 Hengel, *The Charismatic Leader*, 37.

25 Günther Bornkamm, *Jesus of Nazareth* (London: Hodder & Stoughton, 1960), 145.

26 Hengel, *The Charismatic Leader*, 36.

27 Rengstorf, "$\mu\alpha\theta\eta\tau\acute{\eta}\varsigma$," 456-457. 요한과 예수님의 관계가 요한의 추종자들의 마음속에서 항상 분명하지는 않았다 하더라도, 아볼로와 에베소의 제자들 같은 사람들이 쉽게 예수님에게로 돌이킬 수 있었던 것은 요한의 사역이 곧 임할 메시아

를 준비하는 것이라는 원칙이 그 운동에서 중심을 이루고 있었기 때문이라는 렝스토르프의 지적은 옳다.

28 이런 요지로 말한 요세푸스의 글을 보라. *Antiq*. 18:117.

29 Dietrich Müller, "μαθητής," *NIDNTT* 1:488.

30 가용한 문헌의 용어 사전에는 *talmidh*[탈미드]나 *sʰewalya'*[쉬왈랴]라는 단어가 등장하지 않는다. 참조. Karl Georg Kuhn, ed., *Konkordanz zu den Qumrantexten* (Göttingen: Vandenhoeck & Ruprecht, 1960); Karl Georg Kuhn, "Nachträge zur *Konkordanz zu den Qumrantexten*," *RevQ* 4 (1963-1964), 163-234; Jean Carmignac, "Concordance hébraïque de le '*Règle de la Guerre*,'" *RevQ* 1 (1958): 7-49; Hubert Lignée, "Concordance de '1 Q Genesis Apocryphon,'" *RevQ* 1 (1958), 163-86; A. M. Habermann, *Megilloth Midbar Yehudah: The Scrolls From the Judean Desert* (Tel Aviv: Machbaroth Lesifruth, 1957). 관련된 용어들이 1QH 2, 17에서 발견되는데, 여기서 *talmidu*[탈미두]는 '네가 가르쳤다'라는 동사형이며, 4QpNah 2, 8에서는 *talmud*[탈무드]가 '가르침'이라는 뜻이다(이것이 '탈무드'의 어원이다).

31 이 공동체의 성격에 대한 광범위한 토론, 특별히 에세네파와의 관계에 대한 토론은 우리 연구에 별로 영향을 미치지 못한다. 에세네파와 쿰란 사람들을 동일시하는 것이 현재의 대세다. Schürer, ed. Vermes, *History*, 2:575-590에 토론과 참고도서가 소개되어 있다. 에세네파와 쿰란 공동체를 별개의 운동으로 보는 소수 의견을 위해서는 다음을 참고하라. William S. LaSor, *The Dead Sea Scrolls and the New Testament* (Grand Rapids: Eerdmans, 1972), 131-141.

32 Othmar Schilling, "Amt und Nachfolge im Alten Testament und in Qumran," *Volk Gottes: zum Kirchenverständnis der Katholischen, Evangelischen, und Anglikanischen Theologie. Festgabe für Josef Höfer*, ed. Remigius Bäumer and Heimo Dolch (Freiberg: Herder, 1967), 211-212.

33 R. Alan Culpepper, *The Johannine School: An Evaluation of the Johannine School Hypothesis Based on an Investigation of the Nature of Ancient Schools, SBL* Dissertation Series, no. 26 (Missoula: Scholars, 1975), 156-170.

34 위의 책, 170.

35 쉴링(Schlling)은 "*Nachahmung und Gesinnungsgemeinschaft*"(모방과 공동체 신념)가 쿰란 종도에게 제자도의 본질이라고 말한다("Amt und Nachfolge," 211).

36 Ephraim Urbach, *The Sages: Their Concepts and Belief*, trans. Israel Abrahams, 2d ed. (Jerusalem: Magnes, 1979), 584-585.

37 예를 들면, Josephus, *Wars* 2.56, 71-75; *Antiq*. 17.271-272, 278-285.

38 참조. Horsley and Hanson, *Bandits, Prophets, and Messiahs*, chap. 3; Neusner, Green, and Frerichs, eds., *Judaisms and Their Messiahs at the Turn of the Christian Era*.

39 Hengel, *Charismatic Leader*, 16-18; Barrett, *John*, 306.《요한복음》(한국신학연구소); Raymond E. Brown, *The Gospel According to John (i-xii): Introduction, Translation, and Notes, AB* 29, 2d ed. (Garden City, N.Y.: Doubleday, 1966), 297를 보라.《요한복음》(CLC).

40 Morris, *John*, 387, n. 154.《요한복음》(생명의말씀사).

41 요 2:23-25은 예수님의 사역을 관찰하는 백성의 반응을 결정적으로 보여준다.

42 요한복음이 진행됨에 따라서, 예수님은 제자도의 정의를 분명히 함으로 따르는 사람들이라면 누구나 참된 제자에게 요구되는 것을 알도록 했다(요 8:31-32; 13:34-35; 15:8을 보라). 이렇게 제자를 분명히 규정하는 과정은 제자라는 단어를 '특별한' 의미로 사용하는 움직임을 보여준다. 이것은 '그의 제자들'이라는 표현 대신에 '그 제자들'이라는 표현을 사용하는 변화와 상응한다(그의 제자들 *hoi mathetai autou*[호이 마쎄타이 아우투]이 그 제자들 *hoi mathetai*[호이 마쎄타이]로). [Leon Morris, *Studies in the Fourth Gospel* (Grand Rapids: Eerdmans, 1969), 142]. 예수 운동과 요한에 대해서는 다음 장을 보라.

43 Saul Lieberman, *Greek in Jewish Palestine: Studies in the Life and Manners of Jewish Palestine in the II-IV Centuries* C. E. (New York: Jewish Theological Seminary of America, 1942), 179-183.

44 본문과 번역을 위해서 Lieberman, *Greek in Jewish Palestine*, 182-183, n. 199를 보라.

45 T. W. Manson, *The Teaching of Jesus: Studies of Its Form and Content*, 2d ed. (Cambridge: Cambridge Univ. Press, 1935), 239-240.

46 Wilkins, *Concept of Disciple*, 109-111에서 맨슨의 제안에 대한 나의 평가를 보라.

3부 예수님만의 독특한 제자도

1 C. G. Montefiore, *Rabbinic Literature and Gospel Teachings* (1939), 218.

2 Gerd Theissen, *Sociology of Early Palestinian Christianity*, trans. John Bowden (Philadelphia: Fortress, 1978), esp. 8-16.《예수운동의 사회학》(종로서적).

3 S. G. F. Brandon, *Jesus and the Zealots* (Manchester: Manchester Univ. Press, 1967); C. B. Caird, *Jesus and the Jewish Nation* (London: Athlone Press, 1965).

4 Gerd Theissen, "Itinerant Radicalism: The Tradition of Jesus Sayings from the Perspective of the Sociology of Literature," in *The Bible and Liberation: A Radical Religion Reader* (Berkeley: Community for Religious Research and Education, 1976), 84-93.

5 증거를 평가하기 위해서는 다음을 보라. James H. Charlesworth, *Jesus Within*

Judaism, ABRL (Garden City, N.Y.: Doubleday, 1988), 54-75; Richard A. Horsley, *Sociology and the Jesus Movement* (New York: Crossroad, 1989), 95, 137.

6 Rudolph Bultmann, *Jesus and the Word* (New York: Scribner, 1958), 57-61; Hans Dieter Betz, *Nachfolge und Nachahmung Jesu Christi im Neuen Testament*, BHT 37 (Tübingen: J. C. B. Mohr/Siebeck, 1967), 10-27; Anselm Schulz, *Nachfolgen und Nachahmen: Studien über das Verhältnis der neutestamentlichen Jüngershaft zur urchristlichen Vorbildethik*, SANT 6 (Munich: Kösel, 1962); 예수님을 유대인의 교사로 보는 더 세련된 견해가 Birger Gerhardsson, *Memory and Manuscript: Oral Tradition and Written Transmission in Rabbinic judaism and Early Christianity* (Lund: C. W. K. Gleerup, 1961)을 따르는 사람들에 의해 제시되었다. 그 예는 다음과 같다. Rainer Riesner, *Jesus als Lehrer: Eine Untersuchung zum Ursprung der Evangelien-Uberlieferung*, WUNT 2:7 [Tübingen: J. C. B. Mohr (Paul Siebeck), 1981]; James D. G. Dunn, *Unity and Diversity in the New Testament*, 2d ed. (London: SCM, 1990), 104.《신약성서의 통일성과 다양성》(솔로몬).

7 David E. Orton, *The Understanding Scribe: Matthew and the Apocalyptic Ideal*, JSNTSup 25 (Sheffield: Sheffield Academic Press, 1989).

8 Oscar Cullman, *The Christology of the New Testament* (Philadelphia: Westminster, 1963), 44; David Aune, *Prophecy in Early Christianity and the Ancient Mediterranean World* (Grand Rapids: Eerdmans, 1983).《신약의 기독론》(나단); Richard A. Horsley, *Sociology and the Jesus Movement* (New York: Crossroad, 1989), 140-144.《예수운동》(한국신학연구소).

9 이것은 또한 마틴 헹겔의 결론이기도 하다. Martin Hengel, *The Charismatic Leader and His Followers* (New York: Crossroad, 1981), 84-88; and Paul D. Hanson, *The People Called: The Growth of Community in the Bible* (San Francisco: Harper & Row, 1986), 430-438.

6장 역사의 흐름을 바꾼 '예수 운동'

1 그리스도와 문화의 관계를 정리한 니버(H. Richard Niebuhr)의 다섯 가지 유형을 다룬 웨인라이트(Geoffrey Wainright)의 연구도 동일한 결론에 도달한다. 참조. Geoffrey Wainright, "Types of Spirituality," *The Study of Spirituality*, ed. Cheslyn Jones, Geoffrey Wainwright, and Edward Yarnold (Oxford: Oxford Univ. Press, 1986), 592-605.《기독교 영성학》(영성).

2 특별히 마틴 헹겔에게서 시작되었다. Martin Hengel, *The Charismatic Leader and His Followers* (New York: Crossroad, 1968); John G. Gager, *Kingdom and*

Community: The Social World of Early Christianity (Englewood Cliffs, N.J.: Prentice-Hall, 1975).《초기기독교 형성과정 연구》(대한기독교서회); Gerd Theissen, *Sociology of Early Palestinian Christianity*, trans. John Bowden (Philadelphia: Fortress, 1977).《예수운동의 사회학》(종로서적); Bruce J. Malina, *The New Testament World: Insights from Cultural Anthropology* (Atlanta: John Knox, 1981).《신약의 세계》(솔로몬); 또한 *Christian Origins and Cultural Anthropology: Practical Models for Biblical Interpretation* (Atlanta: John Knox, 1986). 최근에 많은 발전이 이루어졌지만 그중 다음의 것들이 있다. Richard A. Horsley, *Jesus and the Spiral of Violence* (San Francisco: Harper & Row, 1987); and *Sociology and the Jesus Movement* (New York: Crossroad, 1989), 95, 137.《예수운동》(한국신학연구소); Alan F. Segal, *Rebecca's Children: Judaism and Christianity in the Roman World* (Cambridge: Harvard Univ. Press, 1986); Derek Tidball, *The Social Context of the New Testament: A Sociological Analysis* (Grand Rapids: Zondervan, 1984).

3   최근 출판된 다음의 책에서 사회학적 분석과 신학적 분석이 흥미롭게 병합된 것을 볼 수 있다. Ben Witherington III, *The Christology of Jesus* (Minneapolis: Fortress, 1990), esp. chap. 2, "Christology and the Relationships of Jesus," 33-143.

4   예를 들면, Howard Clark Kee가 편집한 대중적 수준의 시리즈인 *Understanding Jesus Today*; Pheme Perkins, *Jesus As Teacher* (Cambridge: Cambridge Univ. Press, 1990); and James D. G. Dunn, *Jesus and Discipleship* (Cambridge: Cambridge Univ. Press, forthcoming). 최근 한 글에서 나는 신자들의 현재 생활에 대해 가르쳐주고 자극을 주기 위한 배경 연구를 수행했다. Michael J. Wilkins, "Surfers and Other Disciples," *Discipleship Journal*, 62, Vol. 11, No. 2 (March/April 1991): 8-14.

5   James D. G. Dunn, *Unity and Diversity in the New Testament*, 2d ed. (London: SCM, 1990), 106.《신약성서의 통일성과 다양성》(솔로몬).

6   예수님의 목표와 사명감을 훌륭히 다룬 연구로는 다음을 보라. Witherington, *Christology of Jesus*, 120-126.

7   예를 들면, 한 성경 역사가는 예수님의 활동이 공적 사역 속에서 연대기적으로 노출되는 과정에서 발견되는 '준거점들'을 개발했다. 참조. Paul Barnett, *Behind the Scenes of the New Testament* (Downers Grove: InterVarsity, 1990). 비록 오늘날 많은 학자들이 요한복음과 공관복음서에 기록된 부르심의 기록을 조화하는 것이 불가능하다고 하지만[예를 들면, C. K. Barrett, *The Gospel According to St. John: An Introduction with Commentary and Notes on the Greek Text*, 2d ed. (Philadelphia: Westminster, 1978), 179.《요한복음》(한국신학연구소)], 그 기록 자체로 복음서 기록들은 초기 예수 운동에 대한 실질적인 통찰을 제공한다.

8   요 1장 35-51절에서 예수님의 메시아 됨의 다양한 측면을 인식한 사람들의 광범

위한 네트워크를 주목하라.
9 많은 사람이 그를 사도 요한이라고 생각한다.
10 이 사건과 연대에 대해서는 다음을 참조하라. Barrett, *Gospel According to St. John*, 190.《요한복음》(한국신학연구소)
11 위의 책. 203.
12 최근에 학자들은 예수님과 세례 요한 사이의 관계의 신학적 의미에 대해서 뿐만 아니라 그 둘의 제자도의 사회학적 의미에 대해서도 논쟁을 벌이고 있다. 예를 들면, William B. Badke, "Was Jesus a Disciple of John?" *EvQ* 62 (3, 1990): 195-204; Jerome Murphy-O'Connor, "John the Baptist and Jesus: History and Hypotheses," *NTS* 36 (1990): 359-374; Mark Hollingsworth, "Rabbi Jesus and Rabbi John: Opponents and Brothers," *BibToday* 28 (5, 1990): 284-290.
13 Rudolf Pesch, *Das Markusevangelium* (Freiburg: Herder, 1976), 1:109; Anselm Schulz, *Nachfolgen und Nachahmen* (München: Kösel, 1962), 98-99; Ernest Best, *Following Jesus: Discipleship in the Gospel of Mark, JSNTSup* 4 (Sheffield: Univ. of Sheffield, 1981), 166.
14 칼레오, 클레시스, 클레토스, 에클레시아 같은, 부르심과 관련된 성경 용어의 중요성을 주목하라. K. L. Schmidt, "kaleō, k.t.l," *TDNT* 3:487-536; L. Coenen, "Call; *kaleō*," "Church, Synagogue; *ekklēsia*," *NIDNTT* 1:271-76; 291-307.
15 이 부르심은 예수 운동의 첫째 단계 중에 있었다. 이는 '부르심'이 처음부터 예수님의 제자도 형태의 본질적 요소였음을 표시한다.
16 마태는 이 사람을 "제자 중의 또 한 사람"이라고 부르는데, 이는 그 사람이 초기 열광적 운동 속에 있던 사람 중 하나임을 표시한 것이다.
17 Jack Dean Kingsbury, "On Following Jesus: The 'Eager' Scribe and the 'Reluctant' Disciple (Matthew 8.18-22)," *NTS* 34 (1988): 49.
18 위의 책. 47-52.
19 Hengel, *Charismatic Leader*, 50 이하.
20 Eduard Schweizer, *Lordship and Discipleship, SBT* 28, rev. ed. (Naperville, Ill.: Allenson, 1960), 20. 또한 다음을 참조하라. Hans Kvalbein, "'Go Therefore and Make Disciples…': The Concept of Discipleship in the New Testament," *Themelios* 13 (1988): 50.
21 Dietrich Müller, "Disciple/*mathētēs*," *NIDNTT* 1:488; Karl Rengstorf, "mathētēs," *TDNT* 4:444; Schweizer, *Lordship and Discipleship*, 14.
22 Jack Dean Kingsbury, "The Verb AKOLOUTHEIN ('To Follow') as an Index of Matthew's View of His Community," *JBL* 97 (1978): 61.
23 T.W. Manson, *The Sayings of Jesus*, 1937, reprint (Grand Rapids: Eerdmans, 1979), 19.

24 Günther Bornkamm, "End-Expectation and Church in Matthew," *Tradition and Interpretation in Matthew*, trans. Percy Scott (Philadelphia: Westminster, 1963), 40-41; Kingsbury, "On Following Jesus," 51.
25 헹겔은 예수님을 따르는 것의 문자적 의미를 너무 강조한 나머지 비유적 의미의 가능성을 실질적으로 제거해버렸다; Hengel, *Charismatic Leader*, 62-63.
26 이에 관한 더 자세한 논의를 위해서는 다음 장과 11장을 보라.
27 Wolfgang Schrage, *The Ethics of the New Testament* (Philadelphia: Fortress, 1988), 49-50를 보라.
28 마태는 율법 교사 곧 서기관(*grammateus*[그라마튜스])과 예수님을 따르고자 한 "또 다른 제자"(마 8:18-22)를 말한다.
29 참조. Hengel, *Charismatic Leader*, 81-82, n. 163; Benno Przybylski, *Righteousness in Matthew and His World of Thought*, SNTSMS 41 (Cambridge: Cambridge Univ. Press, 1980), 108-110.
30 예수님과 열둘에 대해 더 확대된 연구를 위해서는 13장을 보라.
31 열둘에 대한 부르심의 정확한 연대와 성격을 밝히기는 어렵다. 이는 첫째 단계에 대한 구절들이 오직 요한복음(요 2:1-2, 12, 13, 17, 22; 3:22; 4:1-27, 31, 43-45)에만 등장하고, 둘째 단계의 구절들이 오직 공관복음(마 4:18-22; 9:9; 막 1:16-20; 2:14; 눅 5:1-11)에만 등장하기 때문이다. 공관복음서는 처음 두 단계를 합쳐서 그 부르심을 신앙의 결단 순간으로 표시하는 것 같다. 누가는 특별히 믿음을 가지는 것과 예수님의 인격에 참여하는 것을 결합한다(눅 5:8-11 참조).
32 제자와 사도 사이의 구분에 대해 더 확대된 연구를 위해서는 13장을 보라.
33 Barnabas Lindars, *The Gospel of John, NCB* (London/Grand Rapids: Marshall, Morgan & Scott/Eerdmans, 1972), 244.
34 Jacob Neusner, William S. Green, Ernest Frerichs, eds., *Judaisms and Their Messiahs at the Turn of the Christian Era* (Cambridge: Cambridge Univ. Press, 1987)을 보라.
35 Leon Morris, *The Gospel According to John, NICNT* (Grand Rapids: Eerdmans, 1971), 387.《요한복음》(생명의말씀사).
36 Rudolf Schnackenburg, *The Gospel According to St. John, 3 vols, HTKNT* 4 (New York: Crossroad, 1990), 2:160.
37 Morris, *Gospel According to John*, 433.《요한복음》(생명의말씀사).
38 Schnackenburg, *Gospel According to St. John*, 3:297.
39 Morris, *Gospel According to John*, 826.《요한복음》(생명의말씀사).
40 Max Warren, *I Believe in the Great Commission* (Grand Rapids: Eerdmans, 1976), 84-87.《나는 복음 선교를 믿는다》(예수교문서선교회).

7장 그저 따르는 것이 아닌 그분을 닮는 삶

1 Eduard Schweizer, *Lordship and Discipleship*, SBT 28, rev. ed. (Naperville, Ill.: Allenson, 1960), 20.

2 Jacob Neusner, *Invitation to the Talmud: A Teaching Book* (New York: Harper & Row, 1973), 70.

3 Dietrich Müller, "Disciple/*mathētēs*," *NIDNTT* 1:488.

4 Gerald F. Hawthorne, "Disciple," *ZPEB* (Grand Rapids: Zondervan, 1975), 2:130.

5 잭 킹스버리(Jack Kingsbury)는 두 가지 요소 즉 비용과 헌신이 있느냐 없느냐 하는 것이, 마태복음에서 '예수님을 따른다'는 표현이 문자적으로 사용되었는지, 아니면 은유적으로 사용되었는지를 결정하는 열쇠라고 제안한다. [Jack Dean Kingsbury, "The Verb AKOLOUTHEIN ('To Follow') as an Index of Matthew's View of His Community," *JBL* 97 (1978): 58]. 나는 다른 복음서들과 사도행전에까지 확대하여 이 두 기준을 폭넓게 사용하고자 한다.

6 Robert Meye, *Jesus and the Twelve: Discipleship and Revelation in Mark's Gospel* (Grand Rapids: Eerdmans, 1968), 98-140, 228-30; Ulrich Luz, "Die Jünger im Matthäusevangelium," *ZNW* 62 (1971): 142-43. 다음 책은 이것이 일치된 의견이 아님을 지적한다. Martin Hengel, *The Charismatic Leader and His Followers*, trans. James Greig (New York: Crossroad, 1981), 81-82, n. 163.

7 Contra Georg Strecker, *Der Weg der Gerechtigkeit: Untersuchung zur Theologíe des Matthäus*, 3d ed., reprint (Göttingen: Vandenhoeck & Ruprecht, 1971), 191-192; W. F. Albright and C. S. Mann, *Matthew, AB 26* (Garden City, N.Y.: Doubleday, 1971), lxxvii; R. Pesch, "Levi-Mätthaus (Mc 2:14/Mt 9:9; 10:3). Ein Beitrag zur Lösung eines alten Problems," *ZNW 59* (1968): 40-56.

8 바로 이 점이 예수님을 하나님의 *shaliach*([샬리악], 대리인)으로, 열둘을 그의 *shalihim*([샬리임], 대리인들)으로 보았기 때문에 생겨난 결과라는 논의가 있다. 여기에 대해서는 Ben Witherington III, *The Christology of Jesus* (Minneapolis: Fortress, 1990), 137-140를 보라.

9 사본에는 '칠십'과 '칠십이'가 비슷하게 나뉜다. 어느 쪽을 따르든지 대부분의 학자들은 그것이 이방인을 상징적으로 가리키며(창세기 10장의 이방 국가의 숫자 참조.) 미래의 보편적 선교를 가리킨다고 이해한다. 다음의 논의를 참조하라. Metzger and Aland in Bruce M. Metzger, ed., *A Textual Commentary on the Greek New Testament: A Companion Volume to the UBS Greek NT*, 3d ed. (Philadelphia: UBS, 1971), 150-151.《신약 그리스어 본문 주석》(대한성서공회 성경원문연구소).

10 참조. E. Earle Ellis, *The Gospel of Luke, NCB*, rev. ed. (London/Grand Rapids: Marshall, Morgan & Scott/Eerdmans, 1974), 156-157.

11 참조. Dennis M. Sweetland, *Our Journey with Jesus. Discipleship According to Luke-Acts*, Good News Studies 23 (Wilmington, Del.: Michael Glazier, 1990), 39.

12 참조. I. Howard Marshall, *The Gospel of Luke, NIGTC* (Grand Rapids: Eerdmans, 1978), 430.《누가복음》(한국신학연구소).

13 참조. Martin Hengel, "Maria Magdalena und die Frauen als Zeugen," *Abraham unser Vater*, Festschrift for O. Michel, ed. O. Betz et al., Arbeiten zur Geschichte des Spätjudentums und Urchristentums 5 (1963) 243-256; Eugene Maly, "Women and the Gospel of Luke," *BThB* 10 (1980): 99-104; Rosalie Ryan, "The Women from Galilee and Discipleship in Luke," *BThB* 15 (2, 1985): 56-59; Ben Witherington 111, "On the Road with Mary Magdalene, Joanna, Susanna and Other Disciples: Luke 8:1-3," *ZNW* 70 (1979): 243-248.

14 Ryan, "Women from Galilee," 57; Witherington, "On the Road," 243-248.

15 눅 8장 1-3절에 언급된 여인들 중에는 일곱 귀신이 쫓겨난 막달라 마리아, 헤롯의 집사 구사의 아내인 요안나 그리고 수산나가 있다. 수산나는 부활 장면에서 등장하지 않는다. 마태와 마가는 동사 *akoloutheō*([아콜루쎄오], 따르다)를 사용했지만(마 27:55; 막 15:41), 누가는 *sunakolouthousai*([쑨아콜루쑤사이] 함께 따르다)를 사용했는데(눅 23:49), 이 합성어는 제자도를 가리키는 기술적 용어 '*akoloutheō*'에서 파생된 단어이다. 이 단어가 제자도 이외의 의미로 사용될 수 있음을 이미 보여주었지만, 막달라 마리아가 예수님을 '주'라고 불렀다고 요한이 말하는 방식(요 20:2, 13, 18), 그리고 부활 후에 그들이 예수님을 경배했다고 마태가 말하는 것(마 28:9)에 미루어볼 때, 그 여인들이 예수님에 대한 구원의 믿음을 발휘했으며 따라서 넓은 의미의 제자단에 포함되었음을 알 수 있다.

16 Ben Witherington, *Women in the Ministry of Jesus: A Study of Jesus' Attitude Toward Women and Their Roles as Reflected in His Earthly Ministry*, SNTSMonograph 51 (Cambridge: Cambridge Univ. Press, 1984), 118.

17 예를 들면, Susanne Heine, *Women and Early Christianity : A Reappraisal* (Minneapolis: Augsburg, 1988), 60-62.

18 예를 들면, Ben Witherington, *Women in the Ministry* , 118.

19 참조. Grant R. Osborne, "Women in Jesus' Ministry," *WTJ* 51 (1989): 280; Evelyn and Frank Stagg, *Woman in the Ministry of Jesus* (Philadelphia: Westminster, 1978), 121-123, 225, 228. 여인들의 정확한 역할을 놓고 씨름한 연구는 다음을 보라. Pheme Perkins, *Jesus As Teacher* (Cambridge: Cambridge Univ. Press, 1990), 33-37.

20 뒤에 또 다른 여인인 도르가에 대해 말할 때 제자라는 명사의 여성형인

mathētria([마쎄트리아]가 '신자'라는 말과 동일한 의미로 사용되고 있다(행 9:36).

21 Gerd Theissen, *Sociology of Early Palestinian Christianity*, trans. John Bowden (Philadelphia: Fortress, 1978), 8-23.《예수운동의 사회학》(종로서적). 타이센의 연구는 최근 Richard A. Horsley, *Sociology and the Jesus Movement* (New York: Crossroad, 1989)에서 혹독한 비판을 받았다.《예수운동》(한국신학연구소).

22 Gerhard Kittel, "ἀκολουθέω," *TDNT* 1:214; Schweizer, *Lordship and Discipleship*, 20, n. 1.

23 John Nolland, *Luke 1-9:20*, *WBC* 35A (Dallas: Word, 1989), 414-415.《누가복음 상》(솔로몬).

24 참조. Michael P. Green, "The Meaning of Cross-Bearing," *BS* 140 (1983): 117-133.

25 Wolfgang Schrage, *The Ethics of the New Testament* (Philadelphia: Fortress, 1988), 50-51.

26 Max Gruenewald, "It Is Enough For The Servant To Be Like His Master," *Salo Wittmayer Baron Jubilee* Volume 2, 573-576.

27 Hans Kvalbein, "'Go Therefore and Make Disciples…': The Concept of Discipleship in the New Testament," *Themelios* 13 (1988): 48.

28 요한의 제자도의 전체 개념에 비추어서 이 세 가지 표지를 더 완전하게 논한 내용을 보려면 12장을 보라.

29 '내적 훈련'은 명상, 기도, 금식, 공부이다. '외적 훈련'은 단순성, 홀로 있음, 복종, 봉사이다. '공동체 훈련'은 고백, 예배, 지도, 경축이다. 참조. Richard J. Foster, *Celebration of Discipline: The Path to Spiritual Growth* (San Francisco: Harper & Row, 1978).《영적 훈련과 성장》(생명의말씀사).

30 '금욕 훈련'은 고독, 침묵, 금식, 근검, 순결, 은밀함, 희생이며, '참여 훈련'은 공부, 예배, 경축, 봉사, 기도, 교제, 고백, 복종이다. 참조. Dallas Willard, *The Spirit of the Disciplines: Understanding How God Changes Lives* (San Francisco: Harper & Row, 1988), 156-175.《영성훈련》(은성).

31 누가복음에서는 이 말씀이 '모두'를 향하지만(눅 9:23-27), 마태복음에서는 제자도의 문맥에 등장한다(마 16:24-28). 그러나 마가복음에서는 이 두 말씀이 모두 특정한 사람이 아닌 '누구든지'(*ei tis*[에이 티스])를 대상으로 한다. 이렇게 볼 때, 이 말씀은 열둘에게 한 것이지만 동시에 제자도에 열망을 가진 모든 사람을 향한 것이기도 하다. 참조. D. A. Carson, "Matthew," *EBC*, vol. 8 (Grand Rapids: Zondervan, 1984), 379.

32 Joseph A. Fitzmyer, *Luke the Theologian: Aspects of His Teaching* (New York: Paulist,

1989), 134.

33 Jack Dean Kingsbury, "On Following Jesus: The 'Eager' Scribe and the 'Reluctant' Disciple (Matthew 8:18-22)," *NTS* 34 (1988): 56.

34 Everett F. Harrison, *The Apostolic Church* (Grand Rapids: Eerdmans, 1985), 146-147를 보라.《사도교회의 역사와 성장》(CLC).

35 어떤 학자들은 예수님의 제자들에게서 '공동체' 개념을 부인한다. 이는 제자들이 공동체로서의 기능을 하지 않았기 때문이든지[James D. G. Dunn, *Unity and Diversity in the New Testament*, 2d ed. (London: SCM, 1990), 104-106.《신약성서의 통일성과 다양성》(솔로몬)], 아니면 제자들이 이스라엘의 사회구조에서 분리되지 않았기 때문이라는[Richard A. Horsley, *Jesus and the Spiral of Violence* (San Francisco: Harper & Row, 1987), 209-12] 것이다. 그러나 제자들이 미래의 교회에서 할 일을 위해 훈련받은 사실을 인식한다면 제자들이 공동체로 간주될 수 있다. 참조. Donald Guthrie, *New Testament Theology* (Downers Grove, 111.: InterVarsity Press, 1981), 706-710.《신약신학》(CLC); George Eldon Ladd, *A Theology of the New Testament* (Grand Rapids: Eerdmans, 1974), 347.《신약신학》(CLC).

36 Shmuel Safrai, "Home and Family," *The Jewish People in the First Century*, vol. 2; Section One: Compendia Rerum Iudaicarum ad Novum Testamentum (Philadelphia: Fortress, 1976), 728-792를 보라.

37 참조. W. White, "Family," *ZPEB* 2:496-501; O. J. Baab, "Father," *IDB* 2:245.

38 Kvalbein, "'Go Therefore'" 51.

39 Dennis M. Sweetland, *Our Journey with Jesus. Discipleship According to Mark*, GNS 22 (Wilmington, Del.: Michael Glazier, 1987), 85.

8장 예수님이 직접 부르신 열두 제자

1 A. B. Bruce, *The Training of the Twelve*, 1871, reprint (Grand Rapids: Kregel, 1971), 11-12.《열두 제자의 훈련》(크리스챤다이제스트).

2 예를 들면, Martin Hengel, *The Charismatic Leader and His Followers*, trans. James Greig (New York: Crossroad, 1981); and Hans Kvalbein, "'Go Therefore and Make Disciples…' The Concept of Discipleship in the New Testament," *Themelios* 13 1988. 헹겔은 (크발바인은 이 점에서 헹겔을 쫓는다) 열둘에 대한 부르심은 '임박한 하나님 나라의 대의를 위한 봉사'로의 부르심이었음을 바르게 이해한다. 하지만 그는 제자로서의 열둘과 사도로서의 열둘을 구분하지 않기 때문에, 제자로서 구체적으로 예수님을 따르는 것이 그 나라에 들어가는 것으로 이해될 수 없다

고 말할 수밖에 없다(Hengel, *Charismatic Leader*, 61-62; 73-74). 그는 복음서에 기록된 다른 부르심들이 구원에 들어가는 것으로 해석되기는 해야 하지만, 그것들은 초대교회 후기 전승의 일부라고 말한다(참조. 위의 책 62-63). 그가 사도직으로의 열둘을 향한 부르심과 제자도로의 일반적인 부르심 사이에 일관된 구별이 있음을 인식했다면 이 어려움을 피할 수 있었다. 뒤에는 그 자신도 이것을 인식한 것으로 보인다(참조. 위의 책, 82-83).

3   참조. John Nolland, *Luke 1-9:20*, WBC 35A (Dallas: Word, 1989), 270.《누가복음 상》(솔로몬); Ben Witherington III, *The Christology of Jesus* (Minneapolis: Fortress, 1990), 126-131.

4   Karl H. Rengstorf, "δώδεκα," *TDNT* 2:326.

5   Robert L. Saucy, *The Church in God's Program* (Chicago: Moody, 1972), 82.《하나님이 계획하신 교회》(생명의말씀사). 또한 Robert L. Saucy, "Israel and the Church: A Case for Discontinuity," in *Continuity and Discontinuity: Perspectives on the Relationship Between the Old and New Testaments*. Essays in Honor of S. Lewis Johnson, Jr., ed. John S. Feinberg (Westchester, Ill.: Crossway, 1988), 239-259를 보라.

6   참조. Seán Freyne, *The Twelve: Disciples and Apostles. A Study in the Theology of the First Three Gospels* (London: Sheed & Ward, 1968), 23-48; Bruce, Training of the Twelve, 32-33.《열두 제자의 훈련》(크리스챤다이제스트).

7   Rengstorf, "δώδεκα," 326-328.

8   아래 다대오를 다루는 부분을 보라. 또한 John Nolland, *Luke 1-9:20*, WBC 35A (Dallas: Word, 1989), 265, 271를 보라.《누가복음 상》(솔로몬).

9   Bruce, *Training of the Twelve*, 36 이하.; Donald A. Carson, "Matthew," *EBC* (Grand Rapids: Zondervan, 1984), 8:237을 보라.

10 Carson, "Matthew," 237; Robert A. Guelich, *Mark 1-8:26*, WBC 34A (Dallas: Word, 1989), 321.《마가복음 상》(솔로몬).

11 열두 사도에 대한 다양한 연구를 위해서는 도서 목록을 참고하라.

12 Wilkins, *The Concept of Disciple in Matthew's Gospel*, 174-175를 보라; 또한 Chrys Caragounis, *Peter and The Rock*, BZNW 58 (Berlin/New York: de Gruyter, 1990); Oscar Cullmann, "Petros," *TDNT* 6, trans. G. W. Bromiley (Grand Rapids: Eerdmans, 1968), 100; Oscar Cullmann, *Peter: Disciple—Apostle—Martyr. A Historical and Theological Essay*, 2d ed. (Philadelphia: Westminster, 1962), 19; Joseph Fitzmyer, "Aramaic *Kepha*' and Peter's Name in the New Testament," *To Advance the Gospel* (New York: Crossroad, 1981), 112-113.

13 사마리아인들이 '믿은' 것은 빌립의 복음전파를 통해서였지만(행 8:4-13), 그들에게 성령이 내리기 위해서는 베드로와 요한이 그곳에 가야 했다(14절 이하).

참조. 위의 책과 Donald Guthrie, *New Testament Theology* (Downers Grove, Ill.: InterVarsity Press, 1981), 714. 《신약신학》(CLC).

14 Wilkins, *Concept of Disciple*, 173-216를 보라.

15 Edgar Hennecke, *New Testament Apocrypha*, 2 vols., ed. Wilhelm Schneemelcher (Philadelphia: Westminster, 1963-1965), 2:416-423.

16 Raymond E. Brown, *The Gospel According to John (xii-xxi), AB* 29A (Garden City, N.Y.: Doubleday, 1970), 906. 《요한복음 II》(CLC); Leon Morris, *The Gospel According to John*, NICNT (Grand Rapids: Eerdmans, 1971), 810-811; Carson, "Matthew," 583. 《요한복음》(생명의말씀사). 이런 관계를 반대하는 사람들도 있다. 예를 들면, Rudolph Schnackenburg, *The Gospel According to St. John*, 3 vols. (New York: Crossroad, 1990), 3:276-277.

17 참조. Morris, *Gospel According to John*, 155. 《요한복음》(생명의말씀사).

18 바렛(Barrett)은 사랑받은 제자가 요한이라는 것을 받아들이지만 그가 요한복음의 저자인지에 대해서는 의문을 표시한다. C. K. Barrett, *The Gospel According to St. John: An Introduction with Commentary and Notes on the Greek Text*, 2d ed. (Philadelphia: Westminster, 1978), 100-105. 《요한복음》(한국신학연구소). Brown, *John* [AB, vol. 29]은 요한을 사랑받은 제자로 주장하지만(p. XCVIII), 복음서는 요한의 제자들이 후기에 작성한 것으로 본다.

19 제롬의 갈 6:10 주석의 더 긴 판의 6장; John R. Stott, *The Epistles of John; An Introduction and Commentary*, TNTC (Grand Rapids: Eerdmans, 1964), 49에 인용됨. 《요한서신서》(CLC).

20 Eusebius, *History* 3:31; 5:24.

21 Michael J. Wilkins, "Bartholomew," *The Anchor Bible Dictionary*, ed. David Noel Freedman, 5 vols. (Garden City, N.Y.: Doubleday).

22 Eusebius, *History* 3:1.1.

23 참조. Hennecke and Schneemelcher, *New Testament Apocrypha*, 2:59 이하; 798 이하.

24 예를 들면, 카슨(Carson)은 '마태'라는 이름이 기독교 이름이라는 증거가 없기 때문에 이 이중 이름을 출생 시에 받았을 것이라는 쪽으로 기울지만 ("Matthew," 224), 해그너(Hagner)는 마태라는 이름이 회심 이후에 레위에게 덧붙여졌다고 본다(Donald Hagner, "Matthew," *ISBE*, rev., 4:280). 어떤 학자들은 레위가 열둘 중의 하나가 아니었으며 따라서 마태가 아니라는 점을 입증하려 하지만, 이것은 근거 없는 상상이다. 왜냐하면 마태복음과 마가-누가복음에서 부르심의 상황이 동일하기 때문이다. 마태와 레위를 동일인으로 보는 증거를 평가하기 위해서는 R. T. France, *Matthew: Evangelist and Teacher* (Exeter/Grand Rapids: Paternoster/Zondervan, 1989), 66-70를 보라.

25　W. F. Albright and C. S. Mann, *Matthew*, AB 26 (Garden City, N.Y.: Doubleday, 1971), 177-178, 183-184.
26　참조. R. T. France, *Matthew: Evangelist and Teacher* (Grand Rapids: Zondervan, 1989), 70-74.
27　Eusebius, *History* 3:24.6.
28　사도 마태를 다룰 때 위에서 언급했지만, 비록 마가가 레위를 "알패오의 아들"이라고 말하기는 했으나(막 2:14), 레위 마태와 야고보가 형제였을 가능성은 없어 보인다. 특별히 야고보에게 마태가 아닌 호세라고 불리는 다른 형제가 있었던 것으로 보이기 때문이다.
29　어떤 사람들은 "글로바의 아내 마리아"(요 19:25)와 "야고보와 요세의 어머니 마리아"(마 27:56; 막 15:40)를 동일시하려고 하지만, 그렇게 되면 또 다른 난제가 생긴다. 곧 알패오라는 이름이 글로바라는 이름의 다른 형태라고 주장하거나, 야고보의 아버지가 알패오와 글로바라는 두 개의 이름을 가졌다고 제안해야 하기 때문이다. 그런 제안이 비록 어려움을 수반하기는 하지만, 야고보와 요세의 모친 마리아가 실제로 예수님의 모친 마리아라고 제안하는 것보다는, 마태, 마가, 요한복음에 기록된 십자가를 목격한 여인들의 목록을 더 쉽게 조화할 수 있다(예를 들면, Carson, "Matthew," 583). 예수님의 모친을 가리켜 "다른 마리아"(마 27:61; 28:1)라고 불렀다고는 도저히 상상하기 어렵다.
30　메츠거(Metzger)는 다양한 이문(taxtual variants)의 문제를 열거하지만, 알렉산드리아, 서방 가이사랴, 그리고 애굽의 초기 대표적 사본의 증거들이 모두 다대오($\theta\alpha\delta\delta\alpha\iota o\varsigma$)가 원문임을 제안한다. 참조. Bruce M. Metzger, *A Textual Commentary on the Greek New Testament, UBS*, 3d ed. (New York: United Bible Societies, 1971), 26. 《신약 그리스어 본문 주석》(대한성서공회 성경원문연구소).
31　카슨(Carson)은 다대오가 별명으로서 대개 '사랑받는 자'라는 정도의 의미라고 제안하지만(Carson, "Matthew," 239), 맨(Mann)은 아람어 어원에 따르면 그것이 지명을 표시한다고 말한다[C. S. Mann, *Mark*, AB 27 (Garden City, N.Y.: Doubleday, 1986), 250]. 몇몇 사람들은 유다라는 이름이 가룟 유다 때문에 수치스러운 이름이 되자 야고보의 아들 유다가 이름을 다대오로 바꿨다고 말한다. 예를 들면, Robert H. Mounce, *Matthew*, A Good News Commentary (San Francisco: Harper & Row, 1985), 90.
32　참고. Eusebius, *History*, 1.13; 2.1.6-8.
33　Guelich, *Mark*, 163; Carson, "Matthew," 239.
34　참조. Richard A. Horsley and John S. Hanson, *Bandits, Prophets, and Messiahs: Popular Movements at the Time of Jesus* (Minneapolis: Winston, 1985), 190-243.
35　목록 이외에도 다양한 독법과 철자를 요 6:71; 12:4; 13:2, 26; 14:22에서 볼 수 있다.

36 예를 들면 Martin Hengel, *The Zealots*, (Edinburgh/Philadelphia: T. & T. Clark/Fortress, 1988), 49-57.
37 Horsley and Hanson, *Bandits, Prophets, and Messiahs*, 200-216를 보라.
38 이 직책을 가리키기 위해 사용된 단어는 *glōssokomon echōn*[글로소코몬 에콘]이다. 참조. Leon Morris, *The Gospel According to John*, NICNT (Grand Rapids: Eerdmans, 1971), 578, n. 21.《요한복음》(생명의말씀사).
39 마 10:4; 26:25; 27:3; 막 3:19; 눅 6:15-16; 요 6:71; 12:4; 13:2; 18:2, 5.
40 Morris, *John*, 578.《요한복음》(생명의말씀사).
41 Ralph P. Martin, "Judas Iscariot," *The Illustrated Bible Dictionary*, ed. J. D. Douglas and N. Hillyer, 3 vols. (Leicester/Wheaton: Inter-Varsity/Tyndale House, 1980), 2:83.
42 Martin, "Judas Iscariot," 2:831.
43 참조. Witherington, *Christology of Jesus*, 96-101.

4부 복음서가 이야기하는 제자도

1 Paul D. Hanson, *The People Called: The Growth of Community in the Bible* (San Francisco: Harper & Row, 1986), 430-438.
2 Fernando F. Segovia, "Introduction: Call and Discipleship-Toward a Reexamination of the Shape and Character of Christian Existence in the New Testament," in *Discipleship in the New Testament*, ed. Fernando F. Segovia (Philadelphia: Fortress, 1985), 2. 또한 Ernest Best, *Disciples and Discipleship: Studies in the Gospel According to Mark* (Edinburgh: T. & T. Clark), 1-2.
3 John J. Vincent, "Discipleship and Synoptic Studies," *ThZ* 16 (1960): 464.
4 이 단원의 내용은 복음서 참고 자료를 위해서 내가 수행한 연구의 도움을 받았다. Michael J. Wilkins, "Discipleship," *Dictionary of Jesus and the Gospels*, Joel Green and Scot McKnight, eds., I. Howard Marshall, consulting ed. (Downers Grove, Ill.: InterVarsity Press, 1992).
5 Joseph A. Fitzmyer, *Luke the Theologian: Aspects of His Teaching* (New York: Paulist, 1989), 118.

9장 마태복음: 지상명령을 따르는 본보기

1 복음서에 등장하는 다른 인물들에 아무리 초점을 맞춰도 복음서 저자들은 일차

적으로 기독론적 이야기를 기록하고 있다. 마태도 예외가 아니다. 마태의 기독론에 대한 최근 논의는 다음을 보라. E. P. Blair, *Jesus in the Gospel of Matthew: A Reappraisal of the Distinctive Elements of Matthew's Christology* (Nashville: Abingdon, 1960); Graham Stanton, "The Origin and Purpose of Matthew's Gospel: Matthean Scholarship from 1945-1980," *Aufstieg und Niedergang der Römischen Welt*, 2, 25, 3, ed. H. Temporini and W. Haase (Berlin: Walter de Gruyter, 1985), 1922-1925; Jack Dean Kingsbury, "The Figure of Jesus in Matthew's Story: A Literary-Critical Probe," *JSNT* 21 (1984): 1-36; David Hill, "The Figure of Jesus in Matthew's Story: A Response to Professor Kingsbury's Literary-Critical Probe," *JSNT* 21 (1984): 37-52; Jack Dean Kingsbury, "The Figure of Jesus in Matthew's Story: A Rejoinder to David Hill," *JSNT* 25 (1985): 61-81.

2 이전에 나는 마태가 사용하는 **제자**라는 말을 다른 복음서 저자들과 비교하는 광범위한 연구를 수행했다. Michael J. Wilkins, *The Concept of Disciple in Matthew's Gospel: As Reflected in the Use of the Term* Μαθητής, *NovTSup* 59 (Leiden: E. J. Brill, 1988), 126-172.

3 W. F. Albright and C. S. Mann, *Matthew, AB* 26 (Garden City, N.Y.: Doubleday, 1971), 76.

4 예를 들면, 마태의 산상보훈 기록에는 제자들이 군중을 떠나 가까이 오지만(마 5:1), 누가의 평지보훈 기록에서는 '제자들의 큰 무리'가 발견된다. 마태의 승리 입성 기록에는 "무리"가 예수님 앞서 행진하지만(마 21:9), 누가는 "제자의 무리"(눅 19:37 NASB)를 말한다. 마태는 예수님이 열둘을 제자로 불렀고 그들이 사도라고 지칭된 것을 말하지만(마 10:1, 2), 마가와 누가의 기록에서는 이 사도들이 다른 많은 제자들 중에서 선택되었다(막 3:13-19과 눅 6:13). 마태는 예수님이 열둘을 파송한 것만 말하지만(마 10:5), 누가는 예수님이 다른 때에 칠십 명을 파송한 것을 말한다(눅 10:1).

5 Robert P. Meye, *Jesus and the Twelve* (Grand Rapids: Eerdmans, 1968), 210; 또한 98-140, 228-230를 보라. 오늘날 대다수의 학자들은 적어도 막 3:13부터 마가가 **제자**라는 용어와 **열둘**이라는 용어를 동일한 의미로 사용한다는 주장을 받아들인다. 참조. Vincent Taylor, *The Gospel According to St. Mark*, 2d ed., reprint (Grand Rapids: Baker, 1981), 229-230; Rudolf Bultmann, *The History of the Synoptic Tradition*, trans. John Marsh, rev. ed. (New York: Harper & Row, 1963), 344-346. 《공관복음서 전승사》(대한기독교서회); Leonhard Goppelt, *Theology of the New Testament,* trans. John E. AIsup (Grand Rapids: Eerdmans, 1981), 1:210. 이것이 일치된 의견은 아님이 다음에서 지적된다. Martin Hengel, *The Charismatic Leader and His Followers*, trans. James Greig (New York: Crossroad, 1981), 81-82, n. 163.

6   Ulrich Luz, "Die Jünger im Matthäusevangelium," *ZNW* 62 (1971): 142-143. Georg Strecker, *Der Weg der Gerechtigkeit2 (Göttingen: Vandenhoeck & Ruprecht, 1962)*, 191-198는 조금 다른 방식으로, 마태가 제자와 열둘을 완전히 동일시하려는 의도적인 노력을 기울인다고 본다. *Luz*의 글은 영어로 번역되었다. 참조. Ulrich Luz, "Disciples in the Gospel Accroding to Matthew," trans. Robert Morgan, *The Interpretation of Matthew*, ed. Graham Stanton, *IRT* 3 (London/Philadelphia: SPCK/Fortress, 1983).

7   J. Keith Elliott, "*Mathētēs* with a Possessive in the New Testament," *ThZ* 35 (1979): 304. 마태복음에 οἱ δώδεκα[호이 도데카]가 없다는 사실 때문에 엘리엇은 더 긴 명칭인 οἱ δώδεκα μαθηταί[호이 도데카 마쎄타이]가 20:17과 26:20의 바른 독법이라고 결론을 내린다. 이 본문에 대한 논의를 위해서는 Wilkins, *Concept of Disciple*, 228, app. B. n. 1을 참조하라.

8   R. Pesch, "Levi-Mätthaus (Mc 2:14/Mt 9:9; 10:3). Ein Beitrag zur Lösung eines alten Problems," *ZNW* 59 (1968): 40-56.

9   참조. Jack Dean Kingsbury, "On Following Jesus: The 'Eager' Scribe and the 'Reluctant' Disciple (Matthew 8,18-22)," *NTS* 34 (1988): 57; Ben Witherington III, *The Christology of Jesus* (Minneapolis: Fortress, 1990); 137-140.

10 참조. Michael J. Wilkins, "Named and Unnamed Disciples in Matthew: A Literary/Theological Study," *SBLSP* 30 (Atlanta: Scholars, 1991); Benno Przybylski, *Righteousness in Matthew and His World of Thought*, SNTSMS 41 (Cambridge: Cambridge Univ. Press, 1980), 108-110. 마가복음에도 열둘 이외에 제자들이 있었음이 나타난다. (참조. Hengel, *Charismatic Leader*, 81-82, n. 163).

11 킹스베리(Kingsbury)가 지적하듯이, '제자들'이라는 용어는, 그것이 예수님의 추종자들을 가리키는 곳에서 "우리에게 열둘로 익숙하게 알려진 사람들과 동의어이다. … 마태가 '제자'를 (다른 의미로) 사용하는 곳에서는 대개 그 사실을 분명히 밝힌다" [Jack Dean Kingsbury, *The Parables of Jesus in Matthew 13: A Study in Redaction-Criticism* (London: SPCK, 1969), 41].

12 Jack Dean Kingsbury, "The Developing Conflict Between Jesus and the Jewish Leaders in Matthew's Gospel: A Literary-Critical Study," *CBQ* 49 (1987): 57-73.

13 T. W. Manson, *The Teaching of Jesus*, 2d ed. (Cambridge: Cambridge Univ. Press, 1935), 19.

14 Jack Dean Kingsbury, "The Verb AKOLOUTHEIN ('To Follow') as an Index of Matthew's View of His Community," *JBL* 97 (1978): 61; Albright and Mann, *Matthew*, 77.

15 Günther Bornkamm, "End-Expectation and Church in Matthew," in *Tradition*

and Interpretation in Matthew, ed. Günther Bornkamm, Gerhard Barth, and Heinz Joachim Held, trans. Percy Scott, 1963, reprint (Philadelphia: Westminster, n.d.), 40-41.

16 T. Francis Glasson, "Anti-Pharisaism in St. Matthew," *JQR* 51 (1960-1961): 136; 또한 다음을 참조하라. Allen, *St. Matthew*, xxxiiii f.; Erich Klostermann, *Das Matthäusevangelium, Handbuch zum Neuen Testament*, 4th ed. (Tübingen: J. C. B. Mohr, 1971), 4:21.

17 참조. Grant R. Osborne, *The Resurrection Narratives: A Redactional Study* (Grand Rapids: Baker, 1984), 91, n. 28.

18 참조. Trotter, *Understanding and Stumbling*, 282-285.

19 Ralph P. Martin, *New Testament Foundations: A Guide for Christian Students* (Grand Rapids: Eerdmans, 1975), 1:23.《신약의 초석》(크리스챤다이제스트).

20 Hans Conzelmann, Jesus (Philadelphia: Fortress, 1973), 34의 경우처럼.

21 참조. Andrew H. Trotter, "Understanding and Stumbling: A Study of the Disciples' Understanding of Jesus and His Teaching in the Gospel of Matthew," Ph.D diss. (Cambridge: Univ., 1987), 280-281; Hengel, *Charismatic Leader*, 79.

22 8:21, 23; 9:37; 10:42; 12:49; 13:10; 15:23; 16:5; 17:6; 17:10; 18:1; 19:10; 21:20; 24:3; 26:8, 40, 45.

23 Gerd Theissen, *Sociology of Early Palestinian Christianity*, trans. John Bowden (Philadelphia: Fortress, 1978), 19.《예수운동의 사회학》(종로서적).

24 위의 책, 18-21. 금세기 초의 저명한 마태복음 학자로 이와 동일한 입장을 취한 Benjamin W. Bacon, *Studies in Matthew* (New York: Henry Holt, 1930), 87-89, 240를 보라. 이것은 또한 가톨릭 학자들 사이에서 광범위하게 견지된 입장이기도 하다. 참조. M. L. Held, "Disciples," *New Catholic Encyclopedia* (New York: McGraw-Hill, 1967), 4:895. 또한 Mark Sheridan, "Disciples and Discipleship in Matthew and Luke," *BThB* 3 (October 1973): 237; Strecker, *Der Weg der Gerechtigkeit*, 191-192를 보라.

25 마태와 누가(눅 11:23)는 여기 있는 것과 같은 선언을 기록한다. 마가와 누가는 또한 이것을 뒤집는 말도 소개한다. "우리를 반대하지 않는 자는 우리를 위하는 자니라"(막 9:40; 눅 9:50). 여기 있는 말씀은 더욱 제한적이다.

26 예를 들면, Benjamin W. Bacon, *Studies in Matthew* (New York: Henry Holt, 1930), 87-89, 240.

27 예를 들면, R. Thysman, *Communauté et directives éthiques: la catéchèse de Matthíeu*, Recherches et Synthèses: Section d'exégèse, no. 1 (Gembloux: Duculot, 1974); Paul S. Minear, "The Disciples and the Crowds in the Gospel of Matthew," *AThR* Sup.

Ser., 3 (March 1974): 31-32, 40-42; Mark Sheridan, "Disciples and Discipleship in Matthew and Luke," *BThB* 3 (1973): 237 이하.

28 참조. Osborne, *Resurrection Narratives*, 91, n. 28.

29 참조. Trotter, *Understanding and Stumbling*, 282-285.

30 Jack Dean Kingsbury, "On Following Jesus: The 'Eager' Scribe and the 'Reluctant' Disciple (Matthew 8.18-22)," *NTS* 34 (1988): 57.

31 참조. Andrew T. Lincoln, "Matthew-A Story for Teachers?" *The Bible in Three Dimensions: Essays in Celebration of Forty Years of Biblical Studies in the University of Sheffield*, ed. David J. A. Clines, Stephen F. Fowl, Stanley E. Porter, *JSOT* Sup 87 (Sheffield: Sheffield Academic Press, 1990), 105-106.

32 Albright and Mann, *Matthew*, 77.

33 Wilkins, *Concept of Disciple*, chap. 5; 참조. Oscar Cullmann, *Peter: Disciple—Apostle—Martyr. A Historical and Theological Essay*, trans. Floyd V. Filson, 2d ed. (Philadelphia: Westminster, 1962); Chrys Caragounis, *Peter and The Rock, BZNW* 58 (Berlin/New York: de Gruyter, 1990).

34 Hans Conzelmann, *History of Primitive Christianity*, trans. John E. Steely (Nashville: Abingdon, 1973), 149.

35 긍정적인 예로는 마 16:15-19; 부정적인 예로는 마 16:23. 마태는 막 8:33에서 발견되는 "제자들을 보시며"라는 어구를 생략한다.

36 참조. Jack Dean Kingsbury, "The Figure of Peter in Matthew's Gospel as a Theological Problem," *JBL* 98 (1979): 78.

37 참조. J. Andrew Overman, *Matthew's Gospel and Formative Judaism: The Social World of the Matthean Community* (Minneapolis: Fortress, 1990), 126-140.

38 최근의 토론을 참조하려면 다음을 보라. B. Rod Doyle, "Matthew's Intention as Discerned by His Structure," *Revue Biblique* 95 (1, 1988): 34-54; David R. Bauer, *The Structure of Matthew's Gospel* (Sheffield: Almond, 1988).

39 성경적인 '부르심'에 대한 논의를 위해서는 6장을 보라.

40 특별히 누가는 예수님의 지상 사역에서 제자들의 더 넓은 무리가 참여했음을 볼 수 있게 한다. 칠십 명의 사역(눅 10:1-20) 그리고 예수님과 동행한 여인들에서 (눅 8:1-3) 누가는 열둘 이외의 다른 제자들이 예수님과 함께 사명을 수행했음을 보여준다.

41 참조. Donald A. Carson, "Matthew," *EBC* (Grand Rapids: Zondervan, 1984), 8:596.

42 예를 들면, Stephen Hre Kio, "Understanding and Translating 'Nations' in Mt 28:19," *The Bible Translator* 41 (2, 1990), 230-39; Douglas R. A. Hare, *The Theme of Jewish Persecution of Christians in the Gospel According to St. Matthew* (Cambridge:

Cambridge Univ. Press), 1967.

43 Alfred Plummer, *An Exegetical Commentary on the Gospel According to St. Matthew*, 1915, reprint (Grand Rapids: Baker, 1982), 430; Carson, "Matthew," 596.

44 참조. Joseph A. Fitzmyer, *The Gospel According to Luke (X-XXIV)*, AB 28A (Garden City, N.Y.: Doubleday, 1985), 1583-1584.

45 Max Wilcox, "Jesus in the Light of His Jewish Environment," *Aufstieg und Niedergang der Römischen Welt*, 2, 25, 1, ed. H. Temporini and W. Haase (Berlin: Walter de Gruyter, 1982), 169.

46 Grant R. Osborne, *The Resurrection Narratives: A Redactional Study* (Grand Rapids: Baker, 1984), 91. 타동사의 등장에 근거하여 신학적으로 다루는 것보다는 마태가 이것을 사용하는 문맥이 이 결론을 가리킨다. 참조. Moisés Silva, "New Lexical Semitisms?" *ZNW* 69 (1978): 256, n. 9의 설명.

47 사도행전을 다루는 13장에서 오순절 이후의 진행에 대한 우리의 논의를 보라.

48 Richard DeRidder, *Discipling the Nations* (Grand Rapids: Baker, 1975), 190. 세례의 의미를 '충성스러운 추종'(adherence)으로 파악하는 최근의 논의를 위해서는 William B. Badke, "Was Jesus a Disciple of John?" *Evangelical Quarterly* 62 (3, 1990): 195-204를 보라.

49 H. N. Ridderbos, *Matthew*, Bible Student's Commentary, trans. Ray Togtman (Grand Rapids: Zondervan, 1987), 555-556.

50 Wolfgang Trilling, *The Gospel According to St. Matthew*, 2 vols., New Testament for Spiritual Reading, ed. John L. McKenzie (New York: Crossroad, 1981), 2:270.《신약성서 영적 독서를 위한 마태오 복음》(성요셉출판사).

10장 마가복음: 구원하는 종을 섬기는 종들

1 마가의 제자도 관점에 대한 간략한 개요를 위해서는 Demetrios Trakatellis, "Ἀκολούθει μοι/Follow Me' (Mk 2:14): Discipleship and Priesthood," *GOThR* 30 (3, 1985): 271-285를 보라. 최근의 가장 완전한 학문적 조망을 위해서는 C. Clifton Black, *The Disciples According to Mark: Markan Redaction in Current Debate*, JSNTSup 27 (Sheffield: JSOT, 1989)를 보라.

2 Christopher D. Marshall, *Faith As a Theme in Mark's Narrative*, SNTMS 64 (Cambridge: Cambridge Univ. Press, 1989).

3 Robert A. Guelich, *Mark 1-8:26*, WBC 34A (Dallas: Word, 1989), xxiii, xxv, xlii.《마가복음 상》(솔로몬).

4 참조. Jack Dean Kingsbury, *Conflict in Mark: Jesus, Authorities, and Disciples*

(Minneapolis: Fortress, 1989), 112-117.《마가의 세계》(CLC).
5 종(*diakonos*[디아코노스])이라는 용어가 마 18:1-5과 눅 9:46-48의 병행구에는 등장하지 않는다.
6 Walter W. Wessel, "Mark," *EBC* (Grand Rapids: Zondervan, 1985), 8:720-721.
7 예를 들면, Joseph Tyson, "The Blindness of the Disciples in Mark," *JBL* 80 (1961) 261-268; Christopher Tuckett, ed., *The Messianic Secret*, IRT 1 (Philadelphia/London: Fortress/SPCK, 1983), 35-43; Theodore John Weeden, Sr., *Mark-Traditions in Conflict* (Philadelphia: Fortress, 1971); Etienne Trocmé, *The Formation of the Gospel According to Mark*, trans. Pamela Gaughan (Philadelphia: Westminster, 1975); 그리고 특별히 Wemer Heinz Kelber, "Conclusion: From Passion Narrative to Gospel," *The Passion in Mark: Studies on Mark 14-16*, ed. Werner Heinz Kelber (Philadelphia: Fortress, 1976), 153-180; 그리고 앞의 책, "The Hour of the Son of Man and the Temptation of the Disciples (Mark 14:32-42)," 41-60; Werner Heinz Kelber, "Mark 14:32-42: Gethsemane. Passion Christology and Discipleship Failuer," *ZNW* 63 (1972): 166-187; Werner Heinz Kelber, *Mark's Story of Jesus* (Philadelphia: Fortress, 1979).《마가의 예수 이야기》(한국신학연구소).
8 예를 들면, Robert P. Meye, *Jesus and the Twelve: Discipleship and Revelation in Mark's Gospel* (Grand Rapids: Eerdmans, 1968); Ernest Best, *Following Jesus: Discipleship in the Gospel of Mark*, JSNTSup 4 (Sheffield: Univ. of Sheffield, 1981); Ernest Best, *Disciples and Discipleship: Studies in the Gospel According to Mark* (Edinburgh: T. & T. Clark, 1986); Camille Focant, "L'Incompréhension des Disciples dans le deuxième Evangile," *Revue Biblique* 82 (1985): 161-185; Frank J. Matera, "The Incomprehension of the Disciples and Peter's Confession (Mark 6:14-8:30)," *Biblica* 70 (2, 1989): 153-172.
9 참조. Kingsbury, *Conflict in Mark*, 112-117.《마가의 세계》(CLC).
10 William L. Lane, *The Gospel According to Mark*, NICNT (Grand Rapids: Eerdmans, 1974), 589-592; Augustine Stock, *Call to Discipleship: A Literaly Study of Mark's Gospel*, Good News Studies 1 (Wilmington, Del.: Michael Glazier, 1982).

11장 누가복음: 값비싼 희생의 길을 가는 추종자들

1 참조. Joseph A. Fitzmyer, *Luke the Theologian: Aspects of His Teaching* (New York: Paulist, 1989), 123-128; Dennis M. Sweetland, *Our Journey with Jesus: Discipleship According to Luke-Acts* (Collegeville, Minn.: Michael Glazier, 1990); Mark Sheridan, "Disciples and Discipleship in Matthew and Luke," *BThB* 3 (1973): 235-255.

2 참조. E. Earle Ellis, *The Gospel of Luke*, NCB, rev. ed. (London/Grand Rapids: Marshall, Morgan & Scott/Eerdmans, 1974), 156-157.
3 예를 들면 '그와 함께'(*sun autō*[순 아우토])라는 표현은 누가복음에서 제자도를 표현한다. 참조. 눅 8:38; 9:18; 22:56. 이 책의 7장을 보라.
4 I. Howard Marshall, *The Gospel of Luke: A Commentary on the Greek Text*, NIGTC (Grand Rapids: Eerdmans, 1978), 877.《누가복음》(한국신학연구소).
5 위의 책. Marshall에 의하면 누가복음에서 *gnōstoi*[그노스토이]는 통상 중성이다.
6 참조. Charles H. Talbert, "Discipleship in Luke-Acts," in *Discipleship in the New Testament*, ed. Fernando F. Segovia (Philadelphia: Fortress, 1985), 62.《누가복음 상》(솔로몬).
7 John Nolland, *Luke 1-9:20*, WBC 35A (Dallas: Word, 1989), 246.
8 흥미롭게도 마가는 이 은유를 기록하지 않으나 다른 복음서 저자들은 그것을 기록함으로, 초기 전승의 은유 사용을 강력하게 증언한다. 참조. Marshall, *Gospel of Luke*, 563.《누가복음》(한국신학연구소); Barnabas Lindars, *The Gospel of John*, NCB (London/Grand Rapids: Marshall, Morgan & Scott/Eerdmans, 1972), 352-355; W. D. Davies and Dale C. Allison, Jr., *The Gospel According to Saint Matthew*, ICC (Edinburgh: T. & T. Clark, 1988), 1:695.
9 참조. Lindars, *John*, 359-360.
10 이 구별에 대한 논의를 위해서는 Donald A. Carson, "Matthew," *EBC* (Grand Rapids: Zondervan, 1984), 8:189-190을 보라.
11 I. Howard Marshall, *Luke: Historian and Theologian*, 3d ed. (Exeter: Paternoster, 1988), 188-215.《누가행전》(엠마오); Joseph A. Fitzmyer, *The Gospel According to Luke (I-IX): Introduction, Translation, and Notes*, AB (Garden City, N.Y.: Doubleday, 1981), 28:235-237.《누가복음 Ⅰ》(CLC); Fitzmyer, *Luke the Theologian*, 130-131를 보라.
12 Fitzmyer, *Luke the Theologian*, 134-135; 참조. Ernest Best, *Following Jesus: Discipleship in the Gospel of Mark*, JSNTSup 4 (Sheffield: Univ. of Sheffield, 1981), 246 이하. Fitzmyer는 누가가 길(*hodos*[호도스])의 합성어와 '그 길'의 어떤 면들을 가지고 언어유희를 한다고 설명한다. 예수님은 그 과정으로 들어갔고(*eisodos*[에이소도스], 행 13:24), 그것을 따라 행했으며(*poreuesthai*[포류에싸이], 여러 곳), 그것의 결말을 향해 가신다(*exodos*[엑소도스], 아버지께로 가는 것, 눅 9:31) (*Luke the Theologian*, 134-135).
13 Wolfgang Schrage, *The Ethics of the New Testament* (Philadelphia: Fortress, 1988), 51.
14 참조. Marshall, *Gospel of Luke*, 443.《누가복음》(한국신학연구소).
15 참조. Charles H. Talbert, "Discipleship in Luke-Acts," in *Discipleship in the New*

Testament, ed. Fernando F. Segovia (Philadelphia: Fortress, 1985), 62.

16 참조. Robert H. Stein, *Difficult Passages in the New Testament: Interpreting Puzzling Texts in the Gospels and Epistles* (Grand Rapids: Baker, 1990), 172.

17 Leon Morris, *The Gospel According to St. Luke* (Grand Rapids: Eerdmans, 1974), 235-236.《누가복음서》(CLC).

18 Ellis, *Luke*, 195.

19 Shmuel Safrai, "Home and Family," *The Jewish People in the First Century*, vol. 2, Section One: Compendia Rerum Iudaicarum ad Novum Testamentum (Philadelphia: Fortress, 1976), 728-792.

20 참조. W. White, "Family," *ZPEB* 2:496-501; O. J. Baab, "Father," *IDB* 2:245. 약간 비판적으로 기울어진 조망을 보이지만 어느 정도 유사한 결론에 도달한 Richard A. Horsley, *Jesus and the Spiral of Violence* (San Francisco: Harper & Row, 1987), 231-245를 보라.

21 참조. Charles H. Talbert, "Discipleship in Luke-Acts," in *Discipleship in the New Testament*, ed. Fernando F. Segovia (Philadelphia: Fortress, 1985), 62; Donald Guthrie, *New Testament Theology* (Downers Grove, Ill.: InterVarsity Press, 1981), 422.《신약신학》(CLC).

22 참조. Michael P. Green, "The Meaning of Cross-Bearing," *BS* 140 (1983): 117-133. 또한 다음을 참조하라. Johannes Schneider, "σταυρός," *TDNT* 7:577-579; Schrage, *Ethics of the New Testament*, 51.

23 참조. Marshall, *Gospel of Luke,* 593.《누가복음》(한국신학연구소); Ellis, *Luke*, 195; David P. Seccombe, "Take Up Your Cross," in *God Who Is Rich in Mercy: Essays Presented to D. B. Knox*, ed. Peter T. O'Brien and David G. Peterson (Homebush, Australia: Anzea, 1986), 145-148.

24 Nigel Turner, *Syntax*, vol. 3 of *A Grammar of New Testament Greek* by James Hope Moulton (Edinburgh: T. & T. Clark, 1963), 76. 또한 다음을 참조하라. H. E. Dana and Julius R. Mantey, *A Manual Grammar of the Greek New Testament*, rev. ed. (New York: Macmillan, 1957), 300.

25 Walter L. Liefeld, "Luke," *EBC* (Grand Rapids: Zondervan, 1984), 8:980.

26 Norval Geldenhuys, *Commentary on the Gospel of Luke, NICNT* (Grand Rapids: Eerdmans, 1951), 398-399.《누가복음》(생명의말씀사).

27 참조. Guthrie, *New Testament Theology*, 422.《신약신학》(CLC); contra Zane C. Hodges, *Absolutely Free: A Biblical Reply to Lordship Salvation* (Grand Rapids/Dallas: Zondervan/Redencion Viva, 1989), 181-190. 호지스는 자신의 신학적 의제 때문에 예수님이 관원과 나눈 대화의 핵심과 뒤에 예수님이 제자와 베드로와 나눈 대

화의 핵심을 완전히 간과하고 있다.
28 참조. Marshall, *Gospel of Luke*, 443. 《누가복음》(한국신학연구소).
29 참조. Guthrie, *New Testament Theology*, 422. 《신약신학》(CLC).
30 Schrage, *Ethics of the New Testament*, 51.
31 Guthrie, *New Testament Theology*, 422. 《신약신학》(CLC).
32 참조. Liefeld, "Luke," 1004.
33 참조. Ellis, Luke, 220; Liefeld, "Luke," 1007-1008.
34 참조. 이 책의 16장을 보라. 또한 Demetrios Trakatellis, "'Ἀκολούθει μοι/Follow Me' (Mk 2:14): Discipleship and Priesthood," *GOThR* 30 (3, 1985): 283, 285를 보라.
35 C. S. Lewis, *Mere Christianity* (New York: Macmillan, 1960), 158. 《순전한 기독교》(홍성사).

12장 요한복음: 예수님이 표시한 신자들

1 참조. Fernando F. Segovia, "'Peace I Leave with You; My Peace I Give to You': Discipleship in the Fourth Gospel," *Discipleship in the New Testament*, ed. Fernando F. Segovia (Philadelphia: Fortress, 1985); R. Moreno Jiménez, "El discípulo de Jesucristo, según el evangelio de S. Juan," *EstBib* 30 (1971): 269-311; Rudolf Schnackenburg, "Excursus 17: The Disciples, The Community and the Church in the Gospel of John," in *The Gospel According to St. John*, 3 vols., HTKNT 4 (New York: Crossroad, 1990), 3:203-217; M. de Jonge, "The Fourth Gospel: The Book of the Disciples," in *Jesus: Stranger from Heaven and Son of God. Jesus Christ and the Christians in Johannine Perspective*, SBLSBS 11 (Missoula, Mont.: Scholars, 1977), 1-27; R. E. Brown, *The Community of the Beloved Disciple: The Life, Loves, and Hates of an Individual Church in New Testament Times* (New York: Paulist, 1979), 25-28. 《요한 교회의 신앙과 역사》(한국장로교출판사).
2 Segovia, "Discipleship in the Fourth Gospel," 90.
3 C. K. Barrett, *The Gospel According to St. John: An Introduction with Commentary and Notes on the Greek Text*, 2d ed. (Philadelphia: Westminster, 1978), 193-194. 《요한복음》(한국신학연구소).
4 Segovia, "Discipleship in the Fourth Gospel," 90, 92.
5 요 2:21-22; 4:27, 33; 6:60; 9:2; 10:6; 11:8, 11-15; 12:16; 13:36; 14:5, 8, 22; 16:17-18.
6 Barnabas Lindars, *The Gospel of John*, NCB (London/Grand Rapids: Marshall,

Morgan & Scott/Eerdmans, 1972), 131-132; Barrett, *John*, 77, 81, 201.《요한복음》(한국신학연구소).

7   요 1:10-11; 3:19; 7:4, 7; 8:23; 12:31; 14:17, 19, 22, 27, 30, 31; 18:36을 보라. Donald Guthrie, *New Testament Theology* (Downers Grove, Ill.: InterVarsity Press, 1981), 132-133.《신약신학》(CLC); Segovia, "Discipleship in the Fourth Gospel," 90-91.

8   Raymond E. Brown, *The Gospel According to John (i-xii): Introduction, Translation, and Notes, AB*, 2d ed. (Garden City, N.Y.: Doubleday, 1966), 29:127.《요한복음 Ⅰ》(CLC).

9   참조. Schnackenburg, *John*, 2:70-75; Leon Morris, *The Gospel According to John, NICNT* (Grand Rapids: Eerdmans, 1971), 381-387; 또한 335-337를 참고하라.

10 Morris, *John*, 390 and n. 159.《요한복음》(생명의말씀사).

11 Brown, *John*, 98.《요한복음 Ⅰ》(CLC).

12 예를 들면, Richard C. Lenski, *The Interpretation of Saint John's Gospel* (Columbus, Ohio: Lutheran Book Concern, 1942), 626-628.

13 Brown, *John*, 354 이하.《요한복음 Ⅰ》(CLC); Hendriksen, *John*, 50-52; Morris, *John*, 455.《요한복음》(생명의말씀사); Merrill C. Tenney, "John," *EBC* 9 (Grand Rapids: Zondervan, 1981), 94-95.

14 참조. C. K. Barrett, *The Gospel of John and Judaism* (Philadelphia:. Fortress, 1975), 74; John H. Bernard, *A Critical and Exegetical Commentary on the Gospel According to Saint John*, 2 vols., ICC (Edinburgh: T. & T. Clark, 1928), 1:305; Brown, *John*, 362.《요한복음 Ⅰ》(CLC); F. Godet, *Commentary on the Gospel of John*, trans. Timothy Dwight, 2 vols. (New York: Funk and Wagnalls, 1886), 2:105; William Hendriksen, *Exposition of the Gospel According to John*, 1953, reprint (Grand Rapids: Baker, 1975), 52; Lindars, *John*, 323-324; Morris, *John*, 454.《요한복음》(생명의말씀사); Tenney, "John," 94-95.

15 Brown, *John*, 362; Lindars, *John*, 323-324.

16 어떤 주석가들은 요 8장 30절("그를 믿었다," *pisteuō eis*[피스튜오 에이스] + 목적격)과 8장 31절("그를 믿었다," *pisteuō*[피스튜오] + 여격)의 문장 구조 차이에 과도한 의미를 부여하여, 전자는 참신앙을 표시하지만 후자는 거짓 신앙을 표시한다고 말한다[예를 들면, Lindars, *John*, 323-324; B. F. Westcott, *The Gospel According to Saint John*, 1881, reprint (Grand Rapids: Eerdmans, 1975), 132-133]. 그러나 단순한 여격 사용이 때때로 어떤 사람에 대한 신뢰보다는 단순한 신용을 표시하기도 하지만, 요한은 이 두 구문을 크게 구별하는 것으로 보이지 않는다. 구문을 바꾼 이유는 문제이다. 이 경우에는, 31절의 유대인이 30절의 더 큰 유대

인 그룹의 일부라 하더라도 30-31절은 동일한 사람들임을 문맥이 표시한다. 또한 우리는 *pisteuō eis*[피스튜오 에이스] + 목적격 구문이 결합이 있는 믿음에 대해서도 사용되었다는 것을 간과하지 말아야 한다(요 2:23-24 참조). 따라서 30절의 문장 구조는 믿은 사람들을 가리키는 단순한 일반적 진술이고, 31절은 30절의 신자들 속에 어떤 부류의 신자들, 곧 결함이 있는 믿음을 분명히 가진 사람들에게 초점을 맞춘 것일 수 있다. 그러나 30절 문장 구조는 모든 사람이 참신앙을 가졌음을 표시하는 것으로 해석될 수 없다. 왜냐하면 31절에 표시된 사람들이 그 안에 포함되기 때문이다. (참조. Morris, *John*, 455, n. 61, 그리고 부가 설명 E, pp. 335 이하; Hendricksen, *John*, 2:50-52; Brown, *John*, 354-355; Schnackenberg, *John*, 2:204-205; Tenney, "John," 94-95).

17 Barrett, *John*, 344.《요한복음》(한국신학연구소).

18 Lindars, *John*, 324; William Milligan and William F. Moulton, *Commentary on the Gospel of Saint John* (Edinburgh: T. & T. Clark, 1898), 106.

19 Archibald T. Robertson, *The Fourth Gospel, vol. 5, Word Pictures in the New Testament* (Nashville: Broadman, 1932), 149.

20 참조. Morris, *John*, 472-474.《요한복음》(생명의말씀사); Lindars, *John*, 335-336.

21 James H. Charlesworth, ed., *John and Qumran* (London: Chapman, 1972), 159.

22 Westcott, *John*, 198에 인용됨.

23 Hendriksen, *John*, 253-254.

24 Charles A. Dodd, *The Interpretation of the Fourth Gospel* (Cambridge: Cambridge Univ. Press, 1958), 405.

25 Lenski, *John*, 962.

26 Barrett, *John*, 452-453.《요한복음》(한국신학연구소).

27 J. Carl Laney, "Abiding Is Believing: The Analogy of the Vine in John 15:1-6," *BS* 146 (1989): 55-66.

28 Bernard, *John*, 2:483; Swete를 인용하고 있음.

29 제자도에 대한 몇몇 초기 교부들의 태도를 논의하는 16장을 보라. 참조. William F. Arndt and F. Wilbur Gingrich, trans. and eds., *A Greek-English Lexicon of the New Testament and Other Early Christian Literature*, 1957, reprint (Chicago: Univ. of Chicago Press, 1974), 487.

30 Brown, *John*, 2:662-663.《요한복음 II》(CLC). 이 구절이 이와 관련하여 몇 가지 문제가 있다. 특히 ἐν τουτῳ ('in this')가 가리키는 것, ἵνα ('that')가 가리키는 것을 확정하는 점에서 그러하다. 그럴지라도 우리의 연구에 영향을 미치는 유일한 문제는(그것도 주변적인 영향이다) *ginomai*[기노마이]가 가리키는 것과 원래의 본문을 결정하는 것이다. 그것이 *genēsthe*([게네쎄], 제2부정과거 중간태 가정법)인

가, 아니면 *genēsesthe*([게네세쎄], 미래 중간태 직설법)인가? 대다수 주석가들이 미래 직설법을 바른 독법으로 택하지만, 그것이 해석에 실질적인 영향을 미치는 것은 아님을 또한 지적한다. (예를 들면, Barrett, *John*, 475; Bernard, *John*, 2:483; Brown, *John*, 2:662; Godet, *John*, 2:297; Hendriksen, *John*, 302; Lindars, *John*, 490; Morris, *John*, 672; Robertson, *Fourth Gospel*, 259). 이렇게 되면 그 절이 *hina*[히나] 절에 의해서 엄격하게 지배된다기보다는 어느 정도 독립적 의미를 가지게 된다.

31 Morris, *John*, 672-673. 《요한복음》(생명의말씀사).
32 Westcott, *John*, 219.
33 대부분의 주석가들이 요 8:31; 13:34-35을 15:8과 이렇게 연결한다. 예를 들면, Barrett, *John*, 475. 《요한복음》(한국신학연구소); Brown, *John*, 662-663. 《요한복음 Ⅱ》(CLC); Tenney, "John," 153; Robertson, *Fourth Gospel*, 259.
34 '성공' 혹은 '가치'에 대한 예수님의 진술에서 성공의 외적 증거의 대비를 마태복음 16장에서 주목하라. 16-18절은 종교, 19-21절은 보화, 22-23절은 가치의 초점, 24절은 돈, 25-33절은 우선순위: 먼저 그의 나라와 그의 의를 구하라.

5부 초대교회로 이어진 제자도

13장 사도행전: 믿음의 공동체

1 '공동체'는 정의하기가 어려운 개념이다. 하지만 제임스 던(James Dunn)은 이 용어가 관련된 다른 단어들보다(예를 들면, '회중' 혹은 '종파') 두 가지 본질적인 요소 곧 관계와 구성된 조직이라는 개념을 더 잘 포함한다고 본다. 참조. James D. G. Dunn, *Unity and Diversity in the New Testament: An Inquiry into the Character of Earliest Christianity*, 2d ed. (London/Philadelphia: SCM/Trinity, 1990), 398, n. 2a. 《신약서의 통일성과 다양성》(솔로몬). 이 장의 '적용점' 부분을 보라.
2 부름받은 공동체로서 이스라엘과 교회의 시작과 발전에 대한 자료들이 다음 연구에 광범위하게 소개되어 있다: Paul D. Hanson, *The People Called: The Growth of Community in the Bible* (San Francisco: Harper & Row, 1986).
3 게하르트 로핑크(Gerhard Lohfink)는 금세기 독일 자유주의 신학의 '개인주의' 유산에 대해 힘 있는 설명을 제공하는데, 이것이 다시 세속적 독일 사회에 영향을 미쳤다는 것이다. 이 설명은 전반적인 유럽, 북미, 산업화된 아시아 사회, 부상하는 제3세계, 그리고 실제로 20세기 문화에 전체적으로 동일하게 적용된다. Gerhard Lohfink, *Jesus and Community: The Social Dimension of Christian Faith* (Philadelphia: Fortress, 1984), 1-5. 《예수는 어떤 공동체를 원했나?》(분도).

4　David W. Gill, *The Opening of the Christian Mind: Taking Every Thought Captive to Christ* (Downers Grove, Ill.: InterVarsity Press, 1989), 135-136.

5　Charles H. Talbert, "Discipleship in Luke-Acts," in *Discipleship in the New Testament*, ed. Fernando F. Segovia (Philadelphia: Fortress, 1985), 62.

6　코트렐(Cotterell)과 터너(Turner)는 이렇게 말한다. "**말 속에서 어떤 단어 혹은 표현의 지칭**(*referent*)**이란 그 단어 혹은 표현에 의해서 의도적으로 지칭되는 세계의 사물이다.**" '제자'라는 말에 의해서 표시되는 '세계의 사물'은 '신자', '그 길의 사람들', 혹은 '그리스도인'라고도 불리는 사람 혹은 사람들이다. Peter Cotterell and Max Turner, *Linguistics and Biblical Interpretation* (Downers Grove, Ill.: InterVarsity Press, 1989), 84. 언어학적 명확성을 위해서 '동의어'라는 말보다는 '지시어'라는 말이 선호된다. Johannes P. Louw and Eugene A. Nida, eds., *Greek Lexicon of the New Testament: Based on Semantic Domains*, 2 vols. (New York: United Bible Societies, 1988), 1:15-20을 보라.

7　'믿음'을 목적의 의미로 봐야 할지, 아니면 주격의 의미로 봐야 할지 결정하기에 어려움이 있지만, 어느 쪽으로 보든지 믿음이 제자들의 증가에 필수적인 부분을 차지한다는 것이 강조된다. F. F. Bruce, *The Acts of the Apostles: The Greek Text with Introduction and Commentary*, 3d ed. (Grand Rapids: Eerdmans, 1990), 185.《사도행전》(아가페); R. C. H. Lenski, *The Interpretation of the Acts of the Apostles* (Columbus, Ohio: Wartburg, 1944), 248.《사도행전》(로고스); I. Howard Marshall, *The Acts of the Apostles: An Introduction and Commentary*, TNTC (Leicester/Grand Rapids: InterVarsity/Eerdmans, 1980), 128; Karl H. Rengstorf, "$\mu\alpha\theta\eta\tau\acute{\eta}\varsigma$," *TDNT* 4:458.

8　위 누가복음을 다룬 11장을 보라. 예를 들어, 제자의 많은 무리(a great crowd of Jesus' disciples, 눅 6:13, 17)는 예수님이 메시아임을 확신하는 믿는 사람들을 가리키는 반면, "그 제자의 많은 무리"(a large crowd of his disciples, 눅 6:17)는 '호기심을 가진 사람들'이라고 볼 수 있는 사람들이다. 참조. Talbert, "Discipleship in Luke-Acts," 62.

9　참조. 행 6:1,2,7; 9:1, 10, 19, 26, 36, 38; 11:26, 29; 13:52; 14:20, 21, 22, 28; 15:10; 16:1; 18:23, 27; 19:9, 30; 20:1, 30; 21:4, 16. 사도행전에서 '제자'($\mu\alpha\theta\eta\tau\acute{\eta}\varsigma$)의 이 의미에 대해서는 주석가들 사이에 거의 논란이 없다. 즉 '예수님을 믿는 자'와 동의어라는 뜻이다. 예를 들어서, Bruce, *Acts of the Apostles*, 180.《사도행전》(아가페); Ernst Haenchen, *The Acts of the Apostles: A Commentary* (Philadelphia: Westminster, 1971), 260, n. 1; Richard N. Longenecker, "The Acts of the Apostles," *EBC* (Grand Rapids: Zondervan, 1981), 9:493; Rengstorf, "$\mu\alpha\theta\eta\tau\acute{\eta}\varsigma$," 458; Talbert, "Discipleship in Luke-Acts," 62; David John Williams, *Acts, A Good News Commentary* (San Francisco: Harper & Row, 1985), 102.

10   Williams, *Acts*, 102.
11   Marshall, *Acts*, 168-169. 《사도행전》(로고스).
12   μὴ πιστεύοντες ὅτι ἐστιν μαθητή.
13   Bruce, *Acts of the Apostles*, 205. 《사도행전》(아가페); Rengstorf, "μαθητής," 458.
14   μαθητρια. 참조. Bruce, *Acts of the Apostles*, 248. 《사도행전》(아가페); Haenchen, *Acts of the Apostles*, 338-339, n. 1. 또한 앞으로 등장하는 사도 이후 교회에 대한 장을 보라.
15   Louw and Nida, *Greek Lexicon*, 1:471.
16   부정사 χρηματίσαι(chrēmatisai[크레마티사이])는 제자들이 안디옥에서 최초로 그리스도인들이라는 '명칭을 가지게' 되었다는 의미로 해석되어왔다. 즉 교회가 메시아의 새 시대에 자기들의 자의식을 표현하기 위해서 만들어낸 용어라는 주장이다. 그러나 헨첸(Haenchen)은, 비록 그것이 가능할 수도 있지만, 필로와 요세푸스의 용례는 그 부정사가 '불렸다'로 번역되어야 한다는 것을 보여주었다. 즉 그 이름이 교회 밖 사람들에 의해서 만들어졌다는 것이다(Haenchen, *Acts of the Apostles*, 367-368, n. 3). 이 외부 사람들 중에서, 유대인들이 제자들을 그리스도인들, 즉 메시아 **그리스도를 따르는 사람들**이라고 불렀을 가능성은 없다. 만약 그렇게 한다면 예수님이 메시아라는 주장을 인정하는 격이 되었을 것이기 때문이다[Christos와 Christianoi가 이런 방식으로 사용된 요세푸스의 논란거리인 구절을 보라(Antiq. 18:63-64)]. 대신 유대인들은 예수님의 제자들을 "나사렛 이단"이라고 불렀다(행 24:5).
17   참조. Michael J. Wilkins, "Christian," *The Anchor Bible Dictionary*, ed. David Noel Freedman, 5 vols. (Garden City, N.Y.: Doubleday, forthcoming).
18   굴드(Gould)의 진술을 주목하라. "누가에게 있어서 τῶν πιστευσάνων과 τῶν μαθητῶν은 동일한 표현임이 분명하다"[George P. Gould, "Disciple," *Dictionary of Christ and the Gospels*, ed. James Hastings (New York: Scribners, 1906), 1:457].
19   Μαθητής는 사도행전에 총 28회 등장하는데 이는 어느 복음서에 비해서도 적은 수치이다. 참조. Robert Morgenthaler, *Statistik Des Neutestamentlichen Wortschatzes* (Frankfurt Am Main: Gotthelf-Verlag Zurich, 1958), 118.
20   NIV는 μαθηταί를 '추종자들'이라고 번역하여 문제를 모호하게 만들어놓았다. "그의 추종자들이 밤에 사울을 광주리에 담아 성벽에서 달아 내리니라."
21   F. F. Bruce, *Commentary on the Book of Acts: The English Text with Introduction, Exposition and Notes*, NICNT (Grand Rapids: Eerdmans, 1954), 204; Homer A. Kent, Jr., *Jerusalem to Rome* (Grand Rapids: Baker, 1972), 85; Lenski, *Acts*, 373; Longenecker, "Acts," 377; Rengstorf, "μαθητής," 459; J. Rawson Lumby, *The Acts of the Apostles*, Cambridge Greek Testament for Schools and Colleges (Cambridge:

Cambridge Univ. Press, 1894), 201.

22 예를 들면, Bruce M. Metzger, ed., *A Textual Commentary on the Greek New Testament: A Companion Volume to the UBS Greek New Testament*, 3d ed. (Philadelphia: UBS, 1971), 366.《신약 그리스어 본문 주석》(대한성서공회 성경원문연구소); Haenchen, *Acts of the Apostles*, 332, n. 3; Marshall, *Acts*, 174-175, n. 1.《사도행전》(로고스); William Kelly, *An Exposition of the Acts of the Apostles*, 3d ed. (London: Hammond, 1952), 136, n.; Johannes Munck, *The Acts of the Apostles*, AB 31, rev. William F. Albright and C. S. Mann (Garden City, N.Y.: Doubleday, 1967), 85; Williams, *Acts*, 161.

23 '그의 제자들'은 난해한 독법이다. 필사자가 본문을 '그의'(αὐτόν[아우투])로 바꿨다고 하기보다는 '그를'(αὐτοῦ[아우톤])로 바꿨다고 하는 것이 더 쉽게 설명할 수 있다.

24 이것이 Bruce, *Acts of the Apostles*, 406, 그리고 그의 초기 영어 주석인 *Commentary on the Book of Acts*, 352의 결론으로 보인다. 참조. Haenchen, *Acts of the Apostles*. 그다지 지지를 많이 얻지 못할 것으로 보이는 또 다른 견해는 예수님이 이 제자들을 요한의 세례로 세례를 주었다는 것이다. Jerome Murphy-O'Connor, "John the Baptist and Jesus: History and Hypotheses," *NTS* 36 (1990): 367-368를 보라.

25 예를 들면, Rengstorf, "μαθητής," 456-457; Heinrich August Wilhelm Meyer, *A Critical and Exegetical Handbook to the Acts of the Apostles* (New York: Funk and Wagnalls, 1983), 364-365.

26 예를 들면, Marshall, *Acts*, 305-306; Homer A. Kent, Jr., *Jerusalem to Rome* (Grand Rapids: Baker, 1972), 150.

27 어떤 주석가들은 누가가 '제자'라는 말을 할 때 의미는 통상적으로 '그리스도인'이므로 누가가 이 용법에서 벗어날 수 없다고 제안한다. 예를 들면, Haenchen, *Acts of the Apostles*, 552-557. 사도행전에서 μαθητής는 항상 그리스도인을 가리키므로 이 '제자들'은 그리스도인임이 분명하다고 말한 레이크(Lake)의 말을 참조하라[Kirsopp Lake, *Additional Notes to the Commentary*, vol. 5, *The Acts of the Apostles: The Beginnings of Christianity*, reprint (Grand Rapids: Baker, 1966), 237]. 알포드(Alford)는 이 말에 동의하면서, "주 예수님을 믿는" 사람들이라는 것 외의 뜻을 가질 수 없는 μαθητής라는 용어가 사용되고 있으므로 그들은 단순히 요한의 제자만일 수는 없다고 덧붙인다. Henry Alford, ed., "The Acts of the Apostles," vol. 2, *The Greek New Testament, reprint* (Chicago: Moody, 1958), 193. 그러나 이것은 문제를 회피하는 것이다. 비록 사도행전에서 그 용어가 통상 **예수님을 믿는 신자들**을 가리키기는 하지만, 누가는 예수님 이외의 다른 스승의 추종자를 가리킬 때에 μαθητής가 사용되는 세속적 용법을 알고 있었음에 의심의 여지가 없으며, 여기

에서도 그런 용법으로 이 용어를 사용하는 것이다.
28 Bruce, *Acts of the Apostles*, 406.《사도행전》(아가페). 이 문제에 대한 좀 더 중요한 연구들과 견해들을 위한 도서 목록을 원한다면 이 책을 참고하라.
29 Marshall, *Acts*, 305.
30 그 이전 서술에서 아볼로의 경우에도 이와 유사한 일이 발생했다(행 18:23-28). 아볼로의 문제는 비슷하지만 다른 점도 있다.
31 이것은 Longenecker, "Acts," *EBC* 9:493의 견해와 유사하다.
32 Robert P. Meye, "Disciple," *The International Standard Bible Encyclopedia*, ed. Geoffrey W. Bromiley, rev. ed. (Grand Rapids: Eerdmans, 1979), 1:948.
33 참조. Joseph A. Fitzmyer, *The Gospel According to Luke (x-xxiv): Introduction, Translation, and Notes, AB* 28A (Garden City, N.Y.: Doubleday, 1985), 1250; I. Howard Marshall, *The Gospel of Luke, NIGTC* (Grand Rapids: Eerdmans, 1978), 714.《누가복음》(한국신학연구소).
34 Bruce, *Acts of the Apostles*, 63, 159, 182.《사도행전》(아가페); Williams, *Acts*, 106.
35 George Eldon Ladd, *A Theology of the New Testament* (Grand Rapids: Eerdmans, 1974), 347.《신약신학》(CLC). 본질적으로 이것은 또한 Dunn, *Unity and Diversity*, 104-106의 견해이기도 하다.《신약성서의 통일성과 다양성》(솔로몬).
36 참조. Ladd, *Theology of the New Testament*, 342-347.《신약신학》(CLC).
37 Bruce, *Acts of the Apostles*, 63.《사도행전》(아가페).
38 Williams, *Acts*, 102.
39 유다가 예수님의 제자들 중 하나로 불린 사실을 주목해야 한다(요 12:4). 그는 참된 신자는 아니면서 믿음을 고백한 사람이다. 8장에서 유다에 대한 논의를 참고하라.
40 Francis H. Agnew, "The Origin of the New Testament Apostle-Concept," *JBL* 105 (1986): 75-96에 최근 연구에 대한 개관이 소개되어 있다. 그 외에 다음과 같은 표준적 연구들을 참고하라. Karl H. Rengstorf, "$ἀπόστολος$," *TDNT* 1:69-75; Colin Brown and Dietrich Müller, "Apostle/$ἀποστέλλω$," *NIDNTT* 1:126-137.
41 Colin Brown, "Apostleship in Luke-Acts," *NIDNTT* 1:135-137의 논의를 보라. 또한 참조. Donald Guthrie, *New Testament Theology* (Downers Grove, Ill.: InterVarsity Press, 1981), 707-708.《신약신학》(CLC).
42 이 현상은 헬라어 용어 색인을 사용하여 문맥에서 **제자들**, **사도들**, **열둘**을 찾아보기만 하면 쉽게 알 수 있다. 예를 들면, "$μαθητής, δἀπόστολος, δώδεκα$," *The Englishman's Greek Concordance of the New Testament*, 9th ed. (Grand Rapids: Zondervan, 1960), 468.《신약 성구사전》(기독교문화출판사). 나는 앞에서 이미 이 각각의 용어가 등장하는 모든 경우를 다루었다. '신자', '그 길의 사람들', '그

리스도인'을 지칭하는 '제자들' 부분을 참조하라.

43 Bruce, *Acts of the Apostles*, 62-63.《사도행전》(아가페).
44 참조. Seán Freyne, *The Twelve: Disciples and Apostles. A Study in the Theology of the First Three Gospels* (London: Sheed & Ward, 1968), 23-48; Dunn, *Unity and Diversity*, 108-109.《신약성서의 통일성과 다양성》(솔로몬); Karl H. Rengstorf, "Δώδεκα," *TDNT* 2:326.
45 Paul Helm, "Disciple," *Baker Encyclopedia of the Bible*, ed. Walter A. Elwell, 2 vols. (Grand Rapids: Baker, 1988), 630, 본 저자의 부가 설명.
46 많은 학자들은 제자들의 오순절 이전 경험과 오순절 이후 경험 사이의 연속성/불연속성을 설명하기 위해서 다른 사회적 혹은 신학적 범주들을 채택한다. 예를 들어, Dunn, *Unity and Diversity*, 103 이하는 동일성과 다양성의 복잡한 관계, 신앙의 규칙과 군주적 감독제, 사역과 권위 등의 범주를 논하고, John G. Gager, *Kingdom and Community: The Social World of Early Christianity* (Englewood Cliffs, N.J.: Prentice-Hall, 1975), 37 이하는 인식론적 부조화 이론 속에서 제자들에게 강요된 당황을 논하고, John S. Feinberg, ed., *Continuity and Discontinuity: Perspectives on the Relationship Between the Old and New Testaments*, Essays in Honor of S. Lewis Johnson, Jr. (Westchester, Ill.: Crossway, 1988)에서 예를 볼 수 있는 것처럼 구약성경과 신약성경 사이에 드러나는 연속성과 불연속성을 다루면서 복음서의 인물들을 일종의 '결코 도달할 수 없는 존재'로 만든다.
47 이 권면의 아이디어가 부분적으로는 Harold E. Dollar, "A Biblical-Missiological Exploration of the Cross-Cultural Dimensions in Luke-Acts" (unpublished Ph.D. diss., Fuller Theological Seminary, 1990), 75-76에서 왔다. 또한 제자도 연구에서 "연속성/불연속성"의 논의를 보라. A. Boyd Luter, Jr., "A New Testament Theology of Discipling" (unpublished Th.D. diss., Dallas Theological Seminary, 1985), 85-89를 보라.
48 Everett F. Harrison, *The Apostolic Church* (Grand Rapids: Eerdmans, 1985), 143.《사도교회의 역사와 성장》(CLC).
49 Walter C. Kaiser, Jr., "Legitimate Hermeneutics," *Inerrancy*, ed. Norman L. Geisler (Grand Rapids: Zondervan, 1980), 139 이하를 보라.
50 D. A. Carson, "Matthew," *EBC*, ed. Frank E. Gaebelein (Grand Rapids: Zondervan, 1984), 8:241.
51 Carson, "Matthew," 241.
52 위의 책. 24.
53 참조. Dunn, *Unity and Diversity*, 108-109.《신약성서의 통일성과 다양성》(솔로몬); F. F. Bruce, *Peter, Stephen, James and John: Studies in Non-Pauline Christianity* (Grand

Rapids: Eerdmans, 1979), 15.

54 나는 다른 곳에서 이 구절을 충분히 다루면서 여기에서 예수님이 윤곽을 잡아준 베드로의 특별한 역할을 보여주었다. Michael J. Wilkins, *The Concept of Disciple in Matthew's Gospel: As Reflected in the Use of the Term* Μαθητής, *NovTSup* 59 (Leiden: E. J. Brill, 1988), 185-198를 보라. 또한 Oscar Cullmann, *Peter: Disciple—Apostle-Martyr. A Historical and Theological Essay*, trans. Floyd V. Filson, 2d ed. (Philadelphia: Westminster, 1962); Chrys Caragounis, *Peter and The Rock*, *BZNW* 58 (Berlin/New York: de Gruyter, 1990)을 보라.

55 예를 들어, 이 구절은 베드로부터 시작되는 '교황의 전승'에 대해서는 아무것도 말하고 있지 않으며, 심지어 그 열쇠를 사용하는 것 이상의 그의 개인적 역할에 대해서도 아무것도 말하지 않는다.

56 우리가 이 원칙을 다룬 2장을 참고하라.

57 Bruce, *Acts of the Apostles*, 61. 《사도행전》(아가페).

58 Dollar, "Biblical-Missiological Exploration," 75.

59 참조. Archibald T. Robertson, *The Acts of the Apostles, vol. 3, Word Pictures in the New Testament* (Nashville: Broadman, 1930), 160-61: "바울과 바나바는 여기 이방 도시에서 제자를 삼음으로서 예수님의 명령을 문자적으로 순종하고 있다." 또한 다음을 보라. Everett F. Harrison, *Acts: The Expanding Church* (Chicago: Moody, 1975), 224-225; Richard D. Calenberg, "The New Testament Doctrine of Discipleship" (unpublished Th.D. diss., Grace Theological Seminary, 1981), 201; Bruce, *Acts of the Apostles*, 325. 《사도행전》(아가페).

60 Boyd A. Luter, "Discipleship and the Church," *BS* 137 (1980): 270을 보라.

61 Rengstorf, "μαθητής," 458-459. 또한 R. C. H. Lenski, *The Interpretation of the Acts of the Apostles* (Columbus, Ohio: Wartburg, 1944), 584를 보라: "좋은 출발은 위대한 업적이지만 그것을 좋게 지속하는 것은 당연하고도 필수적인 결과이다. 회심은 견인으로 연결되어야 한다."

62 Harrison, *Apostolic Church*, 144.

63 위의 책.

64 Dunn, *Unity and Diversity*, 398, n. 2a.

65 Dennis M. Sweetland, *Our Journey with Jesus: Discipleship According to Luke-Acts* (Collegeville, Minn.: Michael Glazier, 1990), 126-169를 보라.

66 Talbert, "Discipleship in Luke-Acts," 62.

67 제자들 공동체로서의 교회라는 개념을 유익하게 강조한 내용을 위해서는 Avery Dulles, *A Church to Believe In: Discipleship and the Dynamics of Freedom* (New York, 1982)을 보라. 또한 Seán Freyne, *The Twelve*, 23-48를 보라.

68　Donald Guthrie, *New Testament Theology* (Downers Grove, Ill.: InterVarsity Press, 1981), 708-709.《신약신학》(CLC).

69　Avery Dulles, "Discipleship," *The Encyclopedia of Religion*, Mircea Eliade, ed. (New York: Macmillan, 1987), 4:361-364.

70　Gerhard A. Krodel, *Acts*, Augsburg Commentary on the New Testament (Minneapolis: Augsburg, 1986), 92. 또한 Sweetland, *Our Journey with Jesus*, 170-197를 보라.

71　Longenecker, "Acts," 289.

72　나는 예수 운동과 초대교회를 위한 사회경제적 기초를 유대교 내에서 찾으려고 혈안이 된 결과 제자들 공동체의 독특성을 실질적으로 제거하는 사람들과 대조적으로 이것을 강조한다. 참조. Richard A. Horsley, *Jesus and the Spiral of Violence: Popular Jewish Resistance in Roman Palestine* (San Francisco: Harper & Row, 1987), 209-212, 231 이하.

73　Williams, *Acts*, 39.

74　Gerhard Lohfink, *Jesus and Community: The Social Dimension of Christian Faith* (Philadelphia: Fortress, 1984), 75-147.《예수는 어떤 공동체를 원했나?》(분도); Gene A. Getz, *Sharpening the Focus of the Church* (Chicago: Moody, 1974), 112-117를 보라.《현대 교회의 갱신》(보이스사).

75　Longenecker, "Acts," 289-290.

76　Robert L. Saucy, *The Church in God's Program* (Chicago: Moody, 1972), 216.《하나님이 계획하신 교회》(생명의말씀사).

77　Bruce, *Acts of the Apostles*, 132.《사도행전》(아가페).

78　Bruce, *Commentary on the Book of Acts*, 79-80; Marshall, Acts, 83.

79　Williams, *Acts*, 39.

80　Marahall, *Acts*, 83.

81　Harrison, *Apostolic Church*, 144.《사도교회의 역사와 성장》(CLC).

82　이런 접근의 한 예가 Carl Wilson, *With Christ in the School of Disciple Building: A Study of Christ's Method of Building Disciples* (Grand Rapids: Zondervan, 1976), especially 60-75에서 발견된다. 이것은 A. B. Bruce의 고전적 연구인 *The Training of the Twelve*의 접근과 본질적으로 동일하다.

83　이런 강조점의 한 실례가 Lawrence O. Richards, *A Practical Theology of Spirituality* (Grand Rapids: Zondervan, 1987), 228-229에서 발견된다.《신앙성숙과 영성(제자)훈련》(여수룬). 시대를 더욱 과격하게 이분화하는 또 다른 예는 Dunn, *Unity and Diversity*, 104-123이다.《신약성서의 통일성과 다양성》(솔로몬).

84　교회로 넘어오는 방법론적 변화를 굉장히 강조하면서도 예수님의 모범으로

부터 적용점을 보려는 시도를 위해서는 Luter, "A New Testament Theology of Discipling," 여러 곳과 요약 부분, 222-228를 보라.
85 예수님 시대와 교회 시대 모두를 포괄하는 실천적 방법론 개발을 위한 최근 시도를 위해서는 Bill Hull, *The Disciple Making Church* (Old Tappan, N.J.: Revell, 1990)를 보라.《모든 신자를 제자로 삼는 교회》(요단). 그의 이전 책[*Jesus Christ Disciplemaker: Rediscovering Jesus' Strategy for Building His Church* (Colorado Springs: NavPress, 1984)]에서 Hull은 극단적으로 예수님의 방법을 모방해야 한다는 쪽으로 기울었으나 지금은 사도행전과 서신서들에서 추출된 교회의 방법을 훨씬 더 포함하려고 시도한다.

14장 성경에서 사라진 제자들

1 우리는 2장에서 이 정의를 다루었다. 이 두 가지 의미 사이의 구별이 다음에서 제시되었다. Fernando F. Segovia, "Introduction: Call and Discipleship-Toward a Re-examination of the Shape and Character of Christian Existence in the New Testament," in *Discipleship in the New Testament*, ed. Fernando F. Segovia (Philadelphia: Fortress, 1985), 2.
2 Μαθητής는 복음서에 231회 그리고 사도행전에 28회 등장한다. 참조. Robert Morgenthaler, Statistik *Des Neutestamentlichen Wortschatzes* (Frankfurt Am Main: Gotthelf-Verlag Zurich, 1958), 118.
3 Mark Sheridan, "Disciples and Discipleship in Matthew and Luke," *BThB* 3 (1973): 242.
4 Karl H. Rengstorf, "μαθητής," *TDNT* 4:459; Carl W. Wilson, *With Christ in the School of Disciple Building* (Grand Rapids: Zondervan, 1976), 51.
5 Sheridan, "Disciples and Discipleship," 239.
6 앞의 4장을 보라. 고전 시대와 그리스 시대의 글들에서 μαθητής가 사용된 경우들에 대한 더욱 포괄적인 분석을 위해서는 Michael J. Wilkins, *The Concept of Disciple in Matthew's Gospel: As Reflected in the Use of the Term* Μαθητής, *NovTSup* 59 (Leiden: E. J. Brill, 1988), 11-42를 보라.
7 불명확한 '단어 연구'의 일반적 오류는 어떤 용어가 하나의 역사 시대에 가지는 정의를 모든 문맥에 억지로 적용한다는 것이다. 현대 어의학적 연구와 의미론적 분석은 그런 연구에 혁명을 일으켰으며, 단어들이 어떻게 때로 넓은 **문맥적 개념**을 가지는지 보여주었다. 고전적인 연구인 James Barr, *The Semantics of Biblical Language* (Oxford: Oxford Univ. Press, 1961)의 후속으로 다음과 같은 책들이 등장했. G. B. Caird, *The Language and Imagery of the Bible* (Philadelphia: Westminster,

1980); J. P. Louw, *Semantics of New Testament Greek*, SBLSS (Philadelphia: Fortress, 1982); Moisés Silva, *Biblical Words and Their Meaning: An Introduction to Lexical Semantics* (Grand Rapids: Zondervan, 1983.《성경 어휘와 그 의미》(성광문화사); Peter Cotterell and Max Turner, *Linguistics and Biblical Interpretation* (Downers Grove, Ill.: InterVarsity Press, 1989).

8 이 접근은 보수적인 견해와 극단적으로 비평적인 견해에서 온 것이다. 이 두 견해는 매우 다른 관점을 가지고 있다. 보수적인 견해를 위해서는 Gerald F. Hawthorne, "Disciple," *ZPEB* 2:130; R. J. Knowling, "The Acts of the Apostles," *The Expositor's Greek Testament*, ed. W. R. Nicoll, vol. 2, reprint (Grand Rapids: Eerdmans, 1974), 164를 보라. 비평적인 견해를 위해서는 Kirsopp Lake, *Additional Notes to the Commentary*, vol. 5, *The Acts of the Apostles: The Beginnings of Christianity*, reprint (Grand Rapids: Baker, 1966), 376를 보라.

9 Robert P. Meye, "Disciple," *The International Standard Bible Encyclopedia*, gen. ed. Geoffrey W. Bromiley, rev. ed. (Grand Rapids: Eerdmans, 1979), 1:948.

10 Hawthorne, "Disciple," 130.

11 예수 운동과 관련된 주제를 다룬 6장을 보라. 또한 다음을 참조하라. Gerhard Kittel, "$\dot{\alpha}\kappa o\lambda o u\theta\acute{\epsilon}\omega$" *TDNT* 1:214.

12 이 설명이 널리 퍼져서 오랫동안 많은 사람들의 지지를 받았다. 참조. William Sanday, *Inspiration* (London: Longmans, Green, 1893), 289; Alfred Plummer, "Disciple," *Dictionary of the Apostolic Church, ed. James Hastings* (New York: Scribner, 1915), 1:301

13 이것이 많은 학자들 사이에서 광범위하게 내려진 결론이다. 예를 들면, Avery Dulles, "Discipleship," *The Encyclopedia of Religion*, ed. Mircea Eliade (New York: Macmillan, 1987), 4:361-364; Charles H. Talbert, "Discipleship in Luke-Acts," in *Discipleship in the New Testament*, ed. Fernando F. Segovia (Philadelphia: Fortress, 1985), 62.

14 가능한 예외는 로마서와 히브리서이다. 로마는 바울의 여행에 포함되지 않았지만 로마서는 연대기적으로 여행 시기와 겹친다. 히브리서는 연대기적으로 겹치는 것으로 보이지만, 수신자의 위치와 저자의 정체는 불명확하다.

15 16장에서 1세기 후반과 2세기 초반의 사도적 교부들 속에서의 제자도를 검토하면서 우리는 이 현상을 다룰 것이다.

15장 서신서: 다른 용어로 표현된 제자들

1 어떤 사람들은 그렇게 "이것이냐 저것이냐" 하는 양극화된 윤리적 결정을 가정

하는 것이 적절한지 의문을 제기했다. 또 어떤 사람들은 거의 2천 년 전 전혀 다른 문화 속에서 살던 신인(God-Man)의 모범을 따르려 노력하는 것이 과연 적절한지 의문을 제기하기도 했다. 또 다른 사람들은 '은혜에 의한 구원'에 대한 저자의 이해에 의문을 제기하기도 했다. 그런 약점들이 인식되었음에도 셸던은 이 소설을 통해서 수백만 명에게 영향을 주었다.

2 Everett F. Harrison, *The Apostolic Church* (Grand Rapids: Eerdmans, 1985), 143. 《사도교회의 역사와 성장》(CLC).

3 Avery Dulles, "Discipleship," *The Encyclopedia of Religion*, ed. Mircea Eliade (New York: Macmillan, 1987), 4:361-364; Harrison, *Apostolic Church*, 143; Paul Helm, "Disciple," *Baker Encyclopedia of the Bible*, gen. ed. Walter A. Elwell (Grand Rapids: Baker, 1988), 630; Boyd A. Luter, "Discipleship and the Church," *BS* 137 (1980): 267 이하.

4 이 주제에 대한 더 확대된 논의와 도서 목록을 위해서는 Michael J. Wilkins, "Belief/Believers (NT)," *Anchor Bible Dictionary*, 5 vols. (Garden City, N.Y.: Doubleday, forthcoming)을 보라.

5 신약성경 헬라어에는 **신자들**이라는 의미의 별도 단어가 없다. 도리어 '신자들'이라는 말은 (1) '믿는다'는 의미의 동사로부터 만들어진 명사적 분사 구문의 번역이든지(*hoi pisteuontes*, 예를 들면, 행 5:14; 롬 1:16; 살전 1:7; 2:10; 참조. Shepherd of Hermas, *Similitudes* 9.19.1-2) 혹은 (2) 형용사 '신실한, 믿을 만한'에서 형성된 명사(*hoi pistoi*, 행 10:45; 고후 6:15; 딤전 6:2)의 번역이다.

6 Ralph P. Martin, *Reconciliation: A Study of Paul's Theology* (Atlanta: John Knox, 1981), 56-60.

7 Donald Guthrie, *New Testament Theology* (Downers Grove, Ill.: InterVarsity Press, 1981), 593-594. 《신약신학》(CLC). 참조. Rudolf Bultmann, *Theology of the New Testament*, trans. Kendrick Grobel, one-vol. ed. (New York: Scribner, 1951, 1955), 90; and Rudolf Bultrnann, "Πιστεύς," *TDNT* 6:1968. 《신약성서신학》(성광문화사).

8 이 주제에 대한 더 확대된 논의와 참고도서 목록을 위해서는 Michael J. Wilkins, "Brother/Brotherhood (NT)," *Anchor Bible Dictionary*, 5 vols. (Garden City, N.Y.: Doubleday, forthcoming)를 보라.

9 Ephraim E. Urbach, *The Sages: Their Concepts and Beliefs*, trans. Israel Abrahams, 2 vols., 2d ed. (Jerusalem: Magnes, 1979), 584-585; Othmar Schilling, "Amt und Nachfolge im Alten Testament und in Qumran," *Volk Gottes: zum Kirchenverständnis der Katholischen, Evangelischen, und Anglikanischen Theologie. Festgabe für Josef Höer*, ed. Remigius Bäumer and Heimo Dolch (Freiberg: Herder, 1967), 211-212.

10 Wilkins, *Concept of Disciple*, 123; M. Aberbach, *The Relations Between Master and Disciple in the Talmudic Age*, ed. H. J. Zimmels, J. Rabbinowitz, and J. Finestein, *Jew's College Publications New Series*, no. 3 (London: Soncino, 1967), 1:19-20; Emil Schürer, *The History of the Jewish People in the Age of Jesus Christ (175 B.C.-A.D. 135)*, rev. and ed. Geza Vermes, Fergus Millar, and Matthew Black, rev. ed. (Edinburgh: T. & T. Clark, 1979) 2:583-589.

11 Rudolf Tuente, "Slave, δούλος," *NIDNTT* 3:592-598. 참고. Klaus Hess, "Serve, δικονέω," *NIDNTT* 3:544-549.

12 고전이 된 다음의 책에서 이 음조가 긴급하게 울려 퍼진다. Herman Ridderbos, *The Coming of the Kingdom*, trans. H. de Jongste, ed. Ramond O. Zom (Philadelphia: Presbyterian and Refonned, 1962), 373-375; 395, n. 125.《하나님 나라》(솔로몬).

13 이 주제에 대한 더욱 확장된 논의와 참고도서 목록을 위해서는 다음을 보라. Michael J. Wilkins, " Christian," *Anchor Bible Dictionary*, 5 vols. (Garden City, N.Y.: Doubleday, forthcoming).

14 이 이름은 라틴어의 제2격변화 명사이다.

15 Ernst Haenchen, *The Acts of the Apostles: A Commentary*, trans. R. MeL. Wilson (Philadelphia: Westminster, 1971), 367-368, n. 3.

16 *Christos*[크리스토스]와 *Christianoi*[크리스티아노이]가 이런 방식으로 사용되는, 요세푸스의 논란이 되는 구절을 보라: Antiq. 18:63-64.

17 Harold B. Mattingly, "The Origin of the Name Christiani," *JTS* 9 (1958): 26-37.

18 Walter Grundmann, "Χριστός, Χριστιανός," *TDNT* 9:537.

19 흥미롭게도 소크라테스는 자기 추종자들을 '친구'라고 부르기 좋아하면서 그들이 자기의 '제자'라고 불리는 것을 원치 않았다.

20 Everett F. Harrison, *The Apostolic Church* (Grand Rapids: Eerdmans, 1985), 143.《사도교회의 역사와 성장》(CLC).

21 Michael P. Green, "The Meaning of Cross-Bearing," *BS* 140 (1983): 123.

22 Harrison, *Apostolic Church*, 143.《사도교회의 역사와 성장》(CLC).

23 성령과 육신 사이의 이 '전쟁'을 신자와 불신자 사이의 전쟁으로 논의한 마음을 빼앗는 토론을 위해서는 Walter O. Russell, "Paul's Use of Σάρξ and Πνεύμα in Galatians 5-6, in light of the argument of Galatians," (unpublished Ph.D. diss., Westminster TheologicaI Seminary, 1991), 여러 곳, 특히 5장을 보라.

24 Richard N. Longenecker, *Galatians*, WBC 41 (Dallas: Word, 1990), 244.《갈라디아서》(솔로몬).

25 Hans Dieter Betz, *Galatians: A Commentary on Paul's Letter to the Churches in Galatia*, Hermeneia (Philadelphia: Fortress, 1979), 277.《갈라디아서》(한국신학연구소).

26 Dulles, "Discipleship," 364.
27 이 주제에 대한 더욱 광범위한 논의와 참고도서 목록을 위해서는 Michael J. Wilkins, "Belief/Believers (NT)," *Anchor Bible Dictionary*, 5 vols. (Garden City, N.Y.: Doubleday, forthcoming)을 보라.
28 W. Michaelis, "μιμέομαι μιμητής συμμιμητής," *TDNT* 4:673. 또한 다음을 참조하라. Hans Dieter Betz, *Nachfolge und Nachahmung Jesu Christi im Neuen Testament*, BHT 37 (Tübingen: J. C. B. Mohr/Siebeck, 1967), 42-43; Anselm Schulz, *Nachfolgen und Nachahmen: Studien über das Verhältnis der neutestamentlichen Jüngerschaft zur urchristlichen Vorbildethik*. SANT 6 (Munich: Kosel, 1962), 332-335.
29 *Memētēs*, 고전 4:16; 11:1; 엡 5:1; 살전 1:6; 2:14; 히 6:12.
30 *Mimeomai*[미메오마이], 살후 3:7, 9; 히 13:7; 요삼 11.
31 예를 들면, 빌 3:17; 살전 1:7; 살후 3:9, '모범'(*hupogrammos*[휘포그라모스], 벧전 1:21 참조), 부사 형태인 '똑같이'(*kathōs*[카쏘스], 고후 1:5), 그리고 '비슷한'(*hōs*[호스], 눅 6:40).
32 Karl F. Morrison, *The Mimetic Tradition of Reform in the West* (Princeton, N.J.: Princeton, 1982), 3-31.
33 Betz, *Nachfolge und Nachahmung Jesu Christi*, 48-84.
34 예를 들면, 4Mc 9:32; 13:9; *TBen* 4:1; Sir 44-50; 1Mc 2:49 이하, 특히 61절.
35 Boykin Sanders, "Imitating Paul: 1 Cor 4:16," *HTR* 74 (1981): 363.
36 H. H. Henrix, "Von der Nachahmung Gottes. Heiligkeit und Heiligsein im biblischen und jüdischen Denken," *Erbe und Auftrag* 65 (3, 1989): 177-187.
37 참조. Hans von Campenhousen, *Die Idee des Martyriums in der alten Kirche*, 2d ed. (Göttingen: Vandenhoeck & Ruprecht, 1964). 이 구분이, 독일어 전문용어인 *Nachfolge*(그리스도를 따름)와 *Nachahmung*(그리스도적인 특성을 복제함)의 구분 속에서 여전히 보인다. 실례로 다음을 참조. Hans Dieter Betz, *Nachfolge und Nachahmung Jesu Christi im Neuen Testament*, BHT 37 (Tübingen: J. C. B. Mohr/Siebeck, 1967); Anselm Schulz, *Nachfolgen und Nachahmen: Studien über das Verhältnis der neutestamentlichen Jüngerschaft zur urchristlichen Vorbildethik*, SANT 6 (Munich: Kösel, 1962).
38 Hans Kvalbein, "'Go Therefore and Make Disciples…': The Concept of Discipleship in the New Testament," *Themelios* 13 (1988): 50.
39 John B. Webster, "The Imitation of Christ," *TB* 37 (1985): 106.
40 Lawrence O. Richards, *A Practical Theology of Spirituality* (Grand Rapids: Zondervan, 1987), 228.
41 다른 학자들처럼 리처즈(Richards)도 예수님의 지상 사역의 시기와 교회 시기를

이분화한다. 리처즈의 제안은 세 가지 근본적인 문제를 가지고 있다. 나는 앞 장에서 이 문제를 다루었다. 첫째, 그는 랍비적 형태의 제자도와 예수님의 제자도 형태 사이의 병행 요소를 지나치게 강조하는 오류를 범한다(5, 6, 7장을 보라). 둘째, 그는 예수님의 사역을 통해서 시작되어 교회에 이르기까지 발전된 제자도의 독특한 과정을 충분히 강조하지 않는다(6, 7장을 보라). 셋째, 그는 복음서 시기와 초대교회 시기의 연속성/불연속성의 긴장을 인정하지 않는다(13장을 보라).

42 이것은 부정확한 '단어 연구'의 일반적인 오류이다. **개념**들에는 거기에 기여하는 광범위한 자료들이 있다. 앞의 장들, 특히 2-6장을 보라.

43 리처즈는 오늘날 제자도 과정에 대한 훌륭한 접근법을 보여준다(참조. *Practical Theology of Spirituality*, 228-229). 특별히 그는 가족과 몸 개념을 강조하는데, 이것이 예수님이 지상 사역에서 시작한 주제의 계속이라는 것을 우리가 보여주었다.

16장 사도적 교부: 그 이름을 위한 순교자들

1 고전적 연구인 Herbert B. Workman, *Persecution in the Early Church*, reprint (Oxford: Oxford Univ. Press, 1980), 143의 마지막 문장에서 인용.

2 참조. Brnard Ruffin, *The Days of the Martyrs: A History of the Persecution of Christians from Apostolic Times to the Time of Constantine* (Huntington, Ind.: Our Sunday Visitor, 1985), 1.

3 "우리도 주와 함께 죽으러 가자."

4 "주여 내가 주와 함께 옥에도, 죽는 데에도 가기를 각오하였나이다."

5 "내가 진실로 진실로 네게 이르노니 네가 젊어서는 스스로 띠 띠고 원하는 곳으로 다녔거니와 늙어서는 네 팔을 벌리리니 남이 네게 띠 띠우고 원하지 아니하는 곳으로 데려가리라 이 말씀을 하심은 베드로가 어떠한 죽음으로 하나님께 영광을 돌릴 것을 가리키심이러라"(요 21:18-19).

6 다른 언급이 없으면, 사도적 교부들의 모든 번역은 *Kirsopp Lake, The Apostolic Fathers, with an English Translation*, 2 vols., LCL, reprint (Cambridge: Harvard, 1977), 혹은 J. B. Lightfoot and J. R. Harmer, *The Apostolic Fathers*, ed. and rev. Michael W. Holmes, 2d ed. (Grand Rapids: Baker, 1989)를 사용한 것이다. 《속사도 교부들》(CLC).

7 도서 목록은 다양하지만, 가장 일반적으로 받아들여지는 목록에는 다음이 포함된다. *1 Clement, An Ancient Christian Sermon*(예전에는 2 Clement로 알려졌음), *The Letters of Ignatius*(이그나티우스 서신), *The Letter of Polycarp to the Philippians*(폴리캅의 빌립보서), *The Martyrdom of Polycarp*(폴리캅의 순교), *The Didache*(디다케), *The Epistle of Barnabas*(바나바 서신), *The Shepherd of Hermas*(헤르마스의 목자), *The*

Epistle to Diognetus(디오그네투스 서신), 그리고 *The Fragments of Papias*(파피아스의 단편). 이 문서들이 사도들로부터 어떤 영향을 받은 사람들에 의해서 기록된 것으로 가정할 수 있지만, 사도들과 직접적인 접촉이 있었다는 명백한 증거는 주로 폴리캅과 파피아스에게서 찾을 수 있다. 영향력 있는 세 명의 '감독'이었던 로마의 클레멘트, 안디옥의 이그나티우스, 그리고 서머나의 폴리캅이 쓴 글들은 초대교회 연구에 가장 심오한 영향을 끼쳤지만, 위 목록의 모든 글이 점점 더 큰 주목을 받고 있다.

8 사도적 교부들의 중요성, 역사적 배경, 그리고 본문에 대한 뛰어난 논의를 위해서는 Michael Holmes의 Lightfoot and Harmer, *The Apostolic Fathers* 개정판을 보라.

9 컴퓨터 데이터 뱅크인 *Thesaurus Linguae Graecae*(TLG, 어바인의 캘리포니아 대학에 비치되어 있음) 검색을 통하여 나는 현존하는 모든 사도적 교부들의 글, 심지어 위조문서에서까지 다음의 용어들을 찾아보았다. disciple (μαθητής), I make disciples (μαθητεύω), follower와 I follow (ἀκολουθ-어근), believer (πιστεύοντες; πιστοι), brother/sister (αδελφ-어근), Christian (Χριστιανός), 본받는 자 (μιμητής), apostle (ἀπόστολος), saints (ἅγιοι).

10 Virginia Corwin, *St. Ignatius and Christianity in Antioch*, Yale Publications in Religion 1 (New Haven: Yale Univ. Press, 1960), 228, n. 9.

11 후의 교부들은 제자와 제자도의 삶에 대해서 빈번하게 말하지만 (예를 들면, 이레니우스, 유세비우스), 사도적 교부들은 사도들이 사라진 후 교회 내에서 사람들이 가졌던 제자도 개념에 대한 태도를 보여준다.

12 Lightfoot, Harmer, and Holmes, *Apostolic Fathers*, 79.《속사도 교부들》(CLC).

13 이그나티우스가 트라야누스 황제 치하에서(주전 98-117년) 순교한 것에 대해서는 의견이 일치하지만, 정확한 날짜에 대해서는 논란이 있다. 주후 110년은 개략적인 날짜이다. 참조. Lightfoot, Harmer, and Holmes, *Apostolic Fathers*, 82.

14 일곱 서신의 중간 개정판이 진품 전집이라는 것에 대해서 대부분의 현대 학자들이 확실하게 동의한다. 참조. William R. Schoedel, *Ignatius of Antioch: A Commentary on the Letters of Ignatius of Antioch*, ed. Helmut Koester, Hermeneia (Philadelphia: Fortress, 1985), 3-7; Lightfoot, Harmer, and Holmes, *Apostolic Fathers*, 82-83.《속사도 교부들》(CLC). 자세하고 더 오래전 논의를 위해서는 J. B. Lightfoot, *The Apostolic Fathers: Revised Texts with Introductions, Notes, Dissertations, and Translations*, two pts. in 5 vols., reprint (Grand Rapids: Baker, 1981), pt. 2, 1:233-430을 보라.

15 이런 견해들의 배경은 Schoedel, *Ignatius*, 10-15를 보라. 또한 Corwin, *St. Ignatius*, 21 이하; Lightfoot, Harmer, and Holmes, *Apostolic Fathers*, 79-82를 보라.《속사도 교부들》(CLC).

16 Lightfoot, Harmer, and Holmes, *Apostolic Fathers*, 81.《속사도 교부들》(CLC).

17 μαθητής는 아홉 번 등장한다: Ignatius, *Eph*. 1.2.4; *Magn*. 9.1.6; 10.1.3; *Trall*. 5.24; *Rom*. 4.2.4; 5.3.2; *Poly*. 2.2.2; 7.1.5.
18 μαθητεύω는 네 번 등장한다: Ignatius, *Eph*. 3.1.3; 10.1.4; *Rom*. 3.1.2; 5.1.4.
19 TLG 데이터 뱅크를 통해서 사도적 교부를 검색한 결과에 의하면, 이 동사가 이 글의 다른 곳에서는 사용되지 않은 것으로 나온다. 또한 다음을 참조하라. BAGD, *Greek-English Lexicon*, 486.
20 이 용어는 또한 모스크바 사본의 더 긴 결론 부분에 등장한다.
21 본문상 논란이 되는 한 구절은 "부활(ἀναστάσει) 때에 내가 당신의 제자로 발견될 수 있도록"이라고 되어 있다(Ignatius, *Poly*. 7.1.5). Lake(*Apostolic Fathers*, 274, n. 3; and 275, n. 2)와 Corwin(*St. Ignatius*, 228, n. 8)은 이 독법을 선호한다. Lightfoot(*Apostolic Fathers*, 304)와 Schoedel(*Ignatius*, 278, n. 4)은 "너의 기도에 의해서 내가 제자로 발견되기를"이라는 독법을 선호한다. Schoedel은 이그나티우스에게 제자는 언제나 예수님의 제자라는 것을 근거로 이전 독법에 설득력 있게 반대한다.
22 Lightfoot, Harmer, and Holmes, *Apostolic Fathers*, 29. 《속사도 교부들》(CLC).
23 Lake 이 단락과 다음 장들이 다른 문서에 속한다고 본다; 참조. Lake, *Apostolic Fathers*, 2:349.
24 저자가 개인적으로 가르침을 받았는지, 아니면 글을 통해서 가르침을 받았는지 논란이 될 수 있다.
25 동사 ἀκολουθέω([아콜루쎄오], 따르다)를 가지고 '따르는 자'를 가리키는 명사적 용법이 사도적 교부들에게서는 발견되지 않는다.
26 흥미로운 현상은 '신자'(πιστεύοντες, πίστις 형태)에 해당하는 단어가 매우 드물게 등장한다는 점이다(예를 들면, Ignatius, *Magn*. 5.2.1).
27 예를 들면, Ignatius, *Eph*. 16.1.1; *Phld*. 1.1.1; *1 Clem*. 13:1; 14:1; *Mart. Pol*. 1.1.1; 4.1.4; *Barn*. 5.5.1.
28 Gerhard Lohfink, *Jesus and Community: The Social Dimension of Christian Faith* (Philadelphia: Fortress, 1984), 154-157. 《예수는 어떤 공동체를 원했나?》(분도).
29 단수=Ignatius, *Rom*. 3.2.3; *Poly*. 7.3.1; 복수=Ignatius, *Eph*. 11.2.1; *Mag*. 4.1.1; *Diogn*. 1.1.2; 2.6.1; 3.2.2; 4.6.2; 6.1.2; 등.
30 *Christianismos*; Ignatius, *Magn*. 10.1.3; 10.3.2, 3; *Rom*. 3.3.3; *Phld*. 6.1.3. 기독교 문헌에서 **기독교**라는 고유명사가 최초로 등장하는 곳이 여기 이그나티우스의 글이다. 이 단어의 등장은 놀랄 만한 일이 아니다. 왜냐하면 **그리스도인**이라는 고유명사가 이미 사용되었고 (참조. 행 11:26; 26:28; 벧전 4:16), **유대교**라는 단어가(참조. Ignatius *Magn*. 8:1) "기독교 운동의 구별되는 신분을 묘사하는 명사를 만들 수 있는 모델을 이미 제공했기" 때문이다(Schoedel, *Ignatius*, 126, n. 1).

31 Schoedel, *Ignatius of Antioch*, 124.
32 참조. Demetrios Trakatellis, "'Ακολούθει μοι/Follow Me' (Mk 2:14): Discipleship and Priesthood," GOThR 30 (3, 1985): 283, 285.
33 순교의 각오가 신약성경의 주제라는 견해에 대한 논의를 위해서는 George Dragas, "Martyrdom and Orthodoxy in the New Testament Era – The Theme of Μαρτυπία As Witness to the Truth," *GOThR* 30 (3, 1985): 287-296를 보라.
34 Corwin, *St. Ignatius and Christianity in Antioch*, 227.
35 예를 들면, Michael Atkinson, "Body and Discipleship," *Theology* 82 (1979): 279-287. 저자는 매우 영향력 있는 논문인 Karl H. Rengstorf, "*μαθητής*," *TDNT* 4:415-461, 특히 460에서 영향을 받았다.
36 참조. Corwin, *St. Ignatius and Christianity in Antioch*, 227-237; H. H. Henrix, "Von der Nachahmung Gottes. Heiligkeit und Heiligsein im biblischen und jüdischen Denken," *Erbe und Auftrag* 65 (3, 1989): 177-187. 헨릭스(Henrix)는 유대교의 유산에 대한 이그나티우스의 태도에 대해서 간단하게 다루지만(pp. 186-187), 이 논문은 유대-기독교적 유산에서 하나님을 본받음에 대한 연속성을 추적해 보여 주는 점에서 가치가 있다.
37 Schoedel, *Ignatius*, 30을 보라. 참조. Hans von Campenhousen , *Die Idee des Martyriums in der alten Kirche*, 2d ed. (Göttingen: Vandenhoeck & Ruprecht, 1964). 학문 세계에서는 이 구분이 독일어 전문 용어인 *Nachfolge*(그리스도의 뒤를 따름)와 *Nachahmung*(그리스도 같은 특성을 재현함)의 구분 속에서 남아 있다. 그 실례로 또한 다음 책들을 참조하라. Hans Dieter Betz, *Nachfolge und Nachahmung Jesu Christi im Neuen Testament*. BHT 37 (Tübingen: J. C. B. Mohr/Siebeck, 1967); Anselm Schulz, *Nachfolgen und Nachahmen: Studien über das Verhältnis der neutestamentlichen Jüngerschaft zur urchristlichen Vorbildethik*, SANT 6 (Munich: Kösel, 1962).
38 Trakatellis, "'Ακολούθει μοι/Follow Me,'" 283, 285. 이그나티우스의 편지에서 가장 난해한 구절에(Rom. 6.3.1) 비추어 '본받음'을 논한 자료는 Schoedel, *Ignatius*, 183-184를 보라.
39 위의 책, 145.
40 위의 책, 176.
41 위의 책, 179.
42 위의 책, 278.
43 *Συνδιδασκαλίτης*([순디다스칼리테스], 동료 학습자들)는 그리스 문헌에서 유일하게 여기에만 등장하는 단어이다. 이그나티우스가 자신과 교회의 하나 됨을 표시하기 위해서 만든 단어일 것이다. Schoedel, *Ignatius*, 48-49, n. 5를 보라.

44 Philip Schaff, *History of the Christian Church*, vol. 2 (Grand Rapids: Eerdmans, 1910), 388, 391. 후대에 *ἀσκηταί*[아스케타이]라고 불린 이들로는 아테나고라스(Athenagoras), 터툴리안, 오리겐, 유세비우스, 그리고 제롬 등이 있다.

45 John D. Zizioulas, "The Early Christian Community," in *Christian Spirituality— Origins to the Twelfth Century*, eds. Bernard McGinn and John Meyendorff (New York: Crossroad, 1985), 39.

46 Avery Dulles, "Discipleship," *The Encyclopedia of Religion*, Mircea Eliade, ed. (New York: Macmillan, 1987), 4:363.

47 Schoedel, *Ignatius*, 183.

48 Zizioulas, "The Early Christian Community," 39.

49 Dulles, "Discipleship," 363.

50 Cyril Charles Richardson, *The Christianity of Ignatius of Antioch* (New York: Columbia, 1935), 24.

51 Dulles, "Discipleship," 363. 앞의 2장에서 다룬 제자도의 다양한 모델들을 보라.

52 《지아 노드랏의 이야기》(*The story of Zia Nodrat*)(Toronto: Fellowship of Faith)라는 소책자에서 발췌한 것이다. 나는 1991년 3월 탈봇 신학교에서 크리스티 윌슨(J. Christy Wilson) 교수가 전한 채플 설교를 통해 이 놀라운 사람의 이야기를 처음 알게 되었다.

53 David B. Barrett and Todd M. Johnson, *Our Globe and How to Reach It: Seeing the World Evangelized by A.D. 2000 and Beyond*, Globe Evangelization Movement: The A.D. 2000 Series (Birmingham, Ala.: New Hope, 1990), 18, 44, 48.

6부 이 시대에 예수님이 원하시는 제자도

17장 예수님이 기대하시는 제자도

1 2장을 보라.

2 Avery Dulles, "Discipleship," *The Encyclopedia of Religion*, ed. Mircea Eliade (New York: Macmillan, 1987), 4:363.

3 참조. Charles H. Talbert, "Discipleship in Luke-Acts," in *Discipleship in the New Testament*, ed. Fernando F. Segovia (Philadelphia: Fortress, 1985), 62.

4 Fernando F. Segovia, "Introduction: Call and Discipleship-Toward a Reexamination of the Shape and Character of Christian Existence in the New Testament," in *Discipleship in the New Testament*, ed. Segovia, 2.

5   예를 들면, 에버렛 해리슨은 '그리스도인의 삶'에 대한 논의에서 '영적 생활', '윤리 생활', '사회 생활'을 구분한다. 하지만 제자도에 대한 그의 강조는 그것들의 경계 전체를 관통하며, 그리스도인의 삶을 가리키는 통칭으로 이해될 수 있다. 참조. Everett F. Harrison, *The Apostolic Church* (Grand Rapids: Eerdmans, 1985), 140-149.《사도교회의 역사와 성장》(CLC). 리처드 칼렌버그(Richard Calenberg)는 "구원의 믿음을 발휘하는 시점에서 각 신자는 일반적인 의미의 제자가 된다"고 결론짓는다. 계속해서 그는 모든 신자가 삶의 모든 순간 제자도 과정에 적극적으로 투신하는 것은 아님을 강조한다. 결국 그는 제자도를 '점진적인 성화'와 동일시한다. 참조. Richard D. Calenberg, "The New Testament Doctrine of Discipleship" (unpublished Th.D. diss., Grace Theological Seminary, 1981), 245-246.
6   John Calvin, *Golden Booklet of the True Christian Life*, reprint (Grand Rapids: Baker, 1952), 17.《참된 그리스도인의 삶》(소망사). 이 책은 원래《기독교강요》에 '참된 그리스도인의 생활에 관하여'라는 제목으로, 뒤의 개정판에서는 '그리스도인의 생활에 관하여'라는 제목으로 포함되어 있었다.

18장 예수님의 뒤를 따르는 제자도

1   이 장은 약간 다른 형태로 *Discipleship Journal*에 실렸다. 참조. Michael J. Wilkins, "Surfers and Other Disciples," *Discipleship Journal*, no. 62, vol. 11 (March/April 1991), 8-14.
2   예수 운동과 이스라엘의 다른 그룹들의 유사점 및 차이점에 대한 가치 있는 연구 자료는 다음을 보라. Max Wilcox, "Jesus in the Light of His Jewish Environment," *Aufstieg und Niedergang der Römischen Welt*, 2, 25, 1, ed. H. Temporini and W. Haase (Berlin: Walter de Gruyter, 1982), 131-195.
3   최근의 사회학적 신학 연구 경향은 '제도주의'에 대한 탐구를 신약성경 주석에 적용하는 것이다. 이는 우리가 제도의 역학을 보다 쉽게 이해하도록 돕는다. 우리가 제도의 일반적인 역학을 이해하면, 그것과 예수님의 가르침을 비교할 수 있다. 예수님의 가르침은 교회 안에서 그분이 원하시는 제자도와 우리가 실제로 행하는 것이 다름을 보여준다.
4   12장에서 제자도의 이러한 특징을 충분히 다루고 있다.

범주에 따른 참고문헌

여기 실린 도서 목록은 제자와 제자도라는 성경적, 역사적 현상에 대해서 더 연구하려는 사람들을 위한 자료이다. 각각의 범주는 전문적인 습득에 도움이 되도록 구성했다. 각각의 범주에 대해 수백 권의 책과 논문이 쓰였다. 아래에 열거한 자료는 다양한 집단 가운데 가장 영향력 있는 것에 속한다. 어떤 자료는 하나 이상의 범주에서 특별한 가치를 가질 경우 한 번 이상 포함되었다. 주석 같은 표준 참고자료는 여기에 포함하지 않았다. 인용된 자료를 보기 위해서는 주를 참고해야 한다.

A. 제자도에 관한 전반적 연구
1. 학문적 연구

- Arensen, Allen G. "Making Disciples According to Christ's Plan." *Evangelical Missions Quarterly* 16, no. 2 (1980): 103-106.
- Atkinson, Michael. "Body and Discipleship." *Theology* 82 (Issue 688, 1979): 279-287.
- Badke, William B. "Was Jesus a Disciple of John?" *Evangelical Quarterly* 62, no. 3 (1990): 195-204.
- Bammel, Ernst. *Jesu Nachfolger, Nachfolgeüberlieferungen in der Zeit des frühen Christentums*. Studia Delitzschiana, Dritte Folge 1. Heidelberg: Lambert Schneider, 1988.
- _____. "What Is Thy Name?" *NovT* 12 (1970): 223-228.
- Beernaert, P. Mourlon. "Converting to the Gospel." *LumVit* 42, no. 4 (1987): 369-379.
- Betz, Hans Dieter. *Nachfolge und Nachahmung Jesu Christi im Neuen Testament.*

- *BHT* 37. Tübingen: Mohr/Siebeck, 1967.
- Blauvelt, Livingston, Jr. "Does the Bible Teach Lordship Salvation?" *BS* 143 (569, 1986): 37-45.
- Bock, Darrell L. "A Review of *The Gospel According to Jesus*." *BS* 146 (581, 1989): 21-40.
- Calenberg, Richard D. "The New Testament Doctrine of Discipleship." Unpublished doctoral dissertation, Grace Theological Seminary, 1981.
- Crouzel, H. "L'imitation et la 'suite' de Dieu et du Christ dans les premiers siècles chrétiens, ainsi que leurs sources gréco—romaines et hébraïques." *Jahrbuch für Antike und Christentum (JAC)* 21 (1978): 7-41.
- Culver, Robert Duncan. "Apostles and the Apostolate in the New Testament." *BS* 134 (534, 1977): 131-143.
- DeRidder, Richard R. *Discipling the Nations*. 1971, reprint. Grand Rapids: Baker, 1975.
- Dragas, George. "Martyrdom and Orthodoxy in the New Testament Era—The Theme of Μαρτυρία As Witness to the Truth." *GOThR* 30, no. 3 (1985): 287-296.
- Drushal, M. E. "Implementing Theory Z in the Church: Managing People as Jesus Did." *Ashland Theological Bulletin* 20 (1988): 47-62.
- Dunn, James D. G. *Jesus and Discipleship: Understanding Jesus Today*. Edited by Howard Clark Kee. Cambridge: Cambridge University Press, 1991.
- Freyne, Seán. *The Twelve: Disciples and Apostles. A Study in the Theology of the First Three Gospels*. London: Sheed & Ward, 1968.
- Green, Michael P. "The Meaning of Cross-Bearing." *BS* 140 (558, 1983): 117-133.
- Happel, Stephen, and James J. Walter. *Conversion and Discipleship: A Christian Foundation for Ethics and Doctrine*. Philadelphia: Fortress, 1986.
- Henrix, H. H. "Von der Nachahmung Gottes. Heiligkeit und Heiligsein im biblischen und jüdischen Denken." *Erbe und Auftrag* 65, no. 3 (1989): 177-187.
- Kingsbury, Jack Dean. "On Following Jesus: The 'Eager' Scribe and the 'Reluctant' Disciple (Matthew 8.18-22)." *NTS* 34 (1988): 45-59.
- Kruse, Colin G. *New Testament Models for Ministry : Jesus and Paul*. 1983. Reprint. Nashville, Tenn.: Thomas Nelson, 1985.
- Kvalbein, Hans. "'Go Therefore and Make Disciples…': The Concept of

- Discipleship in the New Testament." *Themelios* 13 (1988): 48-53.
- Luter, A. Boyd. "Discipleship and the Church." *BS* 137 (57, 1980): 267-273.
- _____. "A New Testament Theology of Discipling." Unpublished Th.D. dissertation, Dallas Theological Seminary, 1985.
- Marcus, Joel. "Entering into the Kingly Power of God." *JBL* 107, no. 4 (1988): 663-675.
- Melbourne, Bertram L. *Slow To Understand: The Disciples in Synoptic Perspective*. Lanham, Md.: University Press of America, 1988.
- Müller, Dietrich. "Disciple/μαθητής." *NIDNTT* 1:483-490.
- Rengstorf, Karl H. "Διδάσκω, διδάσκαλος." *TDNT* 2:135-165.
- _____. "μαθητής." *TDNT* 4:415-461.
- Sawicki, Marianne. "How to Teach Christ's Disciples: John 1:19-37 and Matthew 11:2-15." *LexThQ* 21, no. 1 (1986): 14-26.
- Schulz, Anselm. *Nachfolgen und Nachahmen: Studien über das Verhältnis der neutestamentlichen Jüngerschaft zur urchristlichen Vorbildethik*. SANT 6. Munich: Kösel-Verlag, 1962.
- Schweizer, Eduard. *Lordship and Discipleship*. Translated and revised by the author. *SBT* 28. 1955. London: SCM, 1960.
- Seccombe, David P. "Take Up Your Cross." In *God Who is Rich in Mercy: Essays Presented to D. B. Knox*. Edited by Peter T. O'Brien and David G. Peterson. Homebush, Australia: Anzea, 1986.
- Segovia, Fernando F., ed. *Discipleship in the New Testament*. Philadelphia: Fortress, 1985.
- Trakatellis, Demetrios. "'Ακολούθει μοι/Follow Me' (Mk 2:14): Discipleship and Priesthood." *GOThR* 30, no. 3 (1985): 271-285.
- Vincent, John James. *Disciple and Lord: The Historical and Theological Significance of Discipleship in the Synoptic Gospels*. Dissertation zur Erlangung der Doktorwuerde der Theologischen Fakultaet der Universitaet Basel, 1960. Sheffield: Sheffield Academic Press, 1976.
- _____. "Discipleship and Synoptic Studies." *Theologische Zeitschrift* 16 (1960): 456-569.
- Wagner, C. Peter. "What Is 'Making Disciples'?" *Evangelical Missions Quarterly* 9 (1973): 285-293.
- Wilkins, Michael J. "Barabbas." "Bartholomew." "Belief/Believers." "Brother/Brotherhood." "Christian." "Imitate/Imitators." *The Anchor Bible Dictionary*.

Edited by David Noel Freedman. Five vols. Garden City, N.Y.: Doubleday, forthcoming.

- _____. *The Concept of Disciple in Matthew's Gospel: As Reflected in the Use of the Term* Μαθητής. NovTSup 59. Leiden: E. J. Brill, 1988.
- _____. "Disciple." "Discipleship." *Dictionary of Jesus and the Gospels*. Edited by Joel Green and Scot McKnight. Consulting editor I. Howard Marshall. Downers Grove, Ill.: InterVarsity Press, 1992. 《예수 복음서 사전》(요단).
- _____. "Named and Unnamed Disciples in Matthew: A Literary/Theological Study." *SBLSP* 30. Atlanta: Scholars, 1991.

2. 대중적 연구

- Arn, Win, and Charles Arn. *The Master's Plan for Making Disciples*. Pasadena: Church Growth Press, 1982.
- Augsburger, Myron S. *Invitation to Discipleship*. Scottdale, Pa.:Herald Press, 1969.
- Boice, James Montgomery. *Christ's Call to Discipleship*. Chicago: Moody, 1986. 《참 제자의 길》(크리스챤다이제스트).
- Bonhoeffer, Dietrich. *The Cost of Discipleship*. Translated by R. H. Fuller. 2d rev. ed. New York: Macmillan, 1963. 《진정한 사도가 되라》(보이스사).
- Bruce, Alexander Balmain. *The Training of the Twelve*. 1871, reprint. Grand Rapids: Kregel, 1971. 《열두 제자의 훈련》(크리스챤다이제스트).
- Chandapilla, P. T. *The Master Trainer*. Bombay: Gospel Literature Service, 1974. 《예수님의 제자훈련》(IVP).
- Coleman, Robert E. The Master Plan of Discipleship. Old Tappan, N.J.: Fleming H. Revell, 1987.
- _____. *The Master Plan of Evangelism*. 2d ed. Old Tappan, N.J.: Fleming H. Revell, 1964. 《주님의 전도 계획》(생명의말씀사).
- Coppedge, Allan. *The Biblical Principles of Discipleship*. Grand Rapids: Zondervan, 1989. 《우리는 제자사역을 어떻게 이해하고 있는가?》(요단).
- Cosgrove, Francis M. *Essentials of Discipleship*. Colorado Springs: NavPress, 1980. 《제자의 삶》(네비게이토).
- Eims, Leroy. *The Lost Art of Disciple Making*. Grand Rapids/Colorado Springs: Zondervan/NavPress, 1978, pp. 61ff., 83ff., 181-188. 《제자 삼는 사역의 기술》(네비게이토).
- Fryling, Alice, ed. *Disciplemakers' Handbook: Helping People Grow in Christ*.

- Downers Grove, Ill.: InterVarsity Press, 1989.《한 사람이 또 다른 사람을》(IVP).
- Griffiths, Michael. *The Example of Jesus*. The Jesus Library, ed. Michael Green. Downers Grove, Ill.: InterVarsity Press, 1985.《예수의 모범》(요단).
- Hadidian, Allen. *Successful Discipling*. Chicago: Moody, 1979.
- Hanks, Billie Jr., and William A. Shell, eds. *Discipleship: The Best Writings from the Most Experienced Disciple Makers*. Grand Rapids: Zondervan, 1981.《제자훈련》(생명의말씀사).
- Hartman, Doug, and Doug Sutherland. *Guidebook to Discipleship*. Irvine, Calif.: Harvest House, 1976.
- Hendrix, John, and Loyd Householder, eds. *The Equipping of Disciples*. Nashville: Broadman, 1977.《그리스도인의 영적 무장》(나침반사).
- Henrichsen, Walter A. *Disciples Are Made—Not Born*. Wheaton, Ill.: Victor Books, 1974.《훈련으로 되는 제자》(네비게이토).
- Hodges, Zane C. *Absolutely Free: A Biblical Reply to Lordship Salvation*. Grand Rapids/Dallas: Zondervan/Redención Viva, 1989.
- _____. *The Gospel Under Siege: A Study on Faith and Works*. Dallas: Redención Viva, 1981.
- Howard, David M. *The Great Commission for Today*. Downers Grove, Ill.: InterVarsity Press, 1976.《오늘의 지상명령》(생명의말씀사).
- Hull, Bill. *Disciple Making Church*. Old Tappan, N.J.: Fleming H. Revell, 1990.《모든 신자를 제자로 삼는 교회》(요단).
- _____. *Jesus Christ Disciplemaker: Rediscovering Jesus' Strategy for Building His Church*. Colorado Springs: NavPress, 1984.《제자 삼는 자 예수 그리스도》(요단).
- Kuhne, Gary W. *The Dynamics of Discipleship Training: Being and Producing Spiritual Leaders*. Grand Rapids: Zondervan, 1978.《제자훈련의 원동력》(나침반사).
- Liddell, Eric H. *The Disciplines of the Christian Life*. Nashville: Abingdon, 1985. (Formerly known as *A Manual of Christian Discipleship*.)
- _____. "The Muscular Christianity of Eric Liddell: The Olympic Runner and Missionary on Discipleship." *Christianity Today*, June 14, 1985, 23-25.
- MacArthur, John F. *The Gospel According to Jesus: What Does Jesus Mean When He Says "Follow Me"?* Grand Rapids: Zondervan, 1988.《참된 무릎꿇음》(살림).
- MacDonald, William. *True Discipleship*. Kansas City, Kans.: Walterick, 1975.

《참 제자의 길》(태광).
- Martin, John R. *Ventures in Discipleship: A Handbook for Groups or Individuals*. Scottdale, Pa.: Herald Press, 1984.《제자의 도》(네비게이토).
- Mayhall, Jack. *Discipleship: The Cost and the Price*. Wheaton: Victor, 1984.
- McGavran, Donald A., and Win Arn. *How to Grow a Church*. Glendale, Calif.: Gospel Light, 1973.《교회 성장 전략》(크리스챤헤럴드).
- Neighbour, Ralph W. *The Journey into Discipleship*. Lay Renewal, 1974.
- Ortiz, Juan Carlos. *Disciple*. Carol Stream, Ill.: Creation House, 1975.《제자입니까》(두란노).
- Phillips, Keith. *The Making of a Disciple*. Old Tappan, N.J.: Fleming H. Revell, 1981.《제자양육론》(솔로몬).
- Powell, Paul W. *The Complete Disciple*. Wheaton, Ill: Victor Books, 1982.
- Richards, Lawrence O. *A Practical Theology of Spirituality*. Grand Rapids: Zondervan, 1987.
- Ryrie, Charles C. *So Great Salvation: What It Means to Believe in Jesus Christ*. Wheaton, Ill.: Victor Books, 1989.
- Sanders, J. Oswald. *Spiritual Maturity*. Chicago: Moody, 1962.《영적 성숙》(프리셉트).
- Sine, Tom, *Taking Discipleship Seriously: A Radical Biblical Approach*. Valley Forge: Judson Press, 1985.《하나님 나라를 이루는 제자도》(두란노).
- Sugden, Christopher. *Radical Discipleship*. London: Marshall, Morgan & Scott, 1981.
- Wagner, C. Peter. *Stop the World I Want to Get On*. Glendale, Calif.: Regal Books, 1974.
- _____. "What Is 'Making Disciples'?" *Evangelical Missions Quarterly* 9 (1973): 285-293.
- Wallis, Jim. *Agenda for Biblical People*. New York: Harper & Row, 1976.《부러진 십자가》(아바서원).
- Warr, Gene. *You Can Make Disciples*. Waco: Word, 1978.
- Warren, Max. *I Believe in the Great Commission*. Grand Rapids: Eerdmans, 1976.《나는 복음 선교를 믿는다》(예수교문서선교회).
- Watson, David. *Called and Committed: World Changing Discipleship*. London/Wheaton: Hodder & Stoughton/Harold Shaw, 1981/1982.
- Wilkins, Michael J. "Radical Discipleship." *Sundoulos*. Alumni publication of Talbot School of Theology (Fall 1988), 1-2.

- _____. "Surfers and Other Disciples." *Discipleship Journal*. Vol. 112, no 62 (March/April 1991): 8-14.
- Willard, Dallas. *The Spirit of the Disciplines: Understanding How God Changes Lives*. San Francisco: Harper & Row, 1988.《영성훈련》(은성).
- Wilson, Carl. *With Christ in the School of Disciple Building: A Study of Christ's Method of Building Disciples*. Grand Rapids: Zondervan, 1976.
- Yohn, Rick. *Now That I'm a Disciple*. Irvine, Calif.: Harvest House, 1976.

3. 사전에 실린 항목들

- Albin, T. R. "Disciple, Discipleship." *Dictionary of Christianity in America*. Daniel G. Reid, coordinating editor. Downers Grove, Ill.: InterVarsity Press, 1990.
- Barron, B. "Shepherding Movement (Discipleship Movement)." *Dictionary of Christianity in America*. Daniel G. Reid, coordinating editor. Downers Grove, Ill.: InterVarsity Press, 1990.
- Dulles, Avery. "Discipleship." *The Encyclopedia of Religion*. Mircea Eliade, editor-in-chief. New York: Macmillan, 1987. 4:361-364.
- Eller, V. M. "Discipleship." *The Brethren Encyclopedia*. Donald F. Durnbaugh, ed. Philadelphia: The Brethren Encyclopedia, 1983. 1:386.
- Fabry, H. J. *"chbhl."* TDOT. Vol. 4. Edited by G. J. Botterweck and H. Ringgren. Translated by D. E. Green. Grand Rapids: Eerdmans, 1980.
- Gould, George P. "Disciple." *Dictionary of Christ and the Gospels*. New York: Scribners, 1905. 1:457-459.
- Held, M. L. "Disciples." *New Catholic Encyclopedia*. Prepared by the editorial staff at the Catholic University of America, Washington, D.C. New York: McGraw-Hill, 1967. 4:895.
- Hawthorne, Gerald F. "Disciple." *The Zondervan Pictorial Encyclopedia of the Bible*. Merrill C. Tenney, general editor. Five vols. Grand Rapids: Zondervan, 1975. 2:129-131.
- Helm, Paul. "Disciple." *Baker Encyclopedia of the Bible*. Walter A. Elwell, general editor. Grand Rapids: Baker, 1988.
- Hillyer, Norman. *"sopher."* NIDNTT. Vol. 3. Grand Rapids: Zondervan, 1978.
- Jastrow, Marcus, ed. *A Dictionary of the Targumim, the Talmud Babli and Yerushalmi, and the Midrashic Literature*. New York: Pardes, 1950.
- Jenni, Ernst. *"lmdh."* THAT. Edited by Ernst Jenni and Claus Westermann.

Vol. 2. München: Chr. Kaiser, 1971.
- Kaiser, Walter C. *"lamadh."* *TWOT*. Edited by R. Laird Harris, Gleason L. Archer, Jr., and Bruce K. Waltke. Chicago: Moody, 1980.
- Léon-Dufour, Xavier, ed. *Dictionary of Biblical Theology*. 2d. ed. New York: Seabury, 1973.《성서신학사전》(종로서적).
- Meye, Robert P. "Disciple." *The International Standard Bible Encyclopedia*. Four vols. Geoffrey W. Bromiley, general editor. Rev. ed. Grand Rapids: Eerdmans, 1979. 1:947-948.
- Müller, Dietrich. "Disciple/$\mu\alpha\theta\eta\tau\acute{\eta}\varsigma$." Colin Brown, translator and editor. *New International Dictionary of New Testament Theology*. Grand Rapids: Zondervan, 1975. 1:483-490.
- Müller, Dietrich, and Colin Brown. "Apostle/$\acute{\alpha}\pi o\sigma\tau\acute{\epsilon}\lambda\lambda\omega$." Translated and edited by Colin Brown. *New International Dictionary of New Testament Theology*. Grand Rapids: Zondervan, 1975. 1:126-137.
- Müller, H.-P. *"Chakham."* *TDOT*. Vol. 4. Translated by David E. Green. Grand Rapids: Eerdmans, 1980.
- Nepper-Christensen, Poul. "$\mu\alpha\theta\eta\tau\acute{\eta}\varsigma$." *Exegetisches Wörterbuch zum Neuen Testament*. Vol. 2. Edited by Horst Balz and Gerhard Schneider. Stuttgart: W. Kohlhammer, 1982.
- Parker, Pierson. "Disciple." *The Interpreter's Dictionary of the Bible*. George Arthur Buttrick, editor. Nashville: Abingdon, 1962. 1:845.
- Plummer, Alfred. "Disciple." *Dictionary of the Apostolic Church*. Edited by James Hastings. New York: Scribner, 1915. 1:301-303.
- Rabinowitz, Louis Isaac. "Talmid Hakham." *Encyclopedia Judaica*. Sixteen vols. Jerusalem: Macmillan, 1971.
- Rainey, Anson. F. "Scribe, Scribes." *The Zondervan Pictorial Encyclopedia of the Bible*. Merrill C. Tenney, general editor. Five vols. Grand Rapids: Zondervan, 1975. 5:298-302.
- Rengstorf, Karl H. "$\acute{\alpha}\pi\acute{o}\sigma\tau o\lambda o\varsigma$." *TDNT* 1:69-75.
- _____. "$\delta\iota\delta\acute{\alpha}\sigma\kappa\omega, \delta\iota\delta\acute{\alpha}\sigma\kappa\alpha\lambda o\varsigma$." *TDNT* 2: 135-165.
- _____. "$\delta\acute{\omega}\delta\epsilon\kappa\alpha$." *TDNT* 2:321-328.
- _____. "$\mu\alpha\theta\eta\tau\acute{\eta}\varsigma$." *TDNT* 4:415-461.
- Souvay, Charles L. "Disciple." *The Catholic Encyclopedia*. Edited by Charles G. Herbermann et al. New York: The Encyclopedia Press, 1913. 4:29.
- Wilkins, Michael J. "Barabbas." "Bartholomew." "Belief/Believers." "Brother/

Brotherhood." "Christian." "Imitate/Imitators." *The Anchor Bible Dictionary*. Edited by David Noel Freedman. Five vols. Garden City, N.Y.: Doubleday, 1992.

- _____. "Disciple." "Discipleship." *Dictionary of Jesus and the Gospels*. Edited by Joel Green and Scot McKnight. Consulting editor I. Howard Marshall. Downers Grove, Ill.: InterVarsity Press, 1992.《예수 복음서 사전》(요단).

B. 구약 제자도의 기초

- Albright, William F. Samuel. *The Beginnings of the Prophetic Movement: The Goldenson Lecture of 1961. In Interpreting the Prophetic Tradition: The Goldenson Lectures 1955-1966*. The Library of Biblical Studies. Edited by H. O. Orlinsky. New York: Hebrew Union College, 1969.
- Bryce, G. E. *A Legacy of Wisdom: The Egyptian Contribution to the Wisdom of Israel*. Lewisburg: Bucknell University Press, 1979.
- Clarke, M. L. *Higher Education in the Ancient World*. Albuquerque: University of New Mexico Press, 1971.
- Clements, R. E. *Prophecy and Tradition*. Atlanta: John Knox, 1975.
- Crenshaw, James L. *Old Testament Wisdom: An Introduction*. Atlanta: John Knox, 1981.《구약 지혜문학의 이해》(한국장로교출판사).
- _____. ed. *Studies in Ancient Israelite Wisdom*. New York: KTAV 1976.
- de Vaux, Roland. *Ancient Israel: Its Life and Institutions*. Translated by John McHugh. New York: McGraw-Hill, 1961.
- Demsky, A. "Education (Jewish) In the Biblical Period." *Encyclopedia Judaica*. Jerusalem, 1971, VI.
- Drazin, Nathan. *History of Jewish Education from 515 B.C.E. to 220 C.E. (During the Periods of the Second Commonwealth and the Tannaim)*. Baltimore: Johns Hopkins, 1940.
- Ellison, H. L. *The Prophets of Israel: From Ahijah to Hosea*. Grand Rapids: Eerdmans, 1969.
- Eppstein, V. "Was Saul Also Among the Prophets?" *ZAW* 81 (1969) 287-304.
- Freeman, Hobart E. *An Introduction to the Old Testament Prophets*. Chicago: Moody, 1968.
- Gerhardsson, Birger. *Memory and Manuscript: Oral Tradition and Written Transmission in Rabbinic Judaism and Early Christianity*. Translated by Eric Sharpe. Lund: C. W. K. Gleerup, 1961.

- Gerstenberger, Erhard. "Covenant and Commandment." *JBL* 84 (1965) 51-65.
- _____. "The Woe-Oracles of the Prophets." *JBL* 81 (1962) 249-263.
- _____. *Wesen und Herkunft des 'apodiktischen' Rechts.* WMANT 20. Neukirchen-Vluyn: Neukirchener, 1965.
- Goldin, J. "Several Sidelights of a Torah Education in Tannaite and Early Amorical Times." In *Ex Orbe Religionum: Studia Geo Widengren. Pars Prior. Studies in the History of Religions.* Supplements to Numen. XXI. Leiden: E. J. Brill, 1972.
- Hanson, Paul D. *The People Called: The Growth of Community in the Bible.* San Francisco: Harper & Row, 1986.
- Hengel, Martin. *Judaism and Hellenism: Studies in Their Encounter in Palestine During the Early Hellenistic Period.* 2 vols. Translated by John Bowden. WUNT 10. 2d. ed. Philadelphia: Fortress, 1974.
- _____. *The Charismatic Leader and His Followers.* Translated by J. Greig. 1968. New York: Crossroad, 1981.
- Hermisson, Hans-Jürgen. *Studien zur israelitischen Spruchweisheit.* WMANT 28. Neukirchen-Vluyn: Neukirchener Verlag, 1968.
- Humphreys, W. Lee. "The Motif of the Wise Courtier in the Book of Proverbs." *Israelite Wisdom: Theological and Literary Essays in Honor of Samuel Terrien.* Edited by J. Gammie, W. Brueggemann, W. L. Humphreys, J. Ward. Missoula, Montana: Scholars Press, 1978.
- Koch, Klaus. *The Prophets: Volume Ⅰ, The Assyrian Period.* Translated by M. Kohl. Philadelphia: Fortress, 1983. 《예언자들1》(크리스챤다이제스트).
- Lang, Bernhard. *Die weisheitliche Lehrrede: Eine Untersuchung von Sprache 1-7.* SBS 54. Stuttgart: Kath. Bibelwerk; 1972.
- _____. *Monotheism and the Prophetic Minority: An Essay in Biblical History and Sociology.* The Social World of Biblical Antiquity Series 1. Sheffield: Almond, 1983.
- Légasse, S. "Scribes et disciples de Jésus." *RB* 68 (1961) 321-345; 481-506.
- Lemaire, André. *Les écoles et la formation de la Bible dans l'ancien Israël.* Fribourg/Göttingen: Universitaires/Vandenhoeck & Ruprecht, 1981.
- _____. "Sagesse et ecoles." *VT* XXXIV (1984) 270-281. Lénhardt, Pierre. "Voies de la continuité juive: Aspects de la relation maîtredisciple d'aprés la littérature rabbinique ancienne," *RSR* 66 (1978) 489-516.
- Lindblom, Johannes. *Prophecy in Ancient Israel.* Oxford: Blackwell, 1962.

- _____. "Wisdom in the Old Testament Prophets." *Wisdom in Israel and in the Ancient Near East: Presented to Professor Harold Henry Rowley*. Edited by M. Noth and D. Winton Thomas. VTSup Ⅲ. Leiden: E. J. Brill, 1955.
- Marrou, Henri Ⅰ. *A History of Education in Antiquity*. Translated by George Lamb. 3d. ed. New York: Sheed and Ward, 1956.
- McKane, William. *Prophets and Wise Men, SBT* 44. Naperville, Ill.: Alec R. Allenson, 1965.
- Mettinger, Tryggve D. *Solomonic State Officials: A Study of the Civil Government Officials of the Israelite Monarchy*. ConB OTS 5. Lund: Gleerup, 1971.
- Mirsky, S. K. "The Schools of Hillel, R. Ishmael, and R. Akiba in Pentateuchal Interpretation." *Essays Presented to Chief Rabbi Israel Brodie on the Occasion of His Seventieth Birthday*. Edited by Zimmels, Rabbinowitz, Finestein. London: Soncino, 1967.
- Murphy, Roland E. "Assumptions and Problems in Old Testament Wisdom Research." *CBQ* 29 (1967) 101-112.
- _____. "Wisdom-Theses and Hypotheses." *Israelite Wisdom: Theological and Literary Essays in Honor of Samuel Terrien*. Edited by J. Gammie, W. Brueggemann, W. L. Humphreys, J. Ward. Missoula, Montana: Scholars Press, 1978.
- Neusner, Jacob. *The Rabbinic Traditions about the Pharisees Before 70*. 3 vols. Leiden: E. J. Brill, 1971.
- Olivier, J. P. J. "Schools and Wisdom Literature." *JNSL* Ⅳ (1975) 49-60.
- Perdue, Leo G. *Wisdom and Cult: A Critical Analysis of the Views of Cult in the Wisdom Literatures of Israel and the Ancient Near East*. SBLDS 30. Missoula, Montana: Scholars, 1977.
- Porter, J. R. "The Origins of Prophecy in Israel." In *Israel's Prophetic Tradition: Essays in Honour of Peter R. Ackroyd*. Edited by R. Coggins, A. Phillips, and M. Knibb. Cambridge: Cambridge University Press, 1982.
- Schilling, Othmar. "Amt und Nachfolge im Alten Testament und in Qumran." *Volk Gottes: zum Kirchenverständnis der Katholischen, Evangelischen, und Anglikanischen Theologie. Festgabe für Josef Höfer*. Edited by Remigius Bäumer und Heimo Dolch. Freiberg: Herder, 1967.
- Schulz, Anselm. *Nachfolgen und Nachahmen: Studien über das Verhältnis der neutestamentlichen Jüngerschaft zur urchristlichen Vorbildethik*. SANT 6. Munich: Kösel-Verlag, 1962.

- Scott, R. B. Y. *The Way of Wisdom*. New York: Macmillan, 1971.
- Sigal, Philip. *Judaism: The Evolution of a Faith*. Revised and edited by Lillian Sigal. Grand Rapids: Eerdmans, 1988.
- Terrien, Samuel. "Amos and Wisdom." *Studies in Ancient Israelite Wisdom*. Edited by James L. Crenshaw. 1962, reprint New York: *KTAV* 1976.
- Urbach, Ephraim E. *The Sages: Their Concepts and Beliefs*. Translated by Israel Abrahams, 2 vols. 2d ed. Jerusalem: Magnes Press, 1979.
- Vincent, John James. "Disciple and Lord: The Historical and Theological Significance of Discipleship in the Synoptic Gospels." Dissertation zur Erlangung der Doktorwuerde der Theologischen Fakultaet der Universitaet Basel, 1960. Sheffield: Academy, 1976.
- von Rad, Gerhard. "The Joseph Narrative and Ancient Wisdom." *Studies in Ancient Israelite Wisdom*. Edited by James L. Crenshaw. New York: *KTAV* 1976.
- _____. *The Message of the Prophets*. Translated by D. M. G. Stalker. New York: Harper and Row, 1962.
- _____. *Wisdom in Israel*. N.d.; *ET* 1972. Nashville: Abingdon, 1984.
- Whybray, R. N. *The Intellectual Tradition in the Old Testament*. *BZAW* 135. Berlin: Walter de Gruyter, 1974.
- Wilson, Robert R. *Prophecy and Society in Ancient Israel*. Philadelphia: Fortress, 1980.《고대 이스라엘의 예언과 사회》(예찬사).
- _____. *Sociological Approaches to the Old Testament*. GBS: OT Series. Philadelphia: Fortress, 1984. Wolff, Hans Walter. *Amos the Prophet: The Man and His Background*. Translated by F. McCurley, 1964. Philadelphia: Fortress, 1973.
- _____. "Micah the Moreshite — The Prophet and His Background." *Israelite Wisdom: Theological and Literary Essays in Honor of Samuel Terrien*. Edited by J. Gammie, W. Brueggemann, W. L. Humphreys, J. Ward. Missoula, Montana: Scholars Press, 1978.
- Wood, Leon. *The Prophets of Israel*. Grand Rapids: Baker, 1979.《이스라엘의 선지자》(CLC).
- Young, Edward J. *My Servants the Prophets*. Grand Rapids: Eerdmans, 1955.《선지자 연구》(CLC).

C. 신약의 사회 분위기 속에서의 제자도

- Badke, William B. "Was Jesus a Disciple of John?" *Evangelical Quarterly* 62, no. 3 (1990): 195-204.
- Bammel, Ernst. *Jesu Nachfolger, Nachfolgeüberlieferungen in der Zeit des frühen Christentums*. Studia Delitzschiana, Dritte Folge 1. Heidelberg: Lambert Schneider, 1988.
- Barnett, Paul. *Behind the Scenes of the New Testament*. Downers Grove, Ill.: InterVarsity Press, 1990.
- Dunn, James D. G. *Jesus and Discipleship. Understanding Jesus Today*. Edited by Howard Clark Kee. Cambridge: Cambridge University Press, 1992.
- _____. "Pharisees, Sinners, and Jesus." *The Social World of Formative Christianity and Judaism*. Essays in tribute to Howard Clark Kee. Philadelphia: Fortress, 1988.
- _____. *Unity and Diversity in the New Testament: An Inquiry into the Character of Earliest Christianity*. 2d ed. London/Philadelphia: SCM/Trinity, 1990.《신약성서의 통일성과 다양성》(솔로몬).
- Gager, John G. *Kingdom and Community: The Social World of Early Christianity*. Englewood Cliffs, N.J.: Prentice-Hall, 1975.《초기기독교 형성과정 연구》(대한기독교서회).
- Gray, Vivienne. "*MIMESIS* in Greek Historical Theory." *American Journal of Philology* 108, no. 3 (1987): 467-486.
- Hanson, Paul D. *The People Called: The Growth of Community in the Bible*. San Francisco: Harper & Row, 1986. See esp. 430-438.
- Hengel, Martin. *The Charismatic Leader and His Followers*. Translated by J. Greig. New York: Crossroad, 1981.
- Hollingsworth, Mark. "Rabbi Jesus and Rabbi John: Opponents and Brothers." *BT* 28, no. 5 (1990): 284-290.
- Horsley, Richard A. *Jesus and the Spiral of Violence: Popular Jewish Resistance in Roman Palestine*. San Francisco: Harper & Row, 1987.
- _____. *Sociology and the Jesus Movement*. New York: Crossroad, 1989.《예수운동》(한국신학연구소).
- Horsley, Richard A., and John S. Hanson. *Bandits, Prophets, and Messiahs: Popular Movements at the Time of Jesus*. Minneapolis: Winston, 1985.
- Lohfink, Gerhard. *Jesus and Community: The Social Dimension of Christian Faith*. Philadelphia: Fortress, 1984.《예수는 어떤 공동체를 원했나?》(분도).

- Malina, Bruce J. *Christian Origins and Cultural Anthropology: Practical Models for Biblical Interpretation*. Atlanta: John Knox, 1986.
- _____. *The New Testament World: Insights from Cultural Anthropology*. Atlanta: John Knox, 1981.《신약의 세계》(솔로몬).
- Murphy-O'Connor, Jerome. "John the Baptist and Jesus: History and Hypotheses." *NTS* 36 (1990): 359-374.
- Neusner, Jacob; William S. Green; and Ernest Frerichs, eds. *Judaisms and Their Messiahs at the Turn of the Christian Era*. Cambridge: Cambridge University Press, 1987.
- Neyrey, Jerome H. "Social Science Modeling and the New Testament: A Biblical Scholar's View of *Christian Origins and Cultural Anthropology*." *BThB* 16, no. 3 (1986): 107-110.
- Perkins, Pheme. *Jesus As Teacher. Understanding Jesus Today*. Edited by Howard Clark Kee. Cambridge: Cambridge University Press, 1990.
- Saldarini, Anthony J. *Pharisees, Scribes and Sadducees in Palestinian Society: A Sociological Approach*. Wilmington, Del.: Michael Glazier, 1988.
- Sanders, E. P. *Jesus and Judaism*. Philadelphia: Fortress, 1985.《예수운동과 하나님나라》(한국신학연구소).
- Segal, Alan F. *Rebecca's Children: Judaism and Christianity in the Roman World*. Cambridge: Harvard University Press, 1986.
- Sigal, Philip. *Judaism: The Evolution of a Faith*. Revised and edited by Lillian Sigal. Grand Rapids: Eerdmans, 1988.
- Theissen, Gerd. *Sociology of Early Palestinian Christianity*. Translated by John Bowden. Philadelphia: Fortress, 1978.《예수운동의 사회학》(종로서적).
- Tidball, Derek. *The Social Context of the New Testament: A Sociological Analysis*. Grand Rapids: Zondervan, 1984.
- White, L. Michael. "Shifting Sectarian Boundaries in Early Christianity." *BJRLMan* 70, no. 3 (1988): 7-24.
- White, Leland J. "The Bible, Theology and Cultural Pluralism: A Theologian's View of *Christian Origins and Cultural Anthropology*." *BThB* 16, no. 3 (1986): 111-115.
- Wilcox, Max. "Jesus in the Light of His Jewish Environment." *Aufstieg und Niedergang der Römischen Welt*. Edited by H. Temporini and W. Haase. Berlin: Walter de Gruyter, 1982. 2, 25, 1:131-195.
- Wilkins, Michael J. *The Concept of Disciple in Matthew's Gospel: as Reflected in the*

Use of the Term Μαθητής, NovTSup 59. Leiden: E. J. Brill, 1988.
- _____. "Named and Unnamed Disciples in Matthew: A Literary/Theological Study." *SBLSP* 30. Atlanta: Scholars, 1991.
- Witherington, Ben III. *The Christology of Jesus*. Minneapolis: Fortress, 1990.

D. 사도들

사도들에 대한 폭넓은 연구를 위해서는 다음을 보라.
- Brownrigg, Ronald. *The Twelve Apostles*. New York: Macmillan, 1974.
- Budge, Ernest A. Wallis. *The Contendings of the Apostles*. Two vols. London: H. Frowde, 1901.
- Bruce, F. F. *Paul: Apostle of the Heart Set Free*. Grand Rapids: Eerdmans, 1977. 《바울》(크리스챤다이제스트).
- _____. *Peter, Stephen, James and John: Studies in Non-Pauline Christianity*. Grand Rapids: Eerdmans, 1979. 《예수님의 수제자들》(CLC).

사도들에 대한 개괄적 내용을 습득하려면 표준 성경사전과 성경 백과사전의 해당 항목을 보라. 표준 사전들의 예를 들면 다음과 같다.
- *Anchor Bible Dictionary*. Edited by David Noel Freedman. Garden City, N.Y.: Doubleday, forthcoming.
- *Baker Encyclopedia of the Bible*. General editor, Walter A. Elwell. Two vols. Grand Rapids: Baker, 1988.
- *The Illustrated Bible Dictionary*. Edited by J. D. Douglas and N. Hillyer. Three vols. Leicester/Wheaton: InterVarsity Press/Tyndale House, 1980.
- *The International Standard Bible Encyclopedia*. Revised edition. Edited by Geoffrey W. Bromiley. Grand Rapids: Eerdmans, 1979-1986.
- *The Interpreter's Dictionary of the Bible and Supplement*. Edited by G. A. Buttrick. New York: Abingdon, 1962-1977.
- *The Zondervan Pictorial Encyclopedia of the Bible*. Edited by Merrill C. Tenney. Five vols. Grand Rapids: Zondervan, 1975.

사도들과 관련된 신앙 연구를 위해서는 다음을 보라.
- Barclay, William. *The Master's Men*. Nashville: Abingdon, 1959. 《주님의 제자 열두 사람》(예찬사).
- Flynn, Leslie B. *The Twelve*. Wheaton, Ill.: Victor Books, 1982. 《열두 사도》(파이디온선교회).
- Griffith, Leonard. *Gospel Characters: The Personalities Around Jesus*. Grand Rapids: Eerdmans, 1976.

- Lockyer, Herbert. *All the Apostles of the Bible*. Grand Rapids: Zondervan, 1972.

외경 전승에 등장하는 사도들에 대한 논의를 참고하려면 다음을 보라.

- Hennecke, Edgar. *New Testament Apocrypha*. Two vols. Edited by Wilhelm Schneemelcher. Philadelphia: Westminster, 1963-1965.

E. 성경 기록 속의 여성 제자들

- Beare, Patrick. "Mary, the Perfect Disciple: A Paradigm for Mariology." *Theological Studies* 41 (1981): 461-504.
- Carmody, Desise Lardner. *Biblical Woman: Contemporary Reflections on Scriptural Texts*. New York: Crossroad, 1989.
- D'Angelo, Mary Rose. "Women in Luke-Acts: A Redactional View." *JBL* 109, no. 3 (1990): 441-461.
- Fischer, Kathleen. *Women at the Well: Feminist Perspectives on Spiritual Direction*. New York/Mahwah: Paulist, 1988.
- Heine, Susanne. *Women and Early Christianity: A Reappraisal*. Translated by John Bowden. Minneapolis: Augsburg, 1988.
- Hengel, Martin. "Maria Magdalena und die Frauen als Zeugen." In *Abraham unser Vater*, Festschrift for O. Michel. Edited by O. Betz et. al. Arbeiten zur Geschichte des Spätjudentums und Urchristentums 5 (1963): 243-256.
- Love, Stuart L. "The 'Place' of Women in Certain Public Teaching Settings in Matthew's Gospel: A Sociological Inquiry." Unpublished paper presented to the Social Science Study Group, SBL annual meeting, Anaheim, California, November 20, 1989. Special thanks to Professor Love for supplying me with a personal copy of his paper.
- Maly, Eugene. "Women and the Gospel of Luke." *BThB* 10 (1980): 99-104.
- Martini, Carlo M. *Women in the Gospels*. New York: Crossroad, 1990.
- Minear, Paul. "Jesus' Audiences According to Luke." *NovT* 16 (1974): 81-109.
- Munro, Winsome. "Women Disciples in Mark?" *CBQ* 44 (1982): 225-241.
- Neal, Hazel G. *Bible Women of Faith*. Anderson, Ind.: Warner, 1955.
- Osborne, Grant R. "Women in Jesus' Ministry." *Westminster Theological Journal* 51 (1989): 259-291.
- Quesnell, Quentin. "The Women at Luke's Supper." In *Political Issues in Luke-Acts*. Edited by Richard Cassidy and Philip Scharper. Maryknoll, N.Y.: Orbis, 1983, pp. 59-79.

- Ryan, Rosalie. "The Women from Galilee and Discipleship in Luke." *BThB* 15, no. 2 (1985): 56-59.
- Schüssler-Fiorenza, Elizabeth. *In Memory of Her: A Feminist Theological Reconstruction of Christian Origins.* New York: Crossroad, 1983.《크리스챤 기원의 여성 신학적 재건》(종로서적).
- Sigal, Lillian. "Images of Women in Judaism." In an appendix to *Judaism: The Evolution of a Faith.* By Philip Sigal. Revised and edited by Lillian Sigal. Grand Rapids: Eerdmans, 1988.
- Stagg, Evelyn, and Frank Stagg. *Woman in the World of Jesus.* Philadelphia: Westminster, 1978.
- Tetlow, Elizabeth. *Women and Ministry in the New Testament.* New York: Paulist, 1980.
- Witherington, Ben Ⅲ. *The Christology of Jesus.* Minneapolis: Fortress, 1990.
- _____. "On the Road with Mary Magdalene, Joanna, Susanna and Other Disciples: Luke 8:1-3." *ZNW* 70 (1979): 243-248.
- _____. *Women in the Earliest Churches.* SNTSMS 59. Cambridge, Eng.: Cambridge University Press, 1988.
- _____. *Women in the Ministry of Jesus: A Study of Jesus' Attitude Toward Women and Their Roles as Reflected in His Earthly Ministry.* SNTSMS 51. Cambridge: Cambridge University Press, 1984.
- Wold, Margaret. "'Women of Faith and Spirit': Profiles of Fifteen Biblical Witnesses." Minneapolis: Augsburg, 1987.

F. 신약성경 문헌 그룹에 따른 제자도 연구
1. 마태복음
- Bauer, David R. *The Structure of Matthew's Gospel.* Sheffield: Almond Press, 1988.
- Bornkamm, Günther; Gerhard Barth; and Heinz Joachim Held. *Tradition and Interpretation in Matthew.* Translated by Percy Scott. Reprint. Philadelphia: Westminster, 1963.
- Doyle, B. Rod. "Matthew's Intention As Discerned by His Structure." *Revue Biblique* 95, no. 1 (1988): 34-54.
- Edwards, Richard A. *Matthew's Story of Jesus.* Philadelphia: Fortress, 1985.
- _____. "Uncertain Faith: Matthew's Portrait of the Disciples." In *Discipleship in the New Testament.* Edited by Fernando F. Segovia. Philadelphia: Fortress,

1985.
- Freyne, Seán. *The Twelve: Disciples and Apostles. A Study in the Theology of the First Three Gospels*. London: Sheed & Ward, 1968.
- Howard, David M. *The Great Commission for Today*. Downers Grove, Ill.: InterVarsity Press, 1976.《오늘의 지상명령》(생명의말씀사).
- Howell, David B. *Matthew's Inclusive Story A Study in the Narrative Rhetoric of the First Gospel*. JSNTSup 42. Sheffield: Sheffield Academic Press, 1990.
- Kingsbury, Jack Dean. "The Developing Conflict Between Jesus and the Jewish Leaders in Matthew's Gospel: A Literary-Critical Study." *CBQ* 49 (1987): 57-73.
- _____. "The Figure of Peter in Matthew's Gospel as a Theological Problem." *JBL* 98 (1979): 78.
- _____. *Matthew as Story*. 2d ed. Minneapolis: Fortress, 1988.《이야기 마태복음》(요단).
- _____. "On Following Jesus: The 'Eager' Scribe and the 'Reluctant' Disciple (Matthew 8.18-22)." *NTS* 34 (1988): 45-59.
- _____. "The Verb AKOLOUTHEIN ('To Follow') as an Index of Matthew's View of His Community." *JBL* 97 (1978): 56-73.
- Lincoln, Andrew T. "Matthew—A Story for Teachers?" *The Bible in Three Dimensions: Essays in Celebration of Forty Years of Biblical Studies in the University of Sheffield*. Edited by David J. A. Clines, Stephen E. Fowl, and Stanley E. Porter. JSOTSup 87. Sheffield: Sheffield Academic Press, 1990.
- Love, Stuart L. "The 'Place' of Women in Certain Public Teaching Settings in Matthew's Gospel: A Sociological Inquiry." Unpublished paper presented to the Social Science Study Group, SBL annual meeting, Anaheim, California, November 20, 1989. Special thanks to Professor Love for supplying me with a personal copy of his paper.
- Luz, Ulrich. "Die Jünger im Matthäusevangelium." *ZNW* 62 (1971): 141-171. Reprinted as "The Disciples in the Gospel According to Matthew." Translated and edited by Graham Stanton. In *The Interpretation of Matthew*. IRT 3, 1971. London/Philadelphia: SPCK/Fortress, 1983.
- Minear, Paul S. *Matthew: The Teacher's Gospel*. New York: Pilgrim, 1982.
- Orton, David E. *The Understanding Scribe: Matthew and the Apocalyptic Ideal*. JSNTSup 25. Sheffield: Sheffield Academic Press, 1989.
- Sawicki, Marianne. "How to Teach Christ's Disciples: John 1:19-37 and

Matthew 11:2-15." *LexThQ* 21, no. 1 (1986): 14-26.
- Sheridan, Mark. "Disciples and Discipleship in Matthew and Luke." *BThB* 3 (1973): 235-255.
- Thysman, R. *Communauté et directives éthiques: la catéchèse de Matthieu*. Recherches et Synthèses: Section d'exégèse, no. 1. Gembloux: Duculot, 1974.
- Trotter, Andrew H. "Understanding and Stumbling: A Study of the Disciples' Understanding of Jesus and His Teaching in the Gospel of Matthew." Ph.D. dissertation, Cambridge University, 1987.
- Warren, Max. *I Believe in the Great Commission*. Grand Rapids: Eerdmans, 1976.《나는 복음 선교를 믿는다》(예수교문서선교회).
- Wilkins, Michael J. *The Concept of Disciple in Matthew's Gospel: As Reflected in the Use of the Term* Μαθητής. *NovTSup* 59. Leiden: E. J. Brill, 1988.
- _____. "Named and Unnamed Disciples in Matthew: A Literary/Theological Study." SBLSP 30. Atlanta: Scholars, 1991.
- _____. "The Use of ΜΑΘΗΤΗΣ in the New Testament." Unpublished M.Div. thesis, Talbot Theological Seminary, 1977.
- Zumstein, Jean. *La Condition du Croyant dans L'Evangile Selon Matthieu*. Orbis Biblicus et Orientalis 16. Göttingen: Vandenhoeck & Ruprecht, 1977.

2. 마가복음

- Best, Ernest. *Following Jesus: Discipleship in the Gospel of Mark*. JSNTSup 4. Sheffield: Sheffield Academic Press, 1981.
- _____. *Disciples and Discipleship: Studies in the Gospel According to Mark*. Edingburgh: T. & T. Clark, 1986.
- Black, C. Clifton. *The Disciples According to Mark: Markan Redaction in Current Debate*. JSNTSup 27. Sheffield: Sheffield Academic Press, 1989.
- Budesheim, Thomas L. "Jesus and the Disciples in Conflict with Jerusalem." *Zeitschrift für die neutestamentliche Wissenschaft* 62 (1971): 190-209.
- Crossan, John Dominic. "Empty Tomb and Absent Lord (Mark 16:1-8)." In *The Passion in Mark: Studies on Mark 14-16*. Edited by Werner Heinz Kelber. Philadelphia: Fortress, 1976, 135-152.
- Daris, Sergio. "6. Marco, Vangelo 2:1-26. Papiri letterari dell' Universita; Cattolica di Milano." *Aegyptus* 52 (1972): 80-88.
- Donahue, John R. *The Theology and Setting of Discipleship of Mark*. The 1983 Pere Marquette Theology Lecture. Milwaukee: Marquette University Press,

1983.
- Donaldson, James. "Called to Follow—A Twofold Experience of Discipleship in Mark." *BThB* 5 (1975): 67-77.
- Focant, Camille. "L'Incompréhension des Disciples dans le deuxième Evangile." *Revue Biblique* 82 (1985): 161-185.
- Freyne, Seán. *The Twelve: Disciples and Apostles. A Study in the Theology of the First Three Gospels*. London: Sheed & Ward, 1968.
- Guelich, Robert A. *Mark 1-8:26*. WBC 34A. Dallas: Word, 1989.《마가복음 상》(솔로몬).
- Kelber, Werner Heinz. "Apostolic Tradition and the Form of the Gospel." In *Discipleship in the New Testament*. Edited by Fernando F. Segovia. Philadelphia: Fortress, 1985.
- _____. *The Kingdom in Mark: A New Place and a New Time*. Philadelphia: Fortress, 1974.
- _____. "Mark 14:32-42: Gethsemane. Passion Christology and Discipleship Failure." *Zeitschrift für die neutestamentliche Wissenschaft* 63 (1972): 166-187.
- _____. *Mark's Story of Jesus*. Philadelphia: Fortress, 1979.《마가의 예수 이야기》(한국신학연구소).
- _____. *The Passion in Mark: Studies on Mark 14-16*. Edited by Werner Heinz Kelber. Philadelphia: Fortress, 1976.
- Kingsbury, Jack Dean. *Conflict in Mark: Jesus, Authorities, and Disciples*. Minneapolis: Fortress, 1989.《마가의 세계》(CLC).
- Klein, Günther. "Die Verleugnung des Petrus. Eine traditionsgeschichtliche Untersuchung." *Zeitschrift für Theologie und Kirche* 58 (1961): 285-328.
- Kuby, Alfred. "Zur Konzeption des Markus-Evangeliums." *Zeitschrift für die neutestamentliche Wissenschaft* 49 (1958): 52-64.
- Lincoln, A. T. "The Promise and the Failure: Mark 16:7, 8." *JBL* 108, no. 2 (1989): 283-300.
- Malbon, Elizabeth Struthers. "Disciples/Crowds/Whoever: Markan Characters and Readers." *NovT* 28, no. 2 (1986): 104-130.
- _____."The Jewish Leaders in the Gospel of Mark: A Literary Study of Marcan Characterization." *JBL* 108, no. 2 (1989): 259-281.
- Marshall, Christopher D. *Faith As a Theme in Mark's Narrative*. SNTMS 64. Cambridge: Cambridge University Press, 1989.
- Matera, Frank J. "The Incomprehension of the Disciples and Peter's Confession

(Mark 6,14-8,30)." *Biblica* 70, no. 2 (1989): 153-172.
- _____. *What Are They Saying About Mark?* New York: Paulist, 1987.
- Meye, Robert P. *Jesus and the Twelve: Discipleship and Revelation in Mark's Gospel.* Grand Rapids: Eerdmans, 1968.
- Munro, Winsome. "Women Disciples in Mark?" CBQ2 44 (1982): 225-241.
- Myers, Ched. *Binding the Strong Man. A Political Reading of Mark's Story of Jesus.* Maryknoll, N.Y.: Orbis, 1988.
- Reploh, Karl-Georg. *Markus — Lehrer der Gemeinde: Eine redaktionsgeschichtliche Studie zu den Jüngerperikopen des MarkusEvangeliums.* Stuttgarter biblische Monographien 9. Stuttgart: Katholisches Bibelwerk, 1969.
- Stock, Augustine. *Call to Discipleship: A Literary Study of Mark's Gospel.* Good News Studies 1. Wilmington, Del.: Michael Glazier, 1982.
- Sweetland, Dennis M. *Our Journey with Jesus. Discipleship According to Mark.* Good News Studies 22. Wilmington, Del.: Michael Glazier, 1987.
- Tannehill, Robert C. "The Disciples in Mark: The Function of a Narrative Role." *JR* 57 (1977): 386-405. Reprinted in *The Interpretation of Mark.* Edited by William Telford. Issues in Religion and Theology 7. Philadelphia/London: Fortress/SPCK, 1985.
- Thomas, John Christopher. "Discipleship in Mark's Gospel." In *Faces of Renewal: Studies in Honor of Stanley M. Horton.* Edited by Paul Elbert. Peabody, Mass.: Hendrickson, 1988.
- Trakatellis, Demetrios. "'Ἀκολούθει μοι/Follow Me' (Mk 2:14): Discipleship and Priesthood." *GOThR* 30, no. 3 (1985): 271-285.
- Trocmé, Etienne. *The Formation of the Gospel According to Mark.* Translated by Pamela Gaughan. Philadelphia: Westminster, 1975.
- Tyson, Joseph. "The Blindness of the Disciples in Mark." *JBL* 80 (1961): 261-268. (Reprinted in Christopher Tuckett, editor, *The Messianic Secret.* IRT 1. Philadelphia/London: Fortress/SPCK, 1983, pp. 35-43).
- Weeden, Theodore John, Sr. "The Conflict Between Mark and His Opponents Over Kingdom Theology." *SBLSP* 1973 (Cambridge, Mass.: SBL, 1973), 115-134.
- _____. The Heresy That Necessitated Mark's Gospel. *Zeitschrift für die neutestamentliche Wissenschaft* 59 (1968): 145-158 (reprinted in *The Interpretation of Mark.* Edited by William Telford. IRT 7. Philadelphia/London: Fortress/SPCK, 1985, pp. 64-77).

- _____. *Mark—Traditions in Conflict*. Philadelphia: Fortress, 1971.
- Wink, Walter. "The Education of the Apostles: Mark's View of Human Transformation." *Religious Education* 83, no. 2 (1988): 277-290.
- Wrede, William. *The Messianic Secret*. Translated by J. C. G. Greig. Cambridge: James Clarke, 1971.

3. 누가복음

- Degenhardt, H.-J. *Lukas — Evangelist der Armen. Besitz und Besitzverzicht nach den lukanischen Schriften: Eine traditions- und redaktionsgeschichtliche Untersuchung*. Stuttgart: Katholisches Bibelwerk, 1965.
- Dollar, Harold E. "A Biblical-Missiological Exploration of the CrossCultural Dimensions in Luke-Acts." Unpublished Ph.D. dissertation, Fuller Theological Seminary, 1990.
- Ellis, E. Earle. *The Gospel of Luke. NCB*. Rev. ed. Grand Rapids/London: Eerdmans/Marshall, Morgan & Scott, 1974.
- Fitzmyer, Joseph A. *The Gospel According to Luke (I-IX): Introduction, Translation, and Notes. AB* 28. Garden City, N.Y.: Doubleday, 1981, pp. 235-257.
- _____. *Luke the Theologian: Aspects of His Teaching*. New York: Paulist, 1989.
- Freyne, Seán. *The Twelve: Disciples and Apostles. A Study in the Theology of the First Three Gospels*. London: Sheed & Ward, 1968.
- Giles, Kevin N. "The Church in the Gospel of Luke." *Scottish Journal of Theology* 34 (1981): 121-146.
- Kingsbury, Jack Dean. *Conflict in Luke: Jesus, Authorities, and Disciples*. Minneapolis: Fortress, 1991.
- Martin, Ralph P. "Salvation and Discipleship in Luke's Gospel." *Interpretation* 30 (1976): 366-380.
- McCasland, S. V. "'The Way.'" *JBL* 77 (1958): 222-230.
- O'Toole, Robert F. "Luke's Message in Luke 9:1-50." *CBQ* 49 (1987): 74-89.
- _____. "Parallels Between Jesus and His Disciples in Luke-Acts: A Further Study." *Biblische Zeitschrift* 27 (1983): 195-212.
- Repo, Eero. *Der "Weg" als Selbstbezeichnung des Urchristentums: Eine traditionsgeschichtliche und semasiologische Untersuchung*. Annales Academiae scientiarum fennicae B132/2. Helsinki: Soumalainen Tiedeakatemia, 1964.
- Rhee, Sung-Yul (Victor). "The Concept of Discipleship in Luke-Acts."

- Unpublished Th.M. thesis, Talbot School of Theology, 1989.
- Rice, George E. "Luke's Thematic Use of the Call to Discipleship." *Andrews University Seminary Studies* 19 (1981): 51-58.
- Richard, Earl. "Luke—Writer, Theologian, Historian: Research and Orientation of the 1970's." *BThB* 12 (1983): 3-15.
- Ryan, Rosalie. "The Women from Galilee and Discipleship in Luke." *BThB* 15 (2, 1985): 56-59.
- Sheridan, Mark. "Disciples and Discipleship in Matthew and Luke." *BThB* 3 (1973): 235-255.
- Sweetland, Dennis M. *Our Journey with Jesus. Discipleship According to Luke-Acts.* Good News Studies 23. Wilmington, Del.: Michael Glazier, 1990.
- Talbert, Charles H. "Discipleship in Luke-Acts." In *Discipleship in the New Testament.* Edited by Fernando F. Segovia. Philadelphia: Fortress, 1985.
- _____. *Reading Luke: A Literary and Theological Commentary on the Third Gospel.* New York: Crossroad, 1984.

4. 요한복음

- Black, C. Clifton. "Christian Ministry in Johannine Perspective." *Interpretation* 44 (1990): 29-41.
- Brown, R. E. *The Community of the Beloved Disciple: The Life, Loves, and Hates of an Individual Church in New Testament Times.* New York: Paulist, 1979, pp. 25-28.《요한 교회의 신앙과 역사》(한국장로교출판사).
- de Jonge, M. "The Fourth Gospel: The Book of the Disciples." In *Jesus: Stranger from Heaven and Son of God. Jesus Christ and the Christians in Johannine Perspective.* SBLSBS 11. Missoula: Scholars, 1977, pp. 1-27.
- Jiménez, R. Moreno. "El discípulo de Jesucristo, según el evangelio de S. Juan." *EstBib* 30 (1971): 269-311.
- Koester, Craig. "Hearing, Seeing, and Believing in the Gospel of John." *Biblica* 70 (1989): 327-348.
- Laney, J. Carl. "Abiding Is Believing: The Analogy of the Vine in John 15:1-6." *BS* 146 (581, 1989): 55-66.
- Sawicki, Marianne. "How to Teach Christ's Disciples: John 1:19-37 and Matthew 11:2-15." *LexThQ* 21 (1, 1986): 14-26.
- Schnackenburg, R. "Exkurs 17: Jünger, Gemeinde, Kirche im Johannesevangelium." In *Das Johannesevangelium.* Three vols. HTKNT 4.

Freiburg: Herder, 1967-1975. 3:231-245.
- Schulz, Anselm. *Nachfolgen und Nachahmen: Studien über das Verhältnis der neutestamentlichen Jüngerschaft zur urchristlichen Vorbildethik. SANT* 6. Munich: Kösel-Verlag, 1962, pp. 137-144, 161-176.
- Segovia, Fernando F. "'Peace I Leave with You; My Peace I Give to You; Discipleship in the Fourth Gospel." In *Discipleship in the New Testament*. Edited by Fernando F. Segovia. Philadelphia: Fortress, 1985.
- Smith, Dwight Moody. *Johannine Christianity: Essays on Its Setting, Sources, and Theology*. Columbia, S.C.: University of South Carolina, 1984.
- Winbery, C. L. "Abiding in Christ: The Concept of Discipleship in John." *ThE* 38 (1988): 104-120.

5. 사도행전

- Dollar, Harold E. "A Biblical-Missiological Exploration of the Cross-Cultural Dimensions in Luke-Acts." Ph.D. dissertation, Fuller Theological Seminary, 1990.
- Dulles, Avery. *A Church to Believe In: Discipleship and the Dynamics of Freedom*. New York, 1982.
- Dunn, James D. G. *Unity and Diversity in the New Testament: An Inquiry into the Character of Earliest Christianity*. 2d ed. London/Philadelphia: SCM/Trinity, 1990.《신약성서의 통일성과 다양성》(솔로몬).
- Gager, John G. *Kingdom and Community: The Social World of Early Christianity*. Englewood Cliffs, N.J.: Prentice-Hall, 1975.《초기기독교 형성과정 연구》(대한기독교서회).
- Harrison, Everett F. *The Apostolic Church*. Grand Rapids: Eerdmans, 1985.《사도교회의 역사와 성장》(CLC).
- Kyrtatas, Dimitris J. *The Social Structure of the Early Christian Communities*. London: Verso, 1987.
- Lohfink, Gerhard. *Jesus and Community : The Social Dimension of Christian Faith*. Philadelphia: Fortress, 1984.《예수는 어떤 공동체를 원했나?》(분도).
- Luter, A. Boyd. "Discipleship and the Church." *BS* 137 (547, 1980): 267-273.
- O'Toole, Robert F. "Parallels Between Jesus and His Disciples in Luke-Acts: A Further Study." *Biblische Zeitschrift 27* (1983): 195-212.
- Rhee, Sung-Yul (Victor). "The Concept of Discipleship in Luke-Acts." Th.M.

thesis, Talbot School of Theology, 1989.
- Talbert, Charles H. "Discipleship in Luke-Acts." In *Discipleship in the New Testament*. Edited by Fernando F. Segovia. Philadelphia: Fortress, 1985.

6. 서신서

- Dragas, George. "Martyrdom and Orthodoxy in the New Testament Era—The Theme of *Μαρτυρία* As Witness to the Truth." *GOThR* 30, no. 3 (1985): 287-296.
- Dulles, Avery. *A Church to Believe In: Discipleship and the Dynamics of Freedom*. New York, 1982.
- Dunn, James D. G. *Unity and Diversity in the New Testament: An Inquiry into the Character of Earliest Christianity*. 2d ed. London/Philadelphia: SCM/Trinity , 1990.《신약성서의 통일성과 다양성》(솔로몬).
- Gray, Vivienne. "*MIMESIS* in Greek Historical Theory." *American Journal of Philology* 108, no. 3 (1987): 467-486.
- Harrison, Everett F. *The Apostolic Church*. Grand Rapids: Eerdmans, 1985.《사도교회의 역사와 성장》(CLC).
- Henrix, H. H. "Von der Nachahmung Gottes. Heiligkeit und Heiligsein im biblischen und jüdischen Denken." *Erbe und Auftrag 65*, no. 3 (1989): 177-187.
- Kruse, Colin G. *New Testament Models for Ministry: Jesus and Paul*. 1983, reprint. Nashville: Thomas Nelson, 1985.
- Luter, A. Boyd. "Discipleship and the Church." *BS* 137 (547, 1980): 267-273.
- Malinowski, Francis X. "The Brave Women of Philippi." *BThB* 15, no. 2 (1985): 60-63.
- Morrison, Karl F. *The Mimetic Tradition of Reform in the West*. Princeton: Princeton, 1982.
- Tinsley, E. J. *The Imitation of God in Christ: An Essay on the Biblical Basis of Christian Spirituality*. London: SCM, 1960.

7. 사도 이후 교회

- Baus, Karl. *From the Apostolic Community to Constantine*. With a "General Introduction to Church History" by Hubert Jedin. London: Bums & Oates, 1980.

- Berry, Grinton. *Foxe's Book of Martyrs*. Reprint. Grand Rapids: Baker, 1990.
- Betz, Hans Dieter. *Nachfolge und Nachahmung Jesu Christi im Neuen Testament*. BHT 37. Tübingen: Mohr/Siebeck, 1967.
- Brown, Raymond E., and John P. Meier. *Antioch and Rome: New Testament Cradles of Catholic Christianity*. Ramsey, N.J.: Paulist, 1983.
- Campenhausen, Hans von. *Die Idee des Martyriums in der alten Kirche*. 2d ed. Göttingen: Vandenhoeck & Ruprecht, 1964.
- _____. *Ecclesiastical Authority and Spiritual Power in the Church of the First Three Centuries*. Translated by J. A. Baker. Stanford, Calif.: Stanford University Press, 1969.
- _____. *Tradition and Life in the Church: Essays and Lectures in Church History*. Philadelphia: Fortress, 1968.
- Corwin, Virginia. *St. Ignatius and Christianity in Antioch*. New Haven: Yale, 1960.
- Davies, John Gordon. *The Early Christian Church*. New York: Holt, Rinehart & Winston, 1965.
- Dragas, George. "Martyrdom and Orthodoxy in the New Testament Era—The Theme of Μαρτυρία As Witness to the Truth." *GOThR* 30, no. 3 (1985): 287-296.
- Fox, Robin Lane. *Pagans and Christians*. San Francisco: Harper & Row, 1986.
- Frend, W. H. C. *Martyrdom and Persecution in the Early Church: A Study of a Conflict from the Maccabees to Donatus*. 1965, reprint. Grand Rapids: Baker, 1981.
- _____. *The Rise of Christianity*. Philadelphia: Fortress, 1984.
- Horbury, William. *Suffering and Martrydom in the New Testament*. Cambridge: Cambridge University Press, 1981.
- Kyrtatas, Dimitris J. *The Social Structure of the Early Christian Communities*. London: Verso, 1987.
- Lightfoot, J. B. *The Apostolic Fathers: Revised Texts with Introductions, Notes, Dissertations, and Translations*. Two parts in 5 volumes. 1889-1890, reprint. Grand Rapids: Baker, 1981.
- Lightfoot, J. B., and J. R. Harmer. *The Apostolic Fathers*. Edited and revised by Michael W. Holmes. 1891, 2d ed. Grand Rapids: Baker, 1989.《속사도 교부들》(CLC).
- Richardson, Cyril Charles. *The Christianity of Ignatius of Antioch*. New York:

Columbia University Press, 1935.
- Ruffin, C. Bernard. *The Days of the Martyrs: A History of the Persecution of Christians from Apostolic Times to the Time of Constantine*. Huntington, Ind.: Our Sunday Visitor, 1985.
- Schoedel, William R. *Ignatius of Antioch: A Commentary on the Letters of Ignatius of Antioch*. Edited by Helmut Koester. Hermeneia Commentary Series. Philadelphia: Fortress, 1985.
- Schulz, Anselm. *Nachfolgen und Nachahmen: Studien über das Verhältnis der neutestamentlichen Jüngerschaft zur urchristlichen Vorbildethik*. SANT 6. Munich: Kösel-Verlag, 1962.
- Staniforth, Maxwell. *Early Christian Writings-The Apostolic Fathers*. New York: Dorset, 1968.
- Tinsley, E. J. "The imitatio Christi in the Mysticism of St. Ignatius of Antioch." *Studia Patristica*. Vol. 2. Eds. Kurt Aland and F. L. Cross. Berlin: Akademie, 1957.
- _____. *The Imitation of God in Christ: An Essay on the Biblical Basis of Christian Spirituality*. London: SCM, 1960.
- Torrance, Thomas F. *The Doctrine of Grace in the Apostolic Fathers*. Grand Rapids: Eerdmans, 1948.
- Trakatellis, Demetrios. "'Ακολούθει μοι/Follow Me' (Mk 2:14): Discipleship and Priesthood." *GOThR* 30, no. 3 (1985): 271-285.
- Walsh, Michael. *The Triumph of the Meek: Why Early Christianity Succeeded*. San Francisco: Harper & Row, 1986.
- Workman, Herbert B. *Persecution in the Early Church*. 1906, reprint. Oxford: Oxford University Press, 1980.
- Zizioulas, John D. "The Early Christian Community." In *Christian Spirituality -Origins to the Twelfth Century*. Edited by Bernard McGinn and John Meyendorff. New York: Crossroad, 1985.

인명 찾아보기

Aberbach, M. 554
Agnew, Francis 591
Albright, William F. 258, 568, 574, 576-577, 579, 590
Alford, Henry 590
Allen, W. C. 552, 578
Allison, Dale C., Jr. 556-557, 566, 568
Atkinson, Michael 603
Aune, David 564

Baab, O. J. 571, 583
Bacon, Benjamin W. 578
Badke, William B. 566, 580
Barker, Kenneth 554
Barnett, Paul 565
Barr, James 595
Barrett, C. K. 560, 563, 565-566, 573, 584-587
Barrett, David B. 604
Bauer, David R. 579
Bernard, John H. 585-587, 604
Best, Ernest 566, 575, 581-582
Betz, Hans Dieter 559, 564, 569, 598-599, 603
Black, C. Clifton 560, 580, 598
Blair, E. P. 576
Blauvelt, Livingston 550
Boice, James M. 552
Bonhoeffer, Dietrich 29, 37, 552
Borgen, Peder 560
Bornkamm, Günther 121, 561, 567, 577-578
Brandon, G. F. 563
Brown, Colin 591
Brown, Raymond E. 563, 573, 584-587
Bruce, A. B. 44, 552-553, 555, 565, 571-572, 594
Bruce, F. F. 375, 588-594
Bultmann, Rudolf 564, 576, 597

Caird, G. B. 563, 595
Calenberg, Richard D. 593, 605
Calvin, John 514, 605
Campenhousen, Hans von 599, 603
Caragounis, Chrys 572, 579, 593
Carmignac, Jean 562

Carson, Donald A. 385-386, 570, 572-574, 579-580, 582, 592
Chandapilla, P. T. 551
Charlesworth, James H. 563, 586
Coenen, L. 566
Coleman, Robert E. 553
Conzelmann, Hans 268, 578-579
Coppedge, Allan 550
Corwin, Virginia 466, 485, 601-603
Cotterell, Peter 588, 596
Craigie, Peter C. 555
Crenshaw, James L. 557
Cullman, Oscar 564, 572, 579, 593
Culpepper, Alan R. 562

Davies, W. D. 582
Degenhardt, H. J. 551
de Jonge, M. 584
DeRidder, Richard 553, 580
Dodd, Charles A. 586
Dollar, Harold E. 592-593
Doyle, B. Rod 579
Dragas, George 603
Drushal, M. E. 551
Dulles, Avery 401, 593, 595-597, 599, 604
Dunn, James D. G. 564-565, 571, 587, 591-594

Eims, Leroy 550-551
Elliot, J. Keith 577
Ellis, E. Earle 569, 582-584

Feuillet, Andre 556
Fisher, Fred L. 550
Fitzmyer, Joseph A. 570, 572, 575, 580-582, 591

Focant, Camille 581
Foster, Richard J. 570
France, R. T. 573-574
Freyne, Seán 572, 592-593
Fryling, Alice 552

Gager, John G. 564, 592
Geldenhuys, Norval 583
Gerhardsson, Birger 564
Getz, Gene A. 594
Gill, David W. 562, 588
Godet, F. 585, 587
Golka, Friedemann W. 557
Goppelt, Leonhard 576
Gould, George P. 589
Green, Michael P. 552, 570, 583, 598
Griffiths, Michael 552
Gruenewald, Max 570
Grundmann, Walter 598
Guelich, Robert A. 572, 574, 580
Guthrie, Donald 571, 573, 583-585, 591, 594, 597

Habermann, A. M. 562
Hadidian, Allen 552
Haenchen, Ernst 588-590, 598
Hagner, Donald A. 561, 573
Hanson, John S. 561-562, 574
Hanson, Paul D. 554, 561
Hare, Douglas R. A. 579
Harrison, Everett F. 54, 395, 553, 571, 592-594, 597-598, 605
Hasel, Gerhard 554
Hawthorne, Gerald F. 568, 596
Hayakawa, S. I. 553
Heine, Susanne 569
Held, M. L. 578

Helfmeyer, F. J. 555-557
Helm, Paul 382, 555, 592, 597
Hengel, Martin 551, 556, 559, 561, 563-564, 566-569, 571, 575-578
Hennecke, Edgar 573
Henrichsen, Walter A. 33, 550
Henrix, H. H. 599, 603
Hess, Klaus 598
Hill, David 561, 576
Hobbs, T. R. 556
Hodges, Zane C. 550, 553, 583
Hollingsworth, Mark 566
Holmes, Michael W. 600-602
Horsley, Richard A. 559-562, 564-565, 570-571, 574-575, 583, 594
Hull, Bill 552, 595

Jenni, Ernst 554-556
Jimenez, R. Moreno 584

Kaiser, Walter C. 554-555, 592
Keil, C. F. 555
Kelber, Werner Heinz 581
Kelly, William 590
Kent, Homer A., Jr. 589-590
Kingsbury, Jack Dean 566-568, 571, 576-577, 579-580
Kio, Stephen Hre 579
Kittel, Gerhard 555, 557, 570, 596
Klostermann, Erich 578
Knowling, R. J. 596
Krodel, Gerhard A. 594
Kuhn, Karl Georg 562
Kuhne, Gary W. 550
Kvalbein, Hans 551-552, 566, 570-571, 599

Ladd, George E. 571, 591
Lake, Kirsopp 590, 596, 600, 602
Lane, William L. 581
Laney, J. Carl 586
LaSor, William S. 633
Lenski, R. C. H. 585-586, 588-589, 593
Leon-Dufour, Xavier 556
Lewis, C. S. 328
Lieberman, Saul 563
Liefeld, Walter 317, 583-584
Lightfoot, J. B. 472, 600-602
Lignée, Hubert 562
Lincoln, Andrew T. 579
Lindars, Barnabas 567, 582, 584-587
Lohfink, Gerhard 551, 587, 594, 602
Longenecker, Richard N. 588-589, 591, 594, 598
Louw, Johannes P. 553, 588-589, 596
Luter, A. Boyd, Jr. 592-593, 595, 597
Luz, Ulrich 568, 577

MacArthur, John 552, 554
MacDonald, William 552
Malina, Bruce J. 565
Maly, Eugene 569
Mann, C. S. 258, 568, 574, 576-577, 579, 590
Manson, T. W. 128, 563, 566, 577
Marshall, Christopher D. 580
Marshall, I. Howard 569, 575, 582-584, 588-591, 594
Martin, John R. 552
Martin, Ralph P. 575, 578, 597
Matera, Frank J. 581
Mattingly, Harold B. 598
McGavran, Donald A. 551
McKane, William 556-557

Metzger, Bruce M. 568, 574, 590
Meye Robert P. 258, 568, 576, 581, 591, 596
Michaelis, W. 599
Milligan, William 586
Minear, Paul S. 551, 578
Montefiore, C. G. 563
Morgenthaler, Robert 589, 595
Morris, Leon 161-162, 560, 563, 567, 573, 575, 583, 585-587, 599
Morrison, Karl F. 559, 599
Moulton, James Hope 583
Moulton, William F. 586
Mounce, Robert H. 574
Müller, Dietrich 556, 562, 566, 568, 591
Munck, Johannes 590
Murphy, Roland E. 557
Murphy-O'Connor, Jerome 566, 590
Myers, Ched 552
Myers, Jacob M. 555

Nepper-Christensen, Poul 561
Neusner, Jacob 559, 561-562, 567-568
Nida, Eugene A. 553, 588-589
Nolland, John 570, 572, 582

O'Brien, Peter T. 583
Ortiz, Juan 32, 550
Orton, David E. 557, 564
Osborne, Grant R. 569, 578-580
Overman, J. Andrew 579

Parker, Pierson 553
Pentecost, Dwight 33, 550
Perkins, Pheme 556, 565, 569
Pesch, Rudolf 566, 568, 577
Peterson, David G. 583

Plummer, Alfred 580, 596
Powell, Paul W. 550
Przybylski, Benno 567, 577

Rengstorf, Karl H. 555-556, 558, 560-561, 566, 572, 588-593, 595, 603
Richards, Lawrence O. 594, 599, 604
Richardson, Cyril 604
Rickards, Donald P. 550
Ridderbos, Herman N. 580, 598
Robertson, Archibald T. 586-587, 593
Riesner, Rainer 564
Ruffin, Bernard C. 600
Russell, Walter O. 598
Ryan, Rosalie 569
Ryrie, Charles C. 550, 554

Safrai, Shmuel 313, 571, 583
Saldarini, Anthony J. 560
Sanday, William 596
Sanders, Boykin 599
Sanders, Oswald 550
Sandmel, Samuel 560
Saucy, Robert L. 572, 594
Schaff Phillip 493, 604
Schelkle, Karl Hermann 551
Schilling, Othmar 562, 597
Schmidt, K. L. 566
Schnackenburg, Rudolf 567, 573, 584-585
Schneider, Johannes 583
Schoedel, William R. 488, 491, 601-604
Schrage, Wolfgang 567, 570, 582-584
Schulz, Anselm 564, 566, 599, 603
Schürer, Emil 560-562, 598
Schweizer, Eduard 566, 568, 570
Seccombe, David P. 583

Segal, Alan F. 560-561, 565
Segovia, Fernando F. 553, 575, 582-585, 588, 595-596, 604
Sheldon, Charles 431
Sheridan, Mark 551, 578-579, 581, 595
Sigal, Philip 80, 556
Silva, Moisés 580, 596
Sine, Tom 552
Stagg, Evelyn & Frank 569
Stanton, Graham 576-577
Stein, Robert H. 583
Stock, Augustine 581
Strecker, Georg 568, 577-578
Sugden, Christopher 552
Sweetland, Dennis M. 551, 569, 571, 581, 593-594

Talbert, Charles H. 582-583, 588, 593, 596, 604
Taylor, Vincent 576
Tenney, Merril C. 585-587
Theissen, Gerd 184, 551, 563, 565, 570, 578
Thysman, R. 551, 578
Tidball, Derek 565
Trakatellis, Demetrios 551, 580, 584, 602-603
Trilling, Wolfgang 276, 580
Trocmé, Etienne 581
Trotter, Andrew H. 578-579
Tuckett, Christopher 581
Tuente, Rudolf 598
Turner, Max 588, 596
Turner, Nigel 315, 583
Tyson, Joseph 581

Urbach, Ephraim 562, 597

Vincent, John J. 28, 549, 555-556, 575-576

Wagner, C. Peter 36, 551-552
Wallis, Jim 552
Warren, Max 567
Webster, John B. 599
Weeden, Theodore John 581
Wessel, Walter W. 581
Westcott, B. F. 585-587
White, L. Michael 560
White, W. 571, 583
Whybray, R. N. 71, 555
Wilcox, Max 560, 580, 605
Wilkins, Michael J. 549, 553, 556, 558-560, 563, 565, 572-573, 575-577, 579, 589, 593, 595, 597-599, 605
Willard, Dallas 38, 552, 570
Williams, David John 588-589, 591, 594
Wilson, Carl 553, 594-595
Wilson, J. Christy 604
Wilson, Robert R. 556
Witherington, Ben III 565, 568-569, 572, 575, 577
Wuest, Kenneth 550

Young, E. J. 556

Zizioulas, John D. 604

주제 찾아보기

가나(Cana of Galilee) 142
가나의 혼인 잔치(Wedding celebration at Cana) 141
가룟 유다(Judas Iscariot) 49, 216, 218-219, 237-241
가르침 혹은 교훈(Teaching)
　그리스도인의 성장을 다루는(as Christian growth) 43
　모든 제자들에게 적용되는(directed to all disciples) 389
　복음전파를 다루는(as evangelism) 43
　사도의(apostle's) 403
　삶의 의미를 구현하기 위한 예수님의 (of Jesus, meaning of life) 383-390
　에 대한 잘못된 이해(faulty understanding of) 19
　예수님의 과격한(of Jesus so radical) 40
　의 정의(definition) 275
가말리엘(Gamaliel) 119
가버나움(Capernaum) 141
가족(Family) 199-201, 311-312
　유대교 사회생활에서의(social life of Judaism) 200
　을 미워함(hating) 200, 311
　하나님의(of God) 365
　(하나님의 뜻을) 찬탈할 위험이 있는 (danger of usurping) 201
　하나님이 세우신(established by God) 199
가지(Branches) 453
가지 비유(Branch analogy) 352
갈렙(Caleb) 78
갈릴리(Galilee) 144-145, 155
개인 희생(Sacrifice, personal) 294
개인주의(Individualism) 199, 361, 404
거라사의 귀신 들린 사람(Demoniac, Gerasene) 153, 185
거함(Abiding) 340-341, 348-349, 447
　'제자도'를 보라
걷기 혹은 행하기(walking) 451
　그의 길로(in his ways) 75, 91
　세상에서(in the world) 22
　예수님을 주님으로 삼고 그분과 함께 그 길로(with Jesus as Master) 323, 523

하나님과(with God) 83, 89
하나님의 길을 따라(in the ways of
　God) 77
겟세마네 동산(Gethsemane, Garden of)
　225, 239, 285, 305
고난(Suffering) 456, 462, 494, 498, 540
고통이 없으면 이익도 없다(No pain, no
　gain) 293
공동체(Community)
　가족 같은(as family) 196-200
　그리스도의 몸인(body of Christ) 397
　기독교 제자도(Christian discipleship)
　　39
　를 가리키는 은유(metaphor for) 450
　메시아(messianic) 215
　믿음의(of faith) 201, 359-411
　생활(life) 199-201
　성령 안에서 하나의(one in the spirit)
　　391
　예수님의 사역 대상인(object of Jesus'
　　ministry) 265
　의 균형(balance) 199
　의 요소(ingredients) 397
　의 정의(definition) 199
　의 필요성(necessity of) 359-363
　제자의(of disciples) 304
　종말론적인(eschatological) 35
교제(Fellowship) 404-405
교회(Church) 440-441
　그리스도의 몸인(body of Christ) 379
　로서의 제자들(disciples) 377-380
　사명에 충실한(faithfulness to the
　　mission) 394
　새로운 창조로서의(a new creation)
　　366
　시대를 여는 시작으로서의(age,
　　dawning of) 367

실천하는(practice of the) 402
초대~의 교부(early fathers) 344
핍박을 경험한(experienced
　persecution) 350
하나님의 새로운 창조물인(God's new
　creation) 379
구원(Salvation) 152, 272, 307-309, 530
구원으로 들어가는 문은 좁다(Door to
　salvation is narrow) 324
군중(Multitudes) '무리'를 보라
그리스도(Christ)
　성육신한 모범이신(example of God)
　　455
　순종의 귀감이신(pattern for obedience)
　　450
　안에('in') 187
　율법의 완성이신(fulfillment of the law)
　　450
　의 마음(mind of) 445
　주님이신(as Lord) 32-33
그리스도인(Christian) 46, 50, 166, 306,
　421, 441-445, 475-476
　세상의 빛(as lights) 449
　문화적인(cultural) 300
　성경에 처음 등장한(first time occurring
　　in Scripture) 369
　이방의(Gentiles) 438
　조소와 적대감을 드러내는 용어로서의
　　(indicated contempt and hostility)
　　443
　의 삶(life) 16
　오늘날의(modern) 425
　의 기원(origin of the term) 442
　참된(true) 29
금욕적인 수도원주의(Ascetic
　Monasticism) 530
기대(Expectations)

구약성경의(Old Testament) 87, 128
는 목표와 지침(goals and guidelines) 506
모든 그리스도인에게 적용되는(for all Christians) 60-61
부담 혹은 율법적인 요건이 되는(as burdens or legalistic requirements) 505-509
성장을 위한 동기(incentives to growth)
예수님의(of Jesus) 159
제자도와 ~의 균형을 유지하는 (balancing with discipleship) 523-524
제자도의(of discipleship) 60
기도(Prayer) 194-196, 205, 321, 406-408, 450
길(Way) 323
    구원의(of salvation) 321
    로 들어서는 것(entrance into) 193, 323
    보다 문이 먼저 온다(door comes first) 308
    비용이 드는(costly) 309
    십자가의(of the cross) 327
    예수님을 따르는(those of the) 50
    오직 믿음으로(by faith alone) 308

나사렛 이단(Nazarene, sect of) 306, 442, 589 주16
누가(Luke)
    가 대비시킨, 하나님의 일을 생각하는 것과 사람의 일을 생각하는 것(thinking the things of God/humankind) 287, 292
    가 묘사하는 제자(portrait of disciple) 304, 306
    다정스레 묘사한 의사(beloved physician) 302
    복음에 나타나는 (제자의 모습)(in Gospel) 304-305
    복음에서 제자도의 발전(development of discipleship) 307
    부활을 넘어 초대교회까지 계속되는 이야기를 제공한 복음서 저자(gospel goes beyond resurrection) 302
    사도행전에 나타난 (~의 제자관)(in Acts) 367-382
    제자도에 대한 ~의 견해(view of discipleship) 285-287
    제자도에 대한 ~의 관점(view of discipleship) 397
    제자들이 동심원을 이루었다는 것을 보여준(concentric circles of disciples) 307
논쟁(Polemicism) 57
니고데모(Nicodemus) 142-143, 163-164, 192, 320, 347

다대오(Thaddaeus/Judas of James) 218, 235
다비다(Tabitha) 368
다윗(David) 78
도마, 디두모라 하는(Thomas, called Didymus) 218, 232-233, 430
디아스포라(Diaspora) 107
디오그네투스(Diognetus) 470, 472, 476
따르는 자(Follower) '제자'를 보라
따름(Following) 474
    나를(me) 146-147, 315
    물리적으로(physically) 186
    비유적으로(figuratively) 187
    예수님을(Jesus) 323, 445, 543
    의 정의(definition of) 474
    제자가 되어(as a disciple) 17

하나님을(the Lord) 79
훈련(a discipline) 316
떡을 뗌(Breaking of bread) '신자'를 보라

랍비(Rabbi) 119

마가(Mark)
　복음에 나타난 제자도의 발전(gospel, development of discipleship) 287-293
　예수님의 메시지와 사역에 대한 ~복음의 선언(proclamation of Jesus' message and ministry)
마태(Matthew) 120, 147, 156, 217-218
　가 언급한 작은 무리의 제자(small group of disciples) 257
　마태복음의(the gospel of) 233, 275
　마태복음에서 제자도의 발전(the gospel of, development of discipleship) 263-276
　제자도에 대한 ~의 견해(view of discipleship) 257-263
　제자라는 용어를 열둘이라는 명칭과 연결시키는(identifies term disciples with the Twelve) 258
막달라 마리아(Mary Magdalene) 182, 305, 569 주15
메시아(Messiah) 49, 75, 88, 121-122, 141, 144-145, 150, 159, 230, 387
멘토(Mentor) 84, 411, 472
모세와 여호수아(Moses and Joshua) 81-83,
목자와 양(Shepherd and sheep) 452-453
무리(Crowd) 33-34
　신자들(congregation) 46
　의 기대(people's expectations) 159
　제자 삼는 대상인(making disciples from among) 152
　제자의(of disciples) 155, 377-378
　중립적인(neutral) 260-261
　헌신하지 않는(followed without commitment) 260-261
미워함(Hate)
　가족을(family) 199-201
　덜 사랑한다는 뜻의(loving less) 312
　모든 것을 종속시키는(subordinating everything) 312
믿음(Faith)
　의 가문(family of) 67
　의 거침돌(stumbling block of) 430
　의 삶(life of) 414-415
　참된(true) 152

바돌로매(Bartholomew) 229-232
바리새주의(Pharisaism) 118
바리새인(Pharisee) 117-119, 192, 529
　의 제자들(disciples of) 529
바울(Paul) 88, 154, 166, 187, 218, 220, 279, 368, 371, 373-374, 393, 432, 435, 448-449, 455
　의 제자들(disciple of) 486
　제자들을 핍박한(persecution of Christian disciples) 368
바이올라 거품(Biola Bubble) 210, 242
박해(Persecution) 327, 462-464, 467, 476, 479, 482, 499
베드로(Peter, Simon Peter) 202, 213-214, 220-223
　가장 익숙한 사도인(most familiar Apostle) 220
　거치는 돌이 된(stumbling stone) 221
　교회들을 위한 목자 역할을 한 (shepherd to the churches) 223
　그리스도인의 자유를 변호한(defense of

Christian's liberty) 370
　　긍정적인 예도 되고 부정적인 예도 된
　　　(positive and negative example) 222
　　동등함 가운데 첫째인(first among
　　　equals) 268, 279
　　변화산 사건을 경험한(transfiguration
　　　reaction) 213-214
　　순교한(martyred) 223
　　열쇠를 쥔(holder of keys) 190, 219,
　　　388
　　예수님에게로 온(brought to Jesus)
　　　141
　　(예수님을) 부인한(denials) 221
　　예수님의 사랑을 회복한(Jesus loving
　　　restoration) 355
　　예수님이 하나님이심을 선언한
　　　(declaration of Jesus as God) 48,
　　　342, 387
　　와 안드레(and Andrew) 144-145,
　　　147, 224, 307, 317
　　의 지도자 역할(leadership role) 190,
　　　221-222
　　제자들의 대변인 역할을 한(spokesman
　　　for disciples) 190, 219, 221, 339
　　참된 제자의 증명서(statement of true
　　　discipleship) 161
　　'안드레'를 보라
변증가(Apologists) 443
변화(Transfiguration) 176, 213, 219
본받음(Imitate, Imitation) 453-456,
　　476-478
　　그리스도를(Christ) 315, 485
　　사람을(human objects) 455
　　스승을(Master) 105-107
　　와 제자도(and discipleship) 484-487
　　지나치게 강조된(theme pressed too
　　　far) 456

　　플라톤이 옹호한, 신을(Plato's god)
　　　106
　　행위를(conduct) 105-106
　　후대 교회 교리에서의 ~와 (제자도)
　　　의 구분(distinctions in later church
　　　doctrine) 486
부르심(Call, called, calling)
　　과거에 집착하던 것을 떠나라는(to
　　　leave post attachments) 420
　　구원으로의(to salvation) 154-155,
　　　189, 270
　　그의 백성이 주님을 드러내는(his
　　　people to represent him) 70
　　능력 있는(enabling) 149, 157
　　다양한(various calls) 146-148
　　봉사로의(to service) 154, 270
　　성장하게 하는(growth) 189
　　에 대한 비현실적인 인식(unrealistic
　　　perceptions of God's) 508
　　에 대한 응답(Responses to) 146-149
　　예수님과 함께 일하라는(to become
　　　fellow-workers) 270
　　예수님을 믿으라는(to believe) 155
　　예수님의(Jesus') 142-151
　　예수님이 주도적으로(Jesus initiates)
　　　148-149
　　의 패턴(pattern) 148
　　제자도로/사도직으로(to discipleship/
　　　apostleship) 154-156, 271
　　제자도의 핵심으로서의(at the heart of
　　　discipleship) 69-70
　　하나님 나라로의(kingdom of God)
　　　155
　　회계해야 한다는(to account) 198
부자 청년 관원(Rich young ruler) 34,
　　147, 318-320, 324
비유(Parables) 43

빌립(Philip) 146, 227-229

사도(Apostles) 157, 215, 230, 382
사도적 교부(Apostolic fathers)
　의 정의(definition of) 465
　의 중요성(importance) 465-499
　중 순교자(martyrs for the name) 461-465
사랑(Love)
　기준이 되는(is the standard) 345
　다른 사람들에게 선을 베푸는(doing good to others) 321
　다른 제자들을(other disciples) 334
　돈에 대한(of money) 239-240
　(삶의) 중심 주제인(central theme) 197
　서로(one another) 541
　서로 ~은 제자도의 증명(mutual, is the proof of discipleship) 345
　의 정의(definition) 447-448
　이웃을(one's neighbor) 319
　하나님에 대한(of God) 319
사마리아 여인(Samaritan woman) 150
사무엘(Samuel) 84
삭개오(Zacchaeus) 324
산상보훈(Sermon on the Mount) 197
생명(Life) 333
서기관의 길드(Scribal guild) 85
선지자의 생도(Sons of the Prophets) 84
선한 일(Good works) 542
성도(Saint) 46, 50, 208, 370, 398, 422, 434, 475-476
성령(Holy Spirit)
　그들 안에 거하는(with them/in them) 165
　더 큰 일을 이루게 하시는(greater work because of) 395

모든 것을 가르칠(teach all things) 391
세례(baptize with) 141
세상을 정죄할(convict the world) 391
오순절 ~ 강림(advent at Pentecost) 395
을 받는 각 개인에게 약속된 변화(transformation promise for each who receives) 395
을 제대로 알지 못했던(Ephesians disciples not aware of) 376
의 내주하심(indwelling) 189, 205, 378, 390, 395
의 능력을 받은 제자들(disciples empowered by) 366
제자들이 증거하도록 돕는(assist disciples to witness) 266
제자도의 열쇠인(key to discipleship) 169
조력자가 될(personal helper) 391
성령의 은사(Gifts of the Spirit) 397, 404
성자(Sainthood) 191, 484, 487, 492, 494
성장(Growth)
　그리스도인의(Christian) 191-192
　이 필요함(is necessary) 202-203
　은 책임을 지는 정도에 비례함(proportional to accountability) 206
　제자도에서 ~ 과정(a process of discipleship) 275, 515
　제자들의 ~을 위한 다른 장치들(of disciples of different settings) 410-411
세대 차이(Generation gap) 529
세례(Baptizing) 274
세례 요한(John the Baptist) 140-141
　과 예수님의 메시지(and Jesus' message) 144
　메시아의 선구자(forerunner of

Messiah) 121
불완전한 가르침을 받은 에베소의, ~
 의 제자들(disciples of, at Ephesus,
 imperfectly instructed) 373-374
예수 운동에 참여한 ~의 제자들
 (disciples of, attached themselves to
 the Jesus movement) 376
운동의 참가자인 ~의 제자들(disciples
 of, members of a movement) 531
을 도왔던 사람들(group who assisted)
 121
의 사역(ministry of) 120-121
소크라테스(Socrates) 100-104, 116
소피스트(Sophists) 100-101
손쉬운 믿음주의(Easy-believism) 325
수산나(Susanna) 182
순교(Martyrdom) 472
 가 특별한 성자의 자격을 만들어낸다
  고 오해함(misunderstood to create a
  special saintliness) 494
 제자도와 본받음이 수렴되는
  (discipleship/imitation converge)
  477
 에서 동료 제자(fellow disciples in)
  472
순교자(Martyr) 461-462
 20세기의(twentieth century) 498
순종(Obedience) 196, 194-196, 274-
 278, 540
승천(Ascension) 213, 416-419
신비 종교(Mystery religions) 105
신자(Believers) 434-436
 동등한 사람으로서의(equality of)
  277-279
 부활 이후의(post-Easter) 377
 예수 그리스도 안에서의(in Jesus
  Christ) 28-35, 37, 39

예수님이 표시한(marked by Jesus)
 331-355
제자로서의(are disciples) 326-426
 '제자'를 보라
십자가를 짐(Bearing the cross) 68, 192,
 289, 313-320, 446

아리마대 요셉(Joseph of Arimathea)
 185, 259, 320
 믿음의 시험대 앞에 선(faith tested)
  163
 은밀한 제자(secret disciple) 164
아볼로(Apollos) 340
아브라함(Abraham) 68, 216, 272
아폴로(Apollo) 102
안드레(Andrew) 141, 217, 224
안디옥(Antioch) 442, 466-467
알렉산더 대왕(Alexander the Great) 98,
 104
알렉산드리아의 필로(Philo of Alexandria)
 115
야고보, 알패오의 아들(James of
 Alphaeus) 218, 233-235
야고보와 요한, 세베대의 아들(James and
 John, sons of Zebedee) 217, 225-227,
 231, 235
야심(Ambition) 294
어거스틴(Augustine) 489
언약(Covenant) 69, 70, 74-75, 77-78
에스라(Ezra) 85
엘리사(Elisha) 81-84
엘리야(Elijah) 76, 81-83
여인들(Women) 163, 165, 181-184,
 206
 부르심을 받은(received the call) 309
 비용과 헌신을 보여준(cost and
  commitment) 182

십자가 현장의(at the crucifixion) 305
에게 예수님이 나타나심(Jesus appeared
　to) 165
열둘을 섬긴(supported the Twelve)
　183
예수님의 제자인(disciples of Jesus)
　182, 259, 305
제자도의 본질을 보여준(essence of
　discipleship) 184
현저한 위치가 부여된(prominent place
　given to) 181
여호수아(Joshua) 78, 81-83
열둘(Twelve, the) 35, 134, 178-180,
　185, 206, 215-217, 278-279, 322, 335
　가까운 추종자인(closest follower) 49
　교회 내 분란을 나타내는(as a faction of
　　the church) 291
　교회 내에 조직된 항구적인 단체가 아
　　닌(not a permanent church group)
　　216
　구원사적 의미를 가진(symbolize
　　salvation-history) 215
　따르는 자들(his followers) 45
　마태가 집중한(Matthews's focus) 258
　모범이 된(examples) 157
　부르심을 받은 사람들인(received the
　　call) 309
　사도라고 명명한(as apostles) 156
　사이의 논쟁(dispute among) 183
　영웅인(as heroes) 277, 279
　와 함께 여행한 여인들(women traveled
　　with) 182
　의 능력과 권위(power and authority)
　　157
　의 다양성(personal diversity) 241
　의 목록(lists of) 217
　의 부가적 부르심(additional call) 156

의 순례의 연대(chronology of
　pilgrimage) 157
의 역할에 대해 도를 넘어서지 않도록
　주의해야 함(careful not to take their
　role to far) 388
의 일반적인 특성(general
　characteristics) 215-219
의 지도적 역할(in leadership role) 46,
　157, 190
의 특별한 구원사적 역사(special
　salvation-historical role) 387
전파하는 예수님의 사역에 연합한
　(joined with Jesus in proclaiming)
　157
제자도를 상징하는(represent
　discipleship) 306
초대교회를 세운(in founding the early
　church) 44
평신도와 지도자 모두의 실례인
　(examples for laity and leaders) 267
훈련받는(training) 44-45, 213
열매(Fruit)
　를 맺음(bearing) 334, 345, 347, 354,
　　540, 542
　성령의(of the Spirit) 542
　의 정의(definition) 321
열심당(Zealots) 114, 127, 156, 236
영생의 조건(Eternal life, entrance to) 58
영웅(Heroes) 254-255, 277-280
영적 양육(Nurture, spiritual) 194-196,
　352, 354
예레미야와 바룩(Jeremiah and Baruch)
　81, 83
예수(Jesus, Jesus Christ)
　가 메시아인 것을 알아본(messianic
　　identity recognized) 141
　교사이신(Teacher) 275

구원의 희망이신(hope for salvation) 158
구주이며 하나님이신(as Savior & God) 49, 280
군중을 떠나신(left the crowds) 125
기도의 사람이신(person of prayer) 450
께 충성(allegiance to) 320
동시대적 인물(contemporary figure) 284
를 경험함(experiencing) 285
를 닮아가는(becoming like) 540
를 따르겠다는 주도적 행동(personal initiative to follow) 140
를 따르기 위해 모든 것을 떠남(leaving all to follow) 179
를 향한 충성(loyalty to) 319
마술을 행하는 것으로 묘사된(described as practicing sorcery) 126
문이신(is the gate) 307
민족의 구원자이신(national deliverer) 342
부활하신 주(risen Master) 366
사회적 장벽을 허무시는(breaking social barriers) 183
생명의 떡(bread of life) 337
세례를 받기 위해 ~를 찾아온 사람들(people came to, for baptism) 143
소망의 동기가 되는 ~의 부재(absence an incentive to hopefulness) 394
스승이요 주인이신(as Master & Lord) 194
안내자이자 보호자이며 모범이 되신(Guide, Protector, Example) 16
에 대한 고정관념(stereotype of) 113
열둘에게 나타나신(appeared to the Twelve) 165
온 이스라엘의 메시아적 왕이신(Messianic King of Israel) 216
우리를 위한 ~의 목적은 생명(purpose for us is life) 333
의 기쁜 소식(good news of) 392
의 마지막 사역(final ministry) 383
의 삶에서 기도(prayer life of) 196
의 약속(promises) 395
의 제자였다가 떠난, 헌신적인 혁명가들(disciples who left-dedicated revolutionists) 532
인격적 관계를 확립하신(establishes personal relationship) 360
인생을 변화시키는 ~의 능력(ability to change lives) 136
인자(Son of man) 216, 289
자신의 살을 먹는 것에 대해 설교하신(discourse on eating his flesh) 125
정점에 이르는 ~의 지상 사역(earthly ministry drew to a close) 138, 384-385
제자들을 위한 ~의 기도(prayer for disciples) 204
종교적 장벽을 허무신(breaks through religious barriers) 149-150
하나님의 거룩하신 자이신(as the Holy One of God) 49, 161
하나님의 아들인 ~의 완전한 신분(full status as the Son of God) 336
하나님이신(is God) 158
예수 운동(Jesus movement) 135-138, 167-170
1960년대와 1970년대의(of the 60s and 70s) 135
1단계(first stage) 140-144
1세기의(of the first century) 138-167
2단계(stage two) 144-158

3단계(stage three) 158-162
　　4단계(stage four) 162-165
　　5단계(stage five) 165-167
　　의 초기 단계(early stages) 143
　　적용점(implications) 167-170
　　제자도의 대비가 드러난(contrast in discipleship) 161
예수님과 십자가의 신비(Mystery, of Jesus and cross) 292
예수님의 재판(Trial, Jesus') 365
오순절(Pentecost) 40, 165, 274, 367, 378, 386, 389, 395, 397
　　교회의 탄생(birth of the church) 165
　　제자도를 위한 새 시대가 시작된 ~의 도래(new era for discipleship) 377
오천 명을 먹이심(Feeding of the five thousand) 154, 159, 224, 228, 340
완벽주의(Perfectionism) 508
요세푸스(Josephus) 81, 114, 117, 119-120, 124, 126-127, 229, 437, 455
요시야(Josiah) 78
요한, 세베대의 아들(John, son of Zebedee) 163, 226-227, 334-336, 566 주9
　　복음에 나타난 제자도의 발전(Gospel, development of discipleship) 337-347
　　복음이 말한, 결함 있는 믿음(Gospel, defective belief) 337
　　복음이 말한, 서로 사랑함(Gospel, loving one another) 343
　　복음이 말한, 열매 맺음(Gospel, bearing fruit) 345
　　복음이 말한, 예수님 말씀에 거함(Gospel, abiding in Jesus' Words) 341
　　복음이 말한, 참신앙의 표지(Gospel, marks of true belief) 339
유대교(Judaism) 112-114
　　1세기의(of the first century) 114-115
　　내의 제자도(discipleship within) 115
　　디아스포라(diaspora) 114
　　랍비적(rabbinical) 115
　　세계(world of) 108, 113
　　의 이상(ideal of) 116
유대교에서 스승-제자 관계(Master-disciple relationship in Judaism) 71, 84-86, 117, 119, 124, 249
유세비우스(Eusebius) 229, 231, 234
유월절(Passover Feast) 158
율법(Torah) 80, 116-119, 123
율법사 혹은 율법 전문가(Lawyer) 197, 310, 319, 513
율법주의의 함정(Legalism, trap of) 530
은혜(Grace)
　　값싼(cheap) 37
　　로 구원을 주심(salvation solely by) 324
　　에서 성장하기(growing in) 36
　　하나님의(of God) 150, 197
의(Righteousness) 440, 448, 542
의에게 종이 된(Slaves to Righteousness) 440
이그나티우스(Ignatius) 327, 443, 464, 466-498
　　그리스도를 본받는(imitation of Christ) 487
　　안디옥의 감독(Bishop at Antioch) 466-467
　　의 순교(martyrdom) 467, 477, 479
　　제자도를 칭의와 동일시하는(equates discipleship with justification) 490
　　'제자'라는 단어를 사용한(use of the word 'disciple') 470

이단(Heresy) 465
이레니우스(Irenaeus) 226, 473, 495
이사야(Isaiah) 72
이소크라테스(Isocrates) 99, 103-104
이스라엘(Israel, people of Israel)
　거룩해야 하는(is to be holy) 89
　보이지 않는 통치자를 가진(having an invisible sovereign difficult) 74-75
　약속이 주어진(promises to) 216
　인간적인 제자도 관계를 피한(avoided human discipleship relationships) 80
　하나님 중심성을 극히 중시한(held the contrality of God) 80
　하나님의 계시가 전달된(revelation of God to) 87
　하나님이 특별한 관계 속으로 부르신(God called into special relationship) 68
　'이스라엘 열두 지파'를 보라
이스라엘 열두 지파(Twelve tribes of Israel) 216
임마누엘(Immanuel) 88
입성(Triumphal entry) 151, 155, 163, 304, 378

자기 부인(Self-denial) 193, 321, 401, 446, 494
재물(Wealth)
　'신'이 되지 않은(not the same king of personal 'god') 320
　을 포기한 삭개오(Zacchaeus giving up his) 324
　하나님의 신뢰를 ~로 대체(substitute for trust in God) 319
점진적인 성화(Progressive sanctification) 512

제도주의(Institutionalism) 508, 527
　균형 잡힌 제자도를 통해 ~ 막기(prevented through balanced discipleship) 535-544
　의 위험(dangers of) 533-535
　제자도를 억압하는(represses discipleship) 508
　충돌의 이유가 된(points of conflict) 527
제자(Disciple) 470-474, 511
　가족의 실례인(example of family) 260
　그리스도인을 가리키는 통상적인 말(Christian, common referent for) 52
　그리스-로마 세계의(in ancient Greco-Roman world) 95-97
　그리스의(in Greece) 98-103, 107
　깨달은 참된(true disciples understand) 261-262
　는 돌아다니는 은사자들(as wandering charismatics) 184
　는 따르는 사람(follower) 30-31, 48-51, 89
　는 사역자(as ministers) 34-35
　는 정상적인 그리스도인(as the normal Christian) 60
　는 학생(as learners) 30
　는 헌신된 신자(as committed believers) 32-34
　는 회심자(as converts) 36-37
　다른 용어들로 전이(transition to other terms) 421-424
　다양한 관계를 가리키는(varied relationships) 102-103
　단수형/복수형(plural/singular form) 379-380
　라는 단어에 대한 문화적 회피(cultural

avoidance of term) 417
라는 확신에 거함(assurance in being) 54
란 온전한 사람(the whole person) 510
랍비의(rabbinic) 177
를 가리키는 구약의 용어들(in Old Testament, terms) 71
메시아 운동의(of a Messianic movement) 124-125
모든 ~가 사도는 아닌(not all were apostles) 399
모세의(of Moses) 116, 528
바리새인의(of the Pharisees) 529-530
변화받아야 할(transformed) 198
보통 사람들인(common people) 256
사라진(disappearing) 413-426
서신서에 등장하지 않는(absence of term in Epistles) 415-417, 424
선지자의(of a prophet) 120-122
성령 충만한(spirit-filled) 34
세례 요한의(of John the Baptist) 32, 48, 141, 143, 375, 531
세상에 속하지 않으나 세상 안에서 사는(in the world, not of the world) 210
순교자를 가리키는(designation for martyr) 470
신자가 아니었음이 드러난(but not believers) 32, 169
신자를 가리키는 일반적인 이름(common name for believer) 46
역사적 문맥 속의(in historical context) 47-49
역할에 차이가 있는(distinctions of functions) 279
연구의 적용점(implications) 127-129
열두(the Twelve) 156-157
열한(the eleven disciples) 270-271
예수님에 대해 다른 관점을 가진(different perspectives of Jesus') 249
예수님을 닮아가는(becoming like Jesus) 187
예수님의 ~에 대한 고정관념(stereotype of Jesus') 112-113
예수님의(of Jesus) 96
예수님이 '사죄에 관해 진술하신(forgiving sins) 388-389
위대한 스승의(of a great Master) 104
위대한 종교 지도자의(of a great religious leader) 105
유대교의(in Judaism) 113-127
율법의(to Torah) 116
을 걸러내는(sifting of) 162
의 개념(concept) 73
의 기도 생활(prayer life) 195-196, 205
의 수가 축소된(number reduced) 164-165
의 유형(types of) 114
의 윤리적 생활(ethical life) 197-198
의 정의(definition) 30-31, 49-51, 106-107, 155, 165, 178, 189, 272-273, 278, 308, 398
의 표지(marks of) 540
이스라엘의 남은 자의(Of the remnant of Israel) 122-124
전문적인 율법 학도로서의(as professional student of Torah) 126
제자를 삼는(making disciples) 107
종교 기관의(of a religious institution) 117-119
종교 유산의(of religious heritage) 115-116
진리의(of the truth) 473

참된(Jesus' true) 161
　　최초로 그리스도인이라는 단어와 동
　　　의어로 쓰인(earliest referent for
　　　Christian) 46
　　추종자인(as supporter/adherent) 48
　　학생 혹은 연구자를 가리키는(pupil/
　　　academician) 99-101
　　헬레니즘에서의(in Hellenism) 103-
　　　106
　　혹은 추종자(disciple/adherent) 101-
　　　102
　　'신자', '성령', '세례 요한'을 보라
제자도(Discipleship)
　　공식적인 의미(formal relationships)
　　　176
　　관련 용어(terminology) 46, 469-470
　　관련된 ~ 용어(related terminology)
　　　434
　　구약의(in the Old Testament) 65-92
　　구조화된 ~의 모임(structured groups)
　　　203
　　는 교회의 사역(ministry of the church)
　　　517
　　는 교훈에 투신하는 것(commitment to
　　　teaching) 116
　　는 그리스도인의 삶(Christian life)
　　　445, 512
　　다른 범주의 ~ 교훈(categories of
　　　teaching) 384-390
　　다차원적(multidimensional) 176
　　모든 신자들을 대상으로 한(training,
　　　for all believers) 278
　　민족적(national) 76
　　믿음을 증명하는(endurance the proof
　　　of belief) 480
　　믿음을 통해서 들어가는(entrance
　　　through faith) 152

　　복종하는 관계의(relationship,
　　　Subordinate role) 81
　　비싼(cost of) 311
　　사도행전으로 넘어가는(transition to
　　　Acts) 382-396
　　삶을 헌신하는(as a life commitment)
　　　48
　　선지자와 서기관의(prophets and
　　　scribes) 84-85
　　성경적 ~의 뿌리(roots of biblical) 69,
　　　91-92
　　성화와 동일한(sanctification identical
　　　to) 192
　　순교로서의(relationship to martyrdom)
　　　487-493
　　순교의 피를 맛본 사람만이 제자로 간
　　　주되는 극단적(extreme blood of
　　　martyrdom) 346
　　신약성경 전체에서 드러나는
　　　(everywhere in the New Testament)
　　　433
　　에 대한 기대(expectations) 505-520
　　에서 충성을 나누는 것(divided loyalties
　　　in) 194
　　엘리트 개념이 아닌(not an elitist
　　　conception) 494
　　여인들이 보여준(displayed by the
　　　women) 184
　　예수님 안에서 성취될 ~의 관계
　　　(relationship, fulfillment in Jesus)
　　　90
　　예수님 외의 스승을 따랐던(of masters
　　　other than Jesus) 527-532
　　예수님의 ~의 형태(Jesus' form of)
　　　138
　　예수님이 만든(created by Jesus) 133
　　와 양육(and parenting) 515-516

와 제도주의의 균형(and institutional balance) 536-538
완전케 하기 혹은 은혜에서 성장하기 (perfecting/growth in grace) 36
요구되지 않는 ~의(perfection not demanded) 481
유대교의(Judaism) 127
의 개념(concepts of) 73, 424
의 개인 지도자들(individual leaders) 81
의 고백(professed) 198
의 과정(progress) 54, 409-410, 512, 515
의 독단주의(exclusivism) 54
의 동등성(equality of) 400
의 모델(models) 30-40, 47
의 모범(standards of) 189-191
의 묘사(portraits of) 249-251
의 문제(difficulties in) 40-42
의 방법론(methodology of) 408-411
의 상호성(mutuality) 399
의 신학적 함축(theological) 57
의 실천(practical) 60
의 역동성(dynamics of) 41-42
의 정의(definition) 176, 431, 536
의 조건(prerequisites) 151
의 증거(evidence for) 433-456
의 차원(dimensions of) 191-201
의 특징(characteristics) 478
의 표지(marks of) 134-135, 191, 302, 343, 345, 353
의 필수 요소(crucial element) 276
의미론적 함축(semantical) 55-56
인격적인(personalized) 536-538
적용점(implications) 53-61
제도로서의(of our institutions) 534
철저한 투신의(radical commitment) 493
철저한(radical) 35, 39
쿰란 공동체의(Qumran) 124
피를 흘리지 않는 순교로서의(unbloody martyrdom) 495
하나님에 대한 개인의(individual to God) 77
훈련의 후보자들(training, candidates for) 517
'부르심'을 보라
존 힐카누스(Hyrcanus, John) 117
좁은 문(Gate, narrow) 267, 276-277, 307-308
종(Servant) 283, 289, 292, 294-295, 439-440
죄(Sin) 350
주재권 구원(Lordship salvation) 57-59
중생(Regeneration) 351, 353, 542
지도직(Leadership) 399-401
지상명령(Great Commission) 133, 393-394, 402, 471
  교회를 성장시킨(church growth as fulfillment) 166, 168
  사도들이 성취하기 위해 나선(apostles fulfilling) 107
  에 나타난 예수님의 목적(Jesus' purpose in) 38, 269
  에 순종(obey) 108, 526
  예수님이 선포한(Jesus' declaration of) 165
  을 받고 세상으로(into the world with) 204
  을 성취하는 능력(power for fulfilling) 391
  의 대사들(ambassadors of) 269
  의 성장 과정(process of growth) 274
지아 노드랏(Zia Nodrat) 496, 498

지혜 전통(Wisdom tradition) 86

천국의 삶(Kingdom life) 192
체로 걸러낸(Sifting) 340
칠십 명(Seventy) 180-181, 184, 206, 304-305, 307, 309, 390

클레멘트(Clement) 474, 477
쿰란(Qumran) 114, 116, 122-123, 274
  공동체 가입(admission to the community) 123
  의 의의 선생(teacher of righteousness) 123-124
  이스라엘의 의로운 남은 자인(as righteous remnant of Israel) 122
  하나님과 율법에 대한 경건(devotion to God and Torah) 124

터툴리안(Tertullian) 344, 461

폴리캅(Polycarp) 443, 465, 472, 474, 478, 481, 491, 498-499
  의 《빌립보서》(*Epistle to the Phillipians*) 478
《폴리캅의 순교》(*martyrdom of Polycarp*) 464, 471-472, 474, 478, 486, 498
플라톤(Plato) 104, 106, 454
플리니우스(Pliny the Younger) 441

하나님의 나라(Kingdom of God) 146
  '부르심'을 보라
학습자(Learner) 99-101
헌신 혹은 투신(Commitment)
  믿음과 행위의(Faith vs. works) 265
  예수님의 부르심에 대한(Jesus' call to) 33
  인격적인(personal) 150

철저한(radical) 95-96
헬레니즘(Hellenism) 98, 103, 105, 107, 485
형제애(Brotherhood) 344, 437
형제/자매(Brother/Sister) 46, 50, 436-437, 475-476
환경으로 받아들인 기독교(Environmental Christianity) 529
회심(Conversion) 37, 40, 277, 480
회심자(Converts) 368, 379, 406
훈련(Disciplines)
  금욕(of abstinence) 192
  문헌학적(philological) 20
  영적 성장의 열쇠인(spiritual, key to growth) 192
  참여(of engagement) 192
히피(Hippies) 136, 169, 531

성구 찾아보기

창세기
10 180, 305, 568
12:1-3 74
12:1 68
12:3 273
13:15 74
18:18 273
22:18 273
24:40 77, 89
29:12 436
29:31 312
29:33 312
48:15 77, 89

출애굽기
6:7 69
13:21-22 74
20:12 312
24:1 180, 305
24:13 82
33:11 556

레위기
11:44-45 577, 89
26:12 74, 88

민수기
11:25 180, 305
11:28 556
12:8 82
32:11-12 78-79

신명기
4:1-14 75
6:4-9 76
10:12-13 75
18:15 159
21:15 312
31:7-8 556

여호수아
1:1 556
1:5 82
5:14 82
14:8 78

14:9 78
14:14 78
15:14 229
15:25 237
21:32 237
24:29 82

사무엘상
8:7 75
10:5-10 84
12:14 75
12:17 75
19:20-24 84

사무엘하
8:16-18 85
20:23-25 85

열왕기상
4:1-6 85
9:6-7 78
14:8 78
19:16 556
19:19-21 556
20:35 84

열왕기하
2:3 84
2:5 84
2:7 84
2:13-14 83
2:15 84
3:11 556
3:13-14 556
4:38 84
5:22 84
6:1 84

9:1 84
18:6 78
23:3 78-79

역대상
25:8 71-72

느헤미야
8:1 85

시편
1:1-3 92
22:22(23) 436
25:4-5 79
25:8-12 79
53:13 89
56:13 77
116:9 77
119:19 89

이사야
8:16 72, 84
26:7-8 78
30:20-21 88
43:1-3 69
50:4 72
50:13 72
54:13 72

예레미야
2:24 72, 555
8:8-9 85
13:23 72
36:1-32 556
36:26 556
36:27 83
36:32-33 83

43:3　556
48:24, 41　237

에스겔
37:24-28　75, 88

호세아
1:10-2:1(2:1-3)　436

아모스
2:2　237

미가
7:6　200

스가랴
3:7　78

마태복음
1:1　273
1:23　88
2:1-12　273
3:1-12　561
3:11　376
3:15　450
4:12-17　144
4:15-16　273
4:17　188
4:18-22　45, 144, 156, 168, 200, 219, 267, 304, 313, 567
4:23-25　145
4:25　151, 260-261
5:1　263
5:13-16　448
5:17-20　450
5:20　529
5:21-47　197
5:21-22　197
5:27-32　313
5:28-29　151
5:28　197
5:43-45　197
5:48　90, 197
6:7-15　196
6:16-18　587
6:19-21　587
6:22-23　587
6:24　587
6:25-33　587
7:13-14　193, 267, 307
7:21-23　198
7:28-29　145, 195, 265, 403
7:28　151, 261
8:5-13　273
8:18-22　567
8:18-21　152
8:18　261
8:19　149
8:21-22　538
8:21　147, 155, 190, 219, 257, 259, 269
8:22　147, 194
8:23　258
8:25　263
9:8　265
9:9-13　150, 536
9:9　45, 259, 567-568, 577
9:13　262
9:14　50, 120-122
9:19　178, 257, 260
9:23-25　151, 261
9:28　258
9:33　146
9:35-38　152, 265
9:36-37　260

9:36 146, 188
9:37 578
10 385-386
10:1-15 179
10:1-4 156
10:1-2 267
10:1 257, 259, 263
10:2-4 217-218, 221
10:2 219, 221, 259, 381
10:3 235
10:4 236-237
10:5-23 394
10:5-16 385
10:5-15 385-386, 392
10:5-6 385
10:5 576
10:5 이하 266, 304, 539
10:7 188
10:10 385
10:16-25 188, 540
10:16-23 385-386
10:17-22 385
10:18 273
10:24 50, 380
10:24-42 386
10:24-25 50, 188, 539
10:25 50, 380
10:34-36 200
10:37-39 28
10:42 50, 380, 578
11:2-3 121
11:20-24 146
11:28-30 70
11:29 262
12:1-8 188, 540
12:15 257
12:30 265

12:33-37 193
12:46-50 151, 422, 516, 540
12:46-49 188
12:49-50 260, 262, 265, 275, 315, 438
12:49 257, 578
12:50 201
13:1 262
13:1-2 43
13:2-3 265
13:10-17 43, 146, 159, 262, 265
13:10 151, 259, 262-263
13:10 이하 262, 267, 578
13:16 263
13:34-36 265
13:36 258, 263, 257
13:38 273
13:45-46 320
13:51 261-262
13:52 52, 155, 262, 393
14:12 121, 531
14:13-14 265
14:13 260
14:14-19 266
14:14 146
14:22 260
14:28-33 221
14:28-31 221
14:28-29 223
14:28 190, 219
14:30 223
14:31 263, 257
15:3 527
15:7-9 529
15:15 190, 219, 221, 269
15:22 236
15:23 267, 578
15:29-36 266

15:29-31 151, 261
15:31 146
15:32 146, 260
16:5 578
16:5-12 190, 267
16:8 263
16:12 261
16:13-16 221
16:15-19 579
16:16 222-223
16:17-19 190, 219, 388
16:18 199, 440
16:19 388
16:20 387
16:21 267
16:22-23 263
16:23 223, 257
16:24-28 322, 570
17:1 221
17:4 221
17:6-7 267
17:6 578
17:10 578
17:13 261
17:14-15 152, 261
17:16-20 267
17:19-20 190
17:20 263
17:24-27 223
17:24-25 269
18 199
18:1-5 581
18:1 263, 389, 578
18:1 이하 400
18:17 199, 440
18:18 388
18:20 408

18:21 190, 219, 269
19:3-9 313
19:10 578
19:13-15 267
19:16-26 538
19:16-22 34, 152, 261, 450
19:16 265
19:21 147, 264
19:22 147
19:23-30 151, 179
19:27 213, 221, 223
19:28 216, 271, 382
19:29 271
20:20-28 268
20:20-21 225
21:9 576
21:9-10 151, 261
21:20 578
21:32 276
22:15-18 530
22:15-16 31, 117, 529
22:16-17 118
22:16 50, 372, 442
22:37 90
23 527
23:1-39 529
23:1-12 177
23:1 263
23:8 422
23:8-12 91
23:10 401
23:25-28 193
24:1-3 263
24:1 268
24:3 268, 578
24:9 273
24:14 273

성구 찾아보기 659

24:32 262
26:8 263, 578
26:8-9 238
26:14-16 238
26:18-19 268
26:20 238, 259
26:25 241, 575
26:35 190, 219, 267
26:37 219, 221, 225, 268
26:40 190, 219, 267, 578
26:45 267, 578
26:47-56 239
26:47 151, 261
26:56 257, 263, 267, 305
26:69-70 223
27:3 575
27:3-10 239
27:15-26 163
27:15-25 265
27:20 151, 261
27:24 152, 261
27:55-56 225, 305
27:55 569
27:56 235, 574
27:57-60 320
27:57 52, 155, 186, 257, 259, 262, 393
27:61 574
28:1 574
28:9 569
28:10 265
28:16-20 253, 266-267, 272
28:16 265, 270-271
28:18-20 107, 166, 204, 270, 386, 390, 394, 535
28:19-20 69, 91, 187, 190, 274, 402
28:19 52, 58, 91, 152, 195, 273, 393
28:20 90, 195-196, 276, 366, 384, 395, 403

마가복음
1:1 285
1:2-8 561
1:4 141
1:7-8 141
1:14-16 144
1:16 224
1:16-20 68, 144, 156, 168, 286, 304, 437, 567
1:17 147, 157
1:18 147, 151
1:19-20 225
1:19 437
1:20 147, 151, 225
1:22 145, 195
1:27 145
1:29-31 200, 313
1:29 317
1:31 35
1:35 196
2:13-17 150, 536
2:14 147, 156, 233, 259, 574
2:16 118
2:18-22 531, 540
2:18 50, 117-118, 120-121, 129, 143, 372, 375, 529, 531
2:23-27 188
3:6 442
3:13-19 286
3:13 576
3:14-15 286
3:16-19 221, 217-218
3:17 225-226
3:18 228, 233, 235-236
3:19 237-238, 574, 576

3:31-35 437
4:1-12 43
4:10-12 146, 159, 190, 286
4:10 259
4:13 287
4:35-41 287
5:18-19 153
5:18 185
5:37 219, 221, 225
6:3 437
6:6-13 304
6:7-13 236
6:7 219
6:29 121
6:30 259, 381
6:34-44 287
6:35-44 236
6:45-52 287
6:46 196
6:52 261
7:17-18 287
8:1-10 287
8:14-21 287
8:21 261
8:27 289
8:29 190, 219
8:31-33 221, 287-288, 292
8:33 287, 292, 579
8:34-9:1 193
8:34-38 292, 322
8:34-37 151
8:34-35 68
8:34 148, 193, 321, 446
8:38 322
9:1-8 292
9:2 219, 225
9:5 190, 219

9:9-32 292
9:9 292, 387
9:10 261
9:30-32 287-288
9:32 261
9:33-37 289-290, 292
9:33 이하 33-34, 400
9:35 259
9:38-10:16 292
9:38-41 226
9:40 578
10:17-31 292
10:19 201
10:21 155
10:22 319
10:28 190, 219
10:32-34 288-289
10:35-45 287, 289
10:35 225
10:38-39 188, 540
10:42-45 188, 288, 291, 440
10:45 288-289, 291, 440
12:13 442
12:29-30 90
13:3 219, 225
14:4-5 238
14:10-11 238
14:17 238
14:28 292
14:32-39 196
14:33 221
14:43-52 239
14:43-46 287
14:50 287, 305
14:54 287
14:66-72 287
15:40-41 305

15:40 225, 235, 574
15:41 155, 569
15:43 185
16:1 225, 235
16:7 292

누가복음
2:44 306
3:3 561
3:10 561
5:1-11 156, 168, 304, 567
5:8-11 567
5:8 202
5:10 145, 225
5:29-30 234
5:33 50, 120-121
6:12-17 56
6:12-13 157
6:13 155-156, 179, 213, 215, 304, 306, 381, 576, 588
6:13-16 217-218
6:14-16 221
6:15-16 575
6:15 236
6:16 235-238
6:17-36 321
6:17 156, 158, 179, 213, 257, 304, 306, 588
6:27 312
6:35 321
6:40 50, 53, 380, 429, 526, 539-540, 599
6:43-49 321
7:18-19 121
7:50 152, 308
8:1-3 181, 305, 309, 317, 390, 569, 579
8:2-3 155

8:3 183, 225, 321
8:9 306
8:20 이하 312
8:38-39 153, 185
8:38 182, 582
8:48 152, 308
9:1-6 304, 321, 392
9:1-2 157
9:1 180
9:2 180
9:10 381
9:18 182, 582
9:23-35 151
9:23-27 570
9:23-26 314, 463
9:23 31, 193, 312, 315, 318, 321, 446
9:31 582
9:33 214
9:46-47 400
9:50 578
9:51-54 226
9:51 309
9:54 306
9:57-62 309
9:57 309
9:59-62 153, 180, 312
9:59 147
10 309
10:1-20 180, 392, 579
10:1-16 305
10:1-12 321
10:1 158, 576
10:1 이하 390
10:2 321
10:9 180
10:17-20 321
10:19 180

10:20　181
10:23　306
10:25-37　319, 538
10:25-28　514
10:26-28　198
10:27　90
10:37　310
11:1-4　143, 196, 406, 449
11:1　121, 306, 321
11:23　150, 578
11:27-28　321
12:8-12　321
12:13-21　312, 318-319
13:22-30　308, 312, 318
13:23-24　308, 324
14:23-24　321
14:25　152
14:25-35　31
14:25-33　34, 68, 151, 155, 310-311
14:25-27　538
14:26　50, 57, 147-148, 153, 194, 200, 306, 311-312, 317-318, 380, 438
14:27　50, 186, 312-314, 317-318, 380
14:28-33　327, 482
14:28-32　316
14:28-30　316
14:33　50, 312, 316-318, 380
16:10-13　312, 318
16:13　312
16:14-15　312, 318
16:19-31　312, 318
17:1　381
17:5　381
17:19　152, 308
18:1-8　321
18:18-27　143
18:18-25　324

18:22　317
18:22-25　318
18:24-30　309
18:26-27　324
19:1-10　155, 234, 324
19:9-10　324
19:11-27　321
19:37-39　304
19:37　155, 163, 306, 378, 576
19:39　304, 306
22:3-6　238
22:3　238
22:14　381
22:19　406
22:24-30　321
22:24-27　439
22:25-27　184
22:31-34　190, 305
22:33　463
22:42　314-315
22:47-53　239
22:53-54　305
22:54　178
22:56　182, 582
22:64　497
23:49　155, 180, 182, 305, 569
23:50-53　317
23:50-51　185
23:55　155, 180, 182
24:9　182
24:10　235, 381
24:13　155
24:18　155
24:44-49　321
24:45-48　272
24:33　155
24:47　273

성구 찾아보기　663

24:53 407

요한복음
1:6-10 448
1:9-34 561
1:10-11 585
1:11-13 67
1:35-51 230, 565
1:35-49 141
1:35-42 141, 156
1:35-40 220, 226
1:35-37 120
1:35 50, 375, 531
1:35 이하 142, 145, 224
1:40 224, 226
1:41 335
1:43-51 230
1:43-46 228
1:43-44 228
1:43 146
1:44-45 146
1:45-46 230
1:45 335
1:47-51 230
1:49 335
1:50-51 230
2:1-2 567
2:1 45
2:2 141, 335
2:11 141, 150, 335
2:12 45, 141, 567
2:13 567
2:17 45, 567
2:21-22 584
2:22 45, 567
2:23-25 126, 142, 161, 337, 563
2:23-24 336, 339, 586

3:1-15 192
3:1-14 320
3:1 347
3:19 585
3:22-26 120, 143
3:22 45, 567
3:25-30 143
3:25 50, 122
3:26 561
4:1-42 68
4:1-27 45, 567
4:1-3 143
4:1-2 121, 143
4:1 271
4:3-38 542
4:27 182, 584
4:31 567
4:33 584
4:34-38 352
4:43-45 45, 567
6:5-7 228
6:8 224, 228
6:14-15 159, 340
6:14 159
6:15 125, 152
6:22-59 160
6:51-58 337
6:60-66 48, 127, 258, 304, 314, 322, 339, 532
6:60 125, 158, 160, 337, 339, 584
6:63-64 338
6:64 160, 240, 335, 339
6:66-71 50
6:66-69 221, 342, 541
6:66 31, 49, 125, 160, 180, 335, 338-340, 374, 376
6:67-71 50, 335

6:67-69 49, 161
6:67 335, 338
6:68-69 150, 339
6:68 190, 219
6:69 335
6:70-71 240, 322, 339
6:70 240, 335
6:71 237-238, 574-575
7:4 585
7:7 585
7:50-52 164
7:50 163
8:12 448
8:19-23 335
8:23-24 342
8:23 585
8:30 585
8:31-32 191, 195, 341, 446, 540, 563
8:31 347, 374, 376, 394, 587
8:32 341
8:33-36 341
8:34 342
8:36-40 342
8:37 341
8:42-44 341
8:45-46 341
8:47 341
8:48-52 341
8:57-59 343
8:59 341
9:2-7 335
9:2 584
9:18 116, 528
9:28 50, 116, 380, 528
9:29 116, 528
10:1-17 307
10:6 584

10:7-18 452
10:9-10 307
10:10 333
11:1-45 163, 335
11:1-2 437
11:8 584
11:11-15 584
11:16 232, 463, 472
12:4-6 238
12:4 238, 553, 574-575, 591
12:6 238-239
12:9-19 163
12:16 584
12:21-22 228
12:22 224
12:26 445
12:31 585
13:2 237-238, 240, 574-575
13:12-17 188, 540
13:13 335
13:18 335
13:23 226
13:26 237, 574
13:27-30 240
13:29 238
13:33-35 406
13:34-35 343, 347, 541, 563, 587
13:34 191
13:36 584
14:1-3 396
14:5 232, 584
14:6 323
14:8-10 228-229
14:8 584
14:12-14 196
14:12 395
14:16-17 395

14:17 391, 585
14:19 585
14:20 395
14:22 236, 574, 584-584
14:26 391
14:27 585
14:30 585
14:31 585
15 187
15:1-11 453
15:2 345
15:4 345
15:5 448
15:6 345
15:8 191, 345, 346, 563, 587
15:12-17 444
15:15-16 271
15:16 335, 352, 542
15:19 335
15:26-27 391
16:1-7 391
16:8-11 391
16:13-15 391
16:13 391
16:17-18 584
17:1-5 196
17:6-26 196
17:12 240
17:13-26 188
17:14-18 204
18:2-12 239
18:2 237, 575
18:3 238
18:5 237, 575
18:15 50, 225-226, 380
18:16 380
18:36 585

19:25-27 227
19:25 574
19:26-28 50, 380
19:26-27 200, 226, 312-313
19:26 306
19:35 226
19:38-42 155, 164, 320
19:38 178, 186
20:1-10 222
20:2-4 50, 380
20:2 226, 569
20:8-21 335
20:8 380
20:13 569
20:18 569
20:19-22 190
20:21-23 272
20:23 389
20:24-29 232, 435
20:25 232
20:28-31 335
20:28 233, 430
20:29 430
20:30-31 160, 335
21 222
21:1-2 230
21:2 232, 230
21:4 226
21:7 50, 226, 335, 380
21:12 335
21:15-19 190
21:17 214
21:18-19 463, 600
21:20-24 226
21:20 50, 226, 380
21:22 355
21:23 50, 380

21:24 50, 380

사도행전
1:1-3 383-384
1:2 381
1:4-5 383, 390
1:6-11 383
1:6-8 383, 392
1:8 190, 219, 379, 385, 392, 394
1:9-11 383, 394
1:10-11 396
1:13 217-218, 221, 228, 235-236
1:15-26 216
1:15-16 422
1:15 222, 438
1:16 438
1:18-19 239
1:25 240
1:26 239, 381
2-7 392
2 222, 388
2:6 377
2:14 222
2:14 이하 190, 219
2:29 437
2:37-42 165
2:37 222, 381, 437
2:38 222
2:41-42 402
2:42 384
2:44 367, 379
3 222
3:1 407
3:4 222
3:6 222
3:12 222
3:17 437

4 165
4:1-4 165
4:8 222
4:24 407
4:32 46, 166, 274, 306, 367, 378-379
5 165, 222
5:1-11 405
5:3 222
5:11 378
5:14 367, 370, 421, 597
5:41-42 464
6 411
6:1-7 405
6:1-2 306
6:1 359, 369, 379, 382, 588
6:2-4 217
6:2 46, 166, 274, 306, 359, 377, 379, 382, 588
6:3 370, 438
6:5 229, 378
6:7 46, 166, 306, 359, 379, 382, 588
7 165
7:2 437
7:38 378
8 165, 222, 388, 393
8:1 378
8:4-13 572
8:14 222
8:14 이하 190, 219
8:18 222
9:1-2 368
9:1 50, 359, 368, 379, 588
9:2 309, 421
9:10 50, 306, 359, 368, 379-380, 588
9:26 50, 368
9:13 306, 370, 422
9:19-20 50

9:19 359, 368, 379, 588
9:25 372, 486
9:26 46, 50, 166, 306, 359, 379-381, 588
9:32 222, 306, 422
9:36 359, 368, 379-380, 382, 570, 588
9:38 359, 368, 379, 588
9:41 306, 422
10-28 393
10 165, 222-223, 388
10:9 222
10:34 이하 190, 219
10:43 152, 308
10:45 370, 421, 597
11:1-18 405
11:2 222
11:26 46, 166, 306, 359, 369, 379, 382, 421, 441, 476, 588, 602
11:29 359, 379, 588
11:30 381
12 165
12:2 226
12:3 222
13:1 379
13:15 437
13:24 582
13:26 437
13:38-39 152-153, 308
13:38 437
13:52 359, 370, 379, 588
14:4 381
14:14 381
14:20 359, 370, 418, 588
14:21-22 46, 166, 274, 306, 370, 393
14:21 52, 107, 359, 393, 418, 471, 588
14:22 359, 418, 588
14:23 379

14:27 308, 370, 379
14:28 359, 370, 418, 588
15:1-21 405
15:1 379
15:3 379
15:6 222
15:7-13 222
15:10 306, 370, 588
15:12 378
15:23 438
15:30 378-379
15:32-33 379
15:36 379
15:40 379
15:41 379
16:1 50, 306, 370, 380, 418, 588
16:2 379
16:30-31 435
16:31 153, 308
16:40 379
18:23-28 591
18:23 359, 370, 418, 588
18:24-25 121
18:27 359, 370, 418, 588
19:1-3 121, 375
19:1 359, 373, 398, 418
19:1 이하 166, 373, 376
19:2 376
19:6 375
19:8-9 297
19:9 309, 359, 371, 418, 588
19:23 309
19:30 359, 371, 588
20:1 359, 371, 418, 588
20:17 379
20:28-30 371
20:28 379, 381

20:30 359, 418, 588
21:4 359, 371, 588
21:7 371, 422
21:16 51, 359, 371, 380, 422, 588
21:17-18 381
21:17 422
21:20 422
21:38 237
22:1 437
22:4 309
22:17 407
23:1 437
24:5 306, 442, 589
24:14 309
24:22 309
26:10 422
26:28 306, 369, 421, 441, 443
28:14-21 422
28:17 437

로마서
1:1 439
1:16 376, 597
6 446, 450
6:17-18 440
6:23 295
7:4 450
8:9 241
8:10-11 407-408
8:13 446
8:28-30 53
8:28-29 533, 540
8:29 189, 438
12:10 438
13:9 450

고린도전서
1:2 370
4:4 490
4:16-17 455
4:16 453, 455, 599
5:11 438
6:19-20 303
9:5 223
10:16 406
11:1 279, 401, 429, 432, 453, 455, 543, 599
11:24-25 406
12:4-31 397
12:12-13 392
15:5-6 165

고린도후서
1:5 599
5:16 435
5:17 435, 438, 453, 456
6:15 597
6:16-18 88-89
6:16 90
11:26 438

갈라디아서
2:4 438
2:9 227
2:20 321, 446
5:16 451
5:18-23 448
5:22-26 352, 542
6:10 573

에베소서
1:22-23 392
2:19-20 222

2:20 382
3:17 407
4:11-13 414
4:23 455
5:1-2 452-453
5:1 429, 455, 599
5:2 455
5:8-14 449
5:23-32 392
6:2 201
6:18-20 450
6:19 449

빌립보서
1:11 352, 448, 542
1:21 323
2:5-10 453
2:7 440
3:7-14 483-484
3:7 455
3:8-11 414
3:8 154
3:13 455
3:17 453, 455, 599

골로새서
1:9 449
1:10 352, 448, 542
1:23 439
2:6-7 414

데살로니가전서
1:6-7 432
1:6 429, 453, 455-456, 599
1:7 597, 599
2:9-12 414
2:10 597

2:14 455, 486, 599
4:9 438-439
5:6 449
5:17 449-450

데살로니가후서
2:13 435
3:7 453, 455, 599
3:9 453, 455, 599

디모데전서
2:1-2 449
3:4-5 515
3:12 515
4:1 436
4:6 436
6:2 370

디모데후서
2:2 414

디도서
1:4 436
1:6-7 516

히브리서
2:11 438
6:12 429, 455, 599
12:1-3 486
12:2-3 445
13:1 439
13:7 455, 599
13:20 452

야고보서
2:15 370
5:13 449

5:16 449

베드로전서
1:3-5 438
1:21 599
1:22 439
2:16-17 440
2:17 438
2:20-21 432
2:21 420, 445, 456, 458, 486
3:8 438
4:16 369, 443-444, 602
5:2-4 452
5:9 438

베드로후서
1:7 439

요한일서
1:5-7 449
2:3-6 447, 451
3:24 447

4:12-21 541
4:12-16 351, 439
4:13-15 447
4:16 448
4:17-21 351
4:19-21 351, 439, 448
5:1-2 438

요한이서
9 447

요한삼서
11 599

요한계시록
7:1-8 216
14:4 419, 445
19:4 419
21:3 90
21:12-14 216
21:14 222

국제제자훈련원은 건강한 교회를 꿈꾸는 목회의 동반자로서 제자 삼는 사역을 중심으로
성경적 목회 모델을 제시함으로 세계 교회를 섬기는 전문 사역 기관입니다.

제자도 신학

초판 1쇄 발행 2015년 4월 24일
초판 3쇄 발행 2021년 3월 11일

지은이 마이클 윌킨스
옮긴이 황영철

펴낸이 오정현
펴낸곳 국제제자훈련원
등록번호 제2013-000170호(2013년 9월 25일)
주소 서울시 서초구 효령로 68길 98(서초동)
전화 02)3489-4300 **팩스** 02)3489-4329
이메일 dmipress@sarang.org

ISBN 978-89-5731-692-4 03230

※ 책값은 뒤표지에 있습니다. 잘못된 책은 구입하신 곳에서 교환해드립니다.